U0474304

经济常识
全知道

欧俊 ◎ 编著

中国华侨出版社
北京

图书在版编目(CIP)数据

经济常识全知道 / 欧俊编著.—北京:中国华侨出版社,2014.10（2019.6重印）
ISBN 978-7-5113-4455-7

Ⅰ.①经… Ⅱ.①欧… Ⅲ.①经济学—通俗读物 Ⅳ.①F0-49

中国版本图书馆CIP数据核字（2014）第248315号

经济常识全知道

编　　著：欧　俊
责任编辑：彬　彬
封面设计：施凌云
文字编辑：龚雪莲
美术编辑：李丹丹
经　　销：新华书店
开　　本：720mm×1020mm　1/16　印张：35　字数：705千字
印　　刷：北京鑫海达印刷有限公司
版　　次：2015年1月第1版　2019年6月第3次印刷
书　　号：ISBN 978-7-5113-4455-7
定　　价：68.00元

中国华侨出版社　北京市朝阳区静安里26号通成达大厦3层　邮编：100028
法律顾问：陈鹰律师事务所
发 行 部：（010）58815874　　　传　真：（010）58815857
网　　址：www.oveaschin.com
E-mail：oveaschin@sina.com

如果发现印装质量问题，影响阅读，请与印刷厂联系调换。

前 言

在现实中，我们的生活时刻被经济的影子所萦绕，无论做什么都充满着经济的味道。经常关注各大门户网站的人，很容易就会总结出目前中国的热点问题，比如社会保障、住房、教育、医疗、物价、腐败、诚信、城建、就业、私有财产等问题，一口气就可以说上十来个，所有这些问题没有一个不与经济学密切相关，也没有一个不与老百姓的切身利益密切相关。而老百姓关注这些经济热点无非是想多积累点经验，以便自己面临利益博弈时，能多得点好处。有心者也许还会注意到，我们的一举一动几乎都与经济学有着千丝万缕的联系，例如商品价格起伏涨跌、口袋里的钞票价值增减、是买房还是炒股……而每个人的成长又何尝不充满了经济上的算计：当我们是学生时，家长要替我们算计是不是应该选择好一点的教育；大学毕业后，我们和家长一块儿算计是继续读研，还是工作；工作后有了收入，我们要决定该把多少用于支出，该把多少用于储蓄，该把多少用于投资；有一天有了自己的企业，我们还要算计自己的产品该收取多高的利润；还有我们的终生大事，该娶一个什么样的老婆，该嫁一个什么样的老公，虽然感情很重要，但最终还是要以利益来衡量，感情和面包都需要，或许面包还更重要一点……每一件大事小事背后其实都有一定的经济学规律和法则可循，我们的生活已经离不开经济学。用经济学的原理来反观我们的生活，其实我们就是生活在一个经济学乐园里，人生时时皆经济，生活处处皆经济。

正当各种经济现象及经济规则在我们身边交错上演时，我们真正能全面了解经济学常识并能让经济学常识为己所用的人却为数不多。我们或许都经历过或看到过这样一些情景：带上密友去相亲，结果促成了密友的一段姻缘；在考研与就业的无奈选择中，不知何去何从；懊悔于曾经荒废的美好时光，不能自拔；忘了带钱，楼下的小贩不允许你先带走西瓜再把钱送来……为什么你被密友取代？为什么你会迷茫？后悔有用吗？小贩为什么如此不信任你？这些谜底都能在经济学中一一揭开：你不懂得你和密友各自的比较优势；你没有算清楚考研和就业的机会成本；你不知道过去的事情就是覆水难收，属于沉没成本；你不清楚小贩和你在进行一次性博弈……因此，要更深刻地了解那些存在我们身边的、关乎我们幸福和成功的生活现象背后的本质和真相，以便让我们在面临某些问题时能够更加睿智，不懂得一些经济学常识是不行的。经济学存在于我们每个人的日常行为中，我们每时每刻都在有意无意地运用经济规律进行选择和取舍，消费、投资、理财、谈判、营销、管理乃至人际交往、职场竞争、爱情婚姻等，都是一种经济活动，都包含着一些经济学规律。懂得一些经济学常识，可以帮助我们在生活中轻松地作出决策，过上有清晰思路的生活，游刃有余地应对庞杂生活中的一切问题，在日常消费中更加精明、在恋爱婚姻上少走弯路、在对人生的规划上更加理性……我们天天与经济打交道，唯有了解经济学常识，善于应用一些经济理论，才能让生活更加有声有色、有滋有味。正如我国著名经济学家茅于轼先生所说的那样："经济学知识是每个做大事或做小事的人都需要懂得一点的一门学问，只有那些准备上荒岛去开荒且不与外界社会来往的人，学习经济学才会成为多余的事。"

为了帮助广大迷茫的读者朋友从"经济盲"的状态中摆脱出来，在日常经济生活中更加得心应手，更好地保护自己的利益，更好地理解国家经济政策，学会自己分析经济形势，我们特精心编写了这部《经济常识全知道》。本书内容全面系统，囊括了有关市场、生产、消费、交换、资源配置、就业、货币、财政、贸易、宏观调控、经济周期、投资、教育、职场、人际关系、福利、两性等与老百姓的生活关系密切的经济学常识，是同类图书中内容最全面、知识最实用、语言最通俗、讲解最透彻的一部优秀大型图书，也是读者了解经济学常识的必备书。为了便于读者轻松高效地掌握经济学常识，本书增加了大量的图片和故事，从而使讲解的知识更加直观、形象，同时采用生活化的语言，并结合大家都熟悉的日常生活中的案例，将经济学内在的深刻原理与奥妙之处娓娓道来。本书没有令人费解的图表和方程式，也没有艰深晦涩的经济学术语，而是让读者在快乐和享受中，迅速了解经济学的概貌，轻轻松松地获得经济学的常识，学会像经济学家一样思考，用经济学的视角和思维观察、剖析种种生活现象，指导自己的行为，解决生活中的各种难题。希望读者在了解经济学知识和智慧的同时，也能体验学习经济学的幸福和快乐。

目 录

上篇
微观经济学

第一章　微观经济学简述 ····················· 3
起源发展：微观经济学的追踪 ····················· 3
微观经济学基础：基本概念、假设和主体 ····················· 5
创新与发展：不断开拓的微观经济学 ····················· 8
经济实惠之学：学习经济学的好处 ····················· 12

第二章　市场：微观经济的核心 ····················· 15
市场：买与卖的交易场所 ····················· 15
市场形成的基础：专业化和劳动分工 ····················· 17
市场功能：市场贸易促进社会福利 ····················· 18
市场原则：自愿、平等、公平、诚信 ····················· 20
道德风险：明知还不起也要借 ····················· 22

第三章　供给和需求：市场运行的左右手 ····················· 25
供给：奶油面包的生产成本太高了 ····················· 25
需求：孩子想要就得买 ····················· 27
供给和需求的变动：为什么钻石贵过水 ····················· 29
供给和需求曲线：商品市场的"线形"变化 ····················· 31
均衡价格：供需之间妥协的结果 ····················· 34
价格弹性：价格对市场的敏感度有多大 ····················· 37
价值规律：价格围绕价值上下波动 ····················· 40

第四章　消费者：如何作出合适的消费决策 ····················· 42
消费者偏好：爱大车不爱小车 ····················· 42
消费者效用：花钱买个高兴 ····················· 43

消费者决策：如何作出消费决定 ·· 45
预算约束：挣少了对消费有什么影响 ·· 47
选择：作决定也是一件痛苦的事情 ··· 48
冲动消费：女性消费跟金钱无关 ··· 50
炫耀性消费：江诗丹顿手表 ·· 52
边际效用递减：饭吃多了也是一种痛苦 ··· 54
替代效应与收入效应：闲暇时间如何打发 ······································ 57
互补品与独立品：物品之间的替代与并存 ······································ 59
吉芬商品：不遵守供求关系的特殊商品 ··· 61
示范效应：南海公司的虚假想象 ·· 62

第五章　生产者：市场经济中的逐利者 ·· 64
机会成本：合理库存的重要性 ··· 64
利润最大化：逐利，生产者并非天生勤奋 ······································ 66
成本与收益：1美分硬币为什么成为"鸡肋" ·································· 67
边际成本与收益：多开11小时，营业额会有什么不同 ····················· 68
生产可能性边界：是生产饼干，还是方便面 ·································· 69
规模经济：企业的规模并不是越大越好 ··· 71
范围经济：巧妙搭配，不让资源闲置 ·· 73
沉没成本：不可收回的损失 ·· 75
边际产量递减：为什么员工增加了，产量却在减少 ························· 77
生产成本及分类：生产者要考虑哪些成本"代价" ··························· 78
产权：人们越来越关注的"资产归属感" ·· 79

第六章　资源配置：经济运行的要素市场 ·· 82
资源配置：田忌赛马为什么能赢 ··· 82
生产要素：国民经济的活力细胞 ··· 84
人力资本：为什么你需要不断充电 ··· 85
工资差异：为什么会有不同的工资标准 ··· 86
交易成本：完成一笔交易的成本有多大 ··· 89
劳动力供给与需求：为何出现天价保姆 ··· 90
劳动力的供需变动：企业裁员还是增员 ··· 92

第七章　市场交换：贸易对谁更有利 ·· 94
消费者剩余：节省出来的甜头 ··· 94
生产者剩余：生产者的额外利益 ··· 95
市场福利：市场交易会增加人们的幸福吗 ····································· 96

经济福利最大化：完全竞争市场下的"理想"福利……98
无谓损失：税收伤害的"无辜"社会福利……99
全民福利：北欧人为什么如此懒散……100

第八章 市场竞争：竞争压力下的商业交锋……103

完全竞争：没有干扰的自由竞争……103
垄断竞争：垄断企业之间的差异生存……105
垄断：欧佩克油价上涨的推手……107
托拉斯：从生产商到销售商的高端垄断联合……110
卡特尔：同类企业瓜分市场的阴谋……111
博弈论：人与人之间的智商游戏……113
差别定价：同机不同价的缘由……114
价格战争：空调厂商之间的"价格厮杀"……116
成本最小化：控制成本才最具竞争力……117
兼并：企业扩张的快捷方式……119

第九章 市场失灵：低效率和不公平……123

市场失灵：世界上缺乏无瑕疵的市场……123
信息不对称：隔行如隔山……125
逆向选择：二手车越来越差……127
外部效应：废水废气的环境影响……128
搭便车行为：无法杜绝的白吃者……130
公地悲剧：公共资源的滥用……131
马太效应：富者愈富，穷者愈穷……133

第十章 税收：社会财富的再分配……135

公平和效率：政府调控市场的目的……135
政府的经济职能：自由市场下，政府需要做什么……137
社会再分配：最正当的"劫富济贫"计划……139
税收：个人收入的调节与社会公平的实现……140
累进税：为何收入高的人要缴纳更多的税……142
庇古税：谁污染，谁治理……143
荒年减税与"拉弗曲线"理论……144

中篇
宏观经济学

第一章 宏观经济学简述 ····· 149
宏观经济学：经济大趋势的一门学问 ····· 149
宏观经济学的核心：国民收入决定理论 ····· 151
宏观经济学关键词：总需求、就业、货币 ····· 152
宏观经济学的理论基石：凯恩斯主义 ····· 154

第二章 国民收入：政府收支的庞杂算术题 ····· 156
国民收入：支撑一个国家需要赚多少钱 ····· 156
一国的经济指标：GDP 和 GNP ····· 157
GDP 失灵：无效的 GDP 与消失的 GDP ····· 159
名义 GNP 和实际 GNP：钱不一定值钱 ····· 160
GDP 和社会福利：GDP 增加，福利不一定提高 ····· 161

第三章 经济指标：国民经济运行的体检表 ····· 164
经济增长：GDP 变动的现实意义 ····· 164
生产率：决定国家生活水平的重要数据 ····· 165
恩格尔系数："吃"出来的温饱、小康、富裕 ····· 166
消费物价指数：通货膨胀的预警器 ····· 168
消费者信心指数：敢不敢消费很重要 ····· 169
负担系数：4 亿老年人如何养老 ····· 170
基尼系数：反映贫富差异的曲线 ····· 171
零售指数：家电下乡为什么可以拉动经济 ····· 173
道琼斯指数：美国股票市场的晴雨表 ····· 174

第四章 国民储蓄和投资：民众的钱会怎样花 ····· 177
国民收入：消费、储蓄还是投资 ····· 177
人均可支配收入：一国生活水平的变化情况 ····· 178
储蓄：存钱也是一种投资 ····· 179
股票：冒险家们不会错过的"赚钱游戏" ····· 180
期货：下今天的赌注，挣明天的钱 ····· 182
国债：借给政府钱，稳中求"利" ····· 184
对外投资：到国外去淘金 ····· 186

第五章　货币和金融体系：一国经济运行的经脉 188

- 货币：不仅仅是钱那么简单 188
- 银行：金融家族的"老大哥" 190
- 货币流通：央行究竟要发行多少钱 191
- 货币制度：没有规矩，不成方圆 193
- 货币危机：金融体系中的多米诺骨牌效应 195
- 金融体系：组织、监管、市场 197
- 金融市场：资本和货币交易的地方 199
- 金融中介机构：投资银行、保险、财务公司 200
- 中央银行：国家经济的大动脉 202
- 商业银行：银行体系的主体 203
- 电子金融：未来的金融主宰者 205

第六章　通货膨胀与通货紧缩：钱的扩张与萎缩 207

- 货币和通货膨胀：钱多了注定了不值钱 207
- 恶性通货膨胀：谁来为消失的财富埋单 208
- 通货紧缩：物价过低并非是一件好事 210
- 稳定通货：政府左右为难的问题 212
- 货币升值：人民币升值是好事，还是坏事 213
- 货币贬值：调节进出口的经济手段 215

第七章　劳动就业：增加就业也是政府功课 217

- 完全就业：实现所有人的工作理想 217
- 失业：还有多少人为饭碗发愁 218
- 失业的种类：总会有人失业 220
- 奥肯定律：失业会影响国家GDP吗 222
- 菲利普斯曲线：通货膨胀同失业的"亲密关系" 224
- 大学生就业问题：一个复杂的话题 225

第八章　经济周期：经济的四季循环 227

- 经济流动：美国喷嚏，全球感冒 227
- 经济周期：经济"由盛到衰"的规律 229
- 经济大萧条：引起第二次世界大战的根本原因 230
- 滞胀：经济停滞与通货膨胀并存 232
- 经济周期的影响：由经济跌宕延伸开去 234

第九章　财政政策：宏观经济调控的左手 ········· 236
政府预算：政府的预算报告 ········· 236
财政赤字：资不抵债的政府 ········· 238
财政政策：宏观经济刺激与调控的政策 ········· 239
减税：刺激经济增长的特殊方法 ········· 240
财政补贴：财政安排的专项援助 ········· 242
转移支付：财政资金的无偿转移 ········· 243

第十章　货币政策：宏观经济调控的右手 ········· 245
货币政策：钱的增多与减少 ········· 245
货币传导机制：货币政策是如何发挥作用的 ········· 246
利率政策：经济调控的又一杠杆 ········· 248
银行准备金率：银行放出贷款的多少对经济的影响 ········· 249
再贴现政策：根据需要调整再贴现率 ········· 251
金融管制：预防金融风险的管制 ········· 253

第十一章　国际贸易：没有国境的全球贸易 ········· 255
比较优势：美国人为什么不制造球鞋 ········· 255
贸易顺差与逆差：出口和进口间的加减法 ········· 257
出口替代：让国内的商品走出去 ········· 258
贸易壁垒：保护国内产业的最好方式是什么 ········· 260
进口限额：限制外国产品销售 ········· 261
倾销与反倾销：低价惹的祸 ········· 263
世界贸易组织：贸易秩序的世界警察 ········· 264

第十二章　国际金融：汇率主导的世界 ········· 266
汇率：人民币兑美元越来越多 ········· 266
汇率制度：在固定与浮动之间的抉择 ········· 268
购买力平价：是什么决定了汇率 ········· 270
外汇市场：开放的世界货币市场 ········· 271
外汇干预理论：中央银行为什么要干预外汇市场 ········· 273
国际资本流动：资本流动对国内外经济有何影响 ········· 274
外汇储备：如何看待 2 万亿美元外汇 ········· 276

第十三章　宏观调控：政府的经济职能 ········· 278
宏观调控：市场失灵时政府的作用 ········· 278
经济发展战略：为国民经济发展指明方向 ········· 279

产业政策：淘汰落后、扶持先进 ………………………………………… 282
相机抉择：政府要因势利导 ……………………………………………… 283
"服务型"政府：掌好舵、不划桨 ………………………………………… 284

下篇 生活中的经济学

第一章 消费经济学 … 289
展示性消费：今天穿什么 ………………………………………………… 289
"淘、试、侃"：购买服装的"三字诀" …………………………………… 290
炫耀性消费：享受有差别的生活 ………………………………………… 292
免费有毒：白吃的花生米最贵 …………………………………………… 293
浪费无罪：强吃剩饭是更大的浪费 ……………………………………… 294
成本影响价格：清洗女士衬衫比男士贵 ………………………………… 295
价格歧视：留神，同物不同价 …………………………………………… 297
示范效应：效仿明星穿衣 ………………………………………………… 299
广告：别被广告忽悠了 …………………………………………………… 301
非理性消费：价格最低PK价值为零 …………………………………… 302
羊群效应：消费也跟风 …………………………………………………… 303
以"天然"之名进行的欺诈行为 ………………………………………… 305
经济适用：值得考虑的尾房 ……………………………………………… 306
量入为出：学会过"紧"日子 …………………………………………… 307
折扣效应：谁诱惑了你 …………………………………………………… 308
信息不对称：超市里的兑奖券 …………………………………………… 309

第二章 职场经济学 … 311
人才：萧何月下追韩信 …………………………………………………… 311
稀缺：为什么补鞋匠的地位举足轻重 …………………………………… 313
成本：一次选对职业 ……………………………………………………… 315
机会成本：跳槽之前的经济账 …………………………………………… 318
竞争优势：塑造自己的核心竞争力 ……………………………………… 320
就业危机：谁偷走了你的工作 …………………………………………… 322
全球竞争：洋打工者和我们抢饭碗 ……………………………………… 325
信息不对称：为什么难就业和难招工同时存在 ………………………… 326
效率工资：最低工资伤害了谁 …………………………………………… 328

美貌经济：为什么不向美丽征税 ······ 330
鲇鱼效应：好羊离不开狼 ······ 332
路径依赖：职业选择之痛 ······ 334
内卷化效应：为什么总是原地踏步 ······ 335
替代效应：凭什么他的工资比你高 ······ 337
付出＝收益：为什么有些人比其他人赚钱多 ······ 339
创造价值：女模特比男模特收入高 ······ 341
加薪策略：工资是自己要的而不是老板给的 ······ 343

第三章　教育经济学 ······ **347**

民工荒：知识真的不值钱了吗 ······ 347
木桶效应：让短板变长 ······ 349
风险意识：上大学也会有风险 ······ 351
投资回报：理性充电 ······ 352
名牌效应：高学历总会拿高薪 ······ 354
机会成本：本科学历该不该考研 ······ 355
素质＝工资：毕业后的第二次高考 ······ 357
降低成本：读大学有所值 ······ 359
劳动力过剩：高学历低收入的"蚁族" ······ 360

第四章　人际关系经济学 ······ **363**

成本与收益：为什么要送礼物给别人 ······ 363
关系效用：人脉就是钱脉 ······ 365
人脉资源：多个朋友多条路 ······ 368
行为外部性：利他才能利己 ······ 370
杀熟：朋友卖的东西比市场价还要贵 ······ 371
边际效应：向落魄的人伸出援手 ······ 373
预期收益：AA制在中国行不通的缘由 ······ 375
零和博弈：你死我活的游戏 ······ 377
华盛顿定律：三个和尚会没有水喝 ······ 378
猎鹿博弈：乌龟要和兔子合作 ······ 380
斗鸡博弈：驴子和驴夫都会遭受损失 ······ 382
重复博弈：丈夫不敢真打妻子 ······ 383
旅行困境：做人不能太精明 ······ 385
长期投资：吃亏是福 ······ 386
信息不对称：为什么皇帝总杀重臣 ······ 388
品牌效应：口碑传播的力量 ······ 390

经济价值：一定要把"面子"当回事 …… 392

第五章　两性经济学 …… 394

两性的经济学解释 …… 394
夫妻的经济意义：一夫一妻更利于谁 …… 395
比较优势：相亲选条件比你差的人作陪同 …… 397
最优化：爱情没有最大的麦穗 …… 398
婚姻交易：美女找丑男 …… 400
不对称：女方为何索要彩礼 …… 402
鲇鱼效应：第三者的"功劳" …… 403
成本收益与资源配置："门当户对"有理 …… 404
婚姻收益：没有什么比结婚好 …… 406
婚姻效用：离婚，难言的痛 …… 407
同居：婚前的预演 …… 409
结婚支出：结婚也有一笔经济账 …… 410
比较优势：谁来做家务 …… 411
生育成本：为什么有的人不愿生孩子 …… 413
沉没成本：为什么放手也是爱情的智慧 …… 414
经济独立：为什么婚姻不是一张长期的饭票 …… 415
经济适用：找个有潜力男人结婚 …… 416
帕累托最优：明星富豪的结合 …… 418

第六章　理财投资经济学 …… 420

信用：富人赚钱的智慧 …… 420
复利效应：赚到第一个100万 …… 422
贴现：资金的时间价值 …… 423
马太效应：理财赚大钱 …… 425
信贷消费：花明天的钱，做今天的事 …… 426
理性投资：不要向旅鼠学习 …… 428
博傻理论：不做投资的大傻瓜 …… 429
理财与财务自由：如何才能惬意地生活 …… 431
理财规划：有钱是规划出来的 …… 433
储蓄投资：巧用十二存单法 …… 435
组合投资：不把鸡蛋放在一个篮子里 …… 436
股票投资：在机会与风险中淘金 …… 438
基金投资：让专家为自己理财 …… 439
期货投资：一种高风险的投资行为 …… 441

外汇投资：真正以钱赚钱的投资 ………………………………… 443
黄金投资：保值增值的宝贝 …………………………………… 445
债券投资：风险小，但回报稳定 ………………………………… 447
房产投资："黄土"也能变成黄金 ……………………………… 449
合理避税：其实你可以交更少的税 ……………………………… 452

第七章　生产经营经济学 …………………………………………… **454**

捆绑销售：约翰逊黑人化妆品为什么畅销 …………………… 454
价格弹性：为什么旅游门票会向当地人优惠 ………………… 456
区别定价：各类人都能接受的价格 …………………………… 458
品牌经营：贴标签的土豆会贵过苹果吗 ……………………… 460
规模效应：麦当劳紧随肯德基 ………………………………… 461
包装经济：消费者会买椟还珠 ………………………………… 464
博物经济：牛奶装在方盒子里卖 ……………………………… 465
偏好竞争：东风日产定位技术日产 …………………………… 466
成本竞争：台塑与日本制造一争高低 ………………………… 469
服务外包：甩掉不必要的包袱 ………………………………… 470
广告营销：可口可乐化身为神奇魔水 ………………………… 472
饥饿营销：WIN7一盘难求 …………………………………… 474
经济情报：三菱能够拿到订单 ………………………………… 475
潜在需求：现在不需要不等于将来不需要 …………………… 477
长尾理论：小需求催生大产业 ………………………………… 479
蛛网理论：丰产并不丰收 ……………………………………… 481

第八章　福利经济学 ………………………………………………… **484**

社会保障——"懒惰"的北欧人 ……………………………… 484
保险：风险与风险社会下的明智选择 ………………………… 485
保险原则：保险的游戏规则 …………………………………… 487
保险规划：不同的人如何买保险 ……………………………… 489
财产保险：让你高枕无忧 ……………………………………… 491
人身保险：与你共渡难关 ……………………………………… 492
医疗保险：看病不再难 ………………………………………… 494
投保与理赔：条款看清楚，投保理赔不迷糊 ………………… 497
老年福利：让老有所养 ………………………………………… 498
企业福利：带薪去休假旅游 …………………………………… 500
保障性住房：居者有其屋可以实现吗 ………………………… 502
社会保障体系：真正为弱势群体办实事 ……………………… 503

社会慈善基金："企业家 = 慈善家" ····· 504

第九章　制度经济学 ····· **506**
分粥规则：良好的制度是集体利益的保障 ····· 506
阿罗定律：少数服从多数不一定是民主 ····· 507
效率：让滥竽充数的人无处可藏 ····· 509
公共物品：灯塔只能由政府建设 ····· 511
理性犯罪：为什么人们会违章停车 ····· 512
权利寻租：和珅为什么会成为"贪污之王" ····· 513
激励相容：好的制度应当顺应人的本性 ····· 515
热炉法则：制度面前人人平等 ····· 516
法制经济：法制体系保证经济建设 ····· 517

第十章　全球化：日益紧密的全球经济 ····· **519**
经济一体化：世界越来越小，联系越来越紧 ····· 519
中国制造：美国记者离不开中国产品 ····· 521
知识产权：无形的贸易障碍 ····· 522
金融监管：监管过度创新的金融工具 ····· 524
次贷危机：波及全球的经济萧条 ····· 526
唇亡齿寒：中国的"切肤之痛" ····· 529
外贸依存度：美国和中国，谁依靠谁 ····· 531
人民币升值：美国的经济阴谋 ····· 533
热钱：经济动荡的幕后黑手 ····· 537
国际投机：资本大鳄阻击亚洲经济 ····· 538

上篇
微观经济学

第一章
微观经济学简述

◎ 起源发展：微观经济学的追踪 ◎

一、微观经济学的起源

早在200多年前，1776年，英国人亚当·斯密（1723~1790）出版了《国民财富的性质和原因的研究》，简称《国富论》，这本书是公认的第一本真正意义上的经济学著作。而斯密本人也被认为开创了近代政治经济学，被誉为"经济学之父"。

斯密在经济学上的主要贡献是：把政治经济学发展成了一个完整的体系；提出了分工促进经济增长的原理；批判了重农主义和重商主义，重农主义认为农业是唯一创造财富的产业，重商主义则认为商业流通是财富的唯一源泉，斯密在理论上批判了它们的偏见，认为只要是包含人类劳动的产品都具有价值；提出了政府的职能，即建立国防、建立严正的司法机构、建立并维持必要的公共工程，这被后人称为小政府的标准；提出了赋税的四项原则，即公平、确定、便利、节省，直到今天这仍然是各国税收的指导原则。

斯密的最大贡献是他提出了"看不见的手"的学说。他认为，人类社会存在着一种和谐的自然秩序。斯密的哲学思想和经济学思想，影响了后来的李嘉图、马尔萨斯和凯恩斯等人。

自亚当·斯密之后，经济学登堂入室，成为一门独立的科学，历久不衰，甚至被称为所有社会科学的"皇后"。

微观经济学的历史渊源可追溯到亚当·斯密的《国富论》以及阿尔弗雷德·马歇尔的《经济学原理》。其中《国富论》正式奠定了经济学作为一门学科的独立地位。

20世纪30年代以后，英国的罗宾逊和美国的张伯伦在马歇尔的均衡价格理论的基础上，提出了厂商均衡理论。标志着微观经济学体系的最终确立。

二、微观经济学的内涵

微观经济学又称个体经济学，小经济学，是宏观经济学的对称。经济学原本没有微观和宏观之分，凯恩斯主义的宏观经济学盛行之后，这种着重研究个体经济行为的传统理论，就被称为微观经济学。

微观经济学是以企业、家庭和单个市场作为研究对象，研究供求行为与价格之间的关系等经济行为。研究对象是个别经济单位（居民户、厂商）的经济行为，解决的问题是资源配置，中心理论是价格理论，研究方法是个量分析，研究经济变量的单项数值如何决定。

宏观经济学研究的是一个国家整体经济的运行及政府运用经济政策来影响整体经济等宏观经济问题。研究对象是整个经济，解决的问题是资源利用，中心理论是国民收入决定理论，研究方法是总量分析。

微观经济学与宏观经济学的关系：两者互相补充，资源充分利用和资源合理配置是经济学的两个方面。微观经济学是宏观经济学的基础。假如宏观经济学研究森林的特征，微观经济学则是考察构成森林的树木。微观经济学与宏观经济学只是研究对象有所分工，两者的立场、观点和方法并无根本分歧。

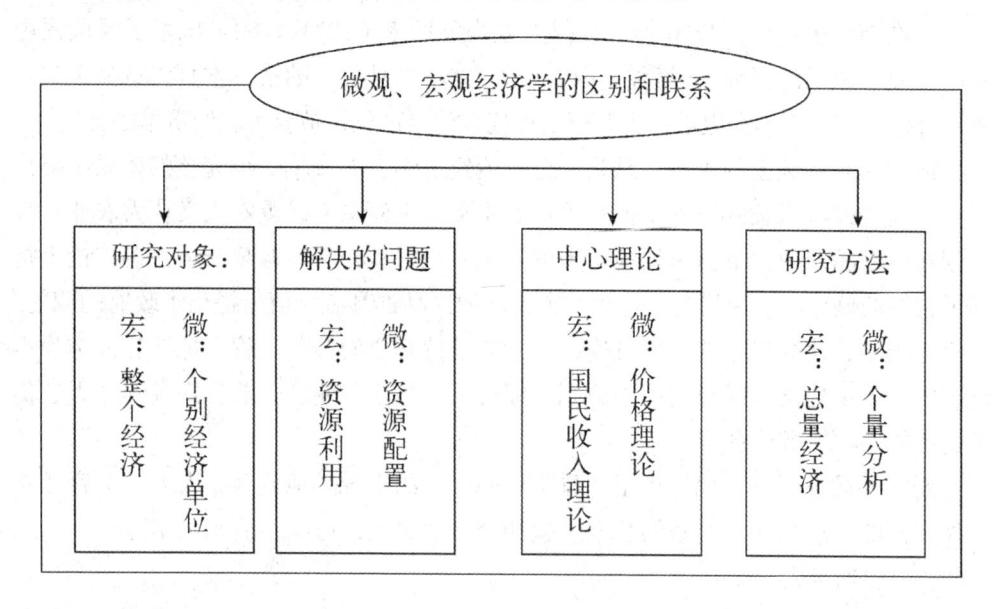

微观、宏观经济学的区别和联系

研究对象：	解决的问题：	中心理论	研究方法
宏：整个经济 微：个别经济单位	宏：资源利用 微：资源配置	宏：国民收入理论 微：价格理论	宏：总量经济 微：个量分析

三、经济学研究的基本问题

简单来说，经济学是一门研究人类行为及如何将有限或者稀缺资源进行合理配置的社会科学。这个解释可能让部分人觉得抽象，难以理解，事实上，经济学并不复杂。著名经济学家、诺贝尔经济学奖获得者斯蒂格利茨认为，只要通过一辆汽车，就可以把经济学的所有内容解释清楚。斯蒂格利茨在其名著《经济学》中有段精彩的表述：

对于一个十来岁的年轻人来说,汽车象征着地位、行动自由和对新奇事物的探索。

对于一个机修工，汽车就像病人等待他治疗。对于因为堵车被困在路上的上班一族，汽车就像囚禁犯人的监狱。对于一个装配线上的工人，汽车可能只不过是被组合起来的一堆零件和一份工作。对于一个银行抢劫犯或者赛车手，汽车就是一匹现代化的机械马。在这些不同人的生活中——他们的例子不胜枚举——汽车这个金属、橡胶和塑料的组合物起着重要的作用。当然，这种作用的性质可以有天壤之别：从修车弄得浑身油垢的极端现实，到月夜开敞篷车行驶于高速公路的浪漫经历。对于一名经济学家来说，一辆汽车就可以用来解释经济学的几乎全部内容。

通过这段经典的表述我们可以看出，经济学研究的东西和我们紧密相关，而且一点也不难懂。它涉及我们生活中的消费、工作、生产、分工、体验等诸多方面。经济学家把经济学研究的问题归结为四个基本问题：

1. 生产什么，产量有多大

在这个问题中，生产什么，产量有多大是由供求关系（看不见的手）决定的，取决于厂商和消费者之间的相互作用。当然政府（看得见的手）也起一定的作用。

每一天，我们身边都有层出不穷的新产品，以及各式各样的服务，同时，每天也有产品和服务退出市场，而且它们的供应量和价格也在不断地变化。

2. 产品是怎样产生的

这个问题涉及生产方式、科学技术、企业管理等方面的内容。在大多数经济体系中，产品的生产方式由厂商来决定，同样也有政府的参与，比如一些管理条文、经营许可证的颁发等。

3. 产品为谁生产

产品生产出来，就面临了分配问题——为谁生产。在市场经济下，收入较高的人可以购买较多的产品和服务。而我们所接受的教育、拥有的储蓄、所持的观念、政府的税收和再分配计划等又决定了我们的消费水平。

4. 谁做出经济决策，依照什么程序做出决策

在计划经济体制中，政府负责经济活动的一切决策。这个问题和上述三个问题都是由政府来给出答案。与计划经济相对应，另外一个是市场经济，生产什么，如何生产，由谁来消费主要依赖生产者和消费者的自由交换，通过市场调节来实现。现在，大多数国家的经济都是计划经济和市场经济两种体制兼有的混合经济。政府决策和私人决策混合在一起。

◎微观经济学基础：基本概念、假设和主体◎

一、微观经济学的两个基本概念

首先，是"资源的稀缺性"。"人的需求是无限的，相对于人的需求来说，任何

资源都可能是稀缺的"。比如"人生自古谁无死",对我们来说,时间都是有限的;住好房,开好车,周游世界需要很多钱,对大部分人来说,自己拥有的金钱是有限的。

资源的稀缺性是现代微观经济学的基本命题,资源的稀缺性及由此决定的人们要以最少消耗取得最大经济效益的愿望,是经济学作为一门独立的科学产生和发展的原因。

其次,是要牢记"机会成本"概念,即一定资源投入某一用途后所放弃的在其他用途中所能获得的利益。通俗地说,就是有得必有失,鱼与熊掌不可兼得。你选择了读大学就意味着要放弃做一份朝九晚五的全职工作的机会,有人会因为觉得读大学的机会成本太高而放弃。

美国经济学家、2001年诺贝尔经济学奖获得者斯蒂格利茨在其《经济学》一书中指出:"经济学研究我们社会中的个人、企业、政府和其他组织如何进行选择,以及这些选择如何决定社会资源的使用方式。"每一个社会和个人都必须作出选择。欲望有轻重缓急之分,同一资源又可以满足不同的欲望。选择就是用有限的资源去满足什么欲望的决策。但在做选择时,务必请记住:一定要仔细权衡一下你的机会成本,这是提高选择能力需要培养的基本习惯之一。

一个选择对了,又一个选择对了,不断地作出正确的选择,到最后便产生了成功的结果;一个选择错了,又一个选择错了,不断地作出错误的选择,到最后便产生了失败的结果。若想有一个成功的人生,我们必须减少错误选择的几率,降低做错误选择的风险。这就必须预先明确你想要的结果是什么,而这本身又是一个选择。

由以上经济学的两个概念可以看出,其实经济学并非那些经济学家们才关注的话题,它其实发生在每个人的日常行为中,每个人生活中都在有意无意地运用经济学原理进行选择和取舍,企图以最小的成本获得最大的收益。所以有人将经济学戏称为平民的学问。

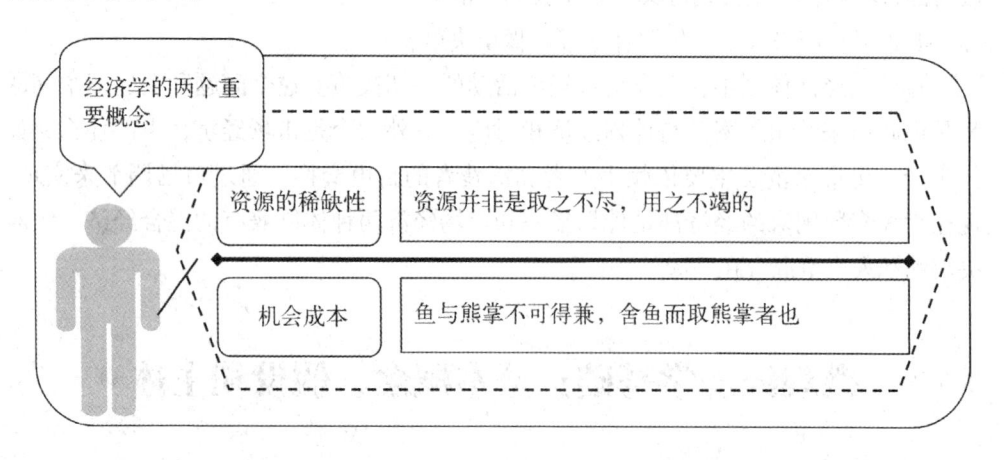

经济学的两个重要概念		
	资源的稀缺性	资源并非是取之不尽,用之不竭的
	机会成本	鱼与熊掌不可得兼,舍鱼而取熊掌者也

微观经济学研究市场中个体的经济行为,亦即单个家庭、单个厂商和单个市场的经济行为以及相应的经济变量数值的决定。它从资源稀缺这个基本概念出发,认

为所有个体的行为准则是设法利用有限的资源取得最大的收获,并由此来考察个体取得最大收获的条件。

二、微观经济学的两个基本假设

微观经济学理论是以两个基本假设为前提的:第一,合乎理性的人。"经济人"都是以利己为动机,力图以最小的经济代价去追逐和获得自身的最大的经济利益。第二,充分、完全的信息。市场上的"经济人"都对有关的经济情况具有完全的信息。比如,对于消费者来说,完全的信息是指消费者了解欲购商品的价格、性能、使用后自己的满足程度,等等。

这两个基本假设总结起来就是:动机利己和信息透明。

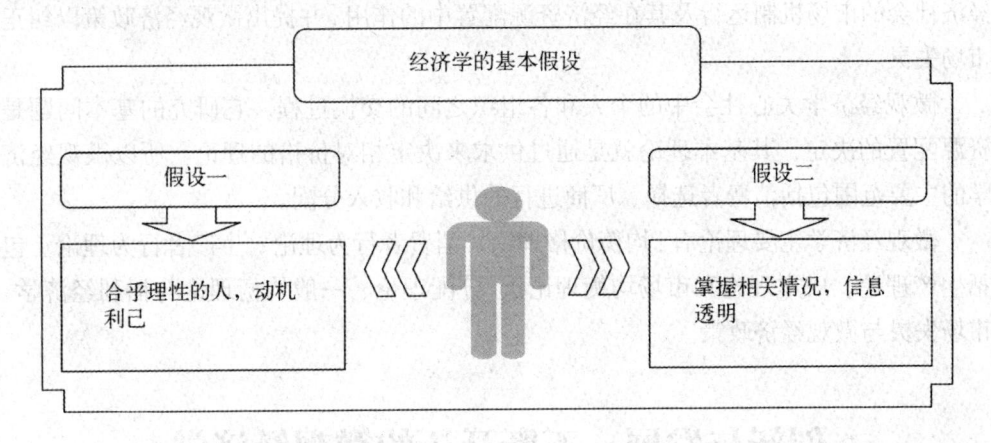

经济学的基本假设

假设一：合乎理性的人,动机利己

假设二：掌握相关情况,信息透明

三、微观经济学的分析主体

微观经济学是研究社会中单个经济单位的经济行为,以及相应的经济变量的单项数值如何决定的经济学说。亦称市场经济学或价格理论。微观经济学的中心理论

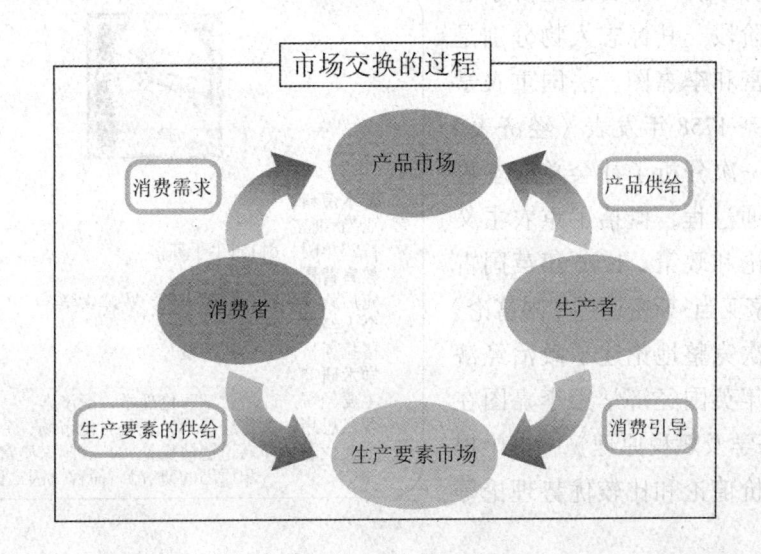

市场交换的过程

消费需求 — 产品市场 — 产品供给
消费者 — 生产者
生产要素的供给 — 生产要素市场 — 消费引导

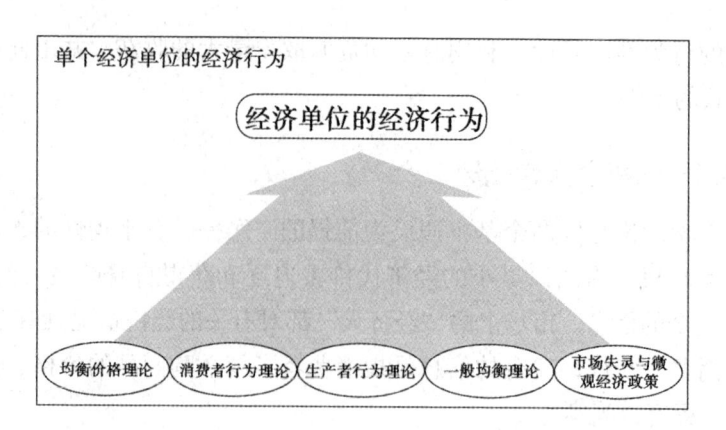

是价格理论。微观经济学分析个体经济单位的经济行为，在此基础上，研究现代西方经济社会的市场机制运行及其在经济资源配置中的作用，并提出微观经济政策以纠正市场失灵。

微观经济学关心社会中的个人和各组织之间的交换过程，它研究的基本问题是资源配置的决定，其基本理论就是通过供求来决定相对价格的理论。所以微观经济学的主要范围包括消费者选择、厂商进行的供给和收入分配。

微观经济学主要理论有：均衡价格理论、消费者行为理论、生产者行为理论（包括生产理论、成本理论和市场均衡理论）、分配理论、一般均衡理论与福利经济学、市场失灵与微观经济政策。

◎ 创新与发展：不断开拓的微观经济学 ◎

一、早期萌芽阶段（1662～1837年）

早期萌芽阶段主要是经济学思想的起源阶段。其标志人物分别是魁奈、斯密和李嘉图。法国重农学派代表魁奈1758年发表《经济表》一书，第一次分析了社会总资本再生产和流通过程，概括了重农主义的经济理论和政策。1776年英国古典经济学家亚当·斯密通过《国富论》一书第一次完整地论述了政治经济学。1817年英国经济学家李嘉图在《政治经济学及赋税原理》一书中提出了劳动价值论和比较优势理论等

基本资料
亚当·斯密
1723年6月16日出生于苏格兰
教育背景
先后就读于格拉斯哥大学、牛津大学
个人经历
格拉斯哥大学教授、校长
学术研究
主要领域：政治哲学、伦理学、经济学
著名思想：古典经济学、现代自由市场、劳动分工
主要代表作：《道德情操论》、《国家康富的性质和原因的研究》（简称《国富论》）

经济理论。

随着资本主义向纵深发展，制造业日趋重要，重商主义和重农主义变得陈旧，他们的后继者——古典经济学派开始了经济学的又一轮革新。

二、产生阶段（1838～1947年）

这一时期，在自然科学迅猛发展的影响下，西方经济学开始向微观和宏观两端发展。特别是以边际分析的价值论、市场（价格）论和分配论作为核心的微观经济理论，已经在这一时期奠定了基础，在系统化方面远远超过了宏观经济理论。边际分析阶段形成和发展的理论主要有：企业理论、消费者理论、一般均衡、均衡的稳定性、资源的最优配置和一般交易理论。

基本资料
阿尔弗雷德·马歇尔
1842年出生于英国伦敦
教育背景
剑桥大学学习数学、哲学和政治经济学
个人经历
剑桥大学、牛津大学任教
学术研究
主要领域：经济学
著名思想：均衡价格论
主要代表作：《经济学原理》

边际革命与"边际三杰"。19世纪70年代，英国杰文斯、法国瓦尔拉斯、奥地利门格尔几乎同时提出边际效用价值论，掀起了一场经济学界的边际革命。

剑桥学派。19世纪末20世纪初由英国人马歇尔创建。马歇尔综合了"边际三杰"的成果，提出系统的微观经济理论，该理论广泛流行于西方。剑桥学派运用数学方法，从供求角度分析市场价格，以解决资源配置、资源报酬等问题，主张市场自发调节。

马歇尔对微观经济学进行过多次补充。由于19世纪末20世纪初垄断的形成，使原来的以完全竞争市场类型为条件的微观理论受到挑战，于是在1933年，英国的罗宾逊、美国的张伯伦提出了不完全竞争和垄断竞争理论。19世纪30年代以后希克斯、瓦尔拉斯、帕累托等提出了一般均衡理论、序数效用论、福利经济学等。之后关于市场失灵与微观政策调节的研究可以说是对微观经济学的总结。博弈论以及与企业产权分析相联系的制度经济学是微观经济研究的最新发展。

边际分析阶段取得的成就可概括为三个方面：形成和发展了一套完整的微观经济活动者行为理论；提出了一般经济均衡问题，建立了一般经济均衡的理论框架；创立了当今的消费者理论、生产者理论、垄断竞争理论及一般经济均衡理论的数学基础。

三、形成和发展阶段（1948～1960年）

第二次世界大战以后，国际社会面临着大战带来的经济萧条与危机，出现了许多为当时的经济理论所不能解释的现象，以往的边际分析法已不能适应新问题的需要，迫使经济学家不得不去开创新的经济分析法。这个时期内，高级微观经济学的研究内容集中在一般经济均衡研究上，连冯·诺伊曼这样的大数学家也投身进来为它砌上一块基石，研究成果表现为以下两个方面：

（1）一般经济均衡的严格理论体系。沃尔德首次严格分析了一般经济均衡问题，而突破性的进展则是由阿罗和德布罗于1954年重建了瓦尔拉一般经济均衡理论。

（2）投入产出分析。投入产出分析在1948至1960年间得到了重大发展。多尔夫曼、萨缪尔森和索洛把线性规划、线性一般经济均衡理论和线性经济增长理论发展到了顶峰。与此同时，对策论研究也在前进。卢斯和雷法在纳什对于n人对策均衡的研究的基础上发展了动态对策论。

基本资料
保罗·萨缪尔森
1915年生于美国印第安纳州
教育背景
先后就读于芝加哥大学、哈佛大学
个人经历
剑桥大学、牛津大学任教
学术研究
主要领域：经济学
著名思想：斯托尔珀—萨缪尔森定理，要素价格均等化定理
主要代表作：《经济分析的基础》、《经济学》、《线性规划与经济分析》

四、最新发展（1961～）

公理化经济学的出现，使得经济学家与数学家之间的对话变得更加频繁。同样经济学也开始影响数学，其典型的例子就是角谷定理、集值映射的积分理论、近似不动点计算的算法以及方程组的近似解的算法。数学思想开始全面向经济学渗透，经济学也在不断地为自己铸造新的武器，各种经济分析方法汇集，出现了经济学发展史上的大汇合时期。20世纪60年代以来，微观经济学的研究课题主要有：不确定性和信息、总需求函数、经济核心和连续统经济、时际均衡、社会选择理论、不完全资产市场理论、无限维经济分析、不完全竞争理论、非标准经济学、博弈论。

1. 不确定性和信息

戴蒙德和拉德纳提出用"主观概率"刻画事先无法充分估计概率的不确定性。主观概率使人们对经济学中的不确定性的认识深刻了一步，它与具体的人所掌握的信息多少及对事件的认识有关，各人有各人的判断，有人信息灵通，对事件发生的概率估计较准，有人消息闭塞，对事件发生的概率估计较差。

主观概率加深了人们对证券市场、保险市场、市场信息及搜集行为的认识，尤其是在经济系统中考虑了信息结构。

2. 总需求函数

索恩塞因对此做了研究，指出总需求函数并不受个人需求函数那样的条件限制。此后在1974年，曼特尔与德布罗又作了进一步研究，提出了市场需求理论。

像消费者需求理论那样，市场需求理论研究市场需求函数所共有的性质。另外，

市场需求是可观察的。观察市场需求如何受效用假设的制约，也是市场需求理论中的重要问题。

3. 社会选择理论

社会选择问题是如何通过个人选择来确定社会选择，或者说，如何通过个人的意愿来决定社会的意愿。阿罗在 1951 年对此问题进行了深刻研究，证明了社会选择的不可能性定理。

自阿罗以后，出现了许多这方面的新成果，集中研究怎样给出社会选择原则、在什么条件下社会选择是可能的、又在什么条件下社会选择是不可能的。至今，社会选择问题仍是社会公众所关注的。

基本资料
约翰·福布斯·纳什
1928年出生于美国西弗吉尼亚
教育背景
先后就读于卡内基理工学院、普林斯顿大学
个人经历
兰德研究所、麻省理工学院
学术研究
主要领域：数学、经济学
著名思想：对策论数学
主要代表作：《经济分析的基础》、《经济学》、《线性规划与经济分析》

4. 不完全竞争理论

竞争分为垄断竞争、寡头垄断和完全垄断三种。完全竞争与完全垄断是两种极端情形，实际中极为少见，仅仅是理论上的抽象假设，就如同"真空"一样。同消费者日常生活关系最密切的是垄断竞争，微观经济学对此给予了充分的重视。

5. 博弈论

1944 年，冯·诺伊曼和摩根斯坦共著的划时代巨著《博弈论与经济行为》将二人博弈推广到 n 人博弈结构并将博弈论系统地应用于经济领域，从而奠定了这一学科的基础和理论体系。

约翰·纳什先后发表了《n 人博弈中的均衡点》和《非合作博弈》。在上述论文中，纳什介绍了合作博弈与非合作博弈的区别。他对非合作博弈的最重要贡献是阐明了包含任意数目的局中人和任意偏好的一种通用解概念。

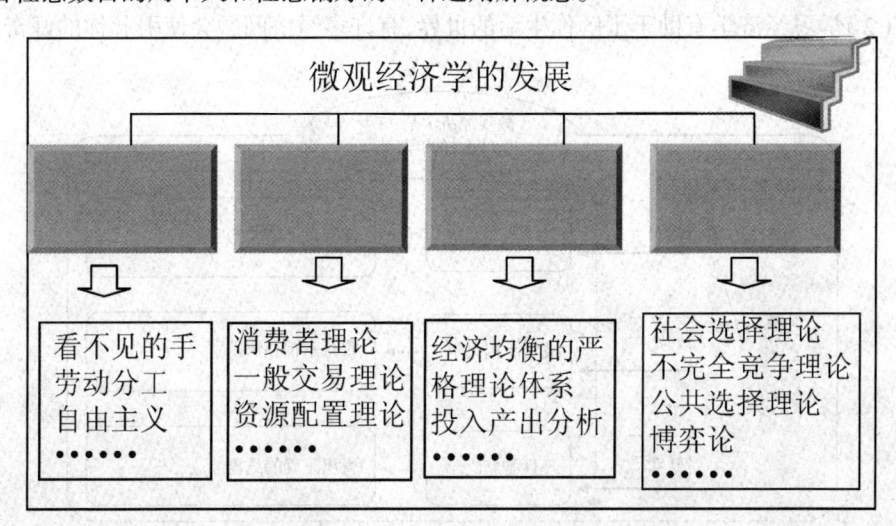

微观经济学的发展

| 看不见的手 劳动分工 自由主义 …… | 消费者理论 一般交易理论 资源配置理论 …… | 经济均衡的严格理论体系 投入产出分析 | 社会选择理论 不完全竞争理论 公共选择理论 博弈论 …… |

经济实惠之学：学习经济学的好处

一、学习微观经济学的好处

（1）微观经济学是"经济实惠之学"，人人都能从微观经济学中淘到自己需要的宝贝。比如，爱情该如何选择？经济学其实存在于每个人的日常行为中，每个人在生活中都在有意无意地运用经济学原理进行选择和取舍，企图以最小的成本获得最大的收益。

（2）微观经济学是"成功幸福之学"。使人生幸福，正是经济学的宗旨所在。英国著名的戏剧家、1925年诺贝尔文学奖获得者萧伯纳曾经说过一句名言："经济学是一门使人生幸福的艺术。"经济学的研究对象是人，那么研究人类的幸福也应该是经济学的必由之路和归宿点。从经济学如何教人致富，如何合理利用人类稀缺的资源等问题来看，它的确如此。

（3）微观经济学是一门"理性智慧之学"。斯蒂格里茨在其所著的《经济学》一书中，曾提出这样一个观点：像经济学家那样思考。言外之意，经济学家在思考问题、分析问题和解决问题，有着独到的见解和智慧。学了经济学，我们少了一些盲目，多了智慧和理性。

二、微观经济学的指导作用

（1）学习微观经济学，可以用微观经济学来指导自己的经济实践，精明地参与经济生活。是升学还是就业？多少收入用于支出？多少用于储蓄？如果你是一个公司老板，你要决定对你的产品收取多高的价格。学习微观经济学可以帮助你在通往财富和智慧的道路上做出利于自己的选择判断。

（2）学习经济学有助于了解你生活的世界，有许多经济问题会使引起你的好奇心。

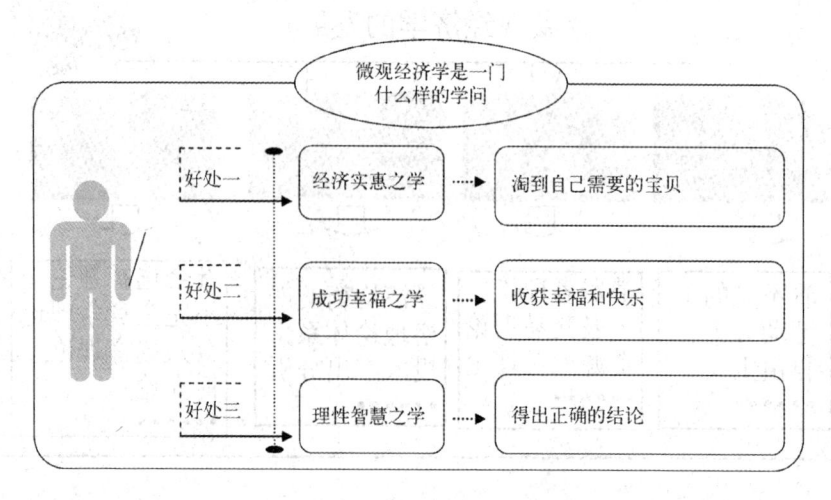

可以启发自己对一些社会现象和热门话题进行分析和判断。

（3）学习微观经济学，有助于我们在购买消费物品时，用最低的价格买到更超值的商品。我们可以根据经济的基本走向和商品销售的冷旺来决定何时买、何处买更优惠。

诺贝尔经济学奖获得者、美国著名经济学家约翰·梅纳德·凯恩斯认为经济学"不是一种教条，而是一种方法、一种心灵的器官、一种思维的技巧，帮助拥有它的人得出正确的结论"。

三、经济学也会"撒谎"

我们学习任何一门学问，都是为了学以致用。但是，放之四海而皆准的学问是不存在的。因为，现实是绝对的，理论是相对的。任何一门学问都有局限性，都有失灵的时候，经济学也不例外。

经济学是一门解释社会现象的科学。当经济学理论和社会现实脱节的时候，经济学的局限性就会显现，就无法解释社会现象，出现经济学失灵的问题。我们看下面一个例子。

2008年11月，英国女王伊丽莎白二世视察了伦敦经济学院，并与一些教授讨论经济形势。她随后发问："为什么当初就没有一个人注意到它（金融危机）？"

"抱歉，女王陛下，我们没能预测到国际金融危机的到来。"英国一批顶尖经济学家2009年7月25日在致女王伊丽莎白二世的信中这样写道。

英国《观察家报》报社得到了这封信的复件。信件的署名者皆为英国知名经济学家，包括伦敦经济学院教授、英格兰银行货币政策委员会委员蒂姆·贝斯利，伦敦大学著名历史学教授彼得·埃内西等。

在这封长达3页的信中，学者们除了表达歉意外，还向女王解释了金融危机爆发的原因：金融家成功说服各国政府并让自己也相信，他们已完全掌握了控制风险的有效办法，而现在看来，"这已成为人们一相情愿和傲慢自大的最佳例证"。"总之，没能预测出这次危机的时间、幅度和严重性是许多智慧人士的集体失误，无论国内还是国际上的学者，人们都没能将系统性风险视作一个整体。"

为什么经济学家们没能预测到这场席卷全球的金融危机？很多经济学家对此进行了反省。有些经济学家的确警告了房价泡沫正在形成，大部分人承认自己没能预计到泡沫的破裂会造成如此大的危害。有些经济学家更加一针见血地指出，由于这个职业普遍存在自由市场偏见，再加上过时的、过于简单的分析工具，使得很多经济学家没能觉察到危险迹象。

国外经济学家之所以没有预测出金融危机，是因为他们把自由市场经济理论教条化，将自由市场看做支撑世界经济发展的唯一妙方，迷信市场万能、资本万能。金融危机的爆发，使其所谓的"资本万能论"不攻自破，也使各国经济学家们大跌眼镜，陷入难于自圆其说的尴尬困境。

经济学也会"撒谎"。中国经济学家薛暮桥说："任何一个经济学家不可能完全超越时代的限制，我也不能例外。现在看来，建国以后我在各个时期写的文章中的观点，有一些就是不正确的，甚至是错误的。"他多次说过，一个经济学家的经济观应该让时间来检验，让历史来下结论，他期待着这种检验和结论。

凯恩斯说得好，经济学是方法，而不是教条；经济学是心灵的仪器，是思维的工具，能帮助人们推导出正确的结论。我们学习经济学，是为了利用经济学指导生活，而不是盲从于经济理论。否则，就很可能会上了经济学的当。

第二章
市场：微观经济的核心

◎ 市场：买与卖的交易场所 ◎

对市场的研究是我们进入经济学殿堂的重要入口。可以说，没有市场，就没有现在高度发展的商业文明。那么，市场是怎样出现的？它的出现给人类社会带来什么变化呢？

远古时期没有商品，也没有市场。人类的祖先以狩猎为生。由于狩猎工具非常原始，捕获的猎物常常不够吃，所以猎物都是由部落统一分配的。后来，部落里有一个聪明的小伙子发明了弓箭，捕获的猎物就多了起来。但是这个做弓箭的人自己亲自参加捕猎所获得的食物却没有他制作一张弓与别人交换得到的食物多，于是他索性不参加狩猎了，一心制作弓箭，然后与别人交换食物。于是，部落里出现了分工和交换。后来，随着分工的扩大，又出现了一些制作别的物品的人，他们也像这位聪明的小伙子一样拿自己制作出来的物品去交换自己所需要的东西。

这是亚当·斯密在《国富论》中讲到的一个故事。我们可以看出随着分工和交换的发展，市场渐渐出现了。

一、市场的意义

1. 市场的初始意义

市场起源于古时人类对于在固定时段或地点进行交易的场所的称呼，当城市成长并且繁荣起来后，住在城市邻近区域的农夫、工匠、技工们就会开始互相交易并且对城市的经济产生贡献。显而易见的，最好的交易方式就是在城市中有一个集中的地方，比如市场，可以让人们在此提供货物以及服务，方便人们寻找货物及接洽生意。当一个城市的市场变得庞大而且更开放时，城市的经济活力也相对会增长起来。

2. 市场的今日意义

今日的市场是商品经济运行的载体或现实表现。商品经济越发达，市场的范围和容量就越扩大。市场具有相互联系的四层含义：一是商品交换场所和领域；二是商品生产者和商品消费者之间各种经济关系的汇合和总和；三是有购买力的需求；四是现实顾客和潜在顾客。市场是社会分工和商品经济发展的必然产物。

市场是商品交换顺利进行的条件，是商品流通领域一切商品交换活动的总和。市场体系是由各类专业市场，如商品服务市场、金融市场、劳务市场、技术市场、信息市场、房地产市场、文化市场、旅游市场等组成的完整体系。同时，在市场体系中的各专业市场均有其特殊功能，它们互相依存、相互制约，共同作用于社会经济。

随着市场经济的发展，各类市场都在发展。那么，哪一类市场同我们的生活联系最紧密呢？从现实生活中，我们可以直接感受到，商品服务市场与我们的关系最为密切。商品服务市场遍及我们生活的每一个角落，我们常见的大、小商场，各种各样的理发店、家具店、农贸市场、宾馆、饭店等，这些都属于商品服务市场。

随着社会交往的网络虚拟化，市场不一定是真实的场所和地点，当今许多买卖都是通过计算机网络来实现的，中国最大的电子商务网站淘宝网就是提供交往的虚拟市场。

二、市场的基本特征

市场具有两个突出的特征：一个是平等性，另一个是竞争性。

平等性是指相互承认对方是自己产品的所有者，对其所消耗的劳动通过价值形式给予社会承认。市场行为的平等性是以价值规律和等价交换原则为基础的，它不包含任何阶级属性，它否定了经济活动中的特权和等级，为社会发展提供了重要的平等条件，促进了商品经济条件下资源合理流动。

竞争性是指优胜劣汰，奖优罚劣。市场的竞争性来自要素资源的自由转移与流动，市场竞争有利于提高生产效率和对要素资源进行合理利用。

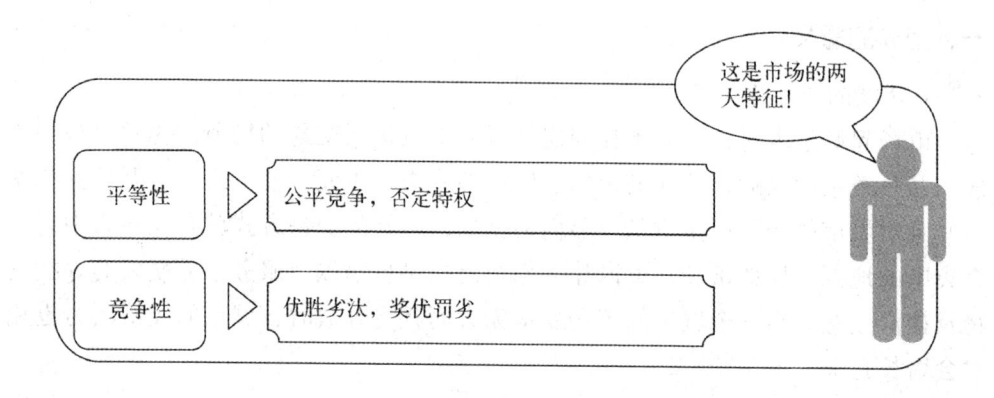

三、买方市场和市场占有率

买方市场是指交易由买方左右的市场，即市场是在具有压倒优势的买方力量的控制下运行的。买方市场在市场经济发达的国家比较普遍。一般经况下，在产品过剩的情况下，买方有更多机会选择产品。比如，空调大战、VCD大战、彩电大战、微波炉大战，都为买方市场的形成创造了条件。对于卖方来讲，降价、打价格战或者服务战是通常的选择。因此可以说，买方市场是有利于消费者的。

市场占有率又称市场份额，是指一家企业销售量在市场销售总量中所占的比重。市场占有率越高，表明企业的竞争能力越强，产品被消费者接受的程度越大，企业销售收入也越多。因此，维持或扩大市场占有率对于任何企业来说都是非常重要的，是一个企业定价的最重要目标之一。

市场形成的基础：专业化和劳动分工

亚当·斯密在1776年出版的《国富论》里说：一个国家应该进口那些别人能以更低成本制造的东西。比如，法国人能够以较为低廉的成本酿造葡萄酒，英国就乐意进口他们的酒，这个时候英国若非要自己酿酒则是愚蠢的行为。

一、专业化

专业是指一群人从事一种需要专门技术的职业，这种职业需要特殊的智力来培养和完成，其目的在于提供专门性的社会服务。近代西方哲学家怀特海认为："专业是一种行业，其活动有理论的基础、科学的研究，可以验证，并且能从理论分析与科学验证中积累知识来促进这个行业的活动。"

专业人员具有系统而全面的专业理论和实践知识基础，而不仅仅只是某种技术训练；专业人员在其专业范围内，具有较高水平的专业判断和决策能力。

二、劳动分工

每个人只对生产活动的一部分负责，而不是参加所有的活动来完成该产品的生

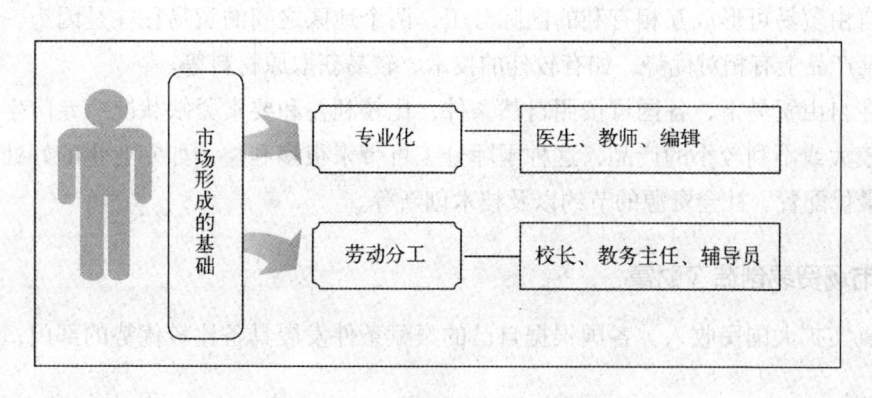

产，就是说将生产划分为细小的专业化步骤或任务。比如让高个子去打篮球，让有头脑的去当老师，让有口才的人去推销汽车。

劳动分工使人们各自的产品互相成为商品，使人们互相成为市场。社会分工越细，商品经济越发达，市场的范围和容量就越扩大。同时，市场在其发育和壮大过程中，也推动着劳动分工和商品经济的进一步发展。

市场通过信息反馈，直接影响着人们生产什么、生产多少以及上市时间、产品销售状况等；联结商品经济发展过程中产、供、销各方，为产、供、销各方提供交换场所、交换时间和其他交换条件，以此实现商品生产者、经营者和消费者各自的经济利益。

◎ 市场功能：市场贸易促进社会福利 ◎

市场是应运而生的交易场所，是社会和文明发展选择的结果。市场的发达程度也往往反映了一个国家的经济活力。历史经验告诉我们，开放才能更好地发展，从20世纪上半期美国经济大萧条到后半期的经济繁荣发展，我们可以更清楚地看到这一点。

1930年，美国政府错误地认为，由于外国的工资和制造成本低，美国制造商无法成功地与外国制造商竞争，因此建立了史无前例的贸易壁垒。《斯姆特—霍利关税法》试图以高关税壁垒保护美国市场，使之免于外国竞争。结果是灾难性的。贸易伙伴随即采取报复措施，以限制外国进口来保护本国市场。20世纪30年代初，世界贸易额下降了70%，几千万人失业，加剧了大萧条。从那以后，美国的历任总统与历届国会在关贸总协定及其继承者世界贸易组织的构架之下，不断为和平的经济合作与共享繁荣奠定基础、建立共识。自由市场和贸易让美国成为世界最开放的重要经济体。

市场为自由贸易的发展提供了平台和场所，是经济发展的重要推动力。从美国20世纪30年代经济大萧条到中后期的繁荣发展，我们可以看到市场和贸易对于经济发展的重要性。概括来讲，市场和贸易主要有以下几个功能：

一、市场贸易促进了社会分工

自由贸易可形成互相有利的国际分工，两个地区之间的贸易往往是因为一地在生产某产品上有相对优势，如有较佳的技术、较易获取原材料等。

在自由贸易下，各国可按照自然条件，比较利益和要素紧缺状况，专门生产其有利较大或不利较小的产品，这种国际分工可带来很多利益，如专业化的好处、要素的最优配置、社会资源的节约以及技术创新等。

二、市场贸易创造了财富

真实扩大国民收入。各国根据自己的禀赋条件发展具备比较优势的部门，要素就会得到合理有效的分配和运用，再通过贸易以较少的花费换回更多的东西，从而增加国民财富。

三、市场贸易增加了社会福利

1. 国内贸易

在市场经济中，虽然你的家庭与所有其他家庭，都会或直接或间接地产生竞争，但是，若把你的家庭与所有其他家庭隔绝开来，未必你会过得更好。因为，如果隔绝开来的话，你的家庭就必须自己种粮食、做衣服、盖房子，这是低效率的做法。由于劳动力的专门化，个体只会从事一个小范畴的工作，所以他们必须以贸易来获取生活的日用品。

2. 国家贸易

国家与国家之间，能从相互交易中获益，自由贸易下，由于进口廉价商品，国民开支减少。

为使更多个人有能力追求梦想、养育家庭，我们必须充分发挥贸易的潜力，促进全球经济进一步增长，为创造优质工作机会提供动力。

四、市场贸易促进了经济增长

自由贸易可加强竞争，减少垄断，提高经济效益。企业在自由贸易条件下，要与外国同行进行竞争，这样就会消除或削弱垄断势力，从长远看，能促进一国经济增长。

自由贸易有利于提高利润率，促进资本积累。通过商品进出口的调节，可以降低成本，提高收入水平，增加资本积累，使经济得以不断发展。

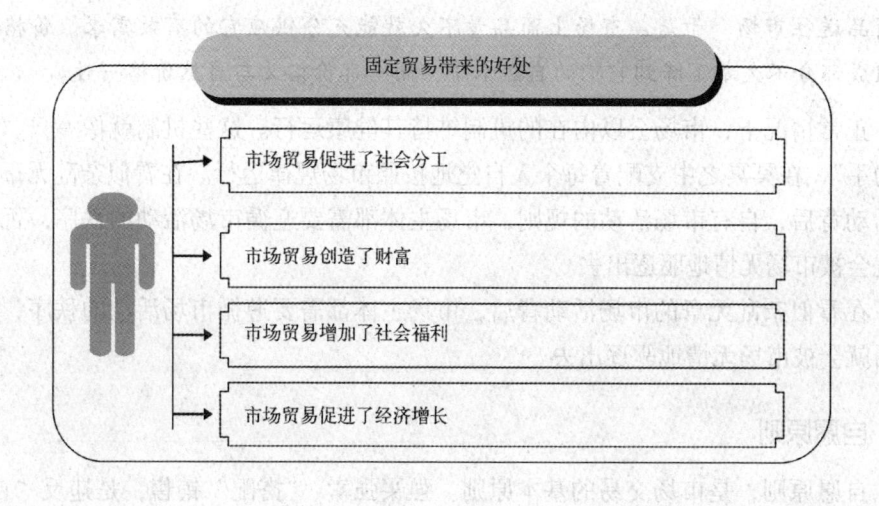

固定贸易带来的好处
- 市场贸易促进了社会分工
- 市场贸易创造了财富
- 市场贸易增加了社会福利
- 市场贸易促进了经济增长

◎ 市场原则：自愿、平等、公平、诚信 ◎

在经济学中，市场往往被称为"看不见的手"。发生在我们身边的很多经济活动都离不开这只"看不见的手"的调节。"看不见的手"是1776年英国经济学家亚当·斯密在《国富论》中提出的。最初的意思是，个人在经济生活中只考虑自己利益，受"看不见的手"驱使，即通过分工和市场的作用，可以达到国家富裕的目的。后来，"看不见的手"便成为表示资本主义完全竞争模式的形象用语。这种模式的主要特征是私有制，人人为自己，都有获得市场信息的自由，自由竞争，政府无须干预经济活动。亚当·斯密在《国富论》中较为详细地描绘了"看不见的手"作用的过程：

每种商品的上市量自然会使自己适合于有效需求。因为商品量不超过有效需求，对所有使用土地、劳动和资本而以商品供应市场者有利；商品量少于有效需求对其他一切人有利。如果市场上商品量一旦超过对它的有效需求，那么它的价格的某些组成部分必然会降到自然率以下。如果下降部分为地租，地主的利害关系立刻会促使他们撤回一部分土地；如果下降部分为工资或利润，劳动者或雇主的利害关系也会促使他们把劳动或资本由原用途撤回一部分。于是，市场上商品量不久就会恰好足够供应它的有效需求，价格中一切组成部分不久就升到它们的自然水平，而全部价格又与自然价格一致。

反之，如果市场上商品量不够供应它的有效需求，那么它的价格的某些组成部分必定会上升到自然率以上。如果上升部分为地租，则一切其他地主的利害关系自然会促使他们准备更多土地来生产这种商品；如果上升部分是工资和利润，则一切其他劳动者或商人的利害关系也会马上促使他们使用更多的劳动或资本，来制造这种商品送往市场。于是，市场上商品量不久就能充分供应它的有效需求。价格中一切组成部分不久都下降到它们的自然水平，而全部价格又与自然价格一致。

正常情况下，市场会以内在的机制维持其健康运行。这些机制就像一只"看不见的手"，在冥冥之中支配着每个人自觉地按照市场规律运行。在看似杂乱无章的市场活动背后，自有市场活动的规则，市场主体都需要遵循市场活动的秩序，否则的话就会被市场无情地驱逐出去。

在看似杂乱无章的市场活动背后，市场主体都需要遵循市场活动的秩序，否则的话就会被市场无情地驱逐出去。

一、自愿原则

自愿原则，是市场交易的基本原则。强买强卖、"搭配"销售，是违反"自愿"交易原则的。特别"搭配"销售，是销售者利用某种商品短缺而硬性强迫消费者购买劣次商品的一种销售行为，是变相的"强卖"。

实行自愿原则，就是基于双方是不同的利益主体，出发点和意愿不同，使得任何一桩交易都必以自愿为原则，交易条件应该为双方所接受，不能使一方屈从于另一方的意愿。

交易双方的出发点不同。卖者出售自己的商品但不愿意做亏本的事，希望在交易中必然能补偿自己的劳动消耗；买者购买商品但不愿意多花钱，希望交易按可以接受的价格成交以满足自己的消费需要。

交易双方的意愿不同。卖者希望商品卖得快多且赚钱；而买者希望少花钱，购买到更多的商品和服务。

二、平等原则

平等，是市场经济的一般特征，也是市场交易的重要原则。平等，是指在商品服务市场上，尽管交易双方是以购买者和销售者的不同身份出现，但都是地位平等、机会均等的市场主体。

市场经济是一种平等经济，买卖双方在市场上是一种平等竞争、平等交换关系。任何"势利眼"、"以貌卖货"、以地位和官职高低卖货的现象都是违反平等交易原则的，是对市场秩序的破坏。

商品是"天生的平等派"，它要求同样的商品卖同样的价钱，实现等价交换；为了实现等价交换，市场不管交易双方的身份和地位如何，要求买卖双方地位平等、机会均等，是一种平等竞争、平等交换的关系；交易双方是地位平等、机会均等的市场主体，不存在谁比谁优越或谁对谁恩赐的问题。

三、公平原则

公平，是市场交易的灵魂，是衡量市场交易活动是否有序、是否规范的试金石。公平的行为指在交易中明码标价、称平尺准、童叟无欺；而缺斤少两、坑蒙拐骗、黑市交易等现象，则是违反公平的市场交易原则，消费者的利益就会受到损害，甚至消费者的生命也会受到侵害。公平的市场交易活动一旦遭到破坏，种种矛盾和纠纷就会不断出现。

公平原则是把消费者作为弱者来保护。这是因为，在交易过程中，经营者可以利用所拥有的场所、设备和工具，为自己谋取不正当的利益。尽管交易过程表面看是"自愿"和"平等"的，实际上是不等价交换，构成了对消费者权益的侵害，造成了不公平的后果。

如一方缺斤短两，一方自愿购买。表面看，这种市场交易活动似乎是自愿和平等的。实际上，消费者是在不知情的情况下购买这种商品的，并不是真正自愿的行为，并不是真正处在平等的地位。即使说消费者自愿购买，由于消费者的知情权受到侵害，受到坑蒙拐骗，这种交易活动也是不公平的。仅有自愿平等的原则并不能保证市场交易具有公平的结果,实行公平原则是实现市场交易规范有序的灵魂。

四、诚实信用原则

诚实信用,是现代市场交易活动的基本精神。在市场交易中不讲诚实信用,已不仅仅是销售商品的问题,它将带来严重的后果,决不可等闲视之。

遵守诚实信用的交易原则,在商品服务市场上,不仅仅是销售者的道德,而是销售者和消费者都应具有的道德。

亚当·斯密曾称,总体而言,商人比外交官更加值得信任。他的这一论断是基于重复交易、诚实守信的重要。实际上,斯密认为,频繁的生意往来对于商人往往比对外交官更重要。他指出,外交官频繁地违反条约,因为条约并不会被频繁地制定。因此,违约行为的收益往往超过了遵守条约义务的收益。

◎ 道德风险:明知还不起也要借 ◎

一、道德风险

道德风险是20世纪80年代西方经济学家提出的一个经济哲学范畴的概念,即"从事经济活动的人在最大限度地增进自身效用的同时做出不利于他人的行动"。或者说是:当签约一方不完全承担风险后果时所采取的自身效用最大化的自私行为。道德风险亦称道德危机,但道德风险并不等同于道德败坏。

在经济活动中,道德风险问题相当普遍。获2001年度诺贝尔经济学奖的斯蒂格里茨在研究保险市场时,发现了一个经典的例子:美国一所大学学生自行车被盗比率约为10%,有几个有经营头脑的学生发起了一个对自行车的保险,保费为保险标的15%。按常理,这几个有经营头脑的学生应获得5%左右的利润。但该保险运作一段时间后,这几个学生发现自行车被盗比率迅速提高到15%以上。何以如此?这

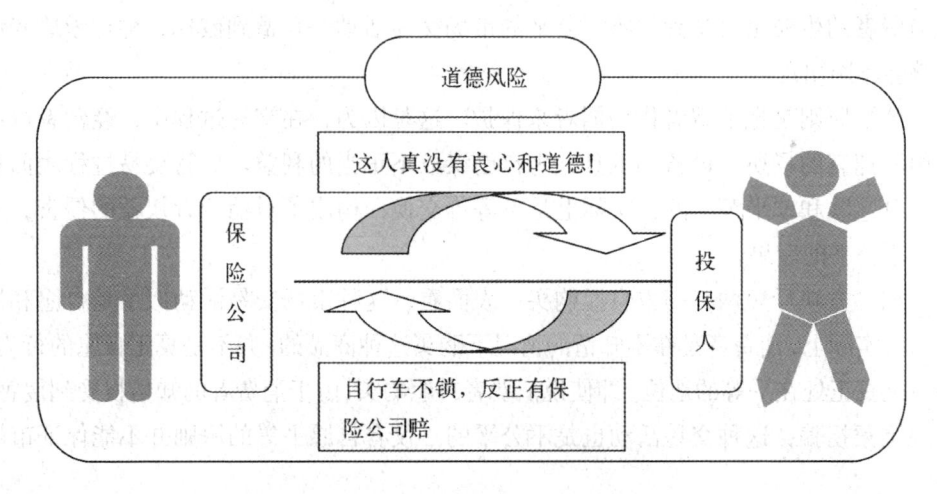

是因为自行车投保后学生们对自行车安全防范措施明显减少。在这个例子中，投保的学生由于不完全承担自行车被盗的风险后果，因而采取了对自行车安全防范的不作为行为。而这种不作为的行为，就是道德风险。可以说，只要市场经济存在，道德风险就不可避免。

道德风险是代理人签订合约后采用隐藏行为，由于代理人和委托人信息不对称，给委托人带来损失。保险市场上的道德风险是指投保人在投保后，降低对所投保标的的预防措施，从而使损失发生的概率上升，给保险公司带来损失的同时降低了保险市场的效率。

基于理性人假设，个人努力追求自己的效用最大化，由于任何预防性措施的采取都有代价，同时保险公司承担了保险的全部风险，所以理性的投保人不会在预防措施上投资，这样增加了风险发生的可能，给保险公司带来了损失。更为极端的是个人会促使损失的发生，从而获得保险公司的理赔。保险公司预计到投保人投保后的这种行为，就会要求投保人交纳更多的保险金，这样降低了保险市场的效率。投保人相对于采取预防措施下的收益也会降低。此外，保险公司为了激励投保人采取预防措施，可以采用设置免赔额，并且要求投保者也承担一定比例的损失的方式保护自己的利益，能够收到一定的效果。

二、道德风险的特点

1. 风险的潜在性

很多逃避银行债务的企业，明知还不起也要借。这种高负债造成了企业的低效益，潜在的风险也就与日俱增。

2. 风险的长期性

观念的转变是一个长期的、潜移默化的过程，尤其在当前我国从计划经济向市场经济转变的这一过程将是长久的阵痛。切实培养银行与企业之间的"契约"规则，建立有效的信用体系，需要几代人付出努力。

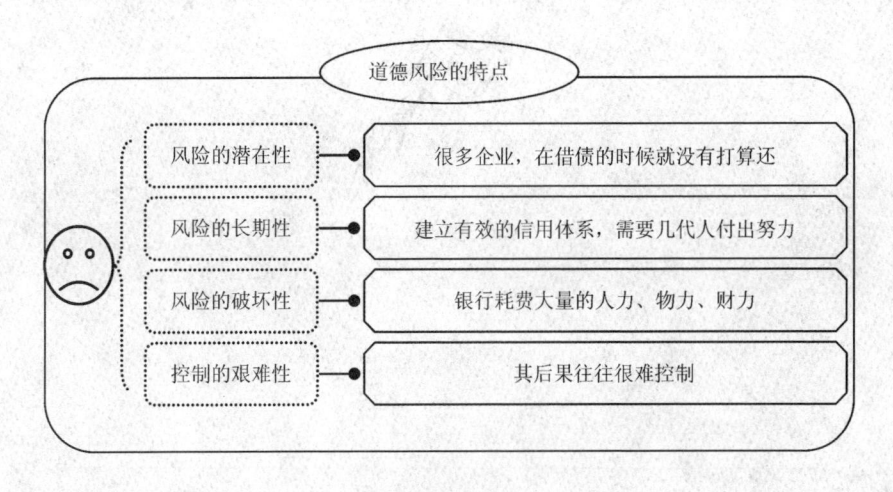

道德风险的特点

风险的潜在性	很多企业，在借债的时候就没有打算还
风险的长期性	建立有效的信用体系，需要几代人付出努力
风险的破坏性	银行耗费大量的人力、物力、财力
控制的艰难性	其后果往往很难控制

3. 风险的破坏性

思想道德败坏了，事态就会越变越糟。不良资产形成以后，如果企业本着合作的态度，双方的损失将会减少到最低限度；但许多企业在此情况下，往往会选择不闻不问、能躲则躲的方式，使银行耗费大量的人力、物力、财力，也不能弥补所受的损失。

4. 控制的艰难性

当前银行的不良资产处理措施，都具滞后性，这与银行不良资产的界定有关，同时还与银行信贷风险预测机制、转移机制、控制机制没有完全统一有关。不良资产出现后再采取种种补救措施，结果往往于事无补。

三、道德风险的商业后果

1. 不良贷款

出现违约的贷款。一般而言，借款人若拖延还本付息达三个月之久，贷款即会被视为不良贷款。银行在确定不良贷款已无法收回时，应从利润中予以注销。预期贷款无法收回但尚未确定时，则应在账面上提列坏账损失准备。

2. 法律风险

企业法律风险是指在法律实施过程中，由于企业外部的法律环境发生变化，或由于包括企业自身在内的各种主体未按照法律规定或合同约定行使权利、履行义务，而对企业造成负面法律后果的可能性。

3. 监管风险

监管风险是指由于法律或监管规定的变化，可能影响商业银行正常运营，或削弱其竞争能力、生存能力的风险。

第三章
供给和需求：市场运行的左右手

◎供给：奶油面包的生产成本太高了◎

对于生产面包的工厂来说，买多少面粉（原料），生产多少面包，全部由自己决定。就算市场上有再多的人需要面包，也要面包厂愿意做、能做出来才行。就是说，要想在市面上消费某种商品，首先就要有这种商品的供给。

一、供给的相关内容

根据供给的概念，它描述的是生产者提供商品的能力。它的构成需要两个条件——生产者的意愿和生产者的实际生产能力。生产者的意愿，指的就是生产者愿意在某一价格水平上生产多少商品或者服务。生产者的实际生产能力，则是指在现有的生产力发展水平和技术下，生产者能够生产多少商品或者服务。从根本上看，后一项条件对于生产者供给有更大的意义。当生产者向市场上进行供给时，其最直观的表现就是市场上商品的数量增加。但要清楚的是，市场上的供给量不等于生产量，在生产的过程中，将有一部分用于生产者自己消费或储备。因此，在自由健康的市场上，供给应当是卖者用于交换的数量。

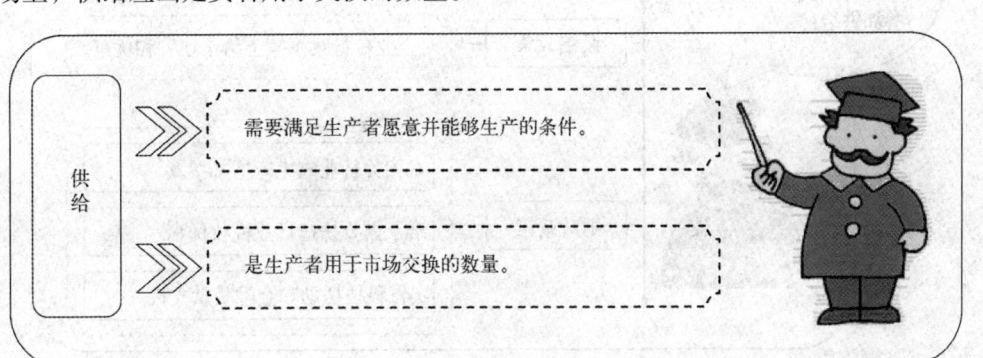

供给 ⟩⟩ 需要满足生产者愿意并能够生产的条件。

⟩⟩ 是生产者用于市场交换的数量。

二、影响供给的因素

根据经济学家的研究表明，影响生产者供给的因素有很多，以下列出几种：

1. 生产成本的高低

对于生产者来说，生产成本就是其为了制造产品所要付出的原料、资本及其他资源。通常情况下，当其他条件都不变时，生产成本的上升，会导致赚取的利润减少，则生产者会减少生产，商品供给量下降；相反，生产成本的下降时，厂商就能获得更多利润，从而刺激生产，商品供给量增加。

2. 生产的技术和管理水平在商品进行生产的过程中，生产技术和管理同社会生产力水平的高低有着直接的联系，也就直接影响了生产者生产的效率。当两者升高时，就会提高生产效率，降低生产成本，从而促使生产者增加商品供给的数量。相反，则减少商品供给的数量。

3. 相关产品的生产情况

在完全竞争的市场里，生产者提供的商品可能会遇到相关的竞争产品。在其他条件都不变的情况下，随着相关产品销售情况的低迷，生产者为了扩大市场，就会提高供给数量，相反，在相关产品销售情况高涨时，生产者则可能大量减少供给，甚至退出市场。

4. 生产者对商品的预期

生产者在生产商品的过程中，对商品未来发展形势的预期，也将极大地影响产品的供给量。当生产者对未来商品的销售预期乐观时，他就会扩大生产规模，增加未来的产品供给；对未来商品预期悲观时，就会缩减生产规模，减少供给量。

5. 政府的相关政策

不可否认，在市场经济中，政府的干预也会对生产者提供商品的数量产生影响。当政府采用税收或补贴等政策手段调节某些产品的生产时，就会影响商品在市场上的供给。

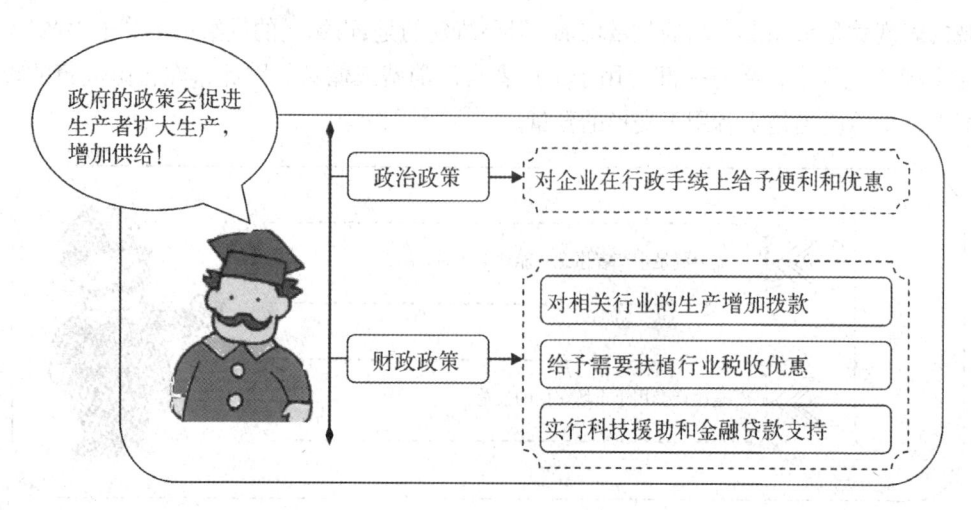

政府的政策会促进生产者扩大生产，增加供给！

政治政策 —— 对企业在行政手续上给予便利和优惠。

财政政策 —— 对相关行业的生产增加拨款
给予需要扶植行业税收优惠
实行科技援助和金融贷款支持

◎ 需求：孩子想要就得买 ◎

西晋太康年间出了位很有名的文学家——左思。在左思小时候，他父亲就一直看不起他，常常对外人说后悔生了这个儿子。等到左思成年，他父亲还对朋友们说："左思虽然成年了，可是他掌握的知识和道理，还不如我小时候呢。"左思不甘心受到这种鄙视，开始发愤学习。

经过长期准备，他写出了一部《三都赋》，当时人们都认为其水平超过了汉朝班固写的《两都赋》和张衡写的《二京赋》。一时间，在京城洛阳广为流传，人们啧啧称赞，竞相传抄，一下子使纸昂贵了几倍。原来每刀千文的纸一下子涨到两千文、三千文，后来竟倾销一空，不少人只好到外地买纸，抄写这篇千古名赋。

为什么会"洛阳纸贵"？因为在京都洛阳，人们竞相传抄《三都赋》，以致纸的需求越来越大，而纸的供给却跟不上需求。

一、需求

根据需求的概念，它描述的是消费者购买商品的意愿和能力。它的构成需要两个条件——消费者的意愿和消费者的实际实际能力。消费者的意愿，指的就是消费者愿意在某一价格水平上购买多少商品或者服务。消费者的实际生产能力，则是指在现有的收入水平和经济条件下，消费者能够购买的该商品的数量。

需求必须是既有购买欲望又有购买能力的有效需求，如果消费者对某种商品只有购买的欲望而没有购买的能力，就不能算作需求。

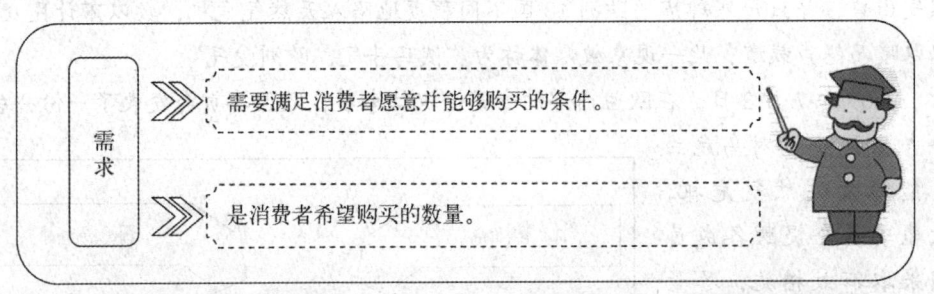

需求 ➤ 需要满足消费者愿意并能够购买的条件。
　　 ➤ 是消费者希望购买的数量。

二、影响需求的因素

需求显示了随着价格升降而其他因素不变的情况下，某个体在每段时间内所愿意买的某货物的数量。在某一价格下，消费者愿意购买的某一货物的总数量称为需求量。在不同价格下，需求量会不同。若以图像表示，便称为需求曲线。

1. 商品本身的价格

汽车需求的数量永远不会超过面包的数量。一般而言，商品的价格与需求量反方向变动，即价格越高，需求越少；反之，价格越低，需求越多。

2. 相关商品的价格

当一种商品本身价格不变，而其他相关商品价格发生变化时，这种商品的需求量也会发生变化。

3. 消费者的收入水平

当消费者的收入提高时，会增加商品的需求量；当消费者的收入降低时，会减少商品的需求量，劣等品除外。

4. 消费者的嗜好

当消费者对某种商品的偏好程度增强时，该商品的需求量就会增加，相反偏好程度减弱，需求量就会减少。

女儿对妈妈说："妈妈，我要吃鱼！"

妈妈说："孩子，吃鸡肉行不行？"

女儿："不行，我就要吃鱼。"

妈妈无奈，只得每天下班之后都从超市里面买一条鱼回来。

三个月过去了，妈妈对女儿说："明天吃鱼吗？"

女儿："不，我不想吃了。"

5. 消费者对未来商品的价格预期

当消费者预期某种商品的价格即将上升时，社会增加对该商品的现期需求量，因为理性的人会在价格上升以前购买产品；反之，就会减少对该商品的预期需求量。

欧盟国家约有1/4的天然气由俄罗斯供应，而俄罗斯输往欧盟的天然气中有逾80%需过境乌克兰。2009年一月份，俄罗斯因天然气支付纠纷切断了对乌克兰的天然气出口，导致严寒肆虐的欧洲18国不同程度地陷入天然气危机，数以万计民众无以取暖而怨声载道，此一现象被媒体称为"俄乌斗气，欧洲受气"。

2009年7月2日，在欧盟内部的专家会议结束后，欧盟委员会发表了一份公告。公告表示："面对乌克兰可能爆发天然气危机，欧盟委员会提醒各成员国采取有效措施，尽量填充天然气储备"。

6. 人口规模

为什么有的地方的超市每天都会出现抢购，而有的地方的超市一天只有为数不多的顾客？因为有的地方的消费者

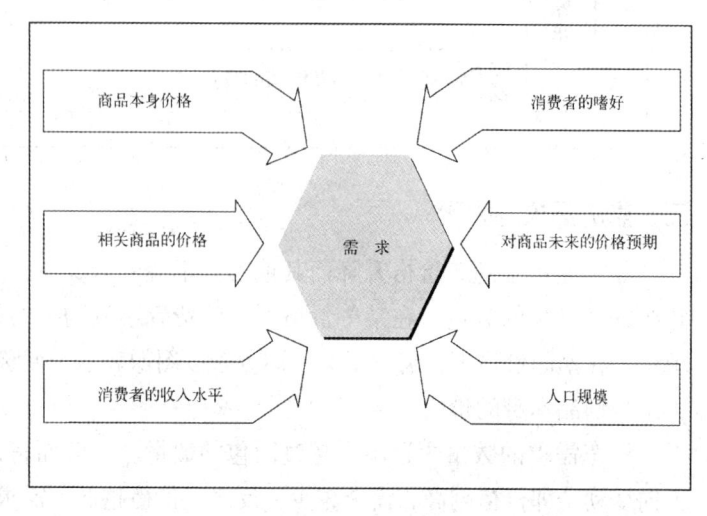

众多，你不买还有别人抢着买，排队买，而有的地方人流有限，消费者少。

◎ 供给和需求的变动：为什么钻石贵过水 ◎

经济学上有个著名的理论：有用的水，不值钱；无用的钻，天上价。这就是由于供给与需求引起的。

一、价值悖论

在经济学中，有一个著名的水和钻石的价格难题，那就是：水应当比钻石更值钱吗？著名的古典经济学家亚当·斯密在研究不同物品的相对价格如何决定的问题时，就提出过这个问题：根据常识，一个物品的价格决定于它给消费者的效用。但是，水为消费者所必需，水的有无，生死攸关，效用极大，但水的价格很低。而钻石是非必需品，效用有限，价格却非常高。这是为什么？

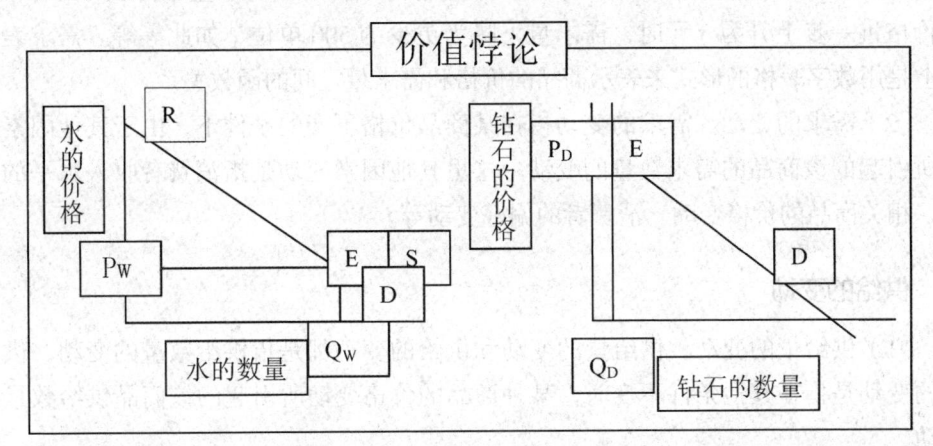

价值悖论

虽然在200年以前，这个难题困扰着亚当·斯密，但是现代经济学家已经解释了这个难题，提出了几个答案。最简单的答案就是：供给与需求决定价格。

水的供给与需求曲线相交于很低的价格水平。而钻石的供给与需求曲线想交于很高的价格水平。水，源源不断，随地可掬，供给量大，所以不值钱；钻石，稀罕物，供给量小，所以值钱。当然也有例外，水在沙漠里，比油珍贵。

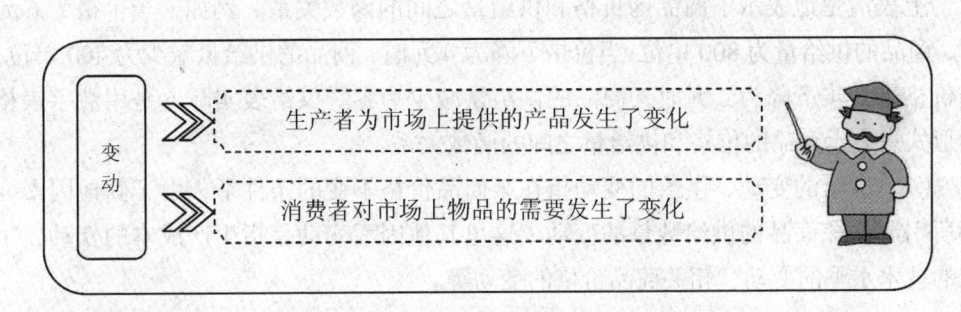

变动 ▶▶ 生产者为市场上提供的产品发生了变化
▶▶ 消费者对市场上物品的需要发生了变化

二、需求的变动

在微观经济学中，需求量的变动和需求的变动都是指需求数量的变动，它们的区别在于引起这两种变动的因素是不相同的，而且，这两种变动在几何图形中的表示也是不同的。

（1）需求量的变动。需求量的变动是指在其他条件不变时，由某商品的价格变动所引起的该商品的需求数量的变动。

某商品的需求量

价格—数量组合	A	B	C	D	E	F	G
价格（元）	1	2	3	4	5	6	7
需求量（单位数）	700	600	500	400	300	200	100

从上表可以清楚地看到商品价格与需求量之间的关系。譬如，当商品价格为1元时，商品的需求量为700单位；当价格上升为2元时，需求量下降为600单位；当价格进一步上升为3元时，需求量下降为更少的500单位；如此等等。需求表实际上是用数字表格的形式来表示商品的价格和需求量之间的函数关系。

（2）需求的变动。需求的变动指在某商品价格不变的条件下，由于其他因素变动所引起的该商品的需求数量的变动。这里其他因素变动是指消费者收入水平的变动、相关商品的价格变动、消费者的偏好变动等。

三、供给的变动

（1）供给量的变动。供给量的变动和供给的变动都是指供给数量的变动，供给量的变动是指在其他条件不变时，某种商品的价格变动所引起的该商品供给数量的变动。

某商品的供给

价格—数量组合	A	B	C	D	E
价格（元）	2	3	4	5	6
供给量（单位数）	0	200	400	600	800

上表清楚地表示了商品的价格和供给量之间的函数关系。例如，当价格为6元时，商品的供给量为800单位；当价格下降为4元时，商品的供给量减少为400单位；当价格进一步下降为2元时，商品的供给量减少为零。供给表实际上是用数字表格的形式来表示商品的价格和供给量之间的函数关系。

（2）供给的变动。供给的变动指在某商品价格不变的条件下，由于其他因素变动所引起的该商品的供给数量的变动。这里其他因素变动是指生产成本的变动、生产的技术水平的变动、相关商品价格的变动等。

◎ 供给和需求曲线：商品市场的"线形"变化 ◎

一、需求曲线及其线性变动

1.需求曲线

当水价变动时，人们的用水量也会随之变动。如果水价是每升是 1 美分，每天会用掉 55 万桶。当水价下降时，原因姑且不论，人们就计划用更多的水。当每加仑 1 美分的时候，人们每天计划用水减少 10 万桶；如果水价降到每加仑半美分，人们每天就要增加消费 10 万桶。

当我们把这些信息画成图时，事情就变得更有意思了。纵轴表示可能的水价，单位是美元/桶。横轴表示人们在不同的价格下计划购买的水量。把表中的数字标在图中，并连接起来，我们就得到了一条向右下方倾斜的曲线，经济学家称其为需求曲线。

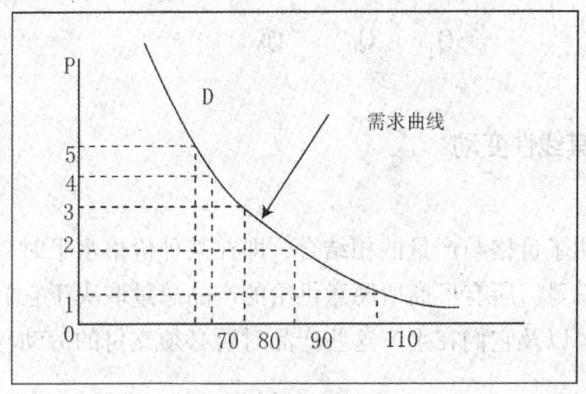

2.需求量的变动

在几何图形中，需求量变动表现为商品的价格—数量组合点沿着同一条既定的需求曲线的运动。如下图所示，当商品的价格由 $P_1 \to P_0 \to P_2$ 变动时，该商品的需

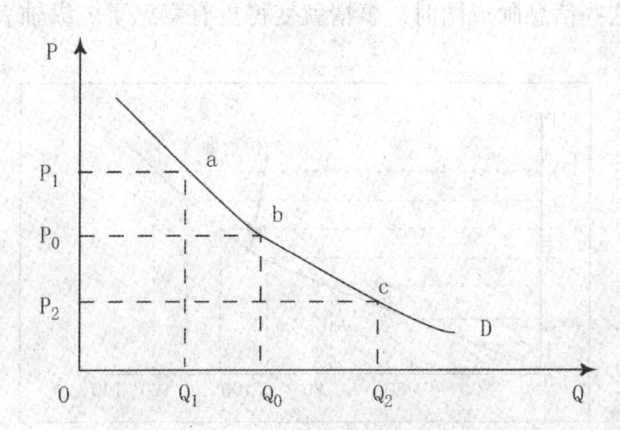

求数量由 $Q_1 \to Q_0 \to Q_2$ 变动，商品的价格－数量组合点由 $a \to b \to c$ 沿同一需求曲线移动。

3. 需求的变动

在几何图形中，需求的变动表现为需求曲线的位置发生变动。如下图所示，原有的需求曲线为 D_0，在商品价格不变的前提下，如果其他因素的变化使得需求增加，则需求曲线向右平移至 D_2 的位置；如果其他因素的变化使得需求减少，则需求曲线向左平移至 D_1 的位置。

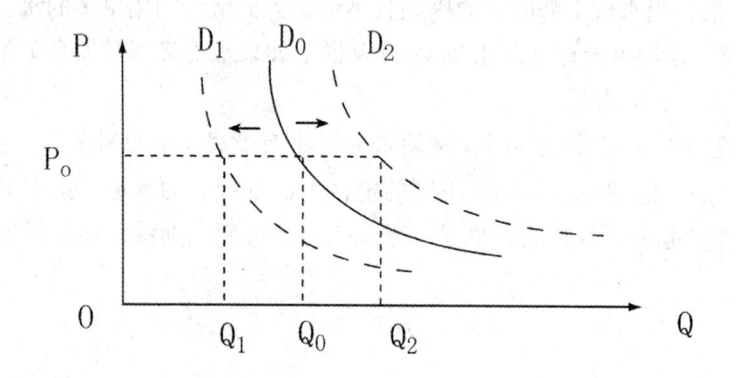

二、供给曲线及其线性变动

1. 供给曲线

供给曲线表明了价格与产量的相结合，即在某种价格水平时整个社会的厂商所愿意供给的产品总量。所有厂商所愿意供给的产品总量取决于它们在提供这些产品时所得到的价格，以及它们在生产这些产品时所必须支付的劳动与其他生产要素的费用。

当水价是 2 美分的时候，自来水公司只愿意供应 20 万桶的自来水；当水价是 5 美分的时候，自来水公司愿意供应 110 万桶的自来水；当水价是 6 美分的时候，自来水公司愿意供应 120 万桶的自来水。

当我们把这些信息画成图时，事情就变得更有意思了。纵轴表示可能的水价，

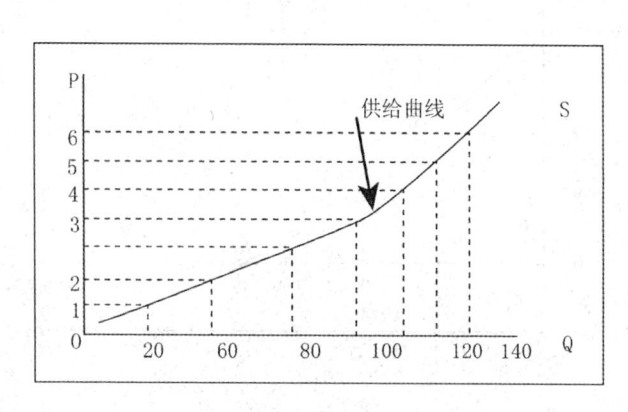

单位是美分/桶。横轴表示水厂在不同的价格下愿意供给的水量。把表中的数字标在图中，并连接起来，我们就得到了一条右上方倾斜的曲线，经济学家称其为供给曲线。

2. 供给量的变动

在几何图形中，供给量的变动表现为商品的价格—供给数量组合点沿着同一条既定的供给曲线的运动。当价格变动时，价格—供给数量组合点 a、b、c 沿同一供给曲线移动。

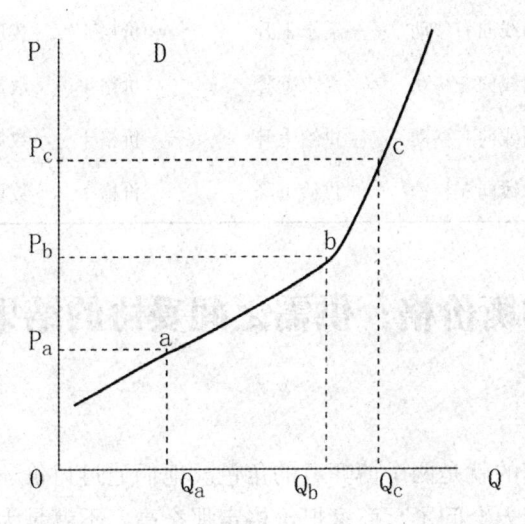

3. 供给的变动

在几何图形中，供给的变动表现为供给曲线的位置发生变动。如图所示，当价格不变而其他因素变化时，供给曲线平行的移动。供给曲线 S_0 右移到 S_1，表示供给增加；供给曲线（如生产要素价格提高）从 S_0 左移到 S_2，表示供给减少。

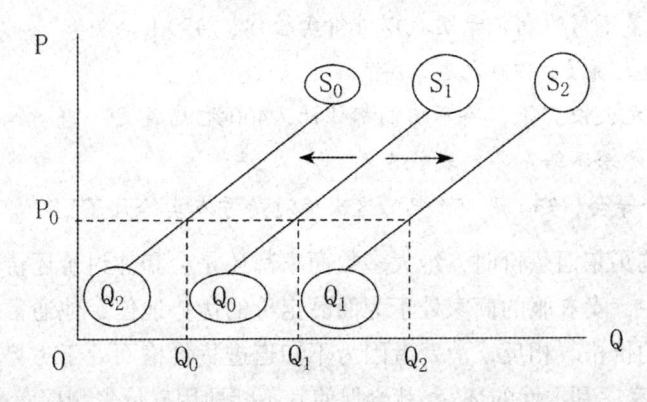

三、供给与需求曲线反映了什么

需求曲线表现：它向右下方倾斜，它的斜率为负值，这都表示商品的需求量和价格之间成反方向变动的关系。

供给曲线表现：它向右上方倾斜，它的斜率为正值，这表示商品的供给量和价格之间成同方向变动的规律。

总供给曲线的位置是不断变动的，这种变动说明了在既定价格水平之下，需求曲线描写了买方的行为；供给曲线描写了卖方的行为。

需求和供给曲线的变动			
需求曲线向右移动	需求上升	价格↑	数量↑
需求曲线向左移动	需求下降	价格↓	数量↓
供给曲线向右移动	供给上升	价格↓	数量↑
供给曲线向左移动	供给下降	价格↑	数量↓

◎ 均衡价格：供需之间妥协的结果 ◎

一、价格的形成过程

买者和卖者扮演的就是两个博弈者的角色。他们通过讨价还价，来为自己争取最大的利益。可能有人会问了，商家把价格定那么高，不就是为了赚更多的钱么？为什么还愿意和消费者还价？他当初为什么不要个实价？

买者：你这件衣服多少钱？

卖者：500元。

买者：太贵了，我最多能给250元。

卖者：250多不好听啊，干脆我以进价卖给你！450！

买者：还是太贵了，300元怎么样？

卖者：300元太便宜了，要不咱们都让让，400元就成交。

买者：350元给不给？不给我就走人。

卖者：等会等会，350就350吧。这次绝对是亏本卖给你了！

当人们在购买东西杀价时，绝大多数商家都还是会和你讨价还价的。这是因为在双方的博弈中，卖衣服的商家处于为商品定价的优势地位，他通常愿意为自己的商品定个最高的价格。相反，消费者因为不知道进货价格而处于劣势。在这种情况下，消费者对商家逐利本性的怀疑，就会促使其不断地用砍价来测探商家的心理底线，进而摸清最贴近物品真实价值的价格。

我们不妨做个假设，来分析这一过程。

前提是双方都是经济学中的理性人，都追求个人利益的最大化，即卖方倾向于给出远远高于成本的价格，买方倾向于付出尽量少的金钱。

1. 卖方给出实价，双方都不讨价还价

显然，这种行为对买方是极为有利的，但从商家这一方来说，就不符合前提假设——经济学中理性人的关键特征就是追求个人利益最大化。商家这样的行为将导致生意没有继续运营的成本，时间久了，商家自然亏本，退出市场。

2. 卖方给出远远高于成本的价格，双方不讨价还价

这种情况下，卖方处于优势，但是对于买方来说，他感觉到商品质量和价格不符，不讨价还价，也不符合假设的前提。没有人明知吃亏还会持续购买下去。若卖方一直不降价，长此以往，买方也会因为价格太高，自己的利益无法得到满足而不再购买商品。

3. 卖方给出远远高于成本的价格，但双方讨价还价

只有在这种情况下，卖方能够满足自己定高价的倾向，买方也能满足自己压低价格的倾向。两者都感受到了彼此利益能够有达到最大化的可能。就像上面买衣服的人，他认为自己将衣服压价到350元，感觉到很划算；而卖衣服的人，就算嘴上说自己做了赔本的生意，实际上还是会赚到一些。分析的结论就是，在同样是理性人的基础上，双方都愿意选择讨价还价。在市场经济中，商品生产者和消费者处于平等地位，所以，彼此能够充分地在交易中对价格进行协商，表达自己的看法，即讨价还价。这样的市场环境，也为讨价还价提供了社会基础，刺激了人们讨价还价的行为。所以，乔治敦大学教授克里德·威尔康斯说："市场经济就是讨价还价的经济。"所以，现在上至国家之间的国际贸易，下至街边的小商小贩，交易的双方都会讨价还价。

二、均衡状态

一般均衡理论的创始人是法国经济学家瓦尔拉斯。瓦尔拉斯的均衡理论中有一个拍卖喊价人"又称瓦尔拉斯拍卖者"通过对商品的竞卖，得到商品的均衡价格。在这一点上，供给量与需求量恰好相等。既不存在短缺的现象，也不存在供给过剩的现象，因此也就不存在使价格进一步变化的压力。

从这种意义上说，均衡是指市场上某种商品的价格是由该商品的需求和供给共同决定的，供给等于需求、价格不再变动的状态就是市场的均衡状态。

三、均衡价格和均衡数量

均衡价格是指该种商品的市场需求量和市场供给量相等时的价格，在均衡价格水平下的相等的供求数量称为均衡数量。

均衡价格是在市场上供求双方的竞争过程中自发形成的，均衡价格的形成就是价格决定的过程。需要强调的是，均衡价格的形成完全是在市场上供求双方的竞争

过程中自发形成的，有外力干预的价格不是均衡价格。

在市场上，需求和供给对市场价格变化做出的反应是相反的。由于均衡是暂时的、相对的，而不均衡是经常的，所以供不应求或供过于求经常发生。当一个市场价格高于均衡价格时，物品的供给量将超过需求量，这样就会存在物品的过剩：在现行价格时卖者不能卖出他们想卖的所有物品，这种情况被称为超额供给。

例如，当水果市场上存在超额供给时，水果商就会发现，他们的冷藏室中越来越装满了他们想卖而卖不出去的水果，他们对这种超额供给的反应是降低其价格，价格要一直下降到市场达到均衡时为止。同样，如果在水果市场价格低于均衡价格，此时，物品需求量将超过供给量，这样就会存在物品短缺：需求者不能按现行价格买到他们想买的一切，这种情况被称为超额需求。例如，当水果市场出现超额需求时，买者不得不排长队等候购买可提供的几个水果的机会，由于太多的买者抢购太少的物品，卖者可以作出的反应是提高自己的价格而不是失去销售量。随着价格上升，市场又一次向均衡变动。

因此，许多买者与卖者的活动自发地把市场价格推向均衡价格。一旦市场达到其均衡价格，所有买者和卖者都得到满足，也就不存在价格上升或下降的压力。

四、弗里德曼对于均衡的分析

弗里德曼在分析均衡问题时，假定在完全竞争的市场中，商品的供给和需求的变动处于自发状态。在其他条件不变的情况下，现在以商品甲为例，在各种可能的价格下，消费者对商品甲有不同的需求量，而在各种可能的价格下，生产者也有不同的愿意提供商品甲的数量。

若在某一价格下，生产者愿意提供的产品数量多于消费者所要求的需求量，结

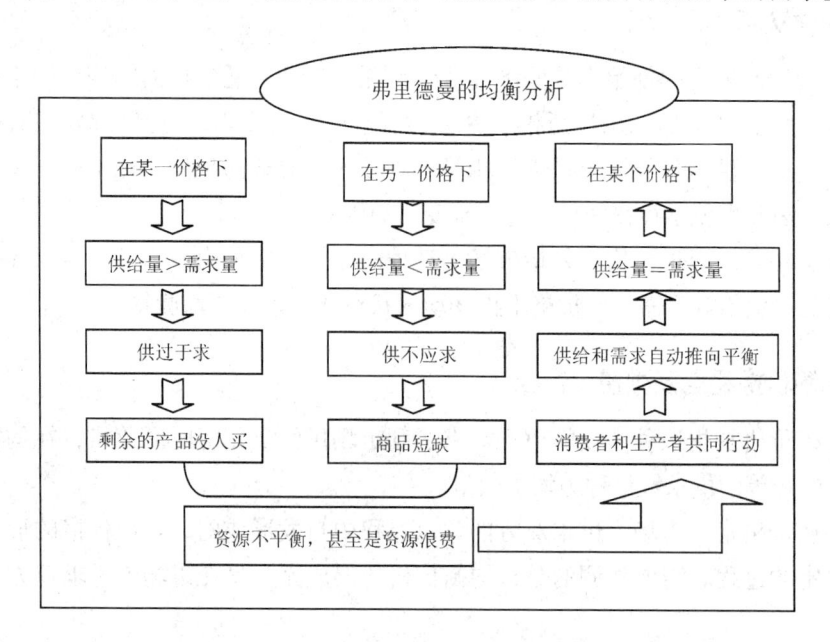

```
                    弗里德曼的均衡分析

    在某一价格下         在另一价格下         在某个价格下
         ↓                   ↓                   ↑
    供给量>需求量         供给量<需求量         供给量=需求量
         ↓                   ↓                   ↑
     供过于求             供不应求          供给和需求自动推向平衡
         ↓                   ↓                   ↑
   剩余的产品没人买         商品短缺        消费者和生产者共同行动
         ↓                                       ↑
              资源不平衡，甚至是资源浪费
```

果就会出现过剩，这些剩余的产品没人买；而在另一价格上，如消费者的需求量多于市场上生产者能提供的商品量，结果就会出现商品的短缺。这两种情况都会造成资源配置的不平衡，甚至浪费。

然而，在同一市场里，为了生产者和消费者都能够获得满意，商品甲的供给和需求将在消费者和生产者的行动下，自动地被推向供需均衡。直到商品甲在市场上的供给和需求在一定时期，在某个价格上，数量刚好达到平衡时，就形成了均衡价格。在这一情况下，供给和需求刚好都能满足，市场不存在剩余和短缺，此时，价格也不会再变动。用弗里德曼的原话说就是："均衡状态是这样一种状态，它一经确立，就将被维持下去。"

这时市场上最稳定的价格形成了，需求者和供给者都会以这个价格来提供或消费产品，结果，供给和需求最终共同决定了这个物品在市场上的价格。不过这种均衡状态会在需求和供给再次出现变动时被打破，然后均衡价格也将重新稳定。

◎价格弹性：价格对市场的敏感度有多大◎

一、需求价格弹性和供给价格弹性

当一种物品的价格低时，当买者收入高时，当该物品替代品的价格高，或该物品互补品的价格低时，买者对该物品的需求通常更多。为了衡量需求对其决定因素变动的反应程度，经济学家用了弹性的概念。

需求规律表明，一种物品的价格下降使需求量增加，需求价格弹性衡量需求量对其价格变动的反应程度。如果一种物品的需求量对价格变动的反应明显，可以说这种物品的需求是富有弹性的。反之，需求是缺乏弹性的。

需求价格弹性＝需求量变动的百分比／价格变动的百分比

当弹性大于1时，需求是富有弹性的；小于1时，需求是缺乏弹性的；等于1时，需求是单位弹性；等于0时，需求完全没有弹性。

供给价格弹性是衡量供给量对价格变动的反应程度。如果供给量对价格变动的反应很明显，可以说这种物品的供给是富有弹性的，反之，供给是缺乏弹性的。

供给价格弹性取决于卖者改变他们生产的物品产量的伸缩性，例如，海滩土地供给缺乏弹性是因为几乎不可能生产出土地，相反，书、汽车这类制成品供给富有弹性。

弹性表	
弹性＞1	富有弹性
弹性＜1	缺乏弹性
弹性＝1	单位弹性
弹性＝0	没有弹性

二、需求弹性的影响因素

1. 商品的可替代性

一般来说,一种商品的可替代品越多,相近程度越高,则该商品的需求的价格弹性往往就越大;相反,该商品的需求的价格弹性往往就越小。

例如,在水果市场,相近的替代品较多,这样,某水果的需求弹性就比较大。又如,对于食盐来说,没有很好的替代品,所以,食盐价格的变化所引起的需求量的变化几乎为零,它的需求的价格弹性是极其小的。

商品的相近的替代品越多,需求的价格弹性也就越大。譬如,某种特定商标的豆沙甜馅面包的需求要比一般的甜馅面包的需求更有弹性,甜馅面包的需求又比一般的面包的需求更有弹性,而面包的需求的价格弹性比一般的面粉制品的需求的价格弹性又要大得多。

2. 商品用途的广泛性

一般来说,一种商品的用途越是广泛,它的需求的价格弹性就可能越大;相反,用途越是狭窄,它的需求的价格弹性就可能越小。这是因为,如果一种商品具有多种用途,当它的价格较高时,消费者只购买较少的数量用于最重要的用途上。当它的价格逐步下降时,消费者的购买量就会逐渐增加,将商品越来越多地用于其他的各种用途上。

3. 商品对消费者生活的重要程度

一般来说,生活必需品的需求的价格弹性较小,非必需品的需求的价格弹性较大。

例如,当看病的价格上升时,尽管人们会比平常看病的次数少一些,但不会大幅度地改变他们看病的次数。同理,小麦、大米这些生活必需品的需求量并不会因为价格的变动而起太大的改变。与此相反,当游艇价格上升时,游艇需求量会大幅度减少,原因是大多数人把看病作为必需品,而把游艇作为奢侈品。

4. 商品的消费支出在消费者预算总支出中所占的比重

消费者在某种商品上的消费支出在预算总支出中所占的比重越大,该商品的需

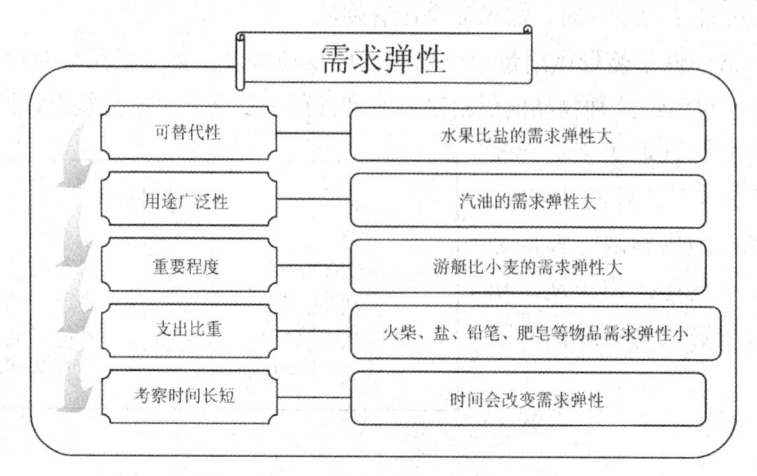

需求弹性

可替代性	水果比盐的需求弹性大
用途广泛性	汽油的需求弹性大
重要程度	游艇比小麦的需求弹性大
支出比重	火柴、盐、铅笔、肥皂等物品需求弹性小
考察时间长短	时间会改变需求弹性

求的价格弹性可能越大；反之，则越小。例如，火柴、盐、铅笔、肥皂等商品的需求的价格弹性就是比较小的。因为，消费者每月在这些商品上的支出是很小的，消费者往往不太重视这类商品价格的变化。

5. 物品往往随着时间变长而需求更富有弹性

当汽油价格上升时，在最初的几个月中汽油的需求量只略有减少。但是，随着时间推移，人们购买更省油的汽车，转向公共交通，或迁移到离工作地方近的地点。在几年之内，汽油的需求量会大幅度减少。

三、供给弹性的影响因素

1. 时间因素是一个很重要的因素

当商品的价格发生变化时，厂商对产量的调整需要一定的时间。在很短的时间内，厂商若要根据商品的涨价及时地增加产量，或者根据商品的降价及时地缩减产量，都存在程度不同的困难，相应地，供给弹性是比较小的。但是，在长期内，生产规模的扩大与缩小，甚至转产，都是可以实现的，供给量可以对价格变动作出较充分的反应，供给的价格弹性也就比较大了。

2. 生产成本随产量变化而变化的情况

就生产成本来说，如果产量增加引起边际成本的轻微的提高，则意味着供给的价格弹性可能是比较大的。相反，如果产量增加只引起边际成本较大的提高，则意味供给的价格弹性可能是比较小的。

3. 产品的生产周期

在一定的时期内，对于生产周期较短的产品，厂商可以根据市场价格的变化较及时地调整产量，供给的价格弹性相应就比较大。相反，生产周期较长的产品供给的价格弹性就往往较小。

四、不同物品的价格弹性系数

需求有弹性的行业的买主并不情愿意接受物品价格的上涨。他们的需求大小取决于价格。需求没有弹性的行业的买主不在乎价格上涨。他们的购买数量和频率不会由于价格因素而上下波动。

香烟是需求的价格弹性较小的商品，对于吸烟上瘾的人来说，价格上涨不会减少消费，对不吸烟的人来说，香烟的价格再低他也不会消费。吸烟对本人、对社会都是不利的，因此，为限制香烟的消费，政府对香烟征收重税，但是烟厂的利润依然相当可观，因为消费者对香烟有依赖，生产者因此可以将其税负转嫁给消费者，结果香烟的税主要由消费者来承担。

家用电器是需求的价格弹性较大的商品，价格上涨会减少消费，价格下跌会增加消费。在当前买方市场的情况下，各个家电企业竞争非常激烈，如果税负转嫁给消费者，就会使价格上涨，价格上涨会减少消费，不利于提高市场占有率，因此家电产品的税负主要由生产者负担。

◎价值规律：价格围绕价值上下波动◎

一、价值规律

价值规律是商品生产和商品交换的基本经济规律。即商品的价值量取决于社会必要劳动时间，商品按照价值相等的原则互相交换。

值得注意的是，价值规律是商品经济的基本规律，但并不是商品经济中唯一的经济规律。商品经济中有许多经济规律，价值规律是基本的规律。价值规律作为商品经济的基本规律，同其他任何规律一样，是客观的，是不以人的意志为转移的。

价格围绕价值上下波动正是价值规律作用的表现形式。因商品价格虽然时升时降，但商品价格的变动总是以其价值为轴心。另外，从较长时期和全社会来看，商品价格与价值的偏离有正有负，可彼此抵消。因此总体上商品的价格与价值还是相等的。

价格是一种从属于价值并由价值决定的货币价值形式。价值的变动是价格变动的内在的、支配性的因素，是价格形成的基础。但是，由于商品的价格既是由商品本身的价值决定的，也是由货币本身的价值决定的，因而商品价格的变动不一定反映商品价值的变动，例如，在商品价值不变时，货币价值的变动就会引起商品价格的变动；同样，商品价值的变动也并不一定就会引起商品价格的变动，例如，在商品价值和货币价值按同一方向发生相同比例变动时，商品价值的变动并不引起商品价格的变动。

因此，商品的价格虽然是表现价值的，但是，仍然存在着商品价格和商品价值不相一致的情况。在简单商品经济条件下，商品价格随市场供求关系的变动，直接围绕它的价值上下波动；在发达商品经济条件下，由于部门之间的竞争和利润的平均化，商品价值转化为生产价格，商品价格随市场供求关系的变动，围绕生产价格上下波动。

价值规律告诉我们，商品价值是价格的本质，价格只是商品价值的货币表现。价值就是体现在商品里的社会必要劳动，即凝结在商品中的无差别的人类劳动。简单来说，社会必要劳动时间长，则价值大，社会必要劳动时间短，则价值小。社会必要劳动时间一般是指社会生产这种商品的平均时间，如生产一把铁锹的社会平均劳动量是2个小时，这2个小时就是生产铁锹的必要劳动时间，这2个小时的劳动量就是生产铁锹的价值。

而随着社会的发展和技术的进步，劳动生产率不断提高，单位商品所包含的社会必要劳动时间缩短，也就是说，商品的价值不断贬值，商品会越来越便宜。

对于价格而言，商品价格由两大因素组成：生产成本和利润。商品的生产成本，包括生产商品所消耗的原料、能源、设备折旧以及劳动力费用等；商品的利润，则是劳动者为社会所创造的价值的货币表现。值得指出的是，生产成本应当是生产商品的社会平均成本或行业平均成本，利润应当是平均利润。按照社会平均成本加上平均利润制定的价格，便是商品的市场价格。

价值规律表明，价格围绕价值上下波动，也就是说，价格高于或低于商品价值都是价值规律的表现形式。实际上，商品的价格与价值相一致是偶然的，不一致却是经常发生的。这是因为，商品的价格虽然以价值为基础，但还受到多种因素的影响，使其发生变动。但是，价格不能过分偏离商品的基本价值。市场经济条件下，绝大多数商品实行市场调节价。因此，一些生产经营者认为自己可以随意确定自己商品的价格，实际上，他们的定价必须遵循价值规律和相关法律。

二、价值规律有哪些作用

（1）调节作用。价值规律调节生产资料和劳动力在各生产部门的分配。这是因为价值规律要求商品交换实行等价交换的原则，而等价交换又是通过价格和供求双向制约实现的。所以，当供不应求时，就会使价格上涨，从而使生产扩大；供过于求会使价格下跌，从而使生产缩减。这里价值规律就像一根无形的指挥棒，指挥着生产资料和劳动力的流向。当一种商品供大于求时，价值规律就指挥生产资料和劳动力从生产这种商品的部门流出；相反，则指挥着生产资料和劳动力流入生产这种商品的部门。当然，价值规律的自发作用，也会造成社会劳动的巨大浪费，因而需要国家宏观调控。

（2）刺激作用。由于价值规律要求商品按照社会必要劳动时间所决定的价值来交换，谁首先改进技术设备，劳动生产率比较高，生产商品的个别劳动时间少于社会必要劳动时间，谁就获利较多。因而，同部门同行业中必然要有竞争，这种情况会刺激商品生产者改进生产工具，提高劳动生产率，加强经营管理，降低消耗，以降低个别劳动时间。

（3）筛子作用。促使商品生产者在竞争中优胜劣汰，这是第二个作用的结果。在商品经济中存在竞争，由于竞争，促使商品生产者想方设法缩短个别劳动时间，提高劳动生产率，也会促使优胜劣汰。这是不以人的意志为转移的。

第四章
消费者：如何作出合适的消费决策

◎ 消费者偏好：爱大车不爱小车 ◎

一、消费者偏好

偏好是微观经济学价值理论中的一个基础概念。消费偏好是指消费者对特定的商品、商店或商标产生特殊的信任，重复、习惯地前往一定的商店，或反复、习惯地购买同一商标或品牌的商品。偏好是指消费者按照自己的意愿对可供选择的商品组合进行的排列。

偏好实际是潜藏在人们内心的一种情感和倾向，它是非直观的，引起偏好的感性因素多于理性因素。

二、消费者偏好的影响因素与消费特征

1. 消费者的偏好不是固定不变的

随着年龄的增长，一个人的偏好会发生很大的变化。同样，教育也能改变一个人的偏好。

2. 偏好有明显的个体差异，也呈现出群体特征

2008年11月18日，一年一度的广州车展将正式拉开帷幕，20余款新车将在广州车展上首发，新一代奥迪A4就是其中一大看点。据悉，新一代奥迪A4在欧洲版A4的基础上加长了60毫米，达到4763毫米，已接近国内中高级轿车的尺寸，所以有些媒体猜测新奥迪A4有可能被称作"A4L"。

无论是合资汽车企业，还是原装进口车，他们针对中国消费者偏好"大车"这一需求，纷纷给自己的产品做"加长手术"，特别是在竞争激烈的中高级轿车市场，"加长手术"更为普遍。这源于中国消费者好大好色的汽车消费理念。专家认为："中国

消费者购车以'长'为美的观点影响到了汽车企业的研发，国内外汽车企业也正是看到中国消费者这一心理才推出'有中国特色的加长车'。"

三、消费者偏好的特性

（1）完备性。指消费者对于某些商品所有可能的组合能够按照他的偏好程序大小，有顺序地排列出完整的、可供选择的商品组合。

（2）传递性。消费者对A商品组合的偏好，大于B商品组合，而对B商品组合的偏好又大于C商品组合，则消费者对于A商品组合的偏好必然大于对C商品组合的偏好。否则该消费者的行为就是非理性的选择行为。传递性公理保证了偏好次序的一致性、连续性。

（3）选择性。消费者在购买或消费行为中总是选择最大和最佳状态。

（4）优势性。消费者对所有的物品总是喜欢多一点比少一点好，通常可称为"不满足原则"，即消费者的欲望永远得不到完全的满足。

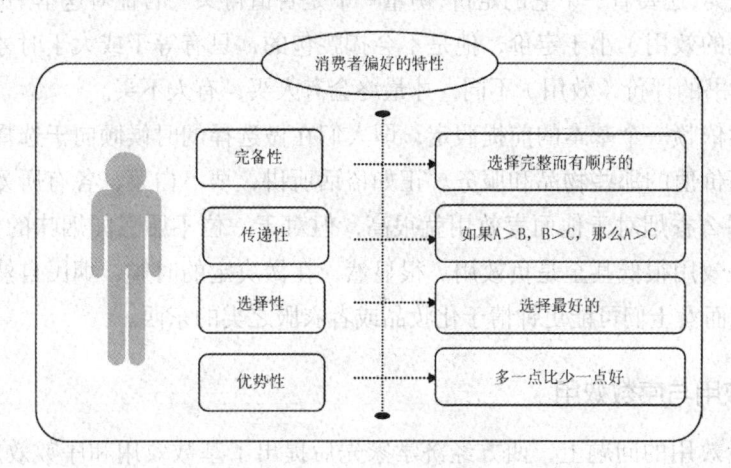

```
消费者偏好的特性
  完备性 ——— 选择完整而有顺序的
  传递性 ——— 如果A>B，B>C，那么A>C
  选择性 ——— 选择最好的
  优势性 ——— 多一点比少一点好
```

◎ 消费者效用：花钱买个高兴 ◎

一、消费者效用的概念

在我们定义消费者效用之前，先看一则有趣的故事。

兔子和猫争论着一个问题：世界上什么东西最好吃？

兔子抢先说："世界上最好吃的东西就是青草，那股清香味儿，远远胜过萝卜。特别是春天的青草，吃起来还甜滋滋的。我一说就要流口水。"

猫不同意这个意见，它说："我认为世界上没有比鱼更好吃的东西了。你想想，那鲜嫩的肉，柔软的皮，嚼起来又酥又松。只有最幸福的动物，才懂得鱼是世界上独一无二的好东西。"

它们两个都坚持自己的意见，争论了好久，还是得不到解决。最后只好去找猴子来评理。

猴子听了他们的两种意见，都不同意，它说："你们都是十足的傻瓜蛋，连世界上最好吃的东西都不知道。我告诉你们吧，世界上最好吃的东西是桃子！"

兔子和猫听了直摇头，说："我以为你要说别的什么，没想到你会说桃子，那玩意毛茸茸的，有什么好吃的？"

消费者效用是指消费者在消费商品时所感受到的满足程度。人们之所以要消费商品和服务，是因为从消费中他们的一些需要和爱好能得到满足，例如消费食品能充饥，多穿衣服能御寒，看电影能得到精神享受，等等。我们把这种从商品和服务的消费中能得到的满足感称为效用。

虽然效用是心理满足程度，无法衡量，但我们可以从每个人的行为中"看"出效用来。比如一个消费者在买一本书之前，先要看一看它的内容，至少是目录、介绍、前言后记之类，还要看一下它的定价，衡量一下是否值得买。若他对这本书的评价（即这本书对他的效用）小于定价，他是不会掏腰包的，只有等于或大于时才会买。每个人对这本书的评价（效用）不同，才最终会有人买，有人不买。

经济学依赖一个基本的前提假定，即人们在做选择的时候倾向于选择在他们看来具有最高价值的那些物品和服务。正如俗话所讲，萝卜白菜，各有所爱，有人喜欢抽烟，那么香烟对于他而言效用就很高，但对于一位不愿意闻烟味的女士来说，香烟就会是效用很低甚至是负效用。很显然，在做决定的时候，烟民自然会把香烟视为至宝，而女士们可能更钟情于化妆品或者衣服之类的东西。

二、基数效用与序数效用

在度量效用的问题上，西方经济学家先后提出了基数效用和序数效用的概念。在此基础上，形成了分析消费者行为的两种方法：基数效用论的边际效用分析法和序数效用论的无差异曲线分析法。

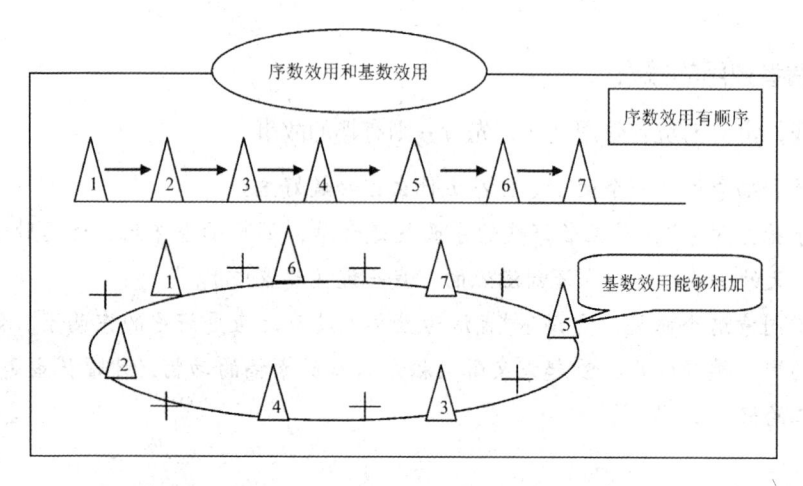

在 19 世纪和 20 世纪初，西方经济学中普遍使用基数效用概念。基数是指 1、2、3 等，是可以加总求和的。基数效用论认为，效用可以具体衡量并加总求和，具体的效用量之间的比较是有意义的。表示效用大小的计量单位被称作效用单位。例如：对某消费者而言，看一场精彩的电影的效用为 10 效用单位，吃一顿麦当劳的效用为 8 效用单位，则这两种消费的效用之和为 18 效用单位。

序数效用论认为，效用无法具体衡量，也不能加总求和，效用之间的比较只能通过顺序或等级表示。自 20 世纪 30 年代至今，西方经济学中多使用序数效用概念。序数是指第一、第二、第三等，序数只表示顺序或等级，是不能加总求和的。例如，消费者消费了巧克力与唱片，他从中得到的效用是无法衡量，也无法加总求和的，更不能用基数来表示，但他可以比较从消费这两种物品中所得到的效用。如果他认为消费一块巧克力所带来的效用大于消费唱片所带来的效用，那么消费一块巧克力的效用排在第一，消费唱片的效用排在第二。

三、无差异曲线

如果消费者对商品组合 A 和 B 的满足程度是一样的，这个消费者对商品组合 A 和 B 就不分优劣（无差异）。假定还有商品组合 C、D 和 E 的满足程度也和 A、B 一样，那么，把这些组合都画在一个图上，再把这些点连接起来，我们就能得出一条无差异曲线，在这条曲线上，所有的商品组合，对这个消费者来说，满意足程度都是相同的。

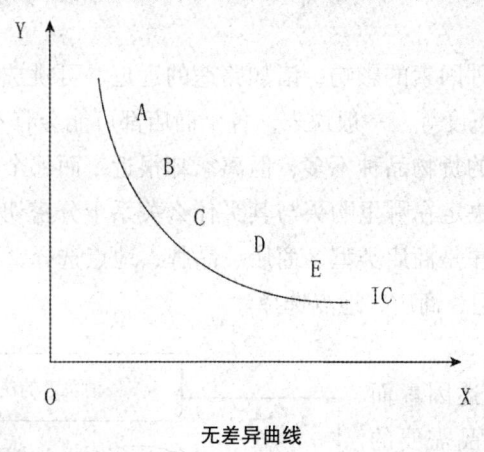

无差异曲线

◎ 消费者决策：如何作出消费决定 ◎

一、消费者决策

消费者购买决策是指消费者谨慎地评价某一产品、品牌或服务的属性并进行选择、购买能满足某一特定需要的产品的过程。

广义的消费者购买决策是指消费者为了满足某种需求，在一定的购买动机的支配下，在可供选择的两个或者两个以上的购买方案中，经过分析、评价、选择并且实施最佳的购买方案，以及购后评价的活动过程。

简单地说，消费者决策就是消费者购买的一系列过程，这其中涉及比较、选择、取舍等问题。

二、消费者决策的内容

1. 买什么

决定买什么是消费的第一步。它是消费决策的核心和首要问题。不决定买什么，当然就谈不上有任何购买活动的产生。

决定购买目标不只停留在一般的类别上，而且要明确具体的对象。比如，夏季到了，为了防暑降温，不能仅仅从买空调还是买电扇中作出抉择。如果决定前者，还必须明确空调是买分体的还是买立式的，是买"春兰"牌还是"美的"牌的，买什么颜色的，等等。

2. 买多少

买多少取决于消费者的实际需要、支付能力及市场的供求情况等因素。如果某种产品在市场上供不应求，消费者即使目前并不急需或支付能力不强，也可能借钱购买；反之，如果市场供给充裕或供过于求，消费者既不会急于购买，也不会购买太多。

3. 哪里买

在哪里买受多种因素的影响，诸如路途的远近、可挑选的商品品种、数量、价格以及商店的服务态度等。一般说来，各个商店都可能会有不同的吸引力。比如说，这个商店可供选择的货物品种不多，但离家却很近；而那个商店的价格略高，可是服务周到。消费者决定在哪里购买与其买什么关系十分密切。有研究发现，购买衣服最常见的决定顺序是商店类型、商店、品牌、地点选择，而购买照相机的决定顺序是品牌、商店类型、商店、地点选择。

4. 何时买

何时购买受下述因素而定：消费者对某商品需要的急迫性、市场的供应情况、营业时间、交通情况和消费者自己的空闲时间等。此外，商品本身的季节性、时令性也影响购买时间。

5. 如何买

如何买涉及的是购买方

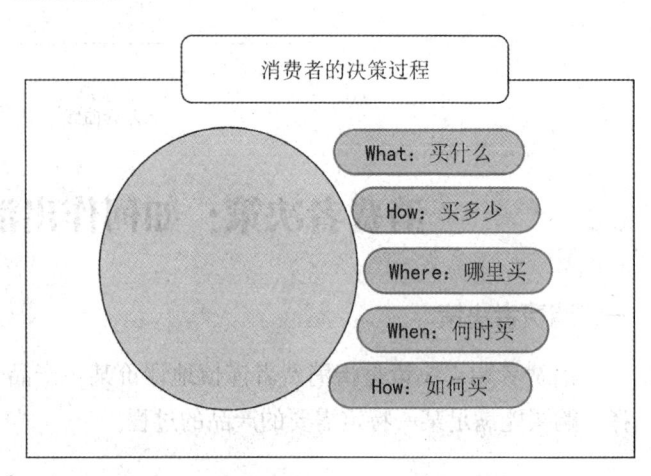

消费者的决策过程

- What: 买什么
- How: 买多少
- Where: 哪里买
- When: 何时买
- How: 如何买

式的确定。比如，是直接到商店选购，还是函购、邮购、预购或托人代购；是付现金、开支票，还是分期付款，等等。

◎ 预算约束：挣少了对消费有什么影响 ◎

一、收入是消费的基础和前提

居民消费水平不仅取决于当前的收入，而且受未来收入预期的影响。口袋没钱，就算送电器给老百姓也不敢用，皆因电费也交不起。

1. 消费是建立在收入基础之上的

现代社会，个人消费建立在有稳定的收入之上，收入是消费的基础和前提。可以说，如果没有收入，就不会有消费。因为只有拥有被社会普遍认可并能进行流通的货币收入或实物收入，经济主体才能通过支付等行为，达到在市场上购买商品和服务的目的。所以，消费作为经济主体，为了生产、生活的需要而进行的行为，必然要以收入为依托。

2. 收入的水平决定消费水平

据有关专家研究表明，一般高收入的群体，消费水平比较高；低收入的群体，消费水平较低。因此可以得出结论——消费水平与结构是同收入的水平基本相适应的。虽然也有高收入的消费群体消费水平较低的个例，但毕竟是少数。

社会总体消费水平的高低与人们收入差距的大小有密切的联系。人们的收入差距过大，总体消费水平会降低；反之，收入差距缩小，会使总体消费水平提高。

3. 收入的变动决定消费变动

弗里德曼认为，若在较长一段时期内，收入持续增加，则消费支出便增加，而若收入持续减少，消费支出便减少。两者同方向变化。

弗里德曼指出，个人在消费的时候，一般会参考自己的收入来消费，物价的变动会影响人们的购买能力。一般来说，物价上涨，人们的购买力普遍降低，会减少对商品的消费量。

所以我们的消费不是永无止境的，是有限度的。

二、预算约束

1. 消费者均衡

消费者是用自己的收入换取消费品的，而他在进行购买和消费的选择时，是要受到自己收入和商品价格约束的。这种约束就是消费者选择的客观条件。

在一定收入、一定价格条件下，当消费者选择商品组合获取了最大的效用满足，并将保持这种状态不变时，消费者处于均衡状态，简称为消费者均衡。

2.预算线

预算约束线,又称预算线、消费可能线或等支出线,它表示在消费者收入和商品价格假定的条件下,消费者全部收入所能购买到的商品的不同数量组合。因为消费者要把一部分收入用于消费,一部分收入用于储蓄。如果消费者对生活的不安全感加强,他可能就要把更多的钱存起来看病、养老等,放在抵御未来风险的基础上,消费者就不敢轻易消费。

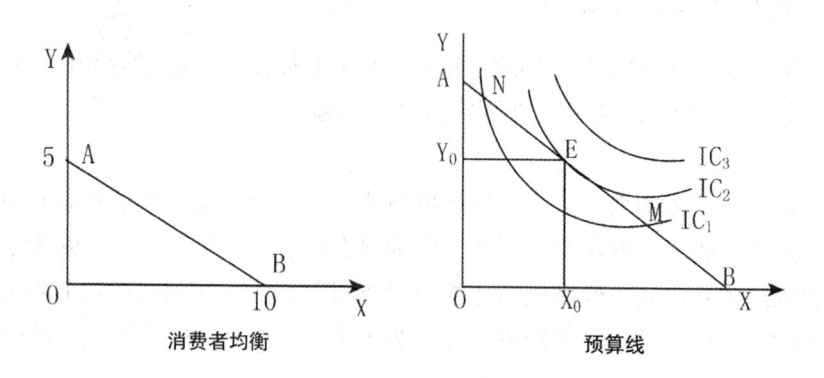

消费者均衡

预算线

◎ 选择:作决定也是一件痛苦的事情 ◎

也许理想的人生,就是"有机会选择"。关于选择,人们有无数名言,"生存还是毁灭"、"自由还是屈服"乃至"这山望着那山高",但是最沉重的还是"你别无选择"。

一、选择的含义

什么是选择?选择可以看做一个判断和舍弃的过程,在多种可能性中找到最理想的一个,标准是效用(机会收益减掉机会成本)最大。

经济学中有一个名词——"霍布斯的选择",据说这个名词来自中世纪英国一位叫霍布斯的马场老板。无论谁来买马,他都答应,但是每次他只卖最靠近门口的那匹马,不允许挑三拣四。其实,"霍布斯的选择"就是"没有选择"。

在商业竞争不发达的社会,"霍布斯的选择"很常见,随着竞争的发展,这种不可选择的烦恼大大减少。可是又出现新的烦恼:太多的选择叫人眼花缭乱。当然,这总比没有选择要好,可是要从诸多选择中找到最优选择也并非易事。

如果选择只限于买衣服、吃东西之类的小问题倒也无关紧要,可是小至人生道路的选择、企业经营战略的设定,大至国家大政方针的制定,都有一个选择最佳策略的问题。

选择不容易,所以才有在两堆稻草之间有饿死的毛驴。每个人都希望有选择,而且希望做出正确选择——即使不是最好的,至少也是比较好的。那么有没有一些方法帮助我们呢?

在作选择的时候你最好知道自己想要什么。收益最大的结果也许并不是最有利的选择——如果它的风险太大的话，比如在肯定得到10000元和只有十分之一的可能得到10万元之间作出选择，你会怎么做？

明智的选择，需要清楚正确地计算成本和收益，评估风险，更重要的是明白自己到底想要什么。

二、选择的形成

选择的形成共有五个步骤：

（1）列出所有可以采取的行动，包括不采用的行动也要列出来，而决策就是从各种可能的行动方案中选出一个来。

（2）尽可能列出每个行动的可见后果。

（3）尽量评估每种结果可能发生的概率，这一点常被忽略，因此得仔细加以讨论。

（4）试着表达你对每种结果的渴望或恐惧程度。

（5）最后把列出来的所有因素全部放在一起考量，作出合理的决策。

如果还没有列出选择方案或可能的结果，那么你一定得先解决这两个问题，毕竟决策的本质就是从众多选择中挑出一个最好的，其目的就是要达到最佳结果；如果你连选择方案都说不出来，更别想作出任何决策了。

三、选择的标尺

人们在最终决定选择哪个方案之前，心里一定有一个标尺——也就是所谓的成本和收益，这个标尺用来衡量、比较和判断哪一个选择更符合自己的实际。然而，这种标尺有很多种，因此才造成了选择时的困惑。

比方说约朋友去外面吃饭，你选择去川菜馆，因为考虑到朋友是四川人，这时，你心里的标尺是"利他"；反过来，若选择的标尺是"利己"，假设你是广州人，则你一定会毫不犹豫地选择粤菜馆。同时，你还会面临高档与低档、坐公交车去还是打的去等一系列的选择。面对这些选择，你若不拿出一个统一的标尺，就很难做出一个决定。

到了川菜馆，朋友点了几份素菜，而你点的是高热量的蘑菇炖小鸡。朋友正在减肥，不想吃高热量的食物，素菜是他最佳的选择。你却因为整天熬夜，身体疲惫，想补充一些营养，因此对荤菜情有独钟。在点菜的问题上，朋友心中的标尺是低热量，你心中的标尺是高营养。

事实上，不管心中的标尺有几把，价值标准差异有多大，每个人在作判断型模式的思考时，方法和理论其实都大同小异，只是有些人反复在更换自己的"标尺"罢了。不管我们有多少把"标尺"，多少选择，最后还是只能有一个决定。

因此，了解了自己在作判断时的"标尺"，并进行统一，有助于我们更快地下决定，不会在犹豫中浪费时间，伤透脑筋。

四、选择的方法

选择一般有两种方法,排除法和比较法。

一个人活在世界上,为了满足欲望,实现幸福,就要对自己的时间进行分配,要在不同的活动中进行选择。所以最好的选择来自理性的比较。

首先可以运用"排除法",但还是无法作最后的决定,如果到最后,选来选去,排除 A 也不是,排除 B 也不是,难以选择。这时候,可以运用"比较法"。

方法很简单,你只要拿出一张纸,把两个要选择的选项分别写在两边,然后分别在这两个选择的底下,列出它们的优缺点。等你列好之后,该选择哪一项,通常便可以一目了然了。

◎ 冲动消费:女性消费跟金钱无关 ◎

一、冲动性消费者

冲动是人的情感特别强烈、理性控制很薄弱的一种心理现象。

一日,一对情侣逛街。原本,男友只是想陪女友散散心,没想到……

女友进入一家服饰店,先看到一件吊带小裙,标价 1000 元。

女友:"亲爱的,你对我的爱是不是无价的?"

男友:"真爱无价。"

女友:"那……这件,我特别喜欢,买了吧。"

男友立刻去付账。

这时,导购小姐对女友说:"小姐,我们这里还有外套小衫,靴子高跟鞋,可以同您的裙子搭配,非常时尚,要不您看看?"

女友被说动,一一试穿,感觉不错。

见男友回来,接着说:"亲爱的,你对我的爱是不是无价的?"

男友:"那还用说,真爱无价。"

女友:"那……你看这些和我的衣服很搭的嗳,也买了吧。"男友再去付账,花了 3000 元。

导购小姐又走过来说:"小姐,您身材这么好,我们这里刚好有一批上等的冬装,既漂亮又实惠,不过是上个季节的高档品了,全打四折甩卖。你要不要也看看?"

男友:"大夏天,买什么冬装?"

女友未表态,随导购小姐进了屋里,果然看到很多名牌冬装,爱不释手。拿了四五套。冲出来对男友说:"亲爱的,你对我的爱是不是无价的?"

男友一看女友的架势,非常尴尬,不得不接着刷卡。

没想到,卡刷爆了。男友看着女友,哭笑不得地说:"亲爱的,这回真成无价的了!"

一个女人可以在冲动之下专程打"飞的"去扫荡名牌,也可以一时兴起买下上万的穿不上几次的衣服。经济学家说,女人的这种消费"轨迹"无法琢磨,因为没有一丝规律可循。她们都是典型的冲动消费者。

在冲动消费者身上,个人消费的情感因素超出认知与意志因素的制约,容易受商品(特别是时尚潮流商品)的外观和广告宣传的影响。因此,很难说消费中的女性符合经济学的相关假设,她们的行为是非常不理智的,即非理性的。

一项科学调查显示,90%的18~35岁的女性都有过非理性消费行为,甚至,非理性消费占女性消费支出1/5以上。女性的非理性消费彻底颠覆了经济学家所能预测的消费模式。你常常会看到这样的现象,她们在进入超市之前做了周密的购物计划,但在出来的时候却买回不少自己喜欢但并不实用、甚至根本用不上的商品。

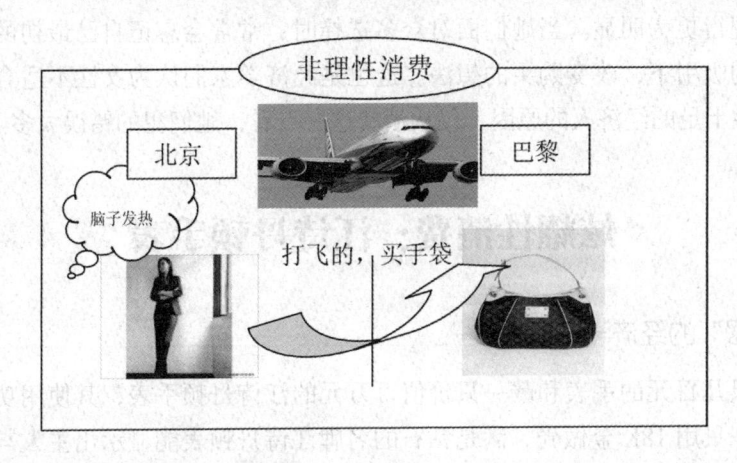

二、影响女性冲动消费的影响因素

琢磨女人的消费动态,似乎成了难以完成的任务,她们总是有很多消费理由。但困扰着经济学家们的是:女性为什么倾向于非理性消费?

首先,女性容易受情绪因素的影响,所以,女性常常情绪化消费。

据统计,有50%以上的女性在发了工资后会增加逛街的次数,40%以上的女性在极端情绪下(心情不好或者心情非常好的情况),增加逛街次数。其发生几率同男性去喝酒(开心时和不开心时)的几率几乎相同。可见,购物消费是女性缓解压力、平衡情绪的方法,不论花多少钱,只要能调整好心情,80%左右的人都认为值得。

其次,女性的敏感情绪还容易受到人为气氛的影响。例如,受到打折、促销、广告等因素的影响。据专家针对北京、上海、广州三地18~35岁青年女性的调查显示:因打折优惠影响而购买不需要物品的女性超过50%,受广告影响购买无用商品或不当消费的女性超过20%,因商品店内的时尚气氛和现场展销而消费的女性超过40%,因受到促销人员诱导而不当消费的女性超过50%。

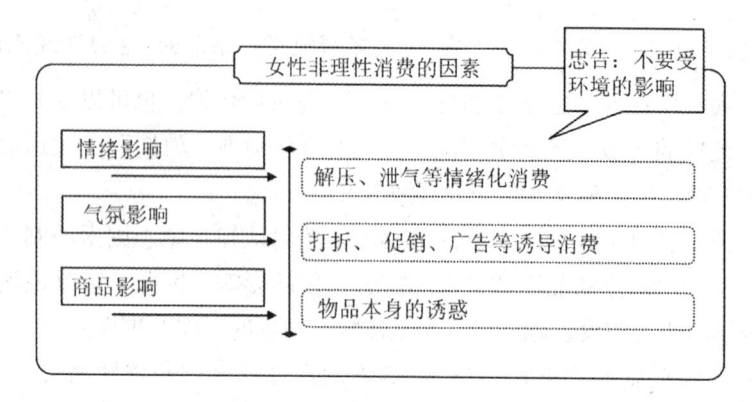

```
女性非理性消费的因素    忠告：不要受
                        环境的影响
情绪影响 ──→ 解压、泄气等情绪化消费
气氛影响 ──→ 打折、促销、广告等诱导消费
商品影响 ──→ 物品本身的诱惑
```

另外，女性在选择物品时，态度更倾向于犹豫和动摇，形成过度消费。尤其是在面对众多种类的商品时。

事实上，对于所有人来说，商品选择多的时候，通常都难于选择。但这点在女性身上表现得更为明显。当她们面对众多选择时，常常会忘记自己最初的需求，在其他货品的吸引下，改变购买的想法。这也是经济学家们认为女性不适合做传统经济学中理性十足的经济人的原因，仅从消费这一点看，她们犯的错误太多了。

◎炫耀性消费：江诗丹顿手表◎

一、"显摆"的经济学道理

戴一只几百元的手表和戴一只价值百万元的江诗丹顿手表，其使用功能是相同的，但戴一只用18K金做壳，满是钻石的名牌江诗丹顿表能显示出主人与众不同的身份。经济学家把消费这种价格极其昂贵的名牌商品称为炫耀性消费，这种消费的目的并不仅仅是为了获得直接的物质满足与享受，而在更大程度上是为了获得一种社会心理上的满足；这种消费行为的目的不在于其实用价值，而在于炫耀自己的身份——通常也称为"显摆"。

由于消费者可能是想通过使用价格高昂、优质的产品来引人注目，具有一定的炫耀性，因而这种现象又被称为"炫耀性消费"。其实，这反映了一种消费心理——"炫耀性"心理，它是指存在于消费者身上的一种商品价格越高反而越愿意购买的消费倾向。

二、凡勃伦物品

炫耀性消费这个概念是美国19世纪末20世纪初制度经济学家凡勃伦在1899年出版的成名作《有闲阶级论》一书中提出的。作为经济学中制度学派的创始人，凡勃伦对先富起来的资产阶级持批判和嘲讽的态度。他认为，这些人有了钱以后从显示自己的优越和荣誉的心理出发，从事浪费性消费，这就是炫耀性消费。

后来的经济学家们将这种炫耀性消费的商品称之为凡勃伦物品，甚至画出了一条向上倾斜的需求曲线——价格越高，需求量越大。经济学家们发现，凡勃伦物品包含两种效用，一种是实际使用效用，另外一种是炫耀性消费效用，而后者由价格决定，价格越高，炫耀性消费效用就越高，凡勃伦物品在市场上也就越受欢迎。

著名品牌LV的发展过程始终是与上流社会密切相关的。1837年，品牌创始人Louis Vuitton来到巴黎寻求生计。经过多年的磨砺，他进入了法国皇宫，开始为王室服务。法国皇后乌婕尼喜好出游，经常需要人打点行李。凭借出色的手艺，Louis Vuitton能够巧妙地将拿破仑三世皇后的衣物绑在行李箱内，而且衣物经过长时间的路途颠簸不皱，由此得到了皇后的喜爱和信任。在跟随皇后的这段时间里，他为能更好地提供服务，还尝试着自己制作行李箱。随着经验的积累，其技术和品位有了很大的提升，并为其日后制作经久不衰的高档旅行箱提供了"技术保证"。

1854年，Louis Vuitton结束了在皇宫中的工作，在巴黎开了一家皮具店。其制造的皮箱因造型美观，经典实用，广受欢迎。从这一刻起，LV品牌正式创立。凭借多年为乌婕尼皇后服务的经验，Louis Vuitton还创造了经典的"Trianongrey"帆布行李箱，它的面世在巴黎的上层社会引起了轰动，很快就成了巴黎贵族出行的首选行李箱。即使是现在，每当的人们走进Louis Vuitton的很多销售店中，仍能看到墙上悬挂着的当年的贵族们携带着LV旅行箱上火车的照片。

就这样，在LV发展的早期(19世纪50年代)，LV靠品质赢得了第一批消费者——皇宫贵族。对于他们来说，购买Louis Vuitton的理由很简单：方便。在那个没有大众媒体的年代，LV逐渐在上层社会中流传开来。随着法国贵族旅行的足迹，口碑也在欧洲逐渐传遍，最初是在欧洲的宫廷之间，后来扩散到欧洲大陆的贵族们……

现在，一件印有"LV"标志这一独特图案的交织字母帆布包虽然动辄上万元，但丝毫不影响人们的购买兴趣。人们不仅迷恋于它的时尚耐用，而且迷恋于它尊贵的历史，以及品牌背后所暗示的主人身份。100多年来，世界经历了很多变化，人们的追求和审美观念也随之而改变，但LV不但声誉卓然，而且仍保持着无与伦比的魅力。

由于某些商品对别人具有炫耀性的效果，如购买高级轿车显示地位的高贵、收集名画显示雅致的爱好等，这类商品的价格定得越高，需求者反而越愿意购买，因为只有商品的高价，才能显示出购买者的富有和地位。这种消费随着社会发展有增长的趋势。

炫富心理其实在普通人的日常生活中也很常见。消费心理学研究也表明，商品的价格具有很好的排他作用，能够很好地显示出个人收入水平。

利用收入优势，通过高价消费这种方式，高层次者常常能够有效地把自己与低层次者分开。这也正是消费者出手阔绰，常有"惊人之举"的原因所在。

边际效用递减：饭吃多了也是一种痛苦

一、吃饼的边际革命

一个人中午肚子饿了，去吃大饼，吃第一个的时候觉得大饼太好吃了，于是又买了一个，吃第二个的时候，感觉没第一个好吃了，但也还行，于是再买了一个，吃完第三个，觉得自己饱了。碰巧的是一同事来了，硬是拉他又吃了一个大饼，吃这个的时候他就会觉得有些腻了，如果再要他吃一个，他可能以后看到大饼就会想吐。

每一个大饼带给你的满意度是递减的，从好吃到想吐。这就是边际效用递减。"边际"是经济学上的关键术语，常常是指新增的意思。边际效用就是消费者多消费一单位商品而得到的新增加的效用。

19世纪70年代初出现的边际概念，是自西方经济学自亚当·斯密以来的一个极为重要的变化。经济学家把它作为一种理论分析工具，可以应用于任何经济中的任何可以衡量的事物上。正因为这一分析工具在一定程度上背离了传统的分析方法，故有人称之为"边际革命"。

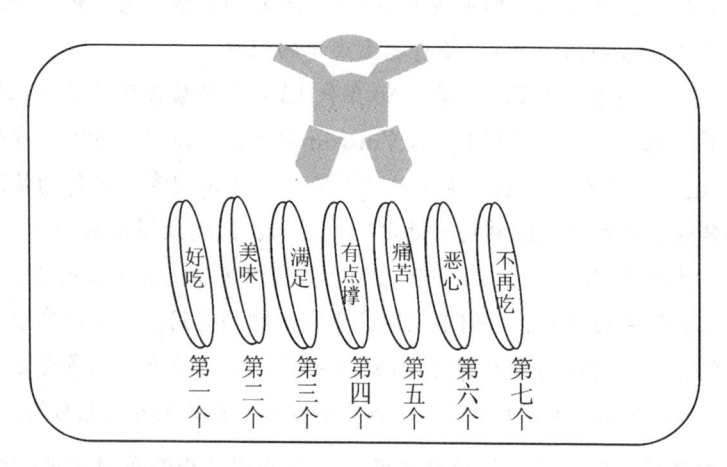

二、总效用和边际效用

总效用是指消费者在一定时间内从一定数量的商品的消费中所得到的效用量的总和。当消费的商品量增至某一数量时，总效用会达到最大限度，继续增加商品消费量，效用就不再增加或许会减少。

边际效用是指消费者在一定时间内增加一单位商品的消费所得到的效用量的增量。

边际效用递减规律，是西方效用价值论者用来解释消费者购买行为的一个理论。该理论认为：同一物品对同一个消费者来说，因占有的顺序不同，所带来的满足程度或效用也不同，从而价格不同。在效用尚未达到饱和的程度内，随着所占有的物品增加，总效用是增加的，然而边际效用，即最后增加的那一单位物品所带来的效

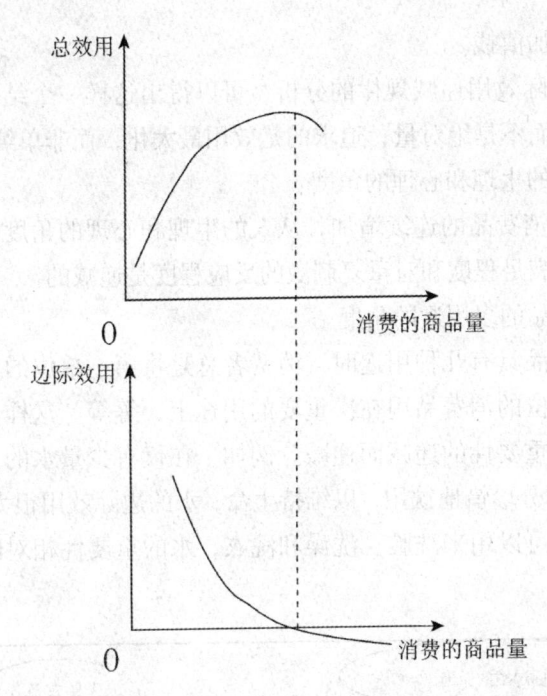

用是递减的；当总效用达到极大值时，边际效用等于零；超过极大值继续消费时，边际效用为负。

对一个饥肠辘辘的人来说，第一张饼的效用最大，或者说在十分饥饿的状态下，他会以较高的价格去购买一张在平时看来非常普通的饼。然而，当第一张饼下肚后，即使没有填饱肚子，对饼需求的迫切程度也会远远低于第一张饼。以此类推，每增加一张饼所带来的满足程度，都会低于前一张饼所带来的满足程度；当吃得很饱时，总的满足程度最大，最后增加的那一张饼的效用，即带来的满足程度，几乎等于零。这时，如果再继续吃下去，并且导致胃痛或呕吐时，那么这最后吃下去的一张饼，即"边际饼"的效用就是负，因此带来总效用水平的下降。

三、边际效用递减规律

"多买少算"这一不成文的市场交易规则，也是边际效用递减规律最生动的体现。一般来说，当一个人想在同一个商家手中购买两个以上的同一物品时，总要与商家讨价：买了两个，便宜一点儿。因为，按照边际效用递减规律，对于同一物品，第二件的边际效用低于第一件，而第三件又会低于第二件。所以，只有"多买少算"，消费者才会有划算的感觉，从而刺激消费。然而在现实生活中，似乎商家比消费者更深切理解边际效用递减规律。"多买少算"往往并没有表现为消费者的直接要求，而是商家吸引消费者的手段，真可谓买的不如卖的精。可以说，"多买少算"对商家来说就是薄利多销的经营策略，对消费者来说就是边际效用递减心态。

边际效用递减规律还可用来解释生活中的许多事。比如，对有钱人来说钱不值钱，而对穷人来说钱更加值钱。

对消费中的边际效用递减规律的分析，可以得出这样一个结论：理性消费者购买的是满足程度，而不是绝对量，追求的是效用最大化，而非单纯的高消费。

解释一：从人的生理和心理的角度。

由于随着相同消费品的连续增加，从人的生理和心理的角度讲，从每一单位消费品中所感受到的满足程度和对重复刺激的反应程度是递减的。

解释二：从商品的多用途的角度。

由于在一种商品具有几种用途时，消费者总是将第一单位的消费品用在最重要的用途上，第二单位的消费品用在次重要的用途上，等等。这样，消费品的边际效用随消费品的用途重要性的递减而递减。例如：在仅有少量水的情况下（如在沙漠或航海中），人们十分珍惜地饮用，以维持生命，水的边际效用很大。随着水量增加，除满足饮用外，还可以用来洗脸、洗澡和洗衣，水的重要性相对降低，边际效用相应减小。

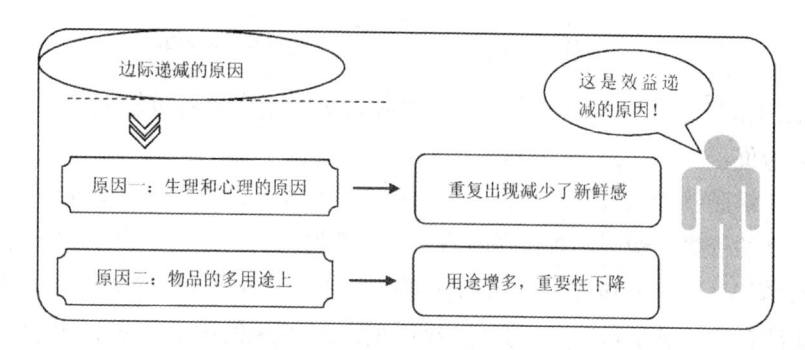

在理解边际效用递减规律的时候，要注意几点：

第一，边际效用和总效用的区别。边际效用是指最后一单位的消费品带来的效用。它的递减并不意味着总效用的减少，只是说最后一单位的消费品带来的效用比前一单位的效用要小。在边际效用减少的过程中，总效用依然可能增加，只不过增加的幅度在降低。在边际效用减少到零的时候，总效用停止增长，达到最大。而在边际效用变成负值的时候，继续消费会使总效用减少。

第二，边际效用递减是在一定时间内进行消费产生的现象。它的前提是人的偏好没有改变，连续消费某种物品。比如你在吃一顿饭的过程中，边际效用是递减的。但过了半天，你饿了，又去吃饭，你不能把这顿饭的过程跟上一顿饭相比。再如，你本来不会喝酒，觉得酒不好喝，但你后来学会了喝酒，越喝越好喝，这似乎不符合边际效用递减规律。其实不然，这是你的偏好改变了。

第三，在极少数情况下，有的消费是量越大越满足，但始终存在一个限度，超过这个限度以后必然出现边际效用递减。比如许多人认为，喝一口红葡萄酒，品不出美味，红葡萄酒是越喝越有味。再如嗑瓜子，本来你不想嗑，但嗑起来就不想停。

这种情况，可以说前一阶段是边际效用递增，但到最后也会出现边际效用递减。因为无论是喝酒还是嗑瓜子，总有满足和厌烦的时候。

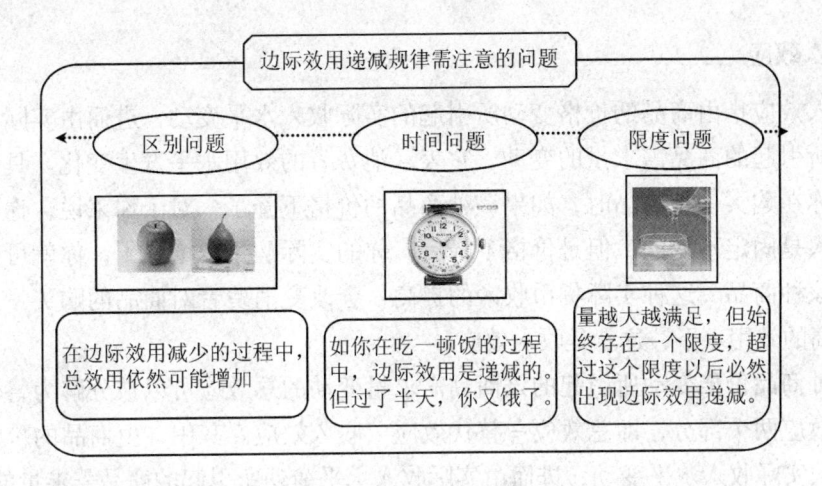

边际效用递减规律需注意的问题

区别问题：在边际效用减少的过程中，总效用依然可能增加

时间问题：如你在吃一顿饭的过程中，边际效用是递减的。但过了半天，你又饿了。

限度问题：量越大越满足，但始终存在一个限度，超过这个限度以后必然出现边际效用递减。

◎ 替代效应与收入效应：闲暇时间如何打发 ◎

一、替代效应

替代效应是指商品的相对价格的变动引起的消费的变化。当你购买的一种商品的价格上升时，这种商品相对于其他商品就变得更贵了，诱使你少消费这种较贵的商品而多消费其他商品。

替代效应经常出现在我们的经济生活中，从替代效应来看，2004年禽流感的出现在一定程度上打击了家禽类相关产品的生产，但并没有从整体上打击整个农村经济的发展。因为在禽流感流行期间，人们在饮食上对鸡肉的抵制是最明显的。对与鸡同类的鸭、鹅等家禽的相关产品也颇有顾忌。家禽素来是人们的主要肉食对象，而如今它们的供应量大幅度减小。于是，人们的肉食对象集中在猪、牛、羊、鱼等动物上。

有相近替代品的物品往往较富有需求弹性，因为消费者从这种物品转向其他物品较为容易。例如，饼干和面包很容易互相替代。假设面包的价格不变，饼干价格

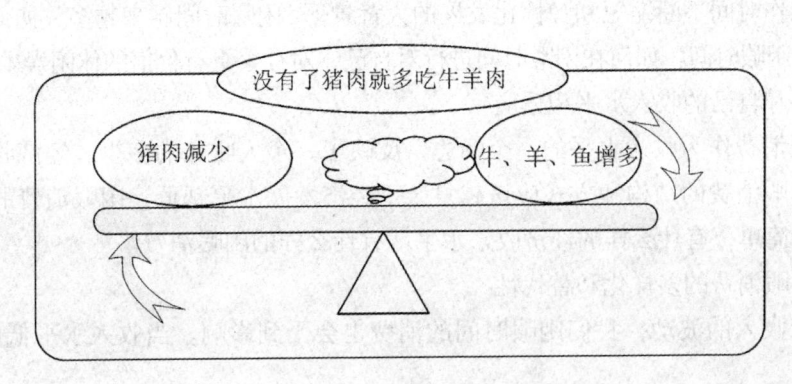

没有了猪肉就多吃牛羊肉

猪肉减少　　　　牛、羊、鱼增多

略有上升，就会引起饼干销售量大大减少。与此相比，由于鸡蛋是一种没有相近替代品的食物，鸡蛋的需求弹性要小于饼干。

二、收入效应

收入效应指由商品的价格变动所引起的实际收入水平变动，进而由实际收入水平变动所引起的商品需求量的变动。它表示消费者的效用水平发生变化。具体来说就是当你在购买一种商品时，如果该种商品的价格下降了，对于你来说，你的名义货币收入是固定不变的，但是价格下降后，你的实际购买力增强了，你就可以买得更多得该种商品。这种实际货币收入的提高，会改变消费者对商品的购买量，从而达到更高的效用水平，这就是收入效应。

一种商品价格变动所引起的该商品需求量变动的总效应可以被分解为替代效应和收入效应两个部分，即总效应＝替代效应＋收入效应。其中，由商品的价格变动所引起的实际收入水平变动，进而由实际收入水平变动所引起的商品需求量的变动，为收入效应。由商品价格变动所引起的商品相对价格的变动，进而由商品的相对价格变动所引起的商品需求量的变动为替代效应。收入效应表示消费者的效用水平发生变化，替代效应则不改变消费者的效用水平。

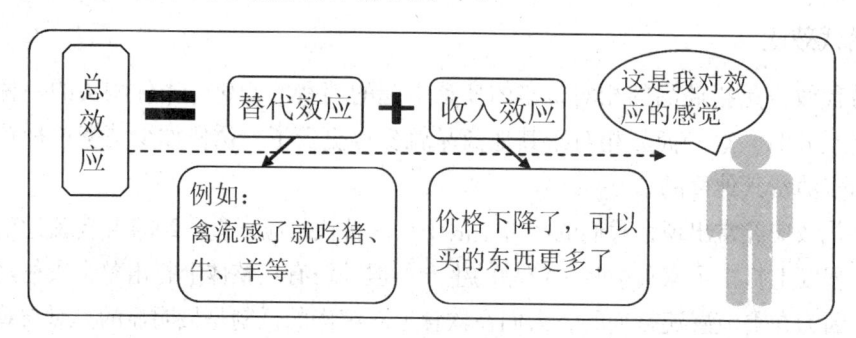

三、个人闲暇时间的消费

闲暇时间，即"非劳动时间"，是人们在履行社会职责及各种必要时间支出后，由个人自由支配的时间。

在工作时间不断缩短和弹性化发展的大背景下，闲暇时间越来越多，如何更加充分地享受闲暇时间？如何在闲暇时间进行对自己、对社会更有价值的休闲娱乐活动？

1. 要和自己的收入水平相适应

闲暇消费作为收入水平的一个标志，反映了一个人收入的多少。经济收入水平越高，闲暇消费的结构和方式应该越复杂；经济发展水平越低，闲暇消费的结构和方式就越简单，有什么样的经济收入水平就有什么样的闲暇消费。

2. 闲暇消费的多样化和替代性

由于收入的波动，我们闲暇时间的消费也会受到影响。当收入水平低的时候，我们就要寻找消费的替代品，例如我们同样是为了锻炼身体，如果比较有钱我们可以去健身房、游泳馆健身，如果没钱我们选择在公园里跑跑步，在社区的健身器材上健健身，这也同样能起到锻炼身体的作用。

3. 闲暇消费的知识化

闲暇消费的知识化是指引导人们在闲暇中学习知识、学习文化，不断运用各种科学文化知识来丰富和武装自己的头脑，提高自身科学文化素质。闲暇消费的知识化是闲暇消费合理发展的目标。

互补品与独立品：物品之间的替代与并存

一、互补品

互补品是指两种商品之间存在着某种消费依存关系，即一种商品的消费必须与另一种商品的消费相配套。一般而言，某种商品互补品价格的上升，将会因为互补品需求量的下降而导致该商品需求量的下降。

在一个不成熟的市场中，对产品信息了解不多的消者占了绝大多数，这时，企业易通过广告宣传等方式强化消费者对互补产品联系的主观感知，从而可能确立互补产品之间的战略重要性。

反之，在一个较成熟的市场，有充分的产品信息的消费者占绝大多数，互补产品之间的紧密联系则较难建立。例如，对于洗衣者来说，洗衣机与洗衣粉是典型的互补产品。今天的消费者倾向于把对两者的购买独立决策，他们对洗衣机与洗衣粉都有自己独立的品牌偏好。这时候，厂家推荐的 A 牌洗衣机与 B 牌洗衣粉组合的方案就不一定能奏效了。

互补产品的运作方式：

1. 捆绑式经营

以单一价格将一组不同类型但是互补的产品捆绑在一起出售，仅仅同时出售这一组产品。例如，IBM 公司在过去的许多年中，曾将计算机硬件、软件和服务支持捆在一起经营；微软公司将 OFFICE 系列、IE 探索器挂在 WINDOWS 操作系统上时，采取的就是一种典型的捆绑式经营。捆绑式经营广泛地存在于商业活动中，不过人们并不总能辨识出来。例如，仅仅作为交通工具的汽车与车类的音像设备构成互补产品关系，但消费者往往将它们作为一个整体来看待。

2. 交叉补贴

通过有意识地以优惠甚至亏本的价格出售一种产品，而达到促进销售赢利更多的互补产品，以求获得最大限度的利润。在"剃须刀与剃须刀片"的这种涉及互补产品的战略中就用到这样的策略。将剃须刀以成本价或接近成本价的价格出售，目的是促使顾客在将来购买更多的、利润更高的替换刀片。

3. 提供客户解决方案

从客户的实际需要着手，通过降低客户成本，如时间、金钱、精力等，增加客户从消费中获得的价值，将一组互补性的产品组合起来，为顾客提供产品"套餐"，从而达到吸引顾客、增加利润的目的。

4. 系统绑定

实施系统绑定战略的要义在于，如何联合互补产品厂商一道锁定客户，并把竞争对手挡在门外，最终达到控制行业标准的最高境界。微软是最典型的例子。80%到 90% 的 PC 软件商都是基于微软的操作系统(比如 WINDOWS 系列)。作为一个客户，如果你想使用大部分的应用软件，你就得购买微软的产品。

二、独立品

独立品是指一种产品的销售状况不受其他产品销售变化的影响。

假设存在两种产品 A 和 B，那么，A 是独立品的情形会有两种。一是 A 和 B 完全独立，不存在任何销售方面的相关性，日光灯与空调机之间的关系就属此类；二是尽管 A 和 B 从功能上讲是独立的，但是，产品 A 的销售增长可能会引起产品 B 的销售增长，而产品 B 的销售变化决不会作用于产品 A 的销售状况。换句话说，A 对 B 的影响关系是单向的，B 则不会影响 A，那么 A 相对 B 而言仍是独立品。应该注意，这里的 A 和 B 产品之间并不存在任何因果关系。

20 世纪 60 年代初，柯达公司意欲开辟胶卷市场，他们并不急于动手，因为他们深知要使新开发的胶卷能在市场上立竿见影，并非易事。于是他们采用发展互补品的办法，在 1963 年开发大众化相机，并宣布其他厂家可以仿制，一时出现了自动相机热。相机的暴增，给胶卷带来广阔的市场，胶卷成为独立品，柯达公司乘机迅速推出胶卷，一时销路遍及全球，"柯达"实现了创造胶卷市场的目标。

三、配套效应

18 世纪法国有位哲学家叫狄德罗。有一天，朋友送给他一件质地优良、图案高雅的酒红色睡袍，狄德罗非常喜欢。可他穿上华贵的睡袍在家中寻找感觉，总感到家具的风格不协调，地毯的针脚也粗得吓人……于是，为了和睡袍配套，他把旧东西全部更新。书房终于跟上了睡袍的档次，可他仍感到很不舒服，因为"自己居然被一件睡袍胁迫了"。后来，他把这种感觉写成一篇文章，题目为《与旧睡袍离别之后的烦恼》。200年后，美国哈佛大学经济学家朱丽叶·施罗尔在《过度消费的美国人》一书中，把这种现象称作"狄德罗效应"，也称为"配套效应"。

在人们的观念中，高雅的睡袍是富贵的象征，应该与高档的家具、华贵的地毯、豪华的住宅相配套，否则，会使主人感到"很不舒服"，这种"配套效应"在事物的联系中为整个事物的发展提供了动因，从而促进了周围事物的变化发展和更新。在现实生活中有普遍的指导意义。

吉芬商品：不遵守供求关系的特殊商品

一、吉芬之谜

在经济学上，吉芬商品通常指的是价高质差的产品，也就是一种低档产品。这种产品早在19世纪就出现了，英国统计学家罗伯特·吉芬最早发现。

1845年，爱尔兰发生天灾，让人感到奇怪的是，土豆（在当时，土豆是当地爱尔兰穷人的主要食物）的价格上升，土豆的需求量并没有因此下降，反而增加了。很显然，这类现象明显有悖于经济学中的需求理论。根据需求法则，消费者对商品或劳务的购买数量一般随着价格的上升（下降），市场需求量将减少（增加）。吉芬商品所表现出来的特性显然有悖于一般商品的正常情形。

后来，学者们终于解开了这难题后的秘密。他们发现，对于当地人来说，土豆是日常生活中最基本的食物。在灾荒的年代，为了生存，人们用于购买土豆的消费支出越来越大，当土豆价格的上涨导致贫困家庭实际收入水平大幅度下降时，大多数的贫困家庭都怕将来土豆继续上涨，于是不得不大量地增加对土豆的购买。所以，它的需求量不但没有随着价格的上涨而下降，却向相反的方向发展，价格也远远超过了平常。

二、既定条件下的合理现象

有经济学家这样形容吉芬商品："它是'唯一'不遵守需求法则的特殊商品。"就像提到的大饼、土豆，以及"非典"时期畅销的板蓝根和一些消费品都是"叛逆"的典型。但在生活中，我们却不能将吉芬商品与某一种产品绑在一起，因为吉芬品的产生需要一种极端的社会条件，如在贫困、封闭的年代与地域，居民消费量非常大的劣等产品有可能成为吉芬产品。亦如张五常教授的那句话说的，如果市场是完全竞争的，则不会出现吉芬产品。这种产品也只有在特定的条件下，才会是合理的现象。

示范效应：南海公司的虚假想象

一、从众心理

从众指个人受到外界人群行为的影响，而在自己的知觉、判断、认识上表现出符合于公众舆论或多数人的行为方式。通常情况下，多数人的意见往往是对的。从众服从多数，一般是不错的。但缺乏分析，不独立思考，不顾是非曲直地一概服从多数，随大流走，则是不可取的，是消极的"盲目从众心理"。

一般来说，群体成员的行为，通常具有跟从群体的倾向。当他发现自己的行为和意见与群体不一致，或与群体中大多数人有分歧时，会感受到一种压力，这促使他趋向于与群体一致。同样，当人们在进行投资时也会受这种心理的影响。然而，缺乏主见，不进行独立判断随大流投资的盲目从众心理往往会造成"真金白银"的损失，铸成大错。

1711年，英国南海公司成立。在英国政府的保护和支持下，该公司被赋予了对南美的贸易垄断权。18世纪，因交通不发达，人们对南美了解得不多。众人多是听从远洋船队的描述，以为拉美的墨西哥和秘鲁地下埋藏着巨大的金银矿藏。而当时，这片有着"金砖银砖"的土地，被南海公司控制着。于是，所有的人都相信，南海公司会不负众望，将那里开采出来的宝藏源源不断地运回国内。

因此，南海公司的股票在国内非常受追捧，自从上市以来，价格就一路攀升。

等到1791年，英国国内更是掀起了抢购南海股票的浪潮。在这时，人们关心的似乎已经不再是南海公司到底能运回多少金银珠宝，而是它的股票还能涨多少！只要它的价格上涨，人们就有机会因投机而一夜暴富！于是，短短半年之内，南海公司的股票就从每股128英镑蹿升至每股1000英镑以上，涨幅高达700%！社会各界人士纷纷涌入交易所里，都抢着要购买南海股票。

后来，事实证明，众人对南美的想象是虚假的，南海公司带来的赢利非常少。随着人们对南海公司的失望，投资者们逐渐冷静下来，并开始向外抛售南海的股票。没想到，这一抛售不要紧，股市当初的繁荣变成了无情地崩溃！南海股票销售得太多了，一旦被抛售，对股市的冲击实在太过可怕。一个巨大金融泡沫就这样破灭了！

没想到，又是短短几个月的时间，南海的股价受到剧挫，下跌了几百英镑！成千上万的人在这场狂热的炒股运动中倾家荡产。此后近百年，英国人仍然谈股票色变。

二、示范效应

一些经济学家认为，人们的消费行为不但受收入水平的影响，而且受其他人——主要是那些收入与其相近的人——消费行为的影响。这些人的行为具有示范效应：当消费者看到这些人因收入水平或消费习惯的变化而购买高档消费品时，尽管自己的收入没有变化，也可能仿效他人扩大自己的消费开支，或者在收入下降时也不愿减少自己的消费支出。

示范效应甚至可以跨越地区或国界，当某国居民接触到别国居民购买的高档消费品时，他们可能会仿效别国居民从而改变自己的消费习惯。

第五章
生产者：市场经济中的逐利者

◎ 机会成本：合理库存的重要性 ◎

《艺文类聚》里描述了这样一个故事：

齐国有一个人家的女儿，有两家男子同时来求婚。东家的男子长得丑，但是很有钱；西家的男子长得俊美，但是很穷。父母一时间陷入了两难之中，不知道该如何抉择，因为无论选择哪个都会有所失。

于是父母便征询女儿的意见："你愿意嫁给谁？要是难以启齿，不便明说，就以袒露一只胳膊的方式，让我们知道你的意思。"

女儿袒露出两只胳膊。

父母感到奇怪，问其原因，女儿说："想在东家吃饭，在西家住宿。"

面对有限的资源，为了能够得到自己想要的，人们必须选择和放弃。由此看来，做出选择并不是一件容易的事，其根源在于在资源有限的情况下，有所得必有所失。鱼和熊掌不能兼得时，选择吃鱼，那么就不能吃熊掌，熊掌就是选择吃鱼的机会成本。经济学家常说世界上没有免费的午餐，就是指任何选择行为都有机会成本。

一、机会成本

机会成本是指为了得到某种东西而所要放弃的另一样东西。

萨缪尔森在其《经济学》中曾用热狗公司的事例来说明机会成本的概念。热狗公司所有者每周投入60小时，但不领取工资。到年末结算时公司获得了22000美元的可观利润。但是如果这些所有者能够找到另外其他收入更高的工作，使他们所获年收达45000美元。那么这些人所从事的热狗工作就会产生一种机会成本，它表明因他们从事了热狗工作而不得不失去的其他获利更大的机会。

二、库存就是魔鬼

从经营者角度来看,"库存就是魔鬼",库存越少越好。

为了能够对库存的问题展开具体的思考,我们先来看看两家杂货店的事。

有一段时间,某小区附近先后出现了两家杂货店。为了能比对方赢得更多的顾客,这两家店都使出浑身解数,他们主要在商品种类和数量上展开了较量。每家店里塞满了各种各样的商品,甚至连过道和楼梯上都堆满了商品,顾客只能在堆满商品的窄道勉强通过。

从常理来看,这样可以为顾客提供很大的选择空间,应该很方便。但是如果没有顾客上门购买,再多的商品也不是"卖品",不过是卖不动的"库存"而已。由于该小区人口少,来购物的人更少,最终这两家店先后退出了市场。两家店先后退出市场,不能说完全因为库存量过大导致,但至少有一部分原因。

从经济学的角度来看,商品过度剩余的后果很严重,脱销的后果也同样很严重。库存太大意味着资金、库房的占用,意味着一旦调价或市场滑坡你的损失更多。以食品店为例,食品都有保质期,时间越久越不新鲜,也就越难卖。食品之外的其他商品也一样,时间一久,商品会过时,也会加大破损和丢失的风险。

库存量大时不仅需要有专人来管理仓库,而且,还要派人检查库存商品是否还能继续作为正常商品出售,这些需要增加额外的人力费用。另外,如果库存太大,不得不租赁仓库,就得多付租金,即便是放在店里面,也会占去其他商品的空间。

如果能将库存的东西早些处理掉,就能节省下库存的管理人力费和仓库租赁费,把这些节省下来的钱投入到经营过程中,还能获得增值。

损失有多种多样。经济学上把以"如果把省下来的钱用来……'这种假设为前提推算出的"本该得到却丢掉了的利润"叫做机会损失。机会损失也是损失的一种。库存带来的各种损失叫做"库存成本",对于经营者来说,库存越少越好。

库存越少越好,不是说不能有一点库存。如果一点库存也没有的话,就有可能错过赚钱的好机会。因此,库存"多了不行,没有也不行",库存是否合理,关键在于经营者对库存量的把控能力。

按一般想法,可能觉得销售一空就万事大吉了,然而在经济学里的会计中,这被看做是"机会损失",是不受欢迎的。

例如,即使卖出了10件,如果有2件的机会损失的话,那么10件减去2件,相当于仅仅卖出了8件。因此,身为营业员的小吴要想被经理夸奖,最好在预计快要卖完时及时通知经理备货。

当然,比预计销售量多备一些货需要敏锐的眼光,这恐怕也是商业经营中最难办的事情之一。对负责采购的人而言,这是最大的挑战。

我们不能因为把东西卖完了就庆幸不已,更应该把握住销售时机,考虑如何能再进些货,争取卖出更多的商品。

利润最大化：逐利，生产者并非天生勤奋

一、利润是企业家创业的原动力

生产者也称厂商，指能够作出统一的生产决策的单个经济单位。包括个人、合伙和公司性质的经营组织形式。厂商被假定为是合乎理性的经济人，提供产品的目的在于追求最大的利润。

一个有机会开创自己事业的人，他也可以继续为别人工作，领取固定的工资。那么是什么激励他凭借自己的艰苦努力去开创一番事业，并且需要承担企业破产的风险了？这个激励就是：如果企业经营良好，他就能够获取利润。如果没有潜在利润的刺激，就没有人愿意冒险放弃一份稳定的工作去自立门户。

二、为了利润最大化，生产者会不断扩大生产

厂商从事生产或出售商品不仅要求获取利润，而且要求获取最大利润，厂商利润最大化原则就是产量的边际收益等于边际成本的原则。

边际收益是最后增加一单位销售量所增加的收益，边际成本是最后增加一单位产量所增加的成本。

如果最后增加一单位产量的边际收益大于边际成本，就意味着增加产量可以增加总利润，于是厂商会继续增加产量，以实现最大利润目标。

三、一个行业利润率越高，涌入的生产者越多

利润率是一个相对指标，一般是利润总额与同期指数进行比较。

一般来讲，利润率增长幅度越大，效益越好。一个行业的利润率越大，就会吸引越来越多的生产者。到2006年年底，我国已有300多家上市公司涉足房地产开发领域，有的甚至将主业转型为房地产。雅戈尔2006年公司实现主营业务收入59亿~76亿元，其中，房地产收入为19亿~27亿元，远远超出西装和衬衫业务净利润的总和。红豆集团预计2007年净利润同比增长150%~200%，增长的主要原因是房地产项目竣工交付面积比上年同期有较大增长。

四、企业利润越好，越需要生产者勤奋的工作

利润与销售过程和管理过程关系紧密，企业要获得最大的利润，就必须勤奋工作，加强管理，提高利润率。

```
┌─────────────────────────────────────────────┐
│         利润越多,企业家                       │
│        才会越勤奋地工作                       │
│  ① 利润是企业家创业的原动力                    │
│  ② 为了利润最大化,生产者会不断增加产量         │
│  ③ 一个行业利润率越高,涌入的生产者超多         │
│  ④ 企业利润越好,越需要生产者勤奋地工作         │
└─────────────────────────────────────────────┘
```

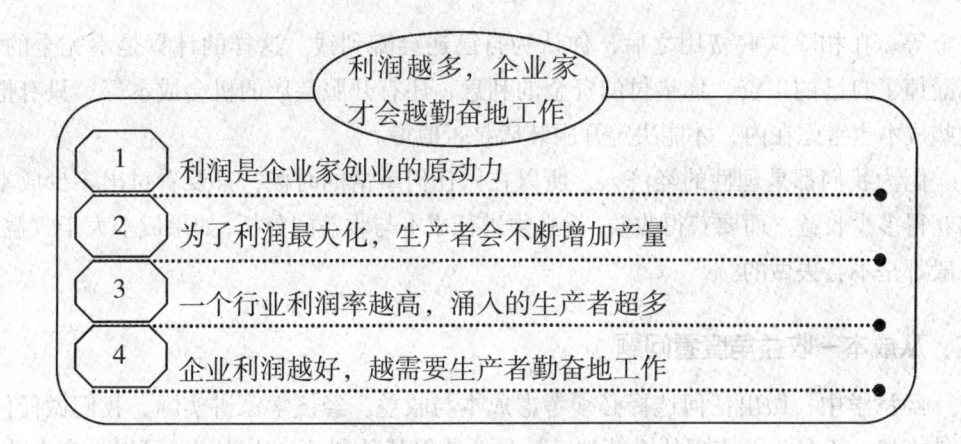

◎ 成本与收益：1 美分硬币为什么成为"鸡肋" ◎

一、成本与收益

铸造 1 美分硬币需要黄铜、青铜、锌以及不锈钢等原料，从 1982 年起，开始采用以锌为主的原料。1 美分硬币的正面是林肯总统的头像，背面是林肯纪念堂。

早年，1 美分在美国可以买到 1 磅面包，但随着长年的通货膨胀，1 分钱变得越来越不值钱了。美国财政部属下的造币局宣布，由于金属价格猛涨，生产 1 美分硬币的成本已高达 1.2 美分，超过了 1 美分本身的价值。因此，有舆论呼吁，除非商品经济学有某种改变，否则应当让 1 美分硬币退出市场。

其实，"废除 1 美分硬币"运动早在 1989 年就出现了，该运动创始人高尔说，如今再花 1.2 美分去制造 1 美分硬币，显然是荒谬之举。2002 年盖洛普公司的调查也发现，58% 的美国民众因为 1 美分面值太低，收到 1 美分硬币后从来不使用，而是存放在储钱罐或抽屉里，还有 2% 的人干脆扔掉。结果，在街道、汽车、沙发、海滩，甚至垃圾堆里，都很容易发现 1 美分硬币。

1 美分硬币的铸造成本高达 1.2 美分，对于美国造币局来说无疑是成本太高而收益过小。对于美国造币局而言，并不总是以成本和效益作为考量标准，但是作为市场中的经济人，不能不考虑到成本效益问题。

成本是商品经济的价值范畴，是商品价值的组成部分。人们要进行生产经营活动或达到一定的目的，就必须耗费一定的资源（人力、物力和财力），其所费资源的货币表现及其对象称之为成本。成本是为达到一定目的而付出或应付出资源的价值牺牲，它可用货币单位加以计量。在经济学中，几乎任何成本都是可以用金钱来衡量的。

我们必须首先学会计算成本。比如说你打算开一家服装店，在计算成本时，你可能会考虑到店面的房租、进货的费用、借款的利息、付给雇员的工资、水电费、税金等。在扣除这些费用之后，你认为自己还会赚到钱。这样的计算是不完全的，你漏掉了自己的工资，你垫付的资金的利息，还有开服装店的机会成本等。只有把这些成本也考虑在内，才能决定开服装店是否值得。

因为我们都是理性的经济人，所以在做任何事情的时候，都要看付出多少成本和获得多少收益。而要获得收益，就必须进行成本与收益的分析，如果成本大于收益，一般都是不会去做的。

二、从成本—收益角度看问题

经济学中，做出任何选择必须考虑成本与收益。经济学家讲实际，我们做任何一件事情，不是为了表现什么精神，而是要获得某种利益，这种利益可以是个人的、群体的，也可以是整个社会的。要获得利益就必须进行成本收益计算。

人们虽然都知道成本效益的概念，却经常忽视从成本收益的角度看问题。几年前的央视春晚小品《装修》中，巩汉林怕装修工人偷工减料，宁愿花几十块钱打的去买一根一毛钱的钉子。黄宏有一句经典台词：就这脑袋，在我们农村就是叫驴给踢了！但在现实生活中，做出类似选择的人并不在少数，付出成本太大而收益较小的选择比比皆是。因此，我们在做选择时，应从成本收益的高度思考问题。

在经济学中，成本效益分析是最基本的概念之一，即使不懂经济学的人也知道它的概念和计算。随着商品经济的不断发展，其内涵和外延都处于不断变化发展之中。

◎边际成本与收益：多开 11 小时，营业额会有什么不同◎

一、边际成本和边际收益

边际成本是指增加一单位的产量随即而增加的成本。边际收益是指增加一单位产品的销售所增加的收益，即最后一单位产品的售出所取得的收益。它可以是正值或负值。

日常生活中，人们常常会碰到需进行边际分析的问题。譬如，你是一家小百货店的经理，是什么使你决定要营业 24 小时，而不是早八点到晚九点营业呢？你可能会这样考虑：24 小时营业当然要额外（边际）花费一些成本（如水电费、营业员的工资等），但是也会有一定的额外收益（就是多开 11 小时门的营业收入），只要额外收的钱比额外成本要高便可以干。

在经济学上，这"额外"的部分便称之为"边际"，而把由某项业务活动引起的边际收入去和它的边际成本（而不是全部成本）相比较的方法，就叫边际分析法。

二、边际成本的作用

当产量增加到一定程度时,再继续增加生产量就需要增加固定成本。在产量达到设计最大生产能力之前,边际成本变化趋势就从下降转而变成回升了。

边际成本的作用就是研究成本变化规律,配合边际收入,计算边际利润。

当边际利润＞0时,方案可行。

当边际利润＜0时,方案不可行。

在根据边际分析法作出决策时就是要对比边际成本与边际收益。如果边际收益大于边际成本,即增加这一名乘客所增加的收入大于所增加的成本,让这名乘客上车就是合适的,这是理性决策。如果边际收益小于边际成本,让这名乘客上车就要亏损,是非理性决策。

增加任何一个单位产量的收入不能低于边际成本,否则必然会出现亏损;只要增加一个产量的收入能高于边际成本,即使低于总的平均单位成本,也会增加利润或减少亏损。因此计算边际成本对制订产品决策具有重要的作用。微观经济学理论认为,当产量增至边际成本等于边际收入时,即为企业获得其最大利润的产量。

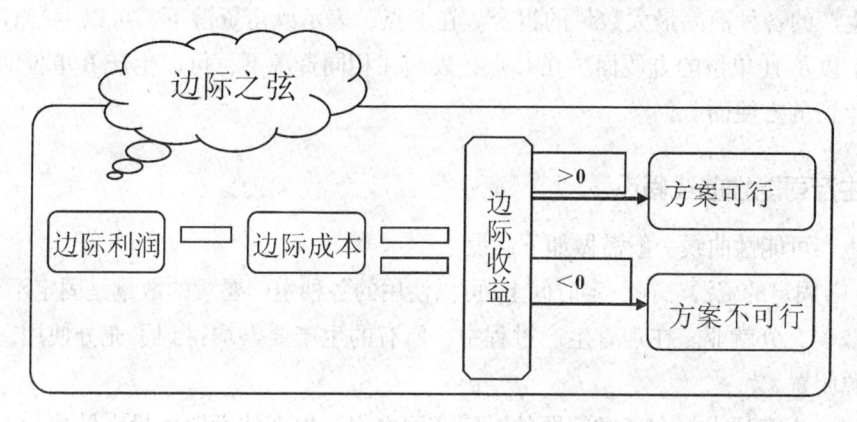

◎ 生产可能性边界:是生产饼干,还是方便面 ◎

一、生产可能性边界

一家食品公司同时生产饼干和方便面两种产品。临近年末,公司开始制订明年上半年的生产计划,该怎样筹划呢?我们知道,公司的资源(如工人、机器、厂房、资金等)是有限的,怎么有效地利用这些资源生产,使得公司取得最大赢利是问题的关键。如果调动所有资源,单去生产饼干或者方便面,各自都会有一个最大的生产值。但是,公司不可能光生产一种物品,而忽略另一种物品,饼干和方便面都有各自的市场,放弃任何一种产品,公司都会失去订单。因此,管理者们商讨的核心就是怎么确定饼干和方便面之间的产量关系。

类似这样的情况在现代企业中是经常见到的。在经济学上，这涉及"生产可能性边界"（又称生产可能性曲线）的概念。生产可能性边界是指在可投入资源数量既定的条件下，一个经济体所能得到的最大产量。在经济学中，生产可能性边界是一个重要的概念，它是理解稀缺性和其他重要问题的关键。如果企业的生产在这一边界内，则说明尚未达到有效生产；如果超过这一边界，则意味着目标会超过企业的生产能力，是难以达到的。

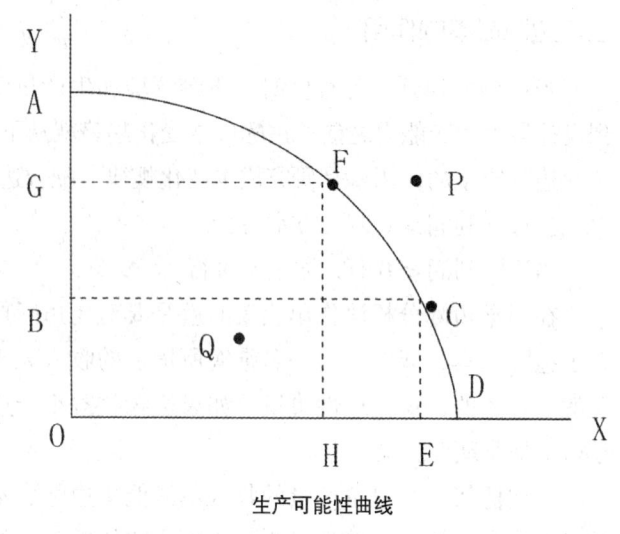

生产可能性曲线（如右上图所示），用来表示经济社会在既定资源和技术条件下所能生产的各种商品最大数量的组合。在F点，表示既定资源下，可以生产G单位的饼干以及H单位的方便面；在C点，表明在相同资源下，可以生产B单位的饼干和E单位的方便面。

二、生产可能性曲线假设

生产可能性曲线一般需做如下假设：

（1）固定的资源。在一定时间上，可供使用的各种生产要素的数量是固定不变的。

（2）充分就业。在现有生产过程中，所有的生产要素均得到了充分使用，不存在资源闲置。

（3）生产技术。在考虑问题的时间范围之内，生产技术即由投入转化为产出的能力，是固定不变的。

（4）两种产品。为了简化问题起见，通常假定某一经济体仅生产两种产品，例如，饼干和方便面。

从图像上看出，生产可能性曲线是一条斜率为负且凹向原点（即向外凸出的）的曲线。

三、经济含义

经济含义可作如下解释：

第一，生产可能性曲线揭示了稀缺法则。任何经济体不可能无限量地生产。附图中的P点便代表着在现代条件下不可能实现的产量组合。

第二，任何一个经济体必须做出选择，不可能同时选择两个不同的点。同时，决定了在生产可能性曲线上的某一点进行生产就意味着决定了资源的配置。

生产可能性曲线是在给定的假设条件下，最大可能的产量组合的轨迹，它一般凹向原点，隐含着成本递增法则成立。该曲线上的任意一点均代表着有效率的产量组合，曲线之外的任意一点（如P点）表明在现有假设条件下不可能实现的产量组合，内点（如Q点）则表明缺乏效率。

第三，选择就要付出代价，选择就有机会成本。在生产可能性曲线上任意点的斜率就代表着该产量水平上的机会成本，其斜率为负表明要增加一种产品的生产量势必要减少另一种产品的产量。

第四，具有凹性的生产可能性曲线反映了"（机会）成本递增法则"。它是指随着饼干（Y）的产量增加，每增加一个单位的饼干产量所需放弃的方便面（X）产量呈递增的趋势，或者说，饼干的机会成本随其产量的增加而递增。

第五，生产可能性曲线可以说明资源配置的效率。某种资源配置是有技术效率的，如果增加某种产品产量的同时不可能不减少其他产品的产量的话。生产可能性曲线上的任意一点都隐含着资源配置是有技术效率的。

稀缺性迫使人们做出选择。生产可能性边界使人们的选择具体化。对企业而言，选择就是决定按生产可能性边界上的哪一点来进行生产，即生产的两种产品的组合是哪一种。这种选择取决于消费者个人的偏好，这种偏好实际上就是生存必须与消费愿望的结合。以消费满足程度最大化为目的的人会做出理性选择，即能实现这种最大化的选择。因此，运用生产可能性边界就可以使选择具体化。

◎规模经济：企业的规模并不是越大越好◎

淝水之战是我国历史上的一次著名战役。

383年8月，前秦皇帝苻坚亲率步兵60万、骑兵27万、羽林郎（禁卫军）3万，共90万大军从长安南下。近百万行军队伍"前后千里，旗鼓相望。东西万里，水陆齐进"。苻坚骄狂地宣称："以吾之众旅，投鞭于江，足断其流。"这就是成语"投鞭断流"的来历。

东晋在强敌压境，面临生死存亡的危急关头，以丞相谢安为首的主战派决意奋起抵御。经谢安举荐，东晋皇帝任命谢安之弟谢石为征讨大都督，谢安之侄谢玄为先锋，率领经过7年训练，有较强战斗力的北府兵8万沿淮河西上，迎击秦军主力。

双方在淝水展开激战。结果，前秦军被歼和逃散的共有70多万。唯有鲜卑慕容垂部的3万人马完整无损。苻坚统一南北的希望彻底破灭，不仅如此，北方暂时统一的局面也随之解体，再次分裂成更多的地方民族政权。苻坚本人也在两年后被姚苌俘杀，前秦随之灭亡。

前秦的军队规模不可谓不大，但最终吃了败仗。看来，"阵容庞大"不一定能产生必然的正面效果。在经济学中,厂商的生产规模越大,不一定能让生产成本降下来。因此,我们有必要了解一下规模经济的概念。

一、规模经济

1. 定义

规模经济又称规模利益,指随生产能力的扩大,使单位成本下降的趋势,即长期费用曲线呈下降趋势。

若厂商的产量扩大一倍,而厂商增加的成本低于一倍,则称厂商的生产存在规模经济,仅生产一辆汽车的成本是极其巨大的,而生产第101辆汽车的成本就低得多,而生产第10000汽车的成本就更低了,这是因为规模经济。

一般来说,随着产量的增加,厂商的生产规模逐渐扩大,最终厂商扩大规模使得生产处于规模经济阶段。

2. 规模经济的原因

第一,随着生产规模的扩大,厂商可以使用更加先进的生产技术。在实际生活中,机器、设备往往是有不可分割性,有些设备只存在较大的生产规模下才能得到使用。

第二,规模扩大有利于专业分工。

第三,随着规模扩大,厂商可以更为充分地开发和利用各种生产要素,包括一些副产品。

第四,随着规模扩大,厂商生产要素的购买和产品的销售方面就拥有更多的优势,随着厂商产量的增加,这些优势逐渐显示出来。

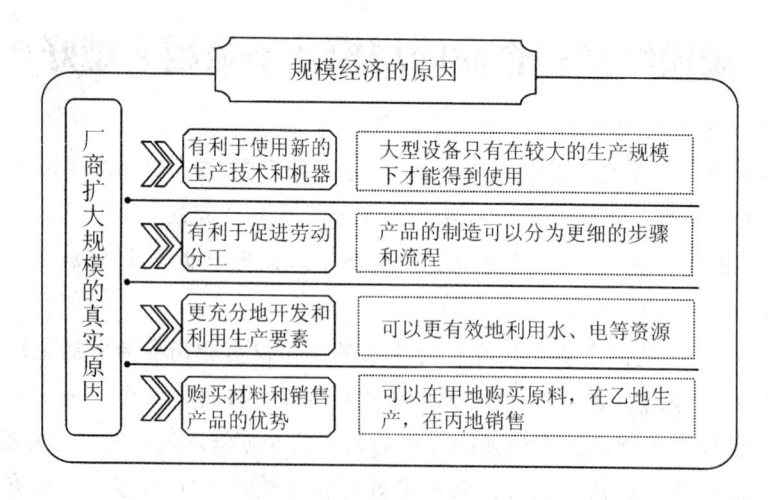

规模经济的原因

厂商扩大规模的真实原因:
- 有利于使用新的生产技术和机器 —— 大型设备只有在较大的生产规模下才能得到使用
- 有利于促进劳动分工 —— 产品的制造可以分为更细的步骤和流程
- 更充分地开发和利用生产要素 —— 可以更有效地利用水、电等资源
- 购买材料和销售产品的优势 —— 可以在甲地购买原料,在乙地生产,在丙地销售

二、总产量、平均产量与边际产量

1. 定义

总产量是指在其他条件不变下,某种可变生产要素的投入能够得到的最大产量。

平均产量是指总产量或总产出除以一种投入品的数量所得的值。例如,劳动的平均产量定义为总产量除以劳动的投入量。其他投入品的平均产量以此类推。

边际产量是指在其他生产要素投入不变的情况下，增加一个单位生产要素的投入所带来的总产量的增加量。又称为边际产品或边际产出。

2. 总产量、平均产量和边际产量之间的关系

第一，在其他生产要素不变的情况下，随着一种生产要素的增加，总产量曲线、平均产量曲线和边际产量曲线都是先上升而后下降。这反映了边际产量递减规律。

第二，边际产量曲线与平均产量曲线相交于平均产量曲线的最高点。在相交前，平均产量是递增的，边际产量大于平均产量；在相交后，平均产量是递减的，边际产量小于平均产量；在相交时，平均产量达到最大，边际产量等于平均产量。

第三，当边际产量为零时，总产量达到最大以后，当边际产量为负数时，总产量就会绝对减少。

三、企业盈亏是否取决于规模

安德鲁·卡内基在打造他的钢铁帝国卡内基钢铁公司时，领悟道："价格的低廉和生产的规模是成正比的，因此，生产规模越大，成本就越低……降低成本、抢占市场、开足马力，只要控制好成本，利润自然就来了。"所谓规模，一是指生产的批量规模，二是指企业的规模。很多企业，成本降不下来，效率上不去，一个重要的原因就在于没有实现适度规模。实现适度规模的原则适用于所有行业，不过各个行业实现的方式并不一样。像钢铁、家电、汽车这些行业，生产之间的联系强，因此适于集中生产，即工厂的规模要大，而且集中在同一地区，才能发挥规模经济的优势。另外一些行业如零售商业，采取了集中与分散相结合的方式。集中进货、统一的物流配送、统一的管理制度，保证了成本最低。当企业的运营成本降下来时，消费者才能购买到更便宜的商品。规模能产出比分散生产经营更高的效益。这种效益主要来源于企业规模扩大后，管理人员和工程技术人员的专业化，企业设备和资源的利用率提高，并且使企业更具有挑战性。规模经济并不是意味着厂商的规模越大越好，对于特定的生产技术，当厂商的规模扩大到一定程度后，边际产量就会下降，从而造成收益下降。

◎ 范围经济：巧妙搭配，不让资源闲置 ◎

一、范围经济的含义

提起范围经济，很多人以为就是规模经济，其实这是不正确的。范围经济指由厂商的经营范围而非规模带来的经济，即同时生产两种产品的费用低于分别生产每种产品时所存在的状况。只要把两种或更多的产品合并在一起生产比分开来生产的成本要低，就会存在范围经济。范围经济一般指企业通过扩大经营范围，增加产品

种类，生产两种或两种以上的产品而引起的单位成本的降低。与规模经济不同，它通常是企业或生产单位从生产或提供某种系列产品（与大量生产同一产品不同）的单位成本中获得节省。而这种节约来自分销、研究、开发和服务中心（像财会、公关）等部门。范围经济一般成为企业采取多样化经营战略的理论依据。范围经济是研究经济组织的生产或经营范围与经济效益关系的一个基本范畴。以下面的火力发电厂为例。

一个火力发电厂在其附近建一砖厂，而生产砖的原材料就是发电过程中产生的煤渣。煤渣对于发电厂完全是废物，原来发电厂还要花专门的资金清理它们，而现在砖厂不仅可以帮助清理掉煤渣，还可以把它们转变为有用的产品，拿到市场上卖钱。发电厂不仅节省了清理煤渣的费用，还通过砖的销售获得额外的收入。总收入的增加使得它相对于同行具有成本优势，即使电的销售价格低于竞争对手，它仍能得到高于对手的利润。

范围经济也并非一定要在一个企业的范围内存在，企业与企业间同样可以形成范围经济。在上面的例子中，如果砖厂不是发电厂所建，而是由另一个企业所建，就形成了企业间的范围经济。在这样的情况下，发电厂可能把煤渣以很低的价格卖给砖厂，它仍然可以节省清理费用，还能获得销售煤渣的收入。但是我们从砖厂看，因为它的原材料是别的厂商的废料，肯定是成本极低。所以相对于其他的砖厂，它就享受到成本节约的好处，成本的降低使得它可以降低价格获得竞争优势。

二、范围经济的优势

概括来讲，范围经济主要有以下一些优势：

（1）成本优势。范围经济可以因扩大生产规模而降低生产成本。主要是表现为分摊固定成本、降低变动成本。分摊固定成本主要表现为分摊固定资产的折旧费用，从而降低单位产品的固定成本；降低变动成本，主要表现在降低采购成本、提高资源利用率等方面。

（2）产品差异化优势。范围经济可以通过产品的多样化取得差异化优势，包括产品的质量、功能、外观、品种、规格及提供的服务等，这种多样性能使消费者认同该产品并区别于其他企业提供的类似产品。

（3）营销优势。范围经济所带来的成本优势及产品差异化优势可为企业带来营销优势。市场营销的关键在于正确定位目标市场的需要和欲望，比竞争者更有效地提供目标市场所要求的满足。市场营销强调满足消费者的需要和欲望，从营销理论来说，就是从产品、价格、地点、促销、公共舆论、政治或权力等方面体现企业的竞争能力。而范围经济形成的成本优势和差异化优势，体现了企业在产品、品质和价格方面的竞争能力。同时又能在内部建立的营销平台上，利用原有的渠道销售多种产品，还能更好地利用企业已经形成的品牌优势，为新产品开拓市场，使消费者更容易接受，同时也对跟进者形成巨大的进入障碍。

（4）技术创新优势。范围经济有利于技术的引进与革新。首先，对范围经济的理解和受益，使企业管理层对新产品、新工艺的开发更加重视；其次，范围经济利益的驱动可以导致科技创新的良性循环，持续的创新活动将使企业在应用新材料、采用新工艺、培养创新团队、加强市场调研等方面获得突破，最终将形成企业强大的核心竞争优势。

（5）抵御风险的优势。范围经济在成本、差异化、市场营销和技术创新等方面获得竞争优势，实际上是增加了企业抵御风险的能力。同时，范围经济还强化了企业的"新陈代谢"和互补性。

沉没成本：不可收回的损失

一、沉没成本

2001年诺贝尔经济学奖得主斯蒂格利茨教授说，普通人（非经济学家）常常不计算"机会成本"，而经济学家则往往忽略"沉没成本"。

沉没成本指已经付出且不可收回的成本。举例来说，当你受诱惑花30元买了张《英雄》的电影票，已经付了票款且假设不能退票。此时你付的30元钱已经不能收回，就算你不看电影钱也收不回来，电影票的钱算作你的沉没成本。

企业的机器、厂房也会随着时间的推移而逐渐丧失其价值，会无形之中就贬值了。这源自两方面的原因：一是机器和厂房都有一定的使用年限，超过了这个时间就得报废；二是由于有新的技术和生产手段会大量涌现，机器和厂房会无形中贬值。

二、如何避免沉没成本

无论怎样，在实现同样战略目的的同时，尽可能减少沉没成本的支出无疑是所有企业都希望的。真正如2000年前后网络公司竞争白热化时那样，比谁"烧钱"最快、最多，可以说是大多数投资者所不愿意看到的。

一是尽量避免决策失误导致的沉没成本。这要求企业有一套科学的投资决策体系，要求决策者从技术、财务、市场前景和产业发展方向等方面对项目做出准确判断。当然，市场及技术发展瞬息万变，投资决策失误难免。在投资失误已经出现的情况下，如何避免将错就错对企业来说才是真正的考验。

英特尔公司2000年12月决定取消整个Timna芯片生产线就是这样一个例子。Timna是英特尔公司专为低端PC（Personal Computer个人计算机）设计的整合型芯片。当初在上这个项目的时候，公司认为今后计算机减少成本将通过高度集成（整合型）的设计来实现。可后来，PC市场发生了很大变化，PC制造商通过其他系

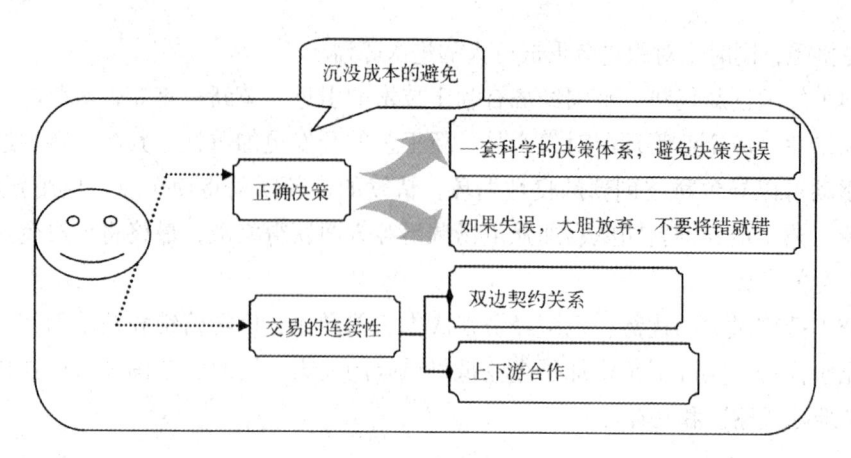

```
沉没成本的避免
        ┌─→ 一套科学的决策体系，避免决策失误
  正确决策
        └─→ 如果失误，大胆放弃，不要将错就错
  
  交易的连续性 ┬ 双边契约关系
              └ 上下游合作
```

统成本降低方法，已经达到了目标。英特尔公司看清了这点后，果断决定让项目下马，从而避免更大的支出。

二是通过合资或双边契约减少沉没成本。很多时候，沉没成本并不是由企业自身造成的，而是由合作方或供应链的上、下游方中断合作引起的。由于一项用于某一特定交易的耐用性投资往往具有专用性的特征，在这种情况下，如果交易突然终止，则所投入的资产将完全或很大部分会报废，从而产生相当一部分"沉没成本"。因此，通过合资或双边契约确保交易的连续性便显得格外重要，因为契约性或组织性的保障可以大大降低交易费用。

现代企业经营中，技术合作、策略或战略联盟已经成为一个重要的趋势，其内在原因，其实就包含了分散技术开发和市场拓展风险、减少沉没成本方面的考虑。

三、沉没成本的门槛效应

对一个行业或产业来说，其沉没成本的状况往往构成了进出壁垒的关键，并最终决定市场结构。贝恩咨询公司早在1956年就指出，若一个产业的固定成本或沉没成本很高，就会形成进入门槛。

那些具有明显规模经济和庞大硬件投入的资本密集型产业，如能源、通讯、交通、房地产、集成电路、医药等产业，其超额回报可谓诱人，但其惊人的初始投入和高退出成本则往往使许多市场"准进入者"望而却步，因为这首先是一场"谁输得起"的比拼。

由于这些高沉没成本的产业往往同时具备低边际成本的特性，"输得起"的一方最终会成为市场的赢家。许多资本实力雄厚的企业正是利用沉没成本来建立自己的竞争优势。小企业通常只能选择沉没成本较低的竞争性行业求得发展。

◎ 边际产量递减：为什么员工增加了，产量却在减少

一、边际产量递减的含义

当一种投入如劳动被更多地追加于既定数量的土地、机器和其他投入要素上时，每单位劳动所能发挥作用的对象越来越有限。土地会越来越拥挤，机器会被过度地使用，从而劳动的边际产量会下降，企业增加了投入，但收入却在递减。

一个面包坊有两个烤炉，作为可变生产要素的工人从1个增加到2个时，面包的边际产量和总产量都会增加。如果增加到3个工人，1个工人打杂，尽管这个工人增加的产量不如第2个工人（边际产量递减），但总产量仍增加了。如果增加第4个工人，面包坊内拥挤，工人之间发生矛盾，总产量反而减少了。

边际产量递减规律又称边际收益递减规律，最早是在18世纪由法国重农学派经济学家杜尔阁提出的。19世纪初英国古典经济学家威斯特、李嘉图、马尔萨斯等人也提出了这个规律。

二、两季稻与三季稻

一些地方曾经把传统的两季稻改为三季稻。结果总产量反而减少了。

两季稻是农民长期生产经验的总结，它行之有效，说明在传统农业技术下，土地已经得到了充分利用。改为三季稻之后，土地过度利用引起肥力下降，设备、肥料、水利资源等由两次使用改为三次使用，每次使用的数量不足。这样，三季稻时的总产量就低于两季稻了。四川省把三季稻改为两季稻之后，全省粮食产量反而增加了。江苏省邢江县1980年的试验结果表明，两季稻每亩总产量达2014斤，而三季稻只有1510斤。更不用说两季稻还节省了生产成本。群众总结的经验是"三三见九，不

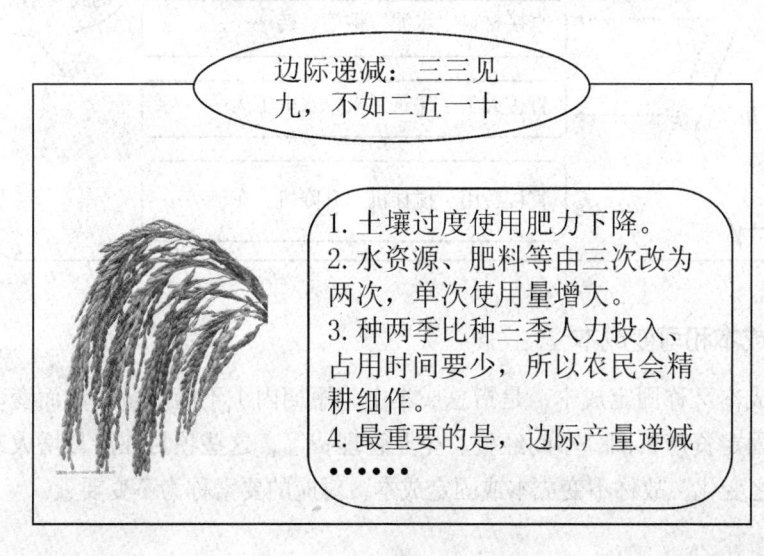

> 边际递减：三三见九，不如二五一十

1. 土壤过度使用肥力下降。
2. 水资源、肥料等由三次改为两次，单次使用量增大。
3. 种两季比种三季人力投入、占用时间要少，所以农民会精耕细作。
4. 最重要的是，边际产量递减……

如二五一十"。这就是对边际产量递减规律的形象说明。

从经济学的角度看,这是因为违背了边际产量递减规律。边际产量递减规律在各部门都存在,所以要防止瞎指挥现象。

◎ 生产成本及分类:生产者要考虑哪些成本"代价" ◎

在市场经济条件下,产品成本是衡量生产消耗的补偿尺度,企业必须以产品销售收入抵补产品生产过程中的各项支出,才能确定赢利,因此在企业中生产成本的控制是一项极其重要的工作。生产成本能反映企业生产经营工作的效果。企业原材料消耗水平,设备利用好坏,劳动生产率的高低,产品技术水平是否先进等,都会通过生产成本反映出来。

生产成本是指生产单位为生产产品或提供劳务而发生的各项生产费用,即企业为生产产品而发生的成本。

一、标准成本

标准成本包括生产成本中的材料、人工、费用三项。

生产成本由直接材料、直接人工和制造费用三部分组成。直接材料是指在生产过程中的劳动对象,通过加工使之成为半成品或成品,它们的使用价值随之变成了另一种使用价值;直接人工是指生产过程中所耗费的人力资源,可用工资额和福利费等计算;制造费用则是指生产过程中使用的厂房、机器、车辆及设备等设施及机物料和辅料,它们的耗用一部分是通过折旧方式计入成本,另一部分是通过维修、定额费用、机物料耗用和辅料耗用等方式计入成本。

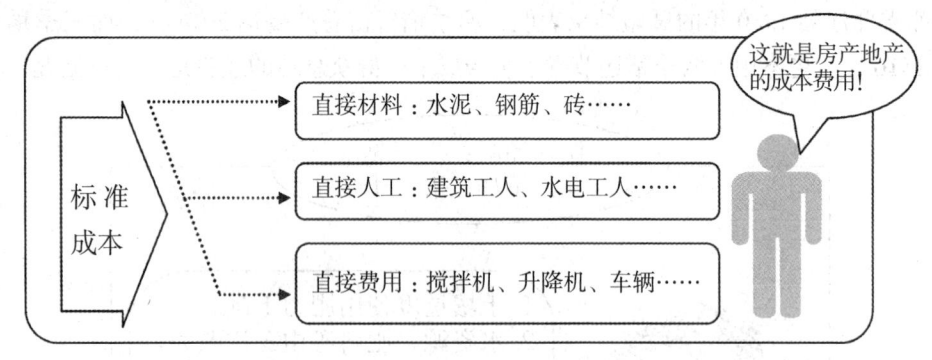

```
标准成本 ──→ 直接材料:水泥、钢筋、砖……
        ──→ 直接人工:建筑工人、水电工人……
        ──→ 直接费用:搅拌机、升降机、车辆……
```

(这就是房产地产的成本费用!)

二、不变成本和可变成本

不变成本又称固定成本,是指总成本中(短期内)不随产量变动而变动的那些项目,如固定资产折旧、车间经费、企业管理费等,这些项目在产量增大或降低时都不会随之变化,故称不变成本或固定成本,对应的要素称为不变要素。

可变成本又称为变动成本，是指在总成本中随产量的变化而变动的成本项目，主要是原材料、燃料、动力等生产要素的价值，当一定期间的产量增大时，原材料、燃料、动力的消耗会按比例相应增多，所发生的成本也会按比例增大，故称为可变成本。

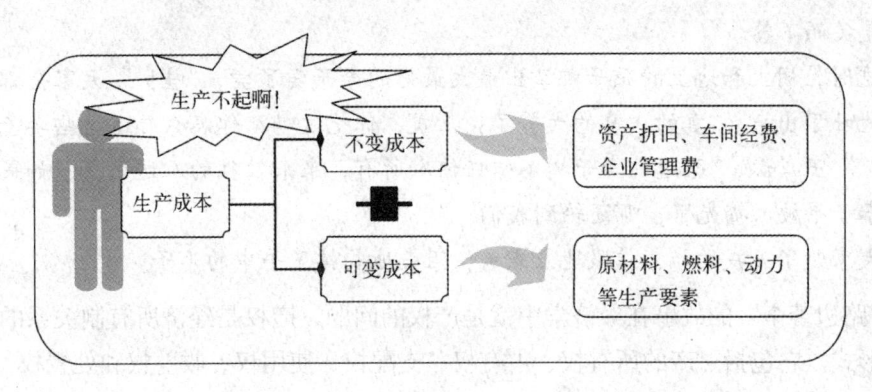

三、平均成本

平均成本是指平均每单位产品所分摊的成本。假设总成本为 TC，总产量为 Q，则平均成本 AC=TC/Q。

要谋求成本的有效降低，必须分析影响成本各种因素中最本质的东西，也就是要做到"单元成本"，也就是平均成本的分析。降低平均成本，一直是每个企业所追求的主要目标。

第一种情况是，随着产量的增加，平均成本一直在下降。这种行业的生产技术特点是在开始时需要大量投资，以后产量增加时，每单位产品增加的成本并不多，最初的投资分摊在越来越多的产品上，从而平均成本越来越少。

第二种情况是，无论产量如何变动，平均成本基本不变。这种行业一般在经济中都是一些无足轻重的行业，它的市场需求量不大，产量也不大，所用的生产要素并非经济中较为紧缺的要素，不与其他行业争夺生产要素，因此即使产量增加，要素价格不会上升，成本也不会增加。而且初始的投资也不大，例如钢笔等小物品。

第三种情况是，随着产量的增加，平均成本先下降。当产量增加到一定数量时，平均成本达到最低。如果产量再增加，平均成本就增加了。也就是说，平均成本先随产量增加而递减，后随产量增加而增加。

◇ 产权：人们越来越关注的"资产归属感" ◇

一、产权的含义

王戎是"竹林七贤"之一，小时候他就聪明过人。

一天，他同村里的孩子跑到村外去玩，来到离村子很远的地方了。突然他们发现前面不远的路边，长着一棵李子树，树上长满了鲜润的李子，十分诱人。

几个动作快的同伴，眨眼之间就像灵巧的猴子一样爬上了树。王戎却在后面慢慢地走着，对眼前的景象一副漠不关心的样子，并说，李子肯定是苦的。大家问他为啥，他只是笑而不答。

这时，树上和地上的孩子都拿出最大最好的李子尝了尝，"哇！"大家全都不约而同地吐了出来。"真的，真的太苦了！王戎，你吃过吗？你怎么知道这些李子是苦的呢？"王戎说："路边的李子树不归任何人所有，来来往往的人这么多，如果有好吃的李子早被人摘光了，哪还轮到我们？"

大家听了王戎的话，信服地点点头，沮丧地扔掉了手中的李子。

"路边苦李"的故事在经济学中就是产权的问题。产权是经济所有制关系的法律表现形式。它包括财产的所有权、占有权、支配权、使用权、收益权和处置权。

从私有财产的出现到市场经济的确立这几千年的历史中，产权指的是财产的实物所有权和债权，它侧重于对财产归属的静态确认和对财产实体的静态占有，基本上是一个静态化的范畴。而在市场经济高度发达的时期，产权更侧重于对财产实体的动态经营和财产价值的动态实现，它不再是单一的所有权利，而是以所有权为核心的一组权力，包括占有权、使用权、收益权、支配权等。

二、产权的三层含义

（1）原始产权，也称资产的所有权，是指受法律确认和保护的经济利益主体对财产的排他性的归属关系，包括所有者依法对自己的财产享有占有、使用、收益、处分的权利。

（2）法人产权，即法人财产权，其中包括经营权，是指法人企业对资产所有者授予其经营的资产享有占有、使用、收益与处分的权利。法人产权是伴随着法人制度的建立而产生的一种权利。

（3）股权和债权，即在实行法人制度后，由于企业拥有对资产的法人所有权，致使原始产权转变为股权或债权，或称终极所有权。原始出资者能利用股东（或债

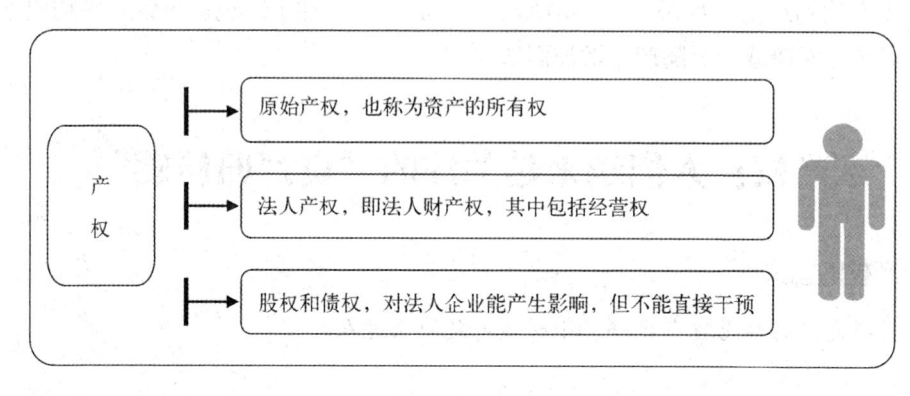

产权
→ 原始产权，也称为资产的所有权
→ 法人产权，即法人财产权，其中包括经营权
→ 股权和债权，对法人企业能产生影响，但不能直接干预

权人）的各项权利对法人企业产生影响，但不能直接干预企业的经营活动。

三、现代产权制度

产权制度就是制度化的产权关系或对产权的制度化，是划分、确定、界定、保护和行使产权的一系列规则。"制度化"的含义就是使既有的产权关系明确化，依靠规则使人们承认和尊重，并合理行使产权，如果违背或侵犯它，就要受到相应的制约或制裁。

现代产权制度是权责利高度统一的制度，其基本特征是归属清晰、权责明确、保护严格、流转顺畅。产权主体归属明确和产权收益归属明确是现代产权制度的基础；权责明确、保护严格是现代产权制度的基本要求；流转顺畅、财产权利和利益对称是现代产权制度健全的重要标志。

建立归属清晰、权责明确、保护严格、流转顺畅的现代产权制度，是市场经济存在和发展的基础，是完善基本经济制度的内在要求。当前我国经济社会发展中出现的一些矛盾和问题，都直接或间接地涉及产权问题。建立健全现代产权制度，是实现国民经济持续快速健康发展和社会有序运行的重要制度保障。

第六章
资源配置：经济运行的要素市场

◎ 资源配置：田忌赛马为什么能赢 ◎

一、资源配置

《史记》中记载了一个"田忌赛马"的故事。

田忌经常与齐威王及诸公子赛马，设重金赌注。但每次田忌和齐王赛马都会输，原因是田忌的马比齐王的马稍逊一筹。孙膑通过观察发现，齐王和田忌的马大致可分为上、中、下三等，于是，孙膑对田忌说："您只管下大赌注，我能让您取胜。"田忌相信并答应了他，与齐王和诸公子用千金作赌注。比赛即将开始，孙膑说："现在用您的下等马对付他们的上等马，拿您的上等马对付他们的中等马，拿您的中等马对付他们的下等马。"三场比赛过后，田忌一场落败而两场得胜，最终赢得齐王的千金赌注。

后来，田忌把孙膑推荐给齐威王。齐威王向他请教兵法后，就请他当自己的老师，孙膑的才学有了更宽广的用武之地。

同样是三匹马，由于选择的配置方法不同，结果就大不相同。田忌的马要比齐王的马低劣，在这样的约束前提下，孙膑只是利用选择配置的不同就赢得了比赛。在做选择的过程中，我们应该学习"田忌赛马"中孙膑权衡取舍的智慧。

从某种意义上来说，经济学就是关于资源配置的学问。美国经济学家保罗·萨缪尔森说："经济学研究人与社会如何做出最终抉择，在使用或者不使用货币的情况下，来使用可以有其他用途的稀缺的生产性资源，在现在或将来生产产品，并把产品分配给各个成员以供消费之用。它分析改进资源配置形式可能付出的代价和可能产生的效益。"因此，学会"权衡取舍"，才能做出适合的决策，获得最大收益。

人的欲望是无限的，但用于满足欲望的资源是有限的，所以，要决定用什么资源去满足那些欲望,这就是资源配置问题。资源配置的实质是权衡取舍,即在取舍之间实现利益的最大化。

"权衡取舍"的情况随处可见,与人们的生活息息相关。每个人都会面临各种各样的选择,生活就是在不断地"权衡取舍"。你有买一套衣服的预算,但同时看中了两套各具特色的衣服,究竟选择哪一套?你攒了一笔钱,准备添置新的家具,是买一套组合柜呢,还是买一台录像机?你大学快毕业了,是攻读研究生继续深造,还是去工作赚钱?两个男人都很喜欢你,你是选择有钱的,还是选择有才的……做这些决策的过程其实就是"权衡取舍"的过程。

如果几种选择之间优劣分明,做出取舍是再容易不过的事情。比如,有两家公司,情况差不多,一个答应付你每月2000元,另一个答应付你2500元,应该去哪家公司是不言自明的。但如果都愿付你2500元工资,你就很难判断去哪一家更好,这时我们就要费心权衡。在甲、乙两公司均愿意每月付给你2500元工资的例子中,如果你接受了甲公司的工作,在你得到每月2500元工资的同时,你就会失掉乙公司每月付你2500元的机会,正因为这样,所以我们在做权衡时才会感到为难。

其实每个人都会面临"权衡取舍",大致上会体现如下的规律:每个人都会自然地作出趋利避害的决策,选择使自己利益最大化的结果;人们会清楚认识到自己面临的选择约束条件,以尽可能使自己付出的代价最小化。"权衡取舍"的情况越多,意味着人们的选择和自由度越大。

现代社会可供选择的对象太多,我们该如何选择,也是在考验我们的"权衡取舍"智慧。商业社会有很多人患有"选择型恐惧症",就是因为自己的选择一再失误,从而不敢再去做选择了。因此,"权衡取舍"是一门高深的学问,以经济学的思维思考问题,对于我们的选择必将有所裨益。

二、计划与市场

迄今为止,人类找到了两种配置资源的方式。一个是计划,一个是市场。主要用计划方法配置资源的经济叫计划经济;主要用市场配置资源的经济叫市场经济。

计划方式,就是计划部门的人说了算,只有他们有权决定资源怎么配置,生产什么,如何生产,为谁生产,是计划事先规定好了的。所有人都必须服从,不能各行其是。问题是,计划部门的人即使再聪明,也不能了解所有人的欲望,不能了解所有企业的状况;计划部门的人再多,也不过就是几百人、几千人而已。因此,计划部门根本没有能力处理一个庞大经济体的全部生产和消费活动,长期实行计划经济所导致的无效率和失败是必然的。说到底,计划经济是一种由个别人说了算的经济,是一个公众不能自主决定自己事务的经济。

市场经济配置资源的手段是市场,说得更直接点,就是价格机制。在市场经济中,消费者买什么、买多少,由消费者根据市场价格和自己的收入和偏好决定;企业生产什么、生产多少，要看生产什么更赚钱。说得通俗点，市场经济就是自己的事情自己做主的经济。

总之，经济学产生于稀缺性，它要解决任何一个社会和个人都面临的选择或资源配置问题。因此，经济学是一门与我们每个人都密切相关的科学。这正是我们要学习经济学的基本原因。

◎ 生产要素：国民经济的活力细胞 ◎

一、生产要素的含义

如果把整个国民经济比做一个有机体的话，那么生产要素就是它的活力细胞，是组成国民经济体的基本单位。我们先通过下列一则小故事看一看生产要素主要包括那些方面，它们之间是如何互相作用的。

在一次珠宝拍卖会上，有一颗叫做"月光爱人"的钻石吸引了顾客的眼球。它晶莹剔透、光彩夺目，最后卖出了8000万元的最高价。这颗钻石是谁生产的？很多人都在抢功劳。这颗钻石是由梦幻珠宝公司在位于南非的一座矿山中挖掘出来的。梦幻公司的老板托尼扬得意地说："我当初决定购买这座矿山开采权的时候，就觉得这里面一定有宝藏，现在果然应验了。"挖掘队队长鲍勃不服气了，说："为了挖到这颗钻石，我和同事付出了艰辛的劳动。我们夜以继日地工作，几乎找遍了矿山的每个角落，好不容易才发现了它。"而向梦幻公司提供挖掘设备的厂商却说："我们公司的机器设备是世界一流的，如果没有我们提供的挖掘机，他们不可能在50米深的矿井中挖到这颗钻石。"最后，南非政府的官员说："只有在我们国家的土地上才能找到如此珍贵的钻石。在我们的国土下面还埋藏着数不尽的矿藏资源，欢迎各国企业家来投资开采。"

在这个故事中，大家都认为自己对生产钻石的功劳最大，其实离开了哪一方都不能成功。他们都是生产要素的提供者，理所当然地获得相应的报酬：提供劳动力的获得工资，提供资本的获得利息，提供土地的获得地租，提供企业家才能的获得利润。工资、利息、地租和企业利润就分别是生产要素劳动力、资本、土地和企业家才能的价格。

二、具体的生产要素

1. 劳动力的价格——工资

劳动力的需求取决于最后增加的工人所增加的收益，即边际收益。劳动力的供给取决于劳动力的成本，它包括实际成本与心理成本。实际成本是维持劳动者及其家庭生活必需的生活资料的费用和培养、教育劳动者的费用；心理成本是以牺牲闲暇的享受为代价的给劳动者心理上带来的负效用。工资的高低取决于劳动力的需求和供给双方面的共同作用。

2. 资本的价格——利息

利息是货币所有者放弃现期消费把货币转化为资本所得到的报酬。利息取决于资本的供给与需求。资本的供给取决于储蓄以及消费在收入中占有的比例；资本的需求取决于预期，即人们对未来不确定因素的看法。

3. 土地的价格——地租

土地的基本特征是：数量固定，对价格完全缺乏弹性。为在一定时期内使用土地而支付的价格称为土地的租金。地租由土地的需求与供给决定。由于土地的供给是固定的，这样土地的供给曲线就是一条与横轴垂直的线。随着经济的发展，对土地的要求不断增加，这就使得地租有不断上升的趋势。

4. 企业家才能的价格——利润

利润分为正常利润和超额利润。正常利润是指企业家如果把资源用于其他相同风险事业所可能得到的收入，它通常是指商家对自己提供的企业家才能的报酬支付。超额利润是超过正常利润的那部分利润，它来源于创新、风险或垄断。创新是社会进步的动力，风险也是难免的，需要超额利润来补偿，所以由创新和风险产生的超额利润是合理的。

◎ 人力资本：为什么你需要不断充电 ◎

一、人力资本的含义

人力资本是指通过教育、培训等方式和手段，在人身上积淀的，具有稀缺性的、能够投入生产中并能产生价值增值的知识、技能、经验和健康等质量因素之和。也有人建议把它解释为就业者的素质和能力，它是未来收入增长的一个源泉。

人力资本是一个多维度的概念。现代经济学已经将人力资本和技术知识作为经济增长的主要解释变量，而技术知识的创新与运用，又是在人力资本的作用下完成的。人力资本同其他资本一样，已成为获取经济收益和非经济收益所凭借的一种手段。

人力资本的价值在古典经济学中虽已受到注意，但直到20世纪60年代知识经济的兴起，美国经济学家、现代人力资本理论的奠基人舒尔茨才开始真正重视人力资本在经济发展中的意义。

舒尔茨人力资本理论的基本内涵是，把资本分为物质资本和人力资本两种形式。人力资本是体现在劳动者身上的、以劳动的数量和质量表示的资本。劳动者的知识水平、劳动技能的高低不同，决定了人力资本对经济的生产性作用的不同，结果使国民收入增长的程度也不同。

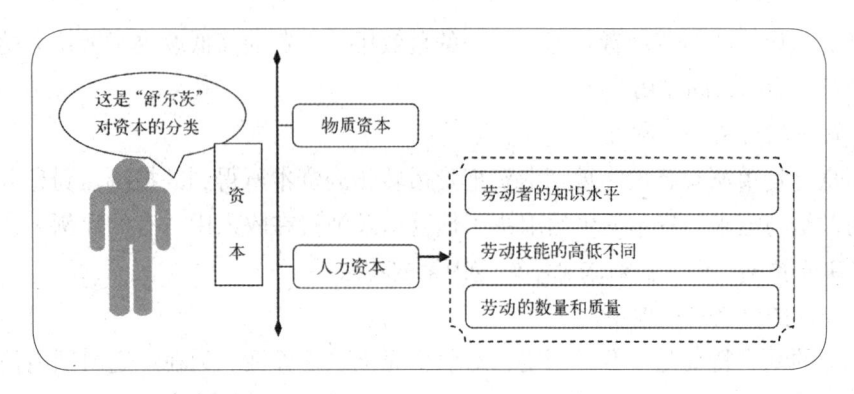

```
┌─────────────────────────────────────────────────────────┐
│   ╭─────────╮         ┌────────┐                        │
│   │这是"舒尔茨"│    ┌──│物质资本 │                        │
│   │对资本的分类│    │  └────────┘                        │
│   ╰─────────╯   资 │        ┌──────────────┐            │
│    ╻            本 │        │ 劳动者的知识水平 │            │
│    █            │  │     ┌──┤              │            │
│   ███           │  │  ┌──────┐ ┌──────────────┐         │
│  ┌───┐          │  └──│人力资本│─│ 劳动技能的高低不同 │       │
│  █████          │     └──────┘ └──────────────┘         │
│                             │  ┌──────────────┐          │
│                             └──┤ 劳动的数量和质量 │          │
│                                └──────────────┘          │
└─────────────────────────────────────────────────────────┘
```

二、人力资本对于企业的意义

随着竞争的加剧，人力资本所表现出来的作用也越来越明显。舒尔茨曾说，人的知识、能力、健康等人力资本的提高对经济增长的贡献远比物质、劳动力数量的增加重要得多。比如，杰克·韦尔奇自1981年入主通用，在短短的20年时间里，通过实施一系列人力资本管理与竞争变革，使通用这个百年老企业重新焕发出新的活力，公司排名也从世界第10位上升到第2位，成为全球最具竞争力的跨国公司之一。

所以，重视人力资本的管理，对一个企业来说至关重要。对于个人而言，注重人力资本的投资，才会有较高的回报。

三、人力资本对于个人的意义

要找一份好工作，在很大程度上会受到你教育水平与经历的影响。受教育的程度越高，个人经历与阅历越丰富，在其他条件相同的情况下，你就会比别人更容易获得一份好工作。

普通员工没有职业律师收入高，主要是因为两者在人力资本投资上的极大差别所致。培养一名律师需要5～10年的专业学习时间，而培养一名普通员工最多只要一两个月就够了。用于学习手艺或受培训的时间及货币财富共同构成了人们为进行人力资本投资而支付的全部机会成本。正是由于这种投资，人们在单位时间的生产率才会得到提高，而正是这种生产率的提高使雇主愿意起用他，并为他付出较高的报酬。

◎ 工资差异：为什么会有不同的工资标准 ◎

一、工资是劳动的价格

按经济学家的说法，工资是劳动的价格。它和任何一种物品与劳动力的价格一样取决于供求关系。劳动市场上，工人提供劳动，这就是劳动的供给方，企业雇佣劳动，这就是劳动的需求方。当劳动的供给与需求相等时，就决定了市场的工资水平，称为均衡工资。因此，工资水平的高低取决于劳动的供求。

劳动的价格即工资，对于比较不同国家和不同时期的工资水平很重要。实际上，人们的工资差别很大，普通工资就像普通人一样难以定义。在美国，汽车公司总裁一年能挣 500 万美元以上，而办事员仅能挣 20000 美元，医生的收入则是救生员的 10~20 倍，等等。

我们如何解释工资的差异呢？让我们先考虑完全竞争的劳工市场，在这个市场上有大量的劳工和雇主，谁也没有力量有效地影响工资水平。如果在一个完全竞争的劳工市场上所有的工作和所有的人都是相同的，竞争使每小时工资水平完全相等，没有一个雇主会为一个劳工的工作支付比与他相同的劳工或具有相同技巧的劳工更高的工资。

在西部某城市的一家面馆，这里生意兴隆，3 名年轻服务生跑前跑后，端盘子、擦桌子、倒茶水、拖地板……忙得不可开交，一个个稚气未脱的脸颊上流淌着汗水。一位吃面的顾客问一位女服务生："生意这么好，老板一个月发给你多少工资？"女孩低声回答："300 元。"顾客吃完面，出门时看到了正在烤羊肉串的一个小伙子，于是又问小伙子："一个月挣多少钱婀？"小伙子回答："不多，就 300 块。"这位顾客感叹着走了：这么少的工资怎么能维生呢？同样的地方，在一家被服厂干活，女工们的工资却仅仅只有 150 元。

看到这样的情景，很多人都愤愤不平，都以为面馆和被服厂的老板是典型的剥削分子，这么少的工资怎么让这些服务人员维生呢？这不是剥削是什么？其实造成这种低工资现象的原因，除了跟老板故意压低工资有关外，还跟社会对劳力总需求有直接关系。无论是面馆老板支付给服务生的 300 元，还是被服厂老板每月支付给女工的 150 元，其多少不取决于老板，而取决于供求的状况。在小老板所在的地方，农村有大量剩余劳动力，农村的收入也远远低于每月 150 元的水平，因此会有大量农村劳动力想来此找份工作。在被服厂或在饭馆做服务生都是一种极为简单的工作，任何人都可以胜任。当农村存在大量剩余劳动力时，从事这一简单工作的人是很多的，也就是说，劳动的供给远远大于需求。但当地工业并不发达，像这样生产花被的企业也不多，对这种简单劳动的需求并不大。根据供求规律，供给多而需求少，工资水平低就是正常的。小老板能以每月 150 元的工资雇到他所需要的工人，说明从供求关系来看，这种工资水平还是合理的。工资低而产品价格高，小老板当然利润丰厚。但既然允许私人企业存在与发展，这种丰厚的利润也无可厚非。无论开饭馆还是被服厂，老板们的意图都是赚取高额利润。小老板并不是慈善家，他办企业的目的是实现利润最大化。

在产品价格既定时，增加利润只有压低成本，所以，小老板以尽量低的工资雇佣工人是一种理性行为，无可非议。美国有位经济学家曾指出，在发展中国家里，当劳动供给无限时，以低工资雇佣劳动是利润的主要来源，这种利润可用于投资，对经济发展是有利的。应该说，从整个社会的角度看，小老板赚了钱或用于投资扩大生产，或用于消费刺激需求，都是对社会有利的。

二、造成工资差异的原因

工资差异是指劳动者所获得的工资等报酬，会因质量、行业、分工等等不同而产生差异。

1. 劳动质量的差异

判断身价高不高，工资多不多，不能单纯看学历高不高，而应该看他创造的劳动价值与工资待遇是否成正比。

2. 行业的差异

在一个完全竞争的劳工市场，任何一个老板都不会愿意为一个劳工的工作支付比他相同的劳工或具有相同技巧的劳工更高的工资。这就意味着，在解释不同行业的工资差别时，我们必须考虑行业之间的差异。

3. 工种之间的差异

工作之间的巨大差别有一些是由于工种本身的质量差别造成的，各工种的吸引力不同，因此必须提高工资诱导人们进入那些吸引力较小的工种。例如一个上夜班的人其工资一般比上白班的人工资要高。

4. 不同个体之间的差异

不同的劳动者劳动效率也是不一样的，为了奖勤罚懒，所以我们需要对劳动效率高的人高工资，以奖励他们努力工作；而对低效率者低工资，促使他们改进工作，提高工作效率。

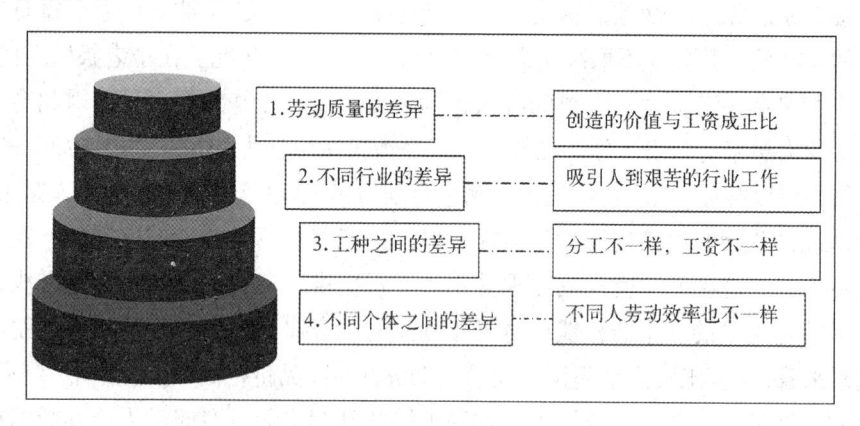

1. 劳动质量的差异	创造的价值与工资成正比
2. 不同行业的差异	吸引人到艰苦的行业工作
3. 工种之间的差异	分工不一样，工资不一样
4. 不同个体之间的差异	不同人劳动效率也不一样

三、工资分类

劳动工资，是指支付给职工的劳动报酬（包含基本工资和业务提成、奖金）不包含各种津贴和补贴。马克思认为，工资是工人的劳动力价值的货币表现。

1. 工资总额

工资总额是指各单位在一定时期内直接支付给本单位全部职工的劳动报酬总额。

工资总额的计算应以直接支付给职工的全部劳动报酬为根据。

工资总额由六部分组成：计时工资、计件工资、奖金、津贴和补贴、加班加点工资，以及特殊情况下支付的工资。其中特殊情况下支付的工资包括根据国家法律、法规和政策规定，因病、工伤、产假、计划生育假、婚丧假、事假、探亲假、定期休假、停工学习、执行国家或社会义务等原因按计时工资标准或计件工资标准的一定比例支付的工资。

2. 工资、薪金支出

企业所得税概念。工资、薪金支出是纳税人每一纳税年度支付给在本企业任职或与其有雇佣关系的员工的所有现金或非现金形式的劳动报酬，包括基本工资、奖金、津贴、补贴、年终加薪、加班工资，以及与任职或者受雇有关的其他支出。地区补贴、物价补贴和误餐补贴也应作为工资薪金支出。

3. 工资、薪金所得

个人所得税概念。工资、薪金所得是个人因任职或者受雇而取得的工资、薪金、奖金、年终加薪、劳动分红、津贴、补贴以及与任职或者受雇有关的其他所得。

◎ 交易成本：完成一笔交易的成本有多大 ◎

一、交易成本

《韩非子》里有一则"郑人买履"的故事。

有个郑国人，想要到集市上去买鞋子。早上在家里时量了自己的脚，把量好的尺码放在了座位上。到了集市，当他拿起鞋子的时候，才想起自己忘了带尺码，于是对卖鞋子的人说："我忘记带量好的尺码了。"就返回家去取量好的尺码。等到他返回集市的时候，集市已经散了，最终没有买到鞋。有人问他说："你为什么不用你的脚试鞋呢？"他说："宁可相信量好的尺码，也不相信自己的脚。"

郑人买履的寓言意在讽刺那些固执己见、死守教条、不知变通、不懂得根据客观实际采取灵活对策的人。单从郑人买鞋的结果来看，他在集市与家之间往返两趟，浪费了大量时间和精力，最终还是没有买到鞋子。用经济学的话来说，他的交易成本实在是太高了。

交易成本又称交易费用，最早由美国经济学家罗纳德·科斯提出。他在《企业的性质》一文中认为交易成本是通过价格机制组织产生的，最明显的成本就是所有发现相对价格的成本，市场上发生的每一笔交易的谈判和签约的费用，以及利用价格机制存在的其他方面的成本。

交易成本的提出，具有非常重要的意义。经济学是研究稀缺资源配置的，而交易成本理论表明交易活动也是稀缺的。市场的不确定性导致交易是冒风险的，因此说交易活动是有代价的，从而有了如何配置交易活动的问题。至此，资源配置问题成为经济效率问题。无论是企业内部交易,还是市场交易,都存在着不同的交易成本。但是,我们在购买商品的时候,往往忽视了购买商品的交易成本。

学术界一般认可交易成本分为广义交易成本和狭义交易成本两种。广义交易成本指为了冲破一切阻碍,达成交易所需要的有形及无形的成本。狭义交易成本是指市场交易成本,即外生交易成本,包括搜索成本、谈判费用以及履约成本。

二、交易成本的种类

(1)搜寻成本。商品信息与交易对象信息的搜集,在琳琅满目的商品种类中寻找到自己所需要的,必定要付出一定的时间或精力,这就是搜寻成本。

(2)信息成本。取得交易对象信息与和交易对象进行信息交换所需的成本,这就是信息成本。

(3)议价成本。针对契约、价格、品质讨价还价的成本。

(4)决策成本。即进行相关决策与签订契约所需的内部成本。

(5)违约成本。交易发生后,当违约时也要付出一定的成本。

◎劳动力供给与需求:为何出现天价保姆◎

一、劳动力市场

劳动力市场是市场体系的组成部分,是交换劳动力的场所,即具有劳动能力的劳动者与生产经营中使用劳动力的经济主体之间进行交换的场所,是通过市场配置劳动力的经济关系的总和。劳动力市场交换关系表现为劳动力和货币的交换。

建立劳动力市场是市场经济条件下实现人力资源优化配置的有效手段。劳动力市场的作用是调节劳动力的供求关系,使劳动力与生产资料的比例相适应,实现劳动力合理配置,使企业提高劳动生产率,提高经济效益,保证社会再生产的正常进行。

劳动力市场与一般商品市场相比具有以下特点:一是以区域性市场为主。劳动力市场和其他商品市场一样,也应是全国统一的市场。但是,由于社会生产力在各地区发展水平不平衡,原始手工业、传统的大机器和现代技术产业并存,劳动力的素质相差悬殊,职业偏见的存在,再加上地区分割等,阻碍了劳动力在全国范围流动,大多数只能在区域内运转,只有少数高科技人才可在全国范围内流通,从而形成的主要是区域性市场。二是进入劳动力市场的劳动力的范围是广泛的,一切具有劳动能力并愿意就业的人都可以进入劳动力市场。我国由于劳动力资源丰富,随着科技进步、劳动生产率不断提高,以及经济体制改革的进行,农村出现剩余劳动力,加上国有企业和国家机关的富余人员,因而在一个相当长的时间里,我国劳动力供大于求,形成买方市场。三是劳动力的合理配置主要是通过市场流动和交换实现的,市场供求关系调节着社会劳动力在各地区、各部门和各企业之间的流动；劳动报酬受劳动力市场供求和竞争的影响，劳动力在供求双方自愿的基础上实现就业。劳动力的市场配置行为，不可避免地会出现劳动者由于原有的劳动技能不能适应新的经济结构的变化而产生的结构性失业现象。

在市场经济下，劳动力是一种特殊商品。既然是商品，就具有商品的基本特点。但劳动力作为特殊商品，与普通商品又有不同：

（1）劳动力供求关系的表现形式不同。工资是劳动力的价格，工资具有刚性，一般情况下只能涨不能降，这是劳动力价格与普通商品价格的重要不同点。因此，当劳动力供不应求时工资就会上涨，供大于求时不是工资下降，而是出现失业。

（2）劳动力与其消费者之间的关系不同。普通商品卖给消费者后，购买者即对该商品拥有所有权和任意处置权，而劳动力商品出卖的只是劳动者的劳动，而不是劳动者本人，劳动力商品的主要消费者是法人，法人与劳动者之间的关系是契约关系，法人不拥有对劳动者的所有权和任意处置权，对劳动者的管理必须受到法律的约束。

（3）劳动力之间及劳动力与普通商品之间的需求关系不同。在普通商品之间，同类商品有竞争关系，对A品牌商品需求大了，对B品牌商品的需求就会小；不同类商品之间也存在变相的竞争关系，在购买力一定时，对A类商品需求大了，对B类商品的需求就会小。劳动力商品则不同。劳动力需求增加，会使社会购买力增加，从而使其他商品的需求增加，进而又会使劳动力的需求增加；一种劳动力需求增加会由于互补关系使其他劳动力的需求相应增加。反过来，一般商品需求增加，也会使劳动力的需求增加。只有机器与劳动力存在竞争和替代关系。

（4）劳动力在具有商品属性的同时，还具有人的基本要求，即有生存的权利、有劳动的权利、有获得尊重的权利，还有发展的权利。劳动力使用价值的发挥与这些权利的满足程度是密切相关的，劳动力的这些权利与企业的要求是一对矛盾的统一体，既有一致的地方，又有矛盾的地方，当这对矛盾处理得比较好时，劳动力的积极性就会高，劳动力的使用价值就会得到比较充分的发挥，反之，劳动力就会消极怠工，甚至会产生对企业和社会的破坏作用。因此，不能像对待普通商品那样简单地对待劳动力，企业必须采取有力措施保证就业者的基本要求。

（5）劳动力同时具有多种不同的使用价值，既可以服务于多种生产，又可以服务于多种消费，而且劳动力具有自身价值和使用价值的提升能力，即有学习能力，通过学习和培训可以使劳动力的使用价值得到不断提高，或者获得新的使用价值，从而使劳动力自身主动适应市场供求关系的变化，在不同行业和企业之间进行转移和调整，从而满足产业结构不断升级的要求。

（6）普通商品供给有弹性，而劳动力的供给无弹性。从总量上说，当普通商品出现供大于求时可以削减供给，供不应求时可以迅速增加供给。而劳动力的供给则具有刚性，供大于求时无法减少供给，供不应求时也很难增加供给。由于这个特点，调节劳动力在各不同行业之间流动的主要是工资水平，劳动生产率和工资水平高的行业和企业劳动力供给就比较充裕，而工资水平低的行业和企业就经常出现劳动力短缺。

（7）供求关系的调节因素不同。普通商品的供求主要是通过价格调节，而劳动力的供求不完全按照工资调节，决定劳动力流向的除了工资外，还有社会地位、工作条件、工作地点、发展前景等非价格因素，那些高素质而市场上又短缺的劳动力往往还要求参与利润的分配。

因此，劳动力既然是商品，劳动力市场就会出现供大于求的状况，这种状况就是通常所说的失业。从全社会来说，由于企业竞争和结构调整总是不断进行的，因此，失业状态也就是经常存在的。而且一定比例失业的存在有助于形成劳动力的买方市场，促进劳动力之间的竞争，对劳动力整体素质的提高有积极意义。对每个失业者来说，通过学习、培训和寻找过程总能找到新的工作岗位，因此，失业总是暂时的。

二、天价保姆的原因

1. 金融危机下，保姆供给旺盛

金融危机中，就业越来越难。在家政市场中，平均一个月就有五六百人前来应聘。

2. 保姆市场的需求旺盛

随着越来越多的80后进入生育期，保姆市场需求旺盛，2009年，北京保姆缺口6万人。

3. 保姆的劳动待遇上升

一般的家政人员平均工资在2300~2500元/月。在职的家政人员中最高月薪高达7000元/月，某公司还有一个月薪万元的职位招不到合适人选。

4. 保姆工作的内涵提高

随着社会对保姆工作要求的提高，保姆已经不仅仅局限于做饭拖地之类的工作，还要求做很多其他的工作，例如帮助雇主教育小孩等。

◎ 劳动力的供需变动：企业裁员还是增员 ◎

一、企业怎样决定雇佣的人数

1. 以利润最大化为前提

当边际利润会随着聘用的人数而不断增加的时候，企业会继续增员；当利润随着聘用的人数而不断减少的时候，企业会选择裁员增效。

2. 边际产量递减

当边际产量会随着聘用的人数而不断增加的时候，企业会继续增员；当边际常量随着聘用的人数而不断减少的时候，企业会选择裁员增效。

```
┌─────────────────────────────────────────────────────────────────┐
│                    ┌──────────────┐   ╭─────────────────╮       │
│                    │   [图片]      │◄──┤ 老板，你是怎么    │       │
│                    │              │   │ 决定我去留的？    │       │
│                    └──────────────┘   ╰─────────────────╯       │
│  ┌──┐      ▲                                                     │
│  │我│      │                                                     │
│  │是│    ┌─┴──────────────┐       ┌────────────────┐            │
│  │这│    │  利润最大化为前提 │       │   边际产量递减   │            │
│  │样│    └────────┬───────┘       └────────┬───────┘            │
│  │决│             ▼                         ▼                    │
│  │定│    ┌ ─ ─ ─ ─ ─ ─ ─ ┐       ┌ ─ ─ ─ ─ ─ ─ ─ ┐             │
│  │你│    │当边际利润会随着聘│       │当边际产量会随着聘│             │
│  │们│    │用的人数而不断增加│       │用的人数而不断增加│             │
│  │去│    │的时候，企业会继续│       │的时候，企业会继续│             │
│  │留│    │增员；当利润随着聘│       │增员；当边际常量随│             │
│  │的│    │用的人数而减少的时│       │着聘用的人数而减少│             │
│  └──┘    │候，企业会选择裁员│       │的时候，企业会选择│             │
│          │增效            │       │裁员增效          │             │
│          └ ─ ─ ─ ─ ─ ─ ─ ┘       └ ─ ─ ─ ─ ─ ─ ─ ┘             │
└─────────────────────────────────────────────────────────────────┘
```

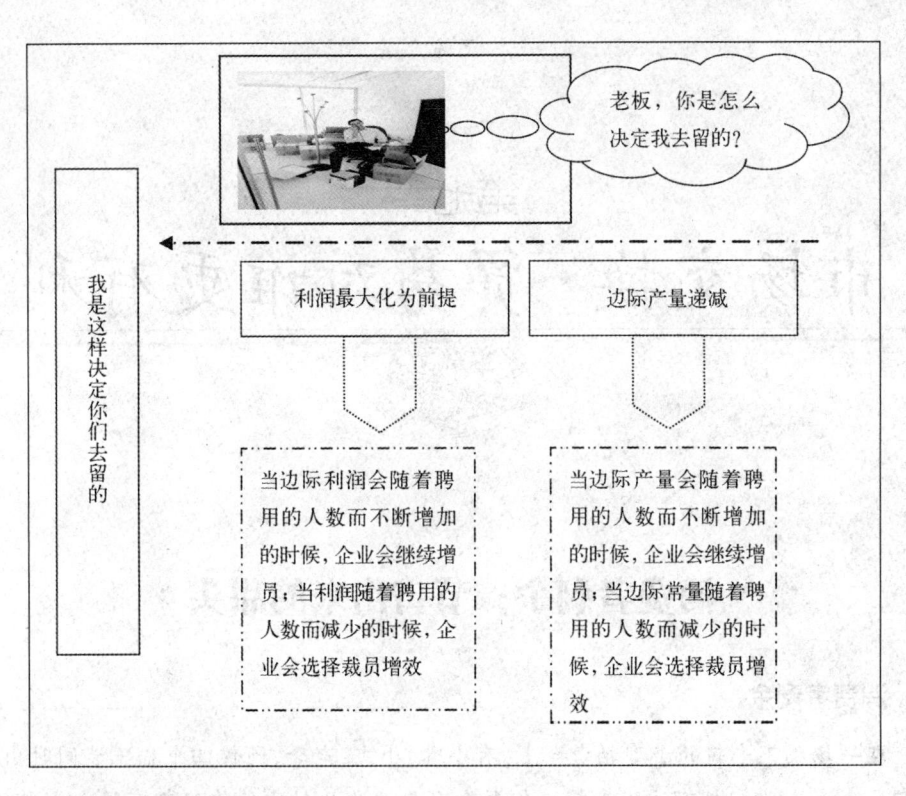

二、企业如何决定增员

劳动需求曲线是对劳动的边际产量值的反映。那么，哪些因素会使企业增加或减少劳动需求量呢？

（1）产品价格。劳动需求曲线会随价格变动而变动。汽油价格上升时，石油行业的劳动需求也会增加。

（2）技术创新。技术进步提高了边际产量，进而也提高了劳动需求。当一个国家的工资在持续上升时，就业率也能一直增加。

（3）其他因素。影响到边际产量的因素都会对劳动需求曲线产生影响。例如，由于生产工具的减少会降低劳动的边际产量，进而减少企业对劳动力的需求。

第七章
市场交换：贸易对谁更有利

◎消费者剩余：节省出来的甜头◎

一、消费者剩余

在一场猫王专辑的小型拍卖会上，有小琳、小文、老李、阿俊四个猫王迷同时出现。他们每一个人都想拥有这张专辑，但每个人愿意为此付出的价格都有限。小琳的支付意愿为100元，小文为80元，老李愿意出70元，阿俊只想出50元。

拍卖会开始了，拍卖者首先将最低价格定为20元，开始叫价。由于每个人都非常想要这张专辑，并且每个人愿意出的价格远远高于20元，于是价格很快上升。当价格达到50元时，阿俊不再参与竞拍。当专辑价格再次提升为70元时，老李退出了竞拍。最后，当小琳愿意出81元时，竞拍结束了，因为小文也不愿意出高于80元的价格购买这张专辑。

那么，小琳究竟从这章专辑中的得到什么利益呢？实际上，小琳愿意为这张专辑支付100元，但他最终只为此支付了81元，比预期节省了19元。

这"节省"出来的19元就是小琳的"消费者剩余"。消费者剩余是指消费者购买某种商品时，所愿支付的价格与实际支付的价格之间的差额。

在西方经济学中，这一概念是马歇尔提出来的，他在《经济学原理》中为消费者剩余下了这样的定义："一个人对一物所付的价格，绝不会超过而且也很少达到他宁愿支付而不愿得不到此物的价格；因此，他从购买此物所得的满足，通常超过他因付出此物的代价而放弃的满足；这样，他就从这种购买中得到一种满足的剩余。他宁愿付出而不愿得不到此物的价格，超过他实际付出的价格的部分，是这种剩余满足的经济衡量。这个部分可以称为消费者剩余。"

二、消费者剩余的影响因素

1. 支付意愿

指消费者为购买某件物品而愿意支付的最高价格,它用来衡量买者对物品的评价是多少。一般来说,在购买商品时,每个买者都希望以低于自己支付意愿的价格买到商品,而拒绝以高于他支付意愿的价格买该商品。

2. 边际购买者

如果价格再提高一点就离开的买者。例如,一张流行唱片,张三愿意出 20 元购买,李四愿意支付 25 元,王刚愿意支付 30 元,在这个消费队伍中,张三就是一个边际购买者,如果唱片价格上调,第一个离开的就是他。一般来说,边际购买者可能得到的消费者剩余最少。

消费者在买东西时对所购买的物品有一种主观评价。这种主观评价表现为其愿为这种物品所支付的最高价格即需求价格。

决定这种需求价格的主要有两个因素:一是消费者满足程度的高低,即效用的大小;二是与其他同类物品所带来的效用和价格的比较。

消费者愿意出的最高价格并不一定等于供求双方决定的市场价格。当消费者所愿意出的最高价格高于市场价格时,这两种价格之间的差额就称为消费者剩余。消费者剩余可以用下列公式来表示:消费者剩余 = 买者的评价—买者支付的量。

消费者剩余可以用来衡量消费者购买并消费某种物品或劳务所得到的经济福利的大小。消费者购买和消费物品或劳务是为了得到经济福利,一种物品或劳务给消费者带来的消费者剩余越大,即市场价格越低于消费者愿意出的最高价格,消费者就越愿意购买;反之,如果市场价格高于消费者愿意出的最高价格,那么消费者就会认为购买该物品或劳务不值得,或者说消费者剩余为负数,那么消费者就不会购买。

◎ 生产者剩余:生产者的额外利益 ◎

一、生产者剩余

生产者剩余是指生产者出售一种物品或服务得到的收益减去生产者的成本。如电影公司提供一部电影的成本是 5 元,可票价是 20 元,那么生产者剩余是 15 元。生产者剩余衡量生产者所得到的额外利益。

生产者剩余等于厂商生产一种产品的总利润加上补偿给要素所有者超出或低于他们所要求的最小收益的数量,是生产者的所得大于其边际成本的部分。因为生产者按照最后一个商品的边际成本规定所有商品的价格,在这最后一个商品以前的商品的边际成本都低于最后一个商品,此低于部分就是生产者的额外收入。从几何的角度看,它等于价格曲线之下、供给曲线之上的区域。

生产者剩余是属于生产者所有的，是生产者的权益，生产者应该享有对它的要求权。因此，生产者权益应该是生产者作为人力资源所有者而享有的对企业占有的生产者剩余的要求权。

二、提价给生产者带来的利润

生产者总是希望在交易时能把物品卖个好价钱，卖价越多，由于成本已经固定，生产者从中就能得到更多的剩余。

◎ 市场福利：市场交易会增加人们的幸福吗 ◎

一、帕累托效率

对资源配置含义的最严谨的解释，是由意大利经济学家菲尔弗雷多·帕累托提出的。按照帕累托的说法，如果社会资源的配置已经达到这样一种状态，即任何重新调整不可能在不使其他任何人境况变坏的情况下，使任何一个人情况变更好，那么，这种资源配置的状况就是最佳的，就是最有效率的。如果达不到这种状态，即存在一种调整可以使某人境况变好，而不会使其他任何一个人情况变坏，那么说明这种资源配置的状况不是最佳的，是缺乏效率的。这就是著名的"帕累托效率"准则。经济学理论认为，如果市场是完备的和充分竞争的，市场交换的结果一定是帕累托最优的，并且会同时满足以下3个条件：

第一，交换最优。即使再交易，个人也不能从中得到更大的利益。此时对任意两个消费者，任意两种商品的边际替代率是相同的，且两个消费者的效用同时得到最大化。

第二，生产最优。这个经济体必须在自己的生产可能性边界上。此时对任意两个生产不同产品的生产者，需要投入的两种生产要素的边际技术替代率是相同的，且两个生产者的产量同时得到最大化。

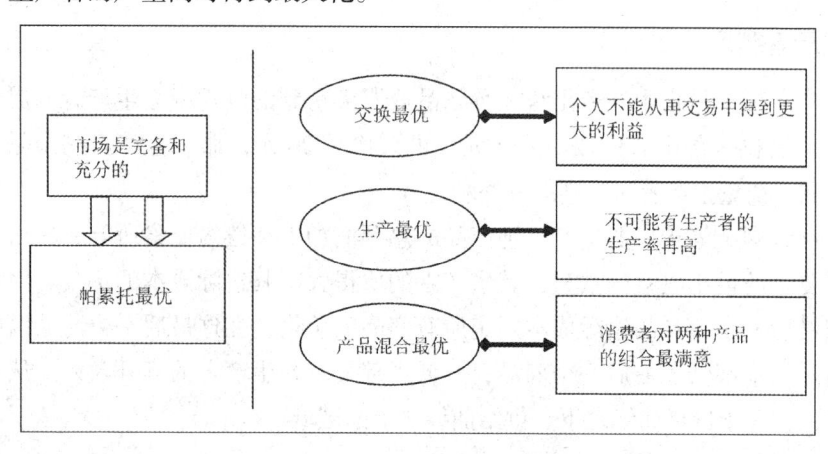

第三，产品混合最优。经济体产出产品的组合必须反映消费者的偏好。此时任意两种商品之间的边际替代率必须与任何生产者在这两种商品之间的边际产品转换率相同。

帕累托最优回答的是效率问题。从社会福利角度出发，用效率来评价总体经济运行有其合理性，因为如果资源配置未达到帕累托最优，那么，总有一些人能改善境况而没有人会受损，也就是说，社会福利总量肯定能上升，那么通过一种恰当的分配或补偿措施，能使所有人的境况都有所改善。

二、英国自由贸易群众运动

一个世纪之前，在全球化初期产生的危机中，在英国对自由贸易的要求激起了一个真正的群众运动。自由贸易不仅仅是银行家、商人或者年轻的经济学者约翰·梅纳德·凯恩斯等人珍视的理想，它还动员了数百万人。

在那时英国的贫困并没有消失。许多英国人信奉"自由贸易帝国"。有些人煽动了英国和德国间的对抗情绪，讽刺实行贸易保护主义的德国是依靠马肉肠和狗肉生存的野蛮国家；后来当上英国首相的劳合·乔治告诉其听众，和德国海军比起来，他更害怕德国香肠。

自由贸易最终打败了贸易保护主义。自由主义者和激进分子组织了移动表演，张贴彩色海报和进行政治娱乐。在城镇，商店橱窗的陈列图解了关税给普通消费者带来的负担。在农村，人们观看政治幻灯片到深夜。1910年，在海滨度假胜地参加自由贸易讨论会议的人数几乎达到了100万。

自由贸易的支持者迎合了人们的感情和身份需求，迎合了人们对更多财富和廉价食品的合理兴趣。

对仍然没有公民权的妇女来说，自由贸易是一种公民权的替代：议会通过为便宜的进口商品打开大门，维护了她们作为消费者的权益。

对许多民主人士来说，它是一种和平和社会正义的力量，将特殊利益群体的权

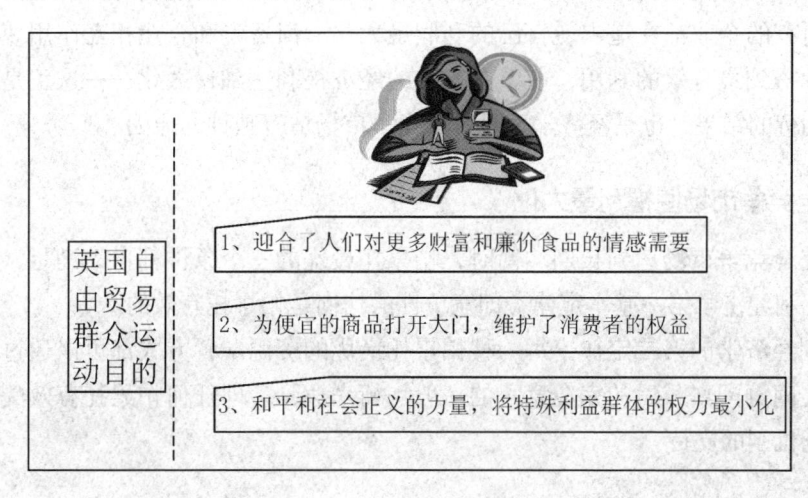

英国自由贸易群众运动目的	1、迎合了人们对更多财富和廉价食品的情感需要
	2、为便宜的商品打开大门，维护了消费者的权益
	3、和平和社会正义的力量，将特殊利益群体的权力最小化

力最小化，并教导公民有关公平和国际贸易的内容。

从英国的自由贸易打败贸易保护的群众运动看来，市场增加了人们的福利，也是增加福利的好方法。

◎ 经济福利最大化：完全竞争市场下的"理想"福利

一、消费者对物品的评价

消费者对物品的评价是指消费者对物品的主观感受，消费者是否感觉到物品对他有用、有价值，是衡量社会经济福利的标准。

1. 总剩余

总剩余是衡量经济福利的效率标准，经济学家认为衡量社会经济福利的一个指标是消费者剩余和生产者剩余，他们的总和就是总剩余。用公式可以表示为：

总剩余＝买者的评价－卖者的评价

这个公式表明市场的总剩余就是买者根据自己对物品的支付意愿而得出的对物品的总评价减去卖者生产的成本。

在完全竞争的市场上，必然会使生产资源从高成本生产者转换给低成本生产者，使生产者的成本降低，使稀缺资源在配置过程中能达到总剩余最大化的效果，这种配置是最有效率的。

从价格上来看，在完全竞争市场上由于其价格为商品的最低平均成本，在这种情况下，只要对商品的评价高于或者是等于最低平均成本的消费者都会选择购买，因此这种情形下，社会中总剩余会达到最大值。

2. 公平

公平是衡量经济福利的另一重要标准。市场既要对卖者公平也要对买者公平，强卖强买都是不公平的体现。在完全竞争的市场上，所有的消费者都在追求效用最大化，所有的企业都在追求使自己的利润最大化。消费者和企业相互作用使社会有限的资源得到最有效的利用，使整个社会的经济福利达到最大化——这正是所有人都愿意期待的结果，也是经济学家对自由竞争市场情有独钟的原因。

二、完全竞争市场使福利最大化

当完全竞争市场达到长期均衡时，帕累托最优的三个条件都自动满足，这一结论便是福利经济学第一基本定律，即竞争性的均衡是帕累托有效的。

福利经济学的第二定律：每一种帕累托最优的资源配置方式都可以通过适当在消费者之间分配禀赋后的完全竞争的一般均衡来达到，即任何帕累托有效配置都能得到市场机制的支持。

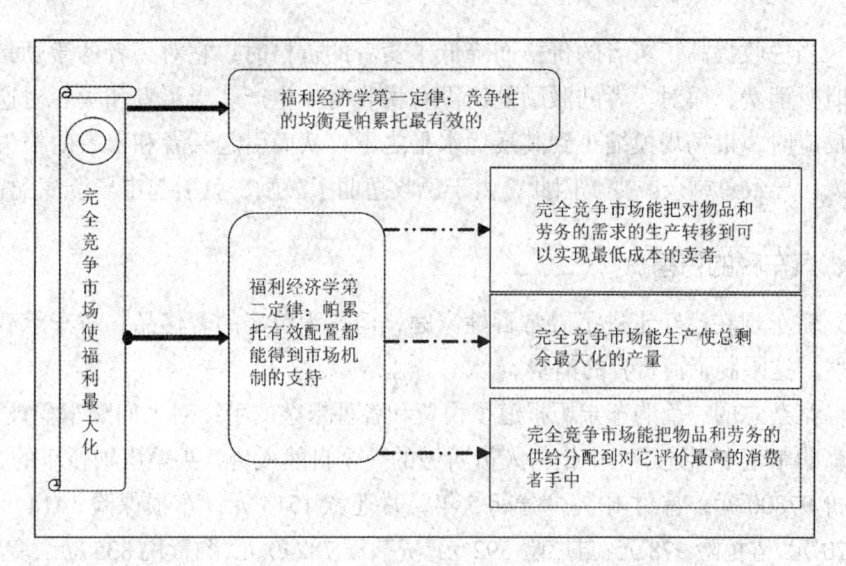

```
                        ┌──────────────────────────────┐
                    ┌──▶│ 福利经济学第一定律：竞争性      │
                    │   │ 的均衡是帕累托最有效的          │
                    │   └──────────────────────────────┘
 ┌──┐               │                          ┌──────────────────────────┐
 │完│               │                       ┌─▶│ 完全竞争市场能把对物品和   │
 │全│               │                       ┊  │ 劳务的需求的生产转移到可   │
 │竞│               │                       ┊  │ 以实现最低成本的卖者       │
 │争│               │                       ┊  └──────────────────────────┘
 │市│               │   ┌──────────────┐    ┊
 │场│               │   │ 福利经济学第  │    ┊  ┌──────────────────────────┐
 │使│───────────────┤   │ 二定律：帕累  │    ┊  │ 完全竞争市场能生产使总剩   │
 │福│               └──▶│ 托有效配置都  │────┼─▶│ 余最大化的产量             │
 │利│                   │ 能得到市场机  │    ┊  └──────────────────────────┘
 │最│                   │ 制的支持      │    ┊
 │大│                   └──────────────┘    ┊  ┌──────────────────────────┐
 │化│                                       ┊  │ 完全竞争市场能把物品和劳务的│
 └──┘                                       └─▶│ 供给分配到对它评价最高的消费│
                                               │ 者手中                     │
                                               └──────────────────────────┘
```

（1）完全竞争市场能把对物品和劳务的需求的生产转移到可以实现最低成本的卖者。

（2）完全竞争市场能生产使总剩余最大化的产量。

（3）完全竞争市场能把物品和劳务的供给分配到对它评价最高的消费者手中。

当买者的评价高于卖者的成本时，整个社会增加产量能使总剩余增加；当买者的评价低于卖者的成本时，减少产量能增加总社会剩余。当供给和剩余处于均衡位置时，买者的评价和卖者的成本刚好相等，此时，社会的总剩余是最大的。

◎无谓损失：税收伤害的"无辜"社会福利◎

一、无谓损失

美国经济学家曼昆把税收造成的总福利的减少称为税收的"无谓损失"。

经济学认为，政府向某一产品征税，不管这项税收是向生产者征收还是向消费者征收，最后都是由生产者和消费者分担的——生产者得到的价格下降，消费者得到的价格上升，税收在买者支付的价格和卖者得到的价格之间打入了一个"楔子"。由于这个"楔子"，这种产品的销售量低于没有税收时应该达到的水平，也就是说，市场规模收缩了。由于市场规模收缩，生产者和消费者受到的福利损失之和要大于政府得到的税收。

二、总福利减小的原因

为什么会出现社会总福利减少这样的"无谓损失"？这是因为，人们会对各种激励作出理性的反应。

当税收提高了买者的价格而降低了卖者的价格时，它对买者的激励是比没有税收时少消费，而对卖者的激励是比没有税收时少生产。当买者和卖者对这些激励做出反应时，市场规模缩小到其最优水平之下，从而引起买者和卖者的损失大于政府收入，导致总剩余减少。因此，由于税收扭曲了激励，就引起市场资源配置无效率。

三、汽车税的伤害

轿车现在已经走进了寻常百姓家庭，但作为曾经的奢侈品，轿车承载着很多的税费，这限制了消费者的消费。

某杂志的一篇购车亲历报道了税费和各种繁杂的手续对人们购车积极性的打击。这篇购车记中引述了一个销售人员所做的一个自然人贷款买桑塔纳轿车的详细报价：车价97800元，首付10%，分期5年，月还款1514元，车损保险1414元，三者险1170元，盗抢险978元，自燃险392元，贷款额78240元，购置税8359元，验车500元，保证保险金1721元，管理费4900元，其他20元，首付合计29234元。

该文报道的收费项目，只是购车环节支付费用的一部分。购买一辆小汽车还要交纳停车泊位证明费，车船使用税……还有一笔费用是汽车生产厂家代消费者交纳的：3%~8%的消费税。

汽车厂家也有税费的苦衷，一辆汽车厂家要负担17%的增值税，轿车成为国内税率最高的机电产品，再加上一些其他的收费，汽车消费是不小的开销。

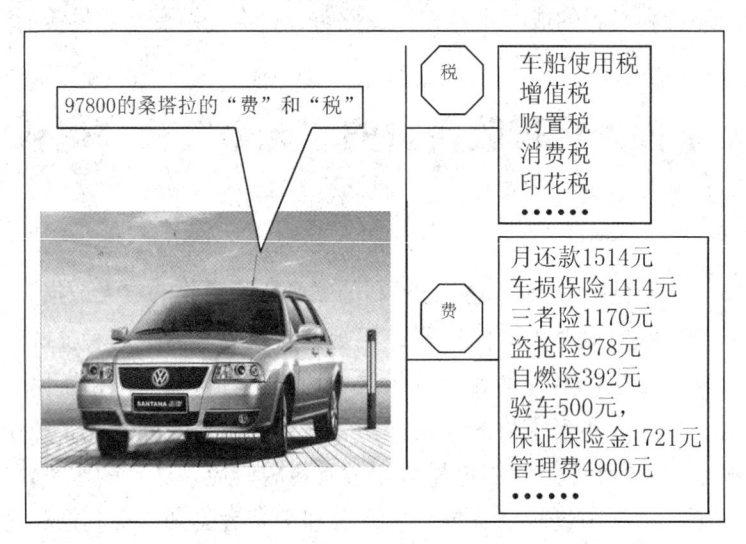

◎ 全民福利：北欧人为什么如此懒散 ◎

一、高福利、高税收

第二次世界大战以后，随着世界经济的不断发展和繁荣，生产的社会化程度进一步提高，特别是产业结构的大调整，引发了人们社会观念的大变革，使社会保险在世界较大的范围内实现了向国家化、全民化和福利化方面的转变。为达到更广泛的社会平等和更大程度的经济平等的目标，1948年英国宣布第一个建成了福利国家。此后，瑞典、荷兰、挪威、法国、意大利等国也纷纷参照执行了英国的全面福利计划，使社会保险制度在世界范围内得到空前发展。到1993年，实行社会保险制度的国家已达到163个。

但是后来由于欧洲经济陷入困境，以英国为代表的部分国家开始转向自由市场经济，不断的改革全民福利制度，在私有化大部分国企的同时、削减福利开支。而现今能被整个世界看做全面福利典范的仅存以瑞典为代表的北欧，以沙特为代表的中东石油国家。他们实行的是"国民收入均等化、就业充分化、福利普遍化、福利设施体系化"和"从摇篮到坟墓"的各种生活需求在内的社会保障制度，并统一标准、统一缴费和统一支付待遇，基金主要由国家财政解决。

二、高税收

法国是一个高福利国家，也是一个高税收国家，税收分别占财政收入的90%和国内生产总值的50%左右。

在个人所得税上，以家庭为纳税单位，具体征税对象的收入标准根据家庭人口数目，按照累进税率征税。凡家庭或主要居住地在法国、在法国从事主要职业活动、或在法国获得主要经济收入者，不论是否拥有法国国籍，均需按收入（包括在法国境外的收入）申报个人所得税。

法国对年收入不足4192欧元者免税，而法国的家庭人均年收入为12000欧元左右，这一免税标准使多数人被列为纳税人行列。收入在4192～8242欧元，税率为7.05%，税率随收入增长而递增。

同时，雇主也要缴纳一定数额的社会福利税，同样是高额累进制。法国以法定最低工资为基点向雇主征收4.29%的社会福利税，当雇员工资超过最低工资的1.6倍时，雇主按雇员工资，交纳高达30.29%的福利税，对企业征收的高额社会福利税是法国政府执行全面的社会福利计划的重要财源。

社会团结财富税是最具"削富济贫"特点的税种。如果纳税人的财产净额超过76万欧元，即应交纳社会团结财富税，其税率从0.55%～1.8%不等。

高税收的主要用途，便是开展社会福利活动。如用于教育、医疗、补贴等方面。在法国，不仅中小学阶段全程免费，大学生也可享受住房补贴、伙食补贴以及各种各样的助学金。医疗方面，享受医保者到医院就诊时一般只需交纳挂号费和少量诊费，主要医疗开销由医保系统从其医保账户中扣除。

三、福利不一定是坏事

北欧国家的社会福利制度持续发展了很多年,到今天已经形成一套非常完善的制度和机制。这种独具特色的高福利制度,为他们的国民提供了"从摇篮到坟墓"的保障:免费的教育、高额的医疗补贴、完善的就业保障体系等。可以毫不夸张地说,这些国家的居民从生到死经济上都可以高枕无忧。也正因如此,在20世纪90年代的经济危机出现后"北欧模式"曾广遭诟病。

按照主流经济学的逻辑,"高福利养懒汉",这似乎是基于"不变的人性"得出的定论。经济学家们认为,高福利必定会增长人们的惰性,不利于激发国民的劳动积极性和创新动力;高福利靠高税收支撑,而高税收必定不利于国民经济私营部门的发展。

但是,历来以高福利、高税收著称,曾经"北欧病"缠身的北欧国家却在21世纪初始拔世界竞争力较量的头筹。2004年10月13日,芬兰再次被达沃斯世界经济论坛评选为"世界上最有竞争力的经济体",这已经是芬兰连续三年获此殊荣。而同时,瑞典获得第三、丹麦第五、挪威第六、冰岛第十。换句话说,北欧五国都居于世界最具竞争力国家的前10位。

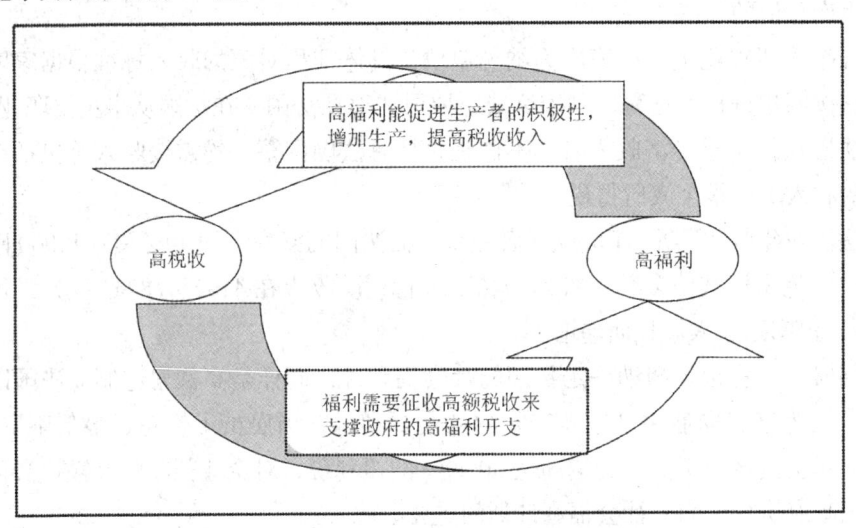

第八章
市场竞争：竞争压力下的商业交锋

◎完全竞争：没有干扰的自由竞争◎

一、完全竞争的含义

完全竞争又称为自由竞争，是指一个市场完全靠一只看不见的手，即价格来调节供求。完全竞争具备两个不可缺少的因素：所提供销售的物品是完全相同的，不存在产品差别；买者和卖者都很多且规模相当，以至于没有一个买者或卖者可以影响市场价格。

例如，小麦市场就是一个很典型的完全竞争市场，有成千上万出售小麦的农民和千百万使用小麦和小麦产品的消费者。由于没有一个买者或卖者能影响小麦价格，所以，每个人都把价格作为既定的。

二、完全竞争的特点

第一，生产者所能提供的服务是无差别的。所有商品提供者的服务都是一样的，因而买什么样的商品对于消费者来说是没有差别的。

第二，在市场上有无数的买者和卖者。由于买者和卖者很多，大家都购买或出售相同的服务，并且其中任何一个买者或卖者的需求量或供给量都只占总需求或总供给的很小一部分，所以，大家无法左右市场价格，都是既定价格的接受者，而不是价格的决定者。

第三，在这个市场上，各种资源能够自由流动。也就是说，要想加入这个市场并无任何阻力，任何人都有资格进入该市场。另外，退出这一市场原则上也不存在任何障碍。

第四，在这个市场上，买者和卖者对市场的情况有充分的信息。买者和卖者都掌握市场的信息和动态。

```
自由竞争市场的特点
生产者提供无差别的的服务  →  买什么样的商品对于消费者来说是没有差别的
有无数的买者和卖者        →  市场不会被少数几个买者和卖者控制
各种资源能够自由流动      →  任何人都有资格进入或退出市场
买者和卖者市场信息充分    →  买者和卖者都掌握市场的信息和动态
```

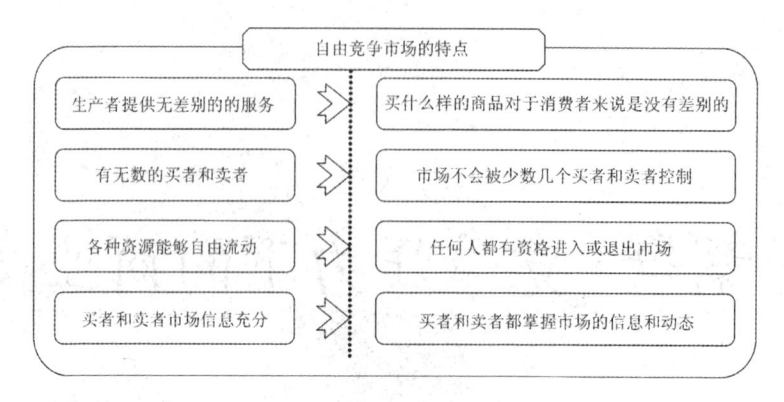

三、自由竞争的好处

在美国的阿拉斯加自然保护区里，人们为了保护鹿，就消灭了狼。鹿没有了天敌，生活很是悠闲，不在四处奔波，便大量繁衍，引起了一系列的生态问题，致使瘟疫在鹿群中蔓延，鹿群大量死亡，竟然出现了负增长。

后来护养人员及时引进了狼，狼和鹿之间又展开了血腥的生死竞争。在狼的追赶捕食下，鹿群只得紧张地奔跑以逃命。这样一来，除了那些老弱病残者被狼捕食外，其他鹿的体质日益增强，鹿群恢复了生机。

鹿群的故事表明自由竞争是非常必要的，在人类经济生活中，自由竞争也有着重要的作用。在完全竞争的市场条件下，消费者和生产者都不会有什么不利，因为完全竞争的存在，迫使商品生产者竞相在降低成本、压低售价上做文章，可以使消费者按实际可以达到的最低价格来购买，而生产者按此价格出售也可获得正常利润。

从社会角度来看，完全竞争促使社会资源可以有效地分配到每一个部门，每一种商品的生产上，使之得到充分利用。生产效率低的企业在竞争中逐步被打败，就使得它的资金、劳力、设备等社会资源重新组合到生产效率高的企业中，这是社会的一种进步。就是因为竞争能够促进经济良性循环，刺激生产者的积极性，所以，要大力鼓励竞争，创造公平竞争的环境。

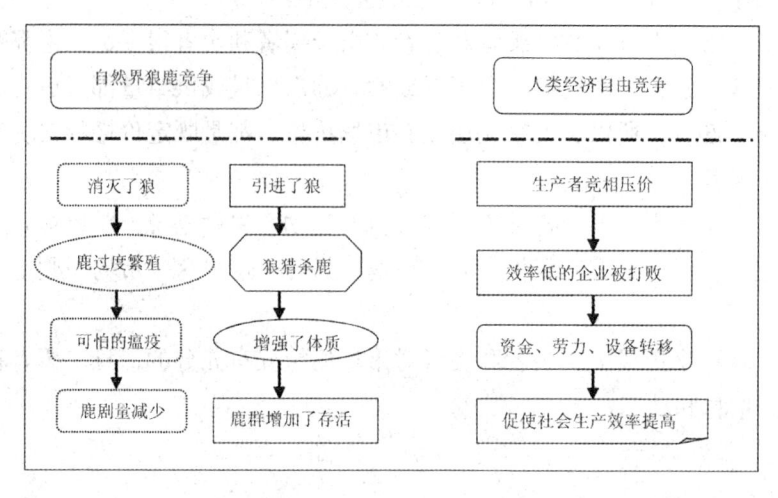

```
自然界狼鹿竞争                          人类经济自由竞争

消灭了狼      引进了狼                   生产者竞相压价
   ↓            ↓                            ↓
鹿过度繁殖    狼猎杀鹿                   效率低的企业被打败
   ↓            ↓                            ↓
可怕的瘟疫    增强了体质                 资金、劳力、设备转移
   ↓            ↓                            ↓
鹿剧量减少    鹿群增加了存活             促使社会生产效率提高
```

◎ 垄断竞争：垄断企业之间的差异生存 ◎

一、垄断竞争的含义

20世纪80年代，可口可乐与百事可乐之间竞争十分激烈。可口可乐为了赢得竞争，对20万13～59岁的消费者进行调查，结果表明，55%的被调查者认为可口可乐不够甜。本来不够甜加点糖就可以了，但可口可乐公司花了两年时间耗资4000万美元，研制出了一种新的更科学、更合理的配方。1985年5月1日，董事长戈苏塔发布消息说，可口可乐将中止使用99年历史的老配方，代之而起的是"新可口可乐"；当时记者招待会上约有200家报纸、杂志和电视台的记者，大家对新的可口可乐并不看好。

24小时后，消费者的反应果然印证了记者们的猜测。很多电话打到可口可乐公司，也有很多信件寄到可口可乐公司，人们纷纷表示对这一改动的愤怒，认为它大大伤害了消费者对可口可乐的忠诚和感情。旧金山还成立了一个"全国可口可乐饮用者协会"，举行了抗议新可口可乐活动，还有一些人倒卖老可口可乐以获利，更有人扬言要改喝茶水。

此时百事可乐火上浇油。百事可乐总裁斯蒂文在报上公开发表了一封致可口可乐的信，声称可口可乐这一行动表明，可口可乐公司正从市场上撤回产品，并改变配方，使其更像百事可乐公司的产品。这是百事可乐的胜利，为庆祝这一胜利，百事可乐公司放假一天。

面对这种形势，1985年7月11日，可口可乐公司董事长戈苏塔不得不宣布：恢复可口可乐本来面目，更名"古典可口可乐"，并在商标上特别注明"原配方"、与此同时，新配方的可口可乐继续生产。消息传开，可口可乐的股票一下子就飙升了。

这个案例说明，老的可口可乐已在部分消费者中形成了垄断地位，哪怕可口可乐公司总裁也不能动摇这种地位。与此同时，案例也说明在可口可乐、百事可乐、矿泉水以及茶水等饮料之间还是存在竞争的。这种市场就是垄断竞争市场。

垄断竞争是指这样一种市场结构，一个市场中有许多厂商生产和销售有差别的同种产品。垄断竞争在现实中是一种普遍存在的市场结构，日用品行业中尤为常见。垄断竞争是与自由竞争相对的概念，是指排斥、限制自由竞争的各种行为的总称。它与不正当竞争同属于竞争法的调整范围，但二者又有本质的差别：不正当竞争并不限制、排斥自由竞争，它是在承认并准许其他竞争对手参与自由竞争的前提下，采用了不正当、不合法的手段从事经营活动；而垄断的本质则是从根本上排斥、限制自由竞争的，与自由竞争不存在相容之处。

二、垄断竞争的条件

第一,生产集团中有大量的企业生产有差别的同种产品,这些产品彼此之间都是非常接近的替代品。例如,牛肉面和鸡丝面。这里的产品差别不仅指同一产品在质量、构造、外观、销售服务方面的差别,还包括商标、广告上的差别和以消费者的想象为基础的虚构的差别。例如,虽然两家饭店出售的同一菜肴(以清蒸鱼为例)在实质上没有差别,但是消费者心理上确认为一家饭店的清蒸鱼比另一家的鲜美,此时存在着虚构的差别。

第二,一个生产集团中的企业数量非常多,以至于每个厂商都认为自己的行为影响很小,不会引起竞争对手的注意和反应,因而自己也不会受到竞争对手的报复措施的影响。

第三,厂商的生产规模比较小,因此进入和退出一个生产集团比较容易。在现实生活中,垄断竞争的市场组织在零售业和服务业中是很普遍的,如修理、糖果零售业等。

第四,互不依存。市场上的每个竞争者都自以为可以彼此相互独立行动,互不依存。一个人的决策对其他人的影响不大,不易被察觉,可以不考虑其他人的对抗行动。

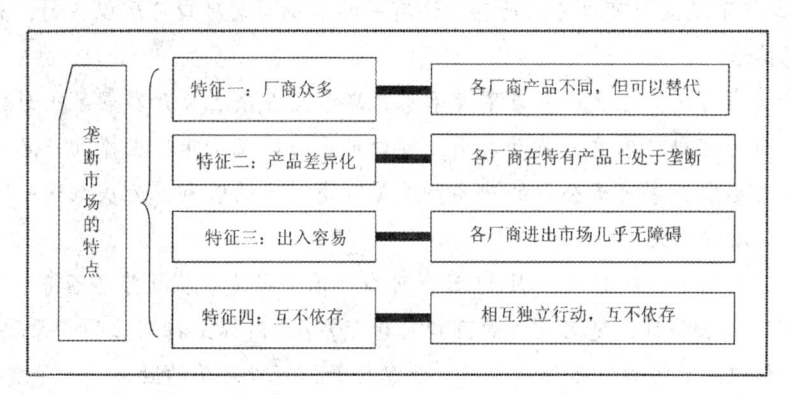

垄断市场的特点	特征一:厂商众多	各厂商产品不同,但可以替代
	特征二:产品差异化	各厂商在特有产品上处于垄断
	特征三:出入容易	各厂商进出市场几乎无障碍
	特征四:互不依存	相互独立行动,互不依存

三、消除垄断

美国司法部起诉微软捆绑销售浏览器软件,涉嫌违反美国《反托拉斯法》,要求将它一分为二。有经济学家认为,微软公司无论从结构上(即市场份额)还是从行为上(即捆绑销售)都具备了垄断企业的性质,使更新更先进的技术没有了生长的空间,消费者付出了更高的价格,造成了社会福利的损失;持这种观点的经济学家往往都以美国当年拆分贝尔公司以及近些年香港特行政区政府允许多家企业经营电信业务都使得电信资费下降和电信事业蓬勃发展为例,说明反垄断的必要性。另一种意见认为,微软是通过正当的市场竞争手段获取的垄断地位,这种垄断无可非议,因为任何一个竞争中的厂商最终无不追求垄断利润,搞捆绑销售只不过是企业营销战略的选择,只要不是政府行为或寻租行为形成的垄断都是可以接受的、将微软分拆无疑会对美国的新经济带来负面影响,因为它改变了创业者的预期,对创业财富的安全性产生了疑虑。

经济自由学派的大师们如弗里德曼、张五常都是持第二种观点的。

哈佛大学教授高里·曼昆对分拆微软计划提出了质疑，并且在文章中讲了一个寓言故事：某人发明了第一双鞋，并为此申请了专利，成立了公司。鞋很快卖疯了，他成了最富裕的人。但这时他变得贪婪了，把袜子和鞋捆绑销售，还声称这种捆绑销售对消费者有利。于是政府出面说话了，认为他试图把其垄断地位从一个市场扩展到另一个市场。现在关键的问题出现了：政府应该怎么处置他呢？政府可以把他的公司拆成两个公司：一个卖黑鞋，一个卖白鞋，让它们相互竞争，这样消费者会得到好处。但是政府却要把它分拆成这样两个公司：一个生产左鞋，一个生产右鞋：这种分拆使事情变得更糟，因为生产像左鞋和右鞋这样互为补充的产品的垄断公司，双方都会要求得到更多的垄断利润，生产右鞋的公司根本不用考虑左鞋的需求就提高价格，生产左鞋的公司也会紧跟而上，这样消费者买一双鞋就要花比原来还要高的价钱，在故事里，政府的正确做法是取消鞋的发明专利，让别人也来开鞋厂，从而消除垄断。

四、垄断竞争不一定是坏事

寡头垄断一般是垄断趋势和竞争趋势联合起作用。最简单的形式是：卖主不多，各个卖主都供应足够大的市场份额，以致其政策有任何变化都将影响所有竞争者的市场份额并引起其反应。

从总体上讲，西方经济学家认为，垄断竞争是利大于弊的。垄断竞争市场上的商品价格依然要高于完全竞争市场上的商品价格，而且此时资源的利用也不如完全竞争条件下那样充分。消费者虽然要付出较高的价格，但是他们选择产品的余地加大了；生产者虽然浪费了一定的资源，但是由于竞争的存在，同时，又有垄断的保护，他们还乐意从事技术创新，这对整个社会是有益的。

◎ 垄断：欧佩克油价上涨的推手 ◎

不完全竞争市场的特点是，市场中存在着一定程度的垄断，某些个别经济人对商品的市场价格具有一定程度的影响力。按照竞争的强弱程度，不完全竞争市场分为垄断竞争、寡头垄断、完全垄断市场，完全垄断市场是与完全竞争市场完全相反的一种市场，同完全竞争一样在实际中很少见。

一、垄断

垄断，意思是"唯一的卖主"，它指的是经济中一种特殊的情况，即一家厂商控制了某种产品的市场。比如说，一个城市中只有一家自来水公司，而且它又能够阻止其他竞争对手进入它的势力范围，这就叫做完全垄断。

既然整个行业独此一家，别无分号，显然这个垄断企业便可以成为价格的决定者，而不再为价格所左右。可以肯定的是，完全垄断市场上的商品价格将大大高于完全竞争市场上的商品价格，垄断企业因此可以获得超过正常利润的垄断利润，由于其他企业无法加入该行业进行竞争，所以这种垄断利润将长期存在。

但是，垄断企业是不可能任意地抬高价格的，因为，任何商品都会有一些替代品，如果电费使人负担不起的话，恐怕人们还会用蜡烛来照明。所以，较高的价格必然抑制一部分人的消费，从而需求量较低，不一定能给企业带来最大的利润。

垄断企业成为价格的决定者，也并不意味着垄断企业产品的价格单一。有时候，垄断企业要面对需求状况不同的数个消费群体，必须分别情况制订出有区别的价格来。对需求价格弹性较大的可采用低价策略，对需求价格弹性较小的可采用高价策略，以便获得较理想的收益。

二、寡头垄断

所谓寡头垄断，是垄断的一种，它是指在一个市场上有少数几家企业供给产品，它们各占较大份额，彼此通过协定或默契制定价格。这些企业被称为寡头，所以这种垄断也就叫寡头垄断。

寡头市场是指少数几家厂商控制整个市场的产品的生产和销售的这样一种市场组织。寡头市场被认为是一种较为普遍的市场组织，西方国家中不少行业都表现出寡头垄断的特点，例如，美国的汽车业、电气设备业、罐头行业等，都被几家企业所控制。形成寡头市场的主要原因有：某些产品的生产必须在相当大的生产规模上进行才能达到最好的经济效益；行业中几家企业对生产所需的基本生产资源的供给的控制；政府的扶植和支持等等。由此可见，寡头世行的成因和垄断市场是很相似的，只是在程度上有所差别而已。寡头市场是比较接近垄断市场的一种市场组织。

寡头行业可按不同方式分类。根据产品特征，可分为纯粹寡头行业和差别寡头行业两类。还可按厂商的行动方式分为有勾结行为的（即合作的）和独立行动的（即不合作的）不同类型。

寡头厂商的价格和产量的决定是非常复杂的问题。主要原因在于：在寡头市场上，每个寡头的产量都在全行业的总产量中占较大份额，从而每个厂商的产量和价格的变动都会对其他竞争对手以至整个行业的产量和价格产生举足轻重的影响。从而每个寡头厂商在采取某项行动之前，必须首先推测或掌握自己这一行动对其他厂商的影响以及其他厂商可能做出的反应，考虑到这些因素之后，才能采取最有利的行动。所以每个寡头厂商的利润都要受到行业中所有厂商的决策的相互作用的影响。一般而言，不知道竞争对手的反应方式，就无法建立寡头厂商的模型。或者说，有多少关于竞争对手的反映方式的假定，就有多少寡头厂商的模型，就可以得到多少不同的结果。因此在西方经济学中，没有一种寡头市场模型能对寡头市场上的价格产量决定作出理论总结。

欧佩克就是一种寡头垄断形式。在欧佩克诸成员国中，沙特阿拉伯是最大的或最有影响的一位。它的产量一般占欧佩克总产量的1/3，储油量也占欧佩克总储量的40%。通常都是由沙特阿拉伯先制定价格或与其他成员协商后制定价格，其他成员则遵照执行，即使石油销路不好时，他们也宁可减少产量也不愿降价，以免引起彼此的纷争，造成两败俱伤。这种寡头垄断或许我们称之为价格领袖式寡头垄断。

三、完全垄断

完全垄断市场须具备以下几个条件：

（1）市场上只有唯一的一个售销者，企业就是行业。
（2）该厂商所售的商品没有任何相近的替代品。
（3）新厂商不能进入该市场。
（4）厂商可以根据获取利润的需要，实行差别价格。

现实中真正满足这几个条件的市场几乎是没有，因为人们总能找到各种物品的替代品。

然而，要打破垄断绝非轻而易举。通常，完全垄断市场有三座护卫"碉堡"，其一是垄断企业具有规模经济优势，也就是在生产技术水平不变的情况下，垄断企业所以能打败其他企业，靠的是生产规模大，产量高，从而总平均成本较低的优势；其二是垄断企业控制某种资源。像美国可口可乐公司就是长期控制了制造该饮料的配料而独霸世界的，南非的德比公司也是因为控制了世界约85%的钻石供应而形成垄断的；其三是垄断企业具有法律庇护。例如，许多国家政府对铁路、邮政、供电、供水等公用事业都实行完全垄断，对某些产品的商标，专利权等也会在一定时期内给予法律保护，从而使之形成完全垄断。

通常认为，完全垄断对经济是不利的。因为它会使资源无法自由流通，引起资源浪费，而且消费者也由于商品定价过高而得不到实惠。"孤家寡人"的存在也不利

市场类型

市场竞争	厂商数量	产品有无差别	价格有无控制	行业进出难易	接近何种商品市场
完全竞争	很多	完全无差别	没有	很容易	初级农产品市场
垄断竞争	很多	有差别	有一些	比较容易	轻工业产品
寡头	几个	有差别或无差别	相当程度的控制	比较困难	钢铁、汽车、石油
完全垄断	唯一	唯一的产品，且无替代品	很大程度	很困难	公共事业，供水、供电

于创造性的发挥，有可能阻碍技术进步。可是话又说回来，这些垄断企业具有雄厚的资金和人力，正是开发高科技新产品必不可少的条件。另外，由政府垄断的某些公用事业，虽免不了因官僚主义而效率低下，但却并不以追求垄断利润为目的，对全社会还是有好处的。

托拉斯：从生产商到销售商的高端垄断联合

一、托拉斯的含义

托拉斯直译为商业信托（business trust，原意为托管财产所有权），是垄断组织的高级形式之一，由许多生产同类商品的企业或产品有密切关系的企业合并组成，旨在垄断销售市场、争夺原料产地和投资范围，加强竞争力量，以获取高额垄断利润。参加的企业在生产上、商业上和法律上都丧失独立性。托拉斯的董事会统一经营全部的生产，销售和财务活动，领导权掌握在最大的资本家手中，原企业主成为股东，按其股份取得红利。参加的资本家为分配利润和争夺领导权进行剧烈的竞争。

二、托拉斯的垄断组织形式

托拉斯的垄断组织形式可分为两种：

（1）以金融控制为基础的托拉斯。参加的企业形式上保持独立性，实际上从属于掌管托拉斯股票控制额的总公司，这种总公司是一种持股公司，通过持有其他公司的股票控制额对它们进行金融控制。

（2）以生产同类商品的企业完全合并为基础的托拉斯。这种托拉斯所从属的总公司是一种业务公司，直接经营产销业务。在总公司下按产品类别或工序、工艺设立若干分公司来管理。

三、托拉斯的影响

资本主义托拉斯一方面可以保障投资者的优厚利润，提高投资者的兴趣，刺激投资，促进业务扩充，有利于经济发展；另一方面会减少竞争，阻碍企业技术进步和新兴企业的发展，影响中小企业的生存，增加消费者的负担。

现在许多国家都先后出台了反垄断法，并且在法案中对这一垄断形式进行了限制，禁止了过于庞大的托拉斯垄断。作为经济行为的托拉斯目前并未完全禁止，一些被认定为并未过度庞大的托拉斯的存在还属于法律允许范围之内。关于如何判断托拉斯是否过度庞大，各国各个时期的判别标准也不尽相同。

由于一些托拉斯形态在已开发国家目前已被宣布为违法，因此一般上对于托拉斯的介绍，基本上都使用了企业垄断市场的形态之一的说法。另外，由于已开发国

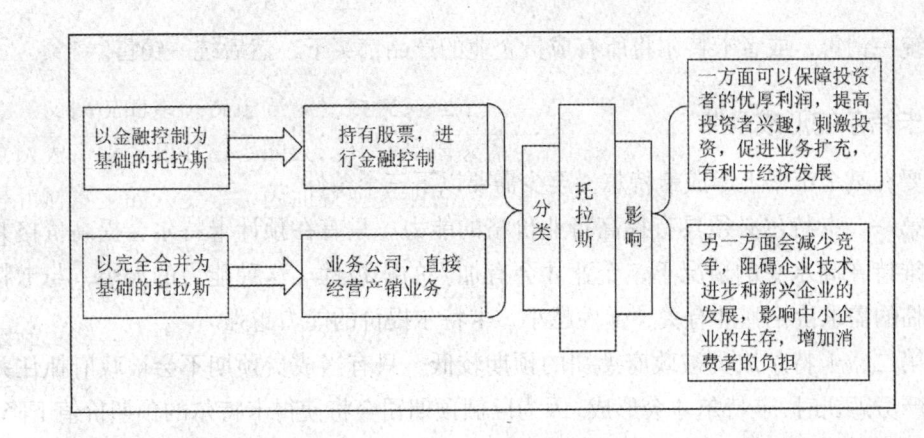

家在法规上对于各种托拉斯都进行了各种各样的限制，对于一些以成立托拉斯为目的的企业合并行为，在成立时并不会公开发表其成立托拉斯的目的。目前对于一些同行业企业合并，以及同行业企业收购等行为，很多国家也在探讨其是否属于变相的托拉斯而触犯反垄断法。

◎卡特尔：同类企业瓜分市场的阴谋◎

一、卡特尔

卡特尔为法语 Cartel 的音译，原意为协定或同盟。卡特尔能使一个竞争性市场变成一个垄断市场，属于寡头市场的一个特例。卡特尔以扩大整体利益作为它的主要目标，为了达到这一目的，在卡特尔内部将订立一系列的协议，来确定整个卡特尔的产量、产品价格，指定各企业的销售额及销售区域等。

卡特尔常常是国际性的。例如欧佩克就是产油国政府间的一个国际协定，它在十多年间成功地将世界石油价格提高到远远高于本来会有的水平。

二、卡特尔的类型

（1）价格卡特尔。这是最常见和最基本的卡特尔形式。卡特尔维持某一特定价格：垄断高价、在不景气时的稳定价格或者降价以排挤非卡特尔企业。

（2）数量卡特尔。卡特尔对生产量和销售量进行控制，以降低市场供给，最终使价格上升。

（3）销售条件卡特尔。对销售条件如回扣、支付条件、售后服务等在协定中进行规定的卡特尔。

（4）技术卡特尔。典型形式是专利联营，即成员企业相互提供专利、相互自由使用专利，但不允许非成员企业使用这些专利的卡特尔。

（5）辛迪加。一种特殊的统一销售卡特尔，指成员企业共同出资设立销售公司，实行统一销售，或者卡特尔将所有成员企业的产品都买下，然后统一销售。

三、卡特尔的形成条件

要在某个市场上形成卡特尔，至少需要以下三个条件：

第一，卡特尔必须具有提高行业价格的能力。只有在预计卡特尔会提高价格并将其维持在高水平的情况下，企业才会有加入的积极性。这种能力的大小，与卡特尔面临的需求价格弹性有关，弹性越小，卡特尔提价的能力越强。

第二，卡特尔成员被政府惩罚的预期较低。只有当成员预期不会被政府抓住并遭到严厉惩罚时，卡特尔才会形成，因为巨额预期罚金将使得卡特尔的预期价值下降。

第三，设定和执行卡特尔协定的组织成本必须较低。使组织成本保持在低水平的因素有：

（1）涉及的厂商数目较少。

（2）行业高度集中。

（3）所有的厂商生产几乎完全相同的产品。

（4）行业协会的存在。

因素1、2降低了卡特尔的谈判和协调成本，同时，高度集中使少数几家厂商就能控制整个市场，从而才能使价格保持较高水平。因素4行业协会的作用主要是为市场上主要厂商的会面、协调、谈判提供更多的合法机会。为什么需要有因素3即产品同质呢？如果卡特尔成员产品之间差异较大，那么为了反映这种差异，价格必然会有所差异，这样使成员之间为达成统一价格增加了障碍；而且即使达成协定，成员厂商的欺骗行为也不易察觉，因为成员厂商可以把自己的降价归因于自己的产品与其他产品的差异上，或者提高产品差别，虽仍保持价格不变，但实际上吸引了更多顾客是一种变相降价。反之，如果产品几乎同质，厂商之间就很容易形成一个单一价格，而且成员的欺骗行为也较容易察觉。

四、卡特尔的不稳定性

第一，潜在进入者的威胁：一旦卡特尔把价格维持在较高水平，那么就会吸引新企业进入这个市场，而新企业进入后，可以通过降价扩大市场份额，此时卡特尔要想继续维持原来的高价就很不容易了。

第二，卡特尔内部成员所具有的欺骗动机：这是一个典型的"囚徒困境"，给定其他企业的生产数量和价格都不变，那么一个成员企业偷偷地增加产量将会获得额外的巨大好处，这会激励成员企业偷偷增加产量，如果每个成员企业都偷偷增加产量，显然市场总供给大量增加，市场价格必然下降，卡特尔限产提价的努力将瓦解。如果卡特尔不能有效解决这个问题，最终将导致卡特尔的解体。事实上，经济学家研究得出，世界上卡特尔的平均存续期限约为6.6年，最短的两年就瓦解了。

第三，由于成员企业之间的经济实力对比会因经济发展而变化，卡特尔的垄断联合缺乏稳定性和持久性，经常需要重新签订协议，甚至会因成员企业在争取销售市场和扩大产销限额的竞争中违反协议而瓦解。

此外，随着各国政府反垄断法的实施，卡特尔也可能因为违反了政府法律而被迫解体，也正因为如此，许多卡特尔都是国际性卡特尔，以规避国内的反垄断法。

◎ 博弈论：人与人之间的智商游戏 ◎

一、博弈论

1928年，冯·诺伊曼证明了博弈论的基本原理，从而宣告了博弈论的正式诞生。按照2005年因对博弈论的贡献而获得诺贝尔经济学奖的罗伯特·奥曼教授的说法，博弈论就是研究互动决策的理论。所谓互动决策，即各行动方的决策是相互影响的，每个人在决策的时候必须将他人的决策纳入自己的决策考虑之中，当然也需要把别人对于自己的考虑纳入考虑之中，在如此迭代考虑情形中进行决策，选择最有利于自己的战略。

通俗地说，博弈论就是一些个人、团队或其他组织，面对一定的环境条件，在一定的规则约束下，依靠所掌握的信息，同时或先后，一次或多次，对各自允许选择的行为或策略进行选择并加以实施，并从中各自取得相应结果或收益的过程。

二、博弈的要素

（1）决策人。在博弈中率先作出决策的一方，这一方往往依据自身的感受、经验和表面状态优先采取一种有方向性的行动。

（2）对抗者。在二人博弈的对局中行动滞后的那个人，与决策人要作出基本反面的决定，并且他的动作是滞后的、默认的、被动的，但最终占优。他的策略可能依赖于决策人劣势的策略选择，占有以静制动，后发制人的优势，因此对抗是唯一占优的方式，实为领导人的阶段性终结行为。

（3）生物亲序。所有生物在恶劣、未知的环境中都有寻找规律和有序的本能。在博弈中指参与者有从混乱的环境中等待、寻找有序的亲近行为。

（4）局中人。在一场竞赛或博弈中，每一个有决策权的参与者成为一个局中人。只有两个局中人的博弈现象称为"两人博弈"，而多于两个局中人的博弈称为"多人博弈"。

（5）策略。一局博弈中，每个局中人都有实际可行的完整的行动方案，即方案不是某阶段的行动方案，而是指导整个行动的一个方案，一个局中人的一个可行的自始至终全局筹划的一个行动方案，称为这个局中人的一个策略。如果在一个博弈中局中人都总共有有限个策略，则称为"有限博弈"，否则称为"无限博弈"。

（6）得失。一局博弈结局时的结果称为得失。每个局中人在一局博弈结束时的得

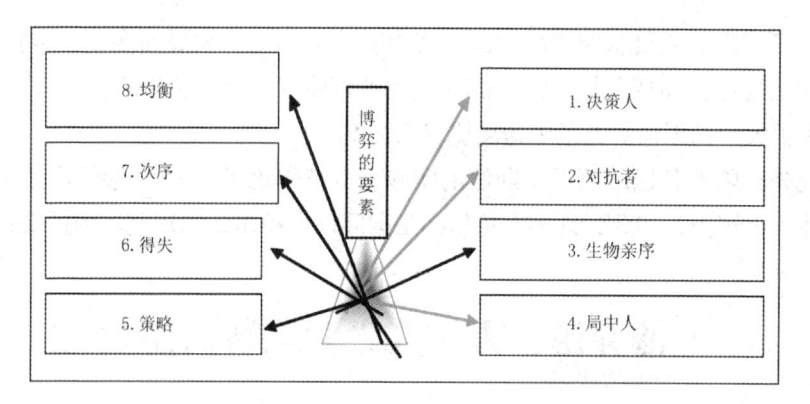

```
┌─────────────┐         ┌─────────────┐
│  8.均衡     │  ┌───┐  │  1.决策人   │
└─────────────┘  │博弈│  └─────────────┘
┌─────────────┐  │的要│  ┌─────────────┐
│  7.次序     │  │素  │  │  2.对抗者   │
└─────────────┘  └───┘  └─────────────┘
┌─────────────┐         ┌─────────────┐
│  6.得失     │         │  3.生物亲序 │
└─────────────┘         └─────────────┘
┌─────────────┐         ┌─────────────┐
│  5.策略     │         │  4.局中人   │
└─────────────┘         └─────────────┘
```

失,不仅与该局中人自身所选择的策略有关,而且与全局中人所取定的一组策略有关。所以,一局博弈结束时每个局中人的"得失"是全体局中人所取定的一组策略的函数,通常称为支付函数。

(7)次序。各博弈方的决策有先后之分,且一个博弈方要作不止一次的决策选择,就出现了次序问题;其他要素相同次序不同,博弈就不同。

(8)均衡。所谓纳什均衡,它是一个稳定的博弈结果。

三、博弈的类型

(1)合作博弈与非合作博弈。合作博弈和非合作博弈的区别在于相互发生作用的当事人之间有没有一个具有约束力的协议,如果有,就是合作博弈,如果没有,就是非合作博弈。

(2)完全信息与不完全信息博弈。参与者对所有参与者的策略空间及策略组合下的支付有充分了解称为完全信息;反之,则称为不完全信息。

(3)静态博弈和动态博弈。静态博弈是指在博弈中,参与人同时选择或虽非同时选择但后行动者并不知道先行动者采取了什么具体行动;动态博弈是指在博弈中,参与人的行动有先后顺序,且后行动者能够观察到先行动者所选择的行动。通俗地理解:"囚徒困境"就是同时决策的,属于静态博弈;而棋牌类游戏等决策或行动有先后次序的,属于动态博弈。

◎ 差别定价:同机不同价的缘由 ◎

一、差别定价的含义

三位乘客乘飞机从北京回大连,在飞机上闲聊,结果发现他们的机票价格各不相同。第一位乘客通过旅行社订机票去大连旅游,票价340元;第二位乘客提前一个月预订机票,票价580元,第三位乘客去大连有急事,临时买的机票,票价740元。在市场经济条件下,商品的交换在价值规律的作用下进行,实行等价交换,体现公平原则，怎么这里会出现同物不同价呢？

这里涉及一个商业用语——差别定价，差别定价是企业以两种或两种以上不同反映成本费用的比例差异的价格来销售一种产品或服务，即价格的不同并不是基于成本的不同，而是企业为满足不同消费层次的要求而构建的价格结构。

二、差别定价的原因

航空公司就较好地运用了这一原理，实现了利润最大化。第一位乘客对机票的需求弹性最大，因为是去旅游，什么时候去怎么去比较灵活，所以去旅行社订机票很便宜。由于旅行社和航空公司有长期合作的关系，且购票数量大而稳定，所以会享受到很低的价格。第二位乘客弹性需求居中。提前订票会给航空公司留出时间做合理的飞行安排，所以航空公司给出比较合适的折扣。第三位乘客需求弹性最小，因为有急事，只有乘飞机最快，这类乘客无论机票有没有折扣都要走，所以不会给第三位乘客优惠。

三、差别定价的方法

价格歧视的前提是市场分割。如果生产者不能分割市场，就只能实行一个价格。如果生产者能够分割市场，区别顾客，而且要分割得不同市场具有明显不同的支付能力。这样企业就可以对不同的群体实行不同的商品价格，尽最大的可能实现企业较高的商业利润。

（1）顾客细分定价。企业把同一种商品或服务按照不同的价格卖给不同的顾客。例如，公园、旅游景点、博物馆将顾客分为学生、年长者和一般游客，对学生和年长者收取较低的费用；铁路公司对学生、军人售票的价格往往低于一般乘客；自来水公司根据需要把用水分为生活用水、生产用水，并收取不同的费用；电力公司将电分为居民用电、商业用电、工业用电，对不同的用电收取不同的电费。

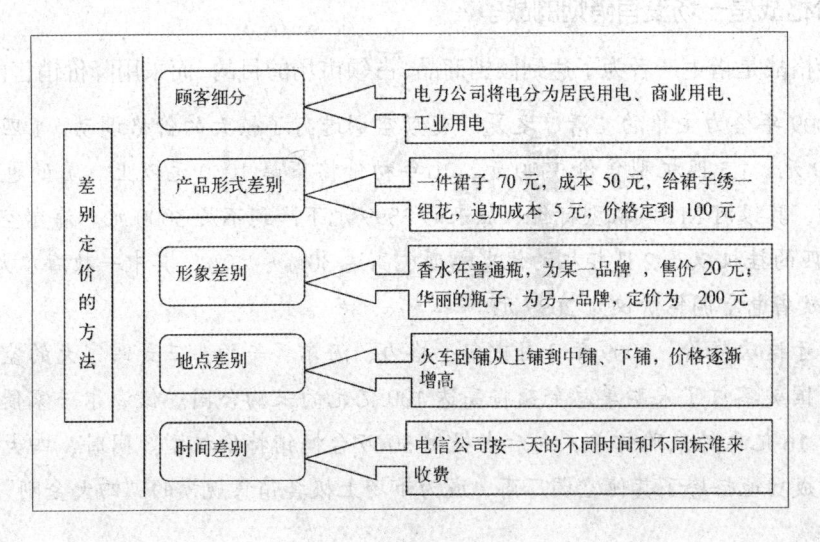

差别定价的方法		
	顾客细分	电力公司将电分为居民用电、商业用电、工业用电
	产品形式差别	一件裙子70元，成本50元，给裙子绣一组花，追加成本5元，价格定到100元
	形象差别	香水在普通瓶，为某一品牌，售价20元；华丽的瓶子，为另一品牌，定价为200元
	地点差别	火车卧铺从上铺到中铺、下铺，价格逐渐增高
	时间差别	电信公司按一天的不同时间和不同标准来收费

（2）产品形式差别定价。企业按产品的不同型号、不同式样，制定不同的价格，但不同型号或式样的产品其价格之间的差额和成本之间的差额是不成比例的。比如：33英寸彩电比29英寸彩电的价格高出一大截，可其成本差额远没有这么大；一件裙子70元，成本50元，可是在裙子上绣一组花，追加成本5元，但价格却可定到100元。

（3）形象差别定价。有些企业根据形象差别对同一产品制订不同的价格。这时，企业可以对同一产品采取不同的包装或商标，塑造不同的形象，以此来消除或缩小消费者认识到不同细分市场上的商品实质上是同一商品的信息来源。如香水商可将香水加入一只普通瓶中，赋予某一品牌和形象，售价为20元；而同时用更华丽的瓶子装同样的香水，赋予不同的名称、品牌和形象，定价为200元。或者用不同的销售渠道、销售环境来实施这种差别定价。如某商品在廉价商店低价销售，但同样的商品在豪华的精品店，辅以针对个人的服务和良好的售货环境，就可以高价销售。

（4）地点差别定价。企业对处于不同位置或不同地点的产品和服务制订不同的价格，虽然每个地点的产品或服务的成本是相同的。例如影剧院不同座位的成本费用都一样，却按不同的座位收取不同价格，因为公众对不同座位的偏好不同；火车卧铺从上铺到中铺、下铺，价格逐渐增高。

（5）时间差别定价。价格随着季节、日期甚至钟点的变化而变化。一些公用事业公司，对于用户按一天的不同时间、周末和平常日子的不同标准来收费。长途电信公司制订的晚上、清晨的电话费用可能只有白天的一半；航空公司或旅游公司在淡季的价格便宜，而旺季一到价格立即上涨。这样可以促使消费需求均匀化，避免企业资源的闲置或超负荷运转。

◎ 价格战争：空调厂商之间的"价格厮杀" ◎

一、价格战是一场没有硝烟的战争

价格战是指生产者为了达到倾销商品、占领市场的目的，而采用降价销售的策略。

2009年格力主推的"清凉之夏"变频空调进行了较大的价格调动，1匹机型售价2599元，1.5匹机型售价3599元，比年初价格下降1000元以上。美的也猛推变频空调，其银河M180机型标价从原来的3599元下降到不足3000元。海尔空调1匹和1.5匹的挂机以及2匹柜机的优惠幅度也高达30%～40%，其中一款海尔大1.5匹3级能效省电空调售价仅为2699元。

由于这次降价，2009年2月中旬，格力、海尔、美的、三菱四家大的空调厂商陆续同国美签订了采购单总金额将高达100亿元的采购合同。仅海尔一家便与国美签下了16亿元的采购订单，向后者提供50万台畅销特价机型。同时，四大厂商的产品也成功地挤垮了其他空调厂商，成为市场上极具销售规模的"四大金刚"。

除了空调大战，人们还会看到打得热火朝天的冰箱大战、彩电大战、微波炉大战等等，似乎每种产品上，都能闹出一点战火。就算各种商品质量相似，但厂商还可以比拼价格！于是，在任何一个领域，我们都能用"价格战"来描述中国公司之间的竞争。甚至有人说，"很难想象，如果没有价格的竞争手段，许多中国企业还能依靠什么在市场竞争中取得优势"。

当今社会，市场经济发达、生产规模扩大，市面上逐渐出现了产品过剩的局面，也就是"商品丰富，货源充沛"。这一消息，对消费者来说，等于在挑选产品时有了更多的机会；对于经营者来说，则是在提醒他们不得不在产品的品种、服务、价格等方面展开激烈竞争。很快，市面上硝烟四起，各式各样的无声"战争"爆发，其中尤以价格战最为残酷，最为直接有效，最能彻底摧毁对手。于是，降价，打价格战，成为了很多品牌产品占据市场的最佳选择。

二、价格垄断

每当看到一种家电产品的价格大战，百姓都会"没事儿偷着乐"。在这里，我们可以解释厂家价格大战的结局也是一个"纳什均衡"，而且价格战的结果是谁都没钱赚。因为博弈双方的利润正好是零。竞争的结果是稳定的，即是一个"纳什均衡"。这个结果可能对消费者是有利的，但对一些厂商而言是灾难性的。所以，价格战对一些厂商而言意味着自杀。

等一个或者几个商家合力占领了市场，"战争"的烽火不再，我们会面临什么？根据美国的多年经验，消费者将会迎来一个几个独裁者的时代——在这种时代下，占领市场的那几个商家将慢慢提高价格，狠宰消费者。

也就是说，现在，格力、海尔、美的、三菱大打价格战，可是将来一旦这市场"大一统"，不再打价格战了，我们的日子也未必会好过。

没有价格战，商品物价高不好，有了价格战，一路打下去，形成了垄断也不好。道理都被说尽了，问题该怎么解决呢？

正是看到这点，各国才颁布了《反垄断法》，让市场上的竞争者仍大量存在，甚至扶植部分中小企业，以让价格战就这样没有结束地打下去，让消费者能真正受益。看来，有些"战争"的存在也是必要的。

◎ 成本最小化：控制成本才最具竞争力 ◎

一、成本最小化原则

在市场经济中，利润最大化与成本最小化是企业永恒的主题。一个企业要达到利润最大化，就必须对投入要素进行最优配置以使成本最小。因此，我们要想取得最大利润,就要遵循成本最小化原则。

成本,其实是会计学中的一个概念,在经济学的分析中也广泛应用。成本是指为了得到一定的预期结果所付出的代价。成本有不同的分类,包括生产成本、管理成本、交易成本等。

企业是市场中的微观主体,是以赢利为目的的,所以,成本最小化是企业在竞争中取胜的关键战略之一,成本控制是所有企业都必须面对的一个重要管理课题。企业无论采取何种改革、激励措施都代替不了强化成本管理、降低成本这一工作,它是企业成功最重要的方面之一。有效的成本控制管理是每个企业都必须重视的问题,抓住它就可以带动全局。

二、如何控制成本

首先,重视技术进步。企业需要的不是单纯的技术而是对经济有帮助作用的技术,从技术与经济相互影响、相互制约的关系出发,重视技术进步,对降低成本有着重要作用。一方面,技术上的新成果只有在经济上需要且有采用条件时,才能在生产中得到广泛应用;另一方面技术的进步也推动着经济的发展。如新产品开发、质量的提高等,因而能够促进科学技术转化为生产力。同时又通过技术进步对经营管理水平提出更高的要求,从而达到了经济和技术的统一。

其次,将无效消耗控制到最低点。从获得产品和发生消耗的关系来看,在企业的全部消耗上,有一部分是有效消耗,它是获得社会产品(即合格品)的必要消耗;另一部分是无效消耗,是获得产品不应发生的消耗,如废品消耗、管理不善造成的浪费等。

对于获得一定产品而发生的有效消耗,在一定生产条件下是一定的,是相对固定不变的;对于获得一定产品而发生的无效消耗,是相对变化的,是普遍存在的。后者是控制的对象,要通过一系列措施对这一消耗进行控制,使其降低到最低点。

最后,严格支出管理。对于支出管理来说,由于企业可以通过再循环的方式来提高对任何成本支出的控制,分析支出以及制定出最合理的运作流程并制定采购战

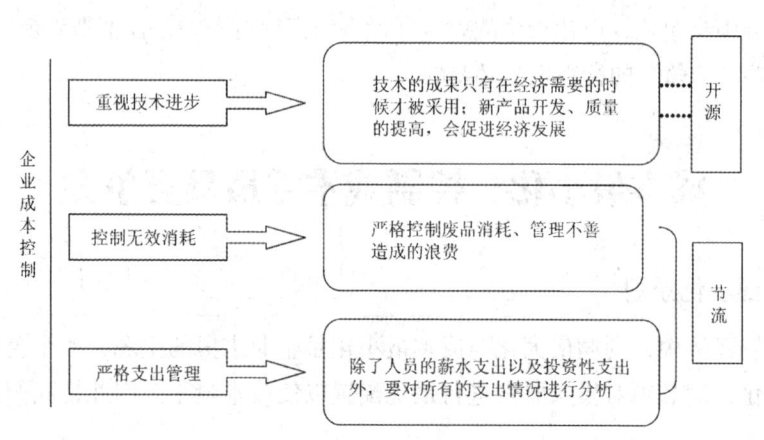

略则显得尤为重要。"除了人员的薪水支出以及投资性支出外，我们要对所有的支出情况进行分析。这样才能找到最适合的方式、途径，包括买什么、从谁那里买、什么时候买等等。譬如说是该统一采购还是单品采购，或是联合采购。确定了采购方式之后，就要寻找合格的供应商，并进行商务谈判等。接下来就是合同的执行和货款的支付，最后是制定对供应商进行长期有效管理的流程和制度。"

三、成本的阶段控制

企业的成本控制工作，一般是按由低到高、循序渐进的步骤展开的。归纳起来可以分为两大阶段：

第一阶段，内涵成本控制阶段。这是初步成本控制阶段，主要包括原材料、生产成本等控制，其主要目的是打好生产基础。

第二阶段，外延成本控制阶段。随着企业外部原材料价格的大幅度上涨、企业增支减利因素不断增加，单纯靠内涵控制已不能适应经济形势发展的要求。这一阶段主要是系统控制，对销售成本、生产成本、行政成本等各个方面进行控制。

总之，随着市场竞争的日益激烈，降低产品成本、实行低成本战略已成为企业获得竞争优势、提高经济效益的重要途径之一。尽量降低成本应该成为企业始终追求的目标。

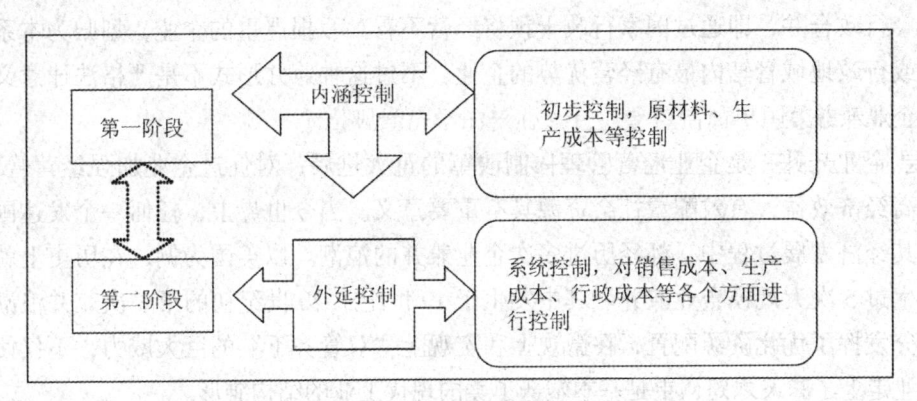

◎兼并：企业扩张的快捷方式◎

一、兼并的含义

企业兼并在当今已经屡见不鲜。当优势企业兼并了劣势企业，后者的资源便可以向前者集中，这样一来就会提高资源的利用率，优化产业结构，进而显著提高企业规模、经济效益和市场竞争力。

对于一个国家而言，企业兼并有利于其调整产业结构，在宏观上提高资源的利用效率。对兼并的研究，一直是经济学家的重点课题。不过，在此需要指出，人们提起兼并的时候，往往会把这样几个词混淆："兼并"、"合并"与"收购"。

它们的共同点在于：这三种行为都是企业产权的有偿转让，即都是企业的买卖，都是企业为了谋求发展而采取的外部扩张措施。但具体来说，合并是指两家以上的公司归并为一个公司。兼并是指把其他企业并入本企业里，被兼并的企业将失去法人资格或改变法人实体。收购在操作程序上与合并相比要相对简单，只要收购到目标公司一定比例的股权，进行董事会、监事会改组就可以达到目的。因此，一般情况下，可以这样认为：收购是兼并中的一种形式，即控股式兼并，而兼并又包含在广义的合并概念中，它是合并中的一种形式，即吸收合并。

二、企业兼并的主要形式

购买兼并，即兼并方通过对被兼并方所有债权债务的清理和清产核资、协商作价、支付产权转让费，取得被兼并方的产权。

接收兼并，这种兼并方式是以兼并方承担被兼并方的所有债权、债务、人员安排以及退休人员的工资等为代价，全面接收被兼并企业，取得对被兼并方资产的产权。

控股兼并，即两个或两个以上的企业在共同的生产经营过程中，某一企业以其在股份比例上的优势，吸收其他企业的股份份额形成事实上的控制关系，从而达到兼并的目的。

行政合并，即通过国家行政干预将经营不善、亏损严重的企业，划归为本系统内或行政地域管辖内最有经营优势的企业，不过这种兼并形式不是严格法律意义上的企业兼并。

企业兼并，是企业经营管理体制改革的重大进展，对促进企业加强经营管理，提高经济效益，有效配置社会资源具有重要意义。当今世界上，任何一个发达国家在其经济发展过程中，都经历过多次企业兼并的浪潮。以美国为例，在历史上就曾发生过5次大规模企业兼并。其中发生于19世纪末20世纪初的第一次兼并浪潮便充分发挥了优化资源配置，在微观上和宏观上"双管齐下"的巨大威力，不仅使得企业走上了腾飞之路，更是基本塑造了美国现代工业的结构雏形。

当今世界航空制造业排行第一的美国波音公司有过多次兼并其他企业的案例，其中最著名的就是兼并美国麦道公司。在1996年，"麦道"在航空制造业排行世界第三，仅次于"波音"和欧洲的"空中客车"。该年"波音"以130亿美元的巨资兼并"麦道"，使得世界航空制造业由原来"波音"、"空中客车"和"麦道"三家共同垄断的局面，变为"波音"和"空中客车"两家之间的超级竞争。新的波音公司在资源、研究与开发等方面的实力急剧膨胀，其资产总额达500多亿美元，员工总数达20万人，成为世界上最大的民用和军用飞机制造企业。这对于"空中客车"来说构成了极为严重的威胁，以至于两家公司发生了激烈的争执。在经过艰苦的协商、谈判后，波音公司最终被迫放弃了已经和美国几十家航空公司签订的垄断性供货合同，以换取欧洲人对这一超级兼并的认可。但是不管怎样，前无古人的空中"巨无霸"由此诞生，并对世界航空业产生了巨大影响。

由于兼并涉及两家以上企业的合组，其操作将是一个非常复杂的系统工程。成功的企业兼并要符合这样几个基本原则："合法"、"合理"、"可操作性强"、"产业导向正确"以及"产品具有竞争能力"。同时，企业兼并还要处理好"沟通"环节，包括企业之间技术的沟通，以及人与人的交流。只有这样，才能使企业兼并发挥它的优势，否则将会适得其反，在未能达到兼并目的的同时反受其害。有统计表明，全球一半以上的企业兼并行为都没有达到预期的目标——从表面上看，企业规模是增加了，但却没有创造出经济效益，更有甚者，因为兼并使得企业失去了市场竞争力。

产业经营是做"加法"，企业兼并是做"乘法"。很多企业家看到了"乘法"的高速成长，却忽视其隐藏的巨大风险，现实中有太多在产业界长袖善舞的企业家最后在资本运营中折戟沉沙。

在20世纪90年代初期，网民的计算机上同时使用着两种浏览器：一种是微软的Explore，另一种则是美国网景公司的Netscape。微软凭借强有力的竞争措施逐渐在浏览器市场上占据了优势地位，网景处于相对的弱势地位。

1998年，美国在线（AOL）以42亿美元的价格收购了Netscape。当时，Netscape在微软所提供的免费浏览器面前已经显得非常渺小，但美国在线却对其前景颇为看好。在他们看来，依靠美国在线的雄厚财力和技术优势，可以使得Netscape重新焕发活力，成为与微软竞争的对手。然而，无情的事实证明这是一项失败的兼并。首先，该次合并在一开始就受到很多人的质疑，认为两个公司在程序设计上，技术差异太大，难以兼容；其次，美国在线急于求成，于2000年直接跳过Netscape5，推出基于一项新技术Mozilla0.6原始码的Netscape6。但是，由于Mozilla0.6一时并不稳定，结果Netscape6进一步失去了自己原有的用户。这两大失误使得美国在线不得不于2008年3月1日起，停止开发网景浏览器，作为一款曾经改变互联网、有着辉煌历史的浏览器，Netscape彻底退出了历史舞台。

三、跨国并购

如今在全球一体化的经济背景下，跨国生产经营已经成为一种新的经营战略和资源配置模式。生产经营的跨国化是生产领域中最显著的国际现象，也是国际经济关系向紧密方向发展得更深刻的表现。跨国公司在全球范围组织生产过程，民族、国家的市场障碍不断被跨国公司的全球战略所冲破。

2010年3月28日晚9点，吉利正式与美国福特汽车公司达成协议，以18亿美元收购福特旗下的沃尔沃轿车，获得沃尔沃轿车公司100%的股权以及相关资产（包括知识产权）。专家指出，正处于往高端汽车转型时期的吉利抓住金融危机的机遇，成功收购沃尔沃,这是中国民营汽车企业在走向国际化道路上取得成功的标志性事件,而浙江吉利控股集团董事长李书福成为了人们眼中最幸福的中国人。

吉利收购沃尔沃是国内汽车企业首次完全收购一家具有近百年历史的全球性著名汽车品牌,并首次实现了一家中国企业对一家外国企业的全股权收购、全品牌收购和全体系收购。

吉利收购沃尔沃并非一蹴而就。早在 2002 年,李书福就动了收购沃尔沃的念头,对其研究已有 8 年多,首次正式跟福特进行沟通也距今将近 3 年。在李书福看来,吉利对沃尔沃及汽车行业的理解,以及对于福特的理解等,都是福特选择吉利作为沃尔沃新东家非常重要的元素。

"并不是有钱就能买到全球名车之一的沃尔沃,反过来讲,也并不是说钱不多就买不到。"李书福认为,中国在采购与研发方面所蕴涵的成本优势,必将增强未来沃尔沃轿车的全球竞争力。

对这起并购事件,商务部对外投资和经济合作司李明光处长对《中国经济周刊》表示,国内整车制造企业去收购境外整车制造企业,吉利虽然不是第一例(2004 年上汽收购韩国双龙),但影响却很大。在李明光看来,中国巨大的市场份额也是吸引沃尔沃的主要因素之一。

"尽管吉利的技术实力不如沃尔沃,但是我们有巨大的国内市场作为支撑,对重振沃尔沃品牌有好处。"李明光说。他认为,这起并购案对中国制造业振兴会起到示范带动作用。"中国的民营企业已经具有开展跨国经营的视野和能力,我们不能忽视民营企业在'走出去'当中的地位和作用。"

跨国并购是更多生产要素的国际流动,包括管理、技术、信息和市场等等。跨国并购在最终产品上减少了国际贸易,同时又在中间产品上通过市场内部化而增加了国际贸易。

在跨国公司的全球生产部署下,产品及其零部件的生产选址主要取决于生产要素的优化配置,国家的差别正在日益淡化。在跨国公司的全球拓展中,产业分布越来越多地成为跨国公司全球战略的结果,而越来越少地继续作为本国产业政策的体现。在从本国经济条件上形成比较优势的基础上,产品的交换是基本的和首要的形式。要素的国际流动是比商品的国际流动更高级的形式,它可以形成新的比较优势和更优化的资源配置,这就是跨国并购的经济意义。

第九章
市场失灵：低效率和不公平

◎ 市场失灵：世界上缺乏无瑕疵的市场 ◎

一、市场失灵的含义

市场失灵是指市场无法有效率地分配商品和劳务的情况。经济学家认为在以纯粹竞争为特点的完全竞争的市场条件下，通过市场价格就可以自动调节供给和需求，实现市场均衡。因此，市场失灵也通常被用于描述市场力量无法满足公共利益的状况。

正如有一句话所说，没有市场是万万不能的，但市场却也不是万能的。自由市场是完全依靠价格这只看不见的手来实现供求平衡的，当价格在调节市场过程中失效时，就会导致产品的价格背离价值，从而破坏市场的价格机制，导致供求不均衡从而造成市场失灵。

二、市场失灵的表现

1. 收入与财富分配不公

这是因为市场机制遵循的是资本与效率的原则。资本与效率的原则又存在着"马太效应"。从市场机制自身作用看，这是属于正常的经济现象，资本拥有越多在竞争中越有利，效率提高的可能性也越大，收入与财富也越向资本与效率集中。这种拉大又会由于影响到消费水平而使市场相对缩小，进而影响到生产，制约社会经济资源的充分利用，使社会经济资源不能实现最大效用。

2. 外部负效应问题

外部负效应是指某一主体在生产和消费活动的过程中，对其他主体造成的损害。如化工厂，它的内在动因是赚钱，为了赚钱对企业来讲最好是让工厂排出的废水不加处理而进入下水道、河流、江湖等，从而对环境保护、其他企业的生产和居民的生活带来危害。社会若要治理，就会增加负担。

3. 竞争失败和市场垄断的形成

一般来说竞争是在同一市场中的同类产品或可替代产品之间展开的。但一方面，由于分工的发展使产品之间的差异不断拉大，资本规模扩大和交易成本的增加，阻碍了资本的自由转移和自由竞争。另一方面，由于市场垄断的出现，减弱了竞争的程度，使竞争的作用下降。一旦企业获利依赖于垄断地位，竞争与技术进步就会受到抑制。

4. 公共资源的过度使用

有些生产主要依赖于公共资源，如渔民捕鱼、牧民放牧，以江湖河流这些公共资源为主要对象，这类资源既在技术上难以划分归属，又在使用中不宜明晰归属。由于生产者受市场机制追求最大化利润的驱使，往往会对这些公共资源出现掠夺式使用，而不能给资源以休养生息。

由于市场失灵的存在，要优化资源配置，必须由政府进行干预。正因为市场会失灵，才需要政府的干预或调节。以市场规律和政府调控相结合，才能有效遏制"市场失灵"现象。

5. 经济危机

经济危机是指经济系统没有产生足够的消费价值。也就是生产能力过剩的危机。商品滞销，利润减少，导致生产（主要是工业生产）急剧下降，失业大量增加，企业开工不足并大批倒闭，生产力和产品遭到严重的破坏和损失，社会经济陷入瘫痪、混乱和倒退状态。

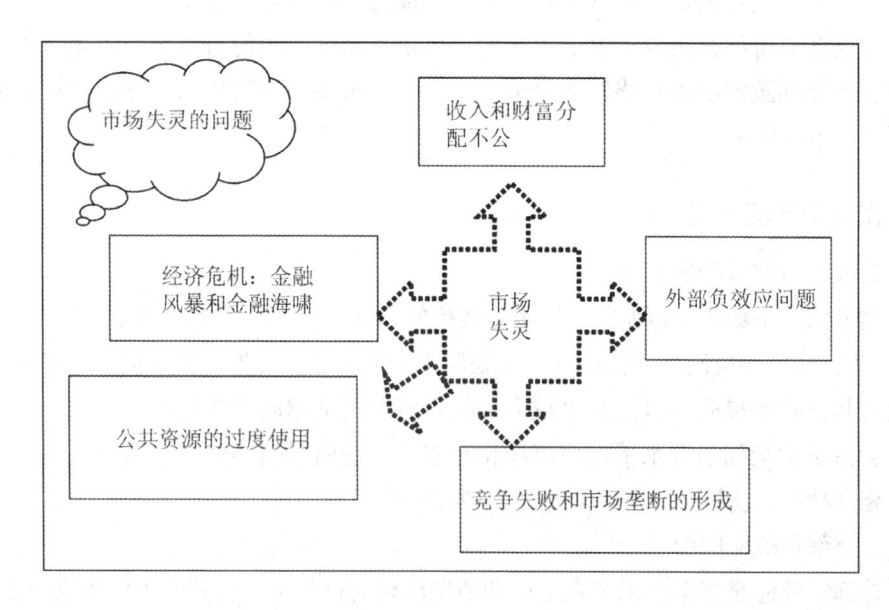

信息不对称：隔行如隔山

一、信息与完全信息

信息指交易中的各人所掌握的有关交易对象的知识。一般而言，卖家比买家拥有更多关于交易物品的信息，但相反的情况也可能存在。前者例子可见于二手车的买卖，卖主对该卖出的车辆比买方了解。后者例子比如医疗保险，买方通常拥有更多信息。

完全信息是指信息对于双方来说是完全公开的，每一参与者都能够了解到其他参与者的一切信息。"完全信息博弈"是"不完全信息博弈"的对称，是一种博弈类型。如果一个博弈的所有参与者都知道每个参与者的类型特征、对策和收益，则为完全信息博弈。

信息不完全不仅是指那种绝对意义上的不完全，即由于认识能力的限制，人们不可能知道在任何时候、任何地方发生任何情况，而且是指"相对"意义上的不完全，即市场经济本身不能够生产出足够的信息并有效地配置它们。

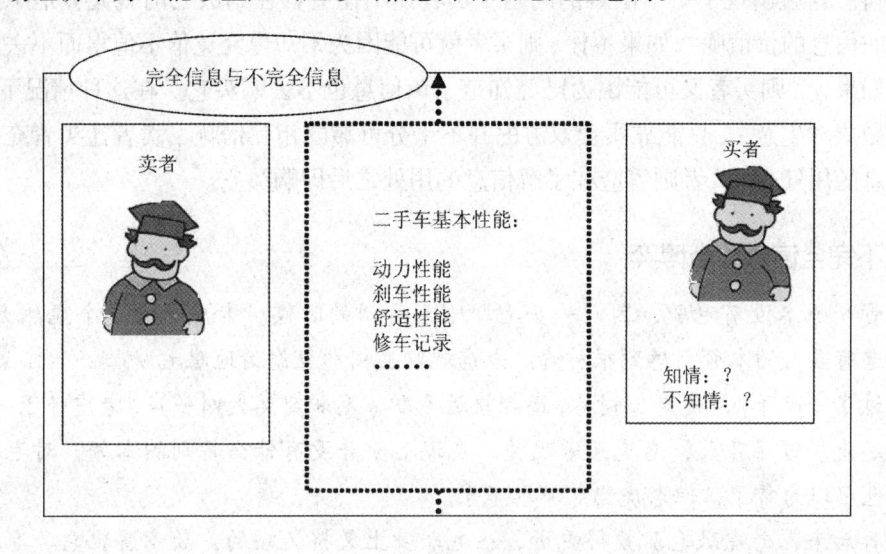

完全信息与不完全信息

卖者

二手车基本性能：
动力性能
刹车性能
舒适性能
修车记录
……

买者

知情：？
不知情：？

二、信息经济学

信息经济学逐渐成为新的市场经济理论的主流，研究信息经济学的学者因而获得了1996年和2001年的诺贝尔经济学奖。1996年詹姆士·莫里斯和威廉姆·维克瑞，2001年乔治·阿克尔洛夫、迈克尔·斯宾塞和约瑟夫·斯蒂格利茨，他们都因为对信息经济学的研究而获得诺贝尔经济学奖。

人们打破了自由市场在完全信息情况下的假设，才终于发现信息不对称的严重性。信息经济学的价值不在于揭示了信息不对称,而在于说明了信息和资本、土地一样,是一种需要进行经济核算的生产要素。

俗话说,隔行如隔山,这座山其实就是信息不对称,而要获得这些信息是要付出成本(代价)的。消费者往往没有对商品的诸如生产信息等信息进行投入成本,这必然与生产者之间产生信息投入成本差异,生产者利用信息投入差异获取利润正是为了补偿先前付出的信息成本。其实质仍然是资本的获利性在另一种层面上的体现,只不过我们剥离了资本,换了一种观察的角度而已。

占有信息的人在交易中获得优势,交易关系因为信息不对称变成了委托——代理关系,交易中拥有信息优势的一方为代理人,不具信息优势的一方是委托人,交易双方实际上是在进行无休止的信息博弈。

信息经济学认为,信息不对称造成了市场交易双方的利益失衡,影响社会的公平、公正的原则以及市场配置资源的效率,并且提出了种种解决的办法。

作为一种有价值的资源,信息不同于普通商品。人们在购买普通商品时,先要了解它的价值,看看值不值得买。但是,购买信息商品却无法做到这一点。人们之所以愿意出钱购买信息,是因为还不知道它,一旦知道了它,就没有人会愿意再为此进行支付。这就出现了一个困难的问题:卖者让不让买者在购买之前就充分地了解所出售的信息的价值呢?如果不让,则买者就可能因为不知道究竟值不值得而不去购买它;如果让,则买者又可能因为已经知道了该信息也不去购买它。在这种情况下,要能够做成"生意",只能靠买卖双方的并不十分可靠的相互信赖:卖者让买者充分了解信息的用处,而买者则答应在了解信息的用处之后即购买它。

三、不完全信息动态博弈

贵州原本没有毛驴,因此一头毛驴刚到贵州的时候,老虎见它是个庞然大物,不知道有多大的本领,感到很神奇。老虎就躲在树林里偷偷地瞧毛驴。

过了一阵子,老虎走出树林,逐渐接近毛驴。毛驴突然大叫一声,老虎吓了一跳,急忙逃走。过了几天,老虎又来观望,发现毛驴并没有什么特别的本领,对毛驴的叫声也习以为常了,但老虎仍然不敢下手。

再后来,老虎跟毛驴挨得更近,往毛驴身上又挤又碰的,故意冒犯它。毛驴在忍无可忍的情况下,用蹄子去踢老虎。到这时,老虎对毛驴已经有了完全的了解,毫不费力地扑上去把它吃掉了。

在故事中,老虎通过观察毛驴的行为逐渐修正对它的看法,直到看清它的真面目,再把它吃掉,老虎的每一步行动都是在给定它的信息下最优的。事实上,毛驴的行为也是很理性的,它知道自己技能有限,所以不到万不得已的时候是不用那仅有的一技的,否则它早就被老虎吃掉了。实际上,这个故事是一个典型的精炼贝叶斯均衡范例,即不完全信息动态博弈的均衡。

◎ 逆向选择：二手车越来越差 ◎

一、劣币驱除良币

在很长的一个历史时期，人们在市场交易活动中使用的货币不是我们今天大量使用的纸币，而是用金属铸造的铸币——类似我们今天的硬币。但不同的是，今天的硬币只是作为辅币使用，而在当时，有钱人出门则要带上一袋沉甸甸的货币——金币或银币，这是财富的象征。

与今天纸币不同的是，当时的铸币本身即有价值——其所采用的金属的价值，其面值的基础就是其重量和成色。随之而来的有两个问题：一是在铸造的时候，不能保证每一个货币都有一样的成色和重量；二是在长久的使用和流通中，有一定的磨损而导致重量的下降。换句话说，同样面值的货币，其实际价值会有差别。

那么，每个人都想着把"好"的钱（良币）留在自己手里，把"差"的钱（劣币）花出去。时间长了，市场上流通的就都是"差"的钱，于是劣币驱逐良币的现象产生了。

二、逆向选择

逆向选择是指由于交易双方信息不对称和市场价格下降产生的劣质品驱逐优质品，进而出现市场交易产品平均质量下降的现象。

美国经济学家阿克洛夫在1970年的论文《柠檬市场：质量的不确定与市场机制》中提出了著名的旧车市场模型，开创了逆向选择理论的先河。

"柠檬"指旧货，质次的旧车，旧车市场上，买者和卖者有关汽车质量的信息是不对称的。卖者知道所售汽车的真实质量；但一般情况下，潜在的买者要想确切地辨认出旧车市场上汽车质量的好坏是困难的，他最多只能通过外观、介绍及简单的现场试验等来获取有关汽车质量的信息，而从这些信息中很难准确判断出车的质量，因为车的真实质量只有通过长时间的使用才能看出，但这在旧车市场上又是不可能的。

由于旧车市场上的买者在购买汽车之前，并不知道哪辆汽车是高质量的，哪辆汽车是低质量的，他只知道旧车市场上汽车的平均质量。在这种情况下，典型的买者只愿意根据平均质量支付价格，但这样一来，质量高于平均水平的卖者就会将他们的汽车撤出旧车市场，市场上只留下质量低的旧车。结果是，旧车市场上汽车的平均质量降低，买者愿意支付的价格进一步下降，更多的较高质量的汽车退出市场……在均衡的情况下，只有低质量的汽车成交，极端情况下甚至没有交易。

这就导致高质量汽车被低质量汽车排挤到市场之外，市场上留下的只有低质量汽车。也就是说，高质量的汽车在竞争中失败，市场选择了低质量的汽车。这违背了市场竞争中优胜劣汰的选择法则。平常人们说选择，都是选择好的，而这里选择的却是差的，所以把这种现象叫做逆向选择。在现实的经济生活中，存在着一些和常规不一致的现象。本来按常规，降低商品的价格，该商品的需求量就会增加；提高商品的价格，该商品的供给量就会增加。但是，由于信息的不完全性和机会主义行为，有时候，降低商品的价格，消费者也不会做出增加购买的选择，提高价格，生产者也不会增加供给的现象。所以，叫"逆向选择"。

◎ 外部效应：废水废气的环境影响 ◎

一、外部效应

外部效应的产生是人们决策范围之外的，料想不到的结果或影响，是随着生产或消费的进行而产生的某种副作用。美国第一个诺贝尔经济学奖得主保罗·萨缪尔森说："外部效应、或溢出效应指的是企业或个人向市场之外的其他人所强加的成本或利益。"由此可以看出：对于资源配置要求最优的经济学来讲，出现外部效应或溢出效应，说明市场机制相对于交易主体有非效率的一面。

外部效应是在实际经济活动中，生产者或者消费者的活动对其他生产者或消费者带来的非市场性影响。外部效应理论指出：只要某人的效用函数所包含的变数是在另一个人的控制之下，就有外部效应的存在。也就是说，在经济活动中，一个人的行为或某些资源的使用影响到另外一些人的利益或福利，但他们之间却没有使用某种交换手段来协调两者之间的关系。

二、正外部效应

这种影响可能是有益的，也可能是有害的，有益的影响被称为外部效益、外部经济性，或正外部性。

例如，一个养蜂人的到来增加了果园的产量，反过来果园的扩大又会增加养蜂人的收益。这就是正外部效应。一个化学工厂污染了水源，对下游的居民和河中的鱼类造成了损害。这就是负外部效应。

新技术研究也具有正外部性，因为它创造了其他人可以运用的知识。如果一个公司知道自己的创新技术会被其他公司所利用，那么它就不会去创新。或者往往倾向于用很少的资源来从事研究，这当然不利于科技创新。所以，各国的专利法正是为了解决这一外部性设立的。专利制度使发明者可以在一定时期内排他性地使用自己的发明。其他公司依据法律没有使用该技术的权利。所以，由于专利法的保护，知识产权得到了保护，促进了科技创新。

小汽车的外部效应

小汽车

正外部效应：
舒适
便利
有地位

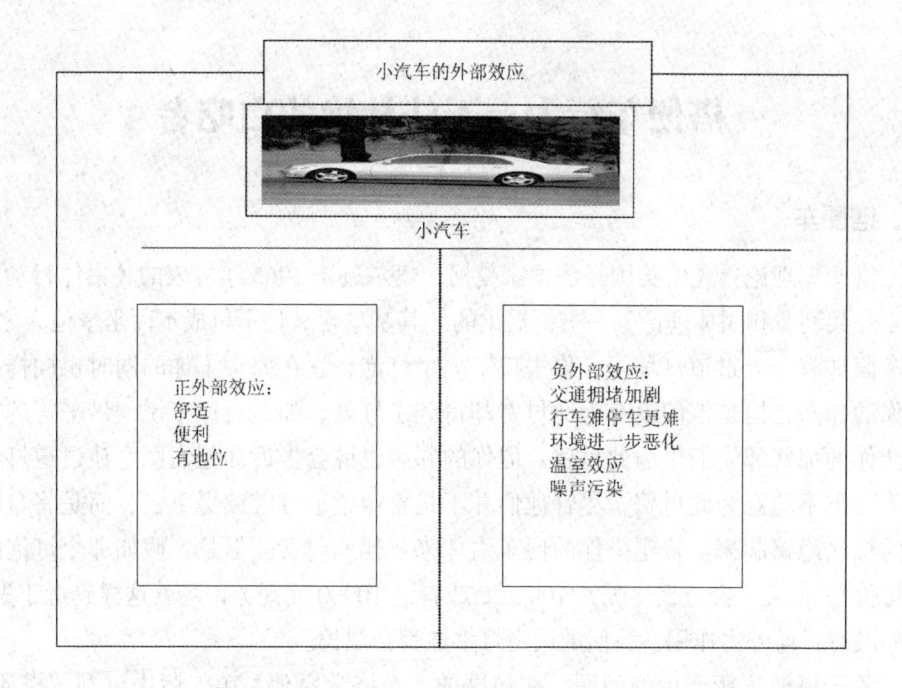

负外部效应：
交通拥堵加剧
行车难停车更难
环境进一步恶化
温室效应
噪声污染

三、负外部效应

有害的影响被称为外部成本、外部不经济性，或负的外部性。通常指厂商或个人在正常交易以外为其他厂商或个人提供的便利或施加的成本。

企业排放生产污染物，是一种典型的负外部性。企业排放的废水废气，不对企业造成任何影响，所以，企业不会在它们的生产成本里去考虑这种影响。但是，这种排放出来的废水废气，确实会对周围居民的生活造成影响。因为废水的随意排放，人们日常的饮用水可能受到污染，由于废气的排放，人们呼吸的空气不再新鲜。生活中，除了废水废气的例子属于负外部性，负外部性的例子还有很多。

外部性的主要问题在于外部性会影响其他人，却无法以市场机制来达到最适的数量。既然负外部性是由于缺乏市场所造成，所以政府就可以实行一些政策，可以把这些社会成本都转换成私人成本，也就是把这些外部效应"内部化"。政府经常采用的社会成本"内部化"的方式有三种，许可证制度、污染费用和污染标准。

根据 2008 年 2 月全国人民代表大会常务委员会修订通过的《中华人民共和国水污染防治法》规定：直接或者间接向水

体排放工业废水和医疗污水以及其他按照规定应当取得排污许可证方可排放的废水、污水的企业事业单位，应当取得排污许可证；城镇污水集中处理设施的运营单位，也应当取得排污许可证。排污许可的具体办法和实施步骤由国务院规定。并明确规定："禁止企业事业单位无排污许可证或者违反排污许可证的规定向水体排放前款规定的废水、污水。"

搭便车行为：无法杜绝的白吃者

一、搭便车

搭便车理论首先由美国经济学家曼柯·奥尔逊于1965年发表的《集体行动的逻辑：公共利益和团体理论》一书中提出的。其基本含义是不付成本而坐享他人之利。

假如有一天过道灯坏了，你去换了一个灯泡，它在照耀了你的同时也同样照耀了你的邻居，但是他们没有为此付费却得到了好处，那么对你来说，最平等的方法是让你的那些邻居们也为此付费。但你的邻居也许会告诉你他们愿意让过道灯继续黑下去也不愿意为此付费，尽管他们并不是希望过道灯继续黑下去，而是将自己真实的想法隐藏起来，希望搭你的便车由你来替他们付费。但是，假如那个灯泡的市场售价是50元，会怎么样呢？100元，或者是10000元呢？市场就这样趋近于失灵：假如没有任何外力作用，我们的过道灯多数都会黑掉。

关于搭便车所产生的问题，在曼昆的《经济学原理》第二版中讲到"搭便车"的故事时给出了解答。

美国一个小镇的居民喜欢在7月4日这天看焰火。设想这个小镇的企业家艾伦决定举行一场焰火表演，可以肯定艾伦会在卖出门票时遇到麻烦。因为所有潜在的顾客都能想到，他们即使不买票也能看焰火。焰火没有排他性，人人都可以看焰火。实际上，人人都可以搭便车，即得到看焰火的机会而不需要支付任何成本。

尽管私人市场不能提供小镇居民需要的焰火表演，但解决小镇问题的方法是显而易见的：当地政府可以赞助7月4日的庆祝活动。镇委员会可以向每个人增加2美元的税收，用这笔收入雇佣艾伦提供焰火表演。

因此，政府可以潜在地解决这个问题。如果政府确信，总利益大于成本，它就可以提供公共物品，并用税收为它支付，可以使每一个人获得"搭便车"的权利。因此，对于可能产生"搭便车"的物品或服务，理应由政府来提供。

二、市场的白吃者

在人们周围，很多企业都存在搭便车行为。例如，一些精明的小企业经营者会等待一些大企业首先开发市场，然后自己紧随其后，迅速占领市场。不过，最明显的搭便车现象，莫过于在生活中普遍存在的盗版现象。以仿冒的名牌皮包为例，一般当大企业花了数额巨大的投资和创意将皮包推向市场时，很快，一些小的厂商就会将其买回，然后拆分，第二天就能做出一批盗版产品。在市面上，真的名牌皮包价格平均在几百元左右，甚至有的达到上万元，可是等盗版产品出来时，估计也就几十元的成本。商家可以以假乱真，获得暴利。

搭便车现象，若从经济学的角度来解释也是有原因的。在市场经济中，取得市场上的信息必须付出时间和精力成本。而作为中小企业者，为了得到相同的利益却不愿意付出这些成本。像有的皮包是著名的品牌，它拥有自己富有宣传性的名称和样式，形成了良好的品牌形象。而这一切，必然是建立在对品牌形象及产品质量的大量投入之上的。那些中小企业者因为对产品的生产、营销等信息获得并不多，也无法独立负担庞大的生产营销费用。所以更愿意以直接仿冒的产品进入市场。

这就是为什么很多企业都热衷于侵权盗版的最重要原因。完全可以不费力，只要等着别人开发出了现品，自己再免费享有他人努力的成果。

这些搭便车者的存在，从某种程度上对整个社会的消费者有利，因为人们可以享有价格低廉、更多样化的商品，但对于想买真品的消费者和生产真品的厂家来说，是非常不利的。

生产真品的厂家，也会选择一些方法来阻止搭便车的现象出现。例如，每当推出新的产品时，厂商会开通辨别真假的电话或者网站让消费者自己去辨别。再例如，企业会利用法律中的"竞业条款"来防止内部员工和其他人对商业机密的偷取，社会会加大对搭便车现象的严厉惩罚，等等，都将对类似现象实现抑制。

◎ 公地悲剧：公共资源的滥用 ◎

一、公地悲剧

一群牧民一同在一块公共草场放牧。有一个牧民想多养一头牛，因为多养一头牛增加的收益大于其购养成本，是有利润的。虽然他明知草场上牛的数量已经太多了，再增加牛的数目，将使草场的质量下降。但对于单个牧民来说，他增加一头牛是有利的，因为草场退化的代价可以由大家负担，于是他增加了一头牛。慢慢的，其他的牧民都认识到了这一点，都增加了一头牛，结果草地被过度放牧，导致草场退化，不能满足牛的需要，所有牧民的牛都慢慢饿死了。"公地悲剧"最初由英国留学生哈定于1968年提出，又称哈定悲剧。哈定说："在共享公有物的社会中，每个人，也就是所有人都追求各自的最大利益。这就是悲剧的所在。每个人都被锁定在一个迫使他在有限范围内无节制地增加牲畜的制度中。毁灭是所有人都奔向的目的地。因为在信奉公有物自由的社会当中，每个人均追求自己的最大利益。公有物自由给所有人带来了毁灭。"

二、解决办法

对公共资源的悲剧有许多解决办法，哈定说，我们可以将之卖掉，使之成为私有财产；可以作为公共财产保留，但准许进入，这种准许可以以多种方式来进行。

哈定说："在信奉公有物自由的社会当中，每个人均追求自己的最大利益。公有物自由给所有人带来了毁灭。"

哈定说，这些意见均合理，也均有可反驳的地方，"但是我们必须选择，否则我们就等于认同了公共地的毁灭，我们只能在国家公园里回忆它们"。

哈定说，像公共草地、人口过度增长、武器竞赛这样的困境"没有技术的解决途径"，所谓技术解决途径，是指"仅在自然科学中寻求技术的变化，而很少要求或不要求人类价值或道德观念的转变"。对公共资源悲剧的防止有两种办法：一是制度上的，即建立中心化的权力机构，无论这种权力机构是公共的还是私人的——私人对公地的拥有即处置便是在使用权力；二是道德约束，道德约束与非中心化的奖惩联系在一起。在实际中也许可以避免这种悲剧。当悲剧未发生时，如果建立起来一套价值观或者一个中心化的权力机构，这种权力机构可以通过牧牛成本控制数量或采取其他办法控制数量。

三、反公地悲剧

在20世纪90年代初，莫斯科街道上出现过这样的怪现象。一方面，街道两边的店铺大量空置；另一方面，街道旁涌现出许多金属做成的箱型销售摊。在高峰期的1993年，莫斯科街道上有1.7万只这样的金属箱子。为什么在莫斯科寒冬里街道两边叫卖的商贩不搬到温暖的店铺里去？为什么街边店铺的拥有者要放弃可观的租金收入？美国密歇根大学的经济学者黑勒认为原因是莫斯科店铺有许多拥有者，而且他们的每一个都有权阻止其他人使用，最终没有人能够使用。他把这种现象概括为"反公地悲剧"。

黑勒于1998年在《哈佛法学评论》中正式提出"反公地悲剧"概念："反公地"作为一项资源或财产也有许多拥有者，但他们中的每一个都有正式的或非正式的权力阻止其他人使用稀缺资源，最终没有人拥有有效的、实质性的使用权。"反公地"的产权特性不是虚置、不明晰的产权，而是支离破碎的产权，导致资源的闲置或使用不足。

马太效应：富者愈富，穷者愈穷

一、马太效应

《新约·马太福音》里说，一个主人要远行，就叫了仆人来，把他的家业交给他们。按着各人的才干，给他们银子。一个给了5000两，一个给了2000两，一个给了1000两。就往外国去了。那领5000两的，随即拿去做买卖，另外赚了5000两。那领2000两的，也照样另赚了2000两。但那领1000两的，去掘开地，把主人的银子埋藏了。

过了许久，那些仆人的主人来了，和他们算账。那领5000两银子的，又带着那另外的5000两来，说："主阿，你交给我5000两银子，请看，我又赚了5000两。"主人说："好，你这又良善又忠心的仆人。你在许多的事上有忠心，我把许多事派你管理。可以进来享受你主人的快乐。"

那领2000两的也来说："主阿，你交给我2000两银子，请看，我又赚了2000两。"主人说："好，你这又良善又忠心的仆人。你在许多的事上有忠心，我把许多事派你管理。可以进来享受你主人的快乐。"

那领1000两的，也来说："主阿，我知道你是贪心的人，没有播种的地方也要收割，没有散施的地方也要聚敛。我很害怕，只好把你的1000两银子埋藏在地里。请看，你的原银在这里。"主人回答说："你这又恶又懒的仆人，你既知道我没有播种的地方也要收割，没有散施的地方也要聚敛。就当把我的银子放给需要借贷银钱的人，到我来的时候，可以连本带利收回。夺过他这1000两来，给那有1万两的。"

美国社会学家者罗伯特·莫顿即借用这个故事，类比科学界存在的上述现象，并称其为"马太效应"。

二、经济学中的"马太效应"

让富有的人更富有，让没有的人更没有。这就是经济学中著名的"马太效应"，用来形容正向回馈，即"富者越来越富，穷者越来越穷"。

市场经济中弱肉强食、优胜劣汰是自然法则，贫困的一个重要来源是穷人自身素质的相对低下，包括知识水平、努力程度等等。而自身的贫困反过来又让穷人缺少提高自身素质的能力，这其中的潜在逻辑就是穷人因为穷所以穷。

经济学的灵魂是自由和公平，这也是市场经济蓬勃发展的内在动力。因此，还穷人以"起点公平"是经济学努力的方向。当前，垄断行业工资收入水平过高问题依然存在，与其他行业职工工资收入差距仍有扩大趋势。

对于收入分配失衡问题，须引起各方面的高度关注。解决垄断行业收入差距问题，一方面要通过采取措施促进非垄断行业的企业职工工资收入逐步提高；另一方面要对垄断行业的高收入采取措施，加以有效调控。要调整国家和企业的分配关系，建立和完善对垄断企业的特别收益金制度和上缴利润制度。

　　政府应进一步加大收入分配政策调控力度，使居民收入差距控制在较为合理的范围。

第十章
税收：社会财富的再分配

◎ 公平和效率：政府调控市场的目的 ◎

一、公平与效率的含义

公平指人与人的利益关系及利益关系的原则、制度、做法、行为等都合乎社会发展的需要。公平是一个历史范畴，不存在永恒的公平。不同的社会，人们对公平的观念是不同的。

公平理论是美国心理学家亚当斯1965年提出的。该理论的基本要点是：人的工作积极性不仅与个人实际报酬多少有关，而且与人们对报酬的分配是否感到公平更为密切。人们总会自觉或不自觉地将自己付出的劳动代价及其所得到的报酬与他人进行比较，并对公平与否做出判断。公平感直接影响职工的工作动机和行为。因此，从某种意义来讲，动机的激发过程实际上是人与人进行比较，做出公平与否的判断，并据以指导行为的过程。

效率就是人们在实践活动中的产出与投入之比值，或者叫效益与成本之比值，如果比值大，效率就高，也就是效率与产出或者收益的大小成正比，而与成本或投入成反比例。也就是说，如果想提高效率，必须降低成本投入，提高效益或产出。

二、公平与效率的关系

1. 效率原则

效率优先，对于企业来说，在竞争中，在同一市场条件下，效率是决定企业生存和发展的关键，所以应以效率为先，企业在制定发展战略时要根据市场需求制定切实可行的发展战略，在企业内部，要尽可能降低成本，提高产品质量。充分挖掘人力资源，调动员工的积极性，从而提高效率。企业的效率好，才能在激烈的市场竞争中处于优势。要发展经济，必须追求效率。

2. 公平原则

公平已经受到越来越多人的关注。由于种种原因，社会上存在着弱势群体，对这些弱势群体，政府应当注重公平，通过种种措施，如向高收入者征收个人所得税，把这部分资金转移给弱势群体，如发放失业救济金，帮助下岗职工再就业，帮助失学儿童重返课堂。只有这样，才能使这部分人得到应有的帮助，以获得应有的教育机会和参加职位竞争的机会，挖掘这部分人的潜力，避免人力资源的浪费，提高效率。

公平促进效率，有利于效率的实现，效率为公平的实现提供了物质基础，二者是一致的。反对那种小生产者的绝对平均主义的平等观，提倡多劳多得。但要兼顾公平，国家通过各种办法，用政策加以调节，倾斜于弱势群体，给其以平等的机会参与竞争，参与国家的经济建设，以提高整体的经济效率。

在公平与效率之间，既不能只强调效率而忽视公平，也不能因为公平而不要效率。应该寻求一个公平与效率的最佳契合点，实现效率，促进公平。

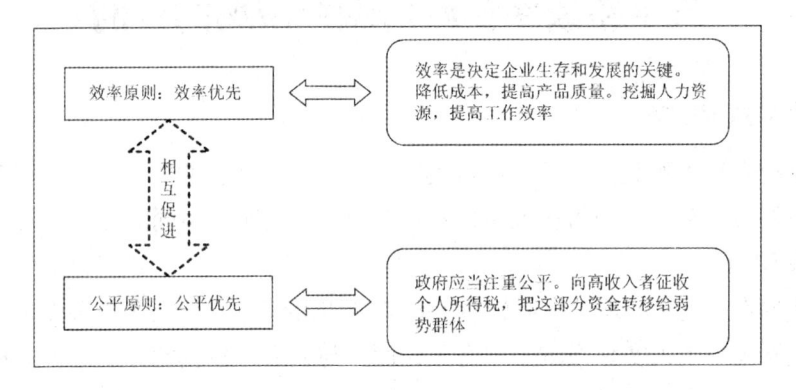

```
┌─────────────────┐           ┌──────────────────────────┐
│ 效率原则：效率优先 │ ⇔         │ 效率是决定企业生存和发展的关键。 │
│                 │           │ 降低成本，提高产品质量。挖掘人力资 │
└─────────────────┘           │ 源，提高工作效率              │
         ⇕                    └──────────────────────────┘
       相互
       促进
         ⇕
┌─────────────────┐           ┌──────────────────────────┐
│ 公平原则：公平优先 │ ⇔         │ 政府应当注重公平。向高收入者征收 │
│                 │           │ 个人所得税，把这部分资金转移给弱 │
└─────────────────┘           │ 势群体                      │
                              └──────────────────────────┘
```

三、凯恩斯主义

在凯恩斯之前的西方经济学界，人们普遍接受以亚当·斯密为代表的古典学派的观点，即在自由竞争的市场经济中，政府只扮演一个极其简单的被动的角色——充当"巡夜警察"。凡是在市场经济机制作用下，依靠市场能够达到更高效率的事，都不应该让政府来做。国家机构仅仅执行一些必不可少的重要任务，如保护私人财产不被侵犯，但从不直接插手经济运行。

然而，历史的事实证明，自由竞争的市场经济导致了严重的财富不均，经济周期性巨大震荡，社会矛盾尖锐。1929~1933年间爆发的全球性经济危机就是自由经济主义弊端集中爆发的结果。因此，以凯恩斯为代表的一批凯恩斯主义者浮出水面，他们提出，现代市场经济的一个突出特征，就是政府不再仅仅扮演"巡夜警察"的角色，而是要充当一只"看得见的手"。平衡以及调节经济运行中出现的重大结构性问题。

相比于亚当·斯密的自由主义，凯恩斯主义认为，凡是政府调节能比市场提供更好服务的地方，凡是个人无法进行平等竞争的事务，都应该通过政府的干预来解决问题。凯恩斯强调政府的作用：即政府可以协调社会总供需的矛盾、制定国家经济发展战略、进行重大比例的协调和产业调整。它最基本的经济理论，是主张国家采用扩张性的经济政策，通过增加需求促进经济增长。

四、宏观调控

斯蒂格利茨和沃尔什在回答"政府之所以要干预经济"时，将政府纠正市场失灵作为首要的原因。

在现代市场经济的发展中，市场是"看不见的手"，而政府的引导被称为"看得见的手"。为了克服"市场失灵"和"政府失灵"，人们普遍寄希望于"两只手"的配合运用，以实现在社会主义市场经济条件下的政府职能的转变，既实现效率也实现公平。经济学家把"宏观调控"这个词就理解为宏观经济政策。所以实际应用上，宏观调控的含义正在慢慢改变。在市场经济环境下，长期引领西方经济的自由经济主义观念对政府的宏观调控不甚赞同。20世纪80年代，有些西方国家的经济研究部门叫宏观调节部，表明在当时的经济形势下对宏观调节还有一点敬畏，后来慢慢改称了"宏观调控"，这是因为政府对经济的控制有所加强。宏观调控由此演变为一个长期的宏观经济政策概念，在任何时候都要存在。

经济学认为，宏观调控的手段和作用是通过制订计划（经济手段），指明经济发展的目标、任务、重点；通过制定法规（法律手段），规范经济活动参加者的行为；通过采取命令、指示、规定等行政措施（行政手段），直接、迅速地调整和管理经济活动。其最终目的是为了补救看不见的手在调节微观经济运行中的失效。如果政府的作用发挥不当，不遵循市场的规律，也会产生消极的后果。

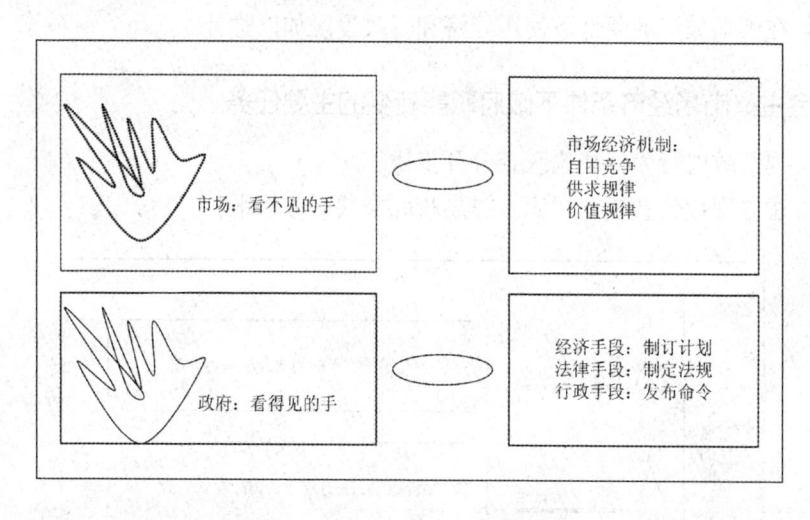

市场：看不见的手 → 市场经济机制：自由竞争 供求规律 价值规律

政府：看得见的手 → 经济手段：制订计划 法律手段：制定法规 行政手段：发布命令

◎ 政府的经济职能：自由市场下，政府需要做什么

对于在市场经济条件下，要不要政府的干预和宏观调控，历来存在两种对立的观点：第一种是以亚当·斯密的自由放任论为基础，后经米塞斯·哈耶克加以发展，

再由弗里德曼的货币主义加以充实的市场自由主义论；第二种是凯恩斯主义的政府干预论。两种观点都是针对当时的经济困境，并都在一定历史条件下发挥过积极的作用。对于我国的实际情况，正如前面所分析的那样，作为一个正处于市场化进程初期的体制转型国家，要经受住市场经济和融入国际经济的考验，离不开一个强有力的政府的帮助。

一、政府的经济职能

（1）收入分配职能。政府通过各种政策工具，参与一定时期国民收入的初次分配与再分配，实现收入在全社会各部门、各地区、各单位，以及各社会成员之间进行合理分割，缩小收入差距，体现社会公平。

（2）经济稳定与发展职能。政府通过干预、调节国民经济运行，达到物价稳定、充分就业、国际收支平衡等目标，实现经济发展的目的。

（3）资源配置职能。政府通过干预经济活动，引导人力、物力、财力等社会资源流动，形成一定的产业结构、区域经济结构等经济结构，优化资源配置结构，提高资源使用效率。

二、政府应该做什么

（1）为社会经济活动提供法治环境。

（2）通过总量手段保持宏观经济的稳定。

（3）为低收入群体提供基本的社会保障和维护社会公平。

（4）在市场失灵的条件下使用经济和行政手段加以弥补。

三、社会主义市场经济条件下政府职能转变的主要任务

（1）规范政府行为，加快政企分开步伐。

（2）建立现代公共事业组织，提高政府公共服务水平。

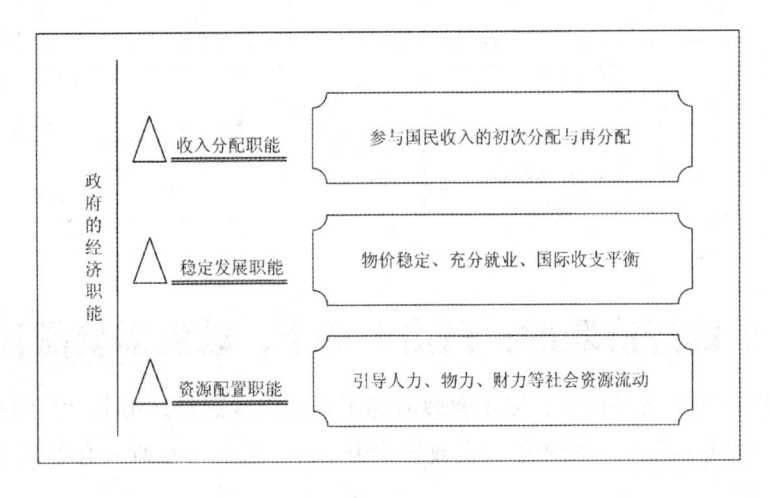

政府的经济职能		
△	收入分配职能	参与国民收入的初次分配与再分配
△	稳定发展职能	物价稳定、充分就业、国际收支平衡
△	资源配置职能	引导人力、物力、财力等社会资源流动

（3）合理界定各级政府职责，划分财政支出范围。
（4）建立新型国有资产管理体制。
（5）完善宏观经济调控体系，提高政府宏观调控能力。

◎ 社会再分配：最正当的"劫富济贫"计划 ◎

一、再分配的原因

再分配（也称社会转移分配）是指，在初次分配结果的基础上各收入主体之间通过各种渠道实现现金或实物转移的一种收入再次分配过程，也是政府对要素收入进行再次调节的过程。

第一，满足非物质生产部门发展的需要。在国民收入初次分配过程中，只有物质生产部门的劳动者获得了原始收入，而非物质生产部门要获得收入，必须通过对国民收入的再分配解决。通过对国民收入的再分配，把物质生产部门创造的一部分原始收入，转给不创造国民收入的非物质生产部门，形成"派生收入"，以满足文化教育、医疗卫生、国家行政和国防安全等部门发展的需要和支付这些部门劳动者的劳动报酬。

第二，加强重点建设和保证国民经济按比例协调发展的需要。国民经济各部门、各地区、各企业的发展往往是不平衡的，它们的发展速度、生产增长规模、技术结构等互不相同，不可避免地会出现某些比例不协调现象和薄弱环节。同时，各物质生产部门、各地区、各企业从国民收入初次分配中得到的收入份额，往往同它们各自的经济文化发展的需要不相一致。因此，社会主义国家必须从宏观调控的全局出发，有计划地将国家集中的纯收入，通过再分配，在不同部门、地区和企业之间调节使用，以加强重点建设，克服薄弱环节，保证国民经济按比例协调发展。

第三，建立社会保障基金的需要。劳动者的养老、医疗、失业等保证基金，以及社会救济、社会福利、优抚安置等基金，除企业、个人负担外，有一部分也需要通过国民收入的再分配，建立社会保证基金来解决。这是建立社会保障体系的一项重要内容。

第四，建立社会后备基金的需要。为了应付各种突发事故和自然灾害等，需要通过国民收入的再分配，建立社会后备基金，来满足这些临时性的应急需要。

二、再分配的手段

（1）收入税。居民和企业等各收入主体当期得到的初次分配收入依法应支付的所得税、利润税、资本收益税和定期支付的其他经常收入税。政府以此对企业和个人的初次分配收入进行调节。

（2）财产税。居民等财产拥有者，根据现有财产状况，依法缴纳的动产税和不动产税，如房产税、遗产税等，政府以此对居民收入进行的调节属于存量调节。

（3）社会缴费。居民为维持当前和未来的福利，保证在未来各个时期能获得社会福利金，而对政府组织的社会保险计划或各个单位建立的基金所缴纳的款项，如失业保险、退休保险、医疗保险计划等。

（4）社会福利。指居民从政府获取的、维持最基本生活的收入，主要包括社会保险福利金（如失业金、退休金、抚恤金、医疗保险金等）和社会救济金（如生活困难补助、救济金）。

（5）其他转移收支。包括政府内部转移收支；本国政府与外国政府、国际组织之间的援助、捐赠、会费缴纳等，对私人非营利性机构的捐赠、赞助等转移收支；居民之间的内部转移收支，如城镇居民对农村居民的转移收支。再分配主要由政府调控机制起作用，政府进行必要的宏观管理和收入调节，是保持社会稳定、维护社会公正的基本机制。

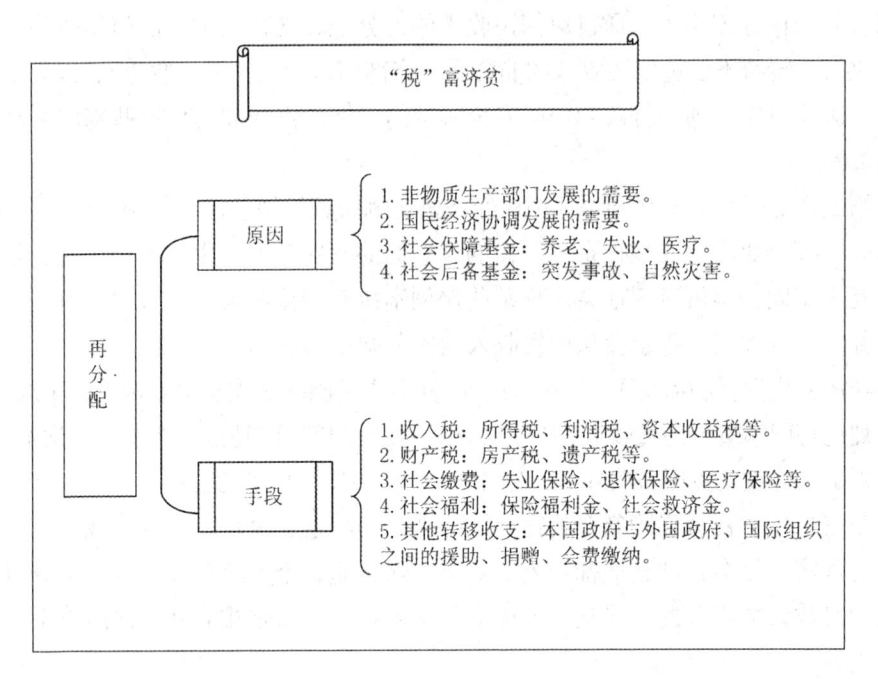

```
                       "税"富济贫

           ┌ 原因 ┤ 1. 非物质生产部门发展的需要。
           │      │ 2. 国民经济协调发展的需要。
           │      │ 3. 社会保障基金：养老、失业、医疗。
           │      └ 4. 社会后备基金：突发事故、自然灾害。
  再分配 ──┤
           │      ┌ 1. 收入税：所得税、利润税、资本收益税等。
           │      │ 2. 财产税：房产税、遗产税等。
           └ 手段 ┤ 3. 社会缴费：失业保险、退休保险、医疗保险等。
                  │ 4. 社会福利：保险福利金、社会救济金。
                  └ 5. 其他转移收支：本国政府与外国政府、国际组织
                     之间的援助、捐赠、会费缴纳。
```

◎ 税收：个人收入的调节与社会公平的实现 ◎

一、税收的概念

税收是国家为了实现其职能，按照法定标准，无偿取得财政收入的一种手段，是国家凭借政治权力参与国民收入分配和再分配而形成的一种特定分配关系。

税收这一概念的要点可以表述为五点：

（1）税收是财政收入的主要形式。

（2）税收分配的依据是国家的政治权力。

（3）税收是用法律建立起来的分配关系。

（4）税收采取实物或货币两种征收形式。

（5）税收具备强制性、无偿性和相对固定性三个基本特征。

二、税收的基本特性

（1）税收的强制性。税收的强制性是指税收是国家以社会管理者的身份，凭借政权力量，依据政治权力，通过颁布法律或政令来进行强制征收。负有纳税义务的社会集团和社会成员，都必须遵守国家强制性的税收法令，在国家税法规定的限度内，纳税人必须依法纳税，否则就要受到法律的制裁。

（2）税收的无偿性。税收的无偿性是指通过征税，社会集团和社会成员的一部分收入转归国家所有，国家不向纳税人支付任何报酬或代价。无偿性体现在两个方面：一方面是指政府获得税收收入后无须向纳税人直接支付任何报酬；另一方面是指政府征得的税收收入不再直接返还给纳税人。

（3）税收的固定性。税收的固定性是指税收是按照国家法令规定的标准征收的，即纳税人、课税对象、税目、税率、计价办法和期限等，都是税收法令预先规定了的，有一个比较稳定的试用期间，是一种固定的连续收入。对于税收预先规定的标准，征税和纳税双方都必须共同遵守，非经国家法令修订或调整，征纳双方都不得违背或改变这个固定的比例或数额以及其他制度规定。

税收的三个基本特征是统一的整体。其中，强制性是实现税收无偿征收的强有力保证，无偿性是税收本质的体现，固定性是强制性和无偿性的必然要求。

三、税率与边际税率

税率是指税额与课税对象之间的数量关系或比例关系，是指课税的尺度。边际税率是指征税对象数额的增量中税额所占的比率。

以超额累进的个人所得为例，假设免征额为800元，则800元以下的这部分所得额的边际税率为0，所得额为1000元时，增量为200元，税额为10元，则边际税率为10元÷200元=5%。当所得额为1800元时，增量1800－500－800＝500元，税率10%，税额50元，边际税率10%。可见，个人所得税超额累进税率表中的每一级税率实际上就是相应级距所得额的边际税率。而则是平均税率。平均税率是指应纳税额和全部应税所得额的比例。

边际税率的高低会对经济产生不同的影响。边际税率越高，纳税人增加的可支配的收入就越少，虽然税收收入的作用增强，但却会产生某种程度的替代效应，如当工作的边际收入减少时，人们就会以闲暇去替代部分工作时间，从而妨碍人们努力工作。因此，累进税率中的边际税率要适度。

四、几种基本的税收

（1）流转税。流转税是以商品生产流转额和非生产流转额为课税对象征收的一类税。流转税是我国税制结构中的主体税类，目前包括增值税、消费税、营业税和关税等税种。

（2）所得税。所得税亦称收益税，是指以各种所得额为课税对象的一类税。所得税也是我国税制结构中的主体税类，目前包括企业所得税、个人所得税等税种。目前内外资企业所得税率统一为25%。（《企业所得税法》自2008年1月1日起施行。1991年4月9日第七届全国人民代表大会第四次会议通过的《中华人民共和国外商投资企业和外国企业所得税法》和1993年12月13日国务院发布的《中华人民共和国企业所得税暂行条例》同时废止。）另外，国家给予了两档优惠税率：一是符合条件的小型微利企业，减按20%的税率征收；二是国家需要重点扶持的高新技术企业，减按15%的税率征收。

（3）财产税。财产税是指以纳税人所拥有或支配的财产为课税对象的一类税。包括遗产税、房产税、契税、车辆购置税和车船使用税等。

（4）行为税。行为税是指以纳税人的某些特定行为为课税对象的一类税。我国现行税制中的城市维护建设税、固定资产投资方向调节税、印花税、筵席税都属于行为税。

（5）资源税。资源税是指对在我国境内从事资源开发的单位和个人征收的一类税。我国现行税制中资源税、土地增值税、耕地占用税和城镇土地使用税都属于资源税。

◎ 累进税：为何收入高的人要缴纳更多的税 ◎

一、累进税

累进税是累退税的对称，税率随课税对象数额的增加而提高的税。即按照课税对象数额的大小，规定不同等级的税率。课税对象数额越大，税率越高；课税对象数额越小，税率越低。累进税又可分为两种：

（1）全额（率）累进税：将课税对象的全部数额都按一个相应等级的税率计征。

（2）超额（率）累进税：将课税对象按数额（比率）大小分为若干等级部分，每个等级部分分别按其相应的税率计征。累进税纳税人的负担程度和负税能力成正比，具有公平负担的优点。从其负效应来看，累进程度太大，又会导致奖勤罚懒，不利于鼓励人们工作。

二、交换说的累进税论

交换说的累进税论是以交换说为理论依据而主张实行累进税制的观点。这种观点认为，所得和财富多的人，其享受国家保护和国家提供的各种服务的利益，比所得和财富少的人要多，因而就应多纳税。只有采用累进税，才能达到这一目的。这种观点符合受益多多纳税、受益少少纳税的税负公平原则。但这种观点存在的问题是，每个人的各种收入和所拥有的财产中究竟各享受了多少国家提供的利益，往往是无法确定的，从而累进税率也难以设计。因此，多数学者主张实行比例税或者以能力说为依据实行累进税。

三、补偿说的累进税论

早期西方学者从税收公平原则出发，主张实行累进税的观点。补偿说认为实行累进税，以解决社会财富分配的不公平。这种观点认为，一方面，由习惯、经济及历史等原因，社会的财富和收入分配上存在着不均和不平等，政府应对此予以调节，采用累进税来矫正分配不公，以达到补偿的效果。另一方面，从税收参与分配的环节来看，以前环节征收的消费税是不公平的，消费税对一般消费品征收，使穷人负担较重而富人负担较轻，因而在对所得征税环节就应实行累进税，使富人负担较重，穷人负担相对较轻，从而实现补偿，以达到公平。

◎ 庇古税：谁污染，谁治理 ◎

一、庇古税的由来

根据污染所造成的危害程度对排污者征税，用税收来弥补排污者生产的私人成本和社会成本之间的差距，使两者相等。由英国经济学家庇古最先提出，这种税被称为"庇古税"。

按照庇古的观点，导致市场配置资源失效的原因是经济当事人的私人成本与社会成本不相一致，从而私人的最优导致社会的非最优。因此，纠正外部性的方案是政府通过征税或者补贴来矫正经济当事人的私人成本。只要政府采取措施使得私人成本和私人利益与相应的社会成本和社会利益相等，则资源配置就可以达到帕累托最优状态。这种纠正外在性的方法也称为"庇古税"方案。

二、庇古税的应用

在基础设施建设领域采用的"谁受益，谁投资"的政策、环境保护领域采用的"谁污染，谁治理"的政策，都是庇古理论的具体应用。

西方发达国家利用税收政策来加强环境保护始于20世纪70年代。许多国家的探索和实践证明，利用税收手段治理环境已经取得了明显的社会效果，环境污染得到有效控制，环境质量有了进一步的改善。

美国在20世纪70年代就开始征收碳税，从征收方法上看，一般根据主要能源产品的含硫量或排放量计算征收。碳税最早由芬兰于1990年开征，碳税一般是对煤、石油、天然气等化石燃料按其含碳量设计定额税率来征收的。经济合作与发展组织成员国在环境政策中应用经济手段取得了可喜的成果。在这方面，丹麦堪称"楷模"。推行生态税收制度不仅有效地保护了丹麦的环境，而且为符合环保要求的企业发展积累了资金，产生了明显的经济效益，使丹麦在欧盟国家中成为经济增长率最高的国家。

三、庇古税的作用

（1）利用征收资源税节约能源的使用，提高资源的利用效率，限制高能耗产品的使用，一定程度上抑制了资源的浪费和过度消耗。开采税是美国对自然资源（主要是石油）的开采征收的一种税。开采税可以通过影响资源开采的速度和数量来影响环境，它会抑制处于边际上的资源的开采和经营活动，促使减少资源的开采。荷兰的土壤保护税是由省级部门对抽取地下水的单位和个人以及从土壤保护中直接获益的单位或个人征收的一种税。其目的是为保护土壤提供资金。瑞典的一般能源税是对石油、煤炭和天然气征收的一种税。

（2）在开展资源综合利用，减少废弃物的排放方面发挥一定的作用。在丹麦，对废物收税已经使垃圾填埋成本翻倍，使垃圾焚烧费用增加70%。从最近的统计数字来看，家庭垃圾减少了16%，建筑垃圾减少了64%，其他方面的废物也平均减少了22%。废物回收率也大幅度增加，纸类增加77%，玻璃增加50%。在美国，37个州中大约3400个地方社区对家庭垃圾征税，征税依据是家庭垃圾丢弃量，结果垃圾丢弃量明显降低，回收率明显提高。

◎ 荒年减税与"拉弗曲线"理论 ◎

一、拉弗曲线

"拉弗曲线"是由20世纪70年代中后期活跃于经济学界的"供给学派"提出的一个关于税收的理论，其代表人物是阿瑟·拉弗，这一理论就以其名字命名的。

一般情况下，税率越高，政府的税收就越多，但税率的提高超过一定的限度时，企业的经营成本提高，投资减少，收入减少，即税基减小，反而导致政府的税收减少，描绘这种税收与税率关系的曲线叫做拉弗曲线。"拉弗曲线"理论在美国里根政府时期特别流行，"供给学派"也由此在经济学界名噪一时。

拉弗曲线

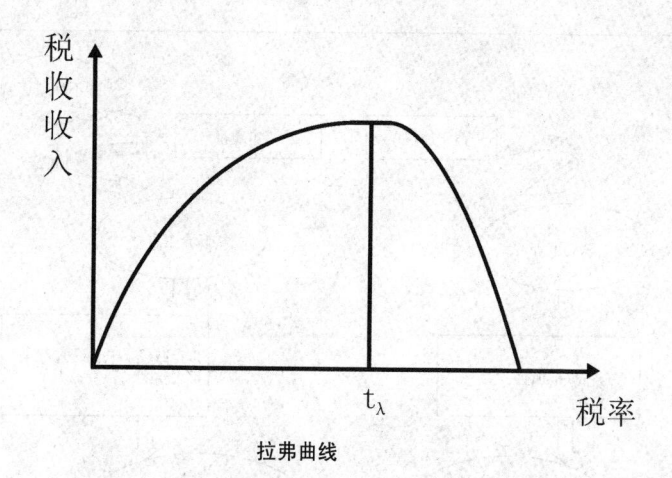

卢周来先生在《游戏着经济学》一书中这样阐述：税率越高，不一定意味着税收会越多；相反，还将使可能征取的税收数量下降。他认为，在一定范围内对征税对象多赚到的收入提高税率，国家的确可以多征到税；但税率提高一旦突破某个限度后，人们工作的积极性下降，加之主动纳税的热情不高，相反，偷税漏税动机增强，由此导致积极性下降，国家能征到的税反而下降；如果国家将税率提高到更高的程度，企业将因为利润下降而出现投资积极性下降，甚至可能因为不堪重负而倒闭，税基进一步下降，从而国家可能征到的税也进一步下降。

二、荒年减税

《论语》里面记载了哀公与有若的一段有趣的对话。

哀公："今年荒年收成不大好，国库又不足，该怎么办呢？"

有若："能否将老百姓的赋税从百分之二十减到百分之十呢？"

哀公："收百分之二十的税国库里的钱都不够，如果减到百分之十，岂不是更糟吗？"

有若："如果百姓手中没有钱，国库里又怎么能有钱呢？如果老百姓手中有了足够的钱，你又何必为国库里没有钱发愁呢？"

这则对话无非反映了儒家思想主张对百姓实施仁政，实现轻徭薄役，坚持藏富于民。其实若从公共经济学看，这则对话隐含着一个十分重要的关于税收的理论——"拉弗曲线"。《论语》中劝哀公减税的有若，他的想法是：荒年农民收入本来就不好，如果国家想通过提高税率的办法充实国库，无异于杀鸡取卵，最后的结果只会使农民更加贫困，而且农民想着一年到头干得那么辛苦，却都在给国家干，谁还愿意干活呢？这样下去，会使国库将因无税可征更加空虚。如果此时减税，表面上看，国家能征到的税少了，但农民却因此而休养生息了。一旦农民重新缓过气，整个国家重新富裕起来，税基扩大了，即使税率低一点，国家照样能征到更多的税，还会发

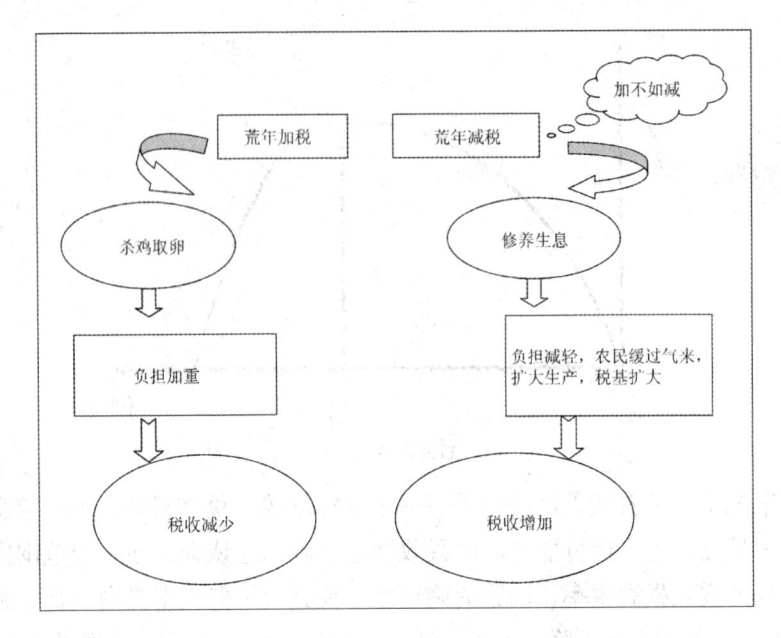

```
┌─────────────────────────────────────────────────────────┐
│                                      ╭─ 加不如减 ─╮      │
│    ┌─ 荒年加税 ─┐    ┌─ 荒年减税 ─┐                      │
│                                                          │
│    ( 杀鸡取卵 )      ( 修养生息 )                        │
│         ↓                 ↓                              │
│    ┌─────────┐   ┌──────────────────┐                   │
│    │ 负担加重 │   │负担减轻，农民缓过气来，│               │
│    └─────────┘   │扩大生产，税基扩大    │                │
│         ↓         └──────────────────┘                   │
│                           ↓                              │
│    ( 税收减少 )       ( 税收增加 )                       │
└─────────────────────────────────────────────────────────┘
```

愁国库里没有钱吗？

  由此看来，有若的想法其实与"拉弗曲线"理论不谋而合。而不同的是，有若是在两千多年前的古代中国就提出了这样的想法，而拉弗是在晚于有若近两千年后的美国才提出这样的理论。因此，中国古人体现出的经济学智慧的确值得我们骄傲。

三、里根减税

  1980年1月，里根刚竞选上总统，其竞选班子特别安排了一些经济学家来为里根"上上课"，让他学习一些治理国家必备的经济学知识。第一位给他上课的就是拉弗。拉弗正好利用这个机会好好地向里根推销了一通他的关于税收的"拉弗曲线"理论。当拉弗说到"税率高于某一值，人们就不愿意工作"时，里根兴奋地站起来说："对！就是这样。'二战'期间，我正在大钱币公司当电影演员，当时的战时收入附加税曾高达90%。我们只要拍四部电影就达到了这一税率范围。如果我们再拍第五部，那么第五部电影赚来的钱将有90%给国家交税了，我们几乎赚不到钱。于是，拍完了四部电影后我们就不工作了，到国外旅游去。"

  正因为里根本人的经历与"供给学派"提供给他的理论如此契合，所以，他一主政，就大力推行减税政策。里根执政期间先后实行了以下措施：降低所得税率；简化税制；注意保护税收中性原则，减少对私人经济的干扰。从1983年开始，美国经济戏剧性地开始强劲复苏，显示了减税计划对刺激社会产出增加有短时而迅捷的效果。

· 中 篇 ·

宏观经济学

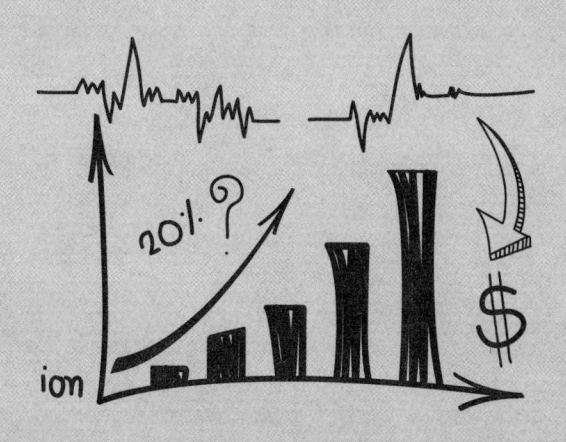

第一章
宏观经济学简述

◎ 宏观经济学：经济大趋势的一门学问 ◎

一、宏观经济学的产生

最早把经济学分为微观与宏观两部分的是凯恩斯。他把关于资源配置的理论称为微观经济学，而把产出与就业决定的资源利用理论称为宏观经济学。现代宏观经济学在凯恩斯的《就业、利息和货币通论》出版后迅速发展起来。美国凯恩斯主义经济学家萨缪尔森继承了这种提法，在1948年出版的《经济学》一书中把经济学分为微观与宏观两部分。自此以后，这种分法被经济学家普遍接受，一直延续到现在。

二、宏观经济学的地位

宏观经济通常是指一国的国民经济。宏观经济学是以一国经济总过程的活动为研究对象，主要考察就业总水平、国民总收入等经济总量，因此，宏观经济学也被称作就业理论或收入理论。

宏观经济学和微观经济学并不分开，"宏观"就是在"微观"的基本思维基础上

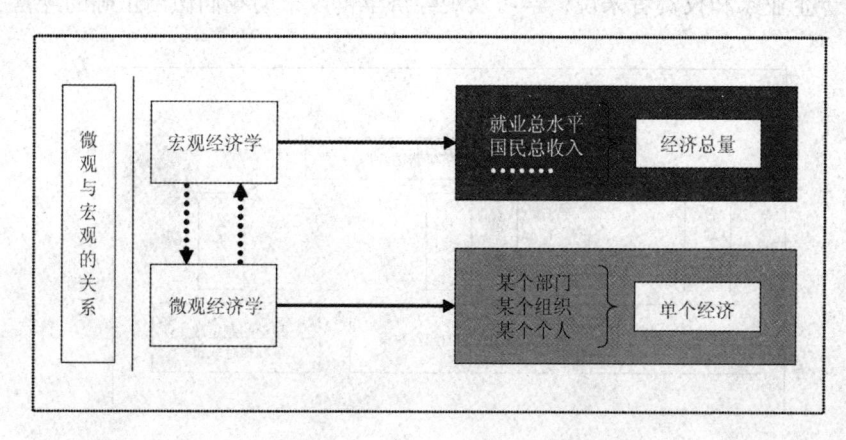

发展的。但"宏观"又区别于"微观"。"微观"研究的是某个组织、部门或个人在经济社会中怎么样作出决策，以及这些决策会对经济社会有什么影响。而"宏观"则是研究整个的经济社会如何运作，并找出办法，让经济社会运行得更加稳定、发展得更快。

三、宏观经济学是一门什么样的学问

宏观经济学是研究总需求和总供给的学问，它研究经济总量的决定及其变动。它是用总量分析研究一个国家的资源充分利用的问题。

宏观经济学是从整体上考察一国经济总体运行及其规律的一门科学，最终是为了实现充分就业、物价稳定、经济持续增长、国际收支平衡这四大目标。

宏观经济学是从战略上考察一国的经济运行态势和经济安全，最终是为了实现经济的平稳增长，避免大起大落，避免经济过热或者过冷，实现经济的良性运行和社会的协调发展。

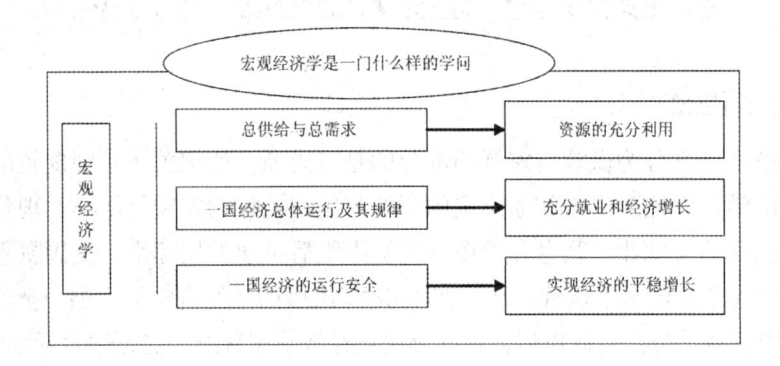

四、学习宏观经济学的作用

对于普通民众来说，学习宏观经济学可以帮助我们做出正确的决策和选择。作为一个普通人，你必然会关心能否找到一份理想的工作，收入有多少，物价变动对自己的财产和收入有什么影响。

对于企业家和投资者来说，学习宏观经济学可以帮助我们做出正确的经营决策。

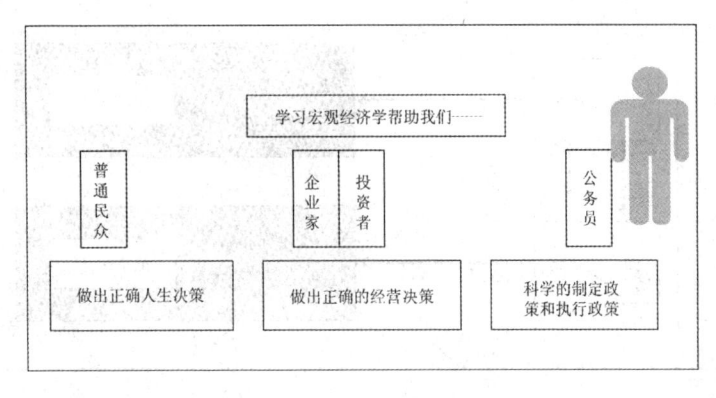

作为企业家和投资者，你只有了解宏观经济的现状与未来，了解政策的影响与趋势，才能作出正确的经营与投资决策。

对于政府官员来说，学习宏观经济学有利于科学地制定政策和执行政策。为什么产出和就业会不断地下降；通货膨胀的原因是什么，怎样才能减少失业？怎样才能控制通货膨胀？学习宏观经济学，会为你制定社会经济政策提供依据。

我们不可能人人都成为专家，但了解一点宏观经济学还是十分必要的。

◎ 宏观经济学的核心：国民收入决定理论 ◎

整个宏观经济学主要包括四大方面：国民收入核算理论、国民收入决定理论、宏观经济政策理论和国民收入变动理论，其中最重要最核心的就是国民收入决定理论或就业理论。

一、国民收入核算

国民收入的核心就是GDP，即国内生产总值，国民收入核算理论就是紧紧围绕着GDP来分析的。国民收入核算主要包括GDP的核算方法（即支出法和收入法）、国民收入的恒等式（即储蓄—投资）、名义GDP和实际GDP这四个方面。

二、国民收入决定

国民收入决定理论是整个宏观经济学的核心，它主要包括简单国民收入决定理论、产品市场和货币市场的一般均衡以及总需求—总供给模型。这三个方面是层层递进，逐步深入的。

三、宏观经济政策

宏观经济政策分析包括：需求管理政策、供给管理政策、国际经济政策。最主要的是需求管理政策，包括财政政策和货币政策。重点分析财政政策和货币政策效果以及两个政策的配合使用。

宏观经济政策实践，主要是用财政政策和货币政策以及收入政策实现宏观调控的目标。

四、国民收入变动

国民收入变动的因素，包括通胀与失业、经济增长和经济周期。

通胀与失业是宏观经济中经常出现的现象。在通胀方面，主要有三种情况：由需求拉动的通货膨胀、由成本推动的通货膨胀、结构型通货膨胀。根据奥肯定律，只有保持高速的经济增长，才能有效解决失业问题。关于失业与通货膨胀的关系，

```
宏观经济学的主要内容
├─ 国民收入核算 → GDP的定义、核算方法；名义GDP和实际GDP，储蓄与投资
├─ 国民收入决定 → 国民收入决定理论、产品和货币市场的一般均衡……
├─ 宏观经济政策 → 宏观经济政策分析：需求管理政策；宏观经济政策实践：政策的运用
└─ 国民收入变动 → 通胀与失业、经济增长和经济周期
```

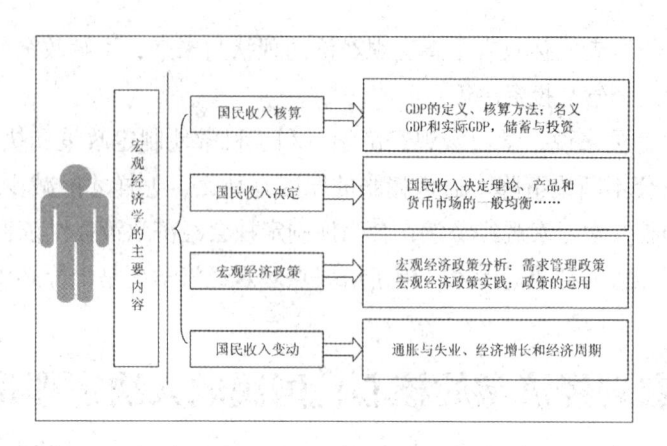

可以用菲利普斯曲线说明。经济增长理论中最著名的是新古典增长模型。而经济周期主要包括繁荣、危机、萧条、复苏四个阶段。

我们会经常遇见这样一些问题：诸如中国的总产出水平和就业量是由什么决定的？决定中国经济增长的因素有哪些？是什么引起世界经济的波动？是什么导致了失业？全球为什么会产生通货膨胀？全球经济体系对一国国民经济的运行有何影响？还有进出口贸易增长和下滑的问题、国际收入差额等问题，以及中国制定什么样的宏观经济政策才能改善经济运行状况等。对上述问题的探讨和分析构成了宏观经济学的主要内容。

◎ 宏观经济学关键词：总需求、就业、货币

需求、就业、货币，这几个关键词是宏观经济学的基本囊括，例如物价水平实际包含了消费者价格指数、生产者价格指数和国内生产总值价格指数。了解这几个关键词有助于我们从整体上更好地把握宏观经济学。

一、总供给和总需求

1. 总供给

总供给与总需求是宏观经济学中的一对基本概念。总供给是经济社会的总产量（或总产出），它描述了经济社会的基本资源用于生产时可能有的产量。一般而言，总供给主要是由生产性投入（最重要的是劳动与资本）的数量和这些投入组合的效率（即社会的技术）所决定的。

总供给函数是指总供给（或总产出）和价格水平之间的关系。表示均衡国民收入与一般价格水平成正方向变动关系的曲线就是总供给曲线。在短期内，总供给曲线最初随着价格总水平提高而平缓上升，当价格总水平上升到一定程度之后，总供给曲线在潜在产出水平附近接近于一条垂直的直线。

2. 总需求

总需求是经济社会对产品和劳务的需求总量。总需求由消费需求、投资需求、政府需求和国外需求构成，其中国外需求由国际经济环境决定，而政府需求主要是一个政策变量，因此消费需求和投资需求是决定总需求量的基本因素。

总需求函数是产品市场和货币市场同时达到均衡时的一般价格水平与国民收入之间的依存关系。表示均衡国民收入与一般价格水平成反方向变动关系的曲线就是总需求曲线。

二、就业与失业

劳动力是就业者与失业者的总和。就业人数是指能全日工作的成年人的数量。不过各个国家对成年人的规定不尽一致，如美国规定年龄16岁以上的为成年人。失业人数是指没有工作但却在积极寻找工作的成年人的数量。

为什么经济不能为全部劳动力提供足够的工作机会，是宏观经济学的一个重要研究课题。即使在经济繁荣时期，也会存在失业现象。因此，如何提供更多的就业机会，降低失业率，是任何一个国家的政府在制定宏观经济政策时都必须考虑的重要问题。

三、价格水平

价格水平是指一国经济中各种商品价格的平均数，它通常用具有重要影响的某些大类商品价格的指数来衡量。用来衡量价格水平的价格指数通常有：消费者价格指数、生产者价格指数和国内生产总值价格指数。

宏观经济政策的制定者并不关心价格水平本身，他们关心的是价格水平的变动。因为影响人们生产水平的不是价格水平，而是在价格水平变动时发生的经济调整。也就是说，对人们产生影响的是价格水平变动的过程，即通货膨胀和通货紧缩的过程。

四、乘数效应

乘数效应是宏观经济学的一个概念，也是一种宏观经济控制手段，是指支出的变化导致经济总需求与其不成比例的变化。当政府投资或公共支出扩大、税收减少时，对国民收入有加倍扩大的作用，从而产生宏观经济的扩张效应；当政府投资或公共支出削减、税收增加时，对国民收入有加倍收缩的作用，从而产生宏观经济的紧缩效应。

乘数效应因为出自凯恩斯之手，因此也叫凯恩斯乘数。在凯恩斯之前，就有人提出过乘数原理的思想和概念。但是凯恩斯进一步完善了这个理论。凯恩斯的乘数理论为西方国家从大萧条中走出来起到了重大的作用。

宏观经济学的理论基石：凯恩斯主义

一、萨伊定律

萨伊是18世纪末19世纪初的法国经济学家。萨伊定律产生于19世纪初法国拿破仑战争时期。当时物价急剧上升，货币贬值，公众不愿意保留货币，一有钱就赶快购买商品。

萨伊定律的内容是供给创造需求。一种产品的生产给其他产品开辟了销路，供给会创造自己的需求，不论产量如何增加，产品都不会过剩，至多只是暂时的积压，市场上商品的总供给和总需求一定是相等的，不会存在生产过剩性经济危机。这就是著名的萨伊定律。

萨伊不否认个别商品可能出现供不应求或生产过剩。但供不应求将导致商品价格上升，生产过剩就导致商品价格下跌，而商品价格的变化又会影响到供给和需求，从而在新的价格水平上达到均衡。

二、凯恩斯革命

18世纪初，一个名叫孟迪维尔的英国医生写了一首题为《蜜蜂的寓言》的讽喻诗。这首诗叙述了一个蜂群的兴衰史。最初，蜜蜂们追求奢侈的生活，大肆挥霍浪费，整个蜂群兴旺发达。后来它们改变了原有的习惯，崇尚节俭，结果蜂群凋敝，终于被敌手打败而逃散。

这首诗所宣扬的"浪费有功"在当时受到指责。英国中塞克斯郡大陪审团委员们就曾宣判它为"有碍公众视听的败类作品"。但在200多年之后，这部当时声名狼藉的作品却启发凯恩斯发动了一场经济学上的"凯恩斯革命"，建立了现代宏观经济学和总需求决定理论。

20世纪20年代英国经济停滞和30年代全世界普遍的生产过剩和严重失业打破了萨伊定理的神话。经济学发生了第一次危机。凯恩斯展开了对萨伊定理的批判，建立了以总需求分析为中心的宏观经济学。经济学的中心第一次由资源配置转向资源利用，由个体转向整体。这是经济学中的一次革命。从20世纪四五十年代以来，凯恩斯的理论得到后人的进一步拓展，便之不断完善和系统化，从而构成了凯恩斯宏观经济学的完整体系。这些拓展主要体现在希克斯和汉森同时创建的"IS-LM1模型"、莫迪利安尼提出的"生命周期假说"、弗里德曼提出的"永久收入说"、托宾对投资理论的发展、索罗等人对经济增长理论的发展以及克莱因等人对宏观经济计量模型的发展。

三、凯恩斯主义

凯恩斯主义经济学或凯恩斯主义是根据凯恩斯的著作《就业、利息和货币通论》的思想基础上的经济理论。

凯恩斯认为，在短期中决定经济状况的是总需求而不是总供给，对商品总需求的减少是经济衰退的主要原因。总需求决定了短期中国民收入的水平。总需求增加，国民收入增加；总需求减少，国民收入减少。

引起20世纪30年代大危机的正是总需求不足，或者用凯恩斯的话来说是有效需求不足。通货膨胀、失业、经济周期都是由总需求的变动所引起的。当总需求不足时就出现失业与衰退。当总需求过大时就出现通货膨胀与扩张。

当总需求不足时，凯恩斯主张国家采用扩张性财政政策（增加政府各种支出和减税）与货币政策（降低利率增加货币供给量）来刺激总需求。当总需求过大时，凯恩斯主张采用紧缩性财政政策（减少政府各种支出和增税）与货币政策（提高利率减少货币量）来抑制总需求。这样就可以实现既无通货膨胀又无失业的经济稳定。

凯恩斯重视消费的增加。1933年当英国经济处于萧条时，凯恩斯曾在英国BBC电台号召家庭主妇多购物，称她们此举是在"拯救英国"。在《通论》中他甚至还开玩笑地建议，如果实在没有支出的方法，可以把钱埋入废弃的矿井中，然后让人去挖出来。已故的北京大学经济系教授陈岱孙曾说过，凯恩斯只是用幽默的方式鼓励人们多消费，并非真的让你这样做。但增加需求支出以刺激经济则是凯恩斯本人和凯恩斯主义者的一贯思想。

凯恩斯主义肯定了政府干预在稳定经济中的重要作用。战后各国政府在对经济的宏观调控中尽管犯过一些错误，但总体上还是起到了稳定经济的作用。战后经济周期性波动程度比战前小，而且没有出现30年代那样的大萧条就充分证明了这一点。

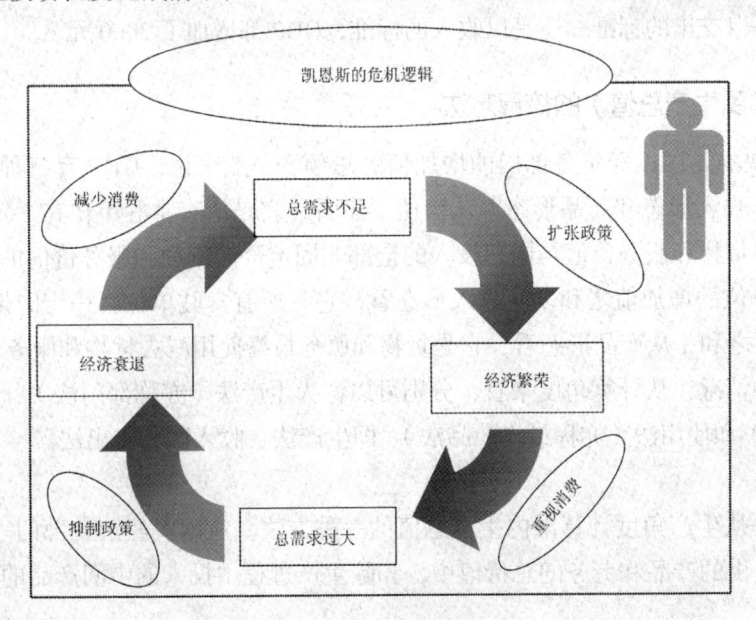

第二章
国民收入：政府收支的庞杂算术题

◎ 国民收入：支撑一个国家需要赚多少钱 ◎

一、国民收入

国民收入是指一个国家在一定时期（通常为一年）内物质资料生产部门的劳动者新创造的价值的总和，社会总产品的价值扣除用于补偿消耗掉的生产资料价值的余额。我们通常用GDP、GNP等来衡量国民总收入，但最常用的还是GDP。

GDP能同时衡量两件事情，一个国家的总收入和这个国家的物品与劳务数量的总支出。由于在整体经济中，收入和支出必须相等，所以衡量总支出和总收入是同一回事。

在整体经济中，每一卖者的收入刚好等于买者的支出。例如，一家服装厂的老板为工人支付了2000元的工资，这位工人以劳动力的卖者的身份得到了2000元。因此，无论是以支出的标准，还是以收入的标准，GDP都增加了2000元。

二、GDP（国民生产总值）的核算方法

GDP反映的是国民经济各部门的增加值的总额。一般来说，GDP有三种形态，即价值形态、收入形态和产品形态。从价值形态看，它是所有常驻单位在一定时期内生产的全部货物和服务价值与同期投入的全部非固定资产货物和服务价值的差额，即所有常驻单位的增加值之和；从收入形态看，它是所有常驻单位在一定时期内直接创造的收入之和；从产品形态看，它是货物和服务最终使用减去货物和服务进口。

以上三种情况，从计算角度来看，分别可以称为生产法（亦称部门法）、收入法（亦称成本法）和使用法（亦称最终产品法）。即生产法、收入法和支出法。

1. 生产法

生产法是从生产角度计算国内生产总值的一种方法。从国民经济各部门一定时期内生产和提供的产品和劳务的总价值中，扣除生产过程中投入的中间产品的价值，

从而得到各部门的增加值，各部门增加值的总和就是国内生产总值。计算公式为：

总产出－中间投入＝增加值

GDP＝各行业增加值之和

也可以表示为：

GDP ＝Σ各产业部门的总产出－Σ各产业部门的中间消耗

2. 收入法

收入法是从生产过程中各生产要素创造收入的角度计算GDP的一种方法。即各常驻单位的增加值等于劳动者报酬、固定资产折旧、生产税净额和营业盈余四项之和。这四项在投入产出中也称最初投入价值。各常住单位增加值的总和就是GDP。计算公式为：

GDP ＝Σ各产业部门劳动者报酬＋Σ各产业部门固定资产折旧＋Σ各产业部门生产税净额＋Σ各产业部门营业利润

3. 支出法

支出法是从最终使用的角度来计算GDP及其使用去向的一种方法。GDP的最终使用包括货物和服务的最终消费、资本形成总额和净出口三部分。计算公式为：

GDP（国内生产总值）＝最终消费＋资本形成总额＋净出口

从生产角度看，GDP等于各部门（包括第一、第二和第三产业）增加值之和；从收入角度看，GDP等于固定资产折旧、劳动者报酬、生产税净额和营业盈余之和；从使用角度看，GDP等于总消费、总投资和净出口之和。

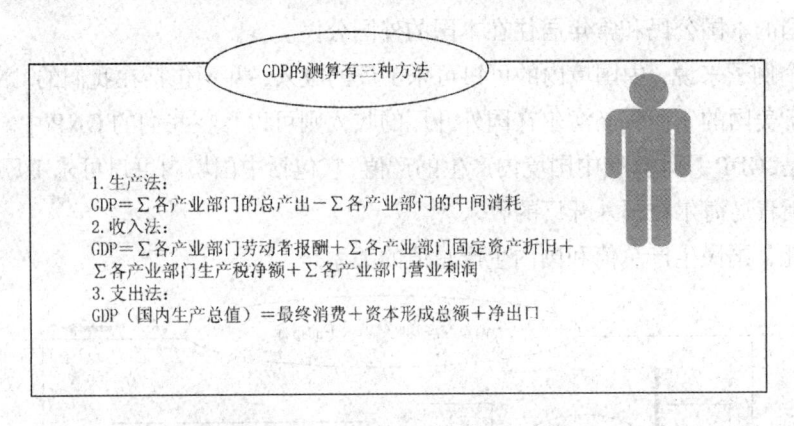

GDP的测算有三种方法

1. 生产法：
GDP＝Σ各产业部门的总产出－Σ各产业部门的中间消耗
2. 收入法：
GDP＝Σ各产业部门劳动者报酬＋Σ各产业部门固定资产折旧＋Σ各产业部门生产税净额＋Σ各产业部门营业利润
3. 支出法：
GDP（国内生产总值）＝最终消费＋资本形成总额＋净出口

◎ 一国的经济指标：GDP 和 GNP ◎

在经济学中，常用GDP和GNP（国民生产总值）共同来衡量该国或地区的经济发展综合水平，这也是目前各个国家和地区常采用的衡量手段。但GDP和GNP有着不同的内涵。

一、含义区别

国内生产总值GDP是反映一国（地区）全部生产活动最终成果的重要指标，是一个国家（地区）领土范围内，包括本国居民、外国居民在内的常驻单位在报告期内所产和提供最终使用的产品和服务的价值。

国民生产总值 GNP 是指一个国家的国民在一年中生产的最终产品（包括劳务）的市场价值的总和。

一个国家常驻机构单位从事生产活动所创造的增加值（国内生产总值）在初次分配过程中主要分配给这个国家的常驻机构单位，但也有一部分以劳动者报酬和财产收入等形式分配给该国的非常驻机构单位。同时，国外生产单位所创造的增加值也有一部分以劳动者报酬和财产收入等形式分配给该国的常驻机构单位。从而产生了国民生产总值概念，它等于国内生产总值加上来自国外的劳动报酬和财产收入减去支付给国外的劳动者报酬和财产收入。

二、统计的区别

GDP 是指在本国领土生产的最终产品的市场价值总和，以领土为统计标准。换言之，无论劳动力和其他生产要素属于本国还是外国，只要是在本国领土上生产的产品和劳务的价值都记入国内生产总值。

GNP 是本国常驻居民生产的最终产品市场价值的总和，它以人口为统计标准。换言之，无论劳动力和其他生产要素处于国内还是国外，只要是本国国民生产的产品和劳务的价值都记入国民生产总值。常驻居民包括居住在本国领土的本国公民、暂住外国的本国公民和常年居住在本国的外国公民。

举个例子来说，中国境内的可口可乐工厂的收入，并不包括在我们的 GNP 之中，而是属于美国的；而青岛海尔在国外开厂的收入则可以算在我们的 GNP 中。与 GNP 不同的是，GDP 只计算在中国境内产生的产值，它包括中国境内可口可乐工厂的收入，但不包括青岛海尔在国外开厂的收入。

因此，国民生产总值和国内生产总值的关系是：

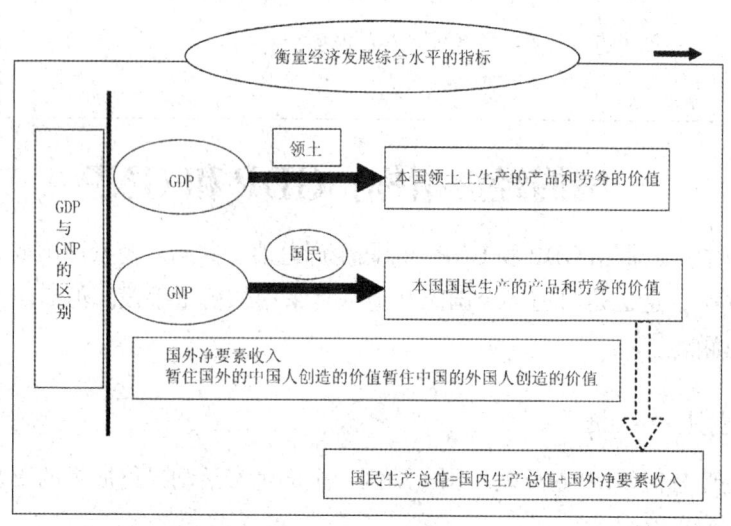

国民生产总值＝国内生产总值＋暂住国外的本国公民的资本和劳务创造的价值－暂住本国的外国公民的资本和劳务创造的价值

我们把暂住国外的本国公民的资本和劳务创造的价值减暂住本国的外国公民的资本和劳务创造的价值的差额称作国外净要素收入，于是有：

国民生产总值＝国内生产总值＋国外净要素收入

当国外净要素收入为正值时，国民生产总值就大于国内生产总值，反之，当国外净要素收入为负值时，国民生产总值就小于国内生产总值。

◎ GDP 失灵：无效的 GDP 与消失的 GDP ◎

GDP 并不是一个完美的指标，还有无效的 GDP 和消失的 GDP，我们计算国内生产总值还应建立有效 GDP 和累计 GDP 的概念。

一、无效的 GDP

有这么一则令人捧腹的经典故事：

有两个非常聪明的青年经济学家，他们经常为一些高深的经济学理论争辩不休。

一天饭后去散步，为了某个数学模型的证明两位青年又争了起来，正在难分高下的时候，突然发现前面的草地上有一堆狗屎。甲就对乙说，如果你能把它吃下去，我愿意出 5000 万元。5000 万元的诱惑可真不小，吃还是不吃呢？乙掏出纸笔，进行了精确的数学计算，很快得出了经济学上的最优解：吃！于是甲损失了 5000 万元，当然，乙的这顿加餐吃得也并不轻松。

两个人继续散步，突然又发现一堆狗屎，这时候乙开始剧烈的反胃，而甲也有点心疼刚才花掉的 5000 万元了。于是乙说，你把它吃下去，我也给你 5000 万元。于是，不同的计算方法，相同的计算结果——吃！甲心满意足的收回了 5000 万元，而乙似乎也找到了一点心理平衡。可突然，天才们同时号啕大哭：闹了半天我们什么也没有得到，却白白的吃了两堆狗屎！他们怎么也想不通，只好去请教他们的导师，一位著名的经济学泰斗。听了两位高足的故事，没想到泰斗也号啕大哭起来。好容易等情绪稳定了一点，只见泰斗颤巍巍地举起一根手指头，无比激动地说："1 个亿啊！1 个亿啊！我亲爱的同学，我代表祖国和人民感谢你们，你们仅仅吃了两堆狗屎，就为国家的 GDP 贡献了 1 个亿的产值！"

两个人吃狗屎虽然创造了 1 个亿的 GDP，但国民财富并没有增加，这就是无效的 GDP。

二、消失的 GDP

某地遭受百年未遇的特大洪水，大量房屋被冲毁，大片庄稼被淹没，第二年灾后重建，建筑运输等业一片繁荣，这一年的 GDP 是往年的 120%，但老百姓反倒感觉自己的生活的质量比原来差了一大截。原因很简单，洪水把多年来的劳动成果毁于一旦，而劳动成果就是往年 GDP 的累积，这些 GDP 因为洪水瞬间消失。

三、有效积累 GDP

如果一边是 GDP 增加，一边是 GDP 的消失；或者是 GDP 在不断地增加，但增加的却是一些无效的 GDP，那么再高的 GDP 发展速度也并不能证明社会的财富在增加，经济在发展。只有积累下来并为人们所需要的有效 GDP 才是人类真正的财富。

所以我们对 GDP 的认识有待提高和完善。如果起用了 GDP 有效累积这个概念，我们对一地的经济发展状况以及财富拥有程度就能够做出更加准确的判断，一地 GDP 的总有效累积数值越大，表明这个地方越富有；当年的 GDP 有效累积越多，说明当年此地的经济发展速度越快。

名义 GNP 和实际 GNP：钱不一定值钱

一、名义 GNP 和实际 GNP

不同时期的国民生产总值的差异既可能是由于商品和劳务的实物数量的区别，也可能是由于价格水平的变化。

为了能够对不同时期的国民生产总值进行有效的比较，我们选择某一年的价格水平作为标准，各年的国民生产总值都按照这一价格水平来计算。这个特定的年份就是所谓的基年，这一年的价格水平就是所谓的不变价格。

用不变价格计算的国民生产总值叫做实际国民生产总值，用当年价格计算的国民生产总值叫做名义国民生产总值。

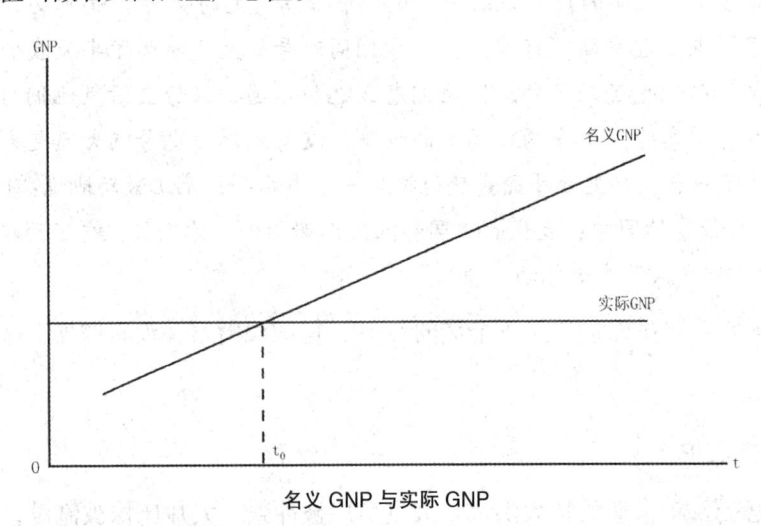

名义 GNP 与实际 GNP

需要指出的是，在实际国民生产总值的核算中，各个国家一般每过几年就重新确定一个基年。如图所示，当我们把 2000 年作为基年时，该年的名义国民生产总值和实际国民生产总值就会相等。假定价格水平一直处于上升过程，那么，在 2000 年以前，名义国民生产总值就会小于实际国民生产总值；在 2000 年以后，名义国民生产总值就会大于实际国民生产总值。

二、名义 GNP 和实际 GNP 反映了什么

某一年的实际国民生产总值和名义国民生产总值之间的差别反映的是这一年的价格水平与基年的价格水平的差异程度。因此，可以根据某一年的名义国民生产总值和实际国民生产总值来计算价格指数，即国民生产总值隐含折算数。

$$国民生产总值隐含折算数 = \frac{名义国民生产总值}{实际国民生产总值} \times 100\%$$

国民生产总值隐含折算数。它可以用来反映通货膨胀的程度。用国民生产总值隐含折算数计算通货膨胀率的方法是：

$$N 年的通货膨胀率 = \frac{N 年的 GNP 隐含折算数 - (N-1) 年的 GNP 隐含折算数}{(N-1) 年的 GNP 隐含折算数} \times 100\%$$

从上面可以看出，通过名义 GNP 和实际 GNP 可以计算出某一年的通货膨胀率。

◎ GDP 和社会福利：GDP 增加，福利不一定提高 ◎

一、GDP 仅仅是一个数字指标

在现代社会中，每个人和企业都要根据整体经济状况作出自己的决策，政府要根据宏观经济状况作出自己的决策。这就需要一个具体的指标来反映整体经济运行状况。而且，这种指标必须具体、准确，让人一看就懂。于是经济学家建立了国民收入核算体系，创造了 GDP 这个指标。

自从 20 世纪 30 年代美国经济学家库兹理茨建立这个体系以来，GDP 这个指标一直在使用和改进中。应该说，GDP 是能基本反映一国整体经济运行状况与历史趋势的。到现在为止，还没有一个人能提出广为公众接受的另一种指标体系来替代 GDP，也没有一个国家不使用 GDP 这个指标，或者放弃 GDP 统计的计划。无论从历史还是现实来看，或者从世界各国来看，GDP 增长与人民福利的增长基本都是同方向变动。

二、GDP 并不是衡量福利的完善指标

GDP 表示一个国家的经济总量，这代表一国的经济实力和财富，是人民福利增加的基础。没有 GDP 的增长，绝不可能有福利增加。追求 GDP 是各国政府的共同目标，这是没有错的。但 GDP 并不是衡量一国经济和人民福利的完善指标。

首先，GDP 的统计并不是准确的，有重复或遗漏。由于 GDP 是计算物品与劳务的市场价值，不进入市场交易的物品与劳务就无法计算进去。法制越不完善，市场化程度越低，GDP 中遗漏的就越多。据经济学家估计，就全世界而言，这一部分占 GDP 的 2%~7% 左右。其次，GDP 没有反映出为增加 GDP 而付出的环境代价。例如，在 GDP 增长的同时环境恶化了，自然生态破坏严重，资源枯竭。这种代价无法计算入 GDP 中，但对人民福利有负面影响。正基于这个原因，经济学家早就区分了反映生产水平的 GDP 和反映人民福利的净经济福利指数。最后，GDP 是一个总量指数，没有反映出人均收入状况。在经济发展的某一阶段，随着 GDP 增长会出现收入分配差距扩大的现象。这时，GDP 增加反而会引起人民福利的下降。GDP 也好，人均 GDP 也好，都无法反映收入分配状况，从而出现"富裕中的贫困"这种不正常现象。

由于这些原因，我们不能把 GDP 作为衡量一国经济状况的唯一标准。在衡量经济与福利状况时还有物价指数、失业率、贸易总量、人均收入、环境污染指数、基金系数等指标。同时，由于各国市场化程度不同，汇率不同，也很难仅仅用 GDP 来比较各国的经济与福利水平。

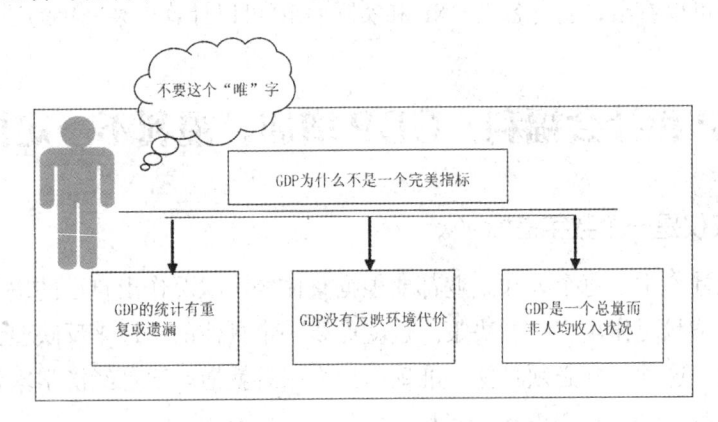

不要这个"唯"字

GDP 为什么不是一个完美指标

| GDP 的统计有重复或遗漏 | GDP 没有反映环境代价 | GDP 是一个总量而非人均收入状况 |

三、要纠正唯 GDP 论

我国 GDP 的增长率相当高，但由于底子薄、人口多，GDP 总量和人均 GDP 都还不高。保持较高的 GDP 增长率，仍然是重要的。

GDP 不是万能的，但没有 GDP 却是万万不能的。但近些年来，一些地方政府片面追求 GDP 增长，而不考虑环境的代价。我们要纠正的是唯 GDP 论。这就是说，我们在追求 GDP 的同时，要注意保护环境、节约资源，并逐步缩小收入分化差距，提高社会保障水平。

许多经济学家认识到GDP这个指标所存在的各种问题，也在全力地完善国民收入核算体系和GDP指标。近半个世纪前，美国经济学家萨缪尔森就提出了净经济福利这个指标，但至今仍没有一套可以操作的计算方法，至今未被各国和联合国统计当局采用。至于绿色GDP与净经济福利指标也并没有什么根本差别。在没有更好的、可替代GDP的指标出现之前，我们还不得不用GDP，无论你爱GDP也好，恨GDP也好，使用GDP都是一种无可奈何的选择。

出于以上原因，在把GDP指标作为衡量经济增长的全面尺度时，必须予以正确理解、看待和使用。特别对于各级政府来说，不能把GDP增长速度作为衡量经济运行好坏的唯一标准，而应坚持速度与结构、质量、数量相统一，发展与资源环境要协调，把工作质量放在提高效益和可持续发展基础上，不能片面追求经济的高速度。

第三章
经济指标：国民经济运行的体检表

◎ 经济增长：GDP 变动的现实意义 ◎

一、GDP 是经济增长的依据

经济增长，通常是指在一个较长的时间跨度上，一个国家人均产出（或人均收入）水平的持续增加，经济增长代表的是一个国家或地区在一定时期内的总产出与前期相比实现的增长。总产出通常用国内生产总值（GDP）来衡量。

由于 GDP 中包含了产品或服务的价格因素，所以在计算 GDP 时，就可以分为，用现价计算的 GDP 和用不变价格计算的 GDP。用现价计算的 GDP，可以反映一个国家或地区的经济发展规模，用不变价计算的 GDP 可以用来计算经济增长的速度。

二、经济增长率

对一国经济增长速度的度量，通常用经济增长率来表示。设 N 为本年度经济总量的增量，M 为上年所实现的经济总量，则经济增长率 G 就可以用下面公式来表示：

$$G=N/M$$

经济增长率的高低体现了一个国家或地区在一定时期内经济总量的增长速度，也是衡量一个国家或地区总体经济实力增长速度的标志。

三、决定经济增长的因素

一是投资量。一般情况下，投资量与经济增长成正比。二是劳动量。在劳动者同生产资料数量、结构相适应的条件下，劳动者数量与经济增长成正比。

三是生产率。生产率是指资源（包括人力、物力、财力）利用效率。提高生产率也对经济增长直接作出贡献。这三个因素对经济增长贡献的大小，在经济发展程度不同的国家或不同的阶段，是有差别的。一般来说，在经济比较发达的国家或阶段，

```
┌─────────────────────────┐
│     决定经济增长的因素      │
└─────────────────────────┘
    ↓           ↓           ↓
  投资量       劳动量       生产率
    ↓           ↓           ↓
┌────────┐  ┌────────┐  ┌────────────┐
│一般情况下，│  │劳动者数量与│  │资源（包括人力、│
│投资量与经济│  │经济增长   │  │物力、财力）利│
│增长成正比 │  │成正比    │  │用的效率    │
└────────┘  └────────┘  └────────────┘
         ↓
  ┌──────────────────┐
  │中国的经济发展史历史的必然│
  └──────────────────┘
```

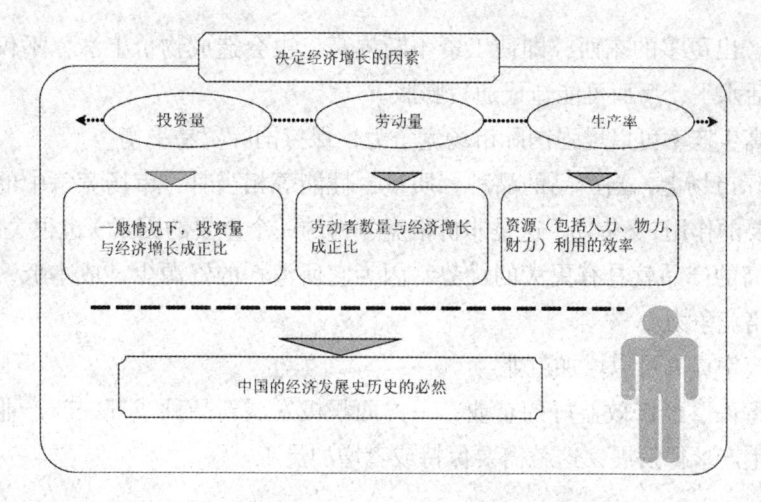

生产率提高对经济增长的贡献较大。在经济比较落后的国家或阶段，资本投入和劳动投入增加对经济增长的贡献较大。

◎ 生产率：决定国家生活水平的重要数据 ◎

一、生产率

生产率是指投入与产出之间的比率。劳动生产率的提高可以使一国生产更多的产品。劳动生产率的增长是由于技术进步、劳动技能的改善和资本的增加。

（1）物质资本。物质资本指用于生产物品与劳务的设备等物质资本的投入。

（2）人力资本。人力资本是指工人通过教育、培训和经验而获得的知识与技能。

（3）自然资源。自然资源包括石油、天然气、土地、河流和矿藏等等。加拿大和挪威就是凭借丰富的资源，在农业、渔业和林业等方面获得高产而发展起来的。

（4）技术知识。技术知识包括普通技术、专有技术、专利等。

二、提高生产率的重要意义

1. 生产率提高的速度决定企业及国家经济发展的速度

生产率提高表示在同样的时间内，同样的人力、物力和资产可以创造出更多的产品或服务，获取更多的经济财富和社会效益。所谓国家经济增长速度即为人均国民生产总值的增长速度。

2. 提高生产率是增加工资和改善人们生活的基本条件

一个国家的生活水平取决于其生产物品和劳务的能力。美国人比尼日利亚人生活好，这是因为美国工人生产率比尼日利亚工人高。日本人生活水平的提高比阿根廷人快，是因为日本人生产率提高得更迅速。

值得注意的是，我们只能享有我们生产的东西。不管工资和物价怎样变动，如果没有生产出更多的东西，即使工资不断提高，也会造成物价上涨，不仅改善不了人们的生活水平，反而可能造成通货膨胀。

3. 提高生产率可以增强国际市场竞争力，保持国际贸易平衡

在国际市场上，当产品的品种、质量、性能等相当时，市场竞争中的价格竞争力将起重要的作用，交货期（这是非价格竞争力的一个重要的因素）也很关键。所以，生产率提高的产品就具有更大的优势，因为它所消耗的资源少，成本低，可以获得较强的价格竞争力。

4. 生产率提高可以增加就业

生产率高、经济效益好的企业，一方面积极发展新品种或开辟新产业，以便进一步扩大生产求得发展，这就需要保持或者增加员工。

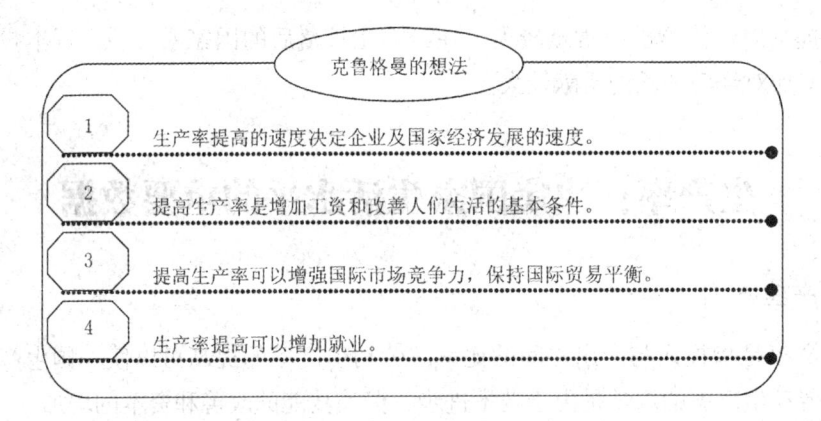

克鲁格曼的想法

1. 生产率提高的速度决定企业及国家经济发展的速度。

2. 提高生产率是增加工资和改善人们生活的基本条件。

3. 提高生产率可以增强国际市场竞争力，保持国际贸易平衡。

4. 生产率提高可以增加就业。

◎ 恩格尔系数："吃"出来的温饱、小康、富裕 ◎

在中国流行了上千年的问候语"吃了吗"不知道什么时候就被一句"你好"取代了。为什么"吃了吗"被"你好"替代了呢？经济学家认为随着经济的发展，人们花在吃上的支出比例越来越少，而花在服装、汽车、娱乐上的消费比例越来越多了。这种现象被称为"恩格尔系数"降低。

一、恩格尔系数

恩格尔系数是食品支出总额占个人消费支出总额的比重。

19世纪德国统计学家恩格尔根据统计资料，对消费结构的变化得出一个规律：一个家庭收入越少，家庭收入中（或总支出中）用来购买食物的支出所占的比例就越大，随着家庭收入的增加，家庭收入中（或总支出中）用来购买食物的支出比例则会下降。推而广之，一个国家越穷，每个国民的平均收入中（或平均支出中）用于购买食物的支出所占比例就越大，随着国家的富裕，这个比例呈下降趋势。

恩格尔定律的公式为：

$$食物支出占总支出的比率（R_1） = \frac{食物支出变动百分比}{总支出变动百分比} \times 100\%$$

或：

$$食物支出占总支出的比率（R_2） = \frac{食物支出变动百分比}{收入变动百分比} \times 100\%$$

恩格尔定律主要表述的是食品支出占总消费支出的比例随收入变化而变化的一定趋势。揭示了居民收入和食品支出之间的相关关系，用食品支出占消费总支出的比例来说明经济发展、收入增加对生活消费的影响程度。

二、恩格尔系数的意义

消费支出反映了居民的物价消费水平，是很重要的宏观经济学变量，被作为宏观调控的依据之一。恩格尔系数是国际上通用的衡量居民生活水平高低的一项重要指标，国际上常常用恩格尔系数来衡量一个国家和地区人民生活水平的状况。

吃是人类生存的第一需要，在收入水平较低时，其在消费支出中必然占有重要地位。随着收入的增加，在食物需求基本满足的情况下，消费的重心才会开始向穿、用等其他方面转移。因此，一个国家或家庭生活越贫困，恩格尔系数就越大；反之，生活越富裕，恩格尔系数就越小。

根据联合国粮农组织提出的标准，恩格尔系数在59%以上为贫困，50%~59%为温饱，40%~50%为小康，30%~40%为富裕，低于30%为最富裕。恩格尔系数一般随居民家庭收入和生活水平的提高而下降。简单地说，一个家庭或国家的恩格尔系数越小，就说明这个家庭或国家经济越富裕。反之，如果这个家庭或国家的恩格尔系数越大，就说明这个家庭或国家的经济越困难。当然数据越精确，对家庭或国家的经济情况的反应也就越精确。

三、中国的恩格尔系数

恩格尔定律是根据经验数据提出的，它是在假定其他一切变量都是常数的前提

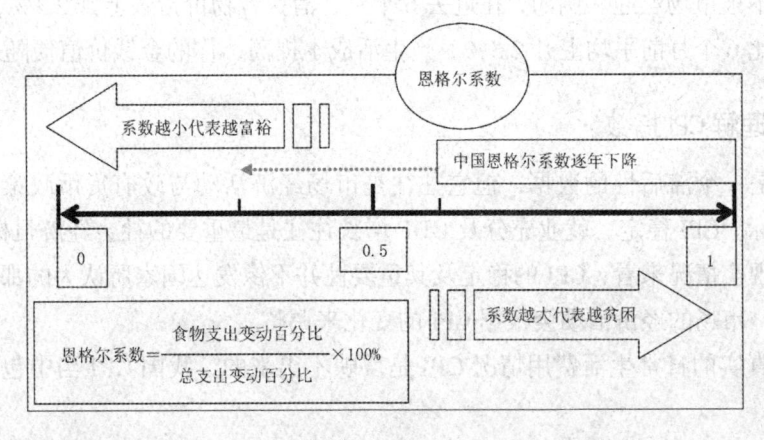

下才适用的，因此在考察食物支出在收入中所占比例的变动问题时，还应当考虑城市化程度、食品加工、饮食业和食物本身结构变化等因素都会影响家庭的食物支出增加。只有达到相当高的平均食物消费水平时，收入的进一步增加才不对食物支出发生重要的影响。

改革开放以来，我国城镇和农村居民家庭恩格尔系数已由 1978 年的 57.5% 和 67.7% 分别下降到 2005 年的 36.7% 和 45.5%。2008 年，我国城镇居民家庭食品消费支出占家庭消费总支出的比重为 37.9%；农村居民家庭为 43.7%。

◎ 消费物价指数：通货膨胀的预警器 ◎

一、消费物价指数

消费者物价指数（Consumer Price Index），英文缩写为 CPI，是反映与居民生活有关的产品及劳务价格统计出来的物价变动指标，通常作为观察通货膨胀水平的重要指标；即我们吃的、喝的、用的，与人们生活密切相关的消费品价格参考指标。

CPI 的计算公式是：

$$CPI = \frac{一组按当期价格计算的固定商品价值}{一组按基期价格计算的固定商品价值} \times 100\%$$

二、CPI 的作用

CPI 告诉人们的是，对普通家庭的支出来说，购买具有代表性的一组商品，在今天要比过去某一时间多花费多少，例如，若 1995 年某国普通家庭每个月购买一组商品的费用为 800 元，而 2000 年购买这一组商品的费用为 1000 元，那么该国 2000 年的消费价格指数为（以 1995 年为基期）CPI=1000/800×100%=125%，也就是说上涨了 25%。

如果消费者物价指数升幅过大，表明通胀已经成为经济不稳定因素，央行会有紧缩货币政策和财政政策的风险，从而造成经济前景不明朗。因此，该指数过高的升幅往往不被市场欢迎。例如，在过去 6 个月，消费者物价指数上升 2.3%，那表示，生活成本比 6 个月前平均上升 2.3%。当生活成本提高，你的金钱价值便随之下降。

三、如何理解 CPI 指数

CPI 是一个滞后性的数据，但它往往是市场经济活动与政府货币政策的一个重要参考指标。CPI 稳定、就业充分及 GDP 增长往往是最重要的社会经济目标。不过，从中国的现实情况来看，CPI 的稳定及其重要性并不像发达国家所认为的那样有一定的权威性，市场的经济活动会根据 CPI 的变化来调整。

但是真实的日常生活费用情况 CPI 是反映不出来的，我国 CPI 当中包含八大类商品：第一类是食品，第二类是烟酒及其用品，第三类是衣着，第四类是家庭设备用品和维修服务，第五类是医疗保健和个人用品，第六类是交通和通讯，第七类是娱乐、教育、文化用品和服务，第八类是居住。与居民消费相关的所有类别都包括在这八大类中。

在 CPI 价格体系中，食品类权重占到 32.74%。在 2008 年，CPI 增长幅度持高不下，这么高的增长幅度由什么原因导致？很大程度上还是由于我们日常生活必需品的费用增加了，这是导致 CPI 上升的主要原因之一。

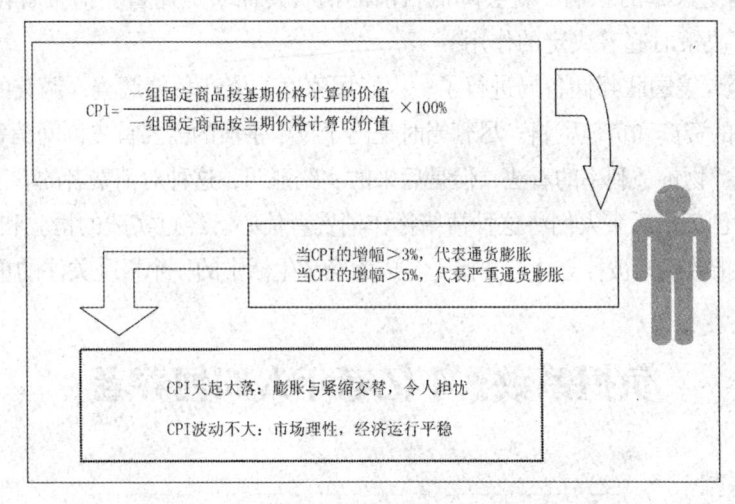

$$CPI = \frac{一组固定商品按基期价格计算的价值}{一组固定商品按当期价格计算的价值} \times 100\%$$

当CPI的增幅>3%，代表通货膨胀
当CPI的增幅>5%，代表严重通货膨胀

CPI大起大落：膨胀与紧缩交替，令人担忧
CPI波动不大：市场理性，经济运行平稳

◎ 消费者信心指数：敢不敢消费很重要 ◎

一、消费者信心指数的产生

消费者信心指数的产生是社会和经济学理论发展的必然结果。

"二战"结束初期，随着美国经济的逐步复苏，美国国民的收入和消费发生了很大变化。经济学界一度比较担心，战后的一段时期里美国将会出现 30 年代大萧条时的那种紧缩和失业状况，但是实际情况却与政府和学界的意料大相径庭：消费者显示出了对未来经济发展的极大信心，突出表现就是他们将不断增长的收入投入消费，社会总需求迅速扩大。消费大增的同时储蓄率从 1946 年第一季度的 11.7%，降低到 1947 年第二季度的 2.2%，这是美国 50 年来纪录的最低点。旺盛的需求使 1946 年美国经济不仅没有衰退，反而面临着通胀的压力。由此，经济学界开始关注消费者的经济行为与宏观经济进程的关系。

在 20 世纪四五十年代，随着美国国内经济的发展变化，在凯恩斯的消费函数理论基础上，经济学家对消费与收入的相互关系从理论上进行了一系列补充和修正，出现了从相对收入、持久收入、生命周期、消费品存量等方面与消费支出的关系进行研究的学说，以及流动性约束、未来的不确定性对消费支出影响的假定。

二、消费预期

消费函数理论的发展,向人们揭示了消费者行为不仅具有攀附性,而且随着收入的不断增长、信贷制度的不断完善,还具有前瞻性。作为一个理性的消费者在计划消费时,不仅仅是根据当前的收入水平,而且还依据对未来可能收入的预期。如果未来的就业稳定,收入提高足以抵补物价上涨,这种乐观的预期可以促使消费者大胆消费甚至不惜借钱消费;反之,如果消费者认为未来充满了不确定性,为了预防意外不测对家庭的影响,就会降低目前的消费转而增加储蓄。消费者预期在做出消费、储蓄决策时起着决定的作用。

1946年,美国联邦储备局进行了一次居民家庭的资产负债调查,调查的初衷是搜集居民家庭的资产和负债资料。尽管当时是出于技术手段的需要首先询问消费者对经济形势、就业、物价、利率的看法,但是后来的实践证明,这种对消费者的看法和预期的调查是一种创新。后来人们将这种情绪称作消费者信心。经过实践的检验和不断发展,消费者信心指数逐渐被社会认可并接受,成为经济生活中的一个极受关注的重要指标。

◎ 负担系数:4亿老年人如何养老 ◎

一、负担系数

中国的传统向来重视亲情,孟子曰:"仰足以事父母。俯足以畜妻子。"也就是说,一个家庭至少要包括父母、子女两代。如果经济富足,寿命较长,加上其他条件,可以上有父母,祖父母,下有儿子孙子,四世同堂。

改革开放以来,我国的家庭人口结构趋向小型化,而且这种趋势仍在延续。据统计,1953年我国家庭平均人口为4.33人,20世纪50年代、60年代、70年代都大体稳定在4.23~4.43人之间。80年代后期至90年代初,随着计划生育的推行和家庭意识的变化,独生子女增多,家庭平均人口逐渐下降,家庭构成呈现小型化趋势。1982年平均每个家庭的人口为4.4人,2005年为3.13人,23年间家庭平均人口减少了1.27人。独生子女人数已超过1亿人,而由独生子女加父母组成的独生子女家庭也成为城市中最基本的家庭模式。

作为80年代出生的独生子女而言,如今正当"而立之年",他们在担起社会责任的同时,社会特看到他们肩上的承重负担。对于绝大部分80后年轻家庭来说,要至少供养四个老人,还有自己的小孩,这样的负担确实很沉重。而关于这样的负担可以用一个经济学名词来测算,即负担系数。

负担系数也称抚养系数、抚养比,是指人口总体中非劳动年龄人口数与劳动年龄人口数之比,用百分比表示。它表明,从整个社会来看,每100名劳动年龄人口负担多少非劳动年龄人口。负担系数可分为总负担系数、少儿负担系数和老年负担系数。14周岁及以下和65周岁及以上也可能有人参加劳动，15~64岁的劳动年龄人口中也可能有人实际未参加劳动。上述指标只是根据年龄划分来计算的，并不一定反映实际抚养与被抚养的比例，故又称为年龄负担系数，以区别经济负担系数。用负担系数一词一般均指年龄负担系数。

总负担系数=（小于14岁人口数+65岁以上人口数）/15岁至65岁人口数×100%

总负担系数为少儿负担系数与老年负担系数二者之和。少儿负担系数和老年负担系数所反映的负担性质不同。一般来说，少年儿童尚未成为劳动适龄人口，社会和家庭为他们的成长必须付出一定的费用。如他们中途夭折，社会对他们的付出就无法收回。负担老年则不同，除个别人外，他们都已为社会作出一定的贡献，他们享用的部分实际上是他们过去劳动的扣除。因此，如分别计算少儿负担系数和老年负担系数，可以反映人口年龄结构变化对社会经济发展带来的某些影响。

二、中国的负担系数值

1980年世界平均负担系数是71.2%，1999年时60.0%。我国1980年的负担系数是67.4%，1990年时57.6%，1999年时47.9%，呈现出一种下降的趋势，但是这种下降的是计划生育的必然结果。因为低于14岁的儿童人口增长受到了极大的限制。然而，随着老龄化人口的增多，这种趋势已经在发生逆转。

《中国人口老龄化发展趋势预测研究报告》指出，21世纪的中国将是一个不可逆转的老龄化社会。到2050年，我国老年人口规模将达到峰值4.37亿。同时，联合国预测，21世纪上半叶，我国一直是世界上老年人口最多的国家，占世界老年人口总量的1/5；下半叶，我国将仅次于印度位居第二老年人口大国。

自1982年第三次人口普查到2004年的22年间，中国老年人口平均每年增加302万，年平均增长速度为2.85%，高于1.17%的总人口增长速度。2004年底，中国60岁及以上老年人口达到1.43亿，占总人口的10.97%。

每个人都会有年老的一天，但是在不久的将来，一对夫妻要养四位老人，全社会有接近4亿的老年人口，我们将如何面对？解决的基本办法就是建立健全覆盖城乡的基本养老保险制度，进一步完善社会保障体系。只有重视起以养老保险在内的社会保障制度建设，才能切实减轻80后乃至90后的负担，促进社会的稳步发展。

◎ 基尼系数：反映贫富差异的曲线 ◎

一、基尼系数的含义

基尼系数是20世纪初意大利经济学家基尼，根据劳伦茨曲线所定义的判断收入分配公平程度的指标。国际上用来分析和反映居民收入分配差距的方法和指标很多，但基尼系数由于给出了反映居民之间贫富差异程度的数量界线，可以较客观、直观地反映和监测居民之间的贫富差距，预报、预警和防止居民之间出现贫富两极分化，因此得到世界各国的广泛认同和普遍采用。

基尼根据劳伦茨曲线提出的判断分配平等程度的指标，提出了基尼系数的概念。为了研究国民收入在国民之间的分配问题，美国统计学家劳伦茨1907年提出的了著名的劳伦茨曲线。它先将一国人口按收入由低到高排队，然后考虑收入最低的任意百分比人口所得到的收入百分比。将这样的人口累计百分比和收入累计百分比的对应关系描绘在图形上，即得到劳伦茨曲线。

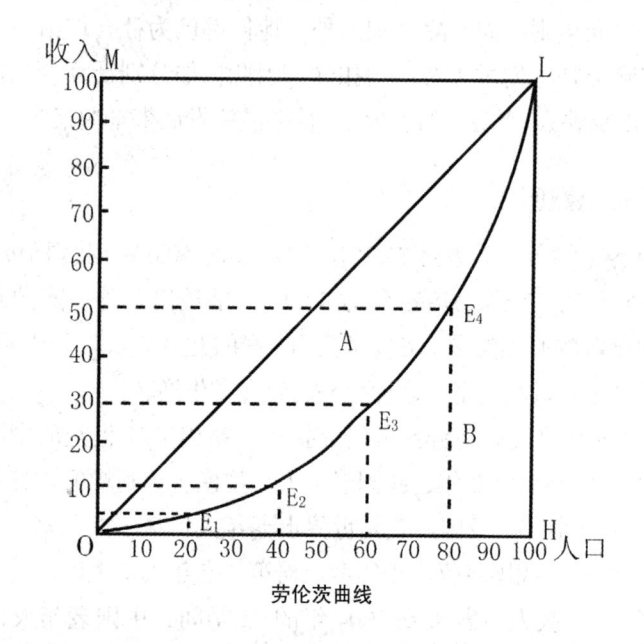

劳伦茨曲线

如图所示，横轴 OH 表示人口（按收入由低到高分组）的累积百分比，纵轴 OM 表示收入的累积百分比，弧线 OL 为劳伦茨曲线。

一般来讲，劳伦茨曲线反映了收入分配的不平等程度。弯曲程度越大，收入分配越不平等，反之亦然。特别是，如果所有收入都集中在一人手中，而其余人口均一无所获时，收入分配达到完全不平等，劳伦茨曲线成为折线 OHL。另一方面，若任一人口百分比均等于其收入百分比，从而人口累计百分比等于收入累计百分比，则收入分配是完全平等的，劳伦茨曲线成为通过原点的 45 度线 OL。

一般来说，一个国家的收入分配，既不是完全不平等，也不是完全平等，而是介于两者之间。相应的劳伦茨曲线，既不是折线 OHL，也不是 45 度线 OL，而是像图中这样向横轴突出的弧线 OL，尽管突出的程度有所不同。

将劳伦茨曲线与 45 度线之间的部分 A 叫做"不平等面积"，当收入分配达到完全不平等时，劳伦茨曲线成为折线 OHL，OHL 与 45 度线之间的面积 A+B 叫做"完全不平等面积"。不平等面积与完全不平等面积之比，就是基尼系数。用公式表达即 G=A/（A+B）。显然，基尼系数不会大于1，也不会小于零。

二、基尼系数的区段划分

基尼系数按照联合国有关组织规定，低于 0.2 表示收入绝对平均；0.2～0.3 表示比较平均；0.3～0.4 表示相对合理；0.4～0.5 表示收入差距较大；0.5 以上表示收入差距悬殊。

经济学家们通常用基尼指数来表现一个国家和地区的财富分配状况。这个指数在 0 和 1 之间，数值越低，表明财富在社会成员之间的分配越均匀；反之亦然。

通常把 0.4 作为收入分配差距的"警戒线"。将基尼系数 0.4 作为监控贫富差距的警戒线，应该说，是对许多国家实践经验的一种抽象与概括，具有一定的普遍意义。但是，各国、各地区的具体情况千差万别，居民的承受能力及社会价值观念都不尽相同，所以这种数量界限只能用作宏观调控的参照系，而不教条和标准。

◎ 零售指数：家电下乡为什么可以拉动经济 ◎

一、零售指数

2009 年春节期间，中央电视台经济频道联合国家统计局、中国邮政集团公司，在全国范围内开展了"CCTV2008 经济生活大调查"。农村被访者的消费选择依次为：电脑、汽车、冰箱、摩托车、彩电、旅游、手机、空调、洗衣机。由此可见，农村居民对家电的需求十分旺盛。初步测算，全面实施"家电下乡"，预计到 2010 年可以基本消化彩电、冰箱、洗衣机、空调、手机的中低端家电产品过剩产能，转移 20% 以上的出口能力，每年可降低顺差 100 亿美元以上，每年新增消费近 1000 亿元。

2009 年中国农村居民的人均纯收入为 4761 元，而这样的收入水平似乎暗示着释放消费需求的可能，这相当于 20 世纪 90 年代后期城镇居民的收入水平，那时正是家电迅速普及的阶段。在出口受阻、经济低迷的形势下，拥有 8 亿多人口的农村市场，显得吸引力空前。2009 年 2 月 1 日起，家电下乡活动开始在全国推广。"这是继国家对农民实行粮食直补、农资综合直补后，首次对农民在消费领域进行的直补。"商务部综合司司长刘海泉表示。

消费是衡量居民生活水平的一个重要指标，同时也是推动国民经济发展的重要力量。这里涉及经济学的一个统计指标，即零售指数。

零售指数是一个包括现金购买和信用赊购的指标，它反映社会消费状况及总体经济活动。较高的零售指数表明社会消费充分，经济发展潜力大，利率趋升，美元汇率趋升。零售指数经常受到就业成长、出口增加、外部环境变化以及大众对利率感到满意等因素的刺激。例如，2003年的非典就对我国的旅游业、服务业等第三产业的零售业带来很大的冲击。我们可以通过媒体公布的零售指数情况来了解社会的总体消费情况。一般而言，节假日是各个商家的好日子，大商场、超市络绎不绝的消费人流就是零售指数攀升的最好见证。看看2002年上海市零售指数的分布情况，我们就可以感受到零售指数的升降确实和我们的生活与消费是息息相关的。

从2002年1月13日到19日，随着春节的日益临近，消费品市场的生意日渐红火，市民们为了置办年货而流连忘返在各大商场、超市。13日至19日的消费品零售指数节节攀高，周六、周日的指数高高地越过了200点，周日的指数更是成为2001年11月以来的第二高点（元旦最高）。周平均消费品零售指数比上周上升了7.86%，加上双休日的晴好天气，该周双休日的零售指数比上周的双休日指数高出7.32%。

另外，零售指数还可以反映居民消费习惯的变化。一般来说，某类商品零售指数一路攀升说明该商品较火，相反，如果零售指数下降则表明该产品不够紧俏。通过消费者对产品的喜好我们就可以判断出消费者的消费习惯的变化。

二、零售指数主要有以下几个特点：

1. 受消费时间的影响很大

零售指数受节假日影响很大，一般来说节日前后或节日期间是消费者与商家的黄金时间。例如，"五一"、"十一"的黄金周市场是在节日期间，而春节市场受采办年货等传统消费习惯影响，市场的高潮出现在节日之前，而不是节日期间。

2. 节日消费平稳

一般在节日期间，零售业指数都会保持在相对高位运行。例如，在"五一"、"十一"期间，指数高点均出现在第一天，此后逐日下降；春节市场第一天并不热闹，从大年初二开始渐入高潮，并且会在其高峰延续较长时期。

3. 传统消费活跃，超市、大卖场指数遥遥领先

从零售指数的分布情况来看，我们会发现超市、大卖场的收获往往大大超过其他业态。这主要是因为各大超市纷纷推出名目繁多、价格低廉的促销活动，吸引了大量采购年货的传统消费群体。

◎ 道琼斯指数：美国股票市场的晴雨表 ◎

一、道琼斯指数

道琼斯指数是世界上历史最为悠久的股票指数，它的全称为股票价格平均指数。通常人们所说的道琼斯指数有可能是指道琼斯指数四组中的第一组道琼斯工业平均指数。

道琼斯指数最早是在 1884 年由道琼斯公司的创始人开始编制的。其最初的道琼斯股票价格平均指数是根据 11 种具有代表性的铁路公司的股票，采用算术平均法进行计算编制而成，发表在《每日通讯》上。

道琼斯股票价格平均指数最初的计算方法是用简单算术平均法求得，当遇到股票的除权除息时，股票指数将发生不连续的现象。1928 年后，道琼斯股票价格平均数就改用新的计算方法，即在计点的股票除权或除息时采用连接技术，以保证股票指数的连续，从而使股票指数得到了完善，并逐渐推广到全世界。

它以在纽约证券交易所挂牌上市的一部分有代表性的公司股票作为编制对象，由四种股价平均指数构成，分别是：

（1）以 30 家著名的工业公司股票为编制对象的道琼斯工业股价平均指数。

（2）以 20 家著名的交通运输业公司股票为编制对象的道琼斯运输业股价平均指数。

（3）以 6 家著名的公用事业公司股票为编制对象的道琼斯公用事业股价平均指数。

（4）以上述三种股价平均指数所涉及的 56 家公司股票为编制对象的道琼斯股价综合平均指数。

在四种道琼斯股价指数中，以道琼斯工业股价平均指数最为著名，它被大众传媒广泛地报道，并作为道琼斯指数的代表加以引用。

目前，道琼斯股票价格平均指数共分四组：

第一组是工业股票价格平均指数。它由 30 种有代表性的大工商业公司的股票组成，且随经济发展而变大，大致可以反映美国整个工商业股票的价格水平，这也就是人们通常所引用的道琼斯工业平均指数。道琼斯工业平均指数目前由《华尔街日报》编辑部提供，其成分股的选择标准包括成分股公司持续发展、规模较大、声誉卓著、具有行业代表性，并且为大多数投资者所追捧。

目前，道琼斯工业平均指数中的 30 种成分股是美国蓝筹股的代表。这个神秘的指数的细微变化，带给亿万人惊恐或狂喜，它已经不是一个普通的财务指标，而是世界金融文化的代号。

第二组是运输业股票价格平均指数。它包括 20 种有代表性的运输业公司的股票，即 8 家铁路运输公司、8 家航空公司和 4 家公路货运公司。

第三组是公用事业股票价格平均指数，是由代表着美国公用事业的 15 家煤气公司和电力公司的股票所组成。

第四组是平均价格综合指数。它是综合前三组股票价格平均指数 65 种股票而得出的综合指数，这组综合指数为优等股票提供了直接的股票市场状况。

该指数目的在于反映美国股票市场的总体走势，涵盖金融、科技、娱乐、零售等多个行业。

二、作为经济晴雨表的原因

道琼斯指数作为最有权威性的一种股票价格指数,被称为经济的晴雨表,有以下三方面原因:

一是道琼斯股票价格平均指数所选用的股票都是有代表性,这些股票的发行公司都是本行业具有重要影响的著名公司,其股票行情为世界股票市场所瞩目,各国投资者都极为重视。为了保持这一特点,道琼斯公司对其编制的股票价格平均指数所选用的股票经常予以调整,用具有活力的更有代表性的公司股票替代那些失去代表性的公司股票。自1928年以来,仅用于计算道琼斯工业股票价格平均指数的30种工商业公司股票,已有30次更换,几乎每两年就要有一个新公司的股票代替老公司的股票。

二是公布道琼斯股票价格平均指数的新闻载体《华尔街日报》是世界金融界最有影响力的报纸。该报每天详尽报道其每个小时计算的采样股票平均指数、百分比变动率、每种采样股票的成交数额等,并注意对股票分股后的股票价格平均指数进行校正。在纽约证券交易营业时间里,每隔半小时公布一次道琼斯股票价格平均指数。

三是这一股票价格平均指数自编制以来从未间断,可以用来比较不同时期的股票行情和经济发展情况,成为反映美国股市行情变化最敏感的股票价格平均指数之一,是观察市场动态和从事股票投资的主要参考。

第四章
国民储蓄和投资：民众的钱会怎样花

◎ 国民收入：消费、储蓄还是投资 ◎

一、消费函数

消费函数是指居民的消费支出和决定消费的变量之间的关系。

消费函数这一概念最先由英国经济学家凯恩斯提出。但凯恩斯理论假定，在影响消费的各种因素中，收入是消费的唯一决定因素，收入的变化决定消费的变化。凯恩斯在《就业、利息和货币通论》一书中提出，总消费是总收入的函数。仅仅以收入来解释消费，被称为绝对收入假说。这一假说过于简单粗略，用于预测时误差较大。第二次世界大战以后，西方经济学家对消费函数进行了较深入的研究，提出了若干新的假说及相应的函数式。

消费函数主要应用于宏观经济分析之中。西方的宏观经济模型通常把消费作为其核心方程之一。中国学术界从20世纪80年代开始消费函数的理论和实证研究，已将消费函数纳入中国宏观经济模型中。

二、储蓄函数

储蓄函数是指居民的储蓄和决定储蓄的变量之间的关系。在宏观经济学中，储蓄被定义为可支配收入中没有被消费的部分。

储蓄与决定储蓄的各种因素之间的依存关系，是现代西方经济学的基本分析工具之一。由于在研究国民收入决定时，假定储蓄只受收入的影响，故储蓄函数又可定义为储蓄与收入之间的依存关系。一般说来，在其他条件不变的情况下，储蓄随收入的变化而同方向变化，即：收入增加，储蓄也增加；收入减少，储蓄也减少。但二者之间并不按同一比例变动。

三、投资函数

投资函数是指厂商的投资支出和决定投资的变量之间的关系。

凯恩斯的投资理论认为,厂商是否进行投资取决于投资的预期利润率与投资成本(利率)相比较:若投资的预期收益率大于利率,就值得投资,并将刺激人们追加投资;若投资的预期收益率小于利率,就不值得投资;当投资的预期收益率等于利率,是均衡投资量。

IS曲线假定投资是利率的函数,两者成反方向变动。成本、投资风险、预期通货膨胀率和折旧等也在一定程度上影响投资。

◎ 人均可支配收入:一国生活水平的变化情况 ◎

一、人均可支配收入

人均可支配收入指个人收入扣除向政府缴纳的个人所得税、遗产税和赠与税、不动产税、人头税、汽车使用税以及交给政府的非商业性费用等以后的余额。个人可支配收入被认为是消费开支的最重要的决定性因素。因而,常被用来衡量一国生活水平的变化情况。

人均可支配收入反映了该国个人的实际购买力水平,预示了未来消费者对于商品、服务等需求的变化。个人收入指标是预测个人的消费能力,未来消费者的购买动向及评估经济情况好坏的一个有效指标。人均可支配收入提升总比下降的好,个人收入提升代表经济景气,下降当然是放缓、衰退的征兆,对货币汇率走势的影响不言而喻。如果个人收入上升过急,央行担心通货膨胀,又会考虑加息,加息当然会对货币汇率产生强势的效应。

二、人均可支配收入计算方法

人均可支配收入实际增长率=(报告期人均可支配收入/基期人均可支配收入)/居民消费价格指数×100%

一般来说,人均可支配收入与生活水平成正比,即人均可支配收入越高,生活水平则越高。由于在一定时期内,由于物价上涨的因素,使得相同的货币所能购买到的生活消费品和社会服务的数量与基期相比相应减少,造成货币的购买力下降,货币贬值。因此,计算人均可支配收入的实际增长时,必须要扣除价格因素的影响。

2009年4月27日中国国家统计局发布的调查结果显示,一季度中国城镇居民人均可支配收入4834元,同比增长10.2%,扣除价格因素,实际增长11.2%。据国家统计局对6.5万户城镇居民家庭进行的抽样调查,一季度城镇居民人均消费性支出

3130元，同比增长8.6%，扣除价格因素，实际增长9.6%。

2009年以来，中国城乡居民收入继续增长。此前公布的数字表明，一季度中国农村居民现金收入人均1622元，同比增长8.6%，扣除价格因素，实际增长8.6%。但与去年同期相比，城乡居民收入增速已明显放缓。

◎储蓄：存钱也是一种投资◎

一、储蓄的概念

在西方经济学通行的储蓄概念中，货币收入中没有被用于消费的部分。储蓄不仅包括个人储蓄，还包括公司储蓄、政府储蓄。储蓄的内容有在银行的存款、购买的有价证券及手持现金等。

以个人为考察单位的话，个人的储蓄就由个人金融资产的增加以及实物资产的增加来表示，个人金融资产指的是个人的现金持有量和债券持有量，实物资产的增加则是指个人用于净投资的那部分支出。

储蓄存款是信用机构的一项重要资金来源。发展储蓄业务，在一定程度上可以促进国民经济比例和结构的调整，可以聚集经济建设资金，稳定市场物价，调节货币流通，引导消费，帮助群众安排生活。与中国不同，西方经济学通行的储蓄概念是货币收入中没有被用于消费的部分。

二、储蓄的分类

由于现阶段众多家庭的投资风险承受能力有限，很多居民仍选择将闲置资金存入安全性高的银行。在中国，储蓄存款的基本形式有以下几种：

1. 活期储蓄

活期储蓄指不约定存期、客户可随时存取、存取金额不限的一种储蓄方式。活期储蓄是银行最基本、常用的存款方式，客户可随时存取款，自由、灵活调动资金，是客户进行各项理财活动的基础。活期储蓄以1元为起存点，外币活期储蓄起存金额为不得低于20元或100人民币的等值外币（各银行不尽相同），多存不限。开户时由银行发给存折，凭折存取，每年结算一次利息。活期储蓄适合于个人生活待用款和闲置现金款，以及商业运营周转资金的存储。

2. 零存整取定期储蓄存款

这种存款每月存款额固定，一般5元起存，存期分1年、3年、5年，存款金额由储户在开户时自行约定，每月存入约定存款金额一次，中途如有漏存，应在次月补齐，未补存者，视同违约处理，到期销计账户时，违约前存入的金额按开户时利率计付利息，违约后存入的金额按活期利率计付利息。

3. 整存整取定期储蓄存款

整存整取定期储蓄存款一般50元起存，存期分3个月、半年、1年、2年、3年、5年，本金一次存入，由储蓄机构发给存单，到期凭存单支取本息。

4. 存本取息定期储蓄存款

存本取息定期储蓄存款一般5000元起存，本金一次存入，存期分1年、3年、5年，由储蓄机构发给存款凭证，到期一次支取本金，利息凭存单分期支取，开户时可以约定每个月或几个月取息一次，由储户与储蓄机构协商确定。如到取息日未取息，以后可随时取息。如果储户需要提前支取本金，则要按定期存款提前支取的规定（即按活期存款利率）计算存期内的利息，并要扣回多支付的利息。

5. 定活两便储蓄存款

定活两便储蓄存款由储蓄机构发给存单，一般50元起存。存单分记名、不记名两种，记名存单可以挂失，不记名存单不可以挂失。

三、中国人的储蓄率过高

数据显示，1992年中国家庭储蓄与GDP之比为20.3%，2007年依然达到为20%，企业储蓄占比1992年为11.3%，2007年达到22.9%，涨了一倍。在2009年"全球智库峰会"上中国人民银行行长周小川指出，在2008国际金融危机中，全球经济不平衡有一个明显不合理的特点，就是收入相对较低的国家储蓄率高，而以美国为代表的发达国家则过度消费。有人强调，中国储蓄率过高，美国家庭储蓄率过低，两国都应该进行改革。

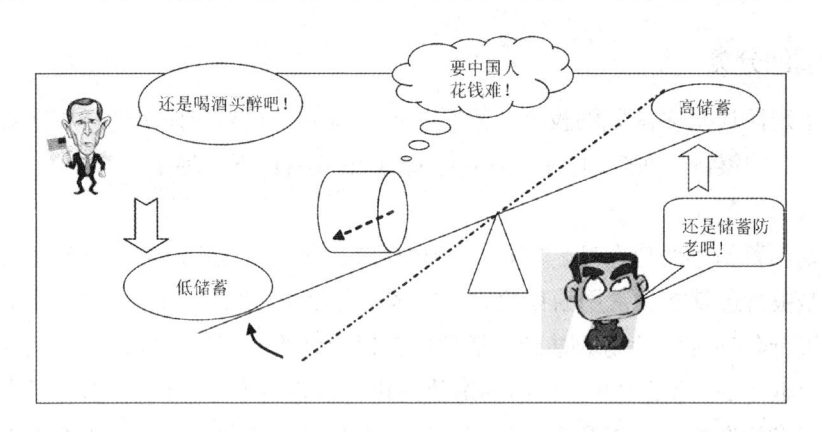

◎ 股票：冒险家们不会错过的"赚钱游戏" ◎

一、股票

股票是股份有限公司在筹集资本时向出资人发行的股份凭证，购买股票的人实质上就是企业的所有者。股民可以参加股东大会、投票表决、参与公司的重大决策、收取股息或分享红利等。以其出资额为限对公司负有限责任，承担风险，分享收益。股票一般可以通过买卖方式有偿转让，股东能通过股票转让收回其投资，但不能要求公司返还其出资。股东与公司之间的关系不是债权债务关系。

二、股票的风险性

股票价格要受到诸如公司经营状况、供求关系、银行利率、大众心理等多种因素的影响，其波动有很大的不确定性。正是这种不确定性，有可能使股票投资者遭受损失。

例如，国际商用机器公司（IBM），当其业绩不凡时，每股价格曾高达170美元，但在其地位遭到挑战，出现经营失策而招致亏损时，股价又下跌到40美元。如果不合时机地在高价位买进该股，就会导致严重损失，持有股票将一文不值。

股票是一种高风险的金融产品，人们常说股市有风险，入市须谨慎。价格波动的不确定性越大，投资风险也越大。因此，要想在股市上乘风破浪，对股市上的三类风险我们不能不加以注意。

第一类是市场价格波动风险。无论股票市场成熟与否，股票价格总在频繁波动，这是股市的基本特征，无法避免。美国股市曾遭遇"黑色星期一"，投资者在一天的损失就高达数千亿美元。

第二类是上市公司经营风险。股票价格与上市公司的经营业绩密切相关，而上市公司未来经营状况总有些不确定性。在我国，每年有许多上市公司因各种原因出现亏损，这些公司公布业绩后，股票价格随后就下跌。

第三类是政策风险。国家有关部门出台或调整一些直接与股市相关的法规、政策，对股市会产生影响，有时甚至是巨大波动。

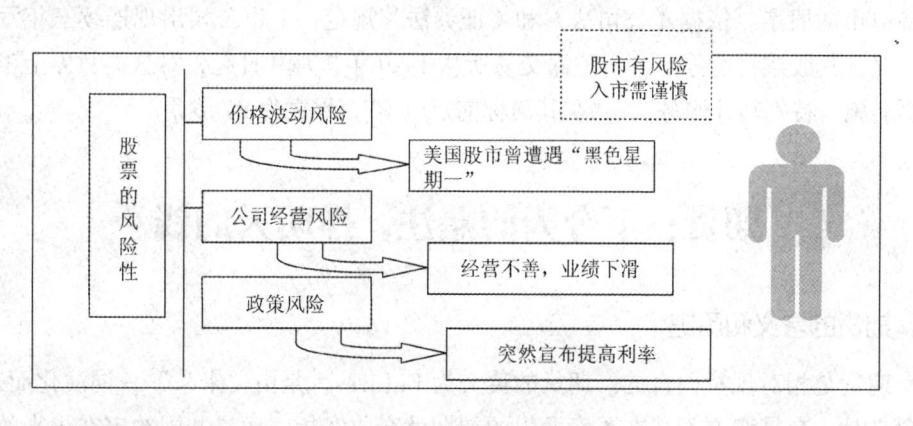

三、中国的股票类型

我国上市公司的股票有 A 股、B 股、H 股、N 股和 S 股等的区分。这一区分主要依据股票的上市地点和所面对的投资者而定。

1. A 股

A 股的正式名称是人民币普通股票。它是由我国境内的公司发行，供境内机构、组织或个人（不含台、港、澳投资者）以人民币认购和交易的普通股股票。A 股有涨跌幅（10%）限制，参与投资者为中国内地机构或个人。

2. B 股

B 股也称为人民币特种股票。是指那些在中国内地注册、在中国内地上市的特种股票。以人民币标明面值，只能以外币认购和交易。它的投资人限于：外国的自然人、法人和其他组织，香港、澳门、台湾地区的自然人、法人和其他组织，定居在国外的中国公民。中国证监会规定的其他投资人。B 股公司的注册地和上市地都在境内。只不过投资者在境外或在中国香港、澳门及台湾。

自 1991 年底第一只 B 股上海电真空发行以来，经过几年的发展，中国的 B 股市场已由地方性市场发展到由中国证监会统管理的全国性市场。

3. H 股

H 股即指注册地在内地、上市地在香港的外资股。香港的英文是 Hong Kong，取其字首，在香港上市的外资股就叫做 H 股。以此类推，纽约的第一个英文字母是 N，新加坡的第一个英文字母是 S，在纽约和新加坡上市的股票就分别叫做 N 股和 S 股。

4. T 类股票

T 类股票主要包括 ST 股和 PT 股。ST 是英文 Special Treatment 的缩写，这个叫法主要是起源于 1998 年 4 月 22 日，沪深证券交易所宣布将对财务状况和其他财务状况异常的上市公司的股票交易进行特别处理。*ST 股是指境内上市公司连续一年亏损，被进行特别处理的股票。*ST 股是指境内上市公司连续两年亏损的股票。PT 是英文 Particular Transfer（特别转让）的缩写，PT 股就是停止任何交易，价格清零，等待退市的股票。依据《公司法》和《证券法》规定，上市公司出现连续三年亏损等情况，其股票将暂停上市。沪深交易所从 1999 年 7 月 9 日起，对这类暂停上市的股票实施"特别转让服务"，并在其简称前冠以 PT，称之为 PT 股票。

◎ 期货：下今天的赌注，挣明天的钱 ◎

一、期货的含义和历史

期货是相对现货而言的。期货的英文为 Futures，是由"未来"一词演化而来，其含义是：交易双方不必在买卖发生的初期就交收实货，而是共同约定在未来的某一时候交收实货，因此中国人称其为"期货"。现在所说的期货一般指期货合约，就是指由期货交易所统一制定的、规定在将来某一特定的时间和地点交割一定数量标的物的标准化合约。

最初的期货交易是从现货远期交易发展而来，最初的现货远期交易是双方口头承诺在某一时间交收一定数量的商品，后来随着交易范围的扩大，口头承诺逐渐被买卖契约代替。这种契约行为日益复杂化，需要有中间人担保，以便监督买卖双方按期交货和付款，于是便出现了1571年在伦敦开设的世界第一家商品远期合同交易所——皇家交易所。

为了适应商品经济的不断发展，1848年，82位商人发起组织了芝加哥期货交易所（CBOT），目的是改进运输与储存条件，为会员提供信息；1851年芝加哥期货交易所引进远期合同；1865年芝加哥谷物交易所推出了一种被称为"期货合约"的标准化协议，取代原先沿用的远期合同。使用这种标准化合约，允许合约转手买卖，并逐步完善了保证金制度，于是一种专门买卖标准化合约的期货市场形成了，期货成为投资者的一种投资理财工具。1882年交易所允许以对冲方式免除履约责任，增加了期货交易的流动性。

二、期货与股票、现货的区别

小林在小麦每吨2000元时，估计麦价要下跌，于是他在期货市场上与买家签订了一份合约，约定在半年内，小林可以随时卖给买家10吨标准小麦，价格是每吨2000元。5个月后，果然不出小林的预料，小麦价格跌到1600元每吨，小林心想估计跌得差不多了，马上以1600元的价格买了10吨小麦，转手按照契约上以2000元的价格卖给买家，转眼就赚了4000元，原先缴纳的保证金也返还了，小林就这样获利平仓了。

小林采用的其实是卖开仓，就是说小林的手上并没有小麦，但因为期货可以实行做空机制，小林可以先与买家签订买卖合约。而买家为什么要与小林签订合约呢？因为他对小麦看涨。事实证明，小林的判断是准确的，否则如果在半年内小麦价格没有下跌，反而涨到2400元，那么在合约到期前，小林必须被迫高价购买10吨小麦然后以契约价卖给买家，这样小林就亏损了，而买家就会赚4000元。

期货的炒作方式与股市十分相似，但又有十分明显的区别。

（1）交易方向不一样。在交易方向上，股指期货交易既可以先买后卖，也可以先卖后买，因而股指期货交易是双向交易。而部分国家的股票市场没有卖空机制，股票只能先买后卖，此时股票交易是单向交易。

（2）投资回报不一样。股票投资回报有两部分，其一是市场差价，其二是分红派息，而期货投资的在市场交易中就是实际盈亏。

（3）杠杆效应不一样。股指期货保证金仅为交易金额的一定比例，因此投资者仅用少量保证金就能进行大量数额的交易，这被称为杠杆交易。保证金比例越低，杠杆比率越高。而股票现货交易则采用全额交易，无杠杆效应。股指期货比现货交易具有更强的投机性。

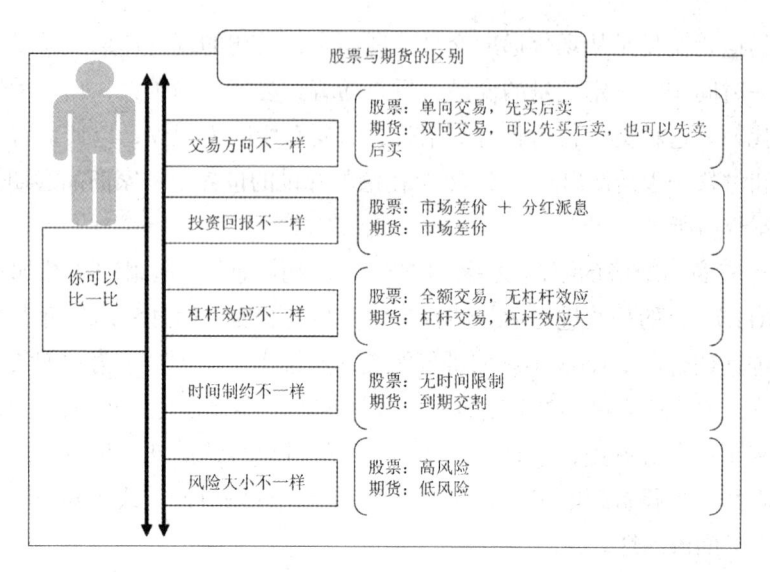

```
┌─────────────────────────────────────────────────────────┐
│                    股票与期货的区别                      │
│  ↑                                                      │
│  │  ┌──────────┐   ┌─────────────────────────────────┐ │
│  │  │交易方向不一样│   │股票：单向交易，先买后卖          │ │
│  │  └──────────┘   │期货：双向交易，可以先买后卖，也可以先卖│ │
│  │                 │      后买                       │ │
│  │  ┌──────────┐   ┌─────────────────────────────────┐ │
│  │  │投资回报不一样│   │股票：市场差价 + 分红派息         │ │
│  │  └──────────┘   │期货：市场差价                   │ │
│  │ ┌────┐                                              │
│  │ │你可以│ ┌──────────┐   ┌─────────────────────────┐│
│  │ │比一比│ │杠杆效应不一样│   │股票：全额交易，无杠杆效应  ││
│  │ └────┘ └──────────┘   │期货：杠杆交易，杠杆效应大  ││
│  │                                                     │
│  │  ┌──────────┐   ┌─────────────────────────────────┐ │
│  │  │时间制约不一样│   │股票：无时间限制                 │ │
│  │  └──────────┘   │期货：到期交割                   │ │
│  │                                                     │
│  │  ┌──────────┐   ┌─────────────────────────────────┐ │
│  │  │风险大小不一样│   │股票：高风险                     │ │
│  │  └──────────┘   │期货：低风险                     │ │
│  ↓                                                      │
└─────────────────────────────────────────────────────────┘
```

（4）时间制约不一样。股票交易无时间限制，如果被套可以长期持仓，而期货必须到期交割，否则交易所将强行平仓或以实物交割。

（5）风险大小不一样。期货由于实行保证金制、追加保证金制和到期强行平仓的限制，从而使其更具有高报酬、高风险的特点，在某种意义上讲，期货可以使你一夜暴富，也可能使你顷刻间一贫如洗，投资者要慎重投资。

三、国内主要期货交易所

国内主要的期货交易所为大连商品交易所、郑州商品交易所、上海期货交易所、中国金融交易所。

> 大连交易所主要标物为：黄豆、豆粕、豆油、玉米。
> 郑州交易所主要标物为：强麦、硬麦、棉花、白糖。
> 上海交易所主要标物为：矿物能源商品，如铜、铝、橡胶、燃油。
> 中国金融交易所主要标物为：金融衍生品，即证券、股票、保险等。

◎ 国债：借给政府钱，稳中求"利" ◎

一、国债的含义

国债，又称国家公债，是以国家其信用为基础，按照债的一般原则，通过向社会筹集资金所形成的债权债务关系。

国债是中央政府为筹集财政资金而发行的一种政府债券，是中央政府向投资者出具的、承诺在一定时期支付利息和到期偿还本金的债权债务凭证，由于国债的发行主体是国家,以中央政府的税收作为还本付息的保证,因此风险小,流动性强,利率也较其他债券低。所以它具有最高的信用度,被公认为是最安全的投资工具。

我国的国债专指财政部代表中央政府发行的国家公债,由国家财政信誉作担保,信誉度非常高,历来有"金边债券"之称,稳健型投资者喜欢投资国债。其种类有凭证式国债、实物式国债、记账式国债三种。

二、发行国债的目的

(1)在战争时期为筹措军费而发行战争国债。在战争时期军费支出额巨大,在没有其他筹资办法的情况下,即通过发行战争国债筹集资金。发行战争国债是各国政府在战时通用的方式,也是国债的最先起源。

(2)为平衡国家财政收支、弥补财政赤字而发行赤字国债。

(3)国家为筹集建设资金而发行建设国债。国家要进行基础设施和公共设施建设,为此需要大量的中长期资金,通过发行中长期国债,可以将一部分短期资金转化为中长期资金,用于建设国家的大型项目,以促进经济的发展。

(4)为偿还到期国债而发行借换国债。在偿债的高峰期,为了解决偿债的资金来源问题,国家通过发行借换国债,用以偿还到期的旧债,这样可以减轻和分散国家的还债负担。

三、国债的优点

1.流通性强

上市国债由于在交易所上市,参与的投资者较多,因而具有很强的流通性。只

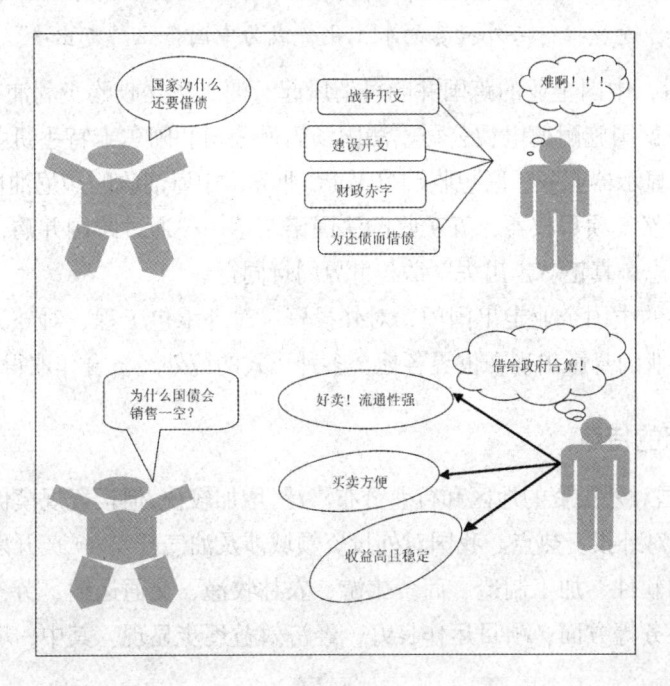

要证券交易所开市，投资者随时可以委托买卖。因此，投资者若不打算长期持有某一债券到期兑取本息，则以投资上市国债为好，以保证在卖出时能顺利脱手。

2. 买卖方便

目前证券营业部都开通自助委托，因此，投资上市国债可通过电话、电脑等直接委托买卖，不必像存款或购买非上市国债那样必须亲自到银行或柜台去，既方便又省时。

3. 收益高且稳定

相对于银行存款而言，各上市国债品种均具有高收益性。这种高收益性主要体现在两方面：一是利率高。上市国债其发行与上市时的收益率都要高于当时的同期银行存款利率。二是在享受与活期存款同样的随时支取（卖出）的方便性的同时，其收益率却比活期存款利率高很多。

◎ 对外投资：到国外去淘金 ◎

一、中国企业走出去

1990年，海尔冰箱开始出口德国和美国市场，拉开了海尔产品进入海外市场的序幕。经过九年努力，海尔的营销国际化取得了丰硕成果：冰箱、冰柜、空调、洗衣机等出口到美国、日本、澳大利亚以及欧洲、东南亚、中东、拉美等市场，共87个国家和地区，海尔的冰箱、空调、洗衣机的生产技术也出口到印度尼西亚、马来西亚、菲律宾和西班牙等国家，还在印度尼西亚、菲律宾、马来西亚、伊朗和美国等国投资设厂，逐步推行海外投资的本土化，成为中国企业"走出去"的典范。

2000年后，中国企业的跨国并购可谓风起云涌。华立收购飞利浦CDMA部门，TCL连续吞下德国施耐德电视公司、法国汤姆逊公司和阿尔卡特手机业务，京东方整合韩国现代显示器业务，联想收购IBM.PC业务，中海油收购印尼油田和澳大利亚西北大陆架天然气项目权益，五矿收购法国诺兰达……通过跨国并购，一批国内著名企业踌躇满志，真正"走出去"欲与世界同行同行。

越来越多的中国企业走出国门，对外投资、对外承包工程、对外劳务合作迅速发展，中国企业的身影出现在世界各地，多种形式的境外经济合作取得长足进展。

二、对外投资的特点

首先，我国对外投资的地区和行业分布广泛，增加较快，但投资规模仍较小。其次，资源开发成为对外投资热点。我国对外投资领域涉及油气开发、矿产开发、信息传输、计算机服务和软件、加工制造、商贸旅游、农林牧渔、交通运输、劳务输出、医疗卫生和中介服务等方面，项目运作良好，经济效益逐步显现。其中，境外资源开发成为投资热点,油气、紧缺矿产、木材等境外资源开发合作开始取得成效,带资承包有新的进展。再次,投资方式多样化,层次逐渐提高。对外投资由最初的货币投资、实物投资向跨国并购等方式扩展,并有越来越多的企业采取入股和股权置换等方式投资。企业到境外收购销售网络、许可证、技术专利、建立研发中心和工业园区的做法明显增多。最后,对外承包工程大型项目增加,劳务合作稳步发展。通过对外承包工程带动了劳务输出,此外,派到境外企业的工作人员、按供求双方签订劳务合作合同派出劳务人员也不断增加。

三、政府的鼓励和支持

2001年,《国民经济和社会发展第十个五年计划纲要》明确提出"实施走出去战略",我国企业还处于"走出去"的起步阶段,需要政府在金融、财税、外汇、对外关系等多方面给予支持,建立和完善政策促进体系,并加快立法进程,建立和完善制度保障体系、监管和调控体系以及市场服务体系,推动"走出去"战略顺利实施。

第五章
货币和金融体系：一国经济运行的经脉

◎ 货币：不仅仅是钱那么简单 ◎

一、货币不仅仅是钱

货币由各国的中央银行发行，政府以法律形式保证它在市场上流通。宏观经济学中所说的货币是比日常生活中的"钱"要更为广义的概念。

萨缪尔森在其名著《经济学》有关货币的章节中，引用了哈伯特的一句名言："在一万人中只有一人懂得通货问题，而我们每天都碰到它。"由此看来，货币貌似简单，实际上极其复杂。

货币的本质问题是最复杂的问题，19世纪中叶英国有一位议员格莱顿曾经说过这样一句话，就是"在研究货币本质中受到欺骗的人，比谈恋爱受欺骗的人还要多。"真的是这个样子，直到今天不论是马克思也好，西方经济学的学者们也好关于货币的本质仍然存在大量的争论。

二、货币层次划分的标准和意义

通过对货币概念的界定，按照货币形态流动性的高低，将其划分为不同的货币层次，随着流动性的降低，货币层次呈递增的趋势。就出现了 M_0、M_1、M_2、M_3、M_4……等边界不同的货币层次。

M_0= 现金（纸币和硬币）

M_1=M_0+ 所有金融机构的活期存款

M_2=M_1+ 商业银行的定期存款和储蓄存款

M_3=M_2+ 其他金融机构的定期存款和储蓄存款

$$M_4=M_3+ 其他短期流动资产$$

M_0 是边界最窄的货币界定，由流通中的纸币和硬币组成，通常称为现金。现金在流通过程中，无须办理手续，也无须时间的准备，就能完成商品的交易，因此，它具有很高的流动性。

M_1 是由现金和活期存款组成的。这里的活期存款实际上指的是支票账户，是存款人的活期存款和其他可开支票的存款。虽然支票账户不能直接作为购买手段，但在需要的时候，可以很容易转化为现金执行购买手段的职能。不过，支票账户毕竟不同于现金，其流动性要低于现金，因此，M_1 的流动性也就低于 M_0。

通常把 M_0 和 M_1 称为狭义货币，或称为交易货币，即主要是为交易目的而持有的货币。狭义货币是现实经济活动中购买能力或支付能力的代表。狭义货币作为现实经济活动中购买能力或支付能力的载体，体现着货币作为交换媒介的作用，因此，流通中的狭义货币的数量，直接影响着社会的货币供给量，进而对整个宏观经济运行也具有很大的影响。

通常把 M_2、M_3、M_4 等称为广义货币，是对货币外延的扩大。广义货币除了包括狭义货币之外，还包括一些金融资产和可以代替现金或支票的替代物。广义货币是对货币外延的扩大。广义货币除了包括狭义货币之外，还包括一些金融资产和可以代替现金或支票的替代物。广义货币与狭义货币的差别是非本质的差别，它们的差别主要体现在流动性的程度上，随着货币层次的提高，其流动性呈递减态势。在一定条件下，广义货币可以转化为狭义货币，通常被称为一种潜在的购买能力或支付能力，需要经过一定时期（变现过程）才会对经济运行产生影响。

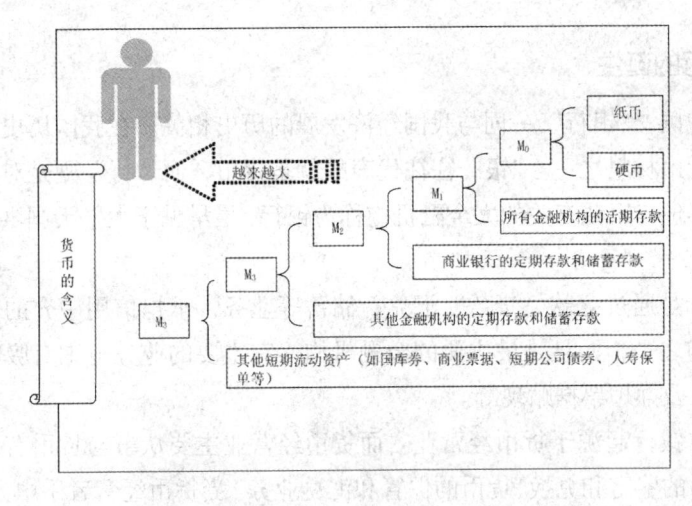

三、货币的职能

第一，货币是交换媒介。在物物交易制度下，人们要花费很多时间去寻找交易伙伴。在现代经济中，通过货币这种交易媒介，人们在寻找交易伙伴方面所花费的

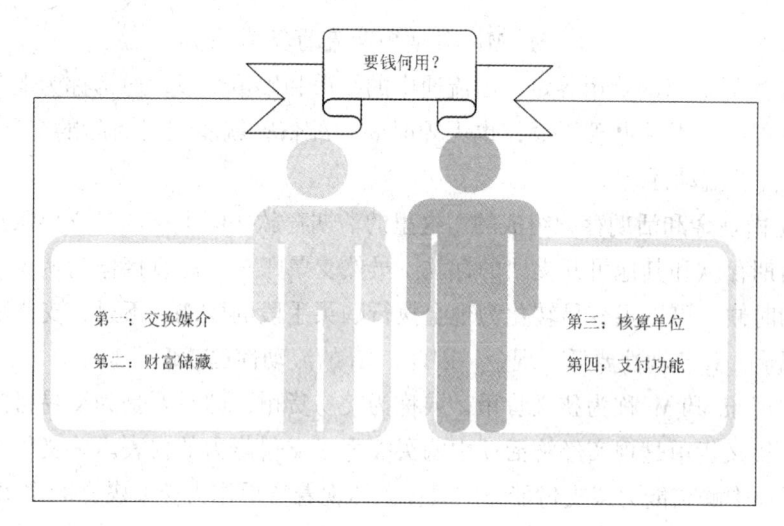

成本被减低到最小限度。

第二，货币是财富储藏。由于货币被社会普遍接受，人们可以随时用货币交换其他商品和劳务，所以，人们就可以用持有货币的方法来储藏财富。

第三，货币是核算单位。任何商品和劳务的价值都可以用货币来衡量，因此人们才可以对各种不同的商品和劳务的价值进行比较。

第四，货币支付功能，人们可以用货币来偿还债务，包括债务的本金和利息。

◎ 银行：金融家族的"老大哥" ◎

一、银行的诞生

在我国，"银行"一词与我国经济发展的历史相关。在我国历史上，白银一直是主要的货币材料之一。"银"往往代表的就是货币，而"行"则是对大商业机构的称谓。把办理与银钱有关的大金融机构称为银行，最早见于太平天国洪仁玕所著的《资政新篇》。

银行是通过存款、贷款、汇兑、储蓄等业务，承担信用中介的金融机构。它是金融机构之一，而且是最主要的金融机构，它主要的业务范围有吸收公众存款、发放贷款以及办理票据贴现等。

西方银行起源于货币经营业。而货币经营业主要从事与货币有关的业务，包括金属货币的鉴定和兑换、货币的保管和汇兑业务。当货币经营者手中大量货币聚集时，就为发展贷款业务提供了前提。随着贷款业务的发展，保管业务也逐步改变成存款业务。当货币活动与信用活动结合时，货币经营业便开始向现代银行转变。1694年，英国英格兰银行的建立，标志着西方现代银行制度的建立。

二、银行的基本职能

银行是经营货币的企业，它的存在方便了社会资金的筹措与融通，它是金融机构里面非常重要的一员。前面一章我们已经介绍了中央银行的职能，本节我们以商业银行为例，讲一下商业银行的主要职能。商业银行是指以经营工商业存、放款为主要业务，并以利润为主要经营目标的企业法人（金融企业法人）。我国的商业银行主要有中国工商银行、中国农业银行、中国银行、中国建设银行、交通银行。商业银行的职能是由它的性质所决定的，商业银行的四个基本职能：

（1）信用中介职能。信用中介是商业银行最基本、最能反映其经营活动特征的职能。这一职能的实质，是通过银行的负债业务，把社会上的各种闲散货币集中到银行里来，再通过资产业务，把它投向各经济部门；商业银行是作为货币资本的贷出者与借入者的中介人或代表，以实现资本的融通，并从吸收资金的成本与发放贷款利息收入、投资收益的差额中，获取利益收入，形成银行利润。商业银行通过信用中介的职能实现资本盈余和短缺之间的融通，并不改变货币资本的所有权，改变的只是货币资本的使用权。

（2）支付中介职能。银行除了作为信用中介，融通货币资本以外，还具有货币经营业的职能。通过存款在账户上的转移，代理客户支付，在存款的基础上，为客户兑付现款等，成为工商企业、团体和个人的货币保管者、出纳者和支付代理人。

（3）信用创造职能。商业银行在信用中介职能和支付中介职能的基础上，产生了信用创造职能。商业银行通过信贷活动创造和收缩活期存款，而活期存款是构成货币供给量的主要部分，因此，商业银行就可以把自己的负债作为货币流通，具有了信用创造职能。

（4）金融服务职能。随着经济的发展，工商企业的业务经营环境日益复杂化，许多原来属于企业自身的货币业务转交给银行代为办理，如发放工资、代理支付其他费用等。个人消费也由原来的单纯钱物交易，发展为转账结算。现代化的社会生活，从多方面给商业银行提出了金融服务的要求。

（5）调节经济职能。银行通过其信用中介活动，调剂社会各部门的资金短缺，同时在央行货币政策和国家宏观政策的指引下，实现经济结构、消费比例投资、产业结构等方面的调整。此外，商业银行通过在国际市场上的融资活动还可以调节本国的国际收支状况。

◎ 货币流通：央行究竟要发行多少钱 ◎

一、货币流通

货币流通是指货币表现为一个不断重复地、不断地作为购买手段在买者和卖者之间交换位置的运动。货币流通以商品流通为基础，并且服务于商品流通。流通中的货币量必须满足商品流通的需要，货币流通必须同商品流通相适应，这个规律称为货币流通规律。

二、货币流通量

当银行提供的利息越高，大众也就越愿意牺牲更多的流通性，即把更多的货币存入银行。反之当利率太低时，大众就会觉得它不足以补偿其牺牲流通性的便利，所以宁愿持有更多的通货。因而大众对货币的需求与利率的高低成反比关系。从这个意义上来说，利率实际上是货币的价格。当然利息并不是用来"买"货币。而只是买通货的流通性而已。

货币流通同时也受收入水平的影响。在日常生活中，我们可以观察到高收入的富人一般要花更多的钱，因为他们有更多的开销要支付。对于一个国家的整个国民经济来说也是这样，国民总收入的提高就意味着大众需要花费更多货币去支付增加的消费或投资。一般说来，经济运行过热时货币需求量大，而经济衰退阶段的货币需求量小。所以我们可以说，货币的需求与国民总收入水平成正比关系。

货币需求量与价格水平也密切相关。在其他条件给定的情况下，价格水平越高，大众就需要更多的货币去支付其正常开销。因而货币需求与价格水平成正比关系。

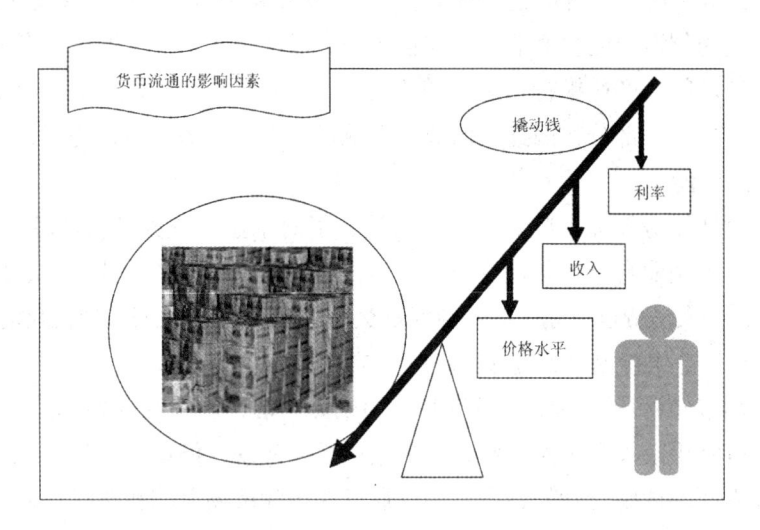

三、货币乘数

所谓货币乘数，是指在货币供给的过程中，中央银行的初始货币供给与最终形成的社会货币流通量之间存在着倍数扩张或收缩关系，这就是通常所说的乘数效应。

货币乘数的大小决定了货币供给扩张能力的大小。而货币乘数的大小又由以下四个因素决定：

（1）法定准备金率。定期存款与活期存款的法定准备金率均由中央银行直接决定。

通常，法定准备金率越高，货币乘数越小；反之，货币乘数越大。

（2）超额准备金率。商业银行保有的超过法定准备金的准备金与存款总额之比，称为超额准备金率。超额准备金的存在相应减少了银行创造派生存款的能力，因此超额准备金率越高，货币乘数越小；反之，货币乘数就越大。

（3）现金比率。现金比率是指流通中的现金与商业银行活期存款的比率。现金比率与货币乘数负相关，现金比率越高，货币乘数就越小。

（4）定期存款与活期存款间的比率。一般来说，在其他因素不变的情况下，定期存款对活期存款比率上升，货币乘数就会变大；反之，货币乘数会变小。

◎货币制度：没有规矩，不成方圆◎

一、金本位制度

由于黄金长期扮演着货币的角色，后来产生了以黄金为本位币的货币制度，即金本位制度。在金本位制下，每单位的货币价值等同于若干重量的黄金（即货币含金量）；当不同国家使用金本位时，国家之间的汇率由它们各自货币的含金量之比——铸币平价来决定。金本位制于19世纪中期开始盛行。正如格林斯潘指出的那样，金本位牢牢地遏制了通货膨胀的泛滥势头，但金本位制度本身的局限性，也决定了它必然随着历史的发展而被淘汰。

1914年，第一次世界大战爆发后，英国为了筹措军费大量发行纸币，同时从美国购买军用物资支付了大量的黄金。纸币发行量剧增，黄金储备量急剧下降，原先纸币和黄金的比价无法维持。英国不得不在战时停止英镑兑换黄金，暂时放弃金本位制。在1929～1933年世界经济大危机中，英国的金本位制彻底崩溃。

随后，各国纷纷发行不兑现的纸币，禁止黄金自由输出，金本位制随之告终。随着美元的渐渐崛起，布雷顿森林体系时代开始到来。

二、布雷顿森林体系

1944年，来自44个盟约国国家的730多位代表齐聚在美国新罕布什尔州布雷顿森林郡的华盛顿山度假宾馆，足足开了20天的会议，终于争吵出一个结果，那就是著名的布雷顿森林体系——世界上第一个全球性的金融货币体制协议，就是在此时诞生的。《布雷顿森林协定》，规定以黄金为基础，以美元作为最主要的国际储备货币。美元直接与黄金挂钩，各国货币则与美元挂钩，并可按35美元1盎司的官价向美国兑换黄金。美元可以兑换黄金和各国实行可调节的钉住汇率制，是构成这一货币体系的两大支柱。这就是布雷顿森林体系。

《布雷顿森林协定》还成立了国际货币基金组织，简称IMF，它是维持这一体系正常运转的中心机构,它有监督国际汇率、提供国际信贷、协调国际货币关系三大职能。同时,世界银行也随之产生,它的主要职责是提供长期贷款,为发展中国家提供实物资本。这些贷款的资金主要来源于世界银行在发达国家的资本市场上发行的债券。

布雷顿森林体系的形成,暂时结束了战前货币金融领域的混乱局面,维持了战后世界货币体系的正常运转。固定汇率制是布雷顿森林体系的支柱之一,但它不同于金本位下汇率的相对稳定。布雷顿森林体系的形成,在相对稳定的情况下扩大了世界贸易。美国通过赠与、信贷、购买外国商品和劳务等形式,向世界散发了大量美元,客观上起到扩大世界购买力的作用。同时,固定汇率制在很大程度上消除了由于汇率波动而引起的动荡,在一定程度上稳定了主要国家的货币汇率,有利于国际贸易的发展。

布雷顿森林体系的一个重要特征是,美国被确立为储备货币国。这与美国经济实力的雄厚是分不开的,这也给布雷顿森林体系的解体埋下了隐患。

因为布雷顿森林体系的基础是美国经济。假若美国国际收支持续性逆差,美元对外价值长期不稳,美元则会丧失其中心地位。另外,美国要履行35美元兑换1盎司黄金的义务,必须拥有充足的黄金储备。如果美国黄金储备流失过多,储备不足,就难以履行兑换义务,并且无力进行市场操作和平抑金价,美元比价下降,国际货币制度的基础随之动摇。布雷顿森林体系还规定了汇率浮动幅度需保持在1%以内,导致汇率缺乏弹性,限制了汇率对国际收支的调节作用。随着历史的发展,布雷顿森林体系的弊端逐渐暴露。

三、浮动汇率

1971年7月第七次美元危机爆发,尼克松政府于8月15日宣布实行"新经济政策",停止履行外国政府或中央银行可用美元向美国兑换黄金的义务。这意味着美元与黄金脱钩,支撑国际货币制度的两大支柱有一根已倒塌。1973年3月,西欧又出现抛售美元,抢购黄金和马克的风潮。3月16日,欧共体在巴黎举行会议并达成协议,联邦德国、法国等国家对美元实行"联合浮动",彼此之间实行固定汇率。

至此,战后支撑国际货币制度的另一支柱,即固定汇率制度也完全垮台。这宣告了布雷顿森林制度的最终解体。随着全球经济一体化的进程,美元一统天下的局面不复存在。世界向多极化发展,国际货币体系将向各国汇率自由浮动,国际储备多元化,金融自由化、国际化的趋势发展。单一的货币制度越来越难以满足经济飞速发展的需要,这就是布雷顿森林体系崩溃的根本原因。

货币危机：金融体系中的多米诺骨牌效应

一、货币危机

20世纪20年代，随着"一战"的结束，世界经济进入衰退时期，欧洲各国的货币都摇摇欲坠。在这个时期，法国政府上演了一个精彩的货币保卫战，成功地捍卫了法郎。

法郎危机也是伴随着第一次世界大战开始的。法国政府在"一战"中花掉了大量军费，这个数字是1913～1914年所有主要参战国军事费用的两倍。"一战"结束后，法国财政出现了62亿法郎的缺口，而且还有巨额贷款。1926年，法郎的汇率开始下滑。人们相信，法郎将会面临和德国马克一样的命运。当时的法国政府内阁束手无策，物价不停上涨，法郎持续贬值。这时，总理雷蒙·恩加莱开始掌权。他通过提高短期利率把短期借款转为长期借款，提高税收和削减政府支出，同时从美国摩根银行借来了一笔巨额贷款，使法国银行的现汇得以补充。一系列措施恢复了人们对法郎的信任，从此，法郎币值开始走稳，法国经济和政局也渐趋稳定。

货币危机的概念有狭义和广义之分。狭义的货币危机与特定的汇率制度（通常是固定汇率制）相对应，其含义是，实行固定汇率制的国家，特殊情况下（如在恶化的情况下，或者在遭遇强大的投机攻击情况下），对本国的汇率制度进行调整，转而实行浮动汇率制，从而使自由市场决定的汇率水平远远高于原来的官方汇率，这种情况就是货币危机。广义的货币危机泛指汇率的变动幅度超出了一国可承受的范围，通常情况表现为本国货币的急剧贬值。

当代国际经济社会很少发生一桩孤立的货币动荡事件。在全球化时代，由于国民经济与国际经济的联系越来越密切，一国货币危机常常会波及别国。

二、影响因素

随着市场经济的发展与全球化的加速，经济增长的停滞已不再是导致货币危机的主要原因。经济学家的大量研究表明：定值过高的汇率、经常项目巨额赤字、出口下降和经济活动放缓等都是发生货币危机的先兆。就实际运行来看，货币危机通常由泡沫经济破灭、银行呆坏账增多、国际收支严重失衡、外债过于庞大、财政危机、政治动荡、对政府的不信任等引发。

1. 汇率政策不当

经济学家普遍认同这样一个结论：固定汇率制在国际资本大规模、快速流动的条件下是不可行的。固定汇率制名义上可以降低汇率波动的不确定性，但是自20世纪90年代以来，货币危机常常发生在那些实行固定汇率的国家。因此，近年来越来越多的国家放弃了曾经实施的固定汇率制,比如巴西、哥伦比亚、韩国、俄罗斯、泰国和土耳其等。然而,这些国家大多是由于金融危机的爆发而被迫放弃固定汇率,汇率的调整往往伴随着自信心的丧失、金融系统的恶化、经济增长的放慢以及政局的动荡。也有一些国家从固定汇率制成功转轨到浮动汇率制,如波兰、以色列、智利和新加坡等。

2. 银行系统脆弱

在大部分新兴市场国家,包括东欧国家,货币危机的一个可靠先兆是银行危机。资本不足而又没有受到严格监管的银行向国外大肆借款,再贷给国内的问题项目,由于币种不相配(银行借的往往是美元,贷出去的通常是本币)和期限不相配(银行借的通常是短期资金,贷出的往往是历时数年的建设项目),因此积累的呆坏账越来越多。如东亚金融危机爆发前几年,马来西亚、印度尼西亚、菲律宾和泰国信贷市场的年增长率均在20%~30%之间,远远超过了工商业的增长速度,由此形成的经济泡沫越来越大,银行系统也就越发脆弱。

3. 外债负担沉重

泰国、阿根廷以及俄罗斯的货币危机,与所欠外债规模巨大且结构不合理紧密相关。如俄罗斯从1991~1997年起共吸收外资237.5亿美元,但在外资总额中,直接投资只占30%左右,短期资本投资约70%。在货币危机爆发前的1997年10月,外资已掌握了股市交易的60%~70%,国债交易的30%~40%。1998年7月中旬以后,俄政府财政部发布"8.17联合声明",宣布"停止1999年底前到期国债的交易和偿付",债市崩溃,直接引发卢布危机。

4. 财政赤字严重

在发生货币危机的国家中,或多或少都存在财政赤字问题,赤字越庞大,发生货币危机的可能性也就越大。财政危机直接引发债市崩溃,进而导致货币危机。

5. 政府信任危机

民众及投资者对政府的信任是货币稳定的前提,赢得民众及投资者的支持,是政府有效防范、应对金融危机的基础。墨西哥比索危机很大一部分归咎于其政治上的脆弱性,1994年总统候选人被暗杀和恰帕斯州的动乱,使墨西哥社会经济处于动荡之中。新政府上台后在经济政策上的犹豫不决,使外国投资者认为墨西哥可能不会认真对待其政府开支与国际收支问题,信任危机引起金融危机。

6. 经济基础薄弱

强大的制造业、合理的产业结构是防止金融动荡的坚实基础。产业结构的严重缺陷是造成许多国家经济危机的原因之一。如阿根廷一直存在着严重的结构性问题,20世纪90年代虽然实行了新自由主义改革,但产业结构调整滞后,农牧产品的出口占总出口的60%,而制造业出口只占10%左右。在国际市场初级产品价格走低及一些国家增加对阿根廷农产品壁垒之后,阿根廷丧失了竞争优势,出口受挫。

7. 危机跨国传播

由于贸易自由化、区域一体化，特别是资本跨国流动的便利化，一国发生货币风潮极易引起邻近国家的金融市场发生动荡，这在新兴市场尤为明显。泰国之于东亚，俄罗斯之于东欧，墨西哥、巴西之于拉美等反复印证了这一多米诺骨牌效应。

金融体系：组织、监管、市场

一、什么是金融体系

从一般性意义上看，金融体系是一个经济体中资金流动的基本框架，它是资金流动的工具（金融资产）、市场参与者（中介机构）和交易方式（市场）等各金融要素构成的综合体，同时，由于金融活动具有很强的外部性，在一定程度上可以视为准公共产品，因此，政府的管制框架也是金融体系中一个密不可分的组成部分。金融体系包括金融调控体系、金融企业体系（组织体系）、金融监管体系、金融市场体系、金融环境体系五个方面。

（1）金融调控体系既是国家宏观调控体系的组成部分，包括货币政策与财政政策的配合、保持币值稳定和总量平衡、健全传导机制、做好统计监测工作，提高调控水平等；也是金融宏观调控机制，包括利率市场化、利率形成机制、汇率形成机制、资本项目可兑换、支付清算系统、金融市场（货币、资本、保险）的有机结合等。

（2）金融企业体系，既包括商业银行、证券公司、保险公司、信托投资公司等现代金融企业，也包括中央银行、国有上市商业银行、政策性银行、金融资产管理公司、中小金融机构的重组改革、各种所有制的金融企业、农村信用社等。

（3）金融监管体系（金融监管体制）包括健全金融风险监控、预警和处置机制，实行市场退出制度，增强监管信息透明度，接受社会监督，处理好监管与支持金融创新的关系，建立监管协调机制（银行、证券、保险及央行、财政部门）等。

（4）金融市场体系（资本市场）包括扩大直接融资，建立多层次资本市场体系，完善资本市场结构，丰富资本市场产品，推进风险投资和创业板市场建设，拓展债券市场、扩大公司债券发行规模，发展机构投资者，完善交易、登记和结算体系，稳步发展期货市场。

（5）金融环境体系包括建立健全现代产权制度、完善公司法人治理结构、建设全国统一市场、建立健全社会信用体系、转变政府经济管理职能、深化投资体制改革。

金融体系不是这些部分的简单相加，而是各部分相互适应、相互协调的结果。

世界各国具有不同的金融体系，很难应用一个相对统一的模式来进行概括。从直观上看，发达国家金融制度之间一个较为显著的区别体现在，不同的国家中，金融市场与金融中介的重要性上。

在德国，几家大银行起支配作用，金融市场很不重要；而另一个极端是美国，金融市场作用很大，而银行的集中程度很小。在这两个极端之间的是其他一些国家，例如日本、法国，它们传统上是以银行为主的体制，但是近年来金融市场发展很快，而且作用越来越大；加拿大与英国的金融市场比德国发达，但是银行部门的集中程度要高于美国。

二、我国的金融体系

我国的金融体系主要包括以下四类主体：

（1）中央银行。中国人民银行是我国的中央银行，1948年12月1日成立。中国人民银行是政府的银行、银行的银行、发行的银行，不办理具体存贷款业务。

（2）金融监管机构。中国银行业监督管理委员会，简称中国银监会；中国证券监督管理委员会，简称中国证监会；中国保险监督管理委员会，简称中国保监会。

（3）政策性金融机构。我国的政策性金融机构包括三家政策性银行：国家开发银行、中国进出口银行和中国农业发展银行。

（4）商业性金融机构。我国的商业性金融机构包括银行业金融机构、证券机构和保险机构三大类。

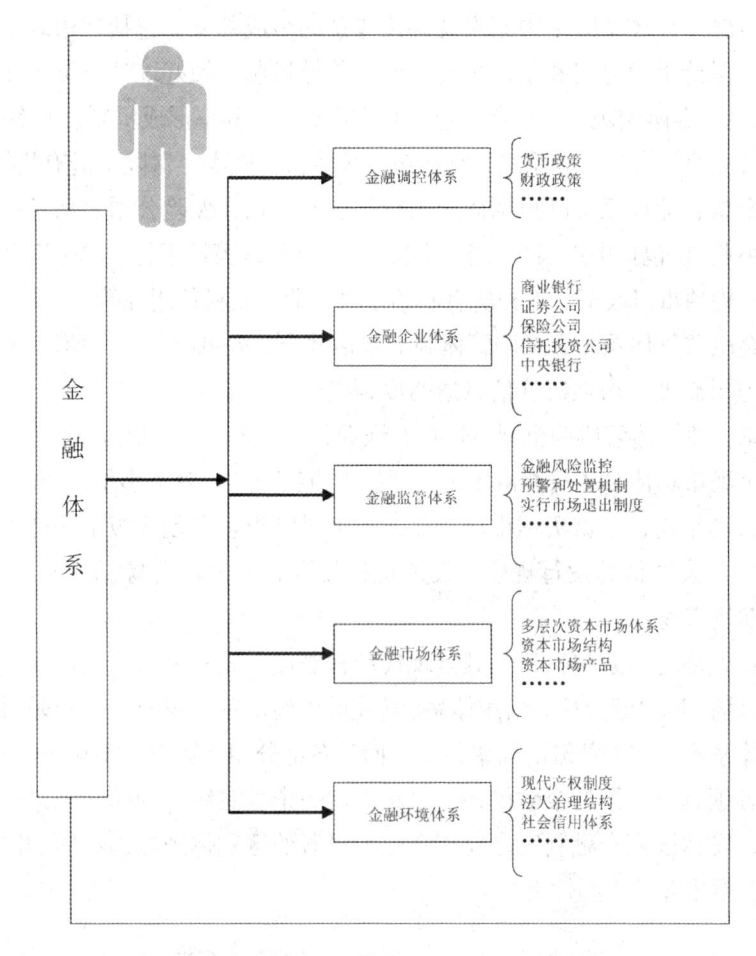

金融体系
- 金融调控体系：货币政策、财政政策……
- 金融企业体系：商业银行、证券公司、保险公司、信托投资公司、中央银行……
- 金融监管体系：金融风险监控预警和处置机制、实行市场退出制度……
- 金融市场体系：多层次资本市场体系、资本市场结构、资本市场产品……
- 金融环境体系：现代产权制度、法人治理结构、社会信用体系……

①银行业金融机构主要包括国有商业银行（中国工商银行、中国农业银行、中国银行、中国建设银行）、股份制商业银行（交通银行、中信实业银行、中国光大银行、华夏银行、中国民生银行、广东发展银行、深圳发展银行、招商银行、兴业银行、上海浦东发展银行、恒丰银行等）、城市商业银行、农村商业银行以及住房储蓄银行、外资银行和中外合资银行。信用合作机构包括城市信用社及农村信用社。非银行金融机构主要包括金融资产管理公司、信托投资公司、财务公司、租赁公司等。

②证券机构包括证券公司、证券交易所、证券登记结算公司、证券投资咨询公司、基金管理公司等。

③保险机构。指专门经营保险业务的机构，包括国有保险公司、股份制保险公司和在华从事保险业务的外资保险分公司及中外合资保险公司。

◎ 金融市场：资本和货币交易的地方 ◎

一、金融市场的含义

金融市场是指资金供应者和资金需求者双方通过信用工具进行交易而融通资金的市场。是实现货币借贷和资金融通、办理各种票据和有价证券交易活动的市场。一个完备的金融市场，包括四个基本要素：

（1）资金供应者和资金需求者。包括政府、金融机构、企业事业单位、居民、外商等，既能向金融市场提供资金，也能从金融市场筹措资金。这是金融市场得以形成和发展的一项基本因素。

（2）信用工具。这是借贷资本在金融市场上交易的对象。如各种债券、股票、票据、可转让存单、借款合同、抵押契约等，是金融市场上实现投资、融资活动必须依赖的标的。

（3）信用中介。这是指一些充当资金供求双方的中介人，起着联系、媒介和代理买卖作用的机构，如银行、投资公司、证券交易所、证券商和经纪人等。

（4）价格。金融市场的价格指它所代表的价值，即规定的货币资金及其所代表的利率或收益率的总和。

二、金融市场体系的分类

金融市场体系包括货币市场、资本市场、外汇市场和黄金市场，而一般根据金融市场上交易工具的期限，把金融市场分为货币市场和资本市场两大类。

1. 货币市场

货币市场是融通短期资金的市场，包括同业拆借市场、回购协议市场、商业票据市场、银行承兑汇票市场、短期政府债券市场、大面额可转让存单市场。

2. 资本市场

资本市场是融通长期资金的市场，包括中长期银行信贷市场和证券市场。中长期信贷市场是金融机构与工商企业之间的贷款市场，证券市场是通过证券的发行与交易进行融资的市场，包括债券市场、股票市场、保险市场、融资租赁市场等。

三、金融市场的功能

（1）融通资金的"媒介器"。通过金融市场使资金供应者和需求者在更大范围内自主地进行资金融通，把多渠道的小额货币资金聚集成大额资金来源。

（2）资金供求的"调节器"。中央银行可以通过公开市场业务，调剂货币供应量，有利于国家控制信贷规模，并有利于使用市场利率由资金供求关系决定，促进利率作用的发挥。

（3）经济发展的"润滑剂"。金融市场有利于促进地区间的资金协作，有利于开展资金融通方面的竞争，提高资金使用效益。

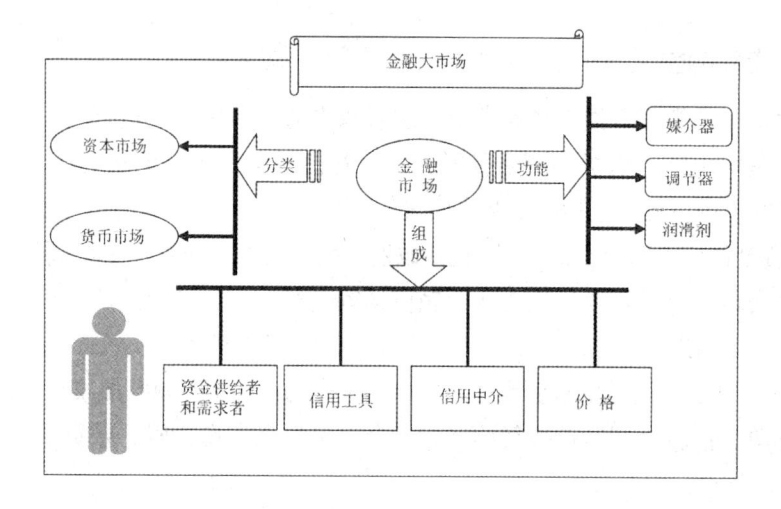

◎ 金融中介机构：投资银行、保险、财务公司 ◎

一、金融中介的定义

2007年纽约的冬天格外寒冷。11月，华尔街最大的证券公司美林和全球第一金融财团花旗首席执行官相继易人。华尔街乃至整个金融界为之震惊。

当美林和花旗都在紧锣密鼓地寻找首席执行官接班人时，他们不约而同把目光锁在了同一个人身上。此人便是华尔街上颇富传奇色彩的人物——约翰·塞恩。

约翰·塞恩最终弃花旗不顾，走进了困境重重的美林证券。可是不到一年的时间，这位华尔街颇富传奇色彩的金融人物就亲手将一家有着94年历史的投资银行送进历史书。2008年9月，约翰·塞恩以500亿美元的价格将位列美国投资银行前五名的美林集团全部让出，接盘者为美国银行。

这一收购价只是美林一年前市值的三分之二左右，仅为该行 2007 年初市值顶点的一半。不过，这仍然是华尔街让人较为宽慰的事情，要知道另外一家华尔街投行雷曼兄弟已经宣告破产了。

从上面一段文字我们可以看到金融中介结构在商业发展过程当中所占有的分量。上文中涉及的金融中介机构，如美林、雷曼兄弟等都是世界上著名的金融中介机构。说了这么多的关于金融中介机构的信息，那到底金融中介机构指的是什么呢？

金融中介机构指从资金的盈余单位吸收资金提供给资金赤字单位以及提供各种金融服务的经济体，金融中介机构的主要手段有信用创造、清算支付、资源配置、信息提供和风险管理等几个方面。

二、金融中介机构的分类

根据是否具备发行货币间接请求权，我们可以把金融中介机构分为存款货币机构和非存款货币机构。

（1）存款货币机构。包括商业银行、专业银行与基层合作金融中介机构等。其中，专业银行包括中小企业银行、工业银行与农业银行等，而基层合作金融中介机构则包括信用合作社等。

（2）非存款货币机构。包括信托投资公司、保险公司。

三、金融中介的功能

（1）金融中介节约了交易费用。如果没有金融中介，单个的资金结余者与单个

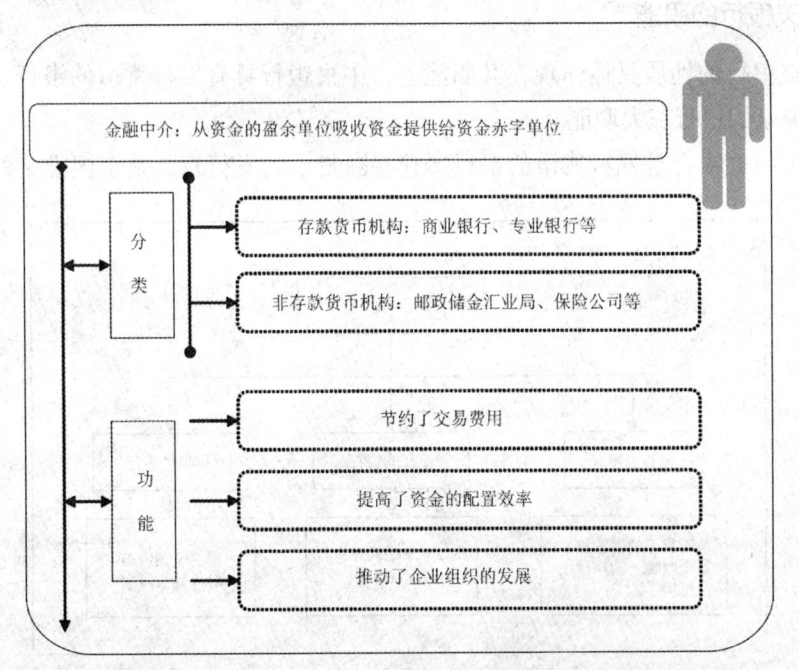

渴望获得资金者彼此去接洽，会极大地提高交易成本。

（2）金融中介提高了资金的配置效率。金融中介通过一套科学的配置体系，评估资金的收益和风险，从而提高了资金的使用效率。

（3）金融中介的发展推动了企业组织的发展。使企业的经营机制获得了资金，从而得到了极大发展。

◎ 中央银行：国家经济的大动脉 ◎

一、中央银行的含义

中央银行是由政府组建的机构，负责控制国家货币供给、信贷条件，监管金融体系，特别是商业银行和其他储蓄机构。

中央银行是一国最高的货币金融管理机构，在各国金融体系中居于主导地位。中央银行的职能是宏观调控、保障金融安全与稳定、金融服务。

中央银行所从事的业务与其他金融机构所从事的业务的根本区别在于，中央银行所从事的业务不是为了营利，而是为实现国家宏观经济目标服务，这是由中央银行所处的地位和性质决定的。

中央银行的主要业务有：货币发行、集中存款准备金、贷款、再贴现、证券、黄金占款和外汇占款、为商业银行和其他金融机构办理资金的划拨清算和资金转移的业务等。

二、中央银行的职能

中央银行的性质具体体现在其职能上，中央银行具有发行货币的银行、银行的银行、国家的银行三大职能。

（1）中央银行是发行货币的银行。它垄断货币的发行权，是全国唯一的现钞发

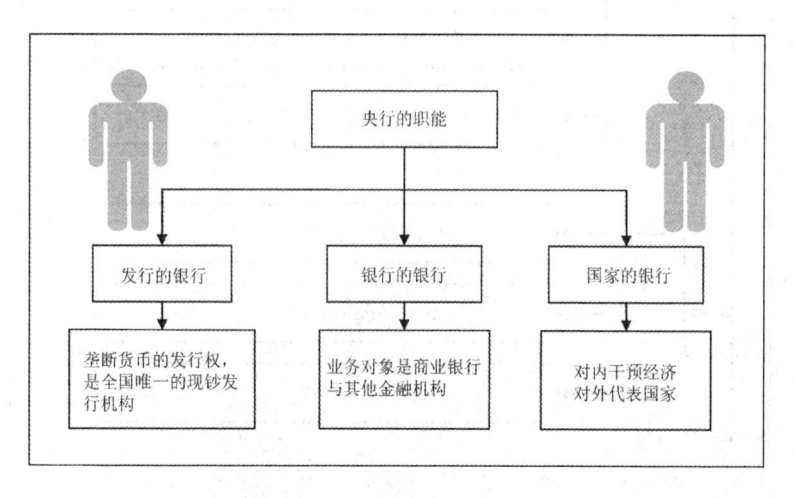

行机构。

（2）中央银行是银行的银行。这一职能最能体现中央银行的特殊金融机构性质。办理"存、放、汇"，仍是中央银行的主要业务内容，但业务对象不是一般企业和个人，而是商业银行与其他金融机构。

（3）中央银行是国家的银行。它是国家货币政策的制订者和执行者，也是政府干预经济的工具；同时为国家提供金融服务，代理国库，代理发行政府债券，为政府筹集资金；代表政府参加国际金融组织和各种国际金融活动。

◦ 商业银行：银行体系的主体 ◦

商业银行是一个国家的银行体系的主体。商业银行同其他任何厂商一样，其经营目的是为了赢利。在以市场经济为主体的国家里，商业银行大多是私营企业，其所有权属于其股票持有人。

一、中央银行和商业银行：监管和被监管者

商业银行是一个企业，追求赢利，其赢利的手段是否合法，需要受到央行的监管。

（1）商业银行的设立需要经过央行的批准。商业银行的主要领导须经中国人民银行批准才能履职。

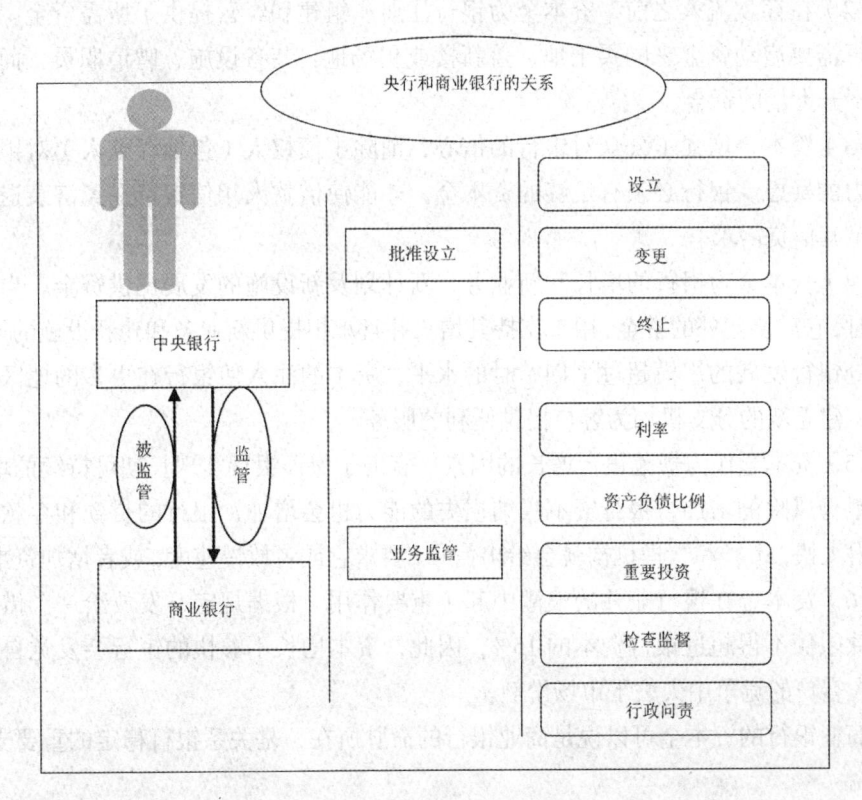

央行和商业银行的关系

- 批准设立
  - 设立
  - 变更
  - 终止
- 业务监管
  - 利率
  - 资产负债比例
  - 重要投资
  - 检查监督
  - 行政问责

中央银行 —— 被监管/监管 —— 商业银行

（2）商业银行依照商业银行法的规定在对银行名称、注册地点、注册资本、股权结构等重大事项进行变更之前须经中国人民银行批准。

（3）商业银行因各种情况不能继续经营，需要终止的，须经中国人民银行批准才能清算和注销银行法人资格。

（4）商业银行办理存款业务，须遵循中国人民银行规定利率幅度确定存款利率，其办理贷款业务时，应按中国人民银行规定的利率幅度确定贷款利率。

（5）商业银行的重要投资须按照商业银行法的规定进行，并事先取得中国人民银行批准。

（6）商业银行应定期向人民银行报送资产负债表等报表和其他资料，接受人民银行的检查监督等。

（7）商业银行违反商业银行法和其他法律法规的行为，构成行政责任的，由中国人民银行依法给予行政处分。

二、银行资本金：商业银行的"本钱"

在维持日常经营和保证长期生存能力方面，商业银行的资本金起到了关键的作用，这种关键的作用主要体现在六大方面：

（1）资本金是一种减震器。当管理层注意到银行的问题并恢复银行的赢利性之前，资本金通过吸纳财务和经营损失，减少了银行破产的风险。

（2）在存款流入之前，资本金为银行注册、组建和经营提供了所需资金。一家新银行需要启动资金来购买土地、盖新楼或租场地、装备设施、聘请职员，而这些都离不开大量的资金。

（3）资本金增强了公众对银行的信心，消除了债权人（包括存款人）对银行财务能力的疑虑。银行必须有足够的资本金，才能使借款人相信银行在经济衰退时也能满足其信贷需求。

（4）资本金为银行的增长和新业务、新计划及新设施的发展提供资金。当银行成长时，它需要额外的资金，用来支持其增长并且承担提供新业务和建新设施的风险。大部分银行发展的规模超过了创始时的水平，资本的注入使银行在更多的地区开展业务，建立新的分支机构为客户提供便利的服务。

（5）资本金作为规范银行增长的因素，有助于保证银行实现长期可持续的增长。随着银行风险的增加，银行资本吸纳损失的能力也会增加，银行的贷款和存款如果扩大得太快，市场和管理机构就会给出信号，要求它或者放慢速度，或者增加资本金。

（6）资本金在银行兼并的浪潮中起了重要作用。根据规定，发放给一个借款人的贷款限额不得超过银行资本的15%，因此，资本增长不够快的银行会发觉自己在争夺大客户的竞争中失去了市场份额。

商业银行的资本金可以说是商业银行的命脉所在，是关系银行稳定的重要支柱。

因此，金融监管部门和国际上的金融监管组织都对商业银行的资本金充足水平做出了较严格的规定，同时严格加以监督。

电子金融：未来的金融主宰者

一、电子货币

世界上最早的银行信用卡是美国佛拉特布什国民银行在1946年发行的用于旅游的信用卡，但是这种信用卡只能用于货币支付，不能提供消费信贷，因而不是真正意义上的银行信用卡。真正意义上的银行信用卡是美国富兰克林国民银行于1952年发行的信用卡，继富兰克林国民银行之后，美洲银行从1958年开始发行美洲银行信用卡，并吸收中、小银行参加联营，发展成为今天的维萨集团。西部各州银行组成联合银行协会，于1966年发行万事达信用卡。维萨集团和万事达集团逐渐发展成为当今世界上最大的两个国际信用卡组织。

随着中国经济和金融业的发展，电子金融对于中国人来说已经毫不陌生了。电子金融就是通过电子手段进行的资金融通的活动，如网上银行、电子结算等。

随着电子金融的发展，电子货币成为经济学中一个新生的概念。目前，国际上对于电子货币的定义尚无定论。而且，世界各国推行的有关电子货币的试验项目也形态各异。常见的有以下三种定义：

（1）电子货币是以金融电子化网络为基础，以商用电子化机具和各类交易卡为媒介，以电子计算机技术和通信技术为手段，以电子数据（二进制数据）形式存储在银行的计算机系统中，通过计算机网络系统以电子信息传递形式实现流通和支付功能的货币。

（2）用一定金额的现金或存款从发行者处兑换并获得代表相同金额的数据，通过使用某些电子化方法将该数据直接转移给支付对象，从而能够清偿债务，该数据本身即可称作电子货币。

（3）电子货币就是消费者向电子货币的发行者支付传统货币，而发行者把这些传统货币的相等价值，以电子、磁性等形式储存在消费者持有的电子设备中。依据国际清算银行的定义，指以电子形式储存在消费者持有的电子设备中并依现行货币单位计算的货币价值。

通过这三种定义，我们可以看出电子货币是借助网络媒介实现其货币功能，是现在电子商务发展的基础。在现代电子商务中，银行是连接生产企业、商业企业和消费者的纽带，起着至关重要的作用，银行是否能有效地实现电子支付已成为电子商务成败的关键。

二、网上交易

一个简单的网上交易流程是这样的:首先买方向卖方发出购物请求;卖方将买方的支付指令通过支付网关送往卖方的收单行;收单行通过银行卡网络从发卡行获得授权许可,并将授权信息再通过支付网关送回卖方;卖方取得授权后,向买方发出购物完成信息。如果支付获取与支付授权不能同时完成,卖方还要通过支付网关向收单行发送支付获取请求,把该笔交易的资金由买方转账到卖方的账户中。银行与银行之间通过支付系统完成最后的行间结算。

从上述交易流程中不难发现,网上交易可以分为交易环节和支付结算环节两大部分,其中支付结算环节又由包括支付网关,发单行和发卡行在内的金融专业网络。因此,离开了银行,便无法完成网上交易的支付,从而也谈不上真正的电子商务。通过下图我们可以更直观地认识到这一点。在下图中,借助网络平台,通过电子货币发行者A,完成了数据流从电子货币使用者X到Y的传递,进而实现现金流或存款流从Y到X的转移。

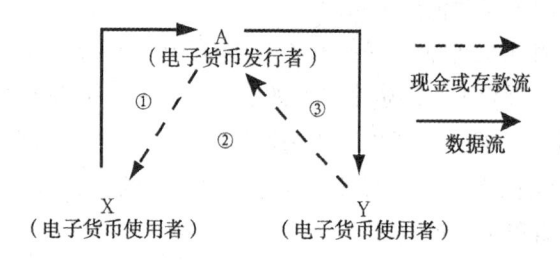

随着互联网的极大普及,互联网在证券市场中的地位也越来越重要,这也是近年来的一个重大的发展。现在,初次公开发行是在网上进行,许多经纪公司允许客户在线交易证券和利用电子邮件发送买卖指令。1999年6月,美林证券开始为其500万客户提供单笔金额最小为29.95美元的在线交易服务,这一消息震惊了华尔街。而现在,在线交易已经十分普遍。经纪业务与过去相比发生了巨大变化。

与西方国家相比,我国金融的电子化相对起步较晚,但在金融电子化建设方面进展神速,在金融通信网络和金融业务处理等方面业已发生了根本性的变化,我国已建成的电子化金融系统对加强金融宏观调控、防范化解金融风险、加速资金周转、降低经营成本和提高金融服务质量发挥了重要作用,这推进了我国国民经济金融快速、健康和稳定发展。

不过,虽然电子金融发展速度很快,但是,它存在的一些缺陷还是不容忽视。比如金融电子化缺乏战略性规划、全国性支付清算体系建设面临很多困难、网上金融企业的认证中心建设速度缓慢、金融信息安全建设水平在很大程度上仍滞后于电子化水平等,这些方面还需要在往后的发展过程中不断地完善和改进。

第六章
通货膨胀与通货紧缩：钱的扩张与萎缩

◎ 货币和通货膨胀：钱多了注定了不值钱 ◎

一、通货膨胀

在第一次世界大战后的德国，有一个小偷去别人家里偷东西，看见一个筐里边装满了钱，他把钱倒了出来，把筐拿走了。

在1923年的德国街头上，一些儿童用大捆大捆的纸币马克玩堆积木的游戏；一位正在煮饭的家庭妇女，她烧的不是煤，而是本应该用来买煤的纸币……你肯定感到难以置信。但事实确实如此——当时的德国，正在经历人类历史上最疯狂的通货膨胀，货币贬值到了今天看来几乎无法相信的程度：年初1马克还能换2.38美元，到了夏天1美元能换4万亿马克！一份报纸从0.3马克涨到7000万马克！

当时的德国人民经受了可怕的梦魇。工人和教师一领到工资就要以百米冲刺的速度冲到商店购买面包和饼干，跑得慢一点，面包和饼干的价格就会上涨一大截。因为物价上涨的速度实在是太疯狂了！老人们积攒了一辈子的积蓄顷刻间化为乌有，工人罢工，农民罢产。在这样巨大的经济危机之中，德国人民遭受了极大的苦难。没有工作、没有粮食，走投无路。德国人民对政府极为不满，德国各地，斗争、骚乱不断发生，德国处于严重的动荡之中。

这就是传说中的通货膨胀。在宏观经济学中，因货币供给大于货币实际需求，而引起的一段时间内物价持续而普遍地上涨现象，通俗的说就是说流动中的钱多了，钱多了就不值钱，物价上涨了，货币的购买力下降了。

二、货币流通与通货膨胀

通货膨胀只有在纸币流通的条件下才会出现,在金银货币流通的条件下不会出现此种现象。因为金银货币本身具有价值,作为贮藏手段的职能,可以自发地调节流通中的货币量,使它同商品流通所需要的货币量相适应。而在纸币流通的条件下,因为纸币本身不具有价值,它只是代表金银货币的符号,不能作为贮藏手段,因此,纸币的发行量如果超过了商品流通所需要的数量,就会贬值。

可以说,通货膨胀和货币是紧紧联系在一起的。诺贝尔经济学奖得主米尔顿·弗里德曼曾有一个著名的论断:"无论何时何地,通货膨胀无一例外都是货币现象。"

事实上,从历史经验我们可以看出,货币供给增长率与通货膨胀之间存在着正相关关系:高通货膨胀率的国家往往有很高的货币增长率。例如,白俄罗斯、巴西、罗马尼亚等国在1992年到2002年都出现了较严重的通货膨胀,而它们的货币增长率同样很高。反之,英国和美国同期的通货膨胀率和货币增长率都较低。

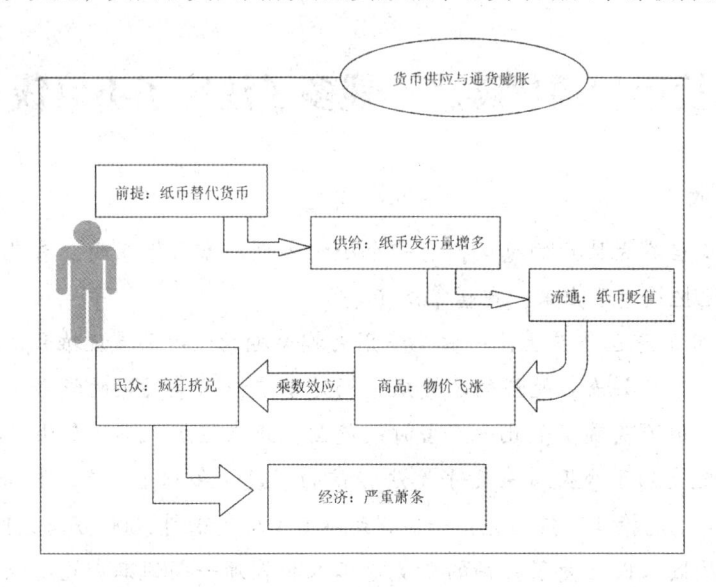

◎ 恶性通货膨胀:谁来为消失的财富埋单 ◎

一、恶性通货膨胀

对低阶层者而言,通货膨胀通常会提高由经济活动之前的贴现所产生的负面影响。通货膨胀通常导因于政府提高货币供给政策。政府对通货膨胀的所能进行的影响是对停滞的资金课税。通货膨胀升高时,政府提高对停滞的资金的税负以刺激消费与借支,于是提高了资金的流动速度,又增强了通货膨胀,形成恶性循环。在极端的情形下会形成恶性通货膨胀。

在经济学上,恶性通货膨胀是一种不能控制的通货膨胀,在物价很快地上涨的情况下，就使货币失去价值。恶性通货膨胀没有一个普遍公认的标准界定。一般界定为每月通货膨胀50%或更多，但很多时在宽松上使用的比率会更低。多数的经济学家认为的定义为"一个没有任何平衡趋势的通货膨胀循环"。当越来越多的通膨现象随着周期反复发生会产生恶性循环。有关恶性通膨的肇因虽有很多争议，可是当货币供给有异常的增加或钱币大幅地贬值，且常与战争（或战后）、经济萧条、及政治或社会动荡联想在一起时，恶性通膨便日益明显。

1945年8月到1948年8月，南京国民政府法币的发行量从5000亿激增至660万亿元，增长1320倍。1948年8月，又停止法币，发行"金圆券"，原有的法币按照1:300万收兑，这就是说，300万法币只能换1元金圆券。并且声称，金圆券发行以20亿为限。事实上，从1948年8月发行金圆券以来的不到一年里，其发行额超过了原来限额的几万倍。当时曾出现了类似"天方夜谭"的一幕：印钞厂昼夜不停地赶印纸币，仍然供不应求，情急之下只好赶到美国、英国大量印刷。据报道，到1949年5月，国民党政府的货币发行额比1937年6月增加了1445亿倍，而全国物价上涨85000亿倍。有人根据国民政府的物价统计，对100元"法币"购买力做过这样一个对比计算：1937年可买两头黄牛。1938年可买一头黄牛。1939年可买一头猪。1941年可买一袋面粉。1943年可买一只鸡。1945年可买两个鸡蛋。1946年可买1/6香皂。1947年可买一粒煤球。1948年可买0.002416两大米。1949年可买1粒米的千万分之2.45。

那么，那些价值哪里了呢？被掠夺走了。被谁掠夺走了呢？被控制银行的四大家族蒋介石、陈果夫、宋子文、孔祥熙掠夺走了。这四大家族在1927年并不富有，但在此后特别是在40年代进行反革命内战过程中，他们就掠夺高达200亿美元的民脂民膏（那时的200亿美元约相当于现在的4000亿美元）。到新中国成立前夕，四大家族的官僚资本占旧中国资本主义经济的80%，全部官僚资本约占全国工业资本的2/3左右，占全国工矿、交通运输业固定资产的80%。除了增加赋税、大量举债、收受贿赂等方法外，利用银行滥发纸币，制造通货膨胀是一个重要的掠夺方法。正如列宁所说："滥发纸币就是鼓励投机，让资本家靠投机而大发横财。"

二、谁为消失的财富埋单

1. 在债务人与债权人之间，通货膨胀将有利于债务人而不利于债权人

在通常情况下，借贷的债务契约都是根据签约时的通货膨胀率来确定名义利息率，所以当发生了未预期的通货膨胀之后，债务契约无法更改，从而就使实际利息率下降，债务人受益，而债权人受损。其结果是对贷款，特别是长期贷款带来不利的影响，使债权人不愿意发放贷款。贷款的减少会影响投资，最后使投资减少。

2. 在雇主与工人之间，通货膨胀将有利于雇主而不利于工人

这是因为，在不可预期的通货膨胀之下，工资增长率不能迅速地根据通货膨胀

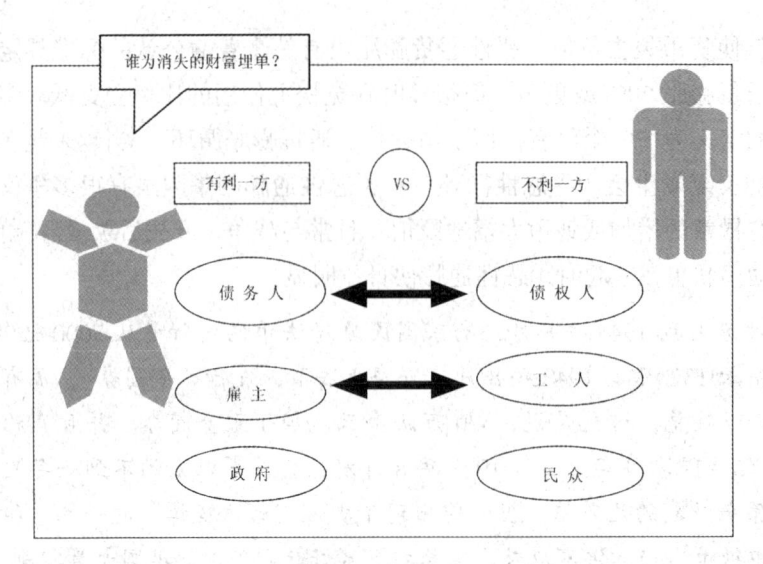

率来调整,从而即使在名义工资不变或略有增长的情况下,使实际工资下降。实际工资下降会使利润增加。利润的增加有利于刺激投资,这正是一些经济学家主张以温和的通货膨胀来刺激经济发展的理由。

3. 在政府与公众之间,通货膨胀将有利于政府而不利于公众

由于在不可预期的通货膨胀之下,名义工资总会有所增加(尽管并不一定能保持原有的实际工资水平),随着名义工资的提高,达到纳税起征点的人增加了,有许多人进入了更高的纳税等级,这样就使得政府的税收增加。但公众纳税数额增加,实际收入却减少了。政府由这种通货膨胀中所得到的税收称为"**通货膨胀税**"。一些经济学家认为,这实际上是政府对公众的掠夺。这种通货膨胀税的存在,既不利于储蓄的增加,也影响了私人与企业投资的积极性。

◎ 通货紧缩:物价过低并非是一件好事 ◎

一、什么是通货紧缩

2008年,钢材价格从6000元每吨的高位迅速回落到3000元,继续下行;某品牌1.5的电缆线前几天是90多元一捆,过了几天就只要70元了;猪肉价年初还是9元一斤,很快也滑到了5元左右。很多人会认为,这不是正代表着抑制通货膨胀的目标得到了实现吗?这是好事啊。其实不然。这就是通货紧缩,整体物价水平下降,是一个与通货膨胀相反的概念。

通货紧缩是指货币供应量少于流通领域对货币的实际需求量而引起的货币升值,从而引起的商品和劳务的货币价格总水平的持续下跌现象。通货紧缩,包括物价水平、货币供应量和经济增长率三者同时持续下降;它是当市场上的货币减少,购买能力

下降，影响物价之下跌所造成的；长期的货币紧缩会抑制投资与生产，导致失业率升高与经济衰退。

当市场上流通的货币减少，人民的货币所得减少，购买力上升，影响物价之下跌，造成通货紧缩。依据诺贝尔经济学奖得主保罗·萨缪尔森的定义："价格和成本正在普遍下降即是通货紧缩。"经济学者普遍认为，当消费者物价指数（CPI）连跌两季，即表示已出现为通货紧缩。通货紧缩就是物价、工资、利率、粮食、能源等统统价格不能停顿地持续下跌，而且全部处于供过于求的状况。

二、通货紧缩的害处

通货紧缩对经济增长的影响有短期和长期之分。适度的短期通货紧缩有利于经济的增长。理因为，通货紧缩将促使长期利率下降，有利于企业投资改善设备，提高生产率。在适度通货紧缩状态下，经济扩张的时间可以延长而不会威胁经济的稳定。而且，如果通货紧缩是与技术进步、效益提高相联系的，则物价水平的下降与经济增长是可以相互促进的。

长期的货币紧缩会抑制投资与生产，导致失业率升高及经济衰退。因为物价的持续下降会使生产者利润减少甚至亏损，继而减少生产或停产；同时使债务人受损，继而影响生产和投资；生产投资减少会导致失业增加居民收入减少，加剧总需求不足。

通货紧缩是比通货膨胀更危险的敌人，通货紧缩通常被认为是经济衰退的先兆，严重的通货紧缩将会造成经济的大萧条，使经济发展倒退几十年，并且在较长时间内难以复苏。难怪日本经济学家把曾经发生在日本的一场通货紧缩称为"可怕的通货紧缩幽灵"。很多经济学家由此得出一个结论："通货紧缩对经济所造成的损害要比通货膨胀大得多。"

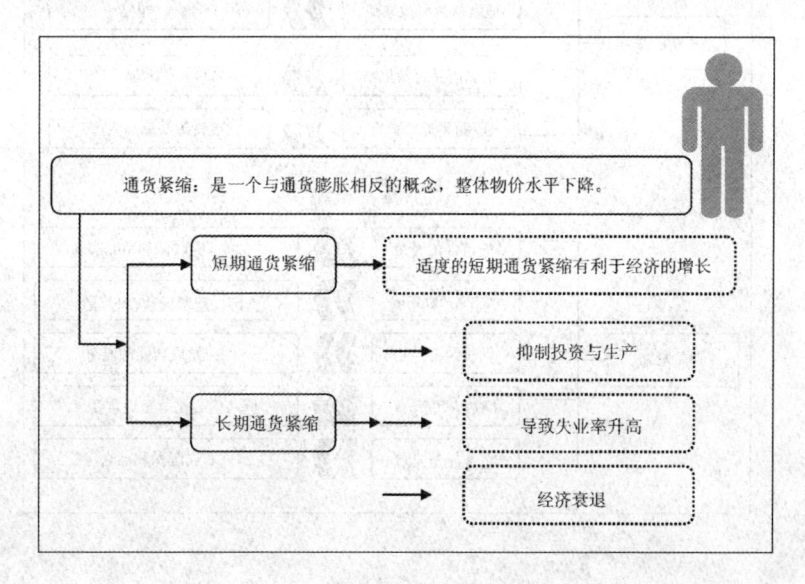

◎ 稳定通货：政府左右为难的问题 ◎

一、通货膨胀的治理

（1）适度从紧的货币政策。实行适度从紧的货币政策，控制货币投放，保持适度的信贷规模，由中央银行运用各种货币政策工具灵活有效地调控货币信用总量，将货币供应量控制在与客观需求量相适应的水平上。

（2）适度从紧的财政政策。凯恩斯主义者则着重于经由增税或降低政府开支等财政手段来普遍性地降低需求。财政政策方面，主要是大力压缩财政支出，努力增加财政收入，坚持收支平衡，不搞赤字财政。控制固定资产投资规模和控制消费基金过快增长，以此来实现控制社会总需求的目的。

（3）增加商品的有效供给，调整经济结构。降低成本，减少消耗，提高经济效益。提高投入产出的比例，同时，调整产业和产品结构，支持短缺商品的生产。

（4）直接控制薪资与物价。经济学家一般视物价控制为不良做法，因其助长短缺、降低生产品质，从而扭曲经济运行。然而，为了抑制破坏性的通货膨胀，这样的代价或许值得。美国在20世纪70年代早期，尼克松政府曾试验过直接控制薪资与物价方法。

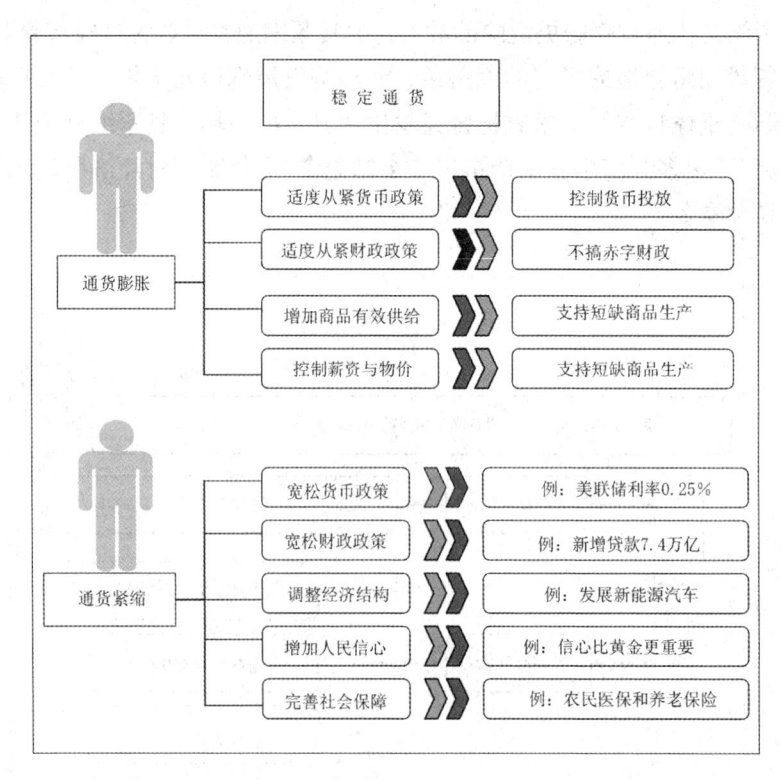

稳定通货

通货膨胀：
- 适度从紧货币政策 ➤ 控制货币投放
- 适度从紧财政政策 ➤ 不搞赤字财政
- 增加商品有效供给 ➤ 支持短缺商品生产
- 控制薪资与物价 ➤ 支持短缺商品生产

通货紧缩：
- 宽松货币政策 ➤ 例：美联储利率0.25%
- 宽松财政政策 ➤ 例：新增贷款7.4万亿
- 调整经济结构 ➤ 例：发展新能源汽车
- 增加人民信心 ➤ 例：信心比黄金更重要
- 完善社会保障 ➤ 例：农民医保和养老保险

二、通货紧缩的治理

（1）宽松货币政策。采用宽松的货币政策，降低利率，可以增加流通中的货币量，从而刺激总需求。为阻止经济进一步下滑，2008年12月16日美联储决定将利率水平从1%下调到零至0.25%这个范围。这一降息幅度大于很多分析人士预期的0.5个百分点，联邦基金利率降到历史最低点。

（2）宽松财政政策。扩大财政支出，可以直接增加总需求，还可以通过投资的"乘数效应"带动私人投资的增加。

（3）调整经济结构。对由于某些行业的产品或某个层次的商品生产绝对过剩引发的通货紧缩，一般采用结构性调整的手段，即减少过剩部门或行业的产量，鼓励新兴部门或行业发展，如发展新能源汽车等。

（4）增加人民信心。政府通过各种宣传手段，增加公众对未来经济发展趋势的信心。

（5）完善社会保障。建立健全社会保障体系，适当改善国民收入的分配格局，提高中下层居民的收入水平和消费水平，以增加消费需求。

◎货币升值：人民币升值是好事，还是坏事◎

一、货币升值

据《消费导刊》报道，由于我国实行的是人民币盯住美元汇率制，因此，在近10年里，人民币长期处于升值状态。1996年人民币平均汇率为8.3143，到2003年为8.2770（国家统计局，2004）。从2001年开始连续3年人民币汇率相对稳定在8.2770。自2006年开始，人民币再一次面临升值压力。

人民币升值实际上指的是人民币兑换外币的比率增加。这里我们要先明白汇率的概念。汇率指的是以一种货币表示另一种货币的价格。根据这个道理，倘若人民币对美元的汇率是1∶8，1美元可以换8元的人民币；当汇率上升为1∶7，1美元只能换7元的人民币。这样人民币相对于美元来说，就是升值了。如果这时你拿人民币购买美国的东西，就比以前花的钱少了。因为人民币更"值钱"了。

2008年，福建的蓝老板决定为自己购买一辆进口的新车——一款留意很久的凯迪拉克。在做这笔生意时，蓝老板可谓是打紧了小算盘，他说："我浏览了不少国外专业网站，美国那边经销商的报价为37140美元，如果按以前的汇率8.3换算，要308262元人民币；但我买时的汇率是7.35，只花了272979元人民币，节省了35000多。"

刚刚拿到新车的蓝老板对新座驾非常满意。他准备等到人民币再次升值后，为家里再添置一辆新车。

利用这个例子，就能弄清人民币升值的含义。同时，我们从中看到，人民币升值极大地提高了国内人民的国际购买能力。对于像蓝老板这样的消费者来说，现在买外国的商品等于是在打七八折，让百姓十分受惠。

同样的，对于进口商来说，他们进购商品也将会比以前更加便利，进口商品和进口原料便宜了，国内的一些加工产品也会变得更低价。于是，人们的购买力增加，从而拉动内需，促进了消费。难道人民币升值带来的都是好处？

2008年的搜狐财经报道：江苏省盛泽镇——原为中国四大丝绸之都之一，拥有数万台国内外领先的生产设备，全镇每年生产各种纺织品60亿米。但因人民币升值，停产了将近几百家企业。纺织协会的有关人员介绍，目前停产的中小企业约占整个中小企业数量的三分之一。令人悲痛的是，吴江的纺织企业也面临着同样的问题。人民币升值，造成当地企业的利润空间被极大地压缩。

按照中国纺织工业协会的统计，仅2007年一年，全国纺织企业蒙受的经济损失就在1500亿元以上，远远超过企业获得的利润，51%的企业陷入亏损边缘，纺织企业的形势堪忧。

人民币升值带来的效果，不能仅仅用利或弊一方面来概括。它们是同时存在的，都不可能被回避。因此，当有人片面地提出人民币升值改善了我们的生活，对我国的经济发展有利时，大家不妨静下来想想，说法是否准确。它对进口商有利，却会损害出口商和劳动力出口群体的利益。一次人民币的升值，将会对出口贸易造成巨大的打击，若再加上金融危机，会造成了严重的失业问题。而我国劳动力的低成本优势也被人民币升值所抵消，劳务输出受到极大影响。

二、人民币升值的正面效应

（1）有利于推进汇率制度乃至金融体系的改革。

（2）有利于解决对外贸易的不平衡问题。由于实行单一的盯住美元的汇率制度，使我国产品始终保持着廉价的优势，在一定程度上可缓解国际收支不平衡的矛盾。

（3）有利于降低进口商品价格和以进口原材料为主的出口企业的生产成本。

（4）有利于降低我国公民出境旅游的成本。

（5）有利于促使国内企业努力提高产品的竞争能力。我们的企业长期以低价占领国际市场，让外国进口商渔翁得利。升值后如提价，可能失去市场；不提价，可能增加亏损，因此只能提高生产率和科技含量，降低成本，提高质量，增强竞争力。

（6）有利于减少国外资金对国内的购房需求，减少房地产泡沫。

三、人民币升值的负面效应

（1）将在一定时期内降低企业的赢利空间，使竞争力和在国际市场的份额下降，导致出口减少。

（2）将加剧某些国内领域的竞争。一些出口产品的生产厂家会加入国内市场竞争的行列，使本已竞争激烈的国内市场竞争更加惨烈。

（3）将造成某些领域的生产相对过剩。如食品、服装、文化用品等出口商品有40%~60%转移到国内市场，必然造成产品在一定时期内供过于求。

（4）将加剧就业压力，特别是会导致许多农民工失去工作。

（5）将增加外商在华投资的成本，利用外资可能会呈现逐渐下降局面。

（6）将导致海外游客在大陆旅游的花费增加，可能使他们转往其他国家或地区旅游。

货币贬值：调节进出口的经济手段

一、货币贬值

汕滴戍村位于泰国北部阳光明媚的平原上，10多年前亚洲金融危机爆发后，该村村民便开始自行印制货币了。当时，由于大量热钱涌向国外，泰国货币——泰铢急剧贬值。当地村民无奈之下，便通过自行印制货币以求自保，这种山寨货币上的图案是当地儿童绘制的水牛和寺院。在村子里的集市上，许多村民都用当地货币购买日用品，如新鲜蔬菜、猪肉、水果。而这种货币的流通范围还在不断扩大，甚至连附近的碾米厂也开始收这种钱。

其实，这种现象的直接原因是泰国的法定货币泰铢不断贬值，导致当地村民不愿意使用本国货币。那么，什么是货币贬值呢？

货币贬值是货币升值的对称，是指单位货币所含有的价值或所代表的价值的下降，即单位货币价格下降。从国内角度看，货币贬值在金属货币制度下是指减少本国货币的法定含金属量，降低其对金属的比价，以降低本国货币价值的措施；货币贬值在现代纸币制度下是指流通中的纸币数量超过所需要的货币需求量即货币膨胀时，纸币价值下降。从国际角度看，货币价值表示为与外国货币的兑换能力，它具体反映在汇率的变动上，这时货币贬值就是指一单位本国货币兑换外国货币能力的降低，本国货币对外汇价的下降。

由于货币贬值在一定条件下能刺激生产，并且降低本国商品在国外的价格，有利于扩大出口和减少进口，因此第二次世界大战后，许多国家把它作为反经济危机、刺激经济发展的一种手段。

二、贬值能否刺激经济

实际上，当一种货币大幅度贬值是不是真的能达到预期的目标，贬值是否能促进出口的增加和经济的好转？恐怕答案未必是肯定的。有效贬值是基于这样一个假设：两个国家、两种货币，即只有本国与外国、本币与外币，本币贬值即是外币升值。现实情况却是，目前全球有200多个经济体，出于主权的考虑，几乎每个经济体都有自己的货币，因此，一种货币面对的不是一种外币而是多种外币。外国也是一个集合概念，一个国家的外国，同时也是他国的外国，每个国家面对的是一个共同的而不是分割的国际市场，况且出口市场也并不是无限的，而是有限的。进口国还会设置很多进口限制措施。国家之间不仅存在贸易伙伴关系，还存在出口竞争。

为简便起见，假设某一商品的国际市场只有a、b两个供应国即出口国，它们为出口竞争关系，其他国家均为需求国即进口国，a、b各占市场50%的市场份额。a国的国际收支出现逆差，为改善其逆差状况，采用货币贬值政策，a国的货币贬值有效，增加了出口，而扩大的份额正是b国丧失的份额。b国不甘心份额的减少，也采取贬值措施争回失去的份额。由此开始产生一轮又一轮恶性贬值竞争，形成"贬值陷阱"。

首先，从单个国家来看，a、b两国的每一轮货币贬值都是有效的，第一轮贬值中，a国货币贬值10%，市场份额由50%增加到75%，出口需求弹性2.5（2.5=25%／10%），b国的贬值同样也是有效的，b国货币贬值10%后市场份额由剩下的25%恢复到50%，弹性也是2.5，第二轮贬值同样具有弹性，且同样有效，如此可以循环往复。

其次，从总体而言，贬值却是无效的。经过两轮甚至多轮贬值，市场份额又回到初始状态，仍然是50%对50%。结论是，这种贬值对改善一国的国际收支无效，它实际上会恶化一国的国际收支，并通过联动效应恶化所有参与恶性贬值竞争国的国际收支。经过两轮贬值后，两种货币的汇率比初始期均贬值19%（19%=100%—90%×90%），而市场份额却保持不变，即出口量保持不变，意味着两个国家的出口收入均下降19%。这种从单独一次来看贬值有效，而从总体来看贬值无效的现象，可称之为贬值陷阱。

贬值陷阱是一个怪圈，因为从每一轮贬值来看，好似效果都很明显，刺激了各国运用货币贬值政策来解决国际收支问题的偏好，而将效果不明显归咎于贬值力度不够，从而更加大幅度贬值。然而，这种货币贬值的结果却使国际收支状况更加恶化，是无效的，而且连带其他国家共同陷入国际收支失衡泥潭。

在现实的国际贸易中，某个国家的货币贬值还有可能引发周边国家的货币连锁贬值。果真如此的话，这会使发展中国家的贸易条件轮番恶化，不仅无法刺激本国出口，反而将国内资源补贴给了国外消费者。贬值即便可以产生短期效应，但对于长期效应而言，无疑是泼瓢冷水。此外，货币贬值会刺激资金外流，一旦外资形成货币贬值预期，将会大规模流出，从而导致资本市场更加动荡，不利于经济稳定。

第七章
劳动就业：增加就业也是政府功课

◎ 完全就业：实现所有人的工作理想 ◎

一、充分就业

充分就业也称作完全就业，在一定的货币工资水平下所有愿意工作的人都可以得到就业的一种经济状况。实际工资调整到劳动供求相等的水平，从而使劳动市场处于均衡的状态，这在宏观经济学中被称为充分就业的状态。

充分就业是由英国经济学家凯恩斯于1936年在其著作《就业、利息和货币通论》中提出的范畴。凯恩斯认为，充分就业是由有效需求决定的。如果有效需求不足，从而造成非自愿性失业，社会即不能实现充分就业。

一般认为充分就业不是百分之百就业，充分就业并不排除像摩擦失业这样的失业情况存在。大多数经济学家认为存在4%~6%的失业率是正常的，此时社会经济处于充分就业状态。

二、充分就业的重要意义

对于社会来说，充分就业是社会经济增长的一个十分重要的条件。除了正常的暂时不就业（比如工作转换等），所有的人都找到合适的职务，整个社会劳动力没有浪费现象。要实现充分就业，政府必须加强经济干预，力求达到或维持总需求的增长速度和一国经济生产能力的扩张速度的均衡。对于个人来说，就业关乎个人尊严、自我实现。一个人在没有人情味的商业生活中养活自己，是一个人体面地生活、维护自尊所必需的。同时，就业还是人们追求生活的中心目标——自我实现的媒介。费尔普斯指出，自我实现只能来自职业。

◎ 失业：还有多少人为饭碗发愁 ◎

一、失业的含义

有劳动能力并愿意工作的人得不到适当的就业机会。没有劳动能力的人不存在失业问题。有劳动能力的人虽然没有职业，但自身也不想就业的人，不称为失业者。

对失业的规定，在不同的国家往往有所不同。在美国，年满16周岁而没有正式工作或正在寻找工作的人都称为失业者。

按照国际劳工组织（ILO）的统计标准，凡是在规定年龄的一定期间内（如一周或一天）属于下列情况的均属于失业人口：

（1）没有工作，即在调查期间内没有从事有报酬的劳动或自我雇佣。

（2）当前可以工作，就是当前如果有就业机会，就可以工作。

（3）正在寻找工作，就是在最近期间采取了具体的寻找工作的步骤，例如到公共的或私人的就业服务机构登记、到企业求职或刊登求职广告等方式寻找工作。

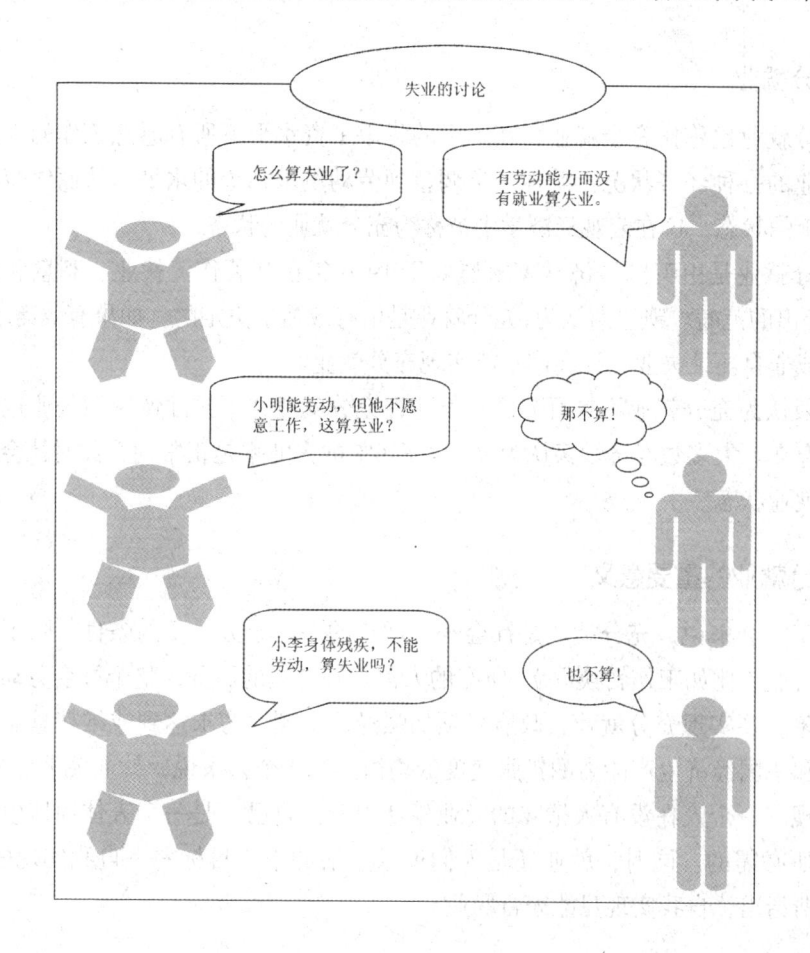

二、失业率

失业率是指失业人口占劳动人口的比率（一定时期全部就业人口中有工作意愿而仍未有工作的劳动力数字），旨在衡量闲置中的劳动产能。

通过该指标可以判断一定时期内全部劳动人口的就业情况。一直以来，失业率数字被视为一个反映整体经济状况的指标，而它又是每个月最先发表的经济数据，所以失业率指标被称为所有经济指标的"皇冠上的明珠"，它是市场上最为敏感的经济指标之一。

一般情况下，失业率下降，代表整体经济健康发展，利于货币升值；失业率上升，便代表经济发展放缓衰退，不利于货币升值。若将失业率配以同期的通胀指标来分析，则可知当时经济发展是否过热，是否构成加息的压力，或是否需要通过减息以刺激经济的发展。

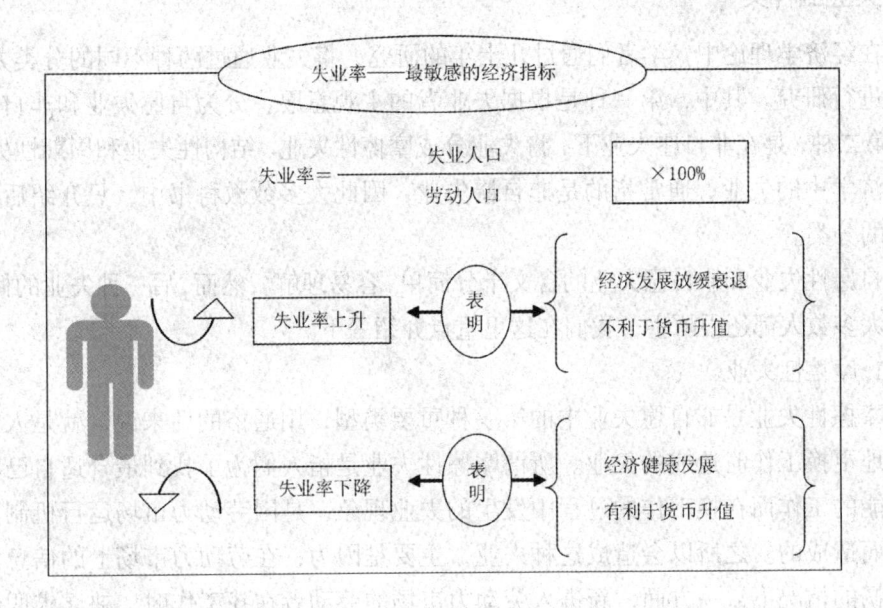

失业率——最敏感的经济指标

$$失业率 = \frac{失业人口}{劳动人口} \times 100\%$$

失业率上升 表明 经济发展放缓衰退 不利于货币升值

失业率下降 表明 经济健康发展 有利于货币升值

三、降低失业率

1. 人力培训计划

应该积极开展职业性技术教育和资助大学教育来提高工人的技术水平和应变能力，使结构性失业的工人适应新兴工作岗位的需要，降低失业率。2009年，为应对金融危机对农民工就业的冲击，中国政府提出对返乡农民工进行培训。

2. 失业保障制度

根据美国各州的法律，如果工人在失业以前有足够的就业和收入记录，愿意就业而且也具有工作能力，又不是因为自己的过失被解雇的，那么，这些失业工人就可以得到失业保险的保护。失业保障最长可以延续26周，每周的失业津贴接近失业工人就业时每周正常收入的一半。

3. 公共部门就业

公共部门就业是指在各级政府投资的工程项目中的就业。为了解决某些在劳动力市场上缺少就业竞争优势的失业工人的就业问题，或者为了解决某一个地区的失业问题，政府可以有意识地兴办公共工程，来吸收这些劳动力，从而降低经济中的失业率。

◎ 失业的种类：总会有人失业 ◎

解决失业问题，历来是政府的一项重要的宏观经济目标。尽管处于不同的国家，但各国政府都力图让民众充分就业。不过，充分就业并不等于全部就业，因为，即使有足够的就业机会，社会上也会有人失业。

一、失业的种类

在经济学理论中，学者们通过几十年的研究，将失业通过两种不同的分类方式，分别进行研究。其中，第一种是根据失业者的主观意愿，分为自愿失业和非自愿失业，第二种，是在非自愿失业下，将失业分成摩擦性失业、结构性失业和周期性失业。在经济学中的失业，通常指的是非自愿失业，因此大多数教科书中，只介绍后一种失业的分类。

自愿性失业和非自愿失业的含义十分简单，容易理解。然而，后三种失业的概念，相信大多数人都还很陌生，我们在这里重点介绍一下。

1. 摩擦性失业

摩擦性失业是非自愿失业中的第一种重要类型，用通俗的话来说，就是人们在不断地更换工作时造成的失业。所谓摩擦性失业是指人们为了找到最合适自己嗜好和技能的工作而在换工作的过程中发生的失业现象，是因劳动力市场运行机制不完善性而造成的。之所以会造成这种失业，主要是因为，在劳动力市场上的信息流通不顺畅的情况下，一方面，新进入劳动力市场的劳动者在找工作时，缺乏求职经验和信息，不能及时寻找到市场上存在的职位空缺，而造成失业。另一方面，对于那些有工作经验却曾经离职过一段时间的求职者来说，重新的求职过程和花费时间以

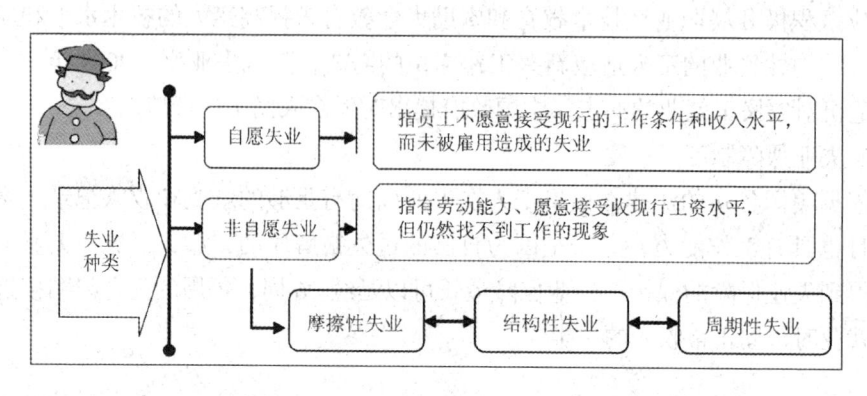

寻找合适工作，都会带来一定时间段内的失业。

有经济学家认为，这样的失业是劳动力市场里的"润滑剂"，因为他能带来劳动力市场的高效率。不过，生活中，我们常常看到的是，刚刚毕业的大学生由于对劳动力市场不了解，更容易盲目求职，不断更换工作。这样，反而对就业市场不利，极大地提高了失业率。

对于市场本身来说，其需求信息存在时间、空间的局限性，因此，无法从根本上消除摩擦失业，但可以通过加速信息的流通和提高信息透明度、公开度等来降低此类失业发生的比率。

受到2008年金融危机的影响，各大企业都裁员降薪。另一方面，2009年，全国将有超过600万的高校毕业生需要就业。就业形势的严峻，致使在求职旺季，有不少毕业生无法在短时间内找到工作。尤其是在每年的6至8月，既是求职高峰，也是失业高峰。

并且许多毕业生在寻找工作时并没有参考自己的兴趣特长、所求职工作的各项需要，而是为了"找份工作"而"找工作"。

现象一：简历海投。

"我投了六家银行和两家证券公司，到目前为止都没有回音。班里大部分同学都在海投简历，没有人收到录用通知。"来自某商学院金融专业的大四毕业生小张说。

现象二：备战大型招聘会。

"虽然今年就业形势不佳，但我还没有投简历和参加面试。与其将简历投进网络的茫茫大海，我更有兴趣认真准备接下来的几场大型的招聘会。"某师范大学政治学与行政学专业的小蔡说。

现象三：为工作而迷茫。陈雨，来自某大学数学与计算科学学院。"我投了5份简历，参加了1次校园宣传会，还没有收到面试机会，而我们班，55位同学有18个保研，10个拿到录用通知，大部分是暑假实习之后留在实习单位。"目前，陈雨一直担心自己以后没着落，投了很多简历都没消息；二是身边的人都收到了录用通知，自己没收到。"

2. 结构性失业

结构性失业则是指一国或者区域因经济结构变化，产业兴衰转移，导致人们的技能与要招聘的技能不能配合而形成的失业。同摩擦性失业不同，结构性失业是由更宏观的因素造成的，例如，一国或者地区的经济结构调整等重大政策的执行，就会带来结构性失业。此时，失业者虽然能够得到劳动市场有关职位空缺的信息，由于能力与其不符，仍旧无法获得工作。也就是说，在结构性失业的情况下，职位空缺的信息能被劳动者所获得，但由于个人技能同结构性调整时造成的空缺职位不符，从而造成失业。可是，对于一个不断发展的经济体（国家和地区）来说，经济结构的不断调整是不可避免的，所以，此类失业通常也无法彻底解决。

面对结构性失业，政府若想减少其发生的几率，就必须通过加强教育及接受新的职业培训的方式来培养劳动者的相关技能，并且不时地为求职者和就业者提供最新的政策信息，以便让人们有更多的机会进行职业生涯规划和技能调整。相对来说，这一调整过程会比较复杂，但并没有其他的有效应对方法。

3. 周期性失业

周期性失业指经济周期中的衰退或萧条阶段因需求下降而造成的失业，也称为循环性失业，其主要是因经济的周期变动。所以，它也就具有阶段性，通常发生在经济周期衰退的阶段。详细来说，经济在复苏和繁荣阶段，厂商为了扩充生产，大量增加雇佣人数，结果当经济发展到衰退和谷底时，由于社会需求不足，前景暗淡，厂商又会压缩生产，大量裁减雇员，从而形成员工的失业。

同前两种失业最大的不同就是，由于周期性失业由整体经济水平的衰退而引发，所以，它所造成的失业人口众多且分布广泛，是经济发展最严峻的局面，通常需要较长时间才能有所恢复。

二、失业存在的必然性——自然失业率

失业的原因多种多样，但是，有一点，经济学家们可以得到肯定的回答，即失业是一种必然的现象，它是社会经济活动不断变动的结果。于是，美国的经济学家弗里德曼就提出了这样一个概念，即自然失业率。就是指在没有货币因素影响下，劳动力市场和商品市场自发供求力量发挥作用时应有的处于均衡状态的失业率。他认为，失业在任何时候都存在，并与劳动力市场的现存真实情况相适应，而一定时期中自然失业率的大小取决于与货币因素相对立的实际因素，如劳动力市场的有效性、竞争或垄断程度、阻碍或促进到各种职业部门去工作的因素，等等。

同时，其他经济学家也认为，确定自然失业率对判断一国经济是否实现了充分就业十分重要，只要自然失业率在一个较低的范围内波动，就不会对国家的经济造成太大的损害。

◎奥肯定律：失业会影响国家 GDP 吗◎

一、奥肯定律

20 世纪 60 年代，美国经济学家阿瑟·奥肯根据美国的数据，提出了经济周期中失业变动与产出变动的经验关系，被称为奥肯定律。

奥肯定律的内容是：失业率每高于自然失业率一个百分点，实际 GDP 将低于潜在 GDP 两个百分点。换一种方式说，相对于潜在 GDP，实际 GDP 每下降两个百分点，实际失业率就会比自然失业率上升一个百分点。这种关系可用下列公式表示：

奥肯定律

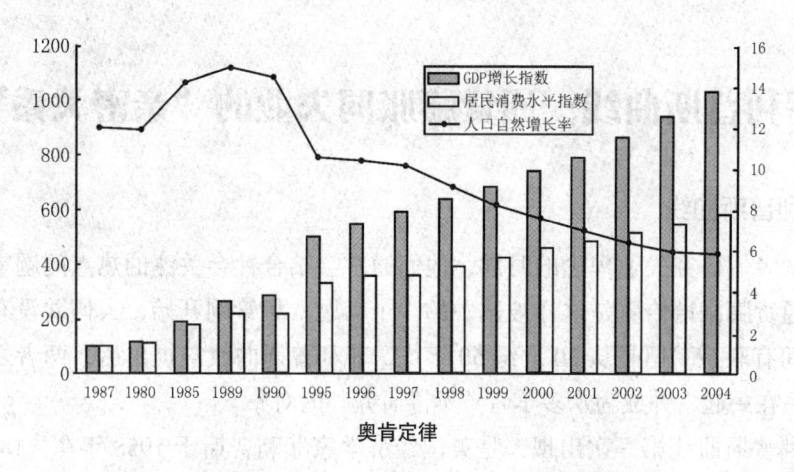

失业率变动百分比＝－1/2×（GDP变动百分比－3%）

西方学者认为，奥肯定律揭示了产品市场与劳动市场之间极为重要的关系，它描述了实际GDP的短期变动与失业率变动的联系。根据这个定律，可以通过失业率的变动推测或估计GDP的变动，也可以通过GDP的变动预测失业率的变动。例如，实际失业率为8%，高于6%的自然失业率2个百分点，则实际GDP就将比潜在GDP低4%左右。

二、奥肯定律的参考意义

奥肯定律曾经相当准确地预测失业率。例如，美国1979年～1982年经济滞涨时期，GDP没有增长，而潜在GDP每年增长3%，3年共增长9%。根据奥肯定律，实际GDP增长比潜在GDP增长低2%，失业率会上升1个百分点。当实际GDP增长比潜在GDP增长低9%时，失业率会上升4.5%。已知1979年失业率为5.8%，则1982年失业率应为5.8%+4.5%＝10.3%。根据官方统计，1982年实际失业率为9.7%。与预测的失业率10.3%相当接近。

但时至今日，奥肯定律的数字已经无法准确预测失业率与GDP的关系，不过奥肯定律所反应经济增长率越高，而失业率就越低的反比关系依然有参考意义。

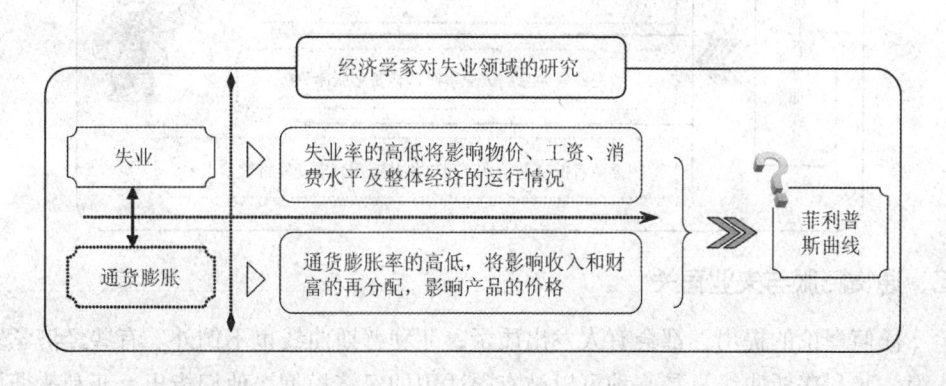

菲利普斯曲线：通货膨胀同失业的"亲密关系"

一、菲利普斯曲线

在学者们研究失业理论的时候，他们通常会结合社会关注的热点问题来进行剖析，而通货膨胀恰恰就是这样被选中的一个命题。尽管刚开始，人们并没有注意到两者之间有联系，但是从20世纪50年代，菲利普斯曲线被提出后，两者之间被微妙地牵系在一起，并成为众多学者"不倦研究"的对象。

菲利普斯曲线第一次出现，是英国经济学家菲利普斯于1958年在《1861~1957年英国失业和货币工资变动率之间的关系》一文中，试图用它来表示失业与通货膨胀之间的交替关系。通过菲利普斯曲线，将可以看到这样一种情况，即通货膨胀率高时，失业率低；通货膨胀率低时，失业率高。

在1958年，菲利普斯根据英国1867~1957年间失业率和货币工资变动率的经验统计资料，做出了一条用以表示失业率和货币工资变动率之间交替关系的曲线。他认为，这条曲线可以解说失业率与通货膨胀率之间的交替关系。因为，他认为，当失业率高时，即可推断经济处于萧条阶段，此时，工资与物价水平都较低，从而通货膨胀率也就低；相反，倘若失业率低，就可推断经济处于繁荣阶段，则工资与物价水平应居于较高水平，也就形成高通货膨胀。

菲利普斯对该曲线的描述，引发了理论界更多学者的兴趣及关注。在20世纪60年代，经济学家萨缪尔森和索洛还曾特意利用美国的现实材料对菲利普斯曲线进行了论证，发现此曲线的确适用。两大权威经济学家的证明，让菲利普斯曲线得到了学界更多的认可，越来越多的人在研究中开始使用菲利普斯曲线。

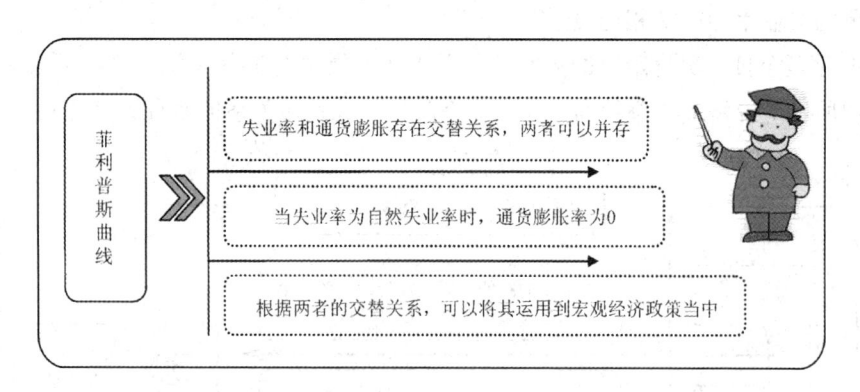

菲利普斯曲线 ➤
- 失业率和通货膨胀存在交替关系，两者可以并存
- 当失业率为自然失业率时，通货膨胀率为0
- 根据两者的交替关系，可以将其运用到宏观经济政策当中

二、通货膨胀与失业有关

任何理论的提出，都会有人发出质疑，菲利普斯曲线也不例外。有些经济学家认为，菲利普斯曲线只是一种可以被有限适用的经济模型。他们指出，菲利普斯曲

线之所以能被验证，是因为，人们所采用的数据都是短期的，在较短的时间内，通货膨胀和失业之间可能会存在交替关系。然而在长期中，通货膨胀和失业之间却未必会有同样的关系。"在通货膨胀和失业之间存在一种短期的'交换'关系，但没有长期的'交换'。因为，在长期中，这种关系迟早会随着市场结构的变化而被打破。"于是，因为这条曲线，学术界展开了激烈的讨论。到了20世纪70年代，突如其来的高通货膨胀率与高失业率，让菲利普斯曲线受到了前所未有的挑战。因为，现实中反映的情况同之前挑战菲利普斯曲线的学者们的观点更加吻合。最终，绝大多数的经济学家们都不得不承认，菲利普斯曲线的确需要修正。

菲利普斯曲线需要修正的结论无疑将让很多人失望，但这并不能否定菲利普斯曲线的积极意义。至少在短期内，菲利普斯曲线还是适用的。因此，政府仍旧可以根据两者之间的关系，在失业率低而通货膨率高时，采用紧缩性财政与货币政策，以较高的失业率换取较低的通货膨胀率；反之，在失业率高而通货膨胀率低，采用扩张性财政与货币政策，以较高的通货膨胀率换取较低的失业率。

也就是说，菲利普斯曲线的提出，为政府应对通货膨胀和失业问题，提供了良好的解决方法，具有较大贡献。

◎ 大学生就业问题：一个复杂的话题 ◎

一、就业的严峻形势

2009年，全国普通高校毕业生总数超过600万人，截至7月1日，只有415万高校毕业生落实去向，就业率只有68%。

两年的政治学研究生生活就要结束，周朗从2008年9月就开始着手找工作。"我已投了8份简历，听了三场企业宣讲会，但至今没收过面试通知。"周朗说，两年前，本科毕业后他找到了一份在银行的工作，但为了读研放弃了。"今年就业形势这么差，我有点后悔当初读研。"据了解，周朗所在的政治学研究生班有16人，但目前无一人找到工作，每个人都面临论文、找工作的压力，都在多手准备。面对严峻的就业形势，文科类研究生们对工资的期望值正在逐渐降低。周朗的同学说，之前希望找一份月薪6000元的工作，现在月薪4000元左右就能接受了。

二、大学生难就业的原因

（1）人数增多。高校连续扩招及人口峰值的到来，近年来中国大学毕业生数量连年攀升。据人力资源和社会保障部统计，2009年的610万应届高校毕业生需安排就业，加上历年没有就业的人员，超过700万毕业生需要解决就业。

（2）劳动力市场需求疲软。2008~2009年，在全球范围的经济危机影响下，而金融危机和国内产业结构的调整使本就不景气的就业市场在2008年下半年雪上加霜。

三、推进大学生就业

中国政府和高校展开了一系列帮助大学生就业的措施。2009年1月7日，国务院专门召开常务会议，确定了包括鼓励和支持毕业生自主创业等在内的几项就业工作措施。

（1）鼓励和引导毕业生到城乡基层就业。要大力开发基层管理和服务岗位，对到农村基层和城市社区工作的毕业生，给予薪酬或生活补贴，并按规定参加社会保险；对到中西部和艰苦边远地区县以下农村基层就业，并履行一定服务期限的毕业生，实施相应学费和助学贷款代偿；对应征入伍服义务兵役的高校毕业生实行学费补偿和助学贷款代偿。扩大中央有关部门实施的面向基层就业项目规模。

（2）鼓励毕业生到中小企业和非公有制企业就业。对企业招用非本地户籍普通高校专科以上毕业生，直辖市以外的各地城市要取消落户限制。企业吸纳登记失业高校毕业生，可享受相关就业扶持政策。

（3）鼓励骨干企业和科研项目吸纳和稳定高校毕业生就业。鼓励国有大中型企业特别是创新型企业更多吸纳高校毕业生，支持困难企业保留大学生技术骨干。承担国家和地方重大科研项目的单位要积极聘用优秀毕业生，高校的科研专项可吸收毕业生参与研究，其劳务性费用和有关社会保险费从项目经费中列支。

（4）鼓励和支持毕业生自主创业。高校要积极开展创业教育和实践活动，建设完善一批大学生创业园和创业孵化基地，为高校毕业生创业提供"一条龙"服务。对高校毕业生从事个体经营符合条件的，免收行政事业性收费，落实税收优惠、小额担保贷款及贴息等扶持政策。

（5）建立和完善困难毕业生援助制度。积极为离校后未就业回原籍的高校毕业生提供就业服务，将登记失业的高校毕业生纳入当地失业人员扶持政策体系，对就业困难和困难家庭毕业生给予重点帮扶。

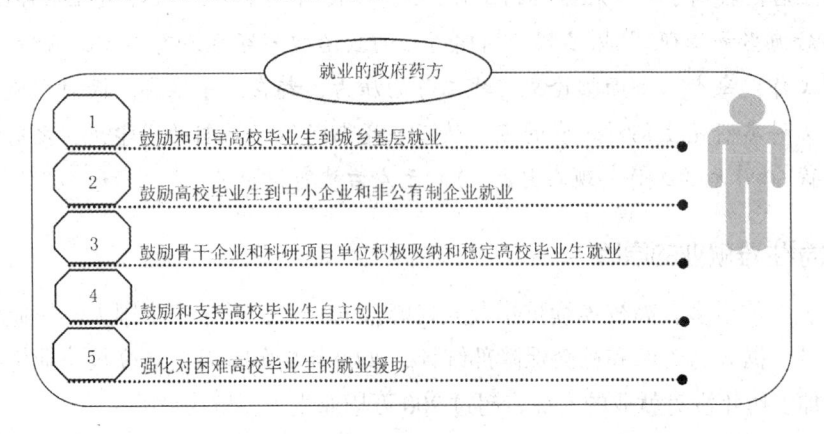

就业的政府药方

1. 鼓励和引导高校毕业生到城乡基层就业
2. 鼓励高校毕业生到中小企业和非公有制企业就业
3. 鼓励骨干企业和科研项目单位积极吸纳和稳定高校毕业生就业
4. 鼓励和支持高校毕业生自主创业
5. 强化对困难高校毕业生的就业援助

第八章
经济周期：经济的四季循环

◎ 经济流动：美国喷嚏，全球感冒 ◎

为什么美国打了个喷嚏，世界人民都得了一次感冒，经济危机从某种程度上说体现了经济的流动性。

一、流动性的含义

流动性指整个宏观经济的流动性，指在经济体系中货币的投放量的多少。

流动性应以适度为好，流动性太小，市面上的流动资金少，就会拖经济发展的后腿；流动性过剩，会造成经济泡沫，比如股市和房地产泡沫，引发投资热，造成通货膨胀。

二、流动性偏好理论

由于货币具有使用上的灵活性，人们宁肯以牺牲利息收入而储存不生息的货币来保持财富的心理倾向。

凯恩斯认为，在资本市场上，人们有一种宁愿持有货币，而不愿持有股票和债券等能产生利润但较难变现的资产的偏好。由此他提出流动性陷阱的假说，指当一定时期的利率水平降低到不能再低时，人们就会产生利率上升而债券价格下降的预期，货币需求弹性就会变得无限大，即无论增加多少货币，都会被人们储存起来。发生流动性陷阱时，再宽松的货币政策也无法改变市场利率，使得货币政策失效。

流动性偏好的主要内容是：

（1）利率。凯恩斯认为利率是纯粹的货币现象。因为货币最富有流动性，它在任何时候都能转化为任何资产。利息就是在一定时期内放弃流动性的报酬。利率因此由货币的供给和货币需求所决定。

（2）货币需求曲线的移动。在凯恩斯流动性偏好理论中，导致货币需求曲线移动的因素主要有两个，即收入增长引起更多的价值储藏，并购买更多的商品；物价的高低通过实际收入的变化影响人们的货币需求。

（3）货币供给曲线的移动。凯恩斯假定货币供给完全为货币当局所控制，货币供给曲线表现为一条垂线，货币供给增加，货币供给曲线就向右移动，反之，货币供给曲线向左移动。

（4）影响均衡利率变动的因素。所有上述这些因素的变动都将引起货币供给和需求曲线的移动，进而引起均衡利率的波动。

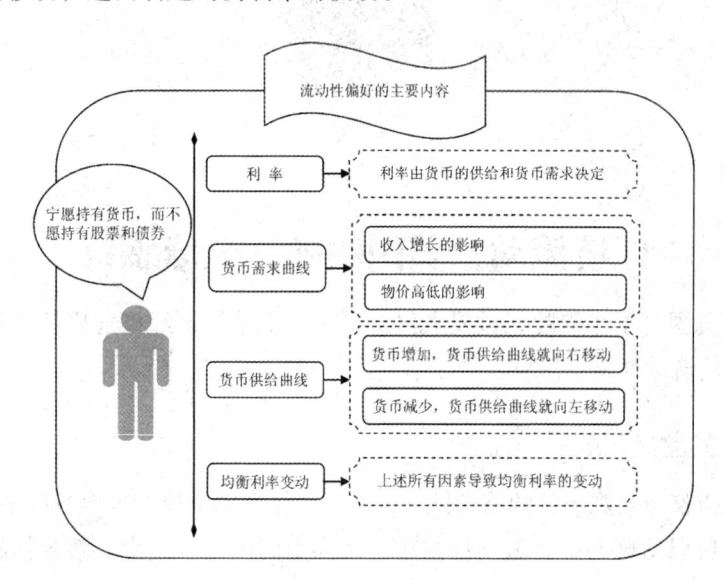

流动性偏好的主要内容

宁愿持有货币，而不愿持有股票和债券

- 利率 —— 利率由货币的供给和货币需求决定
- 货币需求曲线 —— 收入增长的影响 / 物价高低的影响
- 货币供给曲线 —— 货币增加，货币供给曲线就向右移动 / 货币减少，货币供给曲线就向左移动
- 均衡利率变动 —— 上述所有因素导致均衡利率的变动

三、流动性过剩

总共的资金量，在一个时间阶段是几乎不会变化的：一部分被以储蓄的形式封存在中国人民银行和商业银行中，另一部分流通在市场中和人民手中。

所谓流动性过剩，就是流通在市场上和人民手中的资金过多，造成货币泛滥，每一个货币对应到的商品价值太小，也就是"货币贬值"，严重的，就会引发通货膨胀。

流动性过剩是我国宏观经济面临的一个主要问题，货币发行量过多，超过了经济均衡时的货币需求水平。它不仅影响货币市场，还影响商品市场、资产市场、外汇市场及国内固定投资。

造成目前流动性过剩的根源来自于中国不断推升的贸易顺差，出口企业不断把收回的美元兑换给国家，国家就得不断向经济体系投放人民币，这就造成了流动性过剩的现象。

四、经济陷入流动性陷阱的特点

从宏观上看，一个国家的经济陷入流动性陷阱主要有三个特点：

（1）整个宏观经济陷入严重的萧条之中。需求严重不足，居民个人自发性投资

```
┌─────────────────────────────────┐
│      经济陷入流动性陷阱的特点      │
└─────────────────────────────────┘
   ┌──────────────────────────┐              ┌──────────────┐
   │ 整个宏观经济陷入严重的萧条之中 │              │  我们可以     │
   └──────────────────────────┘    于         │ 判断一个      │
   ┌──────────────────────────┐    是         │ 国家经济      │
   │ 利率刺激投资和消费的杠杆作用失效 │              │ 陷入流动      │
   └──────────────────────────┘              │ 性危机！      │
   ┌──────────────────────────┐              └──────────────┘
   │   货币需求利率弹性趋向无限大    │
   └──────────────────────────┘
```

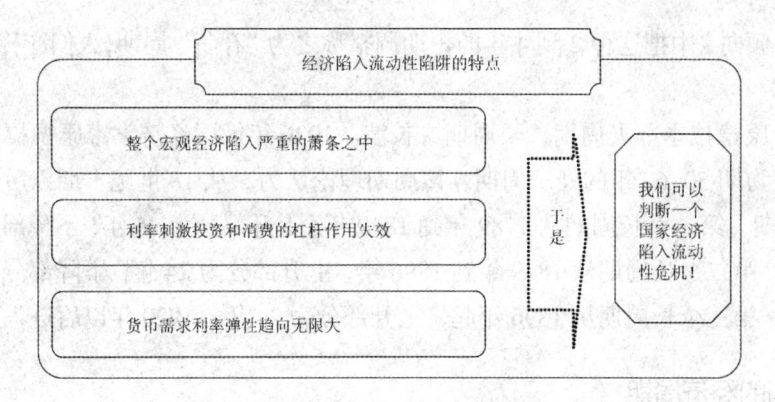

和消费大为减少，失业情况严重，单凭市场的调节显得力不从心。

（2）利率刺激投资和消费的杠杆作用失效。利率已经达到最低水平，名义利率水平大幅度下降，甚至为零或负利率，在极低的利率水平下，投资者对经济前景预期不佳，消费者对未来持悲观态度，这使得货币政策对名义利率的下调已经不能启动经济复苏，只能依靠财政政策，通过扩大政府支出、减税等手段来摆脱经济的萧条。

（3）货币需求利率弹性趋向无限大。

◎ 经济周期：经济"由盛到衰"的规律 ◎

一、经济周期的含义

经济周期，又称商业周期或商业循环，它是指国民总产出、总收入和总就业的波动。这种波动以主要的宏观经济变量，如就业率、物价水平、总产量等普遍的扩张或收缩为基本特征。

二、经济周期的类型

经济周期一般有长短之分，下面主要介绍几种经济周期的学说。

（1）库兹涅茨周期，一种长经济周期。1930年美国经济学家库涅茨提出的一种为期15~25年，平均长度为20年左右的经济周期。由于该周期主要是以建筑业的兴旺和衰落这一周期性波动现象为标志加以划分的，所以也被称为"建筑周期"。

（2）朱格拉周期，一种中周期。1862年法国医生、经济学家克里门特·朱格拉在《论法国、英国和美国的商业危机以及发生周期》一书中首次提出。提出了市场经济存在着9~10年的周期波动。这种中等长度的经济周期被后人一般称为"朱格拉周期"，也称"朱格拉"中周期。

（3）基钦周期，一种短周期，又称"短波理论"。1923年美国的约瑟夫·基钦从厂商生产过多时，就会形成存货，就会减少生产的现象出发，他在《经济因素中的周期与倾向》中把这种 2 到 4 年的短期调整称之为"存货"周期，人们亦称之为"基钦周期"。

（4）康德拉季耶夫周期，长周期或长波。1926 年俄国经济学家康德拉季耶夫提出的一种为期 50~60 年的经济周期。该周期理论认为，从 18 世纪末期以后，经历了 3 个长周期。第一个长周期从 1789 年到 1849 年，上升部分为 25 年，下降部分 35 年，共 60 年。第二个长周期从 1849 年到 1896 年，上升部分为 24 年，下降部分为 23 年，共 47 年。第三个长周期从 1896 年起，上升部分为 24 年，1920 年以后进入下降期。

三、我国的经济周期

从 1978 年以来，我国经济增长率最高的波峰年分别是 1978 年（11.7%）、1984 年（15.2%）、1992 年（14.2%）和 2007 年（13%）；经济增长率最低的波谷年分别是 1981 年（5.2%）、1990 年（3.8%）、1999 年（7.6%）。如果依据波峰年计算周期的长度，从 1978 年到 2007 年的 29 年间，总共形成了 3 个经济周期，周期的平均长度为 9.66 年；若依据波谷年计算周期的长度，从 1981 年到 2009 年的 28 年间也形成了 3 个经济周期，周期的平均长度为 9.33 年。

四、认识经济周期的意义

作为市场经济中的任何一分子，对经济周期波动必须了解、把握，并能制订相应的对策来适应周期的波动，否则将在波动中丧失生机。在市场经济条件下，企业家越来越多地关心经济形势，也就是"经济大气候"的变化。

而作为政府部门，认识经济周期在市场经济中的运行规律和特征，有助于政府在制定扩张性或收缩性的经济政策以及进行政策转换时，增强预见性，避免滞后性。

◎ 经济大萧条：引起第二次世界大战的根本原因 ◎

经济萧条是指长时期的高失业率、低产出、低投资、企业信心降低、价格下跌和企业普遍破产。工商业低落的一个温和的形式是衰退，它同萧条有许多共同点，但在程度上较弱。今天，衰退的精确定义是实际国民生产总值至少连续两个季度下降。大萧条是以商业和普遍繁荣的衰退为特征的一种经济状况。

1929 年 10 月 29 日是美国历史上最黑暗的一天。这一天是股票市场崩盘的日子，"经济大萧条"也正式开始。失业率攀升到最高点，1933 年，有 1/4 的劳工失业。

1929 年的经济大危机引发了各国严重的政治危机，为摆脱经济危机打起了贸易壁垒战，严重依赖美国的德国与严重依赖外国市场的日本，都无法通过自身内部经济政策的调整来摆脱危机，只能借助原有的军国主义与专制主义传统，建立法西斯专政进行疯狂对外扩张，欧、亚战争策源地形成。从 1931 年日本发动九一八事变、

1935～1936年意大利侵略埃塞俄比亚、1936～1939年德、意武装干涉西班牙、德国吞并奥地利、慕尼黑协定的签订和德国占领捷克斯洛伐克、1939年9月初德国突袭波兰。美国于1941年加入第二次世界大战后，经济大萧条也随之退出。美国与英国、法国与苏联等同盟国共同对抗德国、意大利与日本。这场战争死亡的人数不断增加。在德国于1945年5月投降之后，欧洲区的战火也随之熄灭。在美国于广岛与长崎投下原子弹，日本也随即在1945年9月投降。

经济大衰退是于1929年的美国发生的。当时，美国大部分的股票价格暴跌，股票市场崩溃，很多人在一夜间丧失全部资产，引起了全国的经济大恐慌。大量工厂、银行因此倒闭，全国陷入经济困境。

经济大衰退导致极权主义在德国日本兴起，而且带给美、英、法等西方国家严重的失业及社会不稳定等问题，致使它们没有能力联合起来阻止极权国家的侵略行动。而罗斯福新政在一定程度上减缓了经济危机对美国经济的严重破坏，促进了社会生产力的恢复。由于经济的恢复，使社会矛盾相对缓和，从而遏制了美国的法西斯势力。正是由于上世纪的经验和教训，在遇到2008年经济危机的时候，美国经济免于遭遇第二次大萧条，在平息此轮经济危机中起到关键作用的是"大政府"的救助行为。

著名经济学家克鲁格曼认为，2008年年底经济危机爆发时，其严重程度几乎堪比上世纪30年代"大萧条"时期的银行业危机：世界贸易、世界工业产值、全球股市等一系列指标下降速度赶上甚至超过了当时。但与"大萧条"时代所不同的是，在金融危机中，美国经济并未如当时一般直线下滑，而是在经历了糟糕的一年后逐渐开始触底。他认为，美国之所以免于重蹈"大萧条"覆辙，原因在于政府在两次危机中所扮演的角色截然不同。

首先，在金融危机中，最关键的并非政府有所为，而是政府有所不为：与私人部门不同，联邦政府没有大幅缩减开支。尽管财政收入在经济收缩的时期大幅下降，社会保险、医疗保险、公职人员收入等都得到了应有的保障。而这些方面的支出都对下滑的经济起到了一定的支撑作用，成为政府的"自动稳定器"。而在"大萧条"时代，政府支出占GDP总量的比例则相对小得多。尽管危机时期的大笔财政支出会导致政府的财政赤字，但是从避免危机深化的角度来说，赤字反能成为一件好事。

其次，政府除了持续发挥其自身的稳定效用之外，还进一步采取措施稳定金融部门，为银行提供救助资金。尽管也许现行的银行救助计划的规模及形式等方面存在缺憾，但是如果没有采取此类措施，情况势必会更加糟糕。在应对本轮危机时，政府没有采取20世纪30年代的放任不管、任由银行系统崩溃的态度，而这正是"大萧条"没有重现的另外一个重要原因。

最后，美国政府在经济刺激计划方面进行了深刻思考，并付出了努力。据预测，如果没有实施经济刺激计划，将有比现在多100万的美国人失去就业机会。正是经济刺激计划将美国经济从自由落体式下降的旋涡中拖了出来。

滞胀：经济停滞与通货膨胀并存

1973年中东战争期间，石油输出国的石油斗争是西方国家发生石油危机的重要触发原因。这次由石油危机所引发的经济危机有一个最为突出的特点，就是这次危机造成了西方资本主义经济较长时间的"滞胀"：工业生产普遍持续大幅度下降，整个资本主义世界工业生产下降8.1%，日本高达20.8%；大批企业破产，股票大跌，美、日、西德等10国两年内资本超过百万美元的公司破产12万家以上，拥有50亿美元资产的富兰克林银行倒闭成为美国历史上最大的银行倒闭事件，股票价格下跌总额达5000亿美元；失业人数剧增，创战后最高纪录，所有资本主义国家全失业人数1975年月平均为1448万，美国1975年5月失业率为9.2%；物价上涨，国际贸易和国际收入逆差严重，危机期间物价指数的上升英国为43.9%，日本为32.5%，发达资本主义国家国际贸易入超达203亿美元，国际收支逆差为392亿美元。1973年11月，经济危机首先从英国开始，美、日、法等国相继卷入。于1975年下半年渡过最低点。萧条过后，各国经济没有出现全面高涨，而是进入滞胀时期，经济发展速度减慢相对停滞，通货膨胀和物价上涨严重，失业率居高不下。

从1987年10月的黑色星期一算起，美国整个国民生产总值的增长率以1987年第四季度为最高点，接近7%，从1988年第一季度开始即逐季直线下滑，到1989年第二季度降到1.7%，第四季度降到接近零，到1990年变为负增长。这次危机从表现上看似乎比较温和，实际上其严重程度比上一次更甚。这次危机经历了历时约两年半的始发阶段，即1987年10月~1990年初，经历了为时3个季度的恶化阶段，又经历了历时约两年半的危机后期阶段，共历时5年又3个季度，呈现"W+W"型。在危机的恶化阶段，工矿业生产指数下降5.2%，1990年企业破产数达6万家，8月以后每周宣布破产公司达1500家。同时，第三产业也严重衰退。失业率于1992年6月达最高值7.8%。日本的情况更糟糕。从1991年起，日本经济陷入了长期危机或萧条。从1990年~1992年8月，日本经济指数下跌了62%。1992年日本股票市值与土地市值共损失406.9万亿日元，相当于该年国内生产总值465.4万亿日元的87%。除美国以外，日本、德国及西欧主要国家事实上并没有彻底摆脱战后此次经济危机，而是陷入了长期萧条。

滞胀全称停滞性通货膨胀，又称萧条膨胀或膨胀衰退，在经济学，特别是宏观经济学中，特指经济停滞与高通货膨胀，失业以及不景气同时存在的经济现象。通俗地说就是指物价上升，但经济停滞不前。它是通货膨胀长期发展的结果。

长期以来，资本主义国家经济一般表现为：物价上涨时期经济繁荣、失业率较低或下降，而经济衰退或萧条时期的特点则是物价下跌。西方经济学家据此认为，失业和通货膨胀不可能呈同方向发生。但是，自20世纪60年代末70年代初以来，西方各主要资本主义国家出现了经济停滞或衰退、大量失业和严重通货膨胀以及物价持续上涨同时发生的情况。西方经济学家把这种经济现象称为滞胀。

滞胀包括两方面的内容：一方面是经济停滞，包括危机期间的生产下降和非危机期间的经济增长缓慢和波动，以及由此引起的大量失业；另一方面是持久的通货膨胀，以及由此引起的物价上涨。这两种现象互相交织并发，贯穿于资本主义再生产周期的各个阶段，并成为所有发达资本主义国家的共同经济现象。西方经济学家把停滞和通货膨胀两词合起来，构成停滞膨胀这一新概念，就表明两者是紧密地结合在一起的。

第二次世界大战以前，经济停滞（包括生产下降）和大量失业只是发生在经济周期的危机阶段和萧条阶段，与此同时发生的则是通货紧缩、物价跌落；而通货膨胀以及由此引起的物价上涨则总是发生在高涨阶段，但在这个阶段里却没有经济停滞和大量失业，当时在经济周期的发展中，"滞"和"胀"是互相排斥的，二者并没有在周期的某一阶段里同时并存。

第二次世界大战以后，情况发生了变化，有些发达的资本主义国家曾先后出现了经济停滞与通货膨胀同时并存的现象。例如，美国在1957～1958年的经济危机中，工业生产下降了13.5%，而消费物价却上涨了4.2%。意大利在不同程度上也出现了类似的情况。

到了20世纪70年代，特别是1973～1975年的世界经济危机期间及其以后，"滞胀"开始扩展到所有发达的资本主义国家，并且十分严重。在这次危机中，几个主要资本主义国家工业生产的下降幅度都达到了两位数字：美国为15.3%，英国为11.2%，联邦德国为12.3%，法国为16.3%，日本为20.8%；同时，上述几个国家的通货膨胀率也达到了两位数字：美国为15.3%，英国为43.9%，联邦德国为11.1%，法国为19.1%，日本为32.5%。

1973～1975年的危机以后，在70年代的后5年中，一些发达资本主义国家的经济仍然处于停滞状态，而通货膨胀比70年代前5年更加严重。

20世纪80年代的第一次世界经济危机，即1980～1982年的危机，是在长期"滞胀"的经济条件下爆发的，仍然是在"滞胀"中发展的。在这次危机中，就工业生产来说，美国下降了11.8%，加拿大下降了19%，英国下降了14.8%，联邦德国下降了12.2%，法国下降了7.4%（系1982年数字），意大利下降了22%；日本受危机的打击较轻，工业生产下降了4.1%。与此同时，各国的失业人数和失业率都超过了1973～1975年危机时期的水平。美国1982年12月份，失业人数高达1220万人，失业率为10.8%。1982年底，欧洲经济共同体国家的失业人数达1200万人左右，失业率约为10%。在这次危机的初期，即1980年，各国的通货膨胀以及由此引起的物价上涨，比1973～1975年危机期间更加严重，例如，美国1975年的消费物价上涨率为9.1%，而1980年则为13.5%，法国、意大利的物价上涨率也都超过了1975年。但由于美、英等国坚持推行货币金融方面的紧缩政策，主要是控制货币发行量和提高利息率，从1981年起通货膨胀率开始下降。

◎ 经济周期的影响：由经济跌宕延伸开去 ◎

一、经济周期的四个阶段

一般来说，一个完整的经济周期可以分为萧条、复苏、繁荣、衰退几个阶段，其中两个最主要阶段是衰退阶段和扩张阶段。

繁荣，即经济活动扩张或向上的阶段（高涨）；衰退，即由繁荣转向萧条的过渡阶段（危机）；萧条，即经济活动收缩或向下的阶段；复苏，即由萧条转向繁荣的过渡阶段。

我们以下页图中的直线表示潜在GDP的稳定增长趋势，曲线代表实际GDP的变化轨迹。A点对应着经济萧条，处于经济周期的谷底。B点表明经济进入了复苏阶段，随着经济复苏进程的发展，实际产出水平到达潜在产出路径的上方，即图中的C点，表示此时的经济已进入经济繁荣的阶段。然后经济进入衰退阶段，此时产出增长速度慢于产出增长趋势，甚至产出可能为负增长。E点代表经济萧条，表示新一轮的

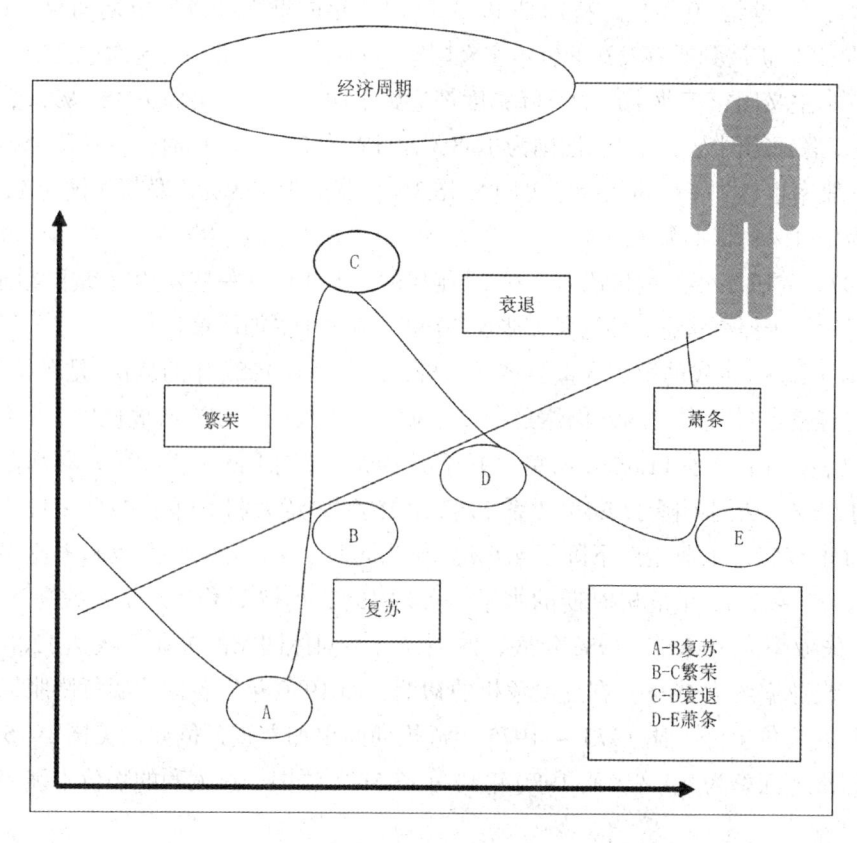

经济周期

繁荣　　　C　　　衰退

　　　　　D　　　萧条

　　B

　　复苏　　　　E

　　　　　　A-B复苏
　　　　　　B-C繁荣
　　A　　　C-D衰退
　　　　　　D-E萧条

经济周期又重新开始了。

二、经济周期的特征

1. 经济的波动性

经济周期或经济的周期性波动，最突出的表现是经济中的实际 GDP 对潜在 GDP 呈现出来的阶段性的偏离。

2. 共同运动性

共同运动性用与同期产出的相关系数表示。大多数宏观经济变量具有顺周期的特征。只有实际利率除外。

3. 持久性

西方经济学家一般认为，经济周期的形式和持续时间是不规则的。没有两个完全相同的经济周期，也没有像测定行星或钟摆那样的精确公式可用来预测经济周期的发生时间和持续时间。相反，经济周期可能更像天气那样变化无常。这就增加了人们对经济周期认识上的复杂性。

经济永远在繁荣和衰退之间循环，人们对于未来生活总是从乐观的高峰跌落到失望的深渊，又在某种契机下雄心再起。

三、经济周期不同阶段的影响

经济周期波动的扩张阶段，是宏观经济环境和市场环境日益活跃的季节。这时，市场需求旺盛，订货饱满，商品畅销，生产趋升，资金周转灵便。企业的供、产、销和人、财、物都比较好安排。企业处于较为宽松有利的外部环境中。

经济周期波动的收缩阶段，是宏观经济环境和市场环境日趋紧缩的季节。这时，市场需求疲软，订货不足，商品滞销，生产下降，资金周转不畅。企业在供、产、销和人、财、物方面都会遇到很多困难。企业处于较恶劣的外部环境中。

四、对企业和个人的影响

经济周期既有破坏作用，又有"自动调节"作用。在经济衰退中，一些企业破产，退出商海；一些企业亏损，陷入困境，寻求新的出路；一些企业顶住恶劣的气候，在逆境中站稳了脚跟，并求得新的生存和发展。

经济周期可以通过很多重要的渠道影响到我们。例如，当产出上升时，找工作变得比较容易；当产出下滑时，寻找一份理想的工作就会比较困难。

第九章
财政政策：宏观经济调控的左手

◎ 政府预算：政府的预算报告 ◎

一、财政预算的含义和来历

政府预算是按法定程序编制、审查和批准的国家年度财政收支计划，它是国家为实现其职能而有计划地筹集和分配财政资金的主要工具，是国家的基本财政计划。国家预算由中央预算和地方预算组成，中央预算占主导地位。财政预算制度最早出现于英国，在14至15世纪，新兴资产阶级的力量逐步壮大，他们充分利用议会同封建统治者争夺财政支配权。他们要求政府的各项收支必须事先作计划，经议会审查通过后才能执行，财政资金的使用要受议会监督，以此限制封建君主的财政权。

二、财政预算的功能

（1）反应政府部门活动或工作状况。财政预算反映了政府部门计划开支项目和资金的拟用情况。

（2）监督政府部门收支运作情况。量入为出的财政原则，财政预算要求收支保持平衡。

（3）控制政府部门支出。通过预算，可以规范政府行为，避免无计划性、盲目性等投入。

三、财政预算的原则

（1）年度原则。指政府必须按照法定的预算年度编制国家预算，这一预算要反映全年的财政收支活动，同时不允许将不属于本年度财政收支的内容列入本年度的国家预算之中。任何一个政府预算的编制和实现，都要有时间上的界定。

预算年度是指预算收支起讫的有效期限，通常为一年。目前世界各国普遍采用的预算年度有两种：一是历年制预算年度，即从每年1月1日起至同年12月31日止，我国实行历年制预算年度；二是跨年制预算年度，即从每年某月某日开始至次年某月某日止，中间历经12个月，但却跨越了两个年度，如美国的预算年度是从每年的10月1日开始，到次年的9月30日止。

（2）公开原则。政府预算反映政府活动的范围、方向和政策，与全体公民的切身利益息息相关，因此政府预算及其执行情况必须采取一定的形式公诸于人民，让人民了解财政收支状况，并置于人民的监督之下。

（3）可靠原则。每一收支项目的数字指标必须运用科学的方法，依据充分确实的资料，并总结出规律性，进行计算，不能任意编造。

（4）法律原则。政府预算与一般财政经济计划不同，它必须经过规定的合法程序，并最终成为一项法律性文件。政府预算的法律性是指政府预算的成立和执行结果都要经过立法机关审查批准。政府预算按照一定的立法程序审批之后就形成反映国家集中性财政资金来源、规模、去向用途的法律性规范。

（5）统一原则。尽管各级政府都设有该级财政部门，也有相应的预算，但这些预算都是政府预算的组成部分，所有的地方政府预算连同中央政府预算一起共同组成统一的政府预算。这就要求统一的预算科目，每个科目都要严格按统一的口径、程序计算和填列。

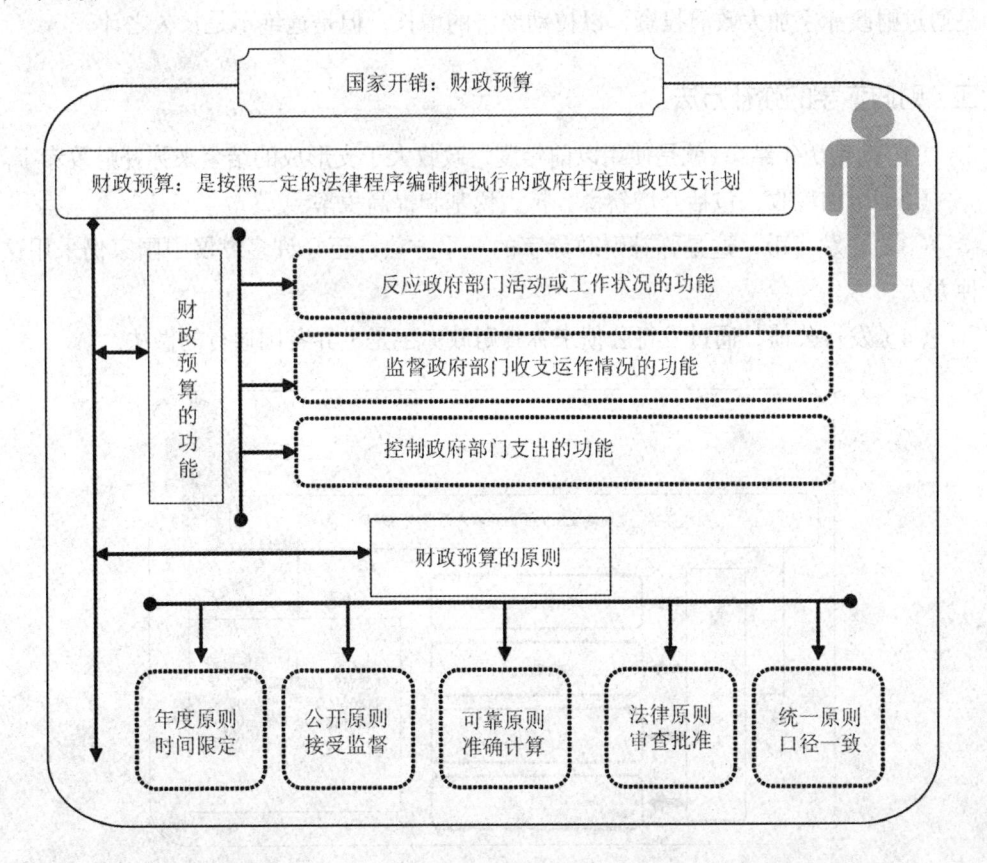

财政赤字：资不抵债的政府

一、财政赤字的含义

财政赤字是财政支出大于财政收入而形成的了差额。了解会计常识的人知道，这种差额在进行会计处理时，需用红字书写，这也正是"赤字"的由来。赤字的出现有两种情况，一是有意安排，被称为"赤字财政"或"赤字预算"，它属于财政政策的一种；另一种情况，即预算并没有设计赤字，但执行到最后却出现了赤字，也就是"财政赤字"或"预算赤字"。

财政赤字即预算赤字，指一国政府在每一财政年度开始之初，在编制预算时在收支安排上就有的赤字。若实际执行结果收入大于支出，为财政盈余。

财政赤字是财政收支未能实现平衡的一种表现，是一种世界性的财政现象。理论上说，财政收支平衡是财政的最佳情况，在现实中就是财政收支相抵或略有节余。但是，在现实中，国家经常需要大量的财富解决大批的问题，会出现入不敷出的局面。这是现在财政赤字不可避免的一个原因。不过，财政赤字具有一定的正面作用，即在一定限度内，可以刺激经济增长。当居民消费不足的情况下，政府通常的做法就是通过财政赤字加大政府投资，以拉动经济的增长，但是这绝不是长久之计。

二、财政赤字的弥补方法

（1）动用历年结余，就是使用以前年度财政收大于支形成的结余来弥补财政赤字。

（2）增加税收，包括开增新税、扩大税基和提高税率。

（3）增发货币，这是弥补财政赤字的一个方法，至今许多发展中国家仍采用这种方法。

（4）发行公债，通过发行公债来弥补财政赤字是世界各国通行的做法。

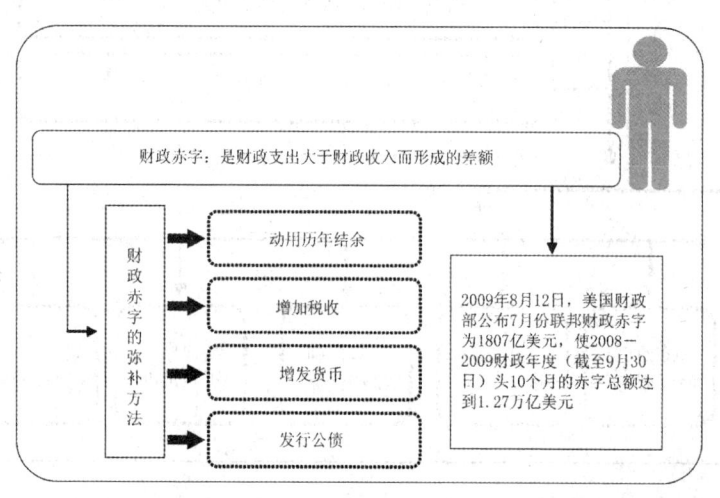

财政赤字：是财政支出大于财政收入而形成的差额

财政赤字的弥补方法：
- 动用历年结余
- 增加税收
- 增发货币
- 发行公债

2009年8月12日，美国财政部公布7月份联邦财政赤字为1807亿美元，使2008—2009财政年度（截至9月30日）头10个月的赤字总额达到1.27万亿美元

◎ 财政政策：宏观经济刺激与调控的政策 ◎

一、财政政策的含义

财政政策是国家整个经济政策的组成部分。财政政策是指国家根据一定时期政治、经济、社会发展的任务而规定的财政工作的指导原则，通过财政支出与税收政策来调节总需求。

增加政府财政支出，可以刺激总需求，从而增加国民收入，反之则压抑总需求，减少国民收入。

税收对国民收入是一种收缩性力量，因此，增加政府税收，可以抑制总需求从而减少国民收入，反之，则刺激总需求增加国民收入。

二、扩张性、紧缩性和中性财政政策

根据财政政策调节国民经济总量和结构中的不同功能将财政政策划分为扩张性财政政策、紧缩性财政政策和中性财政政策。

（1）扩张性财政政策（又称积极的财政政策），指通过财政分配活动来增加和刺激社会的总需求。

（2）紧缩性财政政策（又称稳健的财政政策），指通过财政分配活动来减少和抑制总需求。

（3）中性财政政策，指财政的分配活动对社会总需求的影响保持中性。

三、财政政策的手段

（1）国家预算。主要通过预算收支规模及平衡状态的确定、收支结构的安排和调整来实现财政政策目标。

（2）税收。主要通过税种、税率来确定和保证国家财政收入，调节社会经济的分配关系，以满足国家履行政治经济职能的财力需要，促进经济稳定协调发展和社会的公平分配。

（3）财政投资。通过国家预算拨款和引导预算外资金的流向、流量，以实现巩固和壮大社会主义经济基础，调节产业结构的目的。

（4）财政补贴。它是国家根据经济发展规律的客观要求和一定时期的政策需要，通过财政转移的形式直接或间接地对农民、企业、职工和城镇居民实行财政补助，以达到经济稳定协调发展和社会安定的目的。

（5）财政信用。它是国家按照有偿原则，筹集和使用财政资金的一种再分配手段，包括在国内发行公债和专项债券，在国外发行政府债券，向外国政府或国际金融组织借款，以及对预算内资金实行周转有偿使用等形式。

（6）财政立法和执法。国家通过立法形式对财政政策予以法律认定，并对各种违反财政法规的行为（如违反税法的偷税抗税行为等），诉诸司法机关按照法律条文的规定予以审理和制裁，以保证财政政策目标的实现。

（7）财政监察。它是政府实现财政政策目标的重要行政手段。即国家通过财政部门对国有企业事业单位、国家机关团体及其工作人员执行财政政策和财政纪律的情况进行检查和监督。

◎ 减税：刺激经济增长的特殊方法 ◎

一、税率

税率是指税额与课税对象之间的数量关系或比例关系，是指课税的尺度。税率一般包括如下几种：

（1）比例税率。实行比例税率，对同一征税对象不论数额大小，都按同一比例征税。比例税率在具体运用上可分为以下几种：行业比例税率；产品比例税率：即对不同产品规定不同税率，同一产品采用同一税率；地区差别比例税率；幅度比例税率。

（2）定额税率。定额税率是税率的一种特殊形式。它不是按照课税对象规定征收比例，而是按照征税对象的计量单位规定固定税额，所以又称为固定税额。固定税额可分为地区差别税额、幅度税额、分类分级税额。

（3）累进税率。累进税率指按征税对象数额的大小，划分若干等级，每个等级由低到高规定相应的税率，征税对象数额越大，税率越高，数额越小，税率越低。累进税率又分为全额累进税率、全率累进税率、超额累进税率和超率累进税率。

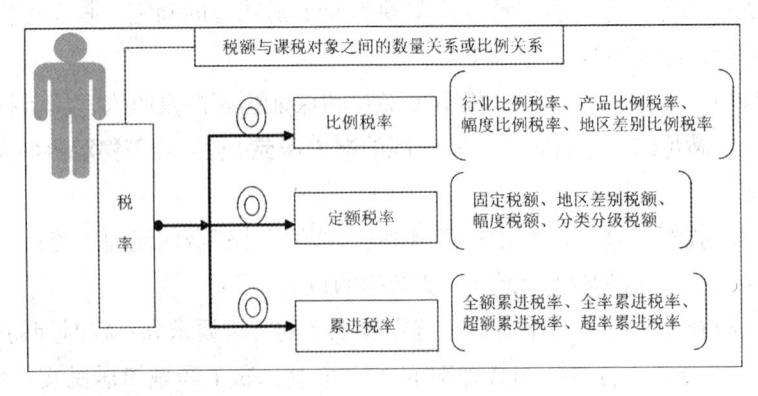

二、减、免税

减、免税的目的是为了减轻生产者和消费者的负担，刺激生产者投资，刺激消费者消费，以促进经济的发展。

1. 减税

（1）减税的含义。

减税又称税收减征，是按照税收法律、法规减除纳税义务人一部分应纳税款。它是对某些纳税人、征税对象进行扶持、鼓励或照顾，以减轻其税收负担的一种特殊规定。减税是税收的严肃性与灵活性结合制定的政策措施，是普遍采取的税收优惠方式。由于减税与免税在税法中经常结合使用，人们习惯上统称为减免税。减税一般分为法定减税、特定减税和临时减税。

（2）减税的具体办法。

税额比例减征法。税额比例减征法即对按照税收法律、法规的规定计算出来的应纳税额减征一定比例，以减少纳税人应纳税额的一种方法。税率比例减征法。税率比例减征法即按照税法规定的法定税率或法定税额标准减征一定比例，计算出减征税额的一种方法。降低税率法。降低税率法即采用降低法定税率或税额标准的方法来减少纳税人的应纳税额。

优惠税率法。优惠税率法是在税法规定某一税种的基本税率的基础上，对某些纳税人或征税对象再规定一个或若干个低于基本税率的税率，以此来减轻纳税人税收负担的一种减税方法。

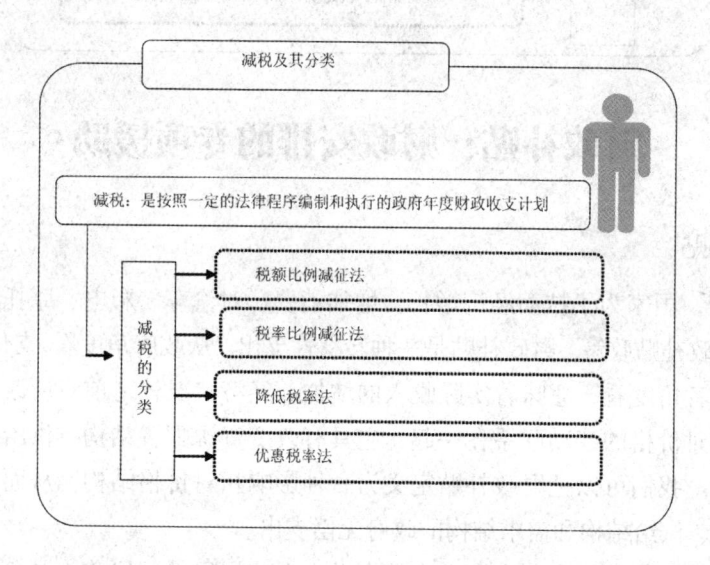

减税及其分类

减税：是按照一定的法律程序编制和执行的政府年度财政收支计划

减税的分类
- 税额比例减征法
- 税率比例减征法
- 降低税率法
- 优惠税率法

2. 免税

（1）免税的含义。

免税，是指按照税法规定免除全部应纳税款，是对某些纳税人或征税对象给予鼓励、扶持或照顾的特殊规定，是世界各国及各个税种普遍采用的一种税收优惠方式。

（2）免税的种类。

法定免税。这类免税主要是从国家（或地区）国民经济宏观发展及产业规划的大局出发，对一些需要鼓励发展的项目或关系社会稳定的行业领域，给予的税收扶持或照顾，具有长期的适用性和较强的政策性。

特定免税。特定免税是根据政治、经济情况发生变化和贯彻税收政策的需要，对个别、特殊的情况专案规定的免税条款。

临时免税。临时免税是对个别纳税人因遭受特殊困难而无力履行纳税义务，或因特殊原因要求减除纳税义务的，对其应履行的纳税义务给予豁免的特殊规定。

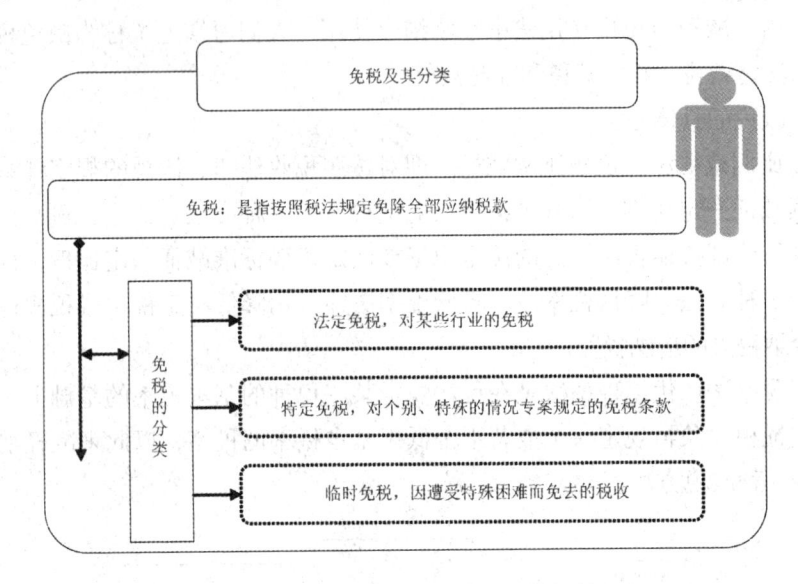

```
免税及其分类
免税：是指按照税法规定免除全部应纳税款
免税的分类
  ├─ 法定免税，对某些行业的免税
  ├─ 特定免税，对个别、特殊的情况专案规定的免税条款
  └─ 临时免税，因遭受特殊困难而免去的税收
```

◎ 财政补贴：财政安排的专项援助 ◎

一、财政补贴

2009年，国家为了拉动经济增长，增加消费，对汽车、彩电、摩托车等多个产品实行了财政补贴政策。财政补贴是一种转移性支出。从政府角度看，支付是无偿的；从领取补贴者角度看，意味着实际收入的增加，经济状况较之前有所改善。财政补贴总是与相对价格的变动联系在一起，它具有改变资源配置结构、供给结构、需求结构的作用。我们可以把财政补贴定义为一种影响相对价格结构，从而可以改变资源配置结构、供给结构和需求结构的政府无偿支出。

财政补贴是指国家财政资金直接资助企业或居民的国民收入再分配形式。国家为了实现特定的政治经济目标，由财政安排专项基金向国有企业或劳动者个人提供的一种资助。中国现行的财政补贴主要包括价格补贴、企业亏损补贴等。补贴的对象是国有企业和居民等。补贴的范围涉及工业、农业、商业、交通运输业、建筑业、外贸等国民经济各部门和生产、流通、消费各环节及居民生活各方面。

从补贴的主体划分，财政补贴分为中央财政补贴和地方财政补贴。中央财政补贴列入中央财政预算。中央财政负责对中央所属国有企业由于政策原因发生的亏损予以补贴，同时对一部分主要农副产品和工业品的销售价格低于购价或成本价的部分予以补贴。地方财政补贴列入地方财政预算。地方财政负责对地方所属的国有企业由于政策原因而发生的亏损予以补贴，也对一部分农副产品销售价格低于购价的部分予以补贴。

二、财政补贴的作用

财政补贴是在特定的条件下，为了发展社会主义经济和保障劳动者的福利而采取的一项财政措施。它具有双重作用：一方面，财政补贴是国家调节国民经济和社会生活的重要杠杆。运用财政补贴特别是价格补贴，能够保持市场销售价格的基本稳定，保证城乡居民的基本生活水平，有利于合理分配国民收入，有利于合理利用和开发资源。另一方面，补贴范围过广，项目过多也会扭曲比价关系，削弱价格作为经济杠杆的作用，妨碍正确核算成本和效益，掩盖企业的经营性亏损，不利于促使企业改善经营管理；如果补贴数额过大，超越国家财力所能，就会成为国家财政的沉重负担，影响经济建设规模，阻滞经济发展速度。

转移支付：财政资金的无偿转移

一、转移支付

转移支付，又称无偿支出，它主要是指各级政府之间为解决财政失衡而通过一定的形式和途径转移财政资金的活动，是用以补充公共物品而提供的一种无偿支出，是政府财政资金的单方面无偿转移，体现的是非市场性的分配关系。

转移支付的模式主要有三种：一是自上而下的纵向转移，二是横向转移，三是纵向与横向转移的混合。规范转移支付制度的原则是：公平原则、效率原则和法治原则。

在1994年实行分税制体制改革前，我国做了大量的财政转移支付的工作，1994年实行分税制体制改革后才从西方引进了转移支付的概念。中央财政从1995年开始正式实施过渡期转移支付办法。根据国际货币基金组织《政府财政统计手册》中的支出分析框架，政府转移支付有两个层次，一是国际间的转移支付，包括对外捐赠、对外提供商品和劳务、向跨国组织交纳会费；二是国内的转移支付，既有政府对家庭的转移支付如养老金、住房补贴等，又有政府对国有企业提供的补贴，还有政府间的财政资金的转移。我们一般所称的财政转移支付，是指政府间的财政资金转移，是中央政府支出的一个重要部分，也是地方政府重要的预算收入。

在西方国家，财政支出主要分为购买支出和转移支出。我国的财政转移支付制度是在1994年分税制的基础上建立起来的，是一套由税收返还、财力性转移支付和专项转移支付三部分构成的、以中央对地方的转移支付为主的且具有中国特色的转移支付制度。

转移支付包括政府的转移支付、企业的转移支付和政府间的转移支付。

（1）政府的转移支付。政府的转移支付大都具有福利支出的性质，如社会保险福利津贴、抚恤金、养老金、失业补助、救济金以及各种补助费等，农产品价格补贴也是政府的转移支付之一。由于政府的转移支付实际上是把国家的财政收入还给个人，所以有的西方经济学家称之为负税收。

（2）企业的转移支付。企业的转移支付通常是指企业对非营利组织的赠款或捐款，以及非企业雇员的人身伤害赔偿等。转移支付在客观上缩小了收入差距，对保持总需求水平稳定，减轻总需求摆动的幅度和强度，稳定社会经济有积极的作用。通常在萧条来临时，总收入下降，失业增加，政府拨付的社会福利支出也必然增加。这样，可以增强购买力，提高有效需求水平，从而可以抑制或缓解萧条。当经济中出现过度需求时，政府减少转移支付量，可以抑制总需求水平的升高。

（3）政府间的转移支付。一般是上一级政府对下级政府的补助。确定转移支付的数额，一般是根据一些社会经济指标，如人口、面积等，以及一些由政府承担的社会经济活动，如教育、治安等的统一单位开支标准计算的。政府间的转移支付主要是为了平衡各地区由于地理环境不同或经济发展水平不同而产生的政府收入的差距，以保证各地区的政府能够有效地按照国家统一的标准为社会提供服务。

二、我国的转移支付类型

我国虽未出台转移支付法，但已有转移支付的实践，我国政府间的转移支付形式包括以下几类：

（1）一般转移支付，或称体制转移支付，是在现行财政体制之下所实施的转移支付。它是最基本、最主要的形式。

（2）专项转移支付。即为实现某种特定的政策经济目标或专项任务，由上级财政提供的专项补助。

（3）特殊转移支付。在发生不可抗力或国家进行重大政策调整时，由上级政府支付的特殊补助。

（4）税收返还。中央基于宏观调控的需要，将集中的部分税收收入返还给地方。

第十章
货币政策：
宏观经济调控的右手

◎ 货币政策：钱的增多与减少 ◎

一、货币政策的含义

货币政策指国家通过银行金融系统，组织和调节全国货币的供应，确立和实施货币供应量与货币需要量的相互关系的准则，是实现宏观经济目标所采取的控制、调节和稳定货币措施的总和。

货币政策由中央银行执行，它影响货币供给。通过中央银行调节货币供应量，影响利息率及经济中的信贷供应程度来间接影响总需求，以达到总需求与总供给趋于理想的均衡的一系列措施。

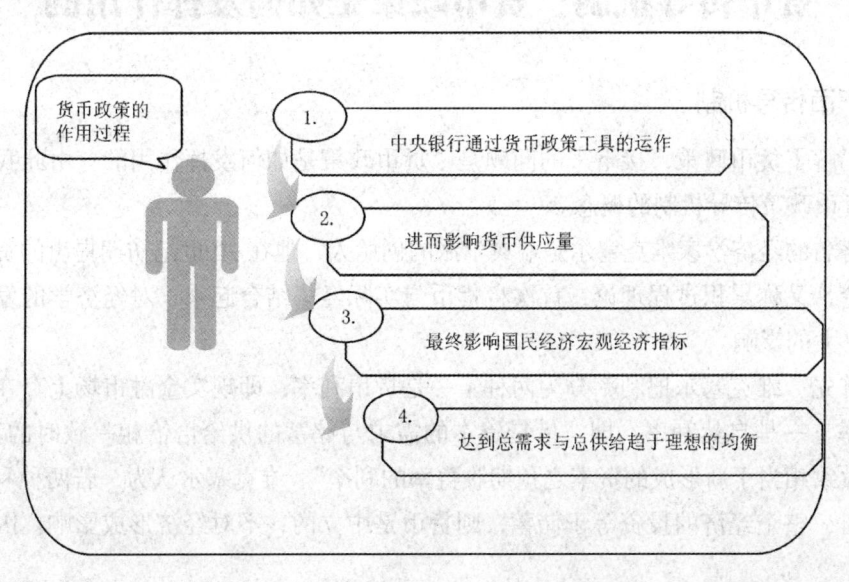

货币政策的作用过程

1. 中央银行通过货币政策工具的运作
2. 进而影响货币供应量
3. 最终影响国民经济宏观经济指标
4. 达到总需求与总供给趋于理想的均衡

二、货币政策的种类

货币政策分为扩张性的和紧缩性的两种。

扩张性的货币政策是通过提高货币供应增长速度来刺激总需求,在这种政策下,取得信贷更为容易,利息率会降低。因此,当总需求与经济的生产能力相比很低时,使用扩张性的货币政策最合适。

紧缩性的货币政策是通过削减货币供应的增长率来降低总需求水平,在这种政策下,取得信贷较为困难,利息率也随之提高。因此,在通货膨胀较严重时,采用紧缩性的货币政策较合适。

三、货币政策工具

货币政策工具是中央银行为达到货币政策目标而采取的手段。主要手段有公开市场业务、存款准备金政策、中央银行贷款、利率政策、汇率政策。

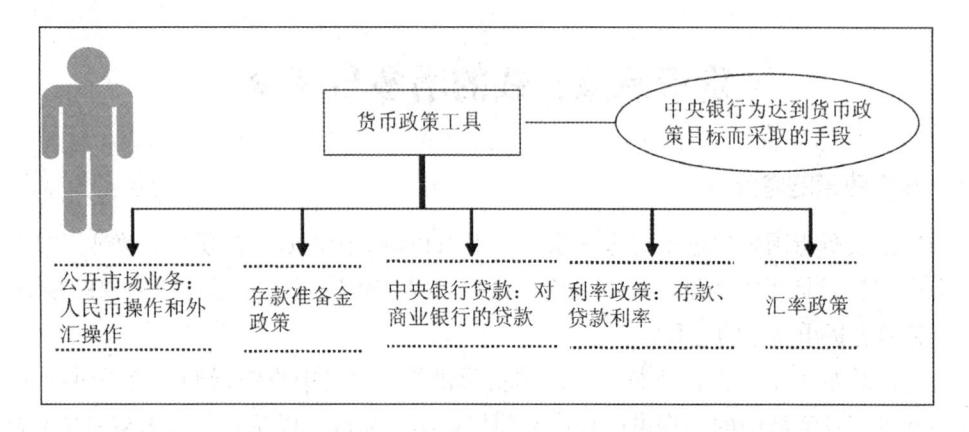

货币传导机制:货币政策是如何发挥作用的

一、货币传导机制

了解了货币政策,接下来的问题是:货币政策是如何发挥作用的?由此我们要了解货币政策传导机制的概念。

著名的经济学家维克塞尔是瑞典学派的创始人,他在20世纪初期提出的货币经济理论,又称累积过程理论,首次将货币与实际经济结合起来,对经济学的发展产生了巨大的影响。

首先,维克塞尔把利率分为两种:一是货币利率,即现实金融市场上存在的市场利率;一是自然利率,即"借贷资本的需求与储蓄的供给恰恰相一致时的利率,从而大致相当于新形成的资本之预期收益率的利率"。维克塞尔认为,若两种利率相一致时,整个经济的投资等于储蓄,则货币是中立的,不对经济形成影响。因为两种利率相等时恰是货币的理想均衡状态，这种货币的均衡状态保证了经济状态的均衡。但是在现实生活中，这两种利率经常是背离的，这种背离或者是由于货币利率的变动而自然利率不变，或者是由于自然利率变动而货币利率没有随之变动。

他本人认为，后一种情况偏多。生产技术的改善，实物资本需求的增加，都将使自然利率上升，而货币利率则停留不动，未能跟随上升，这样就造成了两者之间的背离。如果市场利率小于自然利率，就会引起投资增加，投资增加使原材料、土地、劳动力价格上涨，从而使原材料生产者、土地所有者和就业者的货币收入增大。因为市场利率较低，这部分收入就转向消费而不储蓄，其结果是对消费品的需求增加，从而使消费品的价格上涨。消费品价格上涨后，资本品的价格也随之上涨，这样，就形成了"低市场利率→投资增加→货币收入增加→消费品价格上涨→资本品价格上涨→投资增加→市场利率提高"的循环。这种循环要一直持续到市场利率与自然利率相等时为止。反之，若是市场利率高于自然利率，就会导致市场利率和自然利率的变动，直到最后到达两种利率相等的位置。这就是著名的维克塞尔的累积过程理论。

这就是最早的货币政策传导机制理论。货币政策传导机制是中央银行运用货币政策工具影响中介指标，进而最终实现既定政策目标的传导途径与作用机理。

二、传导途径

货币政策传导途径一般有三个基本环节，其顺序是：第一，从中央银行到商业银行等金融机构和金融市场。中央银行的货币政策工具操作，首先影响的是商业银行等金融机构的准备金、融资成本、信用能力和行为，以及金融市场上货币供给与需求的状况。第二，从商业银行等金融机构和金融市场到企业、居民等非金融部门的各类经济行为主体。商业银行等金融机构根据中央银行的政策操作调整自己的行为，从而对各类经济行为主体的消费、储蓄、投资等经济活动产生影响。第三，从非金融部门经济行为主体到社会各经济变量，包括总支出量、总产出量、物价、就业等。

另外，金融市场也在整个货币的传导过程中发挥着极其重要的作用。首先，中央银行主要通过市场实施货币政策工具，商业银行等金融机构通过市场了解中央银行货币政策的调控意向；其次，企业、居民等非金融部门经济行为主体通过市场利率的变化，接受金融机构对资金供应的调节进而影响投资与消费行为；最后，社会各经济变量的变化通过市场反馈信息，影响中央银行、各金融机构的行为。

在维克赛尔的累积过程理论的基础上，凯恩斯学派总结出的货币政策传导机制是：通过货币供给的增减影响利率，利率的变化则通过资本边际效益影响投资，投资的增减影响总支出和总收入，这一传导机制的主要环节是利率。

与凯恩斯学派不同，货币学派则认为利率在货币传导机制中不起重要作用，他们认为货币供给量的变化直接影响支出，然后由支出影响投资，最终作用于总收入。货币主义者认为在短期内，货币供给量的变化会带来产出的改变，但在长期只会影响物价水平。

◎利率政策：经济调控的又一杠杆◎

一、利率的经济杠杆

利率政策是货币政策的重要组成部分，也是货币政策实施的主要手段之一。央行根据货币政策实施的需要，适时地运用利率工具，对利率水平和利率结构进行调整，进而影响社会资金供求状况，实现货币政策的既定目标。

利率上调有助于吸收存款，抑制流动性，抑制投资热度，控制通货膨胀，稳定物价水平；利率下调有助于刺激贷款需求，刺激投资，拉动经济增长。利率这个经济杠杆使用起来要考虑它的利弊，在什么时间、用什么幅度调整都是有规律的。

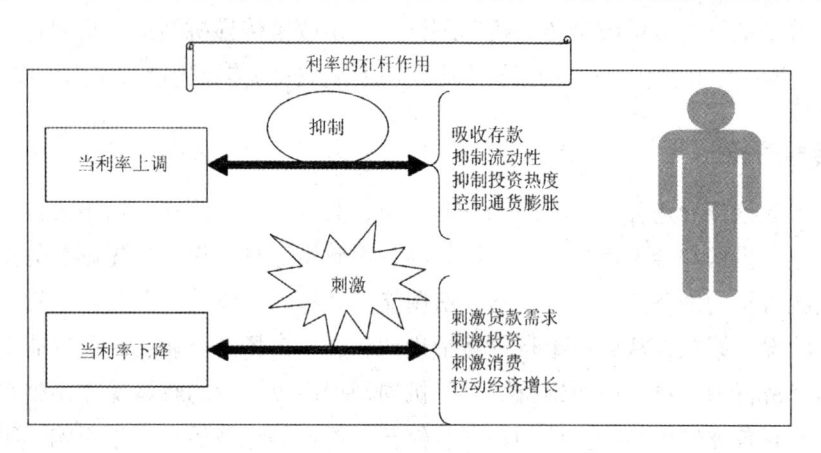

利率是经济学中一个重要的变量。当前，世界各国频繁运用利率杠杆实施宏观调控，利率政策已成为各国中央银行调控货币供求，进而调控经济的主要手段，利率政策在中央银行货币政策中的地位越来越重要。合理的利率，对发挥社会信用和利率的经济杠杆作用有着重要的意义。

二、费雪效应：预期通货膨胀率和利率

假如银行储蓄利率有5%，某人的存款在一年后就多了5%，是说明他富了吗？这只是理想情况下的假设。如果当年通货膨胀率3%，那他只富了2%的部分；如果是6%，那他一年前100元能买到的东西现在要106了，而存了一年的钱只有105元了，他反而买不起这东西了！

这可以说就是费雪效应的通俗解释。费雪效应是由著名的经济学家欧文·费雪

第一个揭示了通货膨胀率预期与利率之间关系的一个发现，它指出当通货膨胀率预期上升时，利率也将上升。

实际利率 = 名义利率 – 通货膨胀率。

把等号的左右两边交换一下，就变成：

名义利率 = 实际利率 + 通货膨胀率

三、不同国家的利率标准不同

中国央行领导人曾用"橘子是不能跟苹果相比"的形象比喻来说明各个国家利率手段的内涵和定价机制不同。受金融危机的影响，2009 年西方很多国家和过去十年中的日本一样，开始实行零利率政策。西方各国对于中国实行零利率政策的呼声很高。这是为什么呢？

因为利率对本国汇率和对他国汇率都有重要的影响。利率是货币供求关系的产物，增加货币投放量，市场上货币增多，供大于求，导致利率下降；反之减少货币投放量，市场上流通的货币减少，供不应求，利率提高。以中国和美国为例，如果中国增加货币投放量，利率降低，而假设美国利率不变，在外汇市场上导致人民币对美元贬值；反之如果美国降息，而中国利率不变，将导致美元对人民币贬值。因此，一国的利率政策不仅会影响到本国人民的利益和经济发展，还会通过汇率作用于他国的经济。

◎ 银行准备金率：银行放出贷款的多少对经济的影响 ◎

一、存款准备金

金融机构为保证客户提取存款和资金清算需要而准备的在中央银行的存款，中央银行要求的存款准备金占其存款总额的比例就是存款准备金率。准备金本来是为了保证支付的，但它却带来了一个意想不到的"副产品"，就是赋予了商业银行创造货币的职能，可以影响金融机构的信贷扩张能力，从而间接调控货币供应量。现已成为中央银行货币政策的重要工具，是传统的三大货币政策工具之一。

确切地说，存款准备金就是中央银行根据法律的规定，要求各商业银行按一定的比例将吸收的存款存入在人民银行开设的准备金账户，对商业银行利用存款发放贷款的行为进行控制。商业银行缴存准备金的比例，就是准备金率。准备金，又分法定存款准备金和超额准备金。前者是按照法定存款准备金率来提取的准备金。后者是超过法定准备以外提取的准备金。

中央银行可以通过公开市场操作、调整再贴现率和存款准备金比率来控制自身的资产规模，从而直接决定基础货币的多少，进而影响货币供给。中央银行通过调整法定存款准备金率以增加或减少商业银行的超额准备金,来扩张或收缩信用,实现货币政策所要达到的目的。

二、存款准备金的主要作用

(1)保证商业银行等存款货币机构资金的流动性。当部分银行出现流动性危机时,中央银行就有能力对这些银行加以救助,以提供短期信贷的方式帮助其恢复流动性。

(2)集中使用一部分信贷资金。这是中央银行作为银行的银行这一"最终贷款人"责任,也可以向金融机构提供再贴现。

(3)调节货币供给总量。举个例子,银行吸收了1000元存款,存款准备金率是10%,那么银行同期可用于投资等的最高额度是900元,100元准备金必须存在央行指定的账户上;存款准备金的作用之一是防范挤兑风险,现在被政府好好利用了一把,成了抑制投资的工具之一。

我国的存款准备金制度是在1984年建立起来的,至今存款准备金率经历了26次调整。最底的一次是1999年11月存款准备金率由8%下调到6%;最高一次为2008年6月由16.5%上调至17.5%。

上调存款准备金率是央行减少商业银行流动性泛滥的一个重要措施,会减少信贷的资金供应量,是紧缩信号,与投资有直接联系。当中央银行提高法定准备金率时,商业银行可提供放款及创造信用的能力就下降。因为准备金率提高,货币乘数就变小,从而降低了整个商业银行体系创造信用、扩大信用规模的能力,其结果是社会的银根偏紧,货币供应量减少,利息率提高,投资及社会支出都相应缩减。反之,亦然。

比如,如果存款准备金率为7%,就意味着金融机构每吸收100万元存款,要向央行缴存7万元的存款准备金,用于发放贷款的资金为93万元。倘若将存款准备金率提高到7.5%,那么金融机构的可贷资金将减少到92.5万元。

存款准备金制度有利于保证金融机构对客户的正常支付。随着金融制度的发展,存款准备金逐步演变为重要的货币政策工具。当中央银行降低存款准备金率时,金融机构可用于贷款的资金增加,社会的贷款总量和货币供应量也相应增加;反之,社会的贷款总量和货币供应量将相应减少。

这样通过调整存款准备金率,可以影响金融机构的信贷能力,从而间接调控货币供应量,达到控制经济增长的目标。

央行存款准备金率上调和存款利率上调之间没有必然的联系。无论是加息,还是上调存款准备金率,其用意都是为了抑制银行信贷资金过快增长。上调存款准备金率,能直接冻结商业银行资金,强化流动性管理。主要是为了加强流动性管理,抑制货币信贷总量过快增长。同时,上调存款准备金率也体现了"区别对待"的调控原则。同加息相比,上调存款准备金率是直接针对商业银行实施的货币政策工具,不似加息"一刀切"式直接影响企业财务和百姓生活。

央行决定提高存款准备金率是对货币政策的宏观调控,旨在防止货币信贷过快增长。2010年,我国经济快速增长,但经济运行中的突出矛盾也进一步凸显,投资增长过快的势头不减。而投资增长过快的主要原因之一就是货币信贷增长过快。提高存款准备金率可以相应地减缓货币信贷增长,保持国民经济持续、快速、协调、健康发展。

◎ 再贴现政策:根据需要调整再贴现率 ◎

一、再贴现政策

再贴现最初不是一种货币政策工具,它原本是用来帮助商业银行周转资金的。商业银行虽然经营的就是"钱",但它们也有"手头紧"的时候。为了帮助"手头紧"的银行渡过难关,中央银行就为它们开设了再贴现的窗口,为它们提供资金援助。

渐渐的,再贴现变成中央银行的一大"法宝"。当中央银行降低再贴现率的时候,商业银行发现从中央银行再贴现借钱比较划算,就会更多地申请再贴现。这样一来,中央银行的基础货币投放增加了,货币供应量自然也会增加。而且,再贴现利率的降低也会最终带动其他利率水平的下降,起到刺激投资和增长的作用。反过来,中央银行也可以提高再贴现率,实现相反的意图。

再贴现这个"法宝"不但能调控货币总量,还能调整结构。比如,中央银行规定哪些票据可以被再贴现,哪些机构可以申请再贴现,这样分门别类、区别对待,使得政策效果更加精确。

二、再贴现政策的类型

1. 长期的再贴现政策

包括两种:一是"抑制政策",即中央银行较长期地采取再贴现率高于市场利率的政策,提高再贴现成本,从而抑制资金需求,收缩银根,减少市场的货币供应量;二是"扶持政策",即中央银行较长期地采取再贴现率低于市场利率的政策,以放宽贴现条件,降低再贴现成本,从而刺激资金需求,放松银根,增加市场的货币供应量。

2. 短期的再贴现政策

中央银行根据市场的资金供求状况,随时制订高于或低于市场利率的再贴现率,以影响商业银行借入资金的成本和超额准备金,影响市场利率,从而调节市场的资金供求。

三、再贴现政策的作用

(1)能影响商业银行的资金成本和超额准备,从而影响商业银行的融资决策,使其改变放款和投资活动。

（2）能产生告示效果，通常能表明中央银行的政策意向，从而影响到商业银行及社会公众的预期。

（3）能决定何种票据具有再贴现资格，从而影响商业银行的资金投向。

当然，再贴现政策效果能否很好地发挥，还要看货币市场的弹性。一般说来，有些国家商业银行主要靠中央银行融通资金，再贴现政策在货币市场的弹性较大，效果也就较大，相反有些国家商业银行靠中央银行融通资金数量较小，再贴现政策在货币市场上的弹性较小，效果也就较小。尽管如此，再贴现率的调整，对货币市场仍有较广泛的影响。

四、再贴现政策的局限性

从控制货币供应量来看，再贴现政策并不是一个理想的控制工具。首先，中央银行处于被动地位。商业银行是否愿意到中央银行申请贴现，或者贴现多少，决定于商业银行，如果商业银行可以通过其他途径筹措资金，而不依赖于再贴现，则中央银行就不能有效地控制货币供应量。其次，增加对中央银行的压力。如商业银行依赖于中央银行再贴现，这就增加了对中央银行的压力，从而削弱控制货币供应量的能力。再次，再贴现率高低有一定限度，而在经济繁荣或经济萧条时期，再贴现率无论高低，都无法限制或阻止商业银行向中央银行再贴现或借款，这也使中央银行难以有效地控制货币供应量。

从对利率的影响看，调整再贴现利率，通常不能改变利率的结构，只能影响利率水平。即使影响利率水平，也必须具备两个假定条件：一是中央银行能随时准备按其规定的再贴现率自由地提供贷款，以此来调整对商业银行的放款量；二是商业银行为了尽可能地增加利润，愿意从中央银行借款。当市场利率高于再贴利率，而利差足以弥补承担的风险和放款管理费用时，商业银行就向中央银行借款然后再放出去；当市场利率高于再贴现率的利差，不足以弥补上述费用时，商业银行就从市场上收回放款，并偿还其向中央银行的借款，也只有在这样的条件下，中央银行的再贴现率才能支配市场利率。然而，实际情况往往并非完全如此。

就其弹性而言，再贴现政策是缺乏弹性的，一方面，再贴现率的随时调整，通常会引起市场利率的经常性波动，这会使企业或商业银行无所适从；另一方面，再贴现率不随时调整，又不宜于中央银行灵活地调节市场货币供应量，因此，再贴现政策的弹性是很小的。

上述缺点决定了再贴政策并不是十分理想的货币政策工具。

金融管制：预防金融风险的管制

一、金融管制

从 20 世纪 70 年代起，金融自由化和放松金融管制的浪潮一浪高过一浪，各国都在寻求一种减少政府干预的经济运行机制。管制或许可以减少，在有的行业和领域也可能会消失。但是，只要有政府的存在，就无法消除政府干预。政府是影响企业和市场的重要宏观环境变量，管制是政府发挥经济职能的重要形式，伴随政府的存在而存在。金融管制有其存在的客观原因。

金融市场中较强的信息不对称现象是金融管制存在的首要原因。如果交易者占有不对称的信息，市场机制就不能达到有效的资源配置。金融市场中信息不对称主要体现在金融机构与金融产品需求者之间的风险识别和规避上。金融管制可以较有效地解决金融经营中的信息不对称问题，避免金融运行的较大波动。

事实表明，金融市场难以实现完全自由竞争。作为金融创新主体的金融机构总是从自身微观的利益出发考虑问题，这就决定了其在决策时不可充分考虑到宏观利益所在，甚至为追求自身利润的最大化实施一些规避管制的违规冒险行为，同时为了防止加大经营成本，忽视对操作程序的规范和监控，从而影响到其对风险的防范与控制能力。

金融管制是政府管制的一种形式，是伴随着银行危机的局部和整体爆发而产生的一种以保证金融体系的稳定、安全及确保投资人利益的制度安排，是在金融市场失灵（如脆弱性、外部性、不对称信息及垄断等）的情况下由政府或社会提供的纠正市场失灵的金融管理制度。从这一层面上来看，金融管制至少具有帕累托改进性质，它可以提高金融效率，增进社会福利。但是，金融监管是否能够达到帕累托效率还取决于监管当局的信息能力和监管水平。如果信息是完全和对称的，并且监管能完全纠正金融体系的外部性而自身又没有造成社会福利的损失，就实现了帕累托效率。关于完全信息和对称信息的假设，在现实经济社会中是不能成立的，正是这一原因形成了引发金融危机的重要因素——金融机构普遍的道德风险行为，造成金融监管的低效率和社会福利的损失。因此，金融管制也成为许多国家政府经济工作的重点。

二、金融管制的途径

我国的金融管制主要从五方面入手：

一是正确处理内需和外需的关系，进一步扩大国内需求，适当降低经济增长对外需、投资的依赖，加强财政、货币、贸易、产业、投资的宏观政策的相互协调配合，扩大消费内需，降低储蓄率，增加进口，开放市场来推动经济结构调整，促进国际收支趋于平衡。

二是改善货币政策传导机制和环境,增强货币政策的有效性,促进金融市场的发育和完善,催化金融企业和国有企业改革,进一步转换政府经营管理,完善间接调控机制,维护和促进金融体系稳健运行。

三是积极稳妥地推进利率市场化改革,建立健全由市场供求决定的、央行通过运用货币政策工具调控的利率形成机制,有效利用和顺应市场预期,增强货币政策透明度和可信度。

四是加强货币政策与其他经济政策间的协调配合,加强货币政策与金融监管的协调配合,根据各自分工,着眼于金融市场体系建设的长期发展,努力促进金融业全面协调可持续发展,加强货币政策与产业政策的协调,以国民经济发展规划为指导,引导金融机构认真贯彻落实国家产业政策的要求,进一步优化信贷结构,改进金融服务。

五是进一步提高金融资金主动、大力拓展债券市场,鼓励债券产品创新,推动机构投资者的发展,加大对交易主体和中介组织的培育,加快债券市场基础制度建设,进一步推进金融市场协调发展。

金融管制是宏观调控的重要组成部分。它与战略引导、财税调控一起构成宏观调控的主要手段,互相联系,互相配合,它们共同的目标是促进经济增长,增加就业,稳定物价,保持国际收支平衡。

第十一章
国际贸易：没有国境的全球贸易

◎ 比较优势：美国人为什么不制造球鞋 ◎

一、什么是比较优势

18世纪的英国经济学家李嘉图提出比较优势理论。在经济学上，比较优势的意思是说生产一种物品机会成本较少的生产者在生产这种物品中有比较优势。除非两个人有相同的机会成本，否则一个人就会在一种物品上有比较优势，而另一个人将在另一种物品上有比较优势。

举个简单的例子，比如说乔丹能用2个小时修剪完草坪，在这同样的2小时中，他能拍一部运动鞋的电视商业广告，并赚到1万美元。与他相比，住在乔丹隔壁的小姑娘玛丽能用4个小时修剪完乔丹家的草坪。在这同样的4个小时中，她可以在快餐店工作并赚30美元。

在这个例子中，乔丹修剪草坪的机会成本是1万美元，而玛丽的机会成本是30美元。乔丹在修剪草坪上有绝对优势，因为他可以用更少的时间干完这件活。但玛丽在修剪草坪上有比较优势，因为她的机会成本低。

从绝对优势上来说，乔丹比玛丽更适合修剪草坪。但是从比较优势上来说，玛丽更应该修剪草坪，因为她修剪草坪的机会成本要比乔丹低得多。因此，乔丹去拍商业广告，玛丽修剪草坪是符合经济学的劳动分工。

在经济生活中，机会成本和比较优势的差别引起了交易（交换）的好处。每个人都知道，如果一件东西在购买时所费的代价比自己独自生产时的费用小，就永远不要自己独自生产。

二、比较优势与国际贸易

比较优势的原理是国际贸易的最基本的理论，直到今天，它仍然是指导国际贸易实践的核心理论。理解比较优势原理，对我们理解贸易的利益和原因，对于我们坚定奉行自由贸易政策具有重要的价值。

但是一个国家究竟生产什么呢？很简单，生产自己具有比较优势的东西，放弃自己不具比较优势的东西。贸易的基础并不是绝对优势，而是比较优势。生产并出售自己比较有优势的产品或劳务，购买自己不具有优势的产品或服务，各方都可以获益，这就是贸易的双赢原则。按照比较优势进行分工，即使是再落后的国家，也可以找到自己的比较优势，也可以通过贸易强国。

举个例子来说，越南的生产技术不像美国那样先进，但越南生产的东西还是可以大量出口到发达国家。越南人力资源丰富，可以大量制造美国人所需的球鞋，美国购买由越南造的球鞋，这样美国人就不用把时间和精力投入到制鞋上，而是投入到自己更有利的生产上，如制造波音飞机。正因为美国的工程师制造飞机的生产力比制鞋要高，而越南工人制鞋的生产力又比其他工作要高，每个国家都利用本国的比较优势进行国际分工，再通过自由贸易互通有无，让各国人民从中受惠。

假定一个国家拥有所有资源，能生产任何东西。但是，它必定不可能做到生产什么都是世界第一，比任何国家都具有绝对优势。比如说美国很发达，技术水平很高，但是生产球鞋就没有越南的直接成本低。事实上任何一个国家都不会在每样产品上都具有比较优势。所以，任何国家在任何时候，都不能样样都生产，这就意味着必须要进出口。

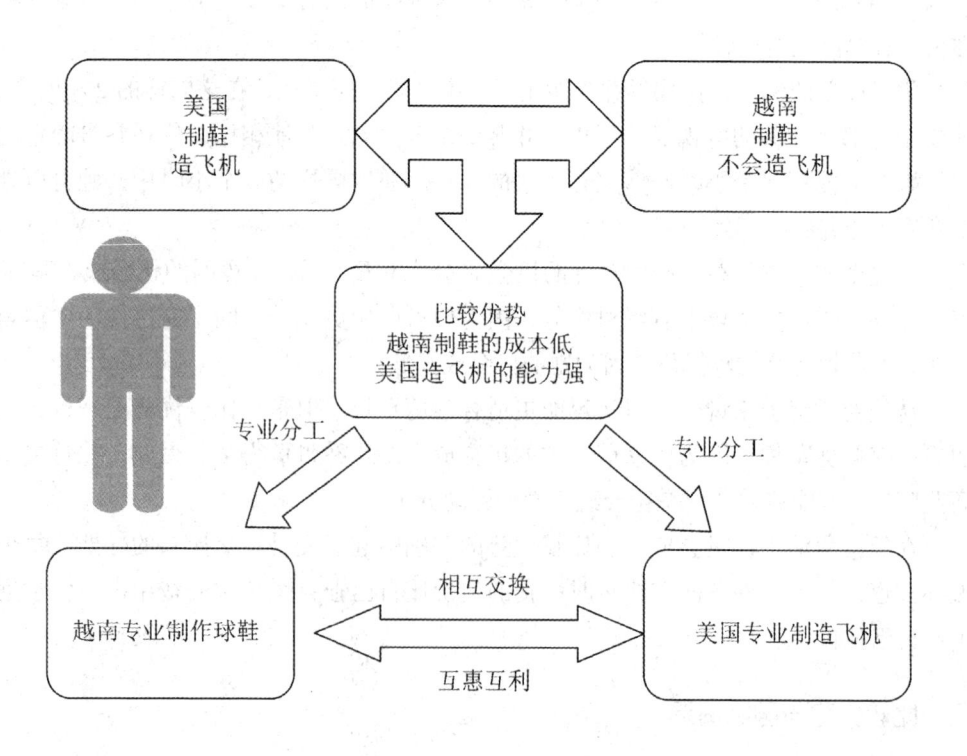

贸易顺差与逆差：出口和进口间的加减法

一、贸易差额

贸易差额是一国在一定时期内（如一年、半年、一季、一月）出口总值与进口总值之间的差额。当出口总值大于进口总值时，出现贸易盈余，称贸易顺差或超出。当进口总值大于出口总值时，出现贸易赤字，称贸易逆差或入超。通常，贸易顺差以正数表示，贸易逆差以负数表示。

贸易差额是衡量一个国家对外贸易收支状况的一个重要标志，从一般意义上讲，贸易顺差反映一个国家在对外贸易收支上处于有利地位，表明它在世界市场的商品竞争中处于优势；而逆差则反映一国在对外贸易收支上处于不利地位，表明它在世界市场上的商品竞争中处于劣势。

二、顺差还是逆差

传统贸易观念认为出口为了创汇，顺差是好事，逆差是坏事。这一观念长期主导着我国的贸易政策和实践，其实过度的出口并非一定有利。

如果在生产不能相应扩大的条件下，出口的增加，必然会抑制国内需求的满足，会影响本国人民物质文化生活的需要。

过高的贸易顺差是一件危险的事情，意味着本国经济的增长比过去几年任何时候都更依赖于外部需求，对外依存度过高。

因此，一国的对外贸易应追求长期的进出口基本平衡，而不是长期的贸易顺差。我国是一个发展中的大国，长期的贸易顺差也给我们带来了很多麻烦。

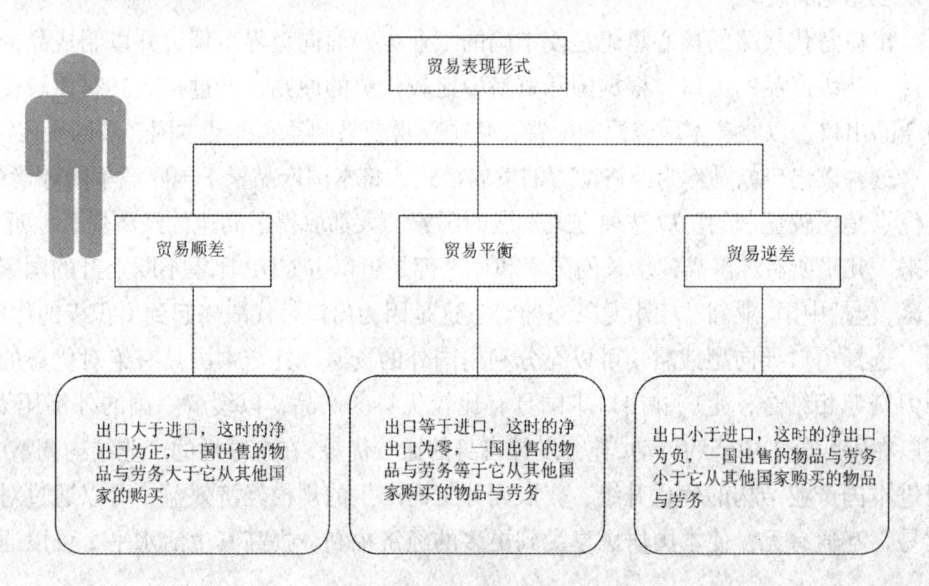

```
            贸易表现形式
    ┌───────────┼───────────┐
  贸易顺差      贸易平衡      贸易逆差
```

- 贸易顺差：出口大于进口，这时的净出口为正，一国出售的物品与劳务大于它从其他国家的购买
- 贸易平衡：出口等于进口，这时的净出口为零，一国出售的物品与劳务等于它从其他国家购买的物品与劳务
- 贸易逆差：出口小于进口，这时的净出口为负，一国出售的物品与劳务小于它从其他国家购买的物品与劳务

首先，越来越大的贸易顺差为我国带来越来越多的贸易争端；其次，贸易顺差虽然增加了外汇储备，但从资源效用最大化的角度看，是资源未被充分利用；第三，持续高额顺差导致人民币升值预期，进而又导致资本净流入增加，资本净流入增加又进一步导致了人民币升值的压力；第四，巨额的经常项目的顺差，会转化为货币大量投放的压力，成为通货膨胀率上升的重要因素。

相反，贸易逆差的结果也并非都是坏处。第一，适当逆差有利于缓解短期贸易纠纷，有助于贸易长期稳定增长；第二，逆差实际上等于投资购买生产性的设备，只要投资项目选择得当，既可补充国内一些短缺的原材料，还能很快提高生产能力、增加就业以及增加经济总量；第三，逆差能减少人民币升值的预期，减缓资本净流入的速度；第四，短期的贸易逆差有助于缓解我国通货膨胀的压力，加大我国货币政策的操作空间。

在对外贸易问题上，我们应当转变观念，放弃以出口创汇、追求顺差为目标的传统观念和做法，确立以国际收支平衡为目标的政策。一般来说，一国政府在对外贸易中应设法保持进出口基本平衡，略有结余，此举有利于国民经济健康发展。

◎ 出口替代：让国内的商品走出去 ◎

一、什么是出口替代

出口替代又称出口替代工业化政策或出口导向工业化政策，是外向型经济发展战略的产物，指一国采取各种措施扩大出口，发展出口工业，逐步用轻工业产品出口替代初级产品出口，用重、化工业产品出口替代轻工业产品出口，以带动经济发展，实现工业化的政策。

出口替代战略的核心思想是使本国的工业生产面向世界市场，并以制成品的出口代替初级产品的出口。根据国际贸易中比较优势的原则，通过扩大其有比较优势的产品出口，以改善本国资源的配置，从中获得贸易利益和推动本国经济的发展。

这种以出口鼓励作为经济动力的发展模式，将本国产品置于国际竞争的环境中，其优点是比较显著的。以这种方式发展的国家，大都取得了高速的经济增长。近20年来，几乎所有经济高速增长的国家和地区都是出口占GDP比重不断上升的国家和地区，包括中国、亚洲"四小龙"、东盟等。这是因为出口替代战略起到了积极的作用。

选择出口导向型战略：可以充分利用国外的资源，并与本国具有绝对优势的劳动力资源相结合，生产并出口本国具有比较优势的产品，以缓解一国的外汇压力；可以在国际分工中节约劳动，充分发挥自身的比较优势，在全球性的产业结构调整中，促进本国产业结构的优化升级，获取因分工而产生的规模经济效益；可以通过对外贸易，互通有无，使本国居民享受到更多的经济福利，提高其生活水平；可以通过外部市场的开拓,带动国内相关产业和部门的发展,不仅为国内的剩余产品或闲置生产资源找到了出路,还扩大了就业量。

二、怎样实施出口替代

出口替代战略的实施过程实际上是一个利用本国的比较优势发展相关产业,并根据比较优势的变化而及时进行产业结构升级换代的过程。在第一个阶段,发展中国家可以利用本国劳动力成本低的优势,通过扩大劳动力密集型产品的出口来增加外汇收入,带动经济的增长,增加就业。随着经济的发展,收入水平的不断提高,劳动力成本将上升,劳动力优势逐渐丧失,此时应当及时调整产业政策,鼓励资本和技术密集型工业的发展。

出口替代战略的实施也需要一定的措施:

一是对出口企业给予优惠政策,如减免税收、低息贷款、增加补贴等。

二是对出口企业需从国外进口的资本品、中间产品和技术专利等实行减免税、放宽进口配额。

三是使本国货币贬值以降低本国出口商品以外币计算的价格,增加企业和产品在国际市场上的竞争力。

实施这一战略可以通过保持较高的出口增长率来保持较高的经济增长速度,使一国经济在很大程度上融入世界经济大循环圈中。由于国际竞争压力对国内企业形成了有效的激励,促使国内企业必须不断提高生产效率、改善经济管理、开发新技术、培训员工,只有这样才能在激烈的国际竞争中求得生存和发展。

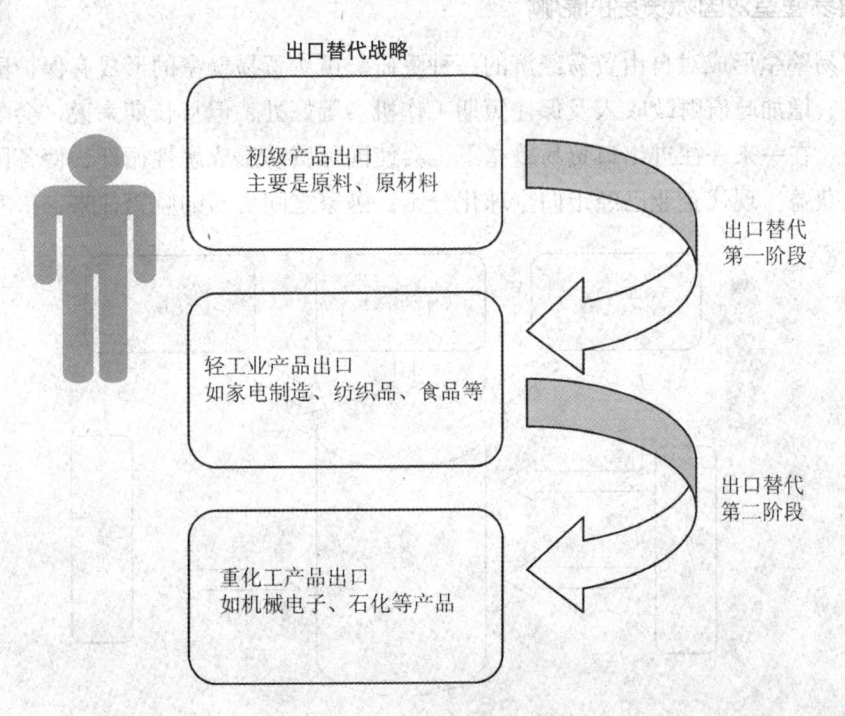

出口替代战略

初级产品出口
主要是原料、原材料

出口替代
第一阶段

轻工业产品出口
如家电制造、纺织品、食品等

出口替代
第二阶段

重化工产品出口
如机械电子、石化等产品

贸易壁垒：保护国内产业的最好方式是什么

一、什么是贸易壁垒

贸易壁垒又称贸易障碍，是对国与国间商品劳务交换所设置的人为限制，主要是指一国对外国商品劳务进口所实行的各种限制措施。贸易壁垒一般分关税壁垒和非关税壁垒两类。

所谓关税壁垒，是指进出口商品经过一国关境时，由政府所设置海关向进出口商征收关税所形成的一种贸易障碍。按征收关税的目的来划分，关税有两种：一是财政关税，其主要目的是为了增加国家财政收入；二是保护关税，其主要目的是为保护本国经济发展而对外国商品的进口征收高额关税。保护关税愈高，保护的作用就愈大，甚至实际上等于禁止进口。

非关税壁垒，是指除关税以外的一切限制进口措施所形成的贸易障碍，又可分为直接限制和间接限制两类。直接限制是指进口国采取某些措施，直接限制进口商品的数量或金额，如进口配额制、进口许可证制、外汇管制、进口最低限价等。间接限制是通过对进口商品制订严格的条例、法规等间接地限制商品进口，如歧视性的政府采购政策、苛刻的技术标准、卫生安全法规、检查和包装、标签规定以及其他各种强制性的技术法规。

二、贸易壁垒对国际贸易的影响

贸易壁垒形成对自由贸易经济的一种障碍。虽然贸易壁垒的形成有保护国内产业发展、增加政府财政收入及保住短期工作机会等好处，但从长期来说，会阻碍经济发展。在一来一往进出口贸易壁垒下，会使国际贸易形成恶性循环，使各国都不能真正获益。现代企业已经走向全球化分工，国家之间贸易的频繁往来，事实上就

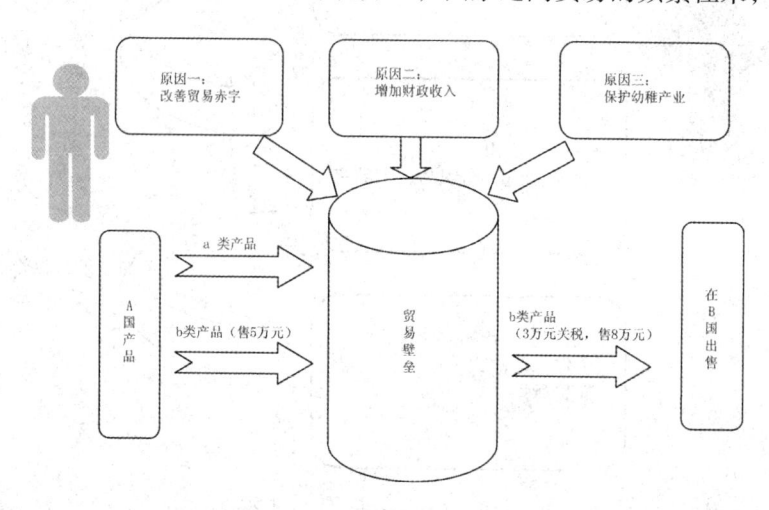

是执行专业化分工的结果，如果我们为了排除国际竞争的压力而建立了贸易壁垒，必定会阻断国际的贸易往来，等于放弃了专业分工的机会而导致整体生产力下降，可见，实施贸易壁垒保护，对长期的经济发展反而不利。

三、"中国制造"遭遇全球贸易壁垒

中国成为世界加工厂，"中国制造"更是遍布世界各地，但与此同时，国际社会不断传来对"中国制造"的反倾销、反补贴措施，世界空前的贸易壁垒正在袭击"中国制造"。据世界贸易组织秘书处发布的数据显示，2008年全球新发起反倾销调查208起、反补贴调查14起，中国分别遭遇73起和10起，占总数的35%和71%。对我国实施反倾销的国家不仅有欧美、澳大利亚、加拿大、日本等发达国家，也包括土耳其、印度等一些发展中国家，案件涉及钢铁、鞋、玩具、轮胎、铝制品、日用品、机电、矿产、养殖品等中国在出口方面具有优势的行业。

因此，必须从国家层面、地方政府以及出口企业层面上采取有效的应对之策。国家应该从国际合作层面在世贸组织等多边框架下，大力呼吁反对贸易保护主义，督促有关国家采取实际行动履行承诺。同时积极推动新一轮世贸谈判，与有关国家加强双边谈判，争取使更多国家承认我国的市场经济地位。

从企业层面来看，企业作为应对贸易保护主义的主体，应尽快努力提高技术创新和培育自主品牌的能力，变"以廉取胜"为"以质取胜"；同时，通过对外直接投资、兼并收购当地企业等方式，将跨境出口转化为企业的内部贸易，有效避免贸易摩擦。

◎ 进口限额：限制外国产品销售 ◎

一、什么是进口限额

是指一国政府在一定时期内，对某些商品进口的数量和金额，事先作出规定，在限额内可以进口，超过限额的不准进口，或征收较高的关税或罚款的制度，又称"进口配额制"。进口配额主要有绝对配额和关税配额两种。绝对配额是指在一定时期内，对某些商品的进口数量或金额规定一个最高数额，达到这个数额后，便不准进口。

实行进口限额的主要方式有：

（1）全球限额、国别地区限额和分派限额。全球限额只规定一定时期内某类或某种商品允许进口的总数量或总金额，所有国家的进口都受这个数量的限制。国别地区限额是有针对性地限制一定时期内从某个地区或某些国家进口某类或某种商品的数量或金额，由于这是专对某些来源国或地区的，故又称选择性限额？有时也称为歧视性限制。如果并非专对某些国家或地区，而对所有来源国或地区都分别确定一个不同的具体限额，则称为分派限额。

（2）关税限额。这是指在一定进口额度内给以减、免关税待遇，超过额度即恢复征收正常关税或更高的关税。

（3）季节性限额和混合限额。季节性限额通常用于农产品，当国内丰收或正值收获季节，便限额进口；当国内歉收或正值生产淡季，便放宽或取消进口限额。在这种情况下的进口称为有条件进口。混合限额实际上是混合使用国产原料的规定。例如，规定面粉工业、制糖工业中必须使用一定数量的本国小麦和甜菜，然后根据年产量的比例确定允许进口外国原料的限额。

二、进口限额的作用

进口限额通常由输入国单方或通过与输出国事先磋商后宣布，限定某类或某些品种的商品在规定期限内允许进口的最高数量或金额。

进口限额同保护性关税性质不同，但作用相似。与关税壁垒政策相比，进口限额同样是限制进口量而采取的贸易政策，提高了进口商品的国内价格，并增加本国产量及减少进口量，达到保护国内市场及劳动力的目的。

在国内市场对某种商品进口需求增长从而引起国内价格相对于国际市场价格剧涨时，高关税有时不能完全制止进口增加，而限额能够做到。进口限额使垄断集团得以把被限制商品的国内市场价格提高到国际市场水平以上，而不用担心进口增加带来竞争。

因此，配额限制的政策有时也用来作为贸易制裁的手段，当过多的进口商品扰乱了国内市场的供需时，政府可以借此作为自卫的机制，防止国内产业继续受到伤害。采取进口限额与进口关税的目的都是有意要扶持国内的新兴产业，以摆脱对进口商品的依赖，尤其对发展中国家而言，会以发展国内产业经济为优先，而对进口货物实施贸易限制。

进口限额的作用

倾销与反倾销：低价惹的祸

一、什么是倾销

倾销是指某国的制造商或出口商将某种产品以低于正常价值的价格出口到另一国的贸易行为，倾销将会使得进口国家的本土产业遭受不公平贸易的实质损害。世界各国普遍认为倾销是一种不公平的竞争，如果进口国政府发现某家外国公司有倾销的事实，就可以针对倾销到该国的商品征收反倾销税来抬高价格，以减少倾销品的进口；或是本国的企业向政府申请反倾销保护，来对抗国外对手倾销的威胁。

倾销通常具有以下若干特征：

第一，倾销是一种人为的低价销售措施。它是由出口商根据不同的市场，以低于有关商品在出口国的市场价格对同一商品进行差价销售。

第二，倾销的动机和目的是多种多样的，有的是为了销售过剩产品，有的是为了争夺国外市场，扩大出口，但只要对进口国某一工业的建立和发展造成实质性损害或实质性威胁或实质性阻碍，就会招致反倾销措施的惩罚。

第三，倾销是一种不公平竞争行为。在政府奖励出口的政策下，生产者为获得政府出口补贴，往往以低廉价格销售产品；同时，生产者将产品以倾销的价格在国外市场销售，从而获得在另一国市场的竞争优势并进而消灭竞争对手，再提高价格以获取垄断高额利润。

第四，倾销的结果往往给进口方的经济或生产者的利益造成损害，特别是掠夺性倾销扰乱了进口方的市场经济秩序，给进口方经济带来毁灭性打击。

二、如何应对反倾销

国际贸易中的倾销行为会破坏公平的市场竞争原则，进而破坏国际贸易秩序，所以各国都非常重视反倾销。

为了制止倾销而采取反倾销措施应该说是合理的，但如果反倾销措施的实施超过了其合理范围或合理程度，反倾销措施也会成为一种贸易保护主义措施，从而对国际贸易的扩展造成阻碍性影响。

近年来指控倾销的事件屡屡发生，面对这样的情形，应该如何应对和预防反倾销的发生？对于出口企业而言，当务之急是在应对反倾销时，做好充分的准备，合理利用世界贸易组织的《反倾销协议》等条例，通过调节争端的机制维护自己的利益。当然，为避免贸易伙伴单方面的起诉，可设立反倾销的制度反对不公平的贸易行为。此外，保护本国消费者利益是当今趋势，出口企业应该与国际标准接轨，企业应该坚持强化品牌形象和提高品质优势避免成为反倾销的对象。

倾销与反倾销

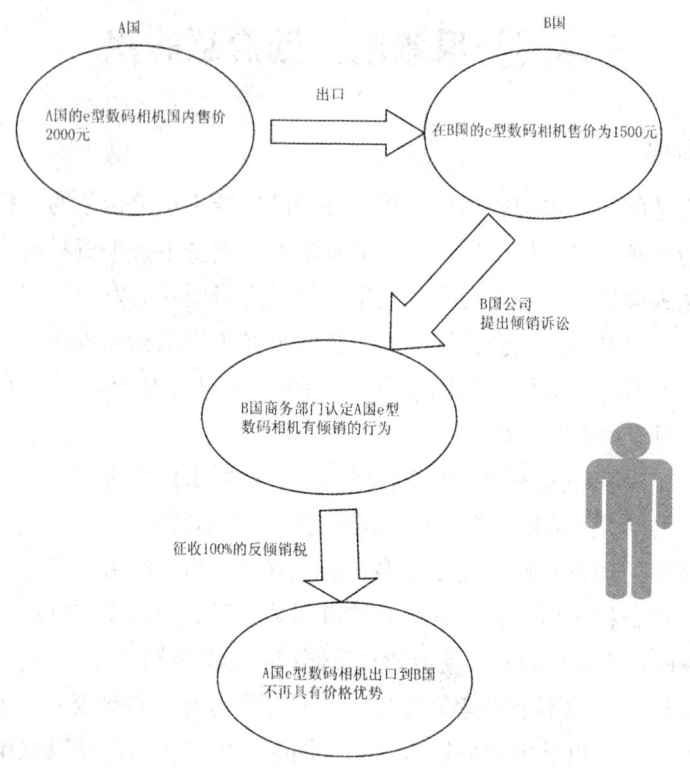

- A国的e型数码相机国内售价2000元
- 出口 → 在B国的e型数码相机售价为1500元
- B国公司提出倾销诉讼
- B国商务部门认定A国e型数码相机有倾销的行为
- 征收100%的反倾销税
- A国e型数码相机出口到B国不再具有价格优势

◎ 世界贸易组织：贸易秩序的世界警察 ◎

一、世界贸易组织

　　世界贸易组织（WTO）是一个独立于联合国的国际组织。1995年1月1日正式开始运作，负责管理世界经济和贸易秩序，总部设在瑞士日内瓦。世贸组织是具有法人地位的国际组织，在调解成员争端方面具有很高的权威性。它的前身是1947年订立的关税及贸易总协定。与关贸总协定相比，世贸组织涵盖货物贸易、服务贸易以及知识产权贸易，而关贸总协定只适用于商品货物贸易。截至2008年7月23日，世界贸易组织共有153个成员。世界贸易组织是多边贸易体制的法律基础和组织基础，是众多贸易协定的管理者，是各成员贸易立法的监督者，是就贸易进行谈判和解决争端的场所。是当代最重要的国际经济组织之一，其成员间的贸易额占世界贸易额的绝大多数，被称为"经济联合国"。

　　世贸组织的主要职能是：组织实施各项贸易协定；为各成员提供多边贸易谈判场所，并为多边谈判结果提供框架；解决成员间发生的贸易争端；对各成员的贸易政策与法规进行定期审议；协调与国际货币基金组织、世界银行的关系。

WTO 扮演的角色

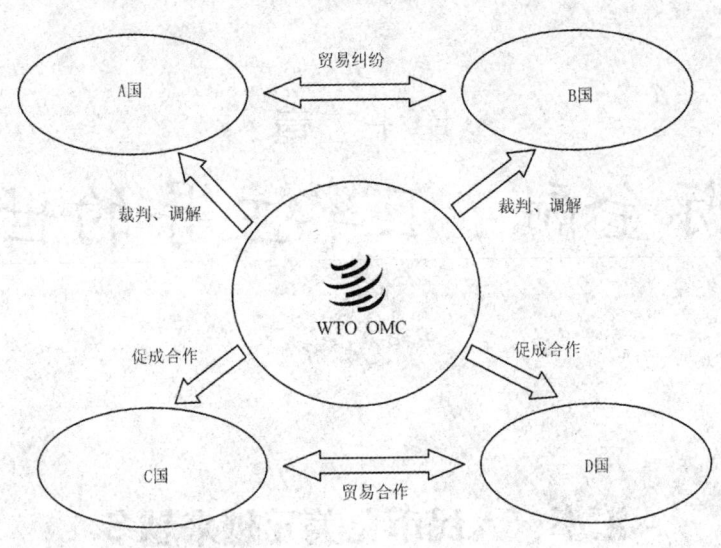

图示：A国 ←贸易纠纷→ B国；WTO OMC 居中，对A国、B国进行"裁判、调解"，对C国、D国"促成合作"；C国 ←贸易合作→ D国。

二、世界贸易组织对中国的影响

世界贸易组织是"经济联合国"，它所制定的规则已成为当今重要的国际经贸惯例，如果一个国家被排斥在世界贸易组织之外，就难以在平等的条件下进行国际产品和服务交流，而且还要受到歧视待遇。中国自 2001 年底加入世界贸易组织后，经济与贸易发展极为迅速。

世界贸易组织的所有成员方都可以取得稳定的最惠国待遇和自由贸易带来的优惠，自加入世贸以来，我国的出口连年上新台阶。当然，出口扩大了，可增加先进技术的进口，使我国在科技上更快跟上世界产业发展的潮流。

加入世界贸易组织后，带动了国民经济的快速发展，一定程度上解决了就业难的问题。加入世界贸易组织有利于提高人民生活水平，"入世"后关税降低了，中国老百姓可以用同等的货币，购买优质产品。

此外，促进了我国对外服务贸易的发展。我国的服务贸易严重落后，只占世界服务贸易总量的 1%。我国的人口众多，资源有限，所以一定要发展服务贸易，包括银行、保险、运输、旅游等方面的引进和出口。

加入世界贸易组织，意味着中国可以参与制定国际经济贸易规则，这样可以提高中国在国际社会的地位，增加发言权。目前西方国家对中国产品反倾销调查现象很严重，中国可以利用世界贸易组织的争端解决机制，使这一问题公平合理地得到解决，提高中国产品在国际市场上的声望。

当然，加入世贸组织对我国的弱势产业也是一个严峻的挑战。随着市场的进一步扩大，关税的大幅度减让，外国产品、服务和投资有可能更多地进入中国市场，国内一些产品、企业和产业免不了面临更加激烈的竞争。

实践已经证明，世界贸易组织为中国提供了广阔的舞台。

第十二章
国际金融：汇率主导的世界

◎汇率：人民币兑美元越来越多◎

一、汇率

汇率是一国货币兑换另一国货币的比率，是以一种货币表示另一种货币的价格。由于世界各国货币的名称不同，币值不一，所以一国货币对其他国家的货币要规定一个兑换率，即汇率。

各国货币之所以可以进行对比，能够形成相互之间的比价关系，原因在于它们都代表着一定的价值量，这是汇率的决定基础。在金本位制度下，黄金为本位货币。两个实行金本位制度的国家的货币单位可以根据它们各自的含金量多少来确定他们之间的比价，即汇率。如在实行金币本位制度时，英国规定1英镑的重量为123.27447格令，成色为22开金，即含金量113.0016格令纯金；美国规定1美元的重量为25.8格令，成色为900‰，即含金量23.22格令纯金。根据两种货币的含金量对比，1英镑=4.8665美元，汇率就以此为基础上下波动。在纸币制度下，各国发行

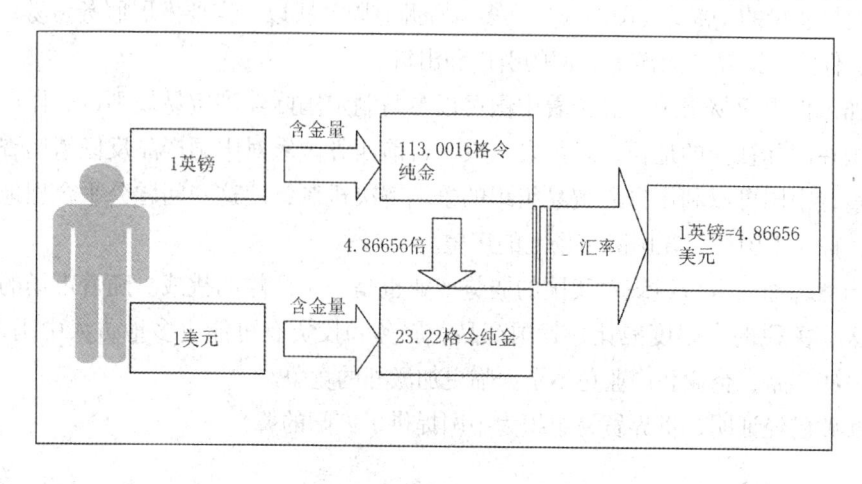

纸币作为金属货币的代表，并且参照过去的做法，以法令规定纸币的含金量，称为金平价，金平价的对比是两国汇率的决定基础。

但是纸币不能兑换成黄金，因此，纸币的法定含金量往往形同虚设。所以在实行官方汇率的国家，由国家货币当局（财政部、中央银行或外汇管理当局）规定汇率，一切外汇交易都必须按照这一汇率进行。在实行市场汇率的国家，汇率随外汇市场上货币的供求关系变化而变化。汇率对国际收支，国民收入等具有影响。

因为一个国家生产的商品都是按本国货币来计算成本的，要拿到国际市场上竞争，其商品成本一定会与汇率相关。汇率的高低也就直接影响该商品在国际市场上的成本和价格，直接影响商品的国际竞争力。

二、影响汇率变动的因素

汇率是由供求关系决定的，影响外汇供求的因素，最终都会影响到汇率的变动。影响汇率变动的因素是多种多样的，但经济因素是最根本的。

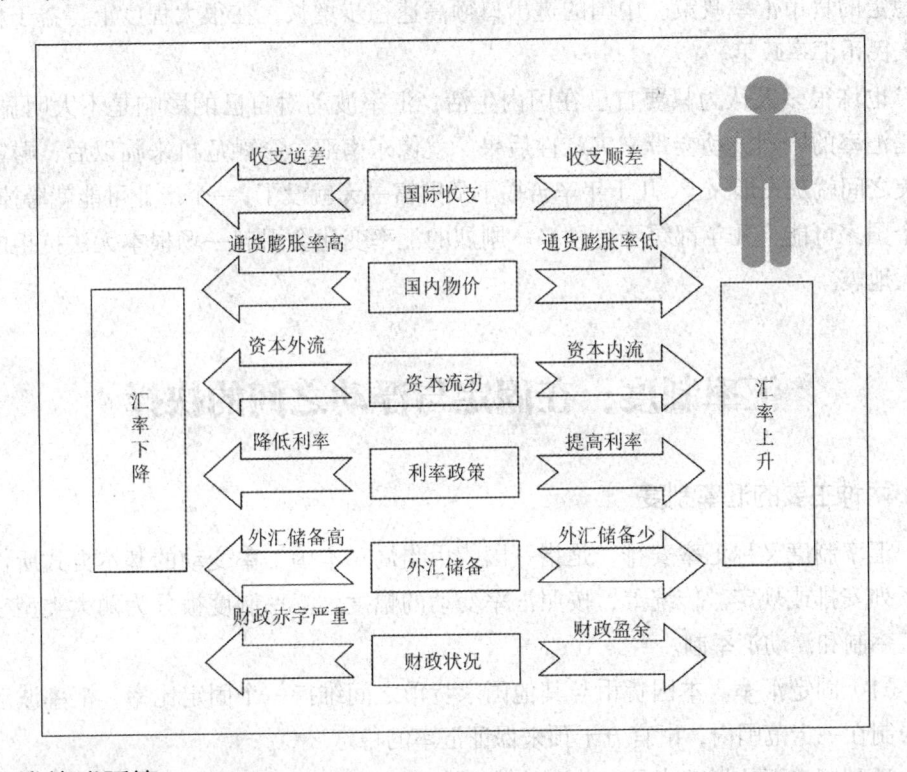

汇率下降 ←	因素	→ 汇率上升
收支逆差	国际收支	收支顺差
通货膨胀率高	国内物价	通货膨胀率低
资本外流	资本流动	资本内流
降低利率	利率政策	提高利率
外汇储备高	外汇储备	外汇储备少
财政赤字严重	财政状况	财政盈余

三、升值或贬值

如果一国货币汇率变动的结果使得相同的钱能买到更多的外国通货，那么这种变动过程被称为升值；如果该国货币汇率变动的结果是使得相同的钱买到的外国通货变少了，那么这种变动过程就是贬值。

为了形象地表明货币的升值与贬值，人们经常使用"坚挺"（升值）或"疲软"（贬

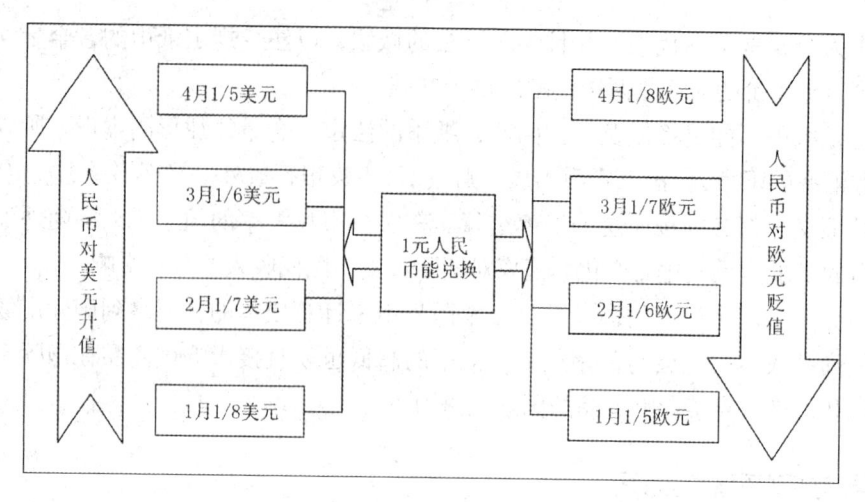

人民币对美元升值	4月1/5美元		4月1/8欧元	人民币对欧元贬值
	3月1/6美元		3月1/7欧元	
		1元人民币能兑换		
	2月1/7美元		2月1/6欧元	
	1月1/8美元		1月1/5欧元	

值）这两个词语。

汇率的波动会给进出口贸易带来大范围的波动，因此很多国家和地区都实行相对稳定的货币汇率政策。中国的进出口额高速稳步增长，在很大程度上得益于稳定的人民币汇率政策。

也许很多人认为只要自己在国内生活，汇率波动对自己的影响是不太明显的，但是汇率的剧烈波动会带来灾难性后果。就像东南亚，金融危机来临以后，财富在一夜之间就灰飞烟灭了，几十年辛苦攒下的财富一天就没了，一个产业可能就垮掉了，一个国家可能十几年都缓不过劲来。剧烈的汇率变化会引起一场根本无法抗拒的金融大地震。

◎ 汇率制度：在固定与浮动之间的抉择 ◎

一、两种主要的汇率制度

汇率制度又称汇率安排，是指一国货币当局对本国汇率变动的基本方式所作的一系列安排或规定。传统上，按照汇率变动的幅度，汇率制度被分为两大类型：固定汇率制和浮动汇率制。

（1）固定汇率。本国货币与其他国家货币之间维持一个固定比率，汇率波动只能限制在一定范围内，由官方干预来保证汇率的稳定。

这种制定下的汇率或是由黄金的输入输出予以调节，或是在货币当局调控之下，在法定幅度内进行波动，因而具有相对稳定性。有利于经济稳定发展，有利于国际贸易、国际信贷和国际投资的经济主体进行成本利润的核算，避免了汇率波动风险。

（2）浮动汇率。浮动汇率是固定汇率的对称，是指国家货币主管部门不规定本国货币与另一国货币的官方汇率，只根据市场供求关系来决定的汇率。官方在汇率出现过度波动时才干预市场，这是布雷顿森林体系解体后西方国家普遍实行的汇率制度。

浮动汇率的形式多样化，包括自由浮动、管理浮动、盯住浮动、单一浮动、联合浮动等。由于汇率的变化是由市场的供求状况决定的，因此浮动汇率比固定汇率波动要频繁，而且波幅大。在浮动汇率制度下，汇率并不是纯粹的自由浮动，政府在必要的时候会对汇率进行或明或暗的干预。

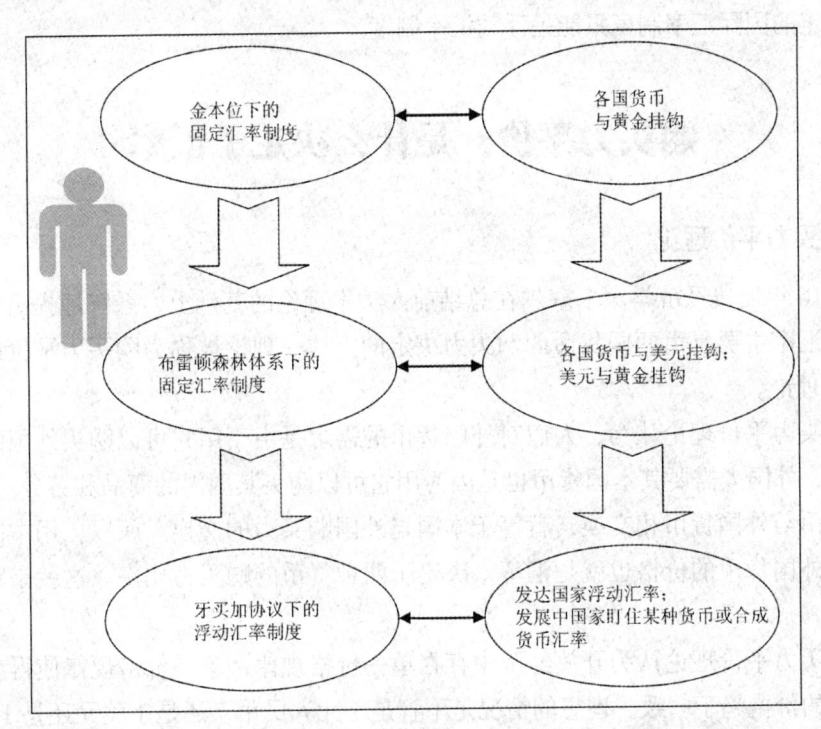

```
金本位下的              各国货币
固定汇率制度    ←→    与黄金挂钩
     ↓
布雷顿森林体系下的       各国货币与美元挂钩；
 固定汇率制度    ←→    美元与黄金挂钩
     ↓
牙买加协议下的          发达国家浮动汇率；
 浮动汇率制度    ←→    发展中国家盯住某种货币或合成
                       货币汇率
```

在现行的国际货币制度下，大部分国家实行的都是有管理的浮动汇率制度。有管理的浮动汇率是以外汇市场供求为基础的，是浮动的，不是固定的。它与自由浮动汇率的区别在于它受到宏观调控的管理，即货币当局根据外汇市场形成的价格来公布汇率，允许其在规定的浮动幅度内上下浮动。一旦汇率浮动超过规定的幅度，货币当局就会进入市场买卖外汇，维持汇率的合理和相对稳定。

二、汇率制度的演变历程

在一个开放经济体中，汇率是处于核心地位的经济变量；汇率制度是一国经济实现内外均衡的桥梁和纽带。然而，从汇率制度变迁的历史中可以看出，没有任何一种汇率制度能适合任何国家或一个国家的任何时期。

国际汇率制度是国际货币制度的核心内容，因而它总是随着国际货币制度的变革而发生相应的变化。伴随着现代国际货币制度的变革，国际汇率制度先后经历了金本位制下的固定汇率制，纸币本位制下的可调整的固定汇率制（布雷顿森林体系）

和浮动汇率制（牙买加协议）。

国际汇率制度变迁的轨迹清晰可鉴，可调整的固定汇率制只不过是在国际货币制度发生变革后，汇率制度由固定制走向浮动制的一种过渡性制度安排，只有浮动汇率制才是汇率制度的最终选择。

在国际货币制度已经发生根本变革的情况下，即在纸币制度下，由于纸币的价值无所依附，主要由纸币的供求状况决定，因而其价值总是处于频繁波动之中，由此所决定的国际汇率制度只能是浮动汇率制度。

◎ 购买力平价：是什么决定了汇率 ◎

一、购买力平价理论

1916年瑞典经济学家卡塞尔在总结前人学术理论的基础上，系统地提出：两国货币的汇率主要是由两国货币的购买力决定的。这一理论被称为购买力平价说，简称 PPP 理论。

购买力平价理论认为，人们对外国货币的需求是由于用它可以购买外国的商品和劳务，外国人需要其本国货币也是因为用它可以购买其国内的商品和劳务。因此，本国货币与外国货币相交换，就等于本国与外国购买力的交换。所以，用本国货币表示的外国货币的价格也就是汇率，决定于两种货币的购买力比率。这就是购买力平价说。

购买力平价理论认为开放经济中存在单一价格规律，单一价格规律使得世界各国物品的价格趋于一致。理想的情况是不管是1元人民币，还是1美元还是1欧元，他们在所有国家购买的物品量必然相等，其实际价格也必然相等。假如1公斤黑米在中国卖21元，在美国卖7美元，那么中美两国的名义汇率应该是3元人民币对1美元。不然，1美元或1元人民币在两个国家的购买力就不一样。

二、巨无霸指数

巨无霸指数是一个非正式的经济指数，用以测量两种货币的汇率理论上是否合理。这种测量方法假定购买力平价理论成立。

购买力平价的大前提为两种货币的汇率会自然调整至一水平，使一篮子货物在该两种货币的售价相同（一价定律）。巨无霸指数的一"篮子"货品就是一个在麦当劳连锁快餐店里售卖的巨无霸汉堡包。选择巨无霸的原因是，巨无霸在多个国家均有供应，而它在各地的制作规格相同，由当地麦当劳的经销商负责为材料议价。这些因素使该指数能有意义地比较各国货币。

两国的巨无霸的购买力平价汇率的计算法，是以一个国家的巨无霸的当地货币价格除以另一个国家的巨无霸的当地货币价格，该商数用来跟实际的汇率比较；要是商数比汇率为低，就表示第一国货币的汇价被低估了；相反，要是商数比汇率为高，则第一国货币的汇价被高估了。

举例而言，假设一个巨无霸在美国的售价为 2.50 美元，在英国的售价为 2.00 英镑；购买力平价汇率就是 2.50÷2.00=1.25。要是一美元能买入 0.55 英镑，则美元与英镑的汇率为 1.81。如果以两国巨无霸的售价而言，英镑兑美元的汇价被高估了 45.6%，即（1.81－1.25）÷1.25×100%。巨无霸指数是由《经济学人》于 1986 年 9 月推出，此后该报每年出版一次新的指数。将世界各国麦当劳里的巨无霸汉堡包价格，根据当时汇率折合成美元，再对比美国麦当劳里的售价，来测量两种货币在理论上的合理汇率，从而得出这种货币被"高估"或"低估"的结论。

◎ 外汇市场：开放的世界货币市场◎

一、外汇

外汇是以外币表示的用于国际结算的支付凭证。国际货币基金组织对外汇的解释为：外汇是货币行政当局（中央银行、货币机构、外汇平准基金和财政部）以银行存款、财政部库券、长短期政府证券等形式所保有的在国际收支逆差时可以使用的债权。

外汇主要包含以下内容：外国货币，包括钞票、铸币等；外币有价证券，包括政府公债、国库券、公司债券、股票、息票等；外币支付凭证，包括票据、银行存款凭证、邮政储蓄凭证等；其他外汇资金。

由于货币制度不同，一国货币不能在其他国家内流通，除了国际共同确认的清偿手段——黄金以外，不同国家间的购买力是不可能转移的。随着外汇业务的发展，国际大量利用代表外汇的各种信用工具，使不同国家间的货币购买力的转移成为可能。外汇作为国际结算的支付手段，是国际经济交流不可缺少的工具，对促进国际经济贸易发展和政治文化交流有着不可替代的作用。

二、外汇市场

外汇市场是不同国家的货币进行交易并决定外汇汇率的场所。在外汇市场，资本净流出等于净出口。当国家有贸易盈余时，国家卖出的物品与劳务的量大于国家购买外国物品与劳务的量，同时也换来了大量的外国通货。这些通货如果用于购买外国资产，就意味着国家资本流向国外；当国家贸易出现赤字时，国家花在购买外国物品与劳务上的钱少于国家销售物品与劳务而得到的钱，这时就必须出售国人的国外资产来筹资，从而使外国资本进入国内。

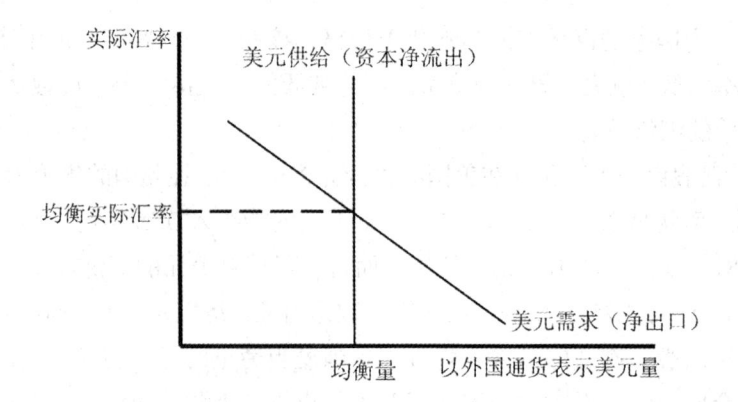

```
        实际汇率
                    美元供给（资本净流出）


  均衡实际汇率  - - - - - - - - -

                                    美元需求（净出口）
                 均衡量   以外国通货表示美元量
```

与其他市场一样，外汇市场的汇率大多不是固定的，每周或每个月都会发生波动。我们可以用供求曲线来说明市场如何决定外汇的价格。

外汇市场上对各国通货的供给与需求决定了实际汇率。如上图所示，以美元为例表示了美元的供给来自美国的资本净流出。资本净流出不是由实际汇率决定的，因此，供给曲线是一条垂线。美元的需求由净出口决定。在实际汇率较低时，会促使净出口增加，从而使得需求曲线向右方倾斜。当实际汇率处于均衡水平时，美国人购买外国资产而供给的美元数量正好和外国购买净出口而需求的美元数量持平。

因此，只有在实际汇率处于均衡水平时，美国物品与劳务净出口引起的美元需求才恰好与美国资本净流出所引起的美元供给持平。

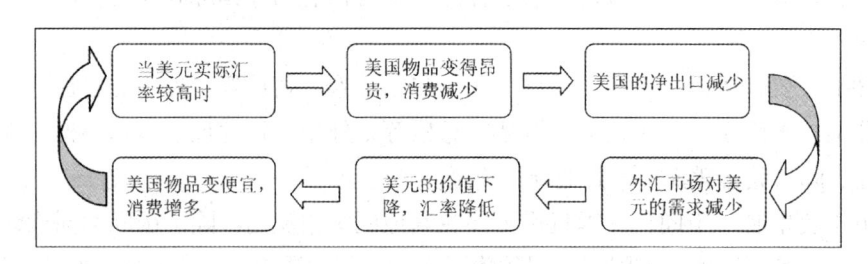

```
  当美元实际汇  →  美国物品变得昂  →  美国的净出口减少
  率较高时          贵，消费减少
       ↑                                          ↓
  美国物品变便宜，←  美元的价值下   ←  外汇市场对美
  消费增多            降，汇率降低       元的需求减少
```

三、外汇市场的作用

（1）国际清算。因为外汇就是作为国际经济往来的支付手段和清算手段的，所以清算是外汇市场的最基本作用。

（2）兑换功能。在外汇市场买卖货币，把一种货币兑换成另一种货币作为支付手段，实现了不同货币在购买力方面的有效转换。

（3）授信。由于银行经营外汇业务，它就有可能利用外汇收支的时间差为进出口商提供贷款。

（4）套期保值，即保值性的期货买卖。如果当出口商有一笔远期外汇收入，为了避开因汇率变化而可能导致的风险，可以将此笔外汇当做期货卖出；反之，进口商也可以在外汇市场上购入外汇期货，以应付将来支付的需要。

（5）投机，即预期价格变动而买卖外汇。在外汇期货市场上，投机者可以利用汇价的变动牟利，产生"多头"和"空头"，对未来市场行情下赌注。"多头"是预计某种外汇的汇价将上涨，即按当时价格买进，而待远期交割时，该种外币汇价上涨，按"即期"价格立即出售，就可牟取汇价变动的差额。相反，"空头"是预计某种外币汇价将下跌，即按当时价格售出远期交割的外币，到期后，价格下降，按"即期"价买进补上。这种投机活动，是利用不同时间外汇行情的波动进行的。

◎ 外汇干预理论：中央银行为什么要干预外汇市场 ◎

一、央行干预市场的目的

在浮动汇率制度的原则下，应由市场上外汇的供给与需求来决定一国货币合理的价位。不过若是中央银行发觉本国货币的汇率偏离了政府和央行所制定的目标，或者出现不合理的价位波动，因而影响国内经济发展及国际贸易的经济利益时，央行不可避免地会在外汇市场上进行干预。

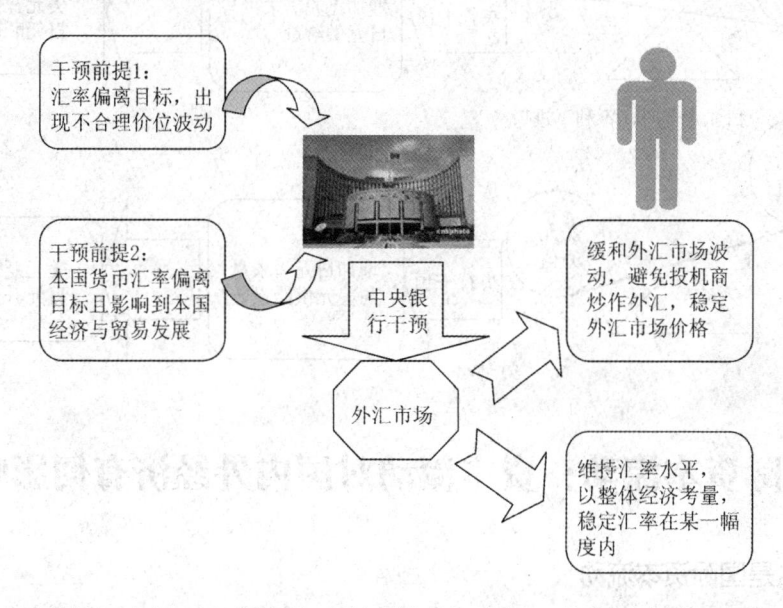

干预前提1：汇率偏离目标，出现不合理价位波动

干预前提2：本国货币汇率偏离目标且影响到本国经济与贸易发展

中央银行干预

外汇市场

缓和外汇市场波动，避免投机商炒作外汇，稳定外汇市场价格

维持汇率水平，以整体经济考量，稳定汇率在某一幅度内

央行干预外汇市场可以缓和波动剧烈的外汇市场。任何国家都以稳定金融市场发展为政策目标之一，当外汇市场出现价格剧烈的波动时，容易引发投机商利用大幅度的买卖差价，大量炒作赚取利益，这时央行会借由调节外汇的供给量，引导汇率至某一价位来排除投机商的炒作。这种干预动作是迅速而明显的，在每天外汇市场的交易中不断上演。

此外，央行干预外汇市场可以让汇率维持在某一水平上。有时央行干预并非是在汇率出现剧烈波动时才进行，而是从整体经济发展的角度来考虑，划定汇率波动幅度的范围，一旦汇率超过这个范围，央行就会考虑干预。

二、央行干预的方式及效果

央行干预市场主要是通过利用供需原则，通过调整外汇市场上供给或需求的数量，进而调整汇率水平。例如，市场上美元对日元的汇率为1∶105（即1美元兑换105日元），假设此时美元走弱，市场上美元的需求量小于美元的供给量，美元的价位被压低，使得美元兑日元的汇价从105降到103，日元因而升值。由于升值不利于出口，日本央行为了维持出口竞争力，想让日元贬值，并把美元的汇价提上来，就必须增加美元的需求量或减少美元的供给量，同时减少日元的需求量或增加日元的供给量，如此以来就能使美元走强，日元走弱。于是，日本央行出面在外汇市场上大量买进美元，抛售日元，让美元升值、日元贬值，结果美元兑日元的汇率从1∶105上升到1∶107，干预后出现美元强、日元弱的局面。

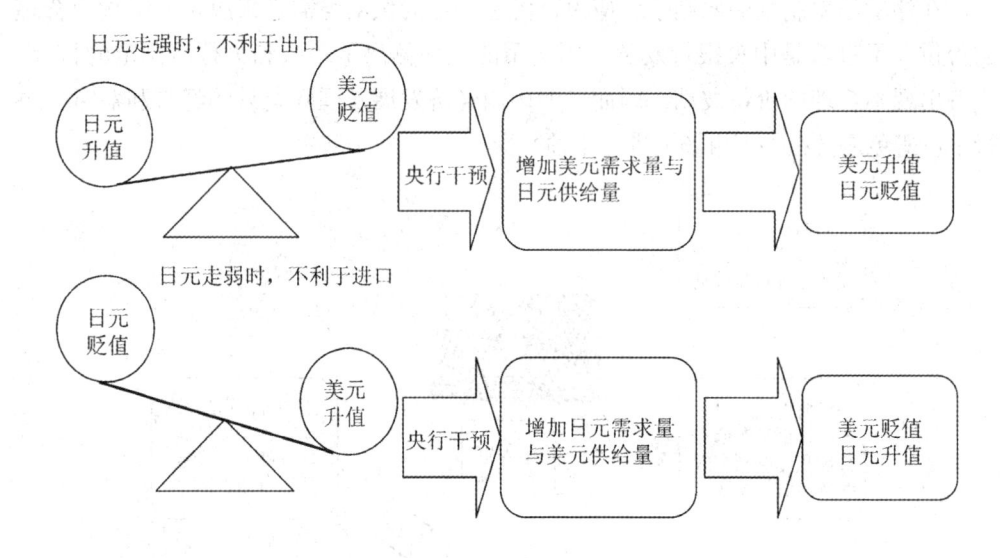

◎ 国际资本流动：资本流动对国内外经济有何影响 ◎

一、什么是国际资本流动

国际资本流动，简言之，是指资本在国际转移，或者说，资本在不同国家或地区之间作单向、双向或多向流动，具体包括：贷款、援助、输出、输入、投资、债务的增加、债权的取得、利息收支、买方信贷、卖方信贷、外汇买卖、证券发行与流通，等等。

国际资本流动的根本原因在于各国资本的预期收益率不同（世界经济发展的不均衡），资本的本性驱使它从一国流向另一国。具体说影响国际资本流动的基本因素有三：收益率；汇率预测；风险，包括政治风险、经济风险和业务风险。

国际资本流动按期限分，可分为中长期资本流动（1年以上）与短期资本流动（1年及1年以下）。

二、国际资本流动的影响

国际资本流动对世界经济的影响是巨大的,它拓展了各国、各地区间的投资渠道,提高了全球的福利水平;它提高了资金的流动性和使用效率;它推动了世界经济的一体化;资金的频繁流动加剧了国际金融市场上的价格波动,引起金融市场的动荡。而长期资本流动的影响则更为深远。

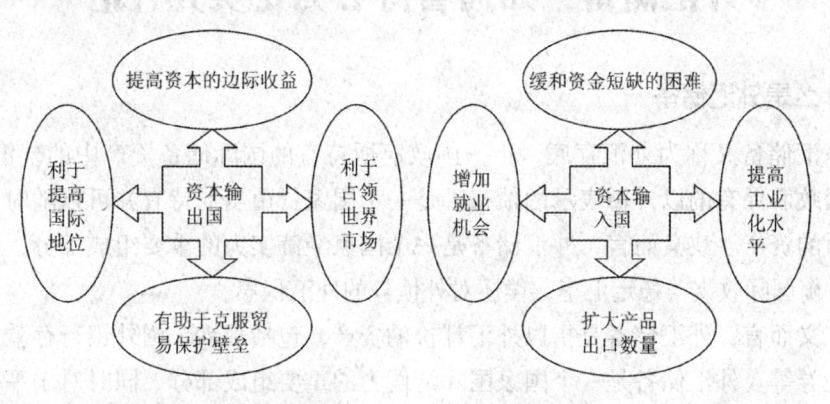

三、国际收支顺逆差对汇率的影响

如果国际收支的整体余额为正数,国际收支出现顺差,表示有外汇净盈余产生,反映出该国经济增长的动力及整体经济的内外表现良好,也使得外汇市场的参与者看好该国的货币,因而推升该国货币的价格,促使本国货币升值。

相反,国际收支的整体余额出现负数,则为国际收支逆差,表示该国产品的国际竞争力下降、出口量缩小,整体经济实力减弱。外汇市场的参与者则会因为该国的国际收支表现不佳而预期该国货币未来会贬值,在市场上先行抛售,使该国货币

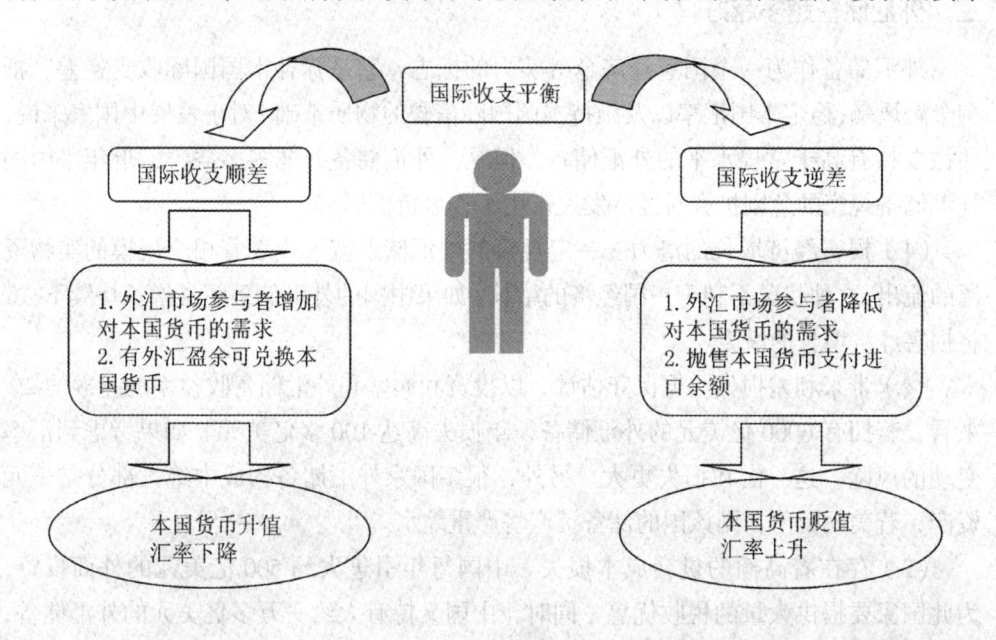

逐渐走弱。如果以外汇的供需来看，国际收支逆差表示进口所需付出的外汇大于出口所收进来的外汇，导致在外汇市场上抛售本国货币去购买外币的需求增加，使得本国货币贬值。

◎ 外汇储备：如何看待2万亿美元外汇 ◎

一、什么是外汇储备

外汇储备又称为外汇存底，指一国政府所持有的国际储备资产中的外汇部分，即一国政府保有的以外币表示的债权。是一个国家货币当局持有并可以随时兑换外国货币的资产。狭义而言，外汇储备是一个国家经济实力的重要组成部分，是一国用于平衡国际收支，稳定汇率，偿还对外债务的外汇积累。

广义而言，外汇储备是指以外汇计价的资产，包括现钞、国外银行存款、国外有价证券等。外汇储备是一个国家国际清偿力的重要组成部分，同时对于平衡国际收支、稳定汇率有重要的影响。

外汇储备的具体形式是：政府在国外的短期存款或其他可以在国外兑现的支付手段，如外国有价证券，外国银行的支票、期票、外币汇票等。主要用于清偿国际收支逆差，以及干预外汇市场以维持本国货币的汇率。

据2009年4月底数据，中国外汇储备排名世界经济体第一，日本居第二，俄罗斯居第三。

二、外汇储备越多越好吗

外汇储备作为一个国家经济金融实力的标志，它是弥补本国国际收支逆差，抵御金融风暴,稳定本国汇率以及维持本国国际信誉的物质基础。对于发展中国家来说，往往要持有高于常规水平的外汇储备。但是，外汇储备并非多多益善，近年来中国外汇储备规模的急剧扩大对经济发展产生了许多负面影响。

（1）损害经济增长的潜力。一定规模的外汇储备流入代表着相应规模的实物资源的流出,这种状况不利于一国经济的增长。如果中国的外汇储备超常增长持续下去，将损害经济增长的潜力。

（2）带来利差损失。据保守估计，以投资利润率和外汇储备收益率的差额的2%来看，若拥有6000亿美元的外汇储备，年损失高达100多亿美元。如果考虑到汇率变动的风险，这一潜在损失更大。另外，很多国家外汇储备构成中绝大部分是美元资产，若美元贬值，则该国的储备资产将严重缩水。

（3）存在着高额的机会成本损失。中国每年引进大约500亿美元的外商投资，为此国家要提供大量的税收优惠；同时，中国又持有大约一万多亿美元的外汇储备，闲置不用。这样，一方面是国家财政收入减少，另一方面老百姓省吃俭用借钱给外国人花，其潜在的机会成本不可忽视。

（4）削弱了宏观调控的效果。在现行外汇管理体制下，央行负有无限度对外汇资金回购的责任，因此随着外汇储备的增长，外汇占款投放量不断加大。外汇占款的快速增长不仅从总量上制约了2004年以来宏观调控的效力，还从结构上削弱宏观调控的效果，并进一步加大人民币升值的压力，使央行调控货币政策的空间越来越小。

（5）影响对国际优惠贷款的运用。外汇储备过多会使中国失去国际货币基金组织（IMF）的优惠贷款。按照IMF的规定，外汇储备充足的国家不但不能享受该组织的优惠低息贷款，还必须在必要时对国际收支发生困难的其他成员国提供帮助。这对中国来讲，不能不说是一种浪费。

（6）加速热钱流入，引发或加速本国的通货膨胀。

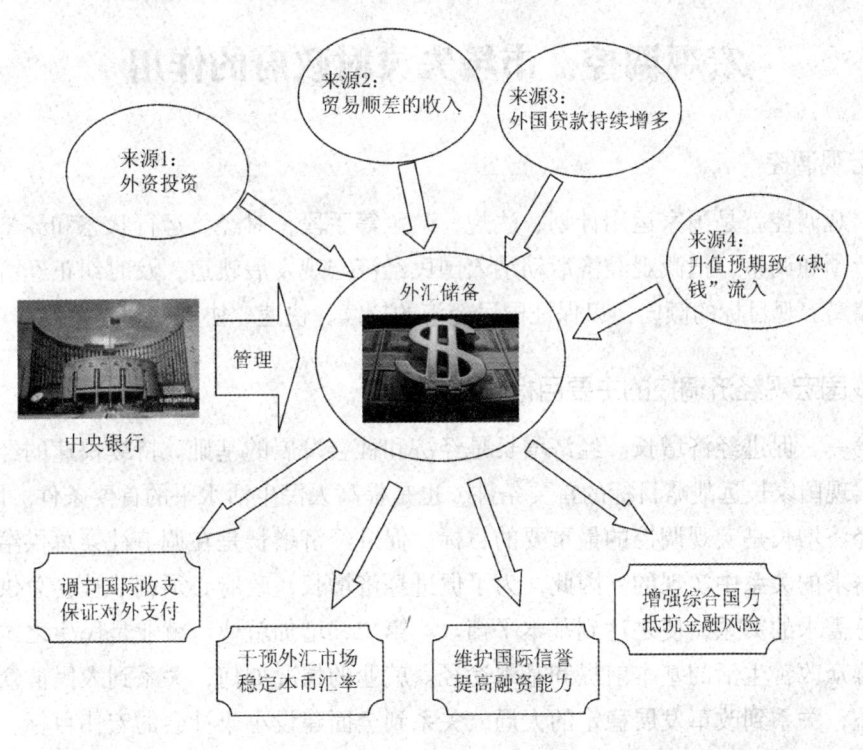

第十三章
宏观调控：政府的经济职能

◎宏观调控：市场失灵时政府的作用◎

一、宏观调控

宏观调控就是国家运用计划、法规、政策等手段，对经济运行状态和经济关系进行干预和调整，把微观经济活动纳入国民经济宏观发展轨道，及时纠正经济运行中的偏离宏观目标的倾向，以保证国民经济的持续、快速、协调、健康发展。

二、我国宏观经济调控的主要目标

第一，促进经济增长。经济增长是经济和社会发展的基础。持续快速的经济增长是实现国家长远战略目标的首要条件，也是提高人民生活水平的首要条件。因此，促进经济增长是宏观调控的最重要的目标。促进经济增长是在调节社会总供给与社会总需求的关系中实现的。因此，为了促进经济增长，政府必须调节社会总供给与社会总需求的关系，使之达到基本平衡。　第二，增加就业。就业是民生之本，是人民群众改善生活的基本前提和基本途径。就业的情况如何，关系到人民群众的切身利益，关系到改革发展稳定的大局，关系到全面建设小康社会的宏伟目标，关系到实现全体人民的共同富裕。促进充分就业是我国政府的责任。我国面临严峻的就业形势，一方面劳动供给数量庞大，另一方面劳动力需求显得有限。因此必须坚持实行促进就业的长期战略和政策，长期将增加就业的宏观调控目标落到实处，并严格控制人口和劳动力增长。就业的增加取决于经济增长速度和经济增长的就业弹性。要增加就业，首先要促进经济持续快速增长，这是增加就业的基础。同时还必须提高就业弹性。为了提高就业弹性，要积极发展劳动密集型产业、第三产业、中小企业、非公有制企业，要大力推进城镇化，加快小城镇建设。　第三，稳定物价。在市场经济中，价格的波动是价格发挥调节作用的形式。但价格的大幅度波动对经济生活是不利的。如果物价大幅上升和通货膨胀，会刺激盲目投资，重复建设，片面追求数量扩张，经济效益下降；如果物价下降和通货紧缩，则会抑制投资，生产下降，失业增加。在社会主义市场经济条件下，绝大多数商品和服务的价格由市场决定，但政府可以运用货币等经济手段对价格进行调节，必要时也可以采用某些行政手段（如制止乱涨价、打击价格欺诈），以保持价格的基本稳定，避免价格的大起大落。第四，保持国际收支平衡。国际收支是指一个国家或地区与其他国家或地区之间由于各种交易所引起的货币收付或以货币表示的财产的转移。

三、宏观调控的手段

法律手段，指国家通过制定和运用经济法规来调节经济活动的手段。主要通过经济立法和经济司法进行调节经济，有权威性和强制性。

经济手段，是国家运用经济政策和计划，通过对经济利益的调整来影响和调节经济活动的措施，主要方法有财政政策和货币政策的调整；制定和实施经济发展规划、计划等。对经济活动进行引导，是一种间接手段，不是主要手段。

行政手段，指国家通过行政机构，采取带强制性的行政命令、指示、规定等措施，来调节和管理经济。如利用工商、商检、卫生检疫、海关等部门禁止或限制某些商品的生产与流通，有直接性、权威性、无偿性和速效性等特点。

◎ 经济发展战略：为国民经济发展指明方向 ◎

一、经济发展战略

经济发展战略：是指关于经济发展中带有全局性、长远性、根本性的总的构想，在一定时期内，国家关于国民经济发展的基本思想及其为此而实施的总体规划和方针政策。

经济发展战略概念，是在第二次世界大战以后运用起来的。由于一系列新独立的发展中国家的出现，经济发展问题日益突出，逐渐形成以发展中国家的经济发展为研究对象的发展经济学，随之产生经济发展战略概念。美国发展经济学家赫希曼较先使用这一概念，1958年他出版了《经济发展战略》一书。20世纪60年代，不少国家总结工业化的经验，提出"进口替代的发展战略"、"出口替代的发展战略"等经济发展的不同形式。同时，联合国先后制定了60年代、70年代、80年代三个十年的国际发展战略，使发展战略概念在国际上更为流行。

中国过去虽长时期没有使用经济发展战略概念，但在不同的时期提出的总路线、总任务和总方针、总政策等，实际上含有经济发展战略的意义。中国采取的经济发展战略、遵循社会主义基本经济规律，从中国的特殊国情出发，坚持社会主义方向。

它既不同于"传统的发展战略",也不同于"变通的发展战略"。

十一届三中全会以后,中国的经济发展战略发生了重大的转变,即更加注意在经济增长基础上逐步满足人民日益增长的物质文化需要;强调以高效益为中心任务;主要依靠对现有企业进行技术改造,从事内涵扩大再生产;开发物力资源和开发人力特别是智力资源并重;在自力更生基础上实行对外开放。中国经济建设的战略部署大体分三步走:第一步,实现国民生产总值比1980年翻一番,解决人民的温饱问题。第二步,到20世纪末,使国民生产总值再增长一倍,人民生活达到小康水平。第三步,到21世纪中叶,人均国民生产总值达到中等发达国家水平,人民生活比较富裕,基本实现现代化。

二、制定依据

制定经济发展战略必须有科学的依据,一般地说,主要有以下几个方面:

(1)基本国情。制定经济发展战略必须从本国与经济社会密切相关的各种基本情况出发,使战略目标的确定,发展途径的选择符合客观条件、立足本国实际。国情的具体内容包括:

①自然资源条件。主要有土地、水资源、生物资源和矿物资源以及地理位置、气候等条件。

②人口状况。人口状况包括人口数量、素质、构成、就业等方面。人既是生产者,又是消费者,在具体制定经济发展战略时,要充分考虑人口价值具有两重性,在决策时,要把人口现状与发展国家经济、社会等方面状况结合起来统筹考虑。

③经济条件。主要有生产力发展水平、产业结构、基础设施、居民收入及消费水平、科技教育等情况。这是一个国家经济实力大小的重要表现,也是制定经济发展战略的基础。

④经济社会结构。主要有社会经济成分、管理体制、政治制度等状况。这些因素中,有的规定着经济发展的情况和方向,有些影响经济发展的动力和途径,有的起制约作用等。因此,在研究制定经济发展战略时应当综合考虑。

⑤科技发展水平。当代科技发展水平对社会经济各个方面的影响日益突出,因此在制定社会经济发展战略时,也需要充分考虑到科技发展给未来带来的潜在影响,并据此估价和调整其他领域的发展政策。

(2)客观规律。制定经济发展战略必须符合客观规律的要求,经济规律是社会经济现象及其运动过程内在的、本质的、必然的联系。因此,制定经济发展战略,要善于学习和总结实践经验,从经济实践中找出经济发展的规律性,作出科学的决策。

(3)国际环境。国际政治和经济的形势及条件,对国内经济发展有着重大影响。当今世界,生产国际化加强,国际经济关系日趋密切。国际环境包括国际贸易关系、国际金融资本转移、技术转让和商品贸易、国际劳力市场、国际经济结构等方面的内容。

经济发展战略通常包括三个基本组成部分：

①制定战略的实际依据和理论依据。要考虑本国的经济、社会、科学技术、教育、文化等的历史和现状，并明确所遵循的基本指导思想和重要指导原则。

②提出在一定时期内拟实现的综合的、概括的总体目标和在某些方面比较具体的目标。

③提出实现战略目标的途径和手段。包括战略重点、实施步骤、力量部署、重大的政策措施等。

经济发展战略有不同层次和不同范围，一个国家、一个部门、一个地区、一个企业，都可有自己的经济发展战略。下一层次或较小范围的经济发展战略，是上一层次或较大范围的经济发展战略的组成部分。其中，最重要的是全国性的宏观经济发展战略。

三、经济战略

民营经济战略。我国市场化改革和体制转轨的核心内容，是国有和民营经济发展战略问题。对此，国家一方面通过各种途径优化国有经济，推动国有企业建立现代企业制度的改革，实现国有经济的合理"退出"与"进入"；另一方面，大力支持民营经济的发展，为其创造良好的外部环境，最终使民营经济撑起了"半壁江山"。

对外经济战略。与改革相伴随的是对外开放，面对经济全球化的大趋势，我国在对外经济发展战略方面取得了重大突破，突出表现在对外经济联系不断扩大，对全球经济金融的影响力也日益增强。在20世纪末之前，出口拉动经济增长被作为经济发展战略的重要方向，对此财政政策进行了全方位的支持，包括出口退税政策、补贴政策等都得到广泛运用。而进入新世纪，一方面要适应WTO的要求，另一方面我国也从追求出口规模转为重视出口质量，因此财政政策也进行了许多战略调整，例如规范财政补贴，运用税收来约束"两高一资"行业出口，鼓励高技术设备进口等。正是由于这些财政政策契合了对外开放战略的调整，才使得我国经济在获得对外开放利益同时，尽可能地规避了国际经济动荡的风险。

产业经济发展战略。在国家重大经济战略中，产业经济发展战略尤其受到各界的关注。实现农业产业化经营、工业的升级换代、服务业比例的提高，一直是经济结构调整的焦点。近年来，我国产业结构调整的进展突出表现为高新技术产业和现代服务业加速发展、装备制造业规模和水平不断提升、能源交通等基础产业支撑经济社会发展能力显著增强、行业集中度进一步提高、不同所有制工业互相促进共同发展等。财政政策成为促进产业结构调整的"主角"。例如，通过增值税政策的改革调整，促使企业增强内生技术创新能力；通过合理运用财政贴息手段，引导和吸引社会投资，促使资源配置更符合国家产业政策和规则。

区域经济协调发展战略。实现区域经济协调发展是我国又一重大经济战略。应该说，实现区域协调发展，逐步缩小区域发展差距，是我国现代化建设进程中的一项长期任务。而当前推进西部大开发，振兴东北地区等老工业基地，促进中部地区崛起，鼓励东部地区率先发展，是中央从全局高度确定的区域发展总体战略。与区域经济发展相适应的财政政策，成为不同时期国家区域战略的重要支撑。从总量看，1994年到2006年，中西部地区累计享受转移支付占总额的84.6%，从发展趋势看，中西部地区分享的转移支付比重从1994年的69.6%上升至2006年的86.1%。

可持续经济发展战略。可持续经济发展战略是我国改革开放的一项重要国策。它强调坚持以经济建设为中心，从经济与人口、资源、环境、社会的相互协调中推动经济建设的发展，并在发展过程中带动人口、资源、环境和社会问题的解决，从而实现经济、资源和生态、社会的可持续发展。

◎ 产业政策：淘汰落后、扶持先进 ◎

一、产业政策

产业政策由于研究的角度不同，在国际上尚没有统一的定义，主要有以下几种：其一将之理解为是各种指向产业的特定政策，即政府有关产业的一切政策的总和。如："产业政策是与产业有关的一切国家法令和政策。"其二将其理解为是弥补市场缺陷的政策。即当市场调节发生障碍时，由政府采取的一系列补救的政策。

二、产业政策的主要内容

（1）产业结构政策。即根据经济发展的内在联系，揭示一定时期内产业结构的变化趋势及其过程，并按照产业结构的发展规律保证产业结构顺利发展，推动国民经济发展的政策。它通过对产业结构的调整而调整供给结构，从而协调需求结构与供给结构的矛盾。调整产业结构包括：根据本国的资源、资金、技术力量等情况和经济发展的要求，选择和确定一定时期的主导产业部门，以此带动国民经济各产业部门的发展；根据市场需求的发展趋势来协调产业结构，使产业结构政策在市场机制充分作用的基础上发挥作用。

（2）产业组织政策。即通过选择高效益的、能使资源有效使用、合理配置的产业组织形式，保证供给的有效增加，使供求总量的矛盾得以协调的政策。实施这一政策可以实现产业组织合理化，为形成有效的公平的市场竞争创造条件。这一政策是产业结构政策必不可少的配套政策。

（3）产业布局政策。即产业空间配置格局的政策。这一政策主要解决如何利用生产的相对集中所引起的"积聚效益"，尽可能缩小由于各区域间经济活动的密度和产业结构不同所引起的各区域间经济发展水平的差距。

相机抉择：政府要因势利导

一、相机抉择

政府对宏观经济进行调控时，应该根据市场情况和各种调节措施的特点，机动灵活地选择一种或几种政策措施，这就是相机抉择。根据一定时期的经济形势变化情况，为达到预定的宏观调控目标，采取相应的公共支出和税收措施，是政府对经济运行的有意识干预。其调控形式包括调整税制、改变财政的转移性支出和购买性支出等。

各套宏观政策都有自己的特点。第一，它们作用的猛烈程度不同。比如政府支出的增加和法定准备金率调整的作用都比较猛烈，而税收政策与公开市场业务的作用就比较缓慢。第二，政策效应的时延不一样。例如，货币政策可以由中央银行决定，作用快一些；而财政政策从提案到议会讨论、表决通过，要经过一段相当长的时间。第三，政策发生影响的范围大小不一样。政府支出的影响面就大一些，而公开市场业务的影响面就小一些。第四，政策遇到的阻力大小也不同。增税或减少政府支出的阻力较大，而货币政策的阻力一般较小。因此，政府在对经济进行调控时，究竟采取哪一项政策或哪几项政策并没有一个固定的模式，而应该根据不同的情况灵活地决定。

有人将政府比做一名医生，要善用根据国民经济出现不同的症状选用不同的政策配方。比如在经济发生严重衰退时，这相当于一个人病情已经非常严重，这样就不能下见效比较慢的"药"，而应该下"猛药"，如紧急增加政府支出，或举办公共工程。相反，当经济开始出现衰退的苗头时，这好比一个人刚出现疾病的症状，这时就不宜下"猛药"，因为"猛药"的副作用较大。此时，应该开具作用缓慢但副作用小的"药"，如有计划地在金融市场上收购债券以便缓慢地增加货币供给量，以降低利息率。

作为一名好医生，还要善于将不同的药搭配起来使用。政策的搭配一般有这样几种方法：一是为了更有效地抑制经济衰退，可以把扩张性的财政政策与扩张性的货币政策配合使用；为了更有效地削弱经济膨胀，可以把紧缩性的财政政策与紧缩性的货币政策配合使用。二是可以把扩张性的财政政策与紧缩性的货币政策配合使用，以便在刺激总需求的同时又不至于引起太严重的通货膨胀；或者把扩张性的货币政策与紧缩性的财政政策配合使用，以便既能降低利息率增加投资，又可以减少政府支出，稳定物价。

国民经济的躯体要是有了病，一般表现为通货膨胀率和失业率超过了正常的标准。由于通货膨胀率和失业率之间存在交替关系，所以某一项指标超过正常标准而另一项指标还有余地时，可有计划地调高另一指标而使这一项指标回到临界点以内。

二、相机抉择的主要内容

当总需求小于总供给时，采用扩张性财政政策，扩大总需求，防止经济衰退；当总需求大于总供给时，采用紧缩性财政政策，抑制总需求，防止通货膨胀；在总供求基本平衡时，实行中性财政政策，主要发挥市场机制的作用。

在我国，随着社会主义市场经济体制的逐步建立与完善，以及经济形势发展变化，财政政策先后经历过适度从紧和积极扩张两次重要的相机抉择实践。为了进一步适应经济形势的发展变化，我国政府审时度势、果断决策，适时转向稳健财政政策，财政政策的基本取向趋于中性，既防止通货膨胀苗头继续扩大，又防止通货紧缩趋势重新出现；既坚决控制投资需求膨胀，又努力扩大消费需求；既对投资过热的行业降温，又着力支持经济社会发展中的薄弱环节。稳健财政政策是又一次重要的相机抉择实践，旨在深化各项改革，促进社会经济协调发展，及时消除经济运行中不稳定、不健康因素，建立有利于经济自主增长的长效机制，为市场主体和经济发展创造一个相对宽松的财税环境和体制条件。

对于政府来说，"预则立，不预则废"，只有把不利于国民经济稳定增长的因素消灭在萌芽状态，才能避免国民经济大起大落和不必要的损失。当国民经济的躯体出现了大病时才出来"力挽狂澜"，紧急抢救，这样的政府调控未必是成功的宏观调控。因此，只有密切关注国民经济的一切变化，保持国民经济的持续和健康发展，这样的政府才能算作是好政府。

◎ "服务型"政府：掌好舵、不划桨 ◎

一、职能转变

2005年，海南琼海市建成了行政服务中心，该中心将为企业和市民提供一条龙式的服务，从根本上改善琼海市的投资环境。

在琼海市行政服务大厅看到，二十多个职能局在大厅里设置了办公专席，办理手续都由电脑处理，每一个职能局的席位上还摆放着办理事务的告知单。

该中心将遵循依法公开、真实公正、转变职能、注重高效、廉洁自律的原则，实行"一个中心对外，一个窗口受理，一条龙服务，一站式办结，一次性收费"的模式。中心通过触摸式电脑、告知单、监督台、示意图、咨询导办等渠道，实行服务内容、办事程序、办理依据、申办资料、办理时限、收费标准"六公开"承诺制度；通过信息管理系统实行立即办结制、时限承诺制、联合办理制、申报协办制、否定报备制等五项办理制度；通过设立投诉台自觉接受群众监督，从而为办事人员提供优质、高效、便捷的服务。

在启动仪式上，中共琼海市委书记朱清敏表示，琼海是博鳌亚洲论坛永久会址所在地,是海南对外开放的重要窗口,也是海南投资环境的一个重要门户。琼海经济发展主要依靠外来投资的拉动,要吸引更多的外来投资,关键要创造一个优良的投资环境。行政服务中心的启用,表明琼海市改善投资环境、提高办事效率和服务质量的决心。

琼海市行政服务中心的设立、运行将结合政府机构改革,以实现经济体制的根本性转变为目标,按照市场经济体系和行政服务社会化的要求,转变政府职能,推进行政管理体制改革,全面清理行政审批项目,简化和规范审批项目手续,建立阳光运行机制。

琼海不是第一家,也不是最后一个,越来越多的地方政府开始设置了行政服务中心,而有的县市干脆改名行政服务超市,它没有货架和商品,却有着和"超市"一样的柜台和窗口,提供的是与创业投资、居民工作和生活息息相关的行政许可和公共服务。在"超市"办事,喝杯水的工夫,事情就顺利办完了。

在计划经济条件下,政府的职责就是负责人、财、物的分配,而不是提供社会服务;政府组织是微观经济活动的组织领导者,而不是服务供应者;政府组织将市场中的企业和个人作为管制对象,而忽视了为社会和民众服务的功能。这种管理模式使政府存在的正当性受到质疑和诘难,并导致官僚主义盛行、服务效率低下。

20世纪八九十年代,发达国家政府都在进行政府职能变革,政府再造、政府革新已成为世界性潮流。美国纽约大学隆瓦斯教授有一句名言:"政府的职责是掌舵而不是划桨。"即提倡政府在宏观经济发展中掌好舵,而不是去划桨,要鼓励和推动企业在市场中划桨的积极性,掌好舵、不划桨的政府才是明智的政府。

二、服务型政府的内容

(1)创造环境。政府创造环境,人民创造财富。一个地方的环境好与不好,直接关系到投资能不能来,政府应该把精力放到环境建设上,投资环境不好不仅引不来资金,既使千方百计引来了也会流失。

(2)规范市场行为。在市场经济条件下,政府有必要通过制约市场行为和规范市场秩序,来维护市场竞争活动的公平、公正,降低市场经济活动的运行成本,提高市场效率。但政府规制不应成为维护政府部门利益的手段。

(3)削减行政审批。政府设置过多、过繁的审批或检查项目,大大增加了微观主体的市场运营成本和制度成本,这同深化市场取向改革的要求背道而驰。传统体制下的行政审批还通过设置所有制门槛,对非公有制经济进入领域进行限制。这与新的条件下国家大力支持非公有制经济发展的思路相左,与"非禁即入"的自由竞争理念也格格不入。因此,应当进一步大幅度削减行政审批,减少行政干预中的随意性,促进生产要素的流动,使各种生产要素在市场竞争中优胜劣汰,优化组合。

(4)降低政府行政成本。政府运作的高成本与政府服务的低效率往往如影随形。

通过行政管理体制改革，合理划分中央和地方经济、社会事务的管理责权，明确中央和地方对公共服务的管理责权，有利于降低管理成本，提高工作效率。

（5）政事分开，降低市场交易成本特别是信息成本的有效途径。积极发展独立公正、规范运作的专业化市场中介服务机构，按市场化原则规范和发展各类行业协会、商会等自律性组织，减少政府规制范围，也有利于降低行政成本。推动行政事业单位编制管理的法制化，严格控制行政事业编制规模，也是逐步降低行政成本的重要基础性工作。

只有真正将政府该管的事管好，政府就是一个称职的"服务型"政府，才是市场经济中最好的政府。

·下篇·

生活中的经济学

第一章
消费经济学

◎ 展示性消费：今天穿什么 ◎

生活中，我们会看到一些怪现象，有许多女人宁愿天天挤公车，只为省下些钱，用几个月的工资去买一个名牌包。"她们住二星级酒店，吃便宜的饭菜，却整天忙着购买范思哲的衣服。"某奢侈品公司总裁这么形容去巴黎旅游的女性。

她们为什么要买这么多奢侈的衣服呢？女人在衣服上都有求多、求新、求变的情结。但凡成年女性，她们的衣橱都是满满的，可出门时永远找不到合适的衣服。

显然，以常人的观点来看，女性在服装的消费上违背了"理性经济人"的假设，她们在服装上投入过多是一种不经济的行为。然而，当我们从女性消费者的消费目标与心理着手进行分析的话，就会发现事实远非这么简单。

首先，从女性消费者的目标看，她们多追求的是效用最大化。女人对服装的偏好，在经济学上体现的是效用的概念。效用是对消费者从一组物品中得到的满足程度和幸福程度的抽象衡量。收入一定的条件下，女人的消费组合中，服装的消费比例往往大于其他消费；在消费方式上，女人在服装的消费上表现出非理性，对于其他物品多是能减则减；在心理偏好的驱使下，女人在购买服装上近乎不计成本，这种消费观归结起来是为了追求效用最大化。

其次，时间效应是促成女性疯狂进行服装消费的重要因素。时间具有不可逆性，同样的商品，即期消费较延期消费带给消费者的满足更大。女人在不同年龄段对服装消费会有不同的需求，随着年龄渐长会呈现效用递减的趋势。青中年是一个女人人生中最美好的时期，每个女人心中都藏着一个"梨花一枝春带雨"的好梦，因此，这个时期，她们对服装的消费量也最大。当她们进入老年后，随着渐渐远离社交场合，她们对服装的需求也会减弱，所以时间对于女人来说，具有特定的效应。从女性整个人生的需求来说，对服装的消费呈平衡状态，分阶段看表现出的是波段性的，有的时期高，有的时期低，不能一概而论。

最后，女为悦己者容。服装对每个女人来说，其重要性是不言而喻的，女性在服装上的投资说白了也是为了赢得更多的悦己者（这里指的是一种正常的心理需求）。在追求这种心理上的快乐的情况下，女性服装消费的边际效应很弱，其主要作用是展示性与竞争性的。

由于消费者的消费首先受收入的预算约束，当消费者的收入增加时，预算约束由此扩大，对消费者产生的直接影响是，高档物品增加，低档物品减少。这也正是我们在生活中看到的，虽然一个女性的收入有限，但这毫不影响她们购买服装的欲望的原因所在，只不过她们和收入高的女性相比，购买的服装档次上有差距，而在数量上毫不逊色。盛行于市的假冒品牌经久不衰，正是因为商家迎合了一些收入低下而又有强烈炫耀心理的女性的需求。

◎ "淘、试、侃"：购买服装的"三字诀" ◎

"女为悦己者容"，美丽对女人而言永远是一枚罂粟，带有致命的诱惑，一旦沾染便无法自拔！大街上各类美女穿梭而过，令攀比指数永远定位于高端；《瑞丽》、《花花公子》封面上的俏丽女郎，每一次的时装发布会，总会刺激女人们一次次购入时装；扑面而来的各种商场打折信息，各色时装店的促销海报等，都让女人彻底丧失理智防线。"云想衣裳花想容"，在这个消费日趋自我的年代里，女人天生的爱美心理被催化到极致，因此"女人衣柜里永远少一件时装"！

然而，对于都市里的上班一族来说，每月薪水有限，如何能以较低的投入获取最大的效用呢？服装需要"淘"，时装需要"试"，价格需要"侃"，"男人买品牌，女人买款式"，这些简洁精练的语句已成为时下时尚一族的女性们共同的购物法则。

一、"淘"字诀

每逢年终岁末，都会有不少品牌服装、鞋子价格纷纷跳水，这无疑给年轻白领们提供了绝佳的充实衣柜的机会。

一般在这个时候，各家商场都会对消费者大让利，年终打折、换季清仓、周末大酬宾、周年店庆等各种名目的打折手段频出，去那里淘一些品牌服装是个不错的选择。

刚过元旦，在大北街几家品牌鞋专卖店，尽管是中午休息时间，但是来此试鞋、付款的人依然络绎不绝。

"这双靴子打多少折？"一位衣着时尚的年轻女子询问。"只有这一款了，要合适给你打4折，190元。"营业员说。女子二话没说买了下来。"这双靴子原价400多，幸好我当时忍住了没买，真是太划算了。这个价位让我很意外，比网上的价格还便宜。"

在一些大城市，每年1月份，各个品牌的商品会全面打折，在这个时段能够淘到既时尚又实惠的好东西。如果想穿得有品位一点、新潮一点，又不想受商品的高价所困扰，就一定要把握住这个打折时机，做个精明的淘货高手，理性消费。

二、"试"字诀

对于时装来说，"淘"字诀好像解决不了什么问题。因为时装时间性强，每隔一定时期就会流行一种款式。在款式、造型、色彩、纹样、缀饰等方面也是不断变化创新、标新立异。名牌服饰店里的打折服装永远是过了时的。没关系，我们还有"试"字诀。

在美丽面前，女人往往毫无招架之力，很容易陷入一种感性的购物氛围中，对漂亮的服装流连忘返。在这些造价高昂的服装面前，如何做到不花一分一文而又能过足美丽瘾呢？那就是试。不断地试穿最新的时装，秀出自己的美好身材，已成为而今时尚白领逛街的最大乐趣所在。

三、"侃"字诀

逛街是眼睛和嘴巴的享受，淘服装、砍价才是女人的享受！90%的女人乐于与商家砍价，为的就是获得另一种"成就感"。

周末小宁去逛皮革城。一进门便看见一个绿色的手提包悬挂在正中央，材料柔软非常，很好的皮子，看标价要2560元。

"什么？要256元！"小宁故意少说一个零。

老板是个老江湖，见怪不怪，说："如果是256元，这会儿满大街的人都背着这个包，这么有品位有档次的包，有实力的人才配得起。"

正说着话走进来两个女孩，也一眼看到了这个包。"什么？要2560元，我看256元还差不多。"一个女孩说。

"少一个零他也不赔，200块钱拿下，怎么样？"另一个女孩说。

"这位小姐已经看好了，这么好的包就得配这么有气质的小姐，一般人拿着岂不俗了吗？"老板话里满是挑衅。

"你怎么知道我们拎着不好看？"两位女孩来气了，一把拿过包，"我还非得买了不可！你付钱了吗？"

"没有。"小宁嗫嚅着说。

"多少钱？"

"500。"

一位女孩拿出500元，两人拎着包头也不回地走了。

老板向小宁满脸堆笑道："店里还有一个包，400块钱给你怎么样？"

"300吧。"小宁边说边往外走。

"300，成交，今天亏本给你了！"

女人好像是天生的经济学家，听她们砍价犹如欣赏一场精彩的辩论节目，她们有时大刀阔斧荡气回肠，有时柳暗花明曲径通幽，有时欲擒故纵反客为主，甚至有时绝处逢生峰回路转；但无论女人怎样砍，生意往往都能做成，这说明女人看似不合理的砍价中有其合理逻辑。

人们为了得到自己喜爱的东西，通常不得不放弃另一件他们喜爱的东西，人们在有限的资源占有条件下不得不进行决策，通常女人在这一点上比男人更有能力。购买服装"三字诀"已将她们的这一优势发挥到了淋漓尽致。

◎ 炫耀性消费：享受有差别的生活 ◎

唐纳·卡兰、路易·威登、范思哲、迪奥、古奇、瓦伦蒂诺、加拉瓦尼、乔治·阿玛尼等品牌在生活中提起来个个如雷贯耳，虽然这几大品牌的每一件商品都价格不菲，购买任意一件都可能会用去工薪阶层的小半年工资，然而这丝毫没有影响人们的购买兴趣，大家仍然趋之若鹜。

这些商品并不是人们生活所必需的（因为人们完全可以购买廉价的替代品满足自己的着装等需要），如果没有这些我们的生活也能照常继续。那么，这些商品能给我们带来一些什么效用呢？

其实在经济学家眼里，这些东西都是奢侈品。所谓奢侈品是指超出人们生存与发展需要范围的，具有独特、稀缺、珍奇等特点的消费品。通常人们认为奢侈品是那些非常昂贵的物品，即大部分人消费不起的物品，是既非必需又没有实际用途的昂贵物品，如高级成衣、名牌箱包和高档汽车等。显然，奢侈品昂贵的价格会将一大部分人拒之门外，拥有它便成为一种身份的象征，这带给人的满足效用显然是巨大的。

法国国王拿破仑三世是一个奢靡的人，同时也是一个喜欢炫耀自己的人。他常常大摆宴席，而每次宴会他总是显示出国王的尊贵。餐桌上的用具几乎全是用银制成的，唯有他自己用的那一个碗是铝制品。

有人可能有疑问了，为什么贵为法国国王，不用高贵而亮丽的银碗，而用色泽要暗得多的铝碗呢？原来，在差不多200年前的拿破仑时代，冶炼和使用金银已经有很长的历史，宫廷中的银器比比皆是。可是，在那个时候，人们才刚刚懂得可以从铝矾土中炼出铝来，冶炼铝的技术还非常落后，炼铝十分困难。所以，当时铝是非常稀罕的东西，不要说平民百姓用不起，就是大臣贵族也用不起。拿破仑三世让客人们用银餐具，而自己用铝碗，就是为了显示自己的高贵。

这事要在现在，一定十分可笑，因为在今天，铝不仅比银便宜得多，而且光泽和性能都远远比不上银。铝之所以变得便宜，是因为后来人们发明了电解铝的技术，可以大量生产铝。炼铝的主要原料，则是地球上储量很大的铝矾土。原料丰富，电力充足，又有效率很高的生产技术，就使得铝的产量很快上升，铝也就变成了很普通的东西，谁还会像当年的拿破仑三世那样拿它来炫耀呢？

具体地说，人类追求奢侈品主要出于以下动机：

1. 奢侈品是富贵的象征

奢侈品是贵族阶层的物品，它是贵族形象的代表。如今，虽然社会民主了，但人们的"贵族观"并未改变。劳斯莱斯汽车就是贵族车的典型。

2. 奢侈品看上去就好

奢侈品的高级性应当是看得见的。正因为其奢华"显而易见"，它才能为主人带来荣耀。所以说，奢侈品必须提供可见价值——让人看上去就觉得好。那些购买奢侈品的人完全不是在追求实用价值，而是在追求"最好"的感觉。

3. 奢侈品的个性化

商品的个性化，才为人们的购买创造了理由。正因为奢侈品的个性化，才更显示出其尊贵的价值。

4. 奢侈品带来的距离感

在市场定位上，奢侈品就是为少数"富贵人"服务的。因此，要维护目标顾客的优越感，就应当使大众与他们产生距离感。奢侈品品牌要不断地设置消费壁垒，拒大众消费者于千里之外。

◎免费有毒：白吃的花生米最贵◎

某大酒店开业，在电视和报纸上刊登了一则广告，称开业当天全天免费。几个好友当天正好闲来无事，便相约去吃这顿免费的午餐。去吃饭之前大家都兴致勃勃的，吃完饭后却一个个闷闷不乐。为什么呢？原来酒店所说的全天免费，并不是让你随便吃，而是根据酒店的规定，每人免费供应一份定餐。而所谓的定餐，不过是一碗米饭、一个小菜、一小碗鸡蛋汤而已。如果想要吃其他的，则得自己掏腰包。看来，这全天免费只是酒店钓鱼的诱饵而已。再看酒店里前来消费的人群挤得人满为患，大家都是冲着这免费餐来的。虽然被骗了，但有火还没地方发。姜太公钓鱼，愿者上钩。虽然字很小，不太醒目，但人家广告上明明写着：解释权归酒店所有。再说你也不好意思理论，人家给你提供了免费餐，还要人家管你吃个够？大庭广众之下，面子上也过不去呀。送的免费餐吃不饱，只好自己再点上些炒菜、酒水，一结账，几百块钱出去了。这顿免费餐吃得还真不便宜。

在现实生活中，总有一些人相信有免费的午餐。原因何在？因为每一个人都是理性的经济人，都在追求自身利益的最大化，所以，在利益尤其是能轻易获得的利益面前，人们就往往容易失去判断能力。

我们经常看到此类广告：本店清仓大甩卖，商品一律4折！其实商品的标签早已在打折前进行了修改，价格已经提高为原来的两倍。说到底，没有谁会赔钱吆喝的。

商家的目标是赢利，所以商场也好，酒店也罢，都不可能免费为你提供商品和服务，免费的午餐是不可能存在的。

也许有人会提出反对意见，很多酒吧里花生米是免费的。可是你注意到没有，花生米可随意索要，饮用品则很贵，连一杯清水都要好几元钱。按常理，花生的生产成本要比水高，酒吧为什么要这么做呢？

理解这种做法的关键在于，弄明白水和花生米对这些酒吧的核心产品——酒精饮料——的需求量会造成什么样的影响。花生和酒是互补的，花生吃多了，会有干渴感，要点的酒和饮料也就多了。相对于酒和饮料的利润来说，花生是极其薄利的。多吃花生米能带动酒和饮料的消费，而酒吧主要靠酒和饮料来赚取高额利润。所以，免费供应花生米只是为了提高酒吧的利润而已。反之，水和酒是不相容的，水喝得多了，要点的酒类自然少了。所以，即使水的成本很低，酒吧也会给它定个高价，减弱顾客的消费积极性。

免费的花生米实际上是为了引导顾客多消费酒水饮料。酒吧的做法正是应了那句——世上没有免费的午餐。

位于美国华盛顿的国家美术馆是免费对游人开放的，这么说，是不是国外就有免费的午餐呢？其实不然，华盛顿的国家美术馆一楼是展览大厅，楼下是画廊，有出售画家作品的，还有出售美术期刊、画册、图书、工艺品的。最多的是出售世界名画仿制品和印刷品的，一楼每一幅展出的名画在楼下都能找到其仿制品和印刷品，两者的价格相差悬殊。例如，一楼展出的凡·高名画《向日葵》，其标价是几百万美元，而楼下出售的仿制品却只卖20美元，印刷品更是便宜，几美元就能买到。面对如此大的差价，人们对仿制品和印刷品的购买欲望怎能不强烈？

试想，如果国家美术馆收门票，前来参观的人肯定会少很多，楼下买仿制品和工艺品的人也将随之减少，售出的商品也会减少，楼下的铺位对外出租的价格就会降低。如此一来，门票收入的增多可能还不及铺位对外租金的减少。所以，虽然从表面上看，国家美术馆没有收门票，是赔钱的买卖，其实暗地里他们早已通过高额的铺位租金把比门票更多的收入赚到了口袋里。

如此看来，作为一个消费者、一个经济人，不能只片面地追求利益最大化，面对商家免费午餐的诱惑，我们应该清醒地提醒自己"天底下没有免费的午餐"，精明的商家是不会让你轻易拣便宜的。

◎ 浪费无罪：强吃剩饭是更大的浪费 ◎

一位李姓老夫人，年近七十，体态臃肿，每次逛街买衣服都非常不易，耗去很多时间和金钱不说，还时常受到别人的"注目礼"。为此她非常苦恼，而且由于肥胖，她的健康每况愈下。想想自己年轻时是很苗条的，怎么老了却长出这么多的脂肪呢？

原来，李老夫人生性节俭，幼时的苦日子让她每每看到剩菜剩饭就不能安心，舍不得丢掉，结果就勉强多吃。时间长了，身形也就变了样。

这样节俭的事例在我们生活中再常见不过了，特别是上了年纪的父辈、祖辈们，他们更是忍受不了一丝一毫的浪费。"谁知盘中餐，粒粒皆辛苦"在他们的头脑中根深蒂固，因此才有了类似李老夫人的痛苦。

浪费确实可惜，但为了防止浪费而把剩余的东西"塞进"自己的肚子里，这样的思想正确与否，值得思考。尽管我们小时候也曾接受过家长的类似教育，但从经济学角度来看，未必要这样做。因为剩饭不管是吃掉还是扔掉，都不会改变其浪费的性质。可能有人会问：扔掉那是浪费，这毋庸置疑，为什么说吃掉也是一种浪费呢？

这是因为：一方面，强吃剩饭不会让你有吃饭的满足感，相反，却可能因强迫自己吃饭而感觉到痛苦；另一方面，强吃剩饭会给胃部消化系统等造成负担，久而久之也就容易出现李老夫人那样的情况，对身体造成很大伤害。因此，我们能得出一个结论：吃剩饭实在不是明智之举。吃得太多，不但没有了享受美食的感觉，更谈不上强身健体；而且，如果剩饭造成了肠胃负担，导致消化系统紊乱，那就是吃出毛病了，赔上医药费不说，还会让身体和精神双方面受损。

其实，选择吃还是不吃，应当根据经济学的边际效用递减和成本收益理论来衡量。边际效用递减规律是一个普遍的规律，在经济学、生物学、物理学、心理学方面都成立，运用它能让你懂得更多的生活哲理，也能使你更理性地生活。成本收益理论则是从另一个角度进行论证。

倘若吃下去，你仍能觉得是顿美餐，则其边际效用还是正的，还能让你增添些满足感，吃了倒也无妨；但若是感到有些痛苦了，那它的边际效用已经成为负的了，不吃也罢。同样的道理，若你认为，吃下去能给你带来更多的收益，就可以吃；若是吃下去可能给你带来更多的身体不适，那吃下去显然就不是明智之举了。

最后，不得不承认，吃不吃在于你，但是李老夫人的经历告诉我们，扔掉剩饭是一种浪费，强吃剩饭又何尝不是呢？没准儿它还会让你付出更大的代价！这种可能携带负溢出效应的浪费，难道不是更大的浪费吗？很多事情都是同样的道理，若你从经济学家的角度去看，用更理性的方式去想，就不会再犯这样的错误了。看透扔掉剩饭的浪费与吃掉剩饭的相对浪费，你就能清楚该如何在现实中对不同经济价值的事物进行抉择，如何进行取舍。所以，浪费抑或是不浪费，换个角度，就会有不一样的答案。不要困于常理，在生活中要善于利用经济学的思维进行思考。

◎成本影响价格：清洗女士衬衫比男士贵◎

在一座小城的一家洗衣店，清洗熨烫一件女式有领衬衫收费10元，男式衬衫却只收5元。清洗女式服装总要比清洗男式服装贵一些。难道洗衣店老板都有性别歧视吗？

调查显示，在珠宝首饰或汽车等可以还价的昂贵物品上，女性往往会比男性多出钱，但洗衣服务并不属于昂贵物品消费。针对男女服装，洗衣店通常情况下都会贴出不同的价格，而无论是女顾客还是男顾客，几乎从来不会为此和洗衣店讨价还价。

洗衣店是一个竞争激烈的行业，即便是在一个小城市，洗衣店的竞争强度也是令人吃惊的。如果现有洗衣店为处理女式衬衣而索取的价格比成本高很多，那洗衣店就有利可图了。如果有一家刚开业的洗衣店嫌其业绩不好，那么只需打一个广告——男女衬衫清洗统一价，过不了几天，就会占有当地清洗市场相当的份额。

然而，现实中并没有洗衣店会这么干，我们看到的是，不管这家店是新开的还是已经运营了一段时间，清洗男女衬衫总会收取不同的价格。这同时也说明其根源在于处理男女衬衫的成本不同。和大多数服务行业一样，洗衣店的主要成本是人力成本。但我们很难想象，清洗女式衬衫为什么会比男式衬衫贵，这两种衬衫还不都是扔进洗衣机里就完事了？一般来说，清洗服装都必然有两个环节，首先用水清洗，然后熨烫。既然清洗都一样，那么多出来的成本就必然是在熨烫环节。

为了提高工作效率，现在的洗衣店一般都会用标准熨衣机熨烫衬衫。可是，如果衬衫太小、扣子太多、细节太烦琐的话，就不能够拿到熨衣机上熨烫了。这是因为标准熨衣机会从下摆部分紧紧夹住衬衫，并且在布料上留下一处特别明显的压痕。那么，那些不能用熨衣机来处理的衬衫该怎么办呢？显然，只能用手工熨烫。这样，问题就来了，手工熨烫很耗时，也比较费力。

由于女式衬衫大多做工复杂，很容易被熨衣机弄坏，所以跟男式衬衫相比，处理起来不那么方便稳妥。而且女性大多不会把衬衫塞进裤子或裙子，要是服装下摆被熨衣机夹出一排压痕，则会让那些爱美的女性无法接受。

而从另一方面来说，洗衣店洗高档面料的服装往往要承担更大的风险。

王女士有一件上等的白色天鹅绒上衣，穿过一次后送到一家洗衣店干洗。没想到等她去洗衣店取时，服装变得皱皱巴巴，腰部的天鹅绒也掉了一大片，袖口处更是见了底，根本不能再穿。洗衣店却认为，掉毛、变形等状况是服装本身的质量问题，并非他们的洗涤行为有误。

洗衣店的解释让王女士非常不满，一气之下把洗衣店告上了法庭。最后法院对此进行了宣判，被告洗衣店被判按服装购买价格的85%对王女士进行了赔偿。

由于清洗高档面料的服装存在一定风险，生产者为了生存的考虑，势必会投保对风险进行规避，对生产者来说这也是一笔成本开支，生产者也会将这些成本转嫁到清洗高档面料的消费者头上。而女式服装多是高档面料，这就不难理解为什么清洗女式衬衫会比男式衬衫收费高了。

◎ 价格歧视：留神，同物不同价 ◎

俗话说"货比三家"，此言不谬。很多时候，同样的商品在不同超市里，价格完全不同。我们来看一个例子：某女士曾经在一大型超市购得一件大衣为590元，后来发现在另一家小超市只卖370元。这两件商品的外表、质地、品牌，甚至款式都一模一样，但价格竟然相差120元之多。为什么会这样呢？不同的超市里，同样的商品难道还会有什么差别？

从经济学的角度来看，一般情况下，商品的价格之所以会高，可能是因为成本过大，挤压了生产者或销售者的利润空间。那么，我们不妨以此来分析一下。

首先，从商品的来源上看，不同的进货渠道，商品的价格就不同。例如，同一种产品，如果是直接联系厂商，从其大批量进货，则商品价格会较为低廉；但若从其他经销商手中进货，就会增加购入成本。再例如，从不同的生产者处采购同样的商品时，因存在不同生产效率的差异，商品在出厂时原价可能不同。其次，在运输的过程中，使用的不同交通工具的费用不同，增加的成本也就不同。例如，用水运或者用陆路运输，费用就不相同。最后，超市规模的大小，经营费用也是成本，会有一部分均摊在商品的价格中。以此看来，两家超市同物不同价似乎合情合理。然而，事情还远没有这么简单。

在现实生活中，我们还会遇到这样的状况。以前，我们去公园买门票会发现，对本国人卖低价，对外国人卖高价；现在有的地方，对有本地身份证的卖低价，对外地来的游客卖高价。乘公交车，买了月票的乘客与临时买票的乘客所花的钱不一样。飞机票，寒暑假时对学生、教师打折卖，只要你有学生证和教师工作证。卖电脑的，卖给大学生就比卖给公司职场的人便宜。用电，工商企业用电与居民用电价格不同，白天与深夜的峰谷电价也不同。电影票，一般对少年儿童实行"半票"，看同样的电影，节假日的观众也要比平时的观众多付钱买票。有的舞厅为了使舞客在跳舞时可以成双配对，只对男士卖票，女宾可以完全免费。

可见，同物不同价并非只有成本这一影响因素，其背后定还有别的因素。

企业的性质是赢利，因此它的任何活动都是为了追求自身的利润最大化。实行同物不同价实际上是企业的一种销售策略，这种策略即为"价格歧视"。

价格歧视是指商家在出售完全相同的商品或提供相同的服务时，对不同的消费者收取不同的价钱，即我们所说的"看人下菜碟"。商家之所以这么做，是由不同的消费者对商品的需求弹性决定的。由于每位消费者对商品价格的敏感程度不同，有的人节俭，对价格斤斤计较；有的人富有，对价格满不在乎。这样，商家对不同的消费者区别对待，就能实现自身的利润最大化。

显然在这场博弈中，吃亏的是消费者。那么能不能找到一个合理的办法来有效地制止这种状况发生呢？目前看来还没有。根据市场经济的原理，在市场上，价格应由销售者自由决定，并由市场调节，所以对于商品，工商管理部门只会要求其"明码标价"（政府干预定价的除外），其他方面绝不能有所干涉。于是，只要销售者的定价过程没有违法，就有完全的定价权。

面对市场上的不规范情况，也有很多人呼吁政府相关部门采取一定措施，以进行规制。但这一想法被一些经济学家反对，他们指出："一旦政府干预定价，那不是又回到了计划经济时代了吗？市场经济会被束缚，无法正常发展。况且，让政府定价，可定价的标准是什么？怎样操作？操作的时候如何把握尺度呢？"因各地、各个经销者的情况不同，这些都无法完全按照政府的初衷去落实，所以，这些经济学家强调，政府不应干涉市场，要让市场自己去调节价格。价格贵了，你完全可以不买。买的人少了，自然卖得贵的商品就会降价。不要因为看到价格有差异就去干涉它，要知道，政府的干涉具有外部性、机械性和不易恢复性，很可能会打乱价格市场的正常秩序。

生活中商家的价格歧视策略远不止这一种形式。只要符合价格歧视的一般条件，以及产品个性化、有差异，就可以利用这种差异把它冠名为不同品牌、不同系列或各种各样的组合，然后再运用这种策略。

比如，商家可以利用同一产品的不同数量实行差别定价。对一种商品按不同数量进行分组，制定不同的价格实施价格歧视。如蒙牛的酸奶就是这样定价的：一袋酸奶1.6元，买三袋送一袋，只需4.8元，即1.2元一袋。这样就在销售领域为企业赢得了规模经济，销售量的上升带动了产量的上升，企业的平均成本和边际成本都随规模增大而下降，消费者从中获益，厂商则获得更大的收益。

还有一种是按时间段的不同对同一商品实行差别定价。如一些旅游景点的门票价格在淡季和旺季不一样，电影院的日电影票和夜电影票的价格不一样，出租车白天晚上的起步价各不同，都是利用时间段不同进行差异定价的典型例子。

利用代金券或优惠券实现差异化定价也是我们在现实生活中经常遇到的。优惠券可以人为地制定群体差异化。例如一家超市为本市市民送出优惠券，且规定该优惠券只有与本人身份证一起使用才有效，每张优惠券提供7.5折优惠。这样就把本市居民与外地居民区分开了。又如一家瓜子公司宣称，剪下其宣传单的优惠券，在购买其产品时可以当2元钱使用。该公司没有直接降价，而是利用这种策略把顾客分为价格敏感性和不敏感性两组消费群体。不敏感性群体一般是公司的白领，经济充裕，对此会不屑一顾，照样按原价购买。这样，产品不但销量会增加，而且原有的利润来源也不会受到较大影响。

此外，还有搭售、打折等价格歧视手段不胜枚举。

在生活中，如果我们知道了价格歧视就不会陷入商家的语言陷阱，所谓的"让利"、"优惠"似乎很符合消费者的利益，其实是商家区分不同的需求，追求利润最大化的行为。大家生活中要时刻保持谨慎，不要成为商家"价格歧视"的对象。

作为普通消费者，商家的价格歧视会对我们的生活产生重大影响。但是如果我们明白了其中的道理，或许还能神不知鬼不觉地利用商家，最大限度地节省我们的开支。了解了价格歧视，我们就能看到纷乱的价格混战背后的实质，这对我们的生活来说无疑是有益的。

◎示范效应：效仿明星穿衣◎

"明星"是社会上最活跃的因子，电视、银幕、报纸、杂志时时刻刻都充斥着他们的身影。明星的服装常常是人们津津乐道的话题，尤其是好莱坞的明星们，往往是人们关注的焦点。当那些俊男靓女们盛装出现在红地毯上时，总会引起"长枪和短炮"们一阵骚动。他们穿什么样的服装，穿哪个品牌的服装，都会成为各大娱乐时尚媒体和追星族们争相谈论的话题，甚至会引爆流行狂潮。

前两年街头流行的乞丐服就缘于明星的一次意外。某一天，一位明星要去外地演出，可在去演出场地的时候出了意外而无法及时赶到。等到轮到他上场的时候他已来不及换服装了，情急之下他没换演出服直接走上了舞台。

明星稳定的发挥使演出获得了极大的成功，台下的歌迷被他的一举一动深深地吸引住了，为他精彩的表演报以热烈的掌声。

当他下台后才发现，他的裤子不知什么时候破了个洞，好在演出很成功。接下来的事就更出人意料了，他的歌迷们以为他裤子上的洞是人为的，纷纷效仿。敏锐的商家嗅到了商机，于是向市场大量销售这种服装，乞丐服便应时走红了。

其实，每一次时装发布会，明星的每一次亮相，都会引起一次长久的时尚潮流。请明星为最新款的服饰代言也成了商家推广商品的不二法门。从经济学角度来看，这一切都是"示范效应"在作怪。

示范效应是指人们的消费行为在很大程度上会受其他人的影响。为什么人们会受示范效应左右呢？

单就消费心理来说，示范效应来源于经济学上的相对收入假说。这种假说认为，消费者不是孤立的人，而是社会的人。消费的效用不仅来自于个人消费中物质与精神欲望的满足，而且还来自于与别人消费的比较。因此，效用就成了一种主观感觉，消费效用的大小就受到他人消费的影响。

具体来说，下层人更容易以上层人为榜样。示范效应就是上层人做榜样，其他人模仿而形成一种时尚。消费时尚来自示范效应，也就是我们常说的"榜样的力量是无穷的"。

为什么只有上层人才能做榜样呢？这是因为处于下层的人向上层学习是一种动物本能。动物行为学用实验证明了这一点。找一只小猴子由人教会它吃苹果之前先洗干净，然后把这只小猴子放进猴群，结果众猴子不仅不学，还打它。再找一只猴王，教会它洗苹果，然后把这只猴王放进猴群，则众猴子纷纷效仿，洗苹果再吃成为猴子的一种时尚。就消费时尚而言，在国际上，发达国家是发展中国家的榜样，消费时尚总是由发达国家消费方式的示范效应而形成。在国内，引起消费时尚的总是上层人士。

我国古代有个很好的例子也说明了这一点。

战国时，齐桓公喜欢穿紫色服装，于是所有的齐国人都穿起了紫色服装。一时间紫色服装的衣料大贵，一匹紫色布的价格超过五匹素色布的价格。齐桓公为此发愁了。

他对管仲说："我喜欢穿紫色服装，全国百姓都穿紫色服装，怎么办呢？"

管仲说："如果想制止这种局面，为什么不停止穿紫色服装呢？此外，你还应该对人说：'我非常讨厌紫色染料的气味。'如果有人穿着紫色服装来见你，你一定要说：'离我远点，我讨厌紫色染料的臭气！'"

齐桓公说："很好，就这么办。"

当天，很多近臣就不再穿紫色服装；第二天，国都临淄已经没人穿紫色服装；第三天，整个齐国也找不到一个穿紫色服装的人了。

商家是"无利不起早"，示范效应的存在无疑给商家运作市场以良好的提示。商家找明星代言正是打的这样的"小算盘"。

在市场经济中，产品销售的好坏取决于消费者的需求。消费者对某种物品的需求是购买欲望和购买能力的统一。购买能力取决于收入、价格等因素。现代社会，人们的收入增加，购买能力并不弱，但为什么许多产品仍然卖不出去呢？这是因为消费者缺乏对这些产品的购买欲望。经济学家特别强调购买欲望的重要性，因为消费者一旦对某种产品有了强烈的购买欲望，他就会为实现这一愿望而多赚钱，也就提高了购买能力。或者他也可以通过消费信贷把未来的购买能力变为今天现实的购买能力。可见在创造需求中，购买欲望是重要的。

购买欲望来自消费者的偏好。消费者购买物品消费是为了获得效用（即满足程度）。效用是消费者的主观感觉，它取决于消费者对这种物品的喜欢程度，即偏好。偏好是一种心理现象，因人而异。但人的心理现象也是有共同规律可以寻找的。人的偏好来自欲望，或者是生理欲望，或者是由社会引发的心理欲望。现代社会，生存的基本生理欲望容易满足，重要的是由社会引发的心理欲望。人由这种欲望而产生的偏好，显然要受社会影响，即整个社会消费时尚的影响。

然而，消费时尚好像是无规律的，也是无理性的，而且瞬息万变。昨天裤子上有洞，被称为穷，今天就成了时尚，怪不得有人感叹总赶不上时尚。如果从消费时尚的形成来看，每一种时尚的形成也有其规律可把握：决定消费时尚的因素很多，如广告、历史传统、政策引导等，但更多还是来自示范效应。

正是现实生活中有示范效应的存在，精明的商家们才会频频找明星代言，为的是运用示范效应引领消费时尚，创造市场需求。因为只有这样，企业才会在长期的竞争中立于不败之地。

◎广告：别被广告忽悠了◎

人们在附近超市散发的宣传品中，可能会看到两则针锋相对的广告。

前一则广告：

货比三家，天华超市的商品更便宜。

王太太在她家附近的天华超市采购完一周所用的商品后，我们把她带到了旁边的天润超市。她选择了同样的商品，但是等她来到收银台结账时，她大吃一惊，因为天润超市的价格整整高出天华超市5.3元。

所以，你要想获得更多的实惠，节省更多的开支，享受更多的便利，请你来天华超市。

另一则广告：

天润超市，天天平价。

一位顾客这样诉说自己的购物经历："我天天在天润超市购物，因为直觉告诉我在这里购物会得到更多的实惠。有一天，我为了确证自己的直觉。我把我刚从天润超市买的商品列了一个清单。然后到附近的天华超市作了一个比较，结果让我很惊讶，因为在天华超市相同的商品算下来竟比在天润超市贵了6元！可见我的选择是没错的。"

要想买到更便宜的商品，获得更热情的服务，请来天润超市吧，天润超市，天天平价！

一路走下来，你竟会收到这两份截然不同的广告。怎么回事呢？这两家超市不可能都便宜，要么只有一家便宜，要么两家的价格相同，肯定至少一家超市撒了谎。然而，还有一种情况是，这两家超市都没说谎，他们说的是实话。

因为这两个顾客所购买的是不同的商品。王太太去天华超市购买的商品恰恰是天华超市最近进行打折的商品。而这些商品在天润超市是没有打折的，所以，总起来算，天华超市要比天润超市便宜一些。同样，第二个顾客做的也是这样的事。

现实中同类的事比比皆是，一个显著的例子就是移动通信的资费问题，各种套餐五花八门，各说各的优惠，其实算下来总不会差多少，只能说哪个更适合你一些。那么，对这些杂乱的信息我们能不能处理得更好一些呢？

能！在经济学上，通常会把这些文字表达转化成数学公式。以上面的在超市购物为例，我们完全可以把两家超市不同时期的同一商品的价格罗列出来，通过比较分析，这样我们就会有一个比较确定的解释，以给我们去哪家超市购物提供一个确定的依据。

这正是数学的方法,其实数学早已在经济学中得到了广泛的运用,现代的经济学已经与数学紧密地联系在了一起。数学在经济理论的证明当中发挥着很大的作用。那么为什么经济学一定要与数学联系在一起呢?这就关系到数学的特性。

数学是人类最早发展起来的科学之一。伴随着数学自身的迅速发展及其在所有其他科学领域的广泛而深入的应用,人们逐渐认为,科学作为理性的事业,数学是其普遍适用的理性形式。数学方法原则上适用于一切科学,因为客观存在的一切事物都是质和量的统一体,无论用什么方法去研究,它们都具有量的规定性,而对于量的规定性的研究必须运用数学。马克思指出,能否成功地运用数学,是衡量一门学科是否成熟的标志。当一门科学找到了相应的数学手段来表达自身概念的相互联系时,就表明它达到了较高的逻辑水平和理论水平,达到了有效的解释和预见的可能性。

来听听这些知名的经济学家对数学的赞美吧。Degreu 就认为,形式化提供一语言的方便性,并使分析能有更深层次的了解。对 Gorman 而言,数学在经济推理中是重要的,因为这可使想象的内涵通达未知的领域。Weintrasub 则认为,我们透过创造心灵结构了解经济世界,而运用数学就是用最纯的方式创造心灵结构,因此,数学在经济学分析中当然是重要的。可见,数学对于经济学的研究是多么的重要!

在日常生活中,我们离不开经济学,除此之外我们还得经常跟数字打交道。例如你要去公司领多少工资,你这个月要交多少个人所得税,这个月打了多少元钱的电话费,甚至你买了 2 斤黄瓜该付多少钱等。因此我们必须掌握一定的数学知识。只有这样,我们才能做到理性的消费,才不会被例子中的两个广告所蒙骗!

◎ 非理性消费:价格最低 PK 价值为零 ◎

很多人看了电影《购物狂》后,觉得整个表演有些夸张。也许,很多人都不能理解那种病态心理是如何形成的,也没见过那种购物成狂的人。但是,在我们身边甚至是我们自己,每个人都会遇到这样的情况:自己本来不想买什么东西,可是只要到商店、超市里一逛,就不自觉地掏了钱;待买回来之后,才发现根本是些不需要的东西,觉得实在是失策!此类情况在女性群体中尤为常见——其实这就是购物狂的一个缩影。

那么,为什么你会为根本不需要的东西甘心掏钱?

要想解释这个问题,就不得不提到非理性消费一词。所谓非理性消费,是指消费者的一种消费心理,多指人们一时冲动,为了获得某种心理安慰等的购物行为。就像《购物狂》中的女主角,她就是为了寻求购物的乐趣和安全感而疯狂购物,却没有考虑这些东西是否有用。所以,消费者会为不需要的东西掏钱,很大一部分原因是非理性消费在作怪。

例如，人都有七情六欲，情绪波动，你可能因为一时的心情不好，把购物当成发泄的方式；也可能因一时的好奇心而购买看起来很好的东西；或者临时起意，在逛超市的时候，看到漂亮的服装就买下；亦可能不为商品的效用，而是为了炫耀自己的财富、地位或者攀比而购买一些奢侈品。一句话，非理性消费，让顾客花了很多无意义的钱，虽然当时他们并没有意识到这样的消费行为是不符合自己的初衷和根本利益的。它会把社会财富引导到无用或者效用被夸大，甚至有害的生活方式上去，却让人们最后无力去追求真正需要的生活资源。并且，当消费者拥有一堆无用或者使用效率较低的东西时，也造成了社会资源的闲置和浪费。

因此，过惯了挥霍生活的消费者，应当适可而止了。看看衣橱里还九成新的服装、家里买的根本没怎么用过的物品，自己是否该反省一下了？不要一看到某某商场挂着"买100返50"、"买200返100"等宣传牌就不自主地向那家商场靠近，还美滋滋地觉得自己赚了大便宜，而是要看这些东西是否对你真的有价值！不管这些东西的标价是多少，看起来有多新奇，若只是买回去摆在家里、塞进杂物柜，根本用不上，就只能说明它对你的价值是零，你在这场交易中吃了亏。

现在风头正劲的"月光族"、"卡奴"，大都是犯了这样的错误，手头拮据的生活也很可能就是因过多的非理性消费造成的。所以说，非理性的消费，对于个人的经济生活绝对没什么好处，广大消费者还是尽量控制，减少此类行为。

◎ 羊群效应：消费也跟风 ◎

喝惯了绿茶、橙汁、果汁的人们如今有了新的选择，以"王老吉"、"苗条淑女动心饮料"等为代表的一批功能性饮品如今在市场上大卖。值得关注的是，这些饮料并不是由传统的食品、饮料企业推出的，生产它们的是——药企。

这些功能性饮料的显著特点是它们除了饮料所共有的为人体补充水分的功能外，都有一些药用的功能。声称有去火、瘦身等功效，伴随着"尽情享受生活，怕上火，喝王老吉"这句时尚、动感的广告词，"王老吉"一路走红，大举进军全国市场。虽然"王老吉"最初流行于我国南方，北方人其实并没有喝凉茶的传统，但是王老吉药业巧妙地借助了人人皆知的中医"上火"概念，成功地把"王老吉"打造成了预防上火的必备饮料。

然而这里药品专家提醒：理性消费不跟风。专家认为，凉茶这种饮料并非老少皆宜，脾胃虚寒者以及糖尿病患者都不宜服用；脾胃虚寒的人服用后会引起胃寒、胃部不适症状；而糖尿病患者服用后则会导致血糖升高。功能性饮料并不适合所有人群。

这也提醒了我们在消费的同时不要盲目跟风，要做到理性消费。经济学上有一个名词叫"羊群效应"，是说在一个集体里人们往往会盲目从众，在集体的运动中会丧失独立的判断。

在一群羊前面横放一根木棍，第一只羊跳了过去，第二只、第三只也会跟着跳过去；这时，把那根棍子撤走，后面的羊，走到这里，仍然像前面的羊一样，向上跳一下，这就是所谓的"羊群效应"，也称"从众心理"。羊群是一种很散乱的组织，平时在一起也是盲目地左冲右撞，但一旦有一只头羊动起来，其他的羊也会不假思索地一哄而上，全然不顾前面可能有狼或者不远处有更好的草。

因此，"羊群效应"就是比喻人都有一种从众心理。从众心理很容易导致盲从，而盲从往往会陷入骗局或遭到失败。

有一个笑话说的就是这种跟风现象。

一位石油大亨到天堂去参加会议，一进会议室发现已经座无虚席，没有地方落座，圣彼得说："实在抱歉，没有你的位子了。"这个石油大亨说："不要紧，我有办法。"他对天堂的大门大喊一声："地狱里发现石油了！"这一喊不要紧，天堂里的石油大亨们纷纷向地狱跑去，很快，天堂里就只剩下他自己了。圣彼得吃惊地看着这一切，说："现在你可以进去了。"此时，这位大亨心想，大家都跑了过去，莫非地狱里真的发现石油了？于是，他也急匆匆地向地狱跑去。

其实，现实生活中类似的消费跟风的例子还不少。比如每年大学必有的"散伙饭"。

所谓的"散伙饭"就是"离别饭"。三四年的同学生活、宿舍密友，转眼间就要各奔东西了，这个时候自然要聚一聚，喝酒、聊天。于是，"散伙饭"成了大学生表达彼此间依依惜别之情的方式。

然而，本来是为了将"散伙饭"作为大学里最后的记忆，却渐渐地变了味道。"散伙饭"不仅越吃越多，有的越吃越高档，越来越上档次，价钱也越来越昂贵，成了"奢侈饭"。

看到以前的学长们在吃"散伙饭"，看着周围的同学在吃"散伙饭"，自己怎能不吃呢？这还是一种"不服"的心理作用。你在学校食堂吃散伙饭，那么我也吃，我们到外面饭店去吃，比谁的档次高。于是，跟风的人越来越多，吃的越来越多，档次也越来越高。

这种一味地跟风，只图一时宣泄情绪的行为，往往给许多学生的家庭带来了财务负担。对家庭而言，培养一个大学生已经是花费了不少钱财，豪华的饭局却又加重了家庭的开支。家庭富裕的也许并不会在意什么，然而家庭比较贫困的呢？为了不丢孩子的面子，再"穷"也要让孩子在大学的最后时刻风风光光地毕业。这不仅突出了同学间的贫富不均的现象，而且极容易引起贫困生们的自卑心理。对于学生而言，绝大多数都是依赖父母，有钱就花，花完再要，大摆饭局只为跟风、攀比、满足彼此的虚荣心，不利于培养学生正确的理财观、消费观，助长了社会"杯酒交盏，排场十足"的铺张浪费之风。不仅如此，错误的消费观还会影响到大学生日后就业，他们甚至可能所挣的工资会连在校时的消费水平都不如，这也就相应的加大了他们就业的压力。

"羊群效应"告诉我们，许多时候，并不是谚语说的那样"群众的眼睛是雪亮的"。在市场中的普通大众，往往容易丧失基本判断力，人们喜欢凑热闹、人云亦云。有时候，群众的目光还投向资讯媒体，希望从中得到判断的依据。但是，媒体人也是普通群众，不是你的眼睛，你不会辨别垃圾信息就会失去方向。所以，收集信息并敏锐地加以判断，是让人们减少盲从行为，更多地运用自己理性思维的最好方法。

◎以"天然"之名进行的欺诈行为◎

由于受到各种有毒产品的刺激，如"毒奶粉"、"毒鸡蛋"等，人们每次在挑选物品的时候，都不得不小心翼翼。在超市里的"痛苦"抉择，让消费者觉得十分疲惫，每个人都急切地向往能购买到更健康、绿色、无污染的产品。适逢此时，"天然"产品在市场上高调亮相。虽然标有"天然"的商品价格要高些，但消费者仍不惜掏钱购买。毕竟，"天然"在到处都是食品隐患的今天，显得尤为珍贵。此时，"天然"就是商品的附加值，它在购物者心目中满足优质安全产品的要求，其价值要比其他产品更高。并且，市场上"天然"产品是少数，属于需求大于供给的商品。因此，"天然"产品价格高理所应当。

不过，某报纸曾针对现在市场上大量出现的"天然产品"进行了一则报道，认为标榜产品的"纯天然"只是商家为了吸引消费者而使用的一种手段。并且，市面上的"天然产品"虽因"天然"而比同类产品更贵一些，但没有合理的依据可以支持商家的这种做法。也就是说，顾客根本没必要为"天然"付额外的费用。

还有一点消费者没有看到，其实，所谓的"天然"实际上是商家进行销售的一种手段。"天然"的产品并不一定就安全、无害。根据相关的报道，国内目前只有关于"绿色商品"的认证，并无"纯天然食品"的认证标准。许多专家还指出，在很多所谓的"天然食品"中曾测出多种有害化学物质，如亚硝酸盐（强致癌物）、生物碱、某些酶类以及农药，因此，"纯天然"、"无污染"，很难被看做是产品的质量保证，甚至从某种程度上看，标示这些"字眼"是在误导消费者。

由此看来，很多商家其实都可以说是在以"天然"之名欺诈消费者。一方面，他们可以通过用"天然"一词吸引顾客，满足顾客追求安全食品的需求，从而在市场上扩大自己的产品占有率。另一方面，虽然"天然食品"没有相关认证，但厂家用"天然"一词来标注自己的产品也没有任何风险，不用忧虑会承担风险成本。因为没有相关法律对此进行规定，自然也就没有人会对其进行惩罚。最关键的一点是，商家不必为"天然"二字投入任何成本，却能让同样的产品拥有巨大差异的价格！仅仅利用"天然"两个字，他们就为产品增加了表面上的"价值"！这样一来，收益远远要大于其他同类产品。有这么高的利润,何乐而不为?在投入和产出这笔账上,商家可是算得比谁都精明!

按照前面所说的,消费者在消费的时候,一定要谨慎。有很多生产者就是搭着"天然食品"的顺风车来"狠宰"顾客!不要再轻易相信食品包装上的印章,不要再相信什么广告中的承诺!顾客真正要做的,是在购物前,务必要清楚产品的真实价值或者多购买绿色食品,这才是最有保障的做法!也只有这样,你才可能买得心安理得,吃得安全健康!

◎ 经济适用:值得考虑的尾房 ◎

新婚夫妻朱某和李某,希望能买到一套新房,但由于手头拮据,迟迟不能实现这个愿望。突然一日,朱某的朋友对他提议不如买套尾房。朱某认为尾房都是别人挑剩下的房子,害怕会有问题,但看到现在报纸上的报道,尾房之中也不缺乏好地段、好条件的房子。朱某不由心动,可仍然拿不定主意,到底尾房该不该买?

要不要买,应当在全面考虑了尾房的情况之后再做决定。尾房存在的原因有很多,不能以偏概全,认为尾房就一定不好。尾房的存在,总体上有三种原因:一是,因为有问题,其本身存在缺陷,价值受损,自然价格也就降低;二是,原本开发商另有用途或没打算卖出去的;三是,因为宣传力度不够,没销售出去的。除了第一种尾房,后两种尾房还是可以让购房者得到较大实惠的,甚至有很多尾房可能比前期推出的还要好。所以,尾房是值得我们考虑的,只是它需要人们多关注一些房产信息。

多关注房产信息意味着多花费时间和精力。的确,尾房要比新建的房子更加难以筛选,至2008年8月底,全国商品房空置面积已经达到了1.3亿平方米,北京、上海、浙江、广东、福建、天津、江苏等经济发达省市的商品住宅成交量都大幅度下降。从这些信息中就可以看出,目前中国还有较高的房屋空置率。这些房子中有一部分已经成了尾房,可见,质量好的尾房还是存在的。

看完房产市场的情况,再来分析一下买尾房是否经济实惠。一方面,它要比新建的房子便宜很多,节省很多成本。所以,单从住房的角度来看,如果能淘到好的尾房,你就能得到更多的满足感。实际上,这也就是经济学中所说的消费者的经济福利增加。因为,根据经济学的思维,消费者总是希望能够以较低的价格购买自己想要的商品,而当价格降低时,购买商品的消费者就会得到比其他人更多的福利。

但从另一个方面看,寻找它要花费一定的成本。例如,皮鞋成本(需要你多跑很多地方去实地看房,从而增加了皮鞋的磨损)、时间成本(需要一定的时间去寻找房屋信息,去考虑,斟酌)、金钱成本,等等。

而在决定是否要购买的时候,无非是综合以上两个方面来进行权衡取舍。如果相对于购买房子后节省的成本和效用来说,你认为在寻找尾房的过程中浪费的时间和金钱成本更无法承受，自然就不必买尾房，也不必奔波。但如果，你认为购买尾房带来的效用更大，则就不得不承担相应的时间和金钱等成本。

◎量入为出：学会过"紧"日子◎

正常情况下，个人的支出取决于他所能得到的收入，而个人的财富多少，又取决于他的支出。收入是"源"，支出是"流"，想要积累财富，第一守则就是要量入为出，它也是消费"金律"。

为什么要量入为出？因为违反这一规则的直接后果有两个：

1. 没有稳定积累的资本

你每天都期盼着成为富人，却没有积累下一分钱的资本，这不是很矛盾吗？财富梦若以这样的情况做背景，怎么可能实现呢？

量入为出，就是为了积累资本，就是为了更快地拥有财富。在你所能控制的范围内，只要能省下钱，哪怕只积累一点点都是你无尽财富的开端。

2. 背负不必要的债务

一旦超过了量入为出的界限，你就不得不承担一些债务。于是，在每次你拿到自己的工资的时候，你首先要还债，可是还完债，到了月底又不够用，还要继续借债……

背负这些债务，你还能快乐得起来吗？由于一时的挥霍，可能几个月都要过着因此导致的紧张日子。不要说实现财富梦想，一日三餐都可能成为你每天早上一起床就觉得头痛的问题了。

一个人为了眼前的快乐，突破自己收入的底线，结果就是一段较长时间的不快乐。如此不等价的交换，根本不是理财者想要的效果。无论什么人，若想要以后能过上富足的生活，就必须要克制住自己的欲望，必须从量入为出做起。那么，如何做到量入为出？

1. 以入为出

仔细考虑自己的收支情况，列出财务计划，设定自己想要的目标。

2. 计划消费

每次在消费之前，看一下自己的财务状况，要有计划地消费，让支出的金额在自己的控制范围内。

3. 绝不轻易借债

要时不时地提醒自己收支的底线，绝不能轻易去借债。

4. 每月提前预存一部分

每次拿到自己的收入后，要尽快到银行先预存一部分，一旦你手头的钱花光了，至少银行里还有一些储备。

量入为出，对任何人来说都不是苛求。做到量入为出，你也就掌控了自己的消费，掌控了自己的欲望，掌控了自己的财富！

◎ 折扣效应：谁诱惑了你 ◎

情人节之际，章先生到花店买玫瑰（平时玫瑰2元一枝，情人节标价20元一枝）。

章先生想：花虽贵，但不能不买。可是，买了还真心疼，毕竟买少了，面子上挂不住，买多了又费银子。

正在犹豫，店主走了过来，问："先生，买花啊？"

章先生："嗯……这……咳咳，这玫瑰能不能便宜点？"

店主笑道："送女朋友吧？追女孩子怎么能怕花钱呢？若是因为这一大束花，换来了你的幸福，那可是太划得来了！"

章先生犹豫不决……

店家接着说："要不这样吧，您在我这里办张会员卡，我给您五折优惠。"

章先生说："啊？有这个必要吗？"

店家惊讶道："怎么没有啊，谁家红白喜事不送花？难道非要等遇到了才知道买啊？"

章先生想了想也对，就办了张卡，买了束花。

生活中，我们常常会遇到这样的事，明知打折是商家给我们挖的坑，我们还是照跳不误。是商家得了便宜还卖乖的表演，"我已经赔了，看在老乡的分上就权当我给你捎一个了"，让我们心软了？还是我们天生就是上当的主？商家的软磨硬泡之所以能频频奏效，恰恰是利用了我们是理性经济人的特点，即实现自己的利益最大化。

在商场里，经营者以种类繁多的商品吸引消费者，再用昂贵的价格获取利润，而为了能获得更多的交易机会，他们就会适当地给予消费者折扣。因为存在这些折扣，消费者多会感到心里舒服些。既然买东西都会被宰，被少宰一点，总是好一些。渐渐地，人们也就接受了这样的销售模式。

所谓折扣效应，是指卖方按原价给予买方一定百分比的退让，即在价格上给予适当的优惠，从而诱使消费者再次消费。

把顾客的腰包掏空，是这个追逐利润时代的主流思想。人们都想赚钱，都想变着法地从周围的人身上掏钱。打折扣，就是这样的一个从别人口袋"掏钱"的方法。无数的商场店家，无不用折扣券、会员卡来吸引消费者，且屡试不爽。消费者想捂紧钱包，也很难逃过狡猾的商家设下的一个个圈套。而滑稽的是，有时候消费者不仅不对此感到厌恶，还对此非常钟情。

美国宝洁公司曾经实行过"折扣券"制度，对积攒、保存、出示"折扣券"的顾客（往往都是收入较低的顾客）适用比较优惠的价格。1996年，该公司以区分消费者需求弹性成本太高之名要取消此种制度。结果，经常来光顾的顾客火了，一纸诉状将它告到了纽约州司法部，最后，宝洁公司被强制要求继续执行"折扣券"制度。

折扣效应让消费者对产品的价格更加敏感，也蒙蔽了消费者。它让人们光看到自己在某一次消费中少花了多少，而没有看到已经为之付出的和将来还要为之付出的代价。所以，有人在消费某些奢侈品的打折优惠时，还甘之如饴，感到非常满意。却没想到，商家这招用的是"放长线，钓大鱼"，不看眼前蝇头小利，注重的是长期利益。

于是，这一技巧性的方法，被广泛地应用到商业竞争中，尤其是在美容理发行业里，被应用得更加广泛和娴熟，甚至夸张。可是，人们却无法用法律来对其进行规制和定性。因此，折扣效应一直存在，大至房屋建筑，小至家居杂物。无论是哪一种，我们都会在耳边听到这样的声音："本店可办会员卡（送优惠券），购物满一百八五折！省钱！实惠！您还等什么！"但不知道那些"折价生意"背后，到底是谁笑了。

◎ 信息不对称：超市里的兑奖券 ◎

一家饭店打出招牌："明天吃饭不要钱！"

第二天，这家商店果然食客如云，宾朋满座，好不热闹。等到众人酒酣饭足之后，准备动身离开之时，店主人出现，道："请大家不要忘了结账。"

众人不解，问店主怎么不守信用，店主道："告示上写的是'明天吃饭不要钱'，又不是今天。"

这则笑话反映的是，我们在日常经济生活中经常会遭遇一些"温柔的陷阱"。

李先生在一家超市购买了一大包某品牌方便面。回家后，他发现其中有一包中了该公司"大赢家"促销活动的四等奖。根据兑奖内容，他可以再获得半包方便面。

于是，李先生依据奖券上显示的"去购买处领取中奖方便面"的提示，来到超市进行兑换。工作人员表示，该奖项需两张奖券一同使用才能换取一小包方便面。

"我认为不对，食品怎能半包发奖。我认为，在五连包中中了一个四等奖，就应该奖励五连包的一半，也就是2个或3个小包装。"

面对坚持领奖的李先生，店方找出一包方便面，掰出半包后，递给了他。

"这种方便面怎么吃呀，这不是侮辱人吗？"一怒之下，李先生将整包方便面扔在地上。随后，双方发生冲突。最终，在店方要求下，李先生赔偿了另外半包方便面的价钱。

李先生认为，生产厂家的奖项设置非常不合理："食品怎能设置无法领取的半包奖项？"

该公司市场部工作人员表示，确有这种"半包奖"的奖项设置。它有两种兑奖方式，可以集齐两张奖券换取一整包奖品，或者再出一半的价钱兑换一整包奖品。另外，在兑奖券上也标明了"本活动最终解释权归本公司所有"。

无论是饭店里的众食客还是买方便面的李先生，都是够倒霉的，摊上这种事只能埋怨自己晦气。生活中，商家的低价限量销售、打折销售、赠送礼品、购物返券等的优惠酬宾活动，更是让消费者如坠烟海不辨东西。在这场销售者与消费者的终极博弈中，消费者难道就没有胜出的把握吗？

商家和消费者作为买卖的双方都是理性的经济人，最终目的都是想让自身的利益最大化，而我们在实际生活中却发现消费者却总处于劣势地位，原因何在呢？

这主要是由于双方信息的不对称造成的。在双方信息不对称的情况下，处于信息劣势的一方总会处于博弈的劣势。而我们常常会把这归咎于受害者，说是贪小便宜，在利益面前失去理智惹的祸。在经济学上却不能这么说，因为在利益面前，任何人都会心动的，经济学上的理性人永远不会失去理性，即永远都会朝着有利于自己的方向作出选择，他掌握的信息达到什么程度，他便会作出和自己掌握的信息相一致的选择。如你和一个美女一见钟情，就是你被美女表面信息（美丽动人）所打动，但是结婚后才发现她好吃懒做，而且蛮不讲理，如果你早早就知道她的这些信息，你是绝对不会爱上她的。

知名作家李福亮有一篇文章叫《小心鹿》，在开头说道："鹿实在是美丽得让人心动。我一直感到，形容女孩子可爱的最有表现力的一句话就是'她的眼睛像一只受惊的小鹿'。那年在小兴安岭参观鹿苑，一行作家全都被悠闲漫步在青青草坡上的梅花鹿群迷住了。大鹿仪态大方，气度高贵；小鹿精致乖巧，温顺整洁。最有意思的是它们的表情，一有个风吹草动，它们的头会刷一下子一齐扭向同一个方向，角度绝对一致，就像有谁暗中发了一句口令：'向右看——齐！'"这段描述由衷地表达了作者对鹿的喜爱之情。

然而后来作者发现，事实上，鹿是一种非常残忍的动物。如劳伦兹的《所罗门王的指环》一书中所说："这是我所知道的一种最恶毒的动物。同时，它还有一对使用起来绝不留情的凶器——角。大自然之所以没有赋予它约束自己的能力，是因为在自然的环境里，就是最弱的雌鹿也可以逃开最强的公鹿的攻击。只有在极大的园场里，我们才能将公鹿、雌鹿放在一起，不然，公鹿迟早会将它的同伴母鹿、小鹿一起赶到角落里抵死。唯一可以不遭杀的方法就是要见机得早，因为公鹿出击时的动作相当慢，不像公羊，它并不是低着头冲过来，而是慢慢地向敌方靠近，用它的角做前导。只有在它感受到阻力，两对角已经纠缠在一起的时候，它才会拼命刺戳。"

由此可见，在现实生活中，在我们对对方信息了解不充分的情况下，就要特别留意，"要小心特别美丽、特别动人、特别神圣的一切！"

第二章
职场经济学

◎ 人才：萧何月下追韩信 ◎

秦末农民战争中，韩信仗剑投奔项梁，项梁兵败后归附项羽。韩信曾多次向项羽献计，但始终不被采纳。苦闷之下，韩信离开项羽前去投奔了刘邦。

有一天，韩信违反军纪，按规定应当斩首，临刑前看见汉将夏侯婴，就问到："难道汉王不想得到天下吗，为什么要斩杀英雄？"

夏侯婴为韩信之语惊诧，认为此人不凡，看到韩信相貌威武，遂下令释放，并将韩信推荐给刘邦帐前，但未被重用。后来，韩信多次与萧何谈论治国治军之事，很受萧何赏识。

刘邦至南郑的行军途中，韩信思量自己难以受到重用，遂决定中途离去。这一情况被萧何发现，他将韩信追回。(这就是小说和戏剧中的"萧何月下追韩信"。)此时，刘邦正准备收复关中。萧何就向刘邦推荐韩信，称他是汉王争夺天下不能缺少的大将之才，应重用韩信。

刘邦采纳萧何建议，七月，择吉日，斋戒，设坛场，拜韩信为大将。韩信与萧何成为了刘邦的左膀右臂，最终帮助汉王夺得天下。

看了这则典故，世人就有了这样的疑问：萧何为什么要追韩信？其实，这个问题很好回答——很多人会说因为韩信是大将之才，简单地讲他是个人才。随着时代的发展，在当今社会，对人才的重视已经上升到"人才经济学"的高度。

什么是人才？这里就引出了人才的概念。从经济学的视野来对人才定义，有助于企业对人才的决策选择。

我们先看第一个问题：人才是什么。作为劳动者，人才是其中的一部分，但这一部分不同于一般劳动者，他们具有特殊的、专门的高质量、高素养和高能量，在劳动力这个总体内居于较高或最高层次。因此，在为数众多的劳动力群体中，人才有其不同性能，于是脱颖而出。简而言之，人才就是有特殊工作性能的劳动者。

第二个问题是人才是不是生产要素。人才从一般劳动力中区别出来后，与土地、资本和技术等一起，仍旧是要素之一。只是随着经济的发展和科技的进步，人才这个要素在生产力和经济活动中的作用和位置不断提升。先进生产力主要表现为先进的科技成果，这离不开人才的创新劳动。

从供求关系上看，人才又不同于其他要素。其他要素在经济发展和科技进步后，都能达到供求先是平衡、后是供大于求。但是作为先进科技开发者的人才，精益求精，永远供不应求，是不折不扣的稀缺资源，始终处于买方市场。

第三个问题是人才的流动性和价格。既是商品或稀缺资源，人才商品在供求驱动下，要交易，或者说必须流动，方能实现其人才功能。只有在市场经济体制下，人才通过自由流动，即供求双方的自由选择，才能得到优化配置。所谓"人尽其才"、"各得其所"，无非是对人才流动这种特殊商品的自由交易的结果。

既然是商品，人才自然是有价的。这种价格也决定于供求，而在供不应求的情况下，人才价格的总趋势是高走，即高价并且高涨。人才定价的尺度在于实际效益，但在未实现前有不确定性。于是，企业会采取其他方式，如技术入股特别是期权，把报酬与效益挂钩于其结果，使买卖双方都不吃亏，防止了市场风险。

企业之间市场的竞争、产品的竞争，归根到底是人才的竞争。一切的竞争，都必须讲究成本，讲究"经济"二字。人才是商品，使用人才必有成本，这就需要必须重视"人才经济学"，即最经济的使用人才。具体表现为，要经济地开发人才、经济地使用人才。

经济地开发人才，就要注重投入产出比，向人才投资要效益。曾经有很多企业在用人上有一种不正确的倾向，那就是只重文凭不管能力。员工为了评职称、获文凭，出现了不少学非所用，甚至学与用干脆不沾边的现象。这种现象造成投资浪费，企业不仅浪费了物质成本，员工也浪费了时间成本，投资的效用不能在实际工作中表现出来。

要克服这种现象，企业就要注重培养为企业建设与发展所需要的人才，在人才培养、考核选取录用上，都要紧紧围绕企业自身发展需要，并为优秀人才提供激励方案，鼓励员工围绕实际工作需要而进行学习。只有这样，才能使企业全体人员看到美好的未来，自己也有成长和"想象"空间，才能静下心来提升职业能力，提升工作效率，为企业创造更大效益。

经济地使用人才，首先是要杜绝人才浪费。不少企业的领导缺乏战略眼光，不能合理地选用人才，不把人才的浪费当成一回事。领导因对某一件事情不满意就全面否定一个员工，轻易调换工作，使之多年积累的技术、技能被搁置，得不到合理的运用和开发。

经济地使用人才，其次要人才高效。要想使人才高效率工作，薪酬是重要考虑因素。企业应结合人才市场价格和企业实力，为人才制定出一套能够产生强大经济效用的薪酬方案。

刘邦平定天下后,曾深有感触地对群臣说:"吾所以得天下者何?夫运筹帷幄之中,决胜千里之外,吾不如子房;镇国家,抚百姓,给馈养,不绝粮道,吾不如萧何;连百万之军,战必胜,攻必取,吾不如韩信。此三人者,皆人杰也,吾能用之,此吾所以得天下。项羽有范增而不能用,此其所以为我擒也。"

如何用人,对企业而言,始终是个大学问。选贤任能、杜绝浪费,做到人尽其才,让每一个人发挥全部的聪明才智和积极性,是一个企业家应当也是必须具备的领导艺术。企业领导者应该像刘邦那样,不仅能够召集到人才,而且能够用好人才,从而最终实现"一统天下"。

◎ 稀缺:为什么补鞋匠的地位举足轻重 ◎

在以色列,有这样一则寓言:

一天,克尔姆城里的补鞋匠把一个顾客杀了。于是,他被带上了法庭,杀人当偿命,法官宣判处以他绞刑。判决宣布之后,一个市民站起来大声说:"尊敬的法官,被你宣判死刑的是城里唯一的补鞋匠!我们只有这么一个补鞋匠,如果你把他绞死了,谁来为我们补鞋呢?"

于是,克尔姆城的很多市民也都异口同声地呼吁着。法官赞同地点了点头,重新进行了判决。"克尔姆的公民们,"他说,"你们说得对,由于我们只有一个补鞋匠,处死他对大家都不利。城里有两个盖房顶的,就让他们其中的一个替他去死吧!"

虽然这是一个夸张的寓言故事,但现实生活中,这样的故事并不鲜见。当一个基金公司里只有一个人是资深财经分析师时,无疑他会成为整个公司的"香饽饽"。这就是"稀缺"中的"稀缺",即目前情况下,他无可替代。用经济学术语,即他没有替代效应。

在我们的工作中,替代效应总是在发挥作用。那些有技术、有才能的人在企业里是"香饽饽",老板见了既是加薪,又是笑脸,为什么?因为这个世界上有技术、有才能的人并不是很多,找一个能替代的人更是不容易。而普通员工,企业很容易从劳务市场上找到替代的人,中国是人力资源大国,你不愿意干,想干的人多的是。对于别人的薪金比自己高,不要吃惊和不平,只要使自己具有不可替代性,自己的待遇自然会提上来。

很多人慨叹,说自己刚进公司时,老板对自己很器重,当把才华全都献给公司的时候,自己的末日也就来了。这其实也怨不得老板,是替代效应在起作用。市场是无情的,面对员工的停步不前,如果老板不让新员工替代才能用尽的老员工,市场就会让别的企业替代这个企业。在错综复杂的市场中,如果你总能做到思维超前,自然不会被别人替代。

弥子瑕是卫国的美男子,他很讨卫灵公的喜欢。有一次,弥子瑕的母亲生了重病,弥子瑕假传君令让车夫驾着卫灵公的座车送他回家。卫灵公知道了这件事,反而称赞道:"真是一个孝子!"又有一次,弥子瑕陪卫灵公到果园散步。弥子瑕伸手摘了一个蜜桃,当他吃到一半的时候,把吃剩的一半递给卫灵公。卫灵公毫不在意这是弥子瑕吃剩的桃子,说:"你忍着馋劲把可口的蜜桃让给我吃,对我真是好啊!"

弥子瑕年纪大了以后,容颜逐渐衰老,卫灵公就不那么喜爱他了。弥子瑕又得罪了卫灵公,卫灵公不仅不再像过去那样迁就他,而且还要历数弥子瑕的不是:"他过去曾假传君令,擅自动用我的车子;目无君威地把没吃完的桃子给我吃。"

后来卫灵公终于找了一个借口,把弥子瑕治了罪。

弥子瑕前后遭遇截然不同的待遇,是因为以前他的美貌获得卫灵公的喜欢,后来容颜衰老就不再得君心了。换句话说,以前他是不可替代的,后来已经成为可替代的人了。这其实涉及经济学上的替代效应。

现实生活中,具有"无可替代"的"稀缺"非常难,因为社会在发展,任何人或者事物都面临着可能被替代的后果。所以,不要总认为自己是独一无二的,我们的社会在创新,企业在创新,我们自己也要时刻为自己充电创新。只有努力学习和更新自己,让自己在一定时间内、一定空间内具有不可替代性,自然就会成就自己的不凡人生。

孙海大学毕业时,其家人托关系让其进入了一家国营进出口公司。两年后,他离开了这家公司,又进入了一家五星级酒店。由于当时正好刚拿了一个工商管理硕士学位,孙海被任命为总经理助理兼办公室主任。

在这家酒店,孙海负责人员聘用,工资、奖金的发放,公司制度的制定及对外联络等。但是老板是个十分武断的人,不喜欢听到不同的意见。孙海为人直爽,对一些看不惯的管理问题总是直言不讳,为此不仅没得到老板的垂青还得罪了不少同事,工作很不愉快的他决定辞职。

孙海辞职后,发誓一定要找一个比原来更好的工作,非经理职位不做。但多次投递简历,得到回应的寥寥无几。

生活中,像孙海这样的例子不在少数,由于各种各样的原因动辄换工作,频繁跳槽。当然也不排除在金融危机的处境下,不同行业的公司都以减产、降薪、裁员等方式来化解危机带来的经营风险,无疑又增加了就业的难度。众多职场人如何顺利地度过经济寒冬,怎样让自己的职业生涯有更好的发展?

最关键的是我们必须用"稀缺"来塑造自己的职业竞争力,才能化危机为转机。孙海的主要问题在于稀缺竞争力不强,不管是从专业知识还是管理水平都不具备竞争的优势。再加上频繁跳槽,行业和职位相关度均不高,所以他在职业选择上游移不定，就无法积累某个领域的核心知识和经验，在个人竞争中无法形成自己的稀缺竞争优势。

2008年金融危机大幅度爆发以来，世界经济恢复的格局并不明朗，企业招聘需求随之呈现出疲软状态，证券、银行、保险、房地产等招聘岗位相对较多的行业与知识往年相比也大幅缩水，求职者找工作难度明显增大，求职者甚至在签合同之际被企业"放鸽子"。职场人也采取了相应的自救措施。据调查，有26.3%的人因金融危机推迟了自己的跳槽计划，有5%的人干脆取消了自己的跳槽计划，有近70%的人选择了做"卧槽一族"。

2009年7月，王梅去一家公司面试，当时部门经理对她非常满意，甚至聊到了公司一年能享受几次旅行等福利待遇，意指她很快可以上班了，没料到之后却没了动静。事实上，王女士的情况还并不算太糟糕，有很多求职者甚至连面试机会都很难得到。在旅游行业从事行政管理的张亮说，自己通过各种渠道投出的200多份简历，只得到3家公司的面试机会，"发出简历和得到反馈的比率连2%都不到，现在找工作真的是太难了"。

因此，无论是在职者还是求职者，都应该用"稀缺"来打造自己相对优势的竞争力，越是在"非常时期"越要做个价值连城的"金牛"，从而成为企业中不可替代的人。

"金牛"之所以价格不菲是因为它是用昂贵的黄金打造而成的，这就需要你锻炼和突显核心能力，稀缺竞争力不是泛泛地了解一些知识和经验，至少在专业知识上，你要比同行知道得更多，做得比别人更好。

如果你除了自身具有一技之长外，还能够以一顶三，身兼数职，不仅能够出色地完成本职工作，更可以兼任其他岗位的工作，成为企业稀缺的复合型人才。无论是在面对求职还是在企业中卧槽，都能减少被别人替代的几率，那你的职业安全指数才能保证你顺利度过经济寒冬。

◎ 成本：一次选对职业 ◎

在北京某大型招聘会上，名牌高校毕业的小江向一家汽车公司申请一个机械工程师的岗位。他学的是机械专业，而且大学期间各门功课都很优秀。在毕业后的五六年时间里，换了好几份工作，从事过医药、空调、手机等产品的销售，离职前在某化妆品公司担任品质主管，但是没有机械方面的工作经历。

招聘负责人看了他的情况后表示，如果他毕业后稳定从事过机械方面的工作，那他正是公司需要的人选，公司也会给予很高的工资待遇；但是因为缺少这方面的工作经验，按照规定，公司无法录用他。小江只能与这份好工作失之交臂。

小江的例子体现了很多人盲目就业所带来的危害。由于没有长远打算，很多人年轻时只是随波逐流地换工作，到了30多岁还没有职业定位。这种情况之下，继续下去出路不大，重新定位又要费很大力气，由此便陷入一种尴尬的境地。

之所以造成这种状况，是因为当前就业市场上一些人急功近利、心态浮躁，什么挣钱就做什么；同时由于就业压力大，许多人随遇而安，能找着什么工作就干什么工作，这些都构成了人们忽视职业选择的原因。

俗话说："男怕入错行，女怕嫁错郎"，就是告诫人们，在人生的关键点做选择时要慎之又慎，避免做出错误的决策。择业是人生的关键点。如今，女人和男人以同样的身份进入社会、选择职业，因此，无论是男人还是女人，在步入社会、选择工作时，要谨慎选择行业，因为抛弃原有职业的成本太高。

抛弃原来的职业，重新选择职业的成本来自于多方面。一方面，一旦你从事了某种职业，如果半途而废，重新择业，以前所花的时间等于白费。当然，如果你所做的工作具有继承性，能够对新的选择有所帮助，抛弃旧的职业，并不是一个完全的浪费。但从事新的职业，毕竟需要一个适应过程，尤其是分工高度专业化的今天，竞争异常激烈，任何时间上的浪费都将使你处于不利的境况。

另外一方面，成本来自于他人对你的判断。你的经历构成了别人对你的判断，尤其在中国更是如此。你从事过某种行业，意味着你可以做某种工作，同时也意味着你不适合从事其他工作。对于你要从事的新的行业，除非你花了时间和精力去学习并证明了自己的资格，否则其他人对你在新的行业的能力便不能认同。

这是人们的常规思维。我们不能责怪人们的这种常规思维，但我们这里对行业的思考，不是说人们不应当换行业，如果人们目前所在的行业没有出路，或者自身不适合目前所在行业，在某个新的行业里发展可能更有前途，那么就应当选择改行。我们想说的是，在人生的关键时刻——择业，我们要谨慎为之，因为此时的选择虽然不会构成"一失足成千古恨"，但覆水难收，如果选择错误，要纠正这个选择的成本往往比较高。

一般情况下，职业方向的选择是由专业确定的。但现实的情况是，很多人毕业后并不能完全按照自己所学的专业来选择工作，有的甚至与原专业风马牛不相及。学非所用、用非所学、专业不对口的情况比比皆是，已不足为怪。在这种情况下，就需要认真考虑，选择适合自己的职业。有时为了就业，甚至要强制自己去从事并不喜欢的岗位，只要这种职业是社会紧缺的、急需的或有发展前景的。

接下来，最重要的是明确自身优势。

首先是明确自己的能力大小，给自己打打分，看看自己的优势和劣势，这就需要进行自我分析。分析自己，旨在深入了解自身，根据过去的经验选择，推断未来可能的工作方向与机会，从而彻底解决"我能干什么"的问题。只有从自身实际出发，顺应社会潮流，有的放矢，才能取得成功。

其次，要发现自己的不足。如性格的弱点、经验的欠缺，认真对待，善于发现，并努力克服和提高。

再次，要对职业的方向作出分析，具体包括：

1. 社会分析

社会在进步、在变革，要善于把握社会发展的脉搏，这就需要对社会大环境进行分析，包括当前社会、政治、经济发展趋势；社会热点职业门类分布及需求状况；专业需求形势；自己所选择职业在目前与未来社会中的地位情况；社会发展对自身发展的影响；自己所选择的单位在未来行业发展中的变化情况，在本行业中的地位、市场占有率及发展趋势，等等。对这些社会发展大趋势的认识，有助于我们更好地把握职业社会需求，使自己的职业选择紧跟时代步伐。

2. 组织分析

这应是个人着重分析的部分，组织将是你实现个人抱负的舞台。你应对自己将要加入的组织的各个方面进行详细了解，在知己知彼的基础上，只有两者之间拥有较多的共同点，组织与个人才会相互接纳。

3. 人际关系分析

个人处于社会环境中，不可避免地要与各种人打交道，因而分析人际关系状况显得尤为必要。人际关系分析应着眼于以下几个方面：个人职业发展过程中将与哪些人交往；其中哪些人将对自身发展起重要作用；工作中会遇到什么样的上下级、同事及竞争者，对自己会有什么影响，如何相处，等等。

最后，作出明确的方向选择。

通过以上自我分析认识，我们要明确自己该选择什么定位方向，即解决"我选择干什么"的问题，这是定位的核心。定位的方向直接决定着一个人的发展，定位方向的选择应按照定位的四项基本原则，结合自身实际来确定，即按照择己所爱、择己所长、择己所需、择己所利的原则，选择合适自己、有发展前景的职业。

从事一项喜爱的工作本身就能带给你一种满足感，你的职业生涯也将因此变得妙趣横生。相反，一个人如果不知道自己想干什么，则什么也干不好。从事一项自己喜欢的工作，才能给你一种满足感，将来才会有所成就，否则不但自己痛苦，对社会也是一种浪费和损失。这就要求我们有清醒的头脑，避免从众心理，不一味追求知名企业、高薪和大城市。

"尺有所短，寸有所长。"也许你兴趣广泛，掌握了多种技能，所有的技能中总有你的短处，也必有你的强项。有些人善于做业务，有些人更适合做管理。在设计自己的职业生涯时，要注意选择最有利于发挥自己优势的职业，即择己所长。

社会需求在不断演化，旧的需求不断消失，同时新的需求不断产生。昨天的抢手货今天会变得无人问津，生活处于不断的改变之中，职业的选择应顺应就业变动规律。在进行定位时，还要分析社会需求，择世之所需，否则，就会陷入不断更换工作的旋涡中，最终一事无成。

社会需求的不断变化要求我们要不断地对人力资本进行投资。如果没有及时更新自己的专业知识，就会造成知识折旧。所以，我们要主动摒弃各种错误的观念，以防被错误思维误导。要不断开拓进取，不断开发新技能。

此外，职业是个人的谋生手段，其目的在于追求个人和家庭幸福。在谋取个人福利的同时，也创造了社会财富，为社会作出了贡献。每个人都生活在现实世界，需要生存，因此做的工作必须有合理的待遇，还要考虑到家庭的需要。谋求职业的第一动机就是使个人生活得更幸福，利益倾向支配着你的选择。

在把握职业方向时，应有一个良好的心态，要明确自己只是普通的沙砾，而不是价值连城的珍珠。要盘点自己现有的职业含金量，找准可持续发展的职业通道，适时考虑职业发展的变通性。

◎机会成本：跳槽之前的经济账◎

临近年终，视跳槽为家常便饭的许娜又开始考虑跳槽的事了。说起来，许娜的个人资本很不错：名牌大学财经系毕业，英语六级，口语不错，靓丽的外形。她的资本使得她总不满足于现状。于是她每天必做的一件事就是研究报上的招聘启事，如果哪家公司开出的待遇比现在的公司高，那她一定毫不犹豫地奔向那家公司。有好事者偷偷帮她算了一下，结果吓了一跳：毕业三年，许娜已经换了七八家公司，最夸张的时候她一个月连跳两家，其中一次才上三天班就跟老板说再见了。

许娜对那些好几年都待在一个单位，没有跳槽打算的人总是嗤之以鼻："每个月拿这么一点工资，不跳槽，这辈子能混出什么来！"

其实，如果我们给许娜算一笔跳槽账，没准她就会重新考虑跳槽的问题了。

首先，从近期看，跳槽后，你需要重新找工作。找工作会花费你多少钱呢？有人曾根据自己找工作的经历算了一笔账。

离职半个多月，参加人才市场现场招聘三场，花费如下：

（1）购人才市场入场券3次，共花45元。

（2）往返于住处与人才市场3次，车费50元；到5家企业参加面试，车资200元。

（3）生活费（这里仅指吃饭），平均每天20元，一共17天，共花340元。

（4）房租费，因找工作不确定，只能按天租，每天25元，17天房租共425元。

（5）其他费用，如生活用品、通讯费用、饮用水按8元／天计，17天共136元。

此期间，共花1196元。

未离职之前，公司提供食住，每月净收入为3200元，而找工作17天内花销约1200元。

如果没有离职，也没有这样去找工作，就不会从积蓄中花掉1200元钱，反而会在原基础上进账约1800元。

那么，找工作的17天里所付出的实际成本至少为3000元（1200+1800）。

不算不知道，一算才知道跳槽找工作的成本挺高的。一个人的工资越高，其找工作的成本就越高。

其次，从长远看，不"挪窝"者：每月单位承担"三险"，每年平均薪资调幅约5%，熬上几年有升职加薪的机会。频繁跳槽者：每年换几次工作，每次约加薪12%，但那都是在被录用为正式员工之后的事，在试用期3个月内通常只能领很少的基本生活费，另外，在此期间公司不会给你承担"三险"。当然这还是在比较理想的情况下，很多时候你还得在无薪水的日子等待录用通知，或者为单方面提前结束劳动合同付上一笔违约金，也可能会由于不断更换新环境而需要更大的花费，比如重新置备"行头"、搬到离新公司更近的地方住、重新与新同事搞好关系等。更重要的是，大多数单位发放年终奖金都是以员工的任职年限为标准，作为新人的你，年终奖自然会很微薄。

所以，就全面、长期的规划来看，为了寻求更好的待遇，不断地更换工作，意味着眼下可能过得更宽裕，但也会由于不断更换新环境而需要更大的花费。实际上，薪资收入的高低不能代表财富的多少，目前赚较少的钱不见得就不能积累财富，财富的积累是持之以恒的结果。

当然，我们并不是说跳槽是一件不好的事，这只是针对那些仅为高薪频繁跳槽的极端现象而言。为了获得更好的个人发展空间而跳槽的行为，是值得提倡的。

不为高薪跳槽者应把握好三个职业转换的最佳时期。这三个时期分别是25~30岁、35岁前后、40~50岁。

第一时期为25~30岁。此时人的思想渐趋于成熟、独立，能较冷静地处理问题，社会经验和人际关系有了一定的积累，精力充沛，是人生的大好时段。无论什么单位都希望有这样的人才加盟，所以为了爱好和理想，这一年龄段的人可以大胆地跳槽。

第二时期为35岁前后。与前一个时期相比，这一年龄段的职业人思想更为成熟独立，行业经验也更丰富，但与更成熟的职业人相比还有一定差距。虽然存在职业转换的极大可能，但假如完全转换方向，抛弃已经积累的行业经验就比较可惜，因此可以考虑向相关行业转换，这样既可利用从前积累的职业经验和职业技能，也可让自己的职业生涯有新的突破。

第三时期为40~50岁。此时职业人丰富的工作经验使其个人能力展现出无穷魅力，而企业也有多种多样的职务需求等待他们选择。假如你是个慎重的职业人，从不轻易转职，那么此时是你最佳的职业转换时期。45岁以后，对有能力的人而言，进入企业高层应为其主要目标，但要注意在相关行业里实施职业转换，否则风险太大。

职业人跳槽的动机多种多样，但无论哪种动机，都不可忽视职业转换的客观规律。只有符合职业发展的规律，兼及主客观因素，才能拥有广阔的职业空间。

竞争优势：塑造自己的核心竞争力

饶春毕业于北京外国语大学英语专业，在一家外资公司任部门经理助理，月薪3000元。年轻靓丽的她，毕业两年里换了几份工作，但不外乎助理、秘书、文员、前台等。最近，她一咬牙又辞了职，报名参加茶艺师培训，决心做个茶艺师。很多朋友不理解，放着好好的白领不当，辞职去学什么茶艺？可饶春自有一番道理。

"说是白领，可每天干的活，不外乎跑跑腿、帮经理写写英文信件、打打字、接待客人什么的，凡有个大学文凭的人都能干。跳槽呢，最多挪个窝继续做助理，学不到一技之长。我一晃就要奔30岁了，还不知道自己的核心竞争力在哪儿。

"3000块的薪水说高不高、说低不低，工作也没什么挑战性，每天原地踏步，知识一点点被'折旧'。与别的白领相比，我的英语水平不算专长，但在茶艺行业里，这就是我的优势。找到自己的优势，就特别容易获得发展，就容易建立自己的核心竞争力。"

饶春准备学了茶艺之后，利用自己的英文特长，向外国友人介绍中国博大精深的茶文化。她要在茶艺世界里找到属于自己的天地。

任何优势都是建立在比较基础上的，都是相对的。没有比较，优势就无从谈起。在国际贸易之间，有个重要的经济学理论：比较优势理论。这个理论的定义是：如果一个国家在本国生产一种产品的机会成本（用其他产品来衡量）低于在其他国家生产该产品的机会成本的话，则这个国家在生产该种产品上就拥有比较优势。

与比较优势相对应的一个概念是绝对优势。比如甲和乙两个人，甲比乙会理财，那么，甲在理财方面对乙有绝对优势。中国的彩电制造技术比印度强，中国在彩电制造上对印度有绝对优势。比较优势和绝对优势是否决定了人与人之间的分工关系或者国与国之间的贸易关系？我们进行如下分析：

甲比乙会理财，在这两个人的团队中当然是甲来理财。A国比B国会生产彩电，当然是A国向B国出口彩电。但进一步推敲就会发现这个推理并不能成立。甲比乙会理财，但甲比乙更会推销产品。在这个团队中谁来理财，谁来营销？答案是：为了团队的总体利益，甲应当将账本留给乙。乙虽然不如甲会理财，但乙在推销产品上能力更差。将账本给乙，能够为甲腾出时间去搞推销。在这个团队中，甲的比较优势是营销，而乙的比较优势是理财。人与人之间的分工合作关系是建立在比较优势之上，而不是绝对优势之上。

为什么会出现这样的结果？这种分配的前提是人的时间和精力是有限的。尽管甲各个方面都比乙强，但甲不可能一个人承担完所有的任务——因为如果甲选择什么都自己做，受时间资源的限制，甲的收益会少于和乙合作所得的份额。同样道理，尽管A国在彩电生产上对B国有绝对优势，但在电脑生产上的绝对优势更大。因而

AB两国贸易会是A国向B国出口电脑，B国向A国出口彩电。两国的贸易关系是建立在比较优势而不是绝对优势的基础上。

比较优势这个概念告诉我们，对一个各方面都强大的国家或个人，聪明的做法不是仰仗强势，四面出击，处处逞能或事必躬亲，而是将有限的时间、精力和资源用在自己最擅长的地方。反之，一个各方面都处于弱势的国家或个人也不必自怨自艾，抱怨自己的先天不足。要知道，"强者"的资源也是有限的。为了它自身的利益，"强者"必定留出地盘给"弱者"。比较优势理论的精髓就是我们中国人所说的"天生我材必有用"。

从比较优势理论引发出另外两个概念：静态比较优势和动态比较优势。在宏观经济上，静态比较优势强调的是原本已经拥有的优势，比如廉价劳动力、土地、自然资源、资本等；动态比较优势强调的是随着时间变化而逐渐形成的核心优势，比如培育高素质的管理和决策人才、自主开发造型新颖、技术先进产品的能力等。

宏观的经济学角度是如此，个人的职业生涯发展亦是同样的情况。很多人已经注意到了自己静态比较优势的重要性，他们会使自己在求职时已经拥有了"标准配置"——学历、外语的等级证书、职业资格证书等，但是这只是在进入职业生涯发展初期的一种静态优势，只是说明了现状而已。

人力资源专家更注重个人的职业生涯发展和规划，更关心职业生涯发展的可持续性，这就不得不要求每个人从动态比较优势入手，合理分配个人的时间和精力，用以增加自身的职业生涯发展的"资产"。

如何获得这些资产？人力资源专家的建议是有计划地把收入中的一部分以自我投资的形式发生消费行为。具体讲就是把看似是支出的那一部分钱投入到对于自己各种形式的培训充电上。培训充电的内容应该首要考虑自己的专业和工作领域，因为这更容易使自己建立个人核心竞争力，从而使我们在职场上拥有竞争优势。

现在社会的竞争中，反复出现一个词——个人品牌。以往，我们以为只有企业才能拥有品牌，而如今在人才市场上，也出现了这个词。随着教育的普及，除了极少数岗位和职业外，大多数的职业都走向买方市场，人才竞争日益激烈。而这时，你要在众多的人才中崭露头角，就必须拥有能引起别人注意的特殊本事，而这也就是个人品牌形成的原因。

在生活中我们常常发现，那些成功人士都拥有优秀的个人品牌，他们总是令人印象深刻、与众不同。他们在任何时候，似乎都散发着独特的魅力。曾有管理学家指出："在职场中你应尽快建立起自己的品牌，从而成为能让老板和同事记住的人。如果在职场中拥有了自己的个人品牌，就会有更多选择的机会和更多向上发展的机遇。"

你该如何树立自己的个人品牌？

1. 个人品牌定位

你想树立自己的个人品牌，就要先了解自己的个性。正如"性格决定命运"，性格在这里也决定定位。有什么样的性格就应当选择树立什么样的个人品牌。这是塑造个人品牌的基础。你不妨问问自己——我的个人特长是什么？我适合从事什么样的工作？我想在人们心目中树立一个什么样的形象？

2. 工作技能强

个人品牌同产品品牌在这点上是相通的。产品质量好，才能树立起品牌，而个人能力强，才能构筑起自己的品牌。精深的专业技能是个人品牌建立的重要元素。如何让自己的工作出色且不可替代，是建立个人品牌的关键。

3. 较好的学习能力

建立个人品牌非朝夕可成的事情，你必须不断地学习。而且，即使你已经形成了个人品牌，为了保持它，也必须不断学习新知识、吸收新技能。只有在不断地积累和慢慢培养之后，你才可能形成大家所认可的品牌。

4. 人品质量

道德水准、人品，对于个人品牌来说也是至关重要的。一个有才无德的人是无法建立起个人品牌的。所以，要想建立个人品牌，就一定要注意自己的言行。因为，只有言行一致，你的行为才会让人信服。

5. 适当地包装自己

可能你很有能力，但你不注意仪表，没什么特点，那也很难引起注意。你可以用更有品位的服装、更有魅力的语气、更优美的身姿来让自己拥有更好的形象，让别人对你印象深刻。

◎ 就业危机：谁偷走了你的工作 ◎

当前最热门的话题是什么？对，就业问题。打开网络，经常能见到大家牢骚满腹："工作难找啊！""现在的应届毕业生工作怎么这么难找啊？""怎么样才能找个如意的工作呢？"工作难找，工资太低，是现在不少大学毕业生找工作时的真切体会。

根据国家劳动保障部的最新统计，近几年的就业状况很不理想。由于解决国有企业下岗失业人员历史遗留问题的任务仍然很重，新成长劳动力已进入高峰期，特别是高校毕业生近年增量多、压力大，整个就业市场需求岗位的总体状况相对趋紧。在中国毕业生网发布的大学生就业形势分析中，使用了"就业寒流"来形容大学生就业形势。是什么让大家的就业遭遇寒流？工作都到哪去了？

从外在因素来看，当前我国经济增长面临的不确定性，很大程度影响了就业的增长。受国际金融市场动荡多变、世界经济增速明显放缓等因素影响，我国经济增速明显放缓，2009年就业形势将不可避免地受到影响。由于和世界经济联系日益密切，我国出口受冲击也很明显。

国民经济综合统计司前任司长李晓超说："当前中小企业，特别是在珠三角、浙江的企业面临的困难，首先主要表现为一些出口导向型企业受外需影响较大。这些大量的中小企业长期以来对解决就业、提供税收，对整个国民经济保持平稳较快发展都发挥了积极重要的作用。"中小企业是吸纳毕业生就业的主力军，一旦它们面临困难，对就业形势必会造成很大的影响。

除此之外，第三产业增加值的增速也呈回落态势。专家表示，这些大量吸纳就业的出口企业，特别是中小企业和劳动密集型企业生产经营面临困难，也会对就业带来一定的负面影响。

作为拉动中国经济增长的主要动力之一的固定资产投资，其实际增长率也有了较大的回落。投资的回落将对未来经济增长，特别是对就业形势产生影响。

有关专家还分析，成本压力增加和需求减弱将导致企业利润明显下降，这会大大降低企业投资的积极性，对就业增长形成较大的压力。

从大学生自身来看，首先要摆正自己的心态，大学毕业证只是学历，而不是能力的证明。大学生不能因为自己拿着大学文凭就觉得高人一等。现在社会上有一个很热门的话题：大学生找工作比职高生难。其实并不是那么绝对！现在一些公司对用人都越来越严格，但这种严格主要是指工作态度，而不是能力。很多公司招聘时都特别注明：有上进心、有责任心、对公司忠诚等，却没有特别要求能力应该如何强。

不少企业普遍反应大学生吃不了苦，不太愿意从基层做起，而且容易跳槽，选工作非常挑剔，所以，求职者说"找一份好的工作很难"，而企业说"找工作难，招人更难"。

由此可以看出，求职者不能找到好工作，应该是自己的要求过高，企业招不到好的员工，因为求职者要求过高。一般企业招聘员工时，试用期都不会给比较高的薪水，要经过试用才确定薪水和待遇的。大学生求职时要针对自己的能力来提出相应的待遇，那种认为自己是大学生就应该拥有高薪和优越待遇的观念需要改变了。

有些学生找工作的时候非大城市、名企不去，我们并不赞同这种想法，如果在北京、上海找不到适合自己的好工作，不妨先到小地方去工作，等经验积累得差不多了，再返回大城市。

很多学生应聘时会拿着英语、计算机之类的等级证来证明自己的实力，其实，这些证书很大程度上不起决定作用。应聘秘书时，招聘人员可能会让你现场做助理工作；应聘营销人员时，招聘人员可能会扮演顾客，要你现场推销货品……

因此，就业能力不能仅仅停留在表层，要落实到实践层面。但遗憾的是，真正懂得这个道理的大学生并不多。知识要转化为生产力，转化为解决问题的能力，才能真正发挥作用。

也许有人会提出异议：大学期间大部分精力都用在学习知识上了，哪有机会去实践？

其实在大学期间，大家完全可能通过一些兼职工作来积累社会经验。例如，小陈学的是工商管理专业，他从大二开始就在某日报社实习，一开始抄信封，然后做校对，再接着找资料，最后做上了实习记者，在毕业找工作的时候同时受到了三家公司的青睐，薪水都非常诱人，因为他有丰富的实践经验。

总之，我们鼓励"人往高处走"，对自己评价高的人，往往是有一定能力和志向的人，希望到环境好、待遇好的企业供职，这是人之常情。但凡事要讲究度，否则过犹不及。对自己评价太高的人，有一种"超价值观倾向"，实际是对个人能力的不恰当评价，这对找工作很不利。

找工作，必然要考虑工资和环境，但发展前途更重要，必须长远考虑。发展主要是指业务发展，包括所学专业能否在工作中起作用。每个刚毕业的大学生，都应该为自己的发展留足空间。

跟"非名企不去，非大城市不去"的学生截然相反的是，有一类学生看到市场竞争激烈，就产生了恐慌心理，一到招聘会，不管有没有人看，也不管专业对口与否，就开始四处散发简历。在他们看来，只要有单位愿意接收，就万事大吉了。这反映了当代一部分大学生的挫败心理，面对激烈的竞争形势，低估自己的能力，这也是不能正确认识自己的结果。这些人心态比较消极，凡事总往坏的方面去想，当机会来的时候不能好好把握、积极争取，而是任之溜走。对他们的忠告是：求职，不仅仅是把自己随便推销出去，还要兼顾个人将来的发展。

对于待业中的大学生来讲，应认识到以下几点：

第一，要相信自己，敢于迎接挑战。在心理上必须要做好准备面对各种困难，在面对困难时不失去自信，要学会正确对待挫折，自觉地正视社会现实，转变观念，做好参加竞争甚至失败的准备。

第二，要及时转换角色。对于大多数的学生来说，大学阶段过的是一种单纯而有保障的生活，学习、生活、交际都较有规律，这样的生活方式与现实社会存在一定的距离。在大学生活结束之际，踏上岗位之前，最重要的就是，能够迅速完成自我角色转换，做好就业的心理准备。

第三，要对自己有很清醒的认识。就业前如何选择职业，要根据自身的个性特征来决定。全面了解自己的心理特点是选择职业的重要前提；兴趣是爱好的推动者，爱好是兴趣的实行者。人们对职业的选择往往从自己的兴趣爱好出发，这就更需要认真分析自己的兴趣爱好。对自己充分的了解，是每一个求职者进行职场定位的依据与前提，而大学生在面临巨大的就业压力时，往往很少能真正做到全面了解自己，这需要我们冷静地思考问题。

第四，学习以平常心应对挑战，处乱不惊。摒弃大学生那种"天之骄子"的贵族感，把过高的求职期望降到与自己能力相当的合理水平，可以避开人才竞争最激烈的地方。有脚踏实地的务实态度，不等待机会和运气的降临而是主动出击，不因为怕苦怕累而放弃从基层做起、经受历练的机会，并能对求职过程中的一时成败淡然处之。

◎ 全球竞争：洋打工者和我们抢饭碗 ◎

在20世纪，洋打工者成群结队到中国来工作是一件不敢想象的事，武汉柴油机厂聘请了一位德国专家做厂长成为新闻媒体竞相报道的题材，而今天，这样的事情已经见怪不怪了。

"在过去的几年里，我已经看到越来越多的年轻人来中国就业。"中国最大的汽车零部件公司之一亚新科工业技术的创始人说："1994年我来到中国，那是美国人到中国的第一波浪潮。"他说，"在过去的几年里来到中国的美国年轻人，正是美国人到中国的第二波大浪潮的一部分。"

John是在最近这波大浪潮中来到中国的美国年轻人，2007年他从美国卫斯廉大学获得了学士学位。两年前，他决定到中国上海的一家教育旅游公司做暑期兼职。

"我对中国根本不了解，"从事市场研究和项目开发的John说，"人们认为我是疯了，到中国却不会普通话，但我想不落俗套地做点事情。"

在非营利部门和北京一家大型公关公司工作两年后，他精通普通话，并在北京一家经营网络游戏的社会媒体公司担任经理。

2006年，Berman毕业后初到北京，任中国第一个独立于政府的现代舞蹈团项目总监，这是一个23岁年轻人在美国难以企及的职位。Berman说她从事于她所熟悉的西方现代舞蹈，而不需要深入了解中国。"尽管缺乏语言能力和在中国的工作经验，我却得到了机会来管理旅游、国际项目以及策划和实施我们每年的北京舞蹈节。"经过在中国两年的生活和工作后，Berman女士普通话说得很不错，她随舞蹈团游遍中国、欧洲和美国。

他们的故事从侧面揭示了这样一个事实：中国正在成为外国人就业的热土！他们给中国人提了个醒：老外来中国抢"饭碗"了！随着全球经济化，中国的劳动力市场也变成了全球市场。哪里有价值洼地，哪里就有流动性。上海有工作的机会，而美国等其他国家的工作机会较少的时候，中国劳动力市场就会吸引很多的世界人才到中国来。

当今，美国大学毕业生面临着接近两位数的失业率，更多美国大学毕业生选择到上海和北京来就业。这些大学毕业生中甚至有对中国了解不多或根本不了解的。吸引他们的是中国经济的快速增长，中国较低的生活费用以及绕过美国第一份工作通常需要缴纳的会费的机会。

据估计，在上海约有5.4万名洋打工者，这些人来自152个国家，名列前10位的分别是：日本、美国、韩国、新加坡、德国、法国、加拿大、马来西亚、澳大利亚和英国，约占总数的82%。从人员结构来看，"洋打工"队伍呈现"三高"特点：一是职位较高，高级管理人员占25.4%，首席代表占3.1%；二是学历较高，89%的人持有大学以上学历，其中博士占 2.6%；三是在外企任职的比例较高，他们主要在外商投资企业或外企常驻代表机构工作，这部分人占到 83.6%。

与十几年前，一些人希望拿绿卡去美国生活、工作和居住不同的是，现在中国正在成为世界求职者们的热土。随着全球化的竞争进一步加快，和世界优秀人才抢滩新兴劳动力市场，将会有越来越多的优秀人才加盟中国人才市场，中国本土的每一个员工更面临着全球优秀员工的竞争，一个工作岗位的待遇越有诱惑力，其面临的竞争也将越惨烈，薪水也会越来越不好赚。

◎ 信息不对称：为什么难就业和难招工同时存在 ◎

2007 年，围绕就业问题，南开大学曾对 450 名本科毕业生、100 家企业和 10 家中介机构进行了调查。结果显示，用人企业和求职者之间的信息供需不匹配，成为大学生就业困难、企业招人难的根本原因。

74.26% 的被访大学生表示最关心企业的发展潜力，其次为薪金福利和诚信度，分别占到 41.12% 和 27.81%。而这些最被求职者看重的信息，往往在企业的招聘信息中很难看到，求职者也无法获知这些信息。

调查中，有六成的企业表示，薪金福利、公司效益等因为涉及商业机密，不便轻易透露。而岗位、企业规模和工作地区等这些并不被求职者学生关注的信息，却往往被用人企业作为重点信息公布。

同时，调查中有 68.48% 的大学生认为自身专业水平是应聘时最重要的砝码。不过，这一点却不被企业所看重。有超过半数的企业表示，最看重的是求职者的"道德诚信"和"发展潜力"，对"专业水平"关注的仅占 27.63%。大学毕业生们没有捕捉到企业的这些信息，也就无法做到有的放矢，从而造成求职命中率不高，就业率低下。

实际上，在劳动力市场上信息的不对称广泛存在。求职者对自己的优缺点和能力很了解，而企业却无从得知；企业需要求职者具有的条件，求职者又不能从企业招聘信息中得到充分解答。于是，就会出现求职者不知道好工作在哪，企业不知道好员工在何处的尴尬局面。解决这一问题的方法并不难，那就是劳动力市场中的信息传递。

美国经济学家斯宾塞以研究劳动市场上的"信息不对称"问题著称，根据斯宾塞的理论，劳动力市场是一个信息极不对称市场。因此，在这样信息不对称的市场中，求职者要想找到好工作，信息传递的重要性就不言而喻了。

求职者的信息既包括企业很容易获得的公开信息，例如年龄、学历、毕业院校、所学专业，等等，也包括实际能力、个人性格与爱好、勤奋程度等企业不易获得的私有信息。企业总想找到最好的员工，但他们拥有的信息却比求职者要少得多。

同样，企业也有一些私有信息是求职者所不了解的。求职者想找到好的工作，但他们拥有的信息又比企业少。企业因为不了解求职者的私有信息无法雇到好员工，求职者因为不了解企业的私有信息找不到好工作。这就是供求双方的信息不对称引起的就业问题。

而在现实社会中，求职者往往能够提供详细的个人资料，而招聘企业却对自己的具体情况有诸多隐瞒。求职者因信息不全而难以作出自己的选择，这种情况和国家提倡的"双向选择"是相悖的。尽管如此，作为卖方的求职者，在买方市场主导的劳动力市场之中，求职竞争的关键还在于如何向企业"传递信息"。只有让企业通过传递出去的信息了解求职者，这样才能赢得好工作。在找工作的过程中，最简单、直接的传递信息方式就是简历。因此要想找到好工作，能将有效的信息传递给企业，简历是第一步。如果一个人靠简历中对自己虚假或不实的吹嘘来传递信息，这很容易会失去企业的信任，丧失工作的机会。因此，传递信息的首要条件是真实性。

企业并没有求职者想象的那么简单，负责企业招聘的人员大都有着丰富的职场经验。虚假不实的信息，一旦被他们看穿，工作就会随之成为泡影。虽然存在信息的不对称，但传递信息首先需要传递正确、真实的信息。找到好工作的一个重要前提是，不用虚假的信息骗人。

当然，传递信息不仅有简历，还有应聘时的每一个细节。例如，面试时得体的打扮与举止，约谈时间的准时到达，甚至说话的声音大小，看人的眼神等等。求职者与企业在整个交往的过程中都在互相传递信息，有人会因为一些细节问题而失去机会。这些都是求职过程中传递信息的技巧。在劳动力市场上，要使自己脱颖而出受到企业青睐，还要有自己的"特色牌"。换言之，求职者不能拿那些人人都有的东西去吸引企业，而要让企业知道自己的特长。这就要根据职业要求向企业传递自己适于这种工作的特点。比如，如果去应聘销售主管，就要在面试中显示出自己的口才和亲和力，要提到自己过往的成功推销案例。也就是说，向企业传递的信息是具有特色和针对性的，而不是一般的泛泛而谈。这就是在劳动力市场上，传递信息的关键所在。把握好自身的信息传递，然后尽可能多地掌握作为买方的招聘企业的信息，做到这两方面，好工作就不再遥远。一份设计独特的求职简历，和千篇一律的模式化简历相比，肯定会更加引人关注；在介绍自己信息的时候，更要能分清主次，针对用人企业的招聘信息，重点突出自己的特长，肯定比眉毛胡子一把抓的"高大全"更能抓住企业的心……

在经济市场中，我们要学会用信息铺路，这样好工作就会出现在我们脚下，我们才能赢得未来，赢得成功。

猎头公司对于信息的调度，能够很好地为我们服务，这也是我们为什么越来越依靠猎头公司的原因。如果将猎头公司的作用取消掉，又会出现怎样的问题呢？

由于信息不完全，每个人都希望向对方传递对自己有利的信号。比如，在招聘时，应聘者总是显示自己最好的一面。谈判中，企业总是把最能显示自己实力的一面展示出来。公司越来越注意企业形象的塑造。这跟女孩子总是把自己打扮得漂亮，人们总是把最好的服装穿在外面一样。问题是，对方不一定相信你所传递的信号是真实的。有的信号，一下子是难以识别真伪的，需要时间。所以，"百年老店"是最好的信号传递方式。

为什么招聘单位看重学历，因为学历容易甄别，而且比起能力的描述来，相对可靠；为什么顾客喜欢买名牌产品，因为名牌是经过很多年才形成的，广告、产品质量、服务质量等因素起了很大的作用，名牌传递的信号就是：质量好、服务好。长期在CCTV黄金时段做广告的厂商传递的信号是：我有实力，企业经营一直不错。出示自己的高学历证书和各种获奖证书的求职者传递的信号是：我是一个优秀的应聘者。有的小公司对业务采取不冷不热的态度，传递的信号是：我不愁没有业务员。故意装着要离开的顾客传递的信号是：把价格再降点，否则我走了。

无论是在做广告的商家，还是出示证书的求职者，都是在通过一种手段向他人传递信息，获得他人的信任。

◎ 效率工资：最低工资伤害了谁 ◎

每到周末或节假日，小惠都会到麦当劳餐厅兼职来攒自己下学年的学费。她每天工作8小时，如果餐厅很忙，经理就会事先问她愿不愿意加班，如果愿意就继续做。

即使做满8小时，钱也少得可怜！当初小惠个人认为这工资待遇跟自己的期望值差不多，和一些快餐店的工资比较，她觉得并不算少。小惠感觉不公平也没办法，因为像她一样的大学生很难找到其他更好的赚钱办法。

2007年1月1日，当得知广州实施每小时最低7.5元的非全日制最低工资标准时，小惠和餐厅所有员工一样，都曾惊喜和高兴过。但是元旦之后，他们的工资没有丝毫改变，当他们向餐厅提出时，却遭到断然拒绝："如果你们觉得工资低，可以不干！"

麦当劳作为世界知名的跨国企业，如此蔑视中国法律，着实让小惠大吃一惊，也感到非常愤怒。然而，看到很多人争着涌向麦当劳求职，小惠很迷茫，如果不干了，自己明年的学费就成问题了！

咱们暂且不谈最终的解决结果如何，其实麦当劳低工资事件折射出了中国普遍存在的低工资现象。是谁赚走了你的薪水？

"中国的工资之低，实在令人吃惊。受访中国厂商给予每名工人每月工资的平均数是121美元（超时工作除外），比美国厂商所给予的每月2160美元的工资相比，确实有很大的差别。"这一数据引自美国出版的一份研究报告。

"一提给职工涨工资，就有干部说工资高了影响投资环境，企业负责人就跟着说工资成本太高，企业难以为继。这实际上是个糊弄人的托词。相关部门必须给职工涨工资撑腰。"江苏省副省长吴瑞林则在全省劳动保障会议上，批评了一些企业长期"只涨利润不涨工资"的现象。吴瑞林副省长的一席话立刻"一石激起千层浪"，在公众中引起了强烈的共鸣。

近几年，我国职工工资总额和职工平均工资实际增长率均超过同期GDP和人均GDP的增长速度，是改革开放以来职工工资水平增长最快的时期。但从总体上看，我国工资总额占GDP的比重还远低于发达国家，由此会带来内需不足、产能过剩等问题。长期实行低工资，不仅对企业不利，而且对宏观经济和改善民生也不利。对此，可以用效率工资理论来说明。

效率工资，指的是企业支付给员工比市场平均水平高得多的工资，促使员工努力工作的一种激励与薪酬制度。它的主要作用是吸引和留住优秀人才。

效率工资理论的基本假设是：劳动生产率取决于工资水平高低，两者呈正相关关系。雇主支付高工资会增加成本，但可以通过提高员工队伍质量、提高员工努力程度、降低离职率等得到更多的收益。综合比较成本和收益，效率工资其实就是使劳动总成本最小化的工资。

美国的汽车大王福特认为：再没有比工资更重要的问题了。他在《我的生活与工作》一书中写道：因为这个国家的大多数人都是靠工资生活的，他们生活水平的提高决定着这个国家的繁荣。

福特强调，工资担负着工人在车间之外的全部负担，以及年老后不能劳动时的生活。同时他也是一个有家庭的人，他也许是孩子们的父亲，他必须凭他挣的钱把孩子们培养成才。我们必须考虑到所有这些事实，让孩子们有衣可穿、有房可住，让他们受到教育，给他们生活的各种小享受。

作为资本家，福特这样说，当然也是从自己的利益出发的。20世纪初，福特公司以每天5美元的日薪招聘工人，成为当时轰动美国的大事，因为那时美国工人的平均日薪也就2美元。不少人认为福特汽车公司会因为过高工资的拖累而倒闭破产，但结果使那些人大跌眼镜，福特汽车公司不仅没有破产，反而蒸蒸日上，福特也成为享誉全球的汽车大王。原因很简单，高工资极大地调动了工人的积极性，福特公司员工的辞职率和解雇率大幅下降。高工资更带来了高生产率，汽车销量直线上升，由此多创造的效益比福特付给他们的高工资多得多。

如果不考虑劳动效率等因素，低工资也会使消费能力低下。这是因为给予职工的资本越少，产品的成本确实会越低，但是由于职工的收入低，所以他们无力进行消费，产品要销售出去，价格只能更为低廉，而这时企业通过压低职工收入而创造的利润也会下降，企业为了增加利润，只有进一步降低职工的工资，而这造成职工消费能力进一步下降，产品的销售价格也只能随之降低，否则就销售不出去。企业为了再降低成本，只能继续降低职工工资。如此恶性循环，直到产品价格即便降得再低，职工也无力购买，这时企业的市场完全失去，企业的生命也到了尽头。

过低的收入，使得人们根本没有能力扩大消费，因而内需难以得到提升，而内需的不足使得企业只能更多地依赖出口。很多中国企业为了挤出口这一"独木桥"，总是相互压低价格，很多产品的出口价格甚至远低于国内的售价，过低的价格不仅使得企业利润微薄，而且也给了外国实行反倾销的口实。现在，越来越多的反倾销、反补贴、特保调查等贸易壁垒，使我们的贸易环境不断恶化。巨大的出口竞争压力和不断恶化的贸易环境又使我们的出口价格更加低廉，赚取的利润更加微薄，由此形成一个恶性循环。

还有不少官员和学者担心，提高工资会让我们失去对外资的吸引力。这或许有一定的道理，但更应该看到，这种行为短期内似乎起到了吸引外资的作用，但是长期来看，工资水平低下阻碍了工人提高自身的工作能力。高质量外资企业的进入需要的是有专业技术的熟练工人，而不仅仅是低工资水平，这种依赖低工资吸引的外资多数是简单加工的低质量外资，对于提升地方经济竞争力、树立形象并无益处。

从这一角度来看，如果影响外资进入的因素可以归结为商务成本的话，那么工人工资仅为其中的一小部分。除了工人工资以外，土地成本、交通成本、公关成本、周围商业环境成本等均位列其中。在许多情况下，优秀企业的进入，考虑更多的是土地与周围商业环境等因素，而不是简单的工资水平。

劳动力价格超低对吸引外国投资者具有无可比拟的优势，但是，实际上这样的吸引只能产生两种相反的后果：

一是劳动者得不到足量的国际平均水平的工资，必然失去许多技术培训和再教育的机会，生活保障度低，技术人力缺乏，恶性循环将导致产品的技术落后，国际竞争力滑坡。

二是高工资反映着高技术含量，中国工人的超低工资会使"垃圾产业"逐步形成规模性集中，导致产业工人生活的长期贫困化。

现在，尽管我国职工工资水平大幅提升，但相对于国民经济和企业利润的快速增长，工资水平还是相当低的。低工资存在很多弊端和危害，直接的就是无法激励员工努力工作，不利于劳动者素质和技能的提高，也不利于劳动者队伍的稳定。不能提高劳动生产率，最终将严重影响国民经济的持续稳定增长。从长期来看，保持国民经济的持续快速增长，必须充分调动劳动者的生产积极性，不断提高劳动者素质和技能，保持相对稳定的劳动者队伍，为此必须扭转长期低工资的局面，提高工资水平。

◎ 美貌经济：为什么不向美丽征税 ◎

前段时间，江苏省某著名高校的毕业生小周做了一个双眼皮手术，花了近2000元。是接二连三的应聘失败让他痛下决心走进医院的。小周曾到几家公司应聘市场销售的工作，笔试成绩都很理想，但一过面试关，他就被淘汰。几家公司的招聘人都说他"眼睛小、没神",形象和气质不适合所应聘的工作。

现在,很多大学毕业生都做了美容整形手术,他们当中女生居多,也有不少男生悄悄加入。毕业生们希望借助靓丽一新的外表,在激烈的求职竞争中为自己增添一份自信。如果你有过找工作的经历,相信你一定了解,长相英俊、漂亮的求职者更容易受到青睐。

演员奥兰多·布鲁姆在《魔戒》之中只是一个配角,但在获得奥斯卡各项大奖的《魔戒》各路人马中,他赚钱最快、最多。究其原因,只因为他长得帅。而大家都愿意为漂亮埋单。于是,有人依据公平原理,提出应该向美丽征税。

很多长相普通的人在遭遇帅哥美女时,一般会安慰自己:我虽然长得不漂亮,可我会比他们生活得更好。但一项最新研究结果可能会打击到他们:漂亮的人不仅仅外表漂亮,还更有钱、更成功,也更容易相处。

那么,为什么会出现"美丽溢价"的现象呢?

首先,美貌具有较好的正外部性。俊男靓女会让人产生眼前一亮的感觉,人们也更喜欢跟他们打交道。

虽然必须凭外貌吸引顾客的行业不多,但面容姣好的男女,即使居于幕后,亦具经济效益。是否雇用某个应聘者,不仅仅要看他是否具有职业所需专业知识,还要关注他是否能够很好地融入企业之中,能否很好地与顾客打交道,能否与同事和睦相处。用经济学的语言来说,雇用一个员工所付出的成本不仅仅决定于支付给这个员工的工资(显性成本),还和同事的幸福程度有关(隐性成本)。新进员工越难相处,工作环境越差,同事的幸福程度就越低,而相应的,公司就需要提高工资以抵消员工的不满意,以留住人才,从而间接地提高了雇佣新员工的成本。而同事的幸福程度越高,公司所支付的成本就越低(公司可以支付更少的工资给感觉更幸福的工人)。雇主作为经济理性人,自然会选择相对成本最低的雇员。此外,我们喜欢外表有吸引力的人,因为我们更容易听从我们喜欢的人,所以时装店通常都挑漂亮的人做他们的现场销售人员。相貌好的推销员,相貌能帮助他推销。在老板看来,老板也愿意奖励这些工作出色又有人缘的漂亮的人。可见,美貌是一种生产性资源。

再者,美貌是一种稀缺资源。经济学理论认为,相对于人的需求,资源都是稀缺的。尤其是像美女这种先天性占决定作用的资源更是稀缺。

物以稀为贵,市场按照资源配置的规律,给美貌这种稀缺资源开出高价就不足为怪了。

然而,美貌并不是万能的。如果以自己的美丽自恃,认为漂亮就可以得到一切,不需要费力就可以达到别人努力的结果,那就大错特错了!

美貌是一种稀缺资源,但不是必不可少的,是可以替代的。此外,随着时间流逝,漂亮呈边际效用递减的趋势,一旦青春不再,所有建立在美貌基础上的成果终将化作泡影。而长相一般的人,他们无论在工作中还是在生活中,都会凭借自己的努力去奋斗,他们往往要付出比一般人更多的努力,所以他们一般更有才华。而才华随着时间流逝并不会边际效用递减,相反会随着时间推移呈现递增的趋势。所以他们的生活才会更稳定。

美丽是需要一定的内涵作支撑的,外表的吸引力单薄而脆弱。漂亮的人要想保持自己对别人的吸引力,就应加强自己的修养。只有将内在的丰富和外在的长相结合起来的美才是永久的美,才能释放出永久的光华。

鲶鱼效应:好羊离不开狼

职业倦怠指个体在工作重压下产生的身心疲劳与耗竭的状态。这个概念最早由美国著名临床心理学家弗登伯格于 1974 年提出,他认为职业倦怠是情绪性耗竭的症状。后来的心理学家把职业倦怠定义为对工作上长期的情绪及人际应激源做出反应而产生的心理综合征。

职业倦怠由情绪衰竭、去人性化、个人成就感降低 3 个维度构成。一般认为,职业倦怠是个体不能顺利应对工作压力时的一种极端反应,是个体在长时期压力体验下而产生的情感、态度和行为的衰竭状态。

职业倦怠的表象特征是:对工作总提不起兴趣;对于目前的职业状态充满了厌倦情绪;工作效率急速下降,绩效水平处于较低状态;在工作中时常感到疲惫。

职业倦怠的产生和人的行为动机密切相关。每一个人的行为背后,都存在着一种动力,心理学称之为动机。动机具有激起、调节、维持行为的功能,它的产生和人的需要、兴趣有密切的联系。当动机消失时,被它所推动的行为就会终止。

因此,当人对所从事的工作没有兴趣或缺乏动机,却又不得不为之时,就会产生厌倦情绪,身心陷入疲惫状态,工作绩效将会明显降低。长此以往,就掉入了职业倦怠的漩涡之中。

职业倦怠作为职场上一种常见现象,是客观存在的,已经成为许多人职业发展的障碍。如何避免陷入职业倦怠危机,心理学家、人力资源专家给出了两个方面的建议。

首先,加强自我认知。就是要认清自我价值,掌握自己的优势与不足,预测自己倦怠的征兆,了解自己的主观情绪是否影响了自己的生理和心理变化,做好应激的积极准备。

这一步是应对职业倦怠的基础。有了积极的自我认识,才能正视应激情境的客观存在;才能勇于面对各种现象、准确地对待周围环境中的一切人和事,有针对性地对自己进行心理控制并尽量与周围环境保持积极的平衡,成为自身行动的主人。

其次要寻求积极的应付方式。应付是指成功地对付环境挑战或处理问题的能力。通常,积极的应付方式可以使自己有效地面对心理应激、重新恢复生理与心理的平衡水平状态；消极的应付则往往会使人继续停留在充满压力的应激状态，继续消耗自身潜在的能量，产生倦怠，甚至导致心理疾病。

让自己始终保持激情，在工作中持续积极起来，这需要为自己引入"鲇鱼效应"。

西班牙人特别喜欢吃沙丁鱼，但沙丁鱼非常娇贵，对离开大海后的环境极不适应。当渔民们把刚捕捞上来的沙丁鱼放入鱼槽运回码头后，过不了多久沙丁鱼就会死去。而死掉的沙丁鱼口感很差，价格就会便宜很多，倘若抵港时沙丁鱼还存活着，鱼的卖价就要比死鱼高出很多倍。

为了延长沙丁鱼的活命期，渔民们想尽了办法。后来一位渔民无意中发现了一种方法：将几条沙丁鱼的天敌鲇鱼放在鱼槽中。因为鲇鱼是食肉鱼，放进鱼槽后，鲇鱼便会四处游动寻找小鱼吃。为了躲避天敌的吞食，沙丁鱼自然加速游动，从而保持了旺盛的生命力。这样，沙丁鱼就一条条活蹦乱跳地回到港口。这在经济学上被称作"鲇鱼效应"。

如果一个企业内部人员长期固定，就会缺乏活力与新鲜感，容易产生惰性。对于企业而言，将"鲇鱼"加入进来，就会制造一些紧张气氛。当员工们看见自己的位置多了些"职业杀手"时，便会有种紧迫感，知道该加快步伐了，否则就会被挤掉。这样一来，企业就能焕发出旺盛活力。

同样，如果一个人长期待在一种工作环境中从事同样的工作，就容易厌倦、疲惰，就会产生职业倦怠。对个人的成长而言，将"鲇鱼"加入进来，就会使自己产生竞争感，从而促进自己的职业能力成长和保持对工作的热情，就容易获得职业发展的成功。

为自己引入鲇鱼的方法就是：建立自己的职业理想，找到自己的职业发展目标，为自己树立职业学习榜样，在工作环境中认识到竞争对手的存在，适度保持职场压力。

"鲇鱼效应"其实就是一种压力效应。很多研究发现，适度的压力有利于我们保持良好的状态，更加有助于挖掘我们的潜能，从而提高个人的工作效率。比如运动员每到参加比赛，一定要将自己调整到感到适度的压力，让自己兴奋，进入最佳的竞技状态。如果他不紧张、没压力感，则不利于出成绩。适度的压力对挖掘自身的内在潜力资源，是有正面意义的。

《福布斯》总编辑大卫·梅克是一位才华横溢的编辑，可是他当总编时的管理方式却叫人难以接受。他对待下属从不留情面，而且总是一副冷冰冰的模样。尤其是他总是让团队成员感觉不安，总是会时不时地解雇一些表现不好的员工，逼得每一个编辑不得不为了饭碗竭尽全力地追求工作的完美。

正是由于大卫·梅克独特的鲇鱼式管理方法，《福布斯》的销售量和知名度才会得以节节上升。1964年，《福布斯》的销售量已达成40万份，这个成绩让它与老牌杂志《财富》、《商业周刊》并驾齐驱。

这就是"压力效应"。那些得过且过、没有一点压力的人，就像是风暴中没有载货的船，人生的任何一场狂风巨浪都能将其陷入覆灭。而那些时刻认识到"鲇鱼效应"

存在、在生活中适当存有压力、善于保持工作激情的人，是不会轻易被风浪击倒的，反而是时刻走在追求成功的道路上的。

◎路径依赖：职业选择之痛◎

现代铁路两条铁轨之间的标准距离是4英尺8.5英寸，这是一个很奇怪的标准，究竟是从何而来的呢？原来这是早期英国的铁路标准，那么为什么英国人用这个标准呢？原来英国的铁路是由建电车轨道的人所设计的，而这个正是电车所用的标准。电车的铁轨标准又是从哪里来的呢？原来最先造电车的人以前是造马车的，而他们是沿用马车的轮宽标准。

那么马车为什么要用这个一定的轮距标准呢？因为假如那时候的马车用任何其他轮距的话，马车的轮子很快会在英国马路凹陷的路辙上撞坏的。为什么？因为这些路上的辙迹的宽度是4英尺8.5英寸。

这些辙迹又是从何而来的呢？答案是古罗马人所定的，因为在欧洲，包括英国的长途马路都是由罗马人为他们的军队所铺的，4英尺8.5英寸正是罗马战车的宽度。假如任何人用不同的轮宽在这些路上行车的话，他的轮子的寿命都不会长。

那么，罗马人为什么以4英尺8.5英寸为战车的轮距宽度呢？原因很简单，这是战车的两匹马屁股的宽度。

故事到此还没有结束，下次当你在电视上欣赏美国航天飞机立在发射台上的雄姿时，你留意看看在它的燃料箱的两旁有两个火箭推进器，这些推进器是由一家公司设在犹他州的工厂所提供的。如果可能的话，这家公司的工程师希望把这些推进器造得胖一点，这样容量就可以大一些，但是他们不可以，为什么？因为这些推进器造好之后是要用火车从工厂运送到发射点，路上要通过一些隧道，而这些隧道的宽度只是比火车轨宽了一点，然而我们不要忘记火车轨道的宽度是由马的屁股的宽度所决定的。

那么为什么不改变一下路径呢？因为有现成的路可走，有现成的车子可坐。如果要改变路径就要重新铺路重新造车，这需要花费巨大的成本，所以人们不会轻易改变路径。

这就是经济学中有趣的"路径依赖"现象。它存在于生活的各个角落，今天我们在进行职业选择的时候也会遭遇它的困扰。

小王在一家外企做财务工作，已是第五个年头。他薪水不低，生活安定，可是总觉得少点什么。但和别人比，他是生活事业双丰收，于是他常提醒自己要知足，正所谓"知足常乐"。这种想法一直持续到几个月前。

那是他临时帮一个朋友跟客户约谈生意。没想到他自己跟客户挺谈得来，一来二去，和客户混熟了，就把生意也谈成了。事后客户夸小王是个谈生意的高手，在谈生意的时候细节上把握得很不错。他打电话告知朋友，朋友很惊讶，说他根本没想到能谈成，凭他的经验，只有三成不到的把握能拿下那张单子！

这件事忽然让小王意识到了自己在谈生意方面的天分，他也从中也得到了极大的乐趣和满足感，这是在日常琐碎乏味的财务工作中所从未体验过的。其实，王强性格乐观、开朗，从小就乐于做有挑战和创新的事情。大学填志愿的时候，只因为家里人一再坚持让报财务类的专业，他就顺了家人的意思。大学毕业到现在，他一直在这家公司做财务工作，工作很稳定，但总觉得若有所失。这件事情好像是导火索，让他终于明白了自己想要什么。可是到现在重新选择还来得及么？

小王刚被单位任命为财务主管，而且财务经理马上就要退休了，他无疑是最理想的接班人。而且他和公司上上下下的同事关系都不错,不希望这样一走了之。而且，他好不容易在财务工作方面积累了些经验，小有一些成就，这样一转行，岂不又要从头再来，以前的努力不白费了？

可是，小王又有些不甘心。这么些年终于找到了自己喜欢的工作，发现了自己的兴趣所在，如果放着不干，心里又着实不好受。小王发现，原来有时候选择会这么难！

从小王的身上，我们可以看出，对一个人来说，一旦做出某种选择后，在既有的道路中，会不断投入各种资源。而一旦哪天我们发现自己的选择与理想有了偏差，要放弃时，那么我们的前期投入就会失去意义，这将是一笔巨大的损失。因此若半路转行，必须经过一个艰苦的转变的过程，而且要付出相当大的成本。所以，对职场上的人来说，职业选择很重要。

那么，当我们在职业选择时遭遇路径依赖该怎么办呢？

第一，我们应认清形势，做好两手准备。能够比较早地认识到自己真正的兴趣和能力所在，并明确哪一条路适合自己。当现实的工作选择和自己的心理预期不一致时，在这种情况下，如果自己有强烈的意愿想回归真正适合自己的那条职业路径，就该有这两方面的准备，一是等待合适的时机随时准备投入到自己喜爱的工作中去；二是如果客观条件不允许或不成熟，选择继续留守等待时机也是相对保险的选择。

第二，我们一旦做了决定，就不能瞻前顾后，要坚决地去执行，犹豫不前只会错失时机。

◎ 内卷化效应：为什么总是原地踏步 ◎

内卷化效应是由美国人文学家利福德·盖尔茨在20世纪60年代末提出的。他曾在爪哇岛长期生活。这位长期居住于风景名胜之地的学者，无心观赏诗画般的景致，却潜心研究当地的农耕生活。他眼中看到的都是犁耙收割，日复一日，年复一年，原生态农业在维持着田园景色的同时，长期停留在一种简单重复、没有进步的轮回状态。于是，他把这种现象冠名为"内卷化"。

与利福德·盖尔茨一样的是，多年前，一位电视台记者也曾听到过一种令人深思的"重复"现象。这名记者到陕北采访一个放羊的男孩，曾留下一段经典对话：

"为什么要放羊？"
"为了卖钱。"
"卖钱做什么？"
"娶媳妇。"
"娶媳妇做什么呢？"
"生娃。"
"生娃为什么？"
"放羊。"

这段对话形象地为"内卷化"现象做了令人印象深刻的解释。多少年来，农民的生存状态没有发生什么改进，在于他们压根儿没想到过改进。

内卷化效应概念便被广泛应用到了政治、经济、社会、文化及其他学术研究中。"内卷化"作为一个学术概念，是指一种社会或文化模式在某一发展阶段达到一种确定的形式后，便停滞不前或无法转化为另一种高级模式的现象。作为学术概念，其实并不深奥，观察我们的现实生活，"内卷化现象"比比皆是。

比如在偏远农村，虽然已经改革开放30年，但当地的农民过的仍然是"一亩地一头牛，老婆孩子热炕头"的农耕生活；我们再看一些家族企业，重要岗位总是安排亲人把守，管理哲学是"打仗亲兄弟，上阵父子兵"，用自己的人放心。于是，在企业内部，人情重于能力，关系重于业绩，外部的新鲜空气难以吹进来，真正优秀的人才也吸引不进来，措施和办法因循守旧。几年过去了，厂房依旧，机器依旧，规模依旧，各方面都没有多大变化。

思想观念的故步自封，使得打破内卷化模式的第一道关卡就变得非常困难。而对于整天忙碌的人们，虽然没有站在黄土地上守着羊群，但在思想上是否就是那个放羊的小孩呢？怨天尤人或者安于现状，对职业没有信念，对前途缺乏信心，工作结束就是生活，生活过后接着工作，对内卷化听之任之，人生从此停滞不前。

我们身边随处可以看到陷入内卷化泥沼的人：老张当了一辈子干事，眼看着身边的人都一个一个升迁了，自己眼看到了退休的年龄，心里酸溜溜的难受；作家李米，二十出头就以一个短篇获得了全国性大奖，但是二十多年过去了，他不再有影响的东西问世，眼看和他同时起步的作家已成了全国知名作家；老王，技工一做15年，同辈人已升任高工和主管，自己却还只是戴着一顶技工的帽子，心境抑郁……

同样的环境和条件，有的人几年一个台阶，无论是专业能力还是岗位，都晋升很快，士别几日就当刮目相看，而另一些人却原地不动，多少年过去了仍然还在原地踏步。为什么会出现这种现象？人为什么会陷入内卷化的泥沼？

分析个人的内卷化情况，根本出发点在于其精神。如果一个人认为这一生只能如此，那么命运基本上也就不会再有改变，生活就此充满自怨自艾；相信自己还能有一番作为，并付诸行动，那么便可能大有斩获。

"内卷化"的结果是可怕的，大到一个社会，小到一个企业，微观到一个人，一旦陷入这种状态，就如同车入泥潭，原地踏步，裹足不前，无谓地耗费着有限的资源，重复着简单的脚步，浪费着宝贵的人生。它会让人在一个层面上无休止地内缠、内耗、内旋，既没有突破式的增长，也没有渐进式的积累，让人陷入到一种恶性循环之中。

生活陷入内卷化的普通人迫切需要改进观念，而那些成功人士也要理念更新，否则内卷化的后果往往更为严重。为什么有些人一辈子注定只能做一个小老板？并非他不想做大做强，而是思想观念停滞在小的层面。小老板需要精明，而大老板不仅需要精明，更需要气度。20世纪30年代，我国的民营企业纷纷进入多事之秋，很多著名企业一夜之间轰然崩塌，其中一个主要原因是他们的思想观念停在原地。面对国际化接轨、现代化生产的企业，这些老板还在用小农思想进行管理。在市场中竞争如同逆水行舟，不进则退，倒闭是自然的事。

总而言之，一个企业或一个人要摆脱内卷化状态，就要先确信自己是否还有上进的志气。如果有，再看看自己的实力是否坚实。精益求精，发挥极限，这样才能最大限度地提升自己。只有充分地发挥自身力量，才能突破和创新，才能在未来的发展中呈现出一片勃勃生机。

◎ 替代效应：凭什么他的工资比你高 ◎

某大型国企，在红火过一段时间后，由于产品老化，更新换代跟不上，逐渐萧条，后来连职工的工资也发不出了。好在研发部的几位成员加班加点终于开发出一项新产品，还没投产，就吸引了一批订单，预计两年后就可让企业起死回生。企业为了奖励研发部的几个人员，每人发奖金一万元。这本是一件好事，可办公室里的人却愤愤不平，他们认为研发部的本职工作就是搞研发，为什么还要另发奖金？再说，研发部人员在搞科研，其他部门的人也都跟着忙，加班给他们打印资料，不仅没有加班工资，连正常的工资都领不到。现在研发部发奖金了，却没有他们的份，这不公平也太明显了嘛！

企业重奖做出成绩的研发人员的做法无疑是正确的激励方法，而职工的说法也不能说没有道理。在现实生活中，同一个单位里，大家都是同样的上班下班，为什么仅仅因为岗位不同，薪水就有着巨大的差异呢？有的人工作轻松又体面，工资却很高；有的人干着又脏又累的活，工资却很低。要解释这个问题，就要涉及经济学上的替代效应。

什么是替代效应呢？替代效应是指当一种商品的相对价格下降时，消费者增加对该种商品的消费（以该种商品作为"替代"）；而当一种商品的相对价格上升时，消费者减少对该种商品的消费。比如你到市场买水果，一看橙子降价了，而苹果的价格没有变化，这样你会多买橙子而不买苹果。

生活中替代效应普遍存在。我们日常的生活用品，大多是可以相互替代的，我们可以根据其价格的变化情况，从经济实惠的原则出发，安排我们的生活。萝卜贵了多吃白菜，白面贵了多吃米饭；买不起真名牌，用仿名牌来替代。有时替代效应也与价格无关，比如发生禽流感以后，大家会用猪肉等来替代鸡肉。

一般说来，一种东西的替代品越少，它的价格就越高，它的价值就越大。古代文物和艺术品之所以价值连城，就是因为它没有替代品。《清明上河图》只有一幅，所以就成为国之瑰宝，价值连城。普通工人之所以薪酬低，就是因为能替代的人多，你不愿意干，别人争着干。

商家深知替代效应的微妙，不断推陈出新，要让自己的产品独具特色、不可替代。人无我有，人有我优，人优我特，只有这样，才能保持绝对竞争优势。

替代性不仅仅存在于物品与物品之间，人与人之间也存在。我们知道，无论是一个社会，还是一个企业，其本身的资源都是稀缺的，一个成员在组织中能占多大份额，取决于他在这个组织里的重要性，即其替代性的大小。在组织中，如果一个人很容易被替代，那么他本身的价值是不高的，换句话说，如果一个人想要得到比别人更多的资源，他就必须比别人更具有不可替代性。

这也是为什么那些有技术、有才能的人在企业里备受宠爱的原因，因为这个世界上有技术、有才能的人太少了，找到一个能够替代的人可不是轻而易举的事。尤其是对于企业的中高层来说，不仅要才干出众、经验丰富，而且彼此之间的性格、行为方式能够磨合到位，彼此融洽，成为搭档，就更是不易，所以，企业对这类管理人才就更为珍惜。文章开头提到的那个国企的做法，原因也如此，如果企业不重视研发人员，这些人因掌握着企业的核心技术，一旦被其他企业重金挖走，给企业造成的损失将是巨大的，这些人对企业来说是不可替代的人。不像普通员工，你不愿意干，想干的人多的是，企业很容易从劳务市场上找到替代品，正是由于普通员工的替代品多，因而普通员工的工资与技术层、管理层差距很大。所以，那些著名企业CEO的年薪动辄几百万，而普通员工的年薪可能还不及他们的一个零头。

不要觉得不公平，如果你想让自己获得与他们同样的待遇，你就要先让自己也具有不可替代性。

不可替代性如何获得？有这样几个渠道：一是本身具有一种天赋，比如歌星拥有好嗓子，模特拥有高挑匀称的好身材等。二是通过血缘关系获得，比如私营公司老板的儿女是其父母事业的接班人、高干的子女拥有比常人更多成功的机会等，这些都是他们通过血缘关系获得的不可替代性。三是通过良好的人际关系，如战友之间的关系、同学之间的关系等。在如今的市场经济条件下，人缘在增强不可替代性的过程中的地位日益显现。四是借助地缘关系获得，如企业只招聘当地人，不招聘外地人。

如果以上不可替代性你都不具备，你只有通过人力资本的投资来获得了。通过人力资本投资获得不可替代性是非常重要的。在现代高速发展的信息社会，进行人力资本的投资就是要培植自身的核心竞争力，以在激烈的市场竞争中获得更多资源，才能让自己具备更牢固的不可替代性。

◎付出＝收益：为什么有些人比其他人赚钱多◎

一位老先生讲过他邻居老张的故事：

浙江是手工业的摇篮，改革开放以前，年轻人到一定年龄就会去学一门手艺，可是老张认为自己有学问，必须高人一等，死活也不学手艺。当同龄人都到外地淘金一年赚回好几千的时候，他依然守着生产队每天4角钱的报酬。看着别人盖起新瓦房的时候，他也后悔了，当初为什么不去学手艺呢？要是去学一定比别人强，凭自己的聪明至少要比别人多赚好多。

改革开放了，手艺人纷纷开始扩大规模或者改行经商办厂的时候，很多人看重老张的才华，邀请他加盟，可他看不起那些先富起来的人，觉得他们的水平太臭，自己不可能屈居他们下面，要做也要自己去做。为了梦想，为了第一桶金，也迫于家庭压力，他终于下决心去学艺。

几年的手工业生涯没有给他带来本质的变化，而身边人都成了小小老板了，万元户、十万元户，甚至百万元户也有了，他又在后悔当初没有加盟。当他再想加盟到别人企业的时候，别人的企业已经有了规模，人员配置早已齐全，也有老板嫌他背时了，很小的企业他又不想委屈自己。

他也想着自己满腹经纶，哪肯轻易认输，自不甘寂寞，也不肯低人一头，看着当年读书最差的人都发了财，心里憋着一股劲，他下决心要混出个人样来。查找资料，收集信息，他确实找到了很多致富路子。为了保险起见，他把致富信息告诉身边的人，和别人讨论，遗憾的是等别人因此发了财他依然没有动手。现在他唯一能骄傲的一句话就是："某某发了是我提供的路子，是我出的点子。"

贫穷使妻子走了，女儿也被别人收养，孤苦伶仃的他40多岁就像60岁老头，额头的皱纹记录了他懊悔的半生，看着他落魄的身影真是百感交集。

在经济学上，你付出了才能有手艺，你付出了才会得到回报，付出的越多，得到的也就越多。一个年长者说，有些聪明人总觉得自己很傻，所以才拼命地学习，勤奋地工作，有些傻子，觉得自己很聪明，其实很傻。幸运之神从不会无故光顾于任何人，她总是垂青于为之付出汗水的辛勤的人们。

罗伯特·谢明从小被视为"傻瓜"，如今却成长为一位活跃的投资者及赚钱高手，不但是个百万富翁，也是优秀的推销员和畅销书作家。为什么在"聪明人"看起来遥不可及的成功与财富，一个"傻瓜"却轻松得到了？正是当时让他成为傻瓜的那些品质造就了他今天的辉煌。

下面是洛克菲勒留给他儿子的信，他在心中还定义了傻瓜和聪明人，并希望儿子做一个聪明的傻瓜，才能领导好公司。

儿子，我知道你是布朗大学的优秀毕业生，你在经济学与社会学方面的知识可谓优秀。但是，你应该清楚，知识原本是空的，除非把知识付诸行动，否则什么事都不会发生。而且，教科书上的知识，几乎都是那些皓首穷经的知识匠人在象牙塔里编撰出来的，它难以帮你解决实际问题。

我希望你能去除对知识、学问的依赖心理，这是你走上人生坦途的关键。

你需要知道，学问本身并不怎么样，学问必须加以活用，才能发挥作用，要成为能够活用学问的人，你必须首先成为具有实行能力的人。

那么实行能力从哪里来呢？在我看来它就潜藏在吃苦之中。我的经验告诉我，走过艰难之路——布满艰辛、不幸、失败和困难的道路，不仅会铸就我们坚强的性格，我们赖以成就大事的实行能力亦将应运而生。在苦难中向上攀爬的人，知道什么叫千方百计地去寻找方法、手段，让自己得救。处心积虑地去吃苦，是我笃信的成功信条之一。

也许你会讥讽我，认为没有比想吃苦再傻的了。不！没有不幸体验的人，反而不幸。很多事情都是来得快去得也快，那些实现了一夜成名、一夜暴富梦想的人们，有谁不是很快就销声匿迹了？吃苦所得到的，是将你的事业大厦建立在坚实的地面上，而不是流沙里。人要有远见，只有长时间的吃苦，才有长时间的收获。

我相信你已经发现了，自你到我身边工作以来，我并没有给予你重担去挑。但这并不表明我怀疑你的能力，我只是希望你善于做小事而已。

做好小事是做成大事的基石，如果你从一开始就高高在上，就无法体贴部属的心情，也就不能真正地活用别人；在这个世界上要活下去、要创造成就，你必须借助于人力，即别人力量，但你必须从做小事开始，才会了解当部属的心情，等你有一天走上更高的职位，你就知道如何让他们贡献出全部的工作热情了。

儿子，世界上只有两种人头脑聪明：一种是活用自己的聪明人，例如艺术家、学者、演员；一种是活用别人的聪明人，例如经营者、领导者。后一种人需要一种特殊的能力——抓住人心的能力。但很多领导者都是聪明的傻瓜，他们以为要抓住人心，就得依据由上而下的指挥方式。在我看来，这非但不能得到领导力，反而会降低领导力。要知道，每个人对自己受到轻视都非常敏感，被看矮一截会丧失干劲。这样的领导者只会使部属无能化。

一头猪被好好夸奖一番，它就能爬到树上去。善于驱使别人的经营者、领导者或大有作为的人，一向宽宏大量，他们懂得高看别人和赞美他人的艺术。这意味着他们要有感情的付出。而付出深厚的感情的领导者最终必赢得胜利，并获得部属更多敬重。

受自尊心、荣誉感的支配，很多有知识的人对"不懂"总是难以启齿，好像向别人请教，表示自己不懂，是见不得人的事，甚至把无知当罪恶。这是自作聪明，这种人永远都不会理解那句伟大的格言——每一次说不懂的机会，都会成为我们人生的转折点。

自作聪明的人是傻瓜，懂得装傻的人才是真聪明。如果把可以捞到好处视为聪明的标准，那我显然不是一个傻瓜。

直到今天我都能清晰记得一次装傻的情景，当时我正为如何筹借到15000块钱大伤脑筋，走在大街上我都在苦思冥想这个问题。说来有意思，正当我满脑子闪动着借钱的念头时，有位银行家拦住了我的去路，他在马车上低声问我："你想不想借5万块钱，洛克菲勒先生？"我交了好运吗？我有点不相信自己的耳朵。但在那一瞬间我没有表现出丝毫的急切，我看了看对方的脸，慢条斯理地告诉他："是这样……你能给我24小时考虑一下吗？"结果，我以最有利于我的条件与他达成了借款合同。

装傻带给你的好处很多很多。装傻的含义，是摆低姿态，变得谦虚，换句话说，就是瞒住你的聪明。越是聪明的人越有装傻的必要，因为就像那句格言所说的——越是成熟的稻子，越垂下稻穗。

儿子，有了爱好，然后才能做到轻巧。现在，就开始热爱装傻吧！

爱你的父亲

洛克菲勒不是希望儿子假装聪明，而是要学会装傻，难得糊涂，对于他来说，任何一个人太过于"聪明"就会付出很大的成本。比如，会让下属工作积极性不高、会让别人觉得你太过张扬……

从洛克菲勒的故事也印证了这样一个事实：傻瓜领导聪明人，傻瓜比聪明人赚钱多。

◎ 创造价值：女模特比男模特收入高 ◎

1995年，美国一家时尚杂志计算了诸多国际名模的薪水。出生于1966年的女模特辛迪·克劳馥，成为整个20世纪最赚钱的模特，年收入高达650万美金。到2005年，时装女模特海蒂·克鲁姆的年收入已突破750万美元。这还不是最高的收入，著名女模特吉赛尔·邦辰1500万美元的收入更让众人跌破眼镜。2005年，有5名顶尖女模特跻身《福布斯》杂志2005年年度收入最高名人百强排行榜。与女模特的风光相比，该榜单上却没有一名男模特。

女模特的工资如此之高，说明其在消费市场非常受欢迎。那么，厂家为什么更愿意把钱消费在她们身上呢？

经济学帮我们回答了这个问题。在劳动力市场上能够进行交易的并非是人本身，而是人力服务。人力服务的流通同样受制于供求关系原理，当一种服务的需求量上升时，提供此类人力服务的工资水平也会"水涨船高"。这一点完全符合竞争性劳动力市场的基本原则：员工的工资与他们为企业在盈亏平衡点之上所创造的价值大致成正比关系。

时装模特们提供的正是一种人力服务，服装厂商们雇佣时装模特的目的很明确，为了更好地展示自己的服装产品。模特的工作，就是将厂商生产出来的服装，在众多潜在买家面前更完美地展现出来。

大多数的服装如果穿在身材出众、长相漂亮的人身上会更加引人注意，所以厂商必然会挑选最好看的男女模特来宣传自己的产品。在模特圈里，无论男女，总是长得好看的薪水高。由于社会对男女两性的美丽标准不同，简单地认为女模特薪水高是因为她们比男模特长得好看，是不符合经济学道理的。

女模特工资更高，最根本的原因在于市场的需求。在服装行业，女装市场要远远高出男装市场。在美国，女人们每年买服装的钱，要整整高出男人两倍，而其他国家这个差距还要明显。

根据供求关系以及劳动力市场的基本原则，既然女装市场的需求如此可观，那么对于生产厂商来说，女装的潜在市场价值更值得期待。厂商因而会找到一个更高的盈亏平衡点，以此为根据来决定对女装市场的投入成本。而在最能展现女装的女模特身上投入更多，一切就显得合情合理了。

比如，一些拥有众多读者的时尚类时装杂志，在引导消费者选择怎样的服装和化妆品上有着巨大的影响力。往往这类杂志每一期都会刊登数量众多的女模特照片，这样能够更好地引起读者的关注。而服装的生产厂商们当然希望自己的产品能够被人关注，所以他们会不惜大价找一些顶尖的女模特来做自己服装的代言人，以便吸引更多潜在买家的注意。有了这些杂志读者的关注，服装厂商的潜在效益也会随着增加。

与之对应的是，男模特在杂志上的附加值就显得小很多。多数男性并不会过多关注时装杂志，他们甚至都很难说出一本男性时尚杂志的名字。即使服装厂商聘用了男模特拍摄服装照片，投入的成本虽然要比女模特少，但带来的效益是远比不上女模特的。这样一来，厂商当然不愿意花钱雇佣男模。

同样的道理，在化妆品领域，厂商们也多会找女模特来做广告，一个漂亮女模特带来的潜在效应对于厂商来说是难以估量的。大多数男人根本不使用化妆品，市场的潜在消费需求很小，因而能够参与这一劳动力市场的男模数量不多，价格也不会太高。

身高 1.90 米、外形出众的周雷鸣曾经是武汉模特圈里炙手可热的人物，也是武汉为数不多的 A 级男模之一。现在的他却在广州一所学校里担任体育老师，问及模特行业的感觉，周雷鸣惋惜地说："男模太难混了。"每名男模平均每场秀的出场价约 300～500 元，去武展参加一次车展，辛辛苦苦站一整天的收入也只有 500～800 元，而且还没扣除模特公司的佣金。而拍摄杂志的费用在每本 1000～2000 元/天。在周雷鸣最辉煌的阶段，一天能接三场的服装秀，但是即使这样，一个月也只能赚上 4000 多元。

周梦吟，年仅 20 岁的她已有 5 年的模特从业经验。15 岁那年，梦吟刚刚中专毕业，当时认识了一个摄影师，然后带着她走进了模特这一行。刚刚开始，梦吟基本上接不到什么活，最久的一次，半年都没有人请她。无奈之下，梦吟只能请身边的摄影师多多推荐自己。"有时候，商家选择我们这些代言人，就像选择商品一样，把照片摆在面前一个一个的评头论足。"但是，为了能接到代言，梦吟总能成为最耐心的那一个。凭借自己的努力，梦吟渐渐打开了局面。她十分能吃苦，无论在什么样的情况下都能保持她的敬业精神，有一次，正是寒冬季节，摄影师要求她光脚站在冰冷的沼泽里，冷水一直漫到膝盖那么深，她还是坚持露出专业的微笑。有时候，穿着 12 厘米的高跟鞋，要在山路上攀爬一整天拍照，脚上已经磨出血泡，梦吟也毫无怨言。她自己都说，能有今天，全都是靠吃苦的精神。她最辉煌的业绩莫过于创下了单个代言数万元的高价，如今的梦吟已经可以月入 2 万。

面对着诸多领域都不如女模特的情况，男模特的工资水平自然和女模特相差甚远。一般情况下，男模的出场费只有女模的 1/3，顶级男模的出场费也不过能到顶级女模的一半左右。

在经济市场中，商品的价格除了生产成本外，更多地取决于市场的供求关系。男模与女模的生产成本，实际上相差并不大。造成两者工资收入差异的根源，显然是市场的供求关系。而决定供求关系的正是作为消费者的我们，我们的购买力实际上才是决定男女模特工资的关键所在。商家愿意花更多的价钱在女模身上，目标很明确，他们希望以此交换到更大的利益。

◎ 加薪策略：工资是自己要的而不是老板给的 ◎

杜拉拉的上司李斯特告诉拉拉：玫瑰有孕身体不便，所以她的工作量会加重。公司决定给拉拉特别加薪 5%，以示鼓励。他说相信拉拉会在这样的重任中"学到前所未有的有价值的东西，从而使得自己的职业竞争力上升到一个决定性的新台阶"。

拉拉天生是个勤快人，一见有活干就兴奋，她的注意力全放在怎么把活干好，至于干好了能够怎么样，她就几乎不想。拉拉以为，那 5% 是一个光荣的象征，是组织上对她的信任，而且，像李斯特说的，她可以在项目中"学到东西"。

拉拉没想过，"学到东西"当然很重要，可"学到东西"，不就是为了谋得更好的收入和更好的前途吗？总之，她没有想过，假如一个人把这样一个项目干下来，公司应该给这个人什么。

因为觉得受到器重，拉拉就高高兴兴地接受了指派，从此开始了昏天黑地的忙碌。拉拉自己每晚都要加班到11点以后，基本上都是最后一个离开办公室的人。

拉拉在磨炼中，飞快地成长，她认识到了自己的力量，确定自己把这个项目拿下，是卓越的表现——而且，这个项目如果没有她，李斯特就是不行。所谓地球离了谁都照样转，可不见得都是对的。

因为了解了自己的价值，拉拉看明白了李斯特对自己的刻薄。她还未掌握讲价之道，但是明白碰到老李这号不自觉的老板，就只有自己捍卫自己的利益了，难为情也得开口，否则，就白被剥削了一场。

可是，在这场为自己讨价钱的战役中，拉拉显然处于劣势。

可怜拉拉如此辛苦，却只得了5%的加薪，好在拉拉有觉悟，她逐渐明白了"学到东西"固然重要，但要清楚自己的付出应该得到怎样的回报，尤其是当她意识到"地球并不是离了谁都能照样转"的道理时，就意味着她清楚自己掌握了向老板讨价钱的筹码，这时，就该抓住这个最有利时机，为自己争取利益！

其实，我们应该首先理解老板，换位思考一下，要想挣钱，就要学会省钱，从谁那省，自然是员工，所以，谁会愿意对员工大大方方撒钱？暂且不提这份钱是你应该得到的，不像李斯特那样给出寒碜的5%就不错了！尤其是遇到像拉拉这样的实干派外加"学东西至上"的精神主义者，那老板更是捡到宝了。就冲着这一点，作为员工，我们就更应该提高觉悟了，我们不多要，想要也要不来，但起码，应要回该属于自己的那份，这才是维护利益甚至是尊严所应该要做的！绝不能让老板白白剥削！

有人担心为此而被老板穿小鞋，甚至丢了饭碗，多虑了，只要你具备了"地球离了你不能照样转"的能力，以及张嘴向老板要求加薪的勇气和智商，老板心如明镜，他自然清楚孰重孰轻，更何况，只要稍微正规些的公司都具有一整套完善的制度，他不会也不能明目张胆地因为你这个合理而且适当的要求而开除你！

都是为了挣钱，过相对舒服的日子，追求再高点，就是为了稍微有品位的生活，犯不着委委屈屈地逆来顺受，有资本就张嘴，怕什么，有价才讨价，否则，冲着自己"地球离了自己好像转不起来"的能力，哪个庙不能待啊，人走了，反而是老板的损失！

觉悟+行动＝价值/意义，还说什么呢，行动吧！

李爽大学毕业后，去了一家私企工作。刚刚毕业的他，并不懂得社会的诸多"规则"。每当公司发工资的时候，他总喜欢追问别人："你的工资是多少？"结果可想而知，同事们都纷纷避之不及。李爽起初还很纳闷：问一下有什么大不了的，难道这还需要保密？慢慢的，李爽明白了其中原因：原来在公司里，不同职务员工的工资存在很大的差别。

一次无意中，李爽看到和自己同样职位同事的工资条，他发现自己的工资比这个同事少了好几百。李爽觉得有些奇怪，因为自己早已过了试用期，怎么工资会存在这么大的差距。正好李爽也打算和老板提下加薪的问题，于是他决定趁这个机会和老板谈谈。

一次午饭后，李爽找到了老板，他直接开门见山："老板，有一件事我不是很明白。我发现这几个月来，我的工资一直比别的同事少好几百块钱。是不是我的试用期过了，人事那边正式聘用的手续还没有办好？"老板听完后，没有马上做出反应，而是很认真地答应先去人事了解下情况。

第二天，老板便正式通知李爽："你的工资早几个月就应该加上去了，只是人事和财务在交接上一时没办好手续。这样，作为补偿，我会把你的工资再往上提一提，这也符合你的工作表现。"

通过一次合理的试探，李爽便得到了加薪的机会。这是一种直接提出加薪的要求，当然还可以通过"曲线救国"的方式获得加薪，比如假意辞职。

不过，以辞职作为加薪的手段需要有一个重要前提，那就是辞职者得具有足够的价值。如果老板完全可以重新聘请别人来代替辞职者，那么辞职者很可能"搬起石头砸了自己的脚"，加薪不成，工作也会丢掉。

李勇是一家创业型公司的骨干，他的一个老同学在另一家公司干得不错，老同学力邀李勇加盟自己的公司，还说他们老板已经给他留好了位置，月薪也要比李勇现在的工资多出一千多。

李勇有自己的考虑，公司创立之初，他就进入，毕竟有一些感情。同时，公司的老板平时对自己不错，自己在公司也一直蛮开心的。不过薪水毕竟是个诱惑，如果公司老板再给他每月加个五六百元钱，他就不会离开现在的公司。

于是，李勇在一次和老板单独吃饭的时候，把老同学的邀请和老板说了下，并表示如果老板找到接替他的合适人选，他才会考虑离开，如果暂时还没有合适人选，他会继续留在公司干。老板是个聪明人，在感动之余，当然也明白李勇的心思。当月的月底，李勇的工资卡里就比平时多了800元。这样一来，李勇也安心继续留在公司。

提到加薪问题，很多上班族们一直很苦恼。加薪是一场员工和老板的博弈，绝不仅仅是简单地老板"随口说说"。员工一方面想让薪水符合自己的付出，而老板则需要让自己的支出更贴合自身的利益。

作为员工要想获得这场博弈的胜利，成功为自己加薪，首先需要了解一下加薪的来源。

一些业绩优秀的企业每年工资都有一定的向上浮动,这就是所谓的"例行加薪",这是好的企业用来留住人才的最常用手段。另外,职务的升迁也会带来薪水的增加,这与个人的核心竞争力直接相关,工作能力要求不同,贡献自然不同,回报增加是当然的事。提升核心竞争力,就需要掌握新的技能,读硕、读博、出国留学等等都很有效。只要不放弃过去的职业积累,有了这些新技能加薪是迟早的事。

当然,跳槽也能带来加薪。根据"核心员工在局部可以实现溢价",就会发现很多人能够通过跳槽不断提高"身价"。所以,在做好本职工作之余,还要用心包装自己,展示自己。一旦被猎头盯上,其实就是被加薪盯上。

在了解完加薪的来源后,就需要有一定的策略。

首先,如果想要让老板加薪,那么就必须主动提出来。改用一下周星驰电影《大话西游》中一句台词:"加薪,你要你就说嘛,你不说我怎么知道你要呢?"如果员工不提,任何方法都是无用的。

谈加薪也讲究天时、地利、人和。天时就是了解自己企业的实际情况,不要在不适当的时机提出要求,地利就是分析自己是否已经做出可以加薪的成绩,人和自然是要揣摩老板的心理和作风。

在分析清楚状况后,需要有一个强有力的加薪理由来帮助自己的愿望成为现实。"我要承担更多的责任,我想要创造更多的价值。"这是一个现今职场中最常用,也最为容易地使老板接受的理由。

在选定加薪理由后,最后一步与老板的加薪沟通就变得至关重要。要选对合适的时间、合适的场合,以及合适的姿态。选择老板情绪愉悦、相对关注度高的时间段,反过来理解就是,不要选择老板心情不好和公司扎堆谈加薪的高峰期与老板沟通。

在向老板要求加薪时,除了把加薪的理由说清楚外,更重要的是确定自己提出的加薪数额。提出的数额,应该超出自己觉得应该得到的数额。一般人请老板提工资,提的数额不多。但是这种低数额的要求对他们有害无益。

提的数额越低,在老板眼里的身份也就越低。这就是博弈的特点,标价太低的物品,反而比标价过高的物品更容易把买主吓跑。如果提的数额合理或者略高一些,老板反而会重新考虑你的价值,对你的工作和贡献做更公正的评价。即使没有得到要求的数额,老板也会改变对你的看法,会试图进一步了解你。

其实,在与老板形成的加薪博弈中,通常情况下,老板会综合考察员工的能力和价值,判断出加薪的幅度,并以此作为讨价还价的依据。如果员工的理由充分,又有事实根据,即使与老板的看法存在出入,那么老板也会设法协调,让双方达到均衡。

如果员工迟迟不提加薪的问题,在加薪的对局中始终处于被动。那就像斗鸡博弈中的公鸡,在加薪的选择上,选择退却,那么老板可能会分配给你更多的工作,报酬却不一定增加。因为在这场博弈中,最终取得胜利的是老板。

第三章
教育经济学

◎ 民工荒：知识真的不值钱了吗 ◎

"2000元一个月招不来一个送水工"、"过一个年，外来工起薪大涨13%"，春节后，广州劳动力市场上的这一幕幕让不少企业经营者感叹：廉价劳动力一去不复返了。

方宇原在北京做建材生意，去年以来，他一直为招不到搬运工人发愁。"就是那种搬搬抬抬的，有点力气就行，1000元一个月都没人愿意干。前两天来了两人，工资开口就要1500元一个月。这工资也未免要得太高了点。"与几年前相比，方宇原更想不通。"我2001年开始做建材买卖，那时候招农民工，一个月五六百元，大家都抢着干。"

不过，有的企业在招人时并不会遭遇这样的难事。王芳是北京一家企业的人力资源经理，她说："今年月薪1200元招前台接待，一天收到简历就达上百份，而且大多数是大学毕业生。3年前我们按这个标准招人，挑选余地可没这么大。而且听说，有的企业现在将前台接待的月薪降到800元，来应聘的人照样不少。"

劳动力市场正出现这样一种"怪现象"：脏活累活重体力活，劳动力市场价格正一路上扬；相对体面轻松的工作，工资几年不涨甚至下跌，也不愁没人干。

其实这种怪现象与"民工荒"有着千丝万缕的关系。

从1989年第一次"民工潮"出现后，20年来，"民工潮"已成为中国社会一种常态的经济现象和社会现象。"民工潮"反映了中国数量庞大的农民群体的社会流动轨迹，以及传统的农业大国向工业化迈进的历程。但从2003年起，一种被媒体称之为"民工荒"的现象却开始在东南沿海部分地区开始出现，并且出现了进一步蔓延的趋势。

由"民工潮"转为"民工荒"，在这一重大变化的背后，究竟是什么力量在发挥作用，这一转变说明了什么？

说农民工短缺是不切实际的，事实上，现在农村劳动力严重过剩。当前所谓的"民工荒"只是一种假象，其背后有着深层次的原因。

工资偏低是民工流失的重要因素。外来务工者的工资收入呈现下降趋势。"民工荒"后人们才惊奇地发现，在各地GDP快速增长的同时，民工工资却十年不变。沿海一些地方，还在事实上形成用工上的新"双轨制"，深圳市雇佣一名外来工的月薪平均600元，而雇佣同一工种的本地工人，月工资却高达2000元左右。

一对父子前后相隔十多年到珠三角地区打工，其间当地人均GDP已经翻了两番多，但父子的打工报酬不仅几乎没有变化，而且工厂提供的生活条件仍然很简陋，还经常加班加点。企业工作环境差，进城大多从事一些又脏又累的活，相关的问题长期得不到解决，于是，随着"三农"政策的落实和种田相对收益的提高，以及其他地区的打工报酬及打工条件相对好一些，一部分农民宁愿留在农村种田，一部分农民则转移到长三角等地打工。

用工缺乏长效机制也是其中的原因之一。以现有的农民工工资水平，节衣缩食有所节余，但无法支撑他们在城市的生活。福利待遇上有巨大差别，没有社会保障，没有医疗保险，不能享受经济适用房，子女上学还要交高额赞助费。以夫妻均进城打工为例，月收入大约1800元，但考虑到住房、医疗、子女入学等，他们仍无法像城里人一样在城市中生活下去。农民工最终只能靠农村土地解决生老病死。

另外，最重要的一点在于劳动力市场供求关系错位。从某种意义上说，目前城市民工紧缺，是技术工、熟练工的紧缺，是企业用人素质提高、产业工人素质跟不上的反映。一些专家学者提出：所谓的"民工荒"是个伪命题，"技工荒"才是事情的真相。在福建、广东等一些缺工严重的地区，当地的地方官员也极力坚持这样的观点：我们并不缺工，我们缺少的是技术工，普通劳工仍是供过于求。

劳动就业相关部门负责人认为，缺工是结构性的，而且只是那些管理不规范、不善待民工的小企业，一些条件好、管理规范的企业并不存在招工难的问题。但现实的情况却是，管理不规范、劳动条件差的中小企业数量众多，而它们恰恰是最大的用工者。它们提供的低廉的劳动待遇、恶劣的劳动环境，根本无法吸引和留住有一定技能的熟练工人。

改革开放30多年，沿海一些地区基本完成了工业化，但为什么还会出现技术工人的大量短缺，这本身就是农民工体制派生出的一个问题。我国现在的农民工体制既不能激励农民工学习技能，又不能促使企业重视农民工的技能培训。政府方面，缺少对农民工进行职业技能培训的机制，一些政府甚至还通过各种理由向农民工收取费用，从农民工身上获得利益。企业方面，最大限度压低用于农民工身上的各种支出，以控制成本、提高效益，农民工无法获得培训、提高的机会，日复一日、年复一年重复着低水平的劳动。大量年轻的农民工，在被透支了体力和脑力后，不得不重回农村。

出现"民工荒"的沿海发达地区，实际上陷入了一个低技术的陷阱。其实，这是目前经济发展中普遍存在的一个问题，过分倚重廉价劳动力，而在技术创新和管理创新上少有作为。企业发展需要工人，更需要技术工人，但大量没有受过职业技能培训的农民工却无法变成真正的技术工人，所以"技工荒"也就顺理成章。

透视"民工荒"现象，我们看到了其产生的深层原因。那么，面对"民工荒"，又应该采取什么样的对策呢？

首先，通过对用工环境的改善，来维护劳动者权益。各级政府应树立"以人为本"的科学发展观，按常住地原则将外地农村务工人员纳入城市管理和服务的范围，在子女就学、社会保障等方面给予平等的市民待遇。在招商引资过程中要注意保护劳动者权益，防止以牺牲劳动者权益的承诺来吸引外资。

其次，要重塑劳资关系新格局。从某种意义上说，当前的"民工荒"是一些企业长期忽视民工权益必然要付出的成本和代价。显然，这种劳资关系是不符合现代社会的发展规律的，需要重塑。和谐的劳资关系也是生产力。对原有的劳资关系重塑应该建立在平等的"契约化"就业基础上，即双方通过平等协商签订劳动合同，明确权利和义务。

再次，改变目前的低成本低技术的增长方式，大力提高外出务工农民的技术素质，提高劳务输出的有效性。长期以来，我们的经济增长实际走的是一条低工资、低教育、低技术、低劳动生产率、高劳工淘汰率的路线，对有劳务输出的各地政府而言，加大技术培训的投入，让民工都能有一技之长是他们不可推脱的责任。各地政府应充分利用国家振兴职业教育的有利时机，有针对性地培养急缺的电子、服装、食品、玩具等行业工人和技能型人才，加大宣传力度，逐步形成具有区域优势的劳务品牌。作为企业来讲，除了投资更新技术、提高劳动生产率和员工收入外，还要注重增加员工知识和技能培训的支出，因为再先进的技术也要靠人去掌握和运用。未来谁拥有了高素质的员工队伍，谁就能在市场竞争中取胜。

木桶效应：让短板变长

木桶原理是由美国的彼得提出的。木桶原理是指一只木桶要盛满水，必须每块木板都一样平齐且无破损，如果这只桶的木板中有一块不齐或者某块木板下面有破洞，这只桶就无法盛满水。也就是说一只木桶能盛多少水，并不取决于最长的那块木板，而是取决于最短的那块木板。一个木桶无论有多高，它盛水的高度取决于其中最低的那块木板。

经济学家经常使用各现象来说明在经济活动中，往往是最薄弱的环节影响整体的绩效，甚至会导致全面溃败。所以在资源配置的过程中，要实现配置的最优化，往往要在薄弱环节下工夫。

其实任何一个企业或集体，总是由多名员工所组成，这犹如一只木桶是由若干块木板所组成的一样。组成木桶的木板有长有短,组成团队的员工也有"长"有"短"。也就是说构成企业的各个部分往往是优劣不齐的,而劣势部分往往决定整个组织的水平。短木板与木桶是个体与团队的关系,作为企业管理者只有一个选择:提升原有木板的长度,在保证原有木桶原有装水量的基础上不断提升容积。

某班有一个员工,技术能力处于班组的中上水平,但工作绩效一直提不上去,因为他总是没有工作激情。刚巧,兄弟班组需要从该班组借调一名技术人员。于是,班组长在经过深思熟虑后,决定派这位员工去。这位员工很高兴,觉得有了一个施展自己拳脚的机会。去之前,班组长只对那位员工简单交代了几句:"出去工作,既代表我们班组,也代表你个人。怎样做,不用我教。如果觉得顶不住了,打个电话回来。"

一个月后,兄弟班组长对该班组长说:"你派出的兵还真棒!""我还有更好的呢!"班组长在不忘推销本班组的同时,着实松了一口气。这位员工回来后,班组成员都对他另眼相看,他自己也增添了自信。

这个例子表明,注意对"短木板"的激励,可以使"短木板"慢慢变长,从而提高企业的总体实力。班组管理不能局限于个体的能力和水平,更应把所有的人融合在团队里,科学配置,好钢才能够用在刀刃上。

因此,要建立一个优秀的团队,达到整体优化的目的,作为企业管理者来说,就必须分清自己所领导的这支团队中的"长板"和"短板",然后采取科学的方法,把"短板"变成"长板",从而使团队这个"木桶"的"存水量"达到最大值。怎样来实现这一目的呢?

在我们的职业生涯中,木桶效应的原理照样适用。通常大多人认为,一个人的成功取决于他的优势、他的专长。比如一个歌唱家的成功,取决于他天生就有一副好嗓子;一个画家的成功,取决于他对造型和色彩的敏感;一个作家的成功,取决于他对生活的洞察力和对文字的感受力;一个企业家的成功,取决于他有过人的才智和胆略……这无可厚非,但从另外一个方面来说,一个人成就的大小,就像木桶盛水的多少一样,往往不是取决于他的长处有多长,而是取决于他的短处有多短,他的短处则往往决定他在这方面成就的大小。有一副好嗓子而且想成为歌唱家的人很多,可为什么许多人却成不了呢,就是已经成了歌唱家的人,为什么成就与名气的大小也不一样呢?就是由于受到了自身短板的制约。

一项调查显示,用人单位对大学生基本能力多项选择的要求依次为:环境适应能力占92.9%,实践应用能力占88.1%,接纳新知识、学习能力占76.2%,逻辑判断、分析解决问题能力占73.8%,人际交往能力占66.7%,组织管理能力占42.9%。引人注目的是,环境适应能力被排在了第一位。就业走上工作岗位,大学生面临的是个新环境,如何尽快适应环境、投入到工作中是用人单位最关注的素质,而我们所处的环境每时每刻都在发生变化,适应力已经成为最重要的非专业素质之一;在人格多项选择中，用人单位的要求依次为：道德品质（如诚信、社会公德）占92.9%，奉献和敬业精神占83.3%，心态、心理素质和身心健康程度占81%，合作意识和团队精神占66.7%，创新和创造力占47.6%，意志和毅力占42.8%。可见，用人单位最看重的还是员工的综合素质。

在资源配置的过程中，由于时间、资源、外部环境等的变化，木桶上的长板和短板并不是一成不变的。有人在他工作初期，决定他工作业绩大小的短板是他的努力程度。但是到了一定程度，他无论如何努力，业绩也提高不上去了。这时候，学习便成为他新的短板，他工作业绩提高的程度，则决定于他学习新知识的多少。有人取得了一定的成绩后，便以为天下第一，骄傲自大，这时傲气便成为他的短板。也有人因锋芒初露后，目前的环境已施展不开他的才能，所以环境便成为他的短板。

看来一个人要有所作为，不光要看自己的长处，更要正视自己的短处。木桶效应告诉我们，只有把自身的短板补齐了，长板的作用才能得到发挥，我们人生的木桶才能清澈盈满。

经济学是研究资源稀缺性和如何有效利用稀缺资源的学问。由于资源稀缺的普遍存在，以及由此产生的人们对于有效利用资源的不懈追求，经济学得以渗透社会科学的各个领域，就连职场也未能幸免。

◎ 风险意识：上大学也会有风险 ◎

前段时间，成都某名牌高校的两名研究生联络本校和另一高校的3名本科生，开起了他们自称为"国内第一家由在校研究生开设"的擦鞋店，头一天就挣了280元钱。他们的行为引起了争议，一些人尖锐地指出，这样做太影响功课，把课业及其他的正事都耽搁了，实在不能理解。

人们不能理解大学生开擦鞋店，是因为不了解上大学和开擦鞋店之间的共性。当下而言，上大学和开擦鞋店，都是典型的风险投资行为；而且要命的是，看起来前者的投资回报率很可能远远低于后者。

现如今大学生就业一直遭遇"寒流"，而且一年"寒"过一年。据中国社会科学院发布的2009年《经济蓝皮书》显示，2008年年底有100万高校毕业生不能就业，而2009年有近611万大学生面临就业。就投资收益而言，上大学似乎有很大的不确定性。相比之下，开个擦鞋店的收益倒显得稳定得多。

上大学还是不上大学？这是许多人在高中结束之后所必须面临的一个选择。要做好这道选择题，就要仔细考虑各个选择背后隐藏的成本问题。

上大学的成本不是住房和伙食，因为即使不上大学，也要租房和吃饭。最大的成本是时间（机会成本），如果把上大学的时间用于工作，能赚到的工资就是上大学最大的单项成本。因此，很多正值上大学年龄的职业运动员如果放弃运动而上大学，可能每年少赚几百万美元，因此他们上大学的成本比普通人高得多。这也是为什么许多职业运动员一定要退役后才去上大学的原因。

比如姚明，假定他不去NBA，而去上大学，那么他需要付出4年的学费25000元（如果他上的是一般的本科院校），同时他的年龄在增长等。同时他放弃的有去NBA每年上千万美元的年薪，还有拍广告所得到的广告费。假定他一年可以赚5000万美元，上大学所需要4年的时间他可以赚到2亿美元。但是如果把上大学所需4年花的钱都去做投资，即使回报率很高估计怎么也比不上去NBA打球。所以对于他来说，只有去NBA才是合理的理性选择。

对于穷人来说，上大学不失为一种理性选择。假定上大学4年学费25000元，如果不上大学去找份稳定工作，一个月赚1500元，4年是72000元。那么上大学的机会成本就差不多是100000元。可是如果毕业后由于掌握了一门比较专业的技术和知识，一个月可净赚3000元，那么仅仅需要不到3年的时间就可以赚到100000元。同时还可以得到比较好的福利。由此看来，上大学并挑个好专业，比不上大学找工作来说更加理性。

因此，机会成本对个人而言更多地表现为个人的时间价值。NBA的体育明星，他们每年的收入超过上千万美金，他们的机会成本就比我们一般人要高得多，他们停下工作去学习所付出机会成本就远远高于我们一般人，因此对他们而言放弃上大学选择工作就是明智的。而对于我们一般的高中毕业生而言，机会成本很低，选择继续上大学，在大学里面接受更高层次的教育和能力培养，可以提高我们的机会成本，换句话说就是可以在以后获得更多的经济收益。

人的眼光应该长远一些，不能只看到眼前利益。人的一生至少有30年在工作，我们不能只看重前10年的成就来决定一生的命运。而且人一生中学习效率最高的时间是青年时期，机会成本也最低。

综上所述，从长远来看，一般的高中毕业生选择继续学习深造才是明智之举。

◎ 投资回报：理性充电 ◎

李飞大学时学的是行政管理，可找工作时却遇到问题。所学知识被招聘企业认为太虚，认为是最没有专业性的。很长时间工作没着落，最后不得已他随便进入了一家医药器械厂做了一名市场检测员。

上大学时，他就一直对IT行业较感兴趣，但是自学的知识比较零散，专业性不够强。为了弥补自己经验空白、专业知识缺乏的问题，李飞在工作之余参加了软件工程师培训。一年后，他取得了软件工程师认证。不久，在一次企业用人推选会上，他被一家大型企业看中，成功实现了他的软件工程师梦想。

显然，李飞的充电是成功的。充电已经成为职场的普遍现象，激烈的人才市场竞争时刻提醒着每个人，必须要不断地自我增值。一旦举步不前，就如同耗损的电池般失去了应用价值。然而并非人人都能像李飞那样充电成功，乱充电、充错电的现象并不少见，轻者浪费了自己的金钱成本和精力成本，重者让自己的职业生涯陷入了窘境。

詹亚丽就为自己的错误充电选择而懊恼不已。2000年，理科毕业的詹亚丽大学毕业之后就进入了一家世界500强公司，担任技术支持的工作。几年的工作下来，詹亚丽的职业发展也算一帆风顺。可是她接下来的选择却大大出乎人们的意料，2004年她选择了离职，到加拿大进修MBA金融学的课程。

费了一番周折，詹亚丽终于学业有成。但令她失望的是，虽然拿到了学位，她也无法在加拿大本地找到一份适合的工作。金融人才并不属于加拿大的紧缺人才，詹亚丽既没有这方面的工作经验，语言上还有明显的劣势。于是，无奈之下，2006年她选择了回国，回到上海来寻找自己的理想职业。

更让她跌破眼镜的是，应聘了几家外资银行，在初次面试后就被"刷"了下来。有一家银行的人力经理向她道破了实情，尽管她的语言和学历都过硬，但是致命缺点是没有任何金融行业的工作背景，而银行更加需要的是具有丰富实践经验的人才。

眼看着进入金融业无望，重新回到自己的老行当，做技术支持，也让詹亚丽信心不足：放弃上一份工作至今已经有了4年，4年对于一个从事技术行当的人来说，几乎意味着一切都要从头开始。已经30岁的她，有什么资格可以从头开始？

投入了大笔的时间、精力、金钱，詹亚丽的职业发展却遭遇到了重重阻碍。一次失败的培训投资给她造成的影响可谓不小。

培训充电需要算清投入产出比，也就是说，你要想清楚你为投资支付的成本是多少，培训预期是什么，将来能够实现的收益是什么。切忌盲目参加培训乱充电。

这就要求我们必须想明白：我们该在什么情况下进行充电。人力资源专家对选择充电的时机给出两个标准：

其一是当工作中缺乏专业知识时。很多人在学校里学的是基础学科，应用性不强，专业知识的短缺直接影响到当前的工作；或者，随着工作的深入，自己在专业知识方面感觉越来越吃力。如果再不及时参加培训，就会影响自己的工作信心、业绩和职业发展前景。这个时候就应该选择一个与从事职业相关的专业，赶紧充电补课，以补充自己的专业技能，从而尽快提升自己的价值，增加自身的职场竞争力。

其二是当需要更新知识结构时。现在是信息社会，知识更新速度越来越快，有些人在工作三五年之后，明显感觉到在学校里学到的知识已经被淘汰，需要更新知识结构。这个时候，唯一的选择就是积极充电。

其实，职业生涯的发展过程本身就是一个不断深造、不断积累、不断提升的过程。如果不学习，不接受新事物，不用最新出现的知识、技术武装自己，早晚会被新的职场竞争环境所淘汰掉。

充电不是冲动消费，是一种理性行为。我们对充电时机清楚之后，当我们准备充电时就要为充电做好积极的准备工作。经济学知识告诉我们：只有积极准备才能更有效率，才能获得更大收益。充电前的准备工作主要包括以下几个方面：

首先，要对职业的发展趋势变化保持敏感。要时刻关注自己所处的行业对人员技能和需求的改变，这将决定学习方向。认真分析一下这个领域对所需人才有什么样的标准和要求，诸如学历、工作经验、专业背景等等；认真分析自己有哪些长处和劣势。只有随时按市场的要求调整自己的目标和充电方向，才能在济济人才中脱颖而出。

其次，要为充电创造良好的环境。要想顺利的充电而无后顾之忧，做好上司和自己家人的工作也很重要。找机会与上司谈谈，使其明白你的充电目的，以及你在充电与工作之间的时间分配安排，让他知道你的充电不会影响到工作。和家人做好沟通，获得他们的理解和支持。

再次，青城要选择好适合自己的充电方式。这个问题主要集中在充电时间安排上：有人周末时间充裕，就应该选择周末课时；有人晚上时间充足，就应该选择晚上课时；有人每年有固定假期，就应该选择假期培训班；有人喜欢自学和在线教育。不同人群在选择充电方式时也应视自身情况而定。

◎ 名牌效应：高学历总会拿高薪 ◎

当斯宾塞在哈佛大学读博士的时候，他观察到一个很有意思的现象：很多MBA的学生在进哈佛之前很普通，但经过几年哈佛的教育再出去，就能比教授多挣几倍甚至几十倍的钱。这使人禁不住要问为什么，哈佛的教育真有这么厉害吗？斯宾塞研究的结果是：教育不仅仅具有生产性，更重要的是教育具有信号传递的作用。

这就是名牌的作用。名牌大学或明星企业也可能出现次品，但这样的概率相对来说要低得多。而且，一个名牌的建立，是其多年有效信息费用累计的结果，没有人愿意轻易毁掉自己的信誉，所以，即使出现了问题，解决的成本也会很低。

所以，在市场经济中，企业认为品牌是最有效的信息传递手段。

基于这种观点，一些企业招聘会上专设"入场资格审核区"，非名牌大学毕业生连入门的资格都没有。审核官们审核的程序非常简单：首先看学校，如果不是名校出身，就会被拒绝。

对此，一位资格审核官明确表示，此次招聘会只是面向名校学生，只接待全国排名前20名的高校的学生……像北大等名牌大学的学生肯定能进场。

企业的这种做法，引起了许多学生的不满，他们对该企业这种只认"牌子"的做法非常气愤，认为是歧视。

"连面试的机会也不给我，怎么知道我的水平？"一位同学说，自己的成绩很好，而且有丰富的社会实践经验，"但门还没进就给拦下来，这公平吗？"

这确实不公平，但是企业有其自己的道理，而且在一定意义上，这些道理并非完全不正确。

企业这样也是有苦衷的，因为他们一直被找不到合适的人困扰着。他们表示，限制名校是无奈之举。这还要从信息不对称说起。因为应聘者往往比企业更清楚自己的能力。设想市场上有两种应聘者：高能者和低能者。二者都积极地向雇主传递自己能力很强的信息，尤其是低能者要想方设法把自己伪装成高能者。这时候，教育程度和受过什么样的教育就成为一种可信的信息传递工具。为减少人才招聘中的失误，提高新人的质量，在考虑企业人力资源结构的情况下，博士优先于硕士，硕士优先于学士，名校毕业生优先于非名校毕业生，毕竟前者的平均质量要高于后者。这时，学历是一个优先信号，即当没有其他信号可以作为对应聘者的合理评价标准时，应当重视学历的作用。

当然，高学历也不一定意味着高能力，名牌大学有时候也会出现一些能力较差的学生，这是因为学历所发出的信号因受到一系列因素的影响而不能完全真实地反映一个人的学识、能力和水平。

这些因素包括同一级学历代表的人力资源的质的差异性；授予文凭的机构对人的评价标准与用人机构对人力资源的要求存在差异等。

尽管有这些因素的存在，但企业在招聘时还是会考虑到学历的问题，毕竟没有其他更好的办法了。

企业在招聘时，受信息不足的影响，会以学历作为依据。但是当一名应聘者成为企业的一员，企业就应该掌握该员工的其他信号，借助学历和其他信号对其进行综合考核。这时，衡量企业员工的标准不应过分偏重于学历，而应引入其他的标准。

根据学历考查公司的员工。一般来说，学历高的员工比学历低的员工掌握的知识更丰富，能力相对来说也较高，平均生产率也会较高。但是，如果一个公司在评估员工的时候过多地依据学历，就会产生基于学历平均水平的统计性歧视。因为把一部分人作为一个整体给予特别优待，对其他人来讲是一种歧视。事实上，学历较低的人中也有许多优秀者。统计性歧视会让人们产生成见。对于一个学历较低的人来说，当他知道公司在很大程度上根据他的学历对他进行判断，而能力、工作经验都可能被忽视，他会减少那些能提高劳动技能和劳动质量的活动，从而对企业的经营产生负面影响。

◎ 机会成本：本科学历该不该考研 ◎

毕业两年了，小张依然每天出现在校园里，在图书馆、自习室里打发时间。两年里，她共参加了三次研究生考试，"起初，只是想多过几年学校里风调雨顺的日子，结果现在，考研都快成了我的工作了，如果这一次还考不上的话，真不知道是否应该继续考下去"。

其实，在每所大学里，都晃荡着很多与小张境遇相似的迷茫身影。面对就业的巨大压力，一些应、往届的大学毕业生，仅仅出于不想过早工作的目的就加入考研大军，踏上了一条被动的考研之路。类似的事情，就发生在我们的周围。在为他们的毅力叫好的同时，我们不禁要问，付出这么大的成本考研值得吗？

按经济学观点，做任何事情都需要一定的成本，考研也不例外。先算一下经济方面的机会成本。众所周知，如今的考研一定程度上来说就是考"钱"。据报道，一个应届大学毕业生的考研费一般在2000～4000元之间，在职考研者的花费也不会少于这个数字。

还有心理压力成本。几乎每个考过研的人都认为那段时间（复习时间）人简直成了读书机器，来自社会、家庭以及自身的压力都很大。特别是家庭状况不是很好的考生，意味着不仅不能为家里创收，还要拿家里的钱。

专家分析后告诫那些执著于考研的学生，考研本身的机会成本是比较高的，如果对自己能够承受的代价没有充分的心理准备，或者无法学以致用，考研反而会成为一种负担。

专家的看法并非危言耸听。不久前，两名工商管理硕士到泉州某IT企业应聘，这家公司的老总认为，他们理论有余而务实不够："我们需要的是踏实做事的人，而不是花费无谓的高薪给公司找麻烦。"

再算算其他方面的机会成本。时间方面，考研者的时间成本都大于其直接用于考研的时间，考的次数越多，时间成本也越大。相反的例子莫过于比尔·盖茨了，他停学创业，而不是继续求学。如果真选择后者，说不定他也错过了时机，成就不了今日的微软。这样来看，那些考研者是不是错过了很多机遇呢？

大学毕业时，你面对的是"就业难"，但本科生仍然还有一定的"含金量"，因为毕竟就业率在50%以上；读研究生期间，如果你继续过着舒服安逸的生活，每天优哉游哉，学无所长，那么，研究生相对于本科生而言，就是"不进则退"，而3年之后研究生毕业时，工作机会并没有增长多少（据相关数字统计，研究生的就业率呈下降趋势），本身的能力却是"水降船低"。

再假设一下，如果说大学毕业时你有幸成为找到工作的那50%，那么你获得的将是3年的工作资历和经验。若不幸成为没有找到工作的那50%，那也会是你一生受用的挫折教育，是一笔宝贵的人生财富。

如果说当你大学毕业时，因为害怕"找不到工作"而选择考研，那么3年之后，你仍然要面对"工作不好找"这个现状。3年的研究生生活，是为想做研究、做学问的人提供的一个良好的深造机会，如果仅仅将其视为逃避压力的避风港，那么，这个研究生就失去了其应有的意义。

算了这些方面的成本之后，理性的考生们还应该明确一个目标。飞机航行，要有明确的目的地；大海行船，要清楚地知道自己前进的方向；做事情都要有自己的目的，考研也是一样。

首先，仔细考虑一下，考上了这个专业的研究生，3年之后，你的就业方向和出路在哪里。这样的出路，是否令你感到满意，是否令你觉得为其付出3年的时光是非常值得的？

再想一想，自己所要考的专业以及这个专业毕业生所从事的工作是否是你真正喜欢的。要知道，一个人只有热爱他的工作，对他的工作时刻保有兴趣和激情，才可以做出好的成绩。

最后要想，考上这个专业的研究生，是否能为你将来的就业增加一定分量的砝码，当然，这个砝码并非单指一纸文凭，还应该包括你自身学识的积累和能力的提高。

思考过以上的问题后，如果你当初的考研信念仍然坚定不移的话，那么，就静下心来全力以赴地准备考试吧；而如果你对自己是否考研产生了动摇，那么，奉劝你勇敢面对应该面对的问题，不要盲目作出选择。

◎ 素质＝工资：毕业后的第二次高考 ◎

据媒体报道，2009年国家公务员报名通过审核的人数创纪录地超过了105万人，各职位平均竞争比例为78∶1，为历年来公务员考试报名人数最多的一次。

近年来，持续火暴的公务员考试已经在大学校园里"催生"出了一个特别的族群——"考碗族"。考上中央国家机关公务员被称为"金饭碗"，直辖市省级公务员是"银饭碗"，地市级是"铜饭碗"，镇街道一级是"铁饭碗"。多数"考碗族"的价值标准是：单位级别越高越好，越是经济发达省份越好，离家越近越好。

面对如火如荼的公务员考试，不少"考碗族"不惜投入大量的时间、精力和金钱。这不但让旁观者迷茫，就连"考碗族"自己也纳闷：花这么大的投入甚至是牺牲值得吗？公务员工作真的适合自己吗？考公务员就是最好最稳妥的出路吗？

答案是未知的。在考碗族火暴的背后，我们应该看到问题的实质——大学生毕业人数与工作岗位的供求关系。

供求关系是指在商品经济条件下，商品供给和需求之间的相互联系、相互制约的关系，它是生产和消费之间的关系在市场上的反映。在竞争和生产无政府状态占统治地位的私有制商品经济中，价值规律通过价格与价值的偏离自发地调节供求关系，供大于求，价格就下落；求大于供，价格就上升。

我们先看大学生供给：从量上看，毕业生人数逐年增加，可以说"供应量"是有保证的。再看需求：经济的快速发展，创造的就业机会越来越多，但随着2008年美国次贷危机的爆发，包括我国在内的全球经济形势大受影响，新增岗位的数量远低于毕业人数，总体而言供大于求。

所以，就会出现多个学生争夺一个工作机会的场景。其实，在毕业生即将走出校门的那一段时间里,他们都在盘算着不同的出路,盘算着不同机会成本的毕业选择。一般来说,毕业时都面临几种基本的选择:出国、考研、就业、创业等。在这几种选择中,根据各个人的不同的情况,其所形成的机会成本也是不一样的。当有很多人认为考公务员收益更大时,就出现了考碗族火暴的场景。

另外,由于传统思想上认为大学生都是社会的精英,致使大学生对自身的认识不够客观,从而造成非理性选择导致的摩擦性失业。部分大学生在找工作时,还存在着非理性的选择。据一项调查显示,大学生在就业时存在着追求发达地区、迷恋大型企业和追求热门职业等一些现象。就连考国家公务员,就存在着盲目跟风现象——不知道自己为什么要考,只是看见大家都在考。

经济学是一门利己的学问,根据利己,每个人在条件允许情况下都会谋求自己的最大化利益。从这个角度上说,大学生就业时选择发达城市、大型企业、热门职业,都是利己的表现,无可厚非。

但同时经济学也是追求理性的学问。大学生不顾自己的专业和自身条件,盲目地一窝蜂似的去追逐大型企业、热门职业,并非是理性选择。这种现象往往导致一些较不发达城市及一些中小企业和一些普通职业应聘者寥寥无几。这就不难解释了尽管在2009年国家公务员报考火暴但是仍出现了87个无人报考职位及13个报考合格人数未达到计划人数的职位。

由于供求关系失衡,供大于求,为了早日实现就业,很多大学生别出心裁地运用了经济学方式推销自己——不要工资。零工资降低了企业的用人成本,应该很有吸引力,但事实并非如此。

小张是某大学2008届传播系的毕业生,毕业时,在市内某电视台实习,到现在已实习了一年多了。虽然已经毕业,但目前的身份还是"零工资"的实习生,虽然每次出外景可以拿到一些补贴,但那也只是勉强维持生活。他无奈地说,拿些生活补贴,总比在家闲着好。没有工资算是自己为积累工作经验所交的学费。

应该说,小张的心态很好。但是,我们更应该反思我们的身价:贱卖自己是最好的选择,还是最糟糕的选择?我们知道贱卖自己出现的根源:作为生产要素市场的劳动力市场,在供需问题上和产品市场一样,同样受价值规律的支配。一般来说,在供大于求时,降价才能实现售出的目的,因而许多毕业生面对严峻的就业形势不得不一再降低自己的心理预期。这和集市上降价处理大白菜的道理是一样的。

但是,我们应该看到劳动力市场是一个信息严重不对称的市场,一旦求职者怀有贱卖心理并在行动上有所表现,哪怕你再优秀,也很容易被招聘单位认为是劣质品而被拒之门外。从信息经济学的观点来看,面试时,对求职者而言,则是向招聘单位进行信息发送的过程。应聘是否成功往往取决于求职者发送的信息以及如何发送信息。

文凭、工作经历、获奖情况都是有利于求职者自身的信号,而失业则是不利的信号，失业时间越长，失业者就越不容易找到工作；零工资也是不利信号，招聘单位会习惯性认为越是便宜的东西越没价值。如果你急于出手，要贱卖自己，很可能你会卖不出去，因为招聘方会认为你素质不够高。

实际上招聘单位并不吝啬薪水，相反，他们渴望给予员工高薪。2001年诺贝尔经济学奖的得主斯蒂格利茨提出了解释这一现象的"效率工资理论"。斯蒂格利茨认为，当企业开出的工资低于人才的市场价值时，就不可能招聘到优秀人才。因此，高薪才能将优秀人才网络旗下，高薪才能留住核心员工。与此对应，低薪招来的可能是平庸的人，受劣币驱逐良币效应的影响，企业高能力的人因不愿与素质低下者为伍从而选择跳槽。长此以往，企业会发现它的员工全是庸才。

从激励的角度讲，当给高素质的人才开出高薪时，可以起到提高工作努力程度的激励作用。当薪水足够高时，员工们不敢暗自偷懒，因为一旦被发现工作成绩不佳就有可能被潜在的竞争者所取代。由于失去工作后的损失巨大，员工就会加倍努力保证其工作成绩达到最佳状态。福特汽车的创始人福特当年一下子将工人的日工资从2.5美元提高到5美元，结果发现企业的成本不仅没有增加，反而生产效率提高了几倍，正是反映了经济学激励效应。

大学生能否就业，不在于要求的工资高低，而在于自身素质的高低。

◎ 降低成本：读大学有所值 ◎

梁阿姨是一个大学生的母亲，儿子上大学后她仔细算了一笔账，一算她吓了一大跳：学费6000元，加上每月800元生活费，儿子每年的支出大约是1.5万元。而她们家的年收入加起来不过3万元左右，儿子的教育支出竟占了全家收入的一半。

2007年教育部启动高等教育成本核定引发1.8万人参议大学学费标准，其中：86.1%的人认为大学学费"太高了"；28.6%的人感觉学费1000元~3000元比较合理。

如今，居民收入差距过大，贫困生因学费高而上不起学或上学难也越来越受到人们的关注。而据统计，在过去10年中，中国大学生的人数增加了5倍。在高等教育投入经费中，学生的学费增加了18倍，而政府部分的投入只增长了3.5倍。

大学生就业形势严峻是当下不争的事实，大学生遭遇就业"寒冬"，不少家庭勒紧裤腰带供孩子读大学，结果就业如此艰难，不少人发出了读书无用的感慨，大学学费不断上涨但大学生就业率却在下降，这无疑是一个十分沉重的社会话题。

那么，大学学费可以大幅降低吗，哪些成本是可以压缩的呢？现在看，至少可以从四方面进行节约。

一是行政人员比例太高。有的高校的教职工队伍中，行政人员的比例超过了50%。与此相关的问题是行政机构叠床架屋，例如团委与学生处、校办与党办、人事部与组织部等。由此带来的工资福利、办公用房、办公设备、办公用车都增加了公务成本。而能不能发挥好党团领导的作用,不在于机构是否庞大,而在于人员是否精干。民办学校的行政机构要简洁得多,行政人员要少得多,照样正常运转。

二是基本建设追求大、全、新、高,新校区圈地面积越来越大,校舍越盖越高级。有的学校盲目追求"二十年不过时,三十年不落后"。要根据国家的经济发展水平,分阶段建设,分阶段投入。一步到位,短期内的成本就会很高,还要把还贷和贷款利息打入成本,摊入学费,这当然会引起社会的不满。

三是高、精、尖的设备利用率低。一些规模不大的院系,为了争取项目,花巨资购进全套高精尖设备,又不注意与相关单位资源共享,设备的自然损耗、维护保养费、管理人员的工资福利等等都会加大业务费的成本。

四是管理不善,浪费现象严重。有的学校为了讲排场,一个校门就建了200多米宽,花掉几百万元;至于招待费方面的奢华,更是常常让外国同行咋舌。

一方面没钱,另一方面又花钱如流水,这种现象虽不是高等教育界所独有,反映在高校却是特别需要重视的问题。"惜物"本身就是人类文明的表现,而高校是全社会文明层次最高的所在,理应在建设"节约型社会"成为表率,因此专家们建议:建设节约型高校应列为考核校领导政绩的指标。

在高学费环境下,就算穷孩子拿到了助学贷款,勉强完成了学业,如果因为就业不理想,还不起贷款,被银行曝光起诉,列入信用黑名单,他们会认为读书值吗?从这个角度看,政府增加高等教育投入,大学开源节流、适当下调学费,改变高学费与低就业率的不对等关系,显得十分重要。这不仅可以让更多的穷孩子上得起大学,在一定程度上也可以扭转读大学不值的社会心态。

◎ 劳动力过剩:高学历低收入的"蚁族" ◎

陈华是生活在聚居村里的一名普通蚁族。他就读于中央党校工商管理专业,2004年考研未果,手忙脚乱地毕了业,留在北京找工作。刚开始找工作时手头没什么钱,住宿吃饭是他最大的问题。手里的大部分钱都用来交付房租,有个星期的饭费只花了10来块钱,除了馒头什么都吃不上。这样坚持了两个月,他找到了他的第一份工作——推销,底薪800。他的想法具有代表性:"当时有点饥不择食,反正先养活自己再说吧。"先养活自己是蚁族最基本的要求。

蚁族既有来自重点大学的毕业生,也有来自地方院校、民办高校的毕业生;他们主要从事保险推销、电子器材销售、广告营销等临时性工作,有的甚至处于失业和半失业状态,全靠家里接济度日;他们平均月收入低于2000元,大多数没有"三险"和劳动合同;他们的人均居住面积不足10平方米,主要聚居于城中村、城乡结合部或近郊农村,形成独特的"聚居村"。

在北京，这一群体的数字估计有十余万人，他们聚集在房租低廉的京郊，每天像蚂蚁一样汇聚到市中心，傍晚，拖着疲惫的身躯回到京郊的高低床上，为了生存，也为了梦想。不仅在北京，他们也分布在上海、广州、武汉、西安等大中城市。

唐家岭是海淀区最靠边的一个村子，这里看不出任何京都的气息，是典型的城乡结合部。但交通的便捷，生活成本的低廉，大量合法和违法建设的出租房屋，使刚刚毕业的大学生在此落脚成为可能，形成聚居。

2008年6月从河北过来的张永刚和两个同学合租住在唐家岭。13平方米，一张双人床、一个地铺、一个小衣柜、两个电脑桌、一个洗手池、3个人，小屋子满满当当。张永刚说："一个月房租400元，冬天再加100元的取暖费，都是3人平摊，每人每月还得交10元水费，其实就是保护费，上次有个同学过来玩就被强行收了10元钱。""我们仨在软件公司，前两天刚签了合同，每月无责底薪1500元，外加200元补助。"张永刚说，"还好公司给交三险。隔壁卖保险的王哥是责任底薪加提成，其他什么都没有。说到生活，一般都是自己做着吃，省钱。也就能养活自己，还没能力报答父母。"永刚有些无奈地感慨："上下班最痛苦的就是挤公交，经常挤得公交车门都关不上。经常免费加班，不愿意干就走人，很多人争着干，公司根本不愁招不到人。"而略有起色的工作又让他们充满了期待，"慢慢混吧，情况稍好点我们就去租个居室房。"永刚的同学憧憬着。

"80后"女孩夏青，现今每月房租300元。去年大学毕业后，她找到了一个办公文员工作，勉强还可以养活自己，随后就选择了租住在"都市村庄"，一个人住着10平方左右的标间，早、晚饭均自己打点，中午则会在公司附近买5元左右的快餐填饱她的肚子。每天晚6点公司下班后，夏青就会尽快赶到公交站牌处等公车，争取能够早点到家。当看到她要乘坐的公交线路开来，瞬时黑压压的一片人群便会把她挤在中间，然后在周围路人的推挤下，"顺利"上车。每天都过着同样的日子。

按照资本的投入及收益来看，高学历应该是高学收入。但蚁族的出现呈现了高学历与低收益。蚁族的出现与高等教育大众化带来的"去精英化"有关，大学生由优势群体转为相对弱势群体。

近年来，大学生毕业期望薪酬停滞不前，甚至有下降趋势，便是对此的反映。从低收入的大学毕业生聚居群体身上，我们可以明显感知，大学生身价下跌的严重程度，社会已经形成大学毕业之后没有实现正常就业以及不得不从事中低学历要求的、待遇较低职业的工作。

导致大学生群体成为蚁族的经济学原因是劳动力过剩。简单地说，就是社会对大学生的需求远远小于大学生的供给，所以导致了大学生身价的下降。

在就业竞争日益激烈的今天，劳动力过剩已经不仅仅是一个困扰低学历者的问题，一大批高学历者也加入到失业大军的行列中，并且增长的趋势令人担忧。社会学家杰克思在《谁将出人头地：在美国取得经济成功的决定因素》一书中，对美国高等教育与社会分层之间的关系进行了较为详细地分析。他认为，在上大学费用急剧膨胀的今天，人们之所以上大学，最重要的原因之一就是希望把学位作为获取一份高地位、多收入的工作的门票。而这张门票却不再有效了。"80后"向上流动的机会相对要少，渠道也没那么顺畅，尽管"蚁族"不至于沦为最底层，但在社会地位上却处于"要上不上，要下不下"的尴尬境地。

看到大学毕业生所遭遇的困境，许多学者呼吁有关部门在就业问题上不能只关注数字，更应该看到数字下面毕业生真实的生存状况和他们渴望教育体制改变的无力挣扎。

第四章
人际关系经济学

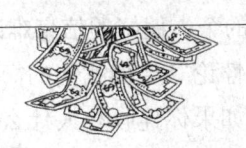

◎ 成本与收益：为什么要送礼物给别人 ◎

在日本，讲究"送礼"是众所周知的，每年的中元（6月底至7月中）和岁末（12月底至1月初），是日本人送礼的高峰时期。

日本人送礼的对象主要是关照过自己的上级、长辈以及同僚好友等，礼物多为食品、土特产品、生活日用品等，礼物的价格并不贵，其象征意义大于实际意义。日本人迁入新居时，也要向邻居赠送小礼物，表示关照和友好；还有外出旅游后，日本人也往往会带回一点小礼物送给同僚或邻居，表示大家"有福同享"。

因为日本人收到别人的礼物后要"还礼"，回赠对方一件与收到礼物的价格大致相同的礼品。你送的东西太贵重了，对方回赠你的东西也要贵重，为了不让自己的送礼成为对方破费钱财的负担，日本送礼的标准是：礼物不能太贵重，既表示了自己的心意，又不会引起对方的不安。

深受中国传统文化影响的日本人有如此深厚的"送礼文化"，在中国自不必说。元旦、春节将至，走亲串友，少不了拎上一份或多或少的礼品。但送礼和被送的人或许都没有仔细想过，到底应该不应该送礼？该送什么礼才能达到自己效用最大化呢？

所谓的礼尚往来早就成为国人做人的一个基本准则。究其原因，应该有以下三方面。

一是人格上的成本与收益。公共汽车上你给一个陌生人让了座位，你也许并不希望下次碰上他，他会给你让座，再说，能碰上的机会太小了。但你绝对需要他的一声"谢谢"，获得心理上的平衡。

二是物质形式的礼品。中国人办红白喜事，都会准备一本礼簿，谁送了多少礼金，送了什么礼品，都会一一记录在案。等对方将来办事，也会备一份相当的礼品给对方，作为回报。尤其有趣的是，一般人在送礼时，都会根据关系的亲疏程度和对方的实际情况，反复掂量，看到底送多少合适，一副相当务实的态度。

三是维持人际关系的需求。不论是古代还是现代，礼始终是贯穿与维持人际关系的一个尺码，礼节和送礼也不是一门简单的学问。人们之所以这样崇尚礼，也是为了一种预期的收益。对于送礼的掌握程度以及运用技巧的差异，则决定了一个人在人际关系中优劣势态的不同。

从经济学的角度来看，最好的礼物就是其效用能得到最大限度发挥的礼物。第一，在送礼前，尽量掌握收礼人的个人偏好信息，然后，投其所好就能使礼物的效用最大化；第二，如果有关收礼人的个人偏好的信息难以获得，那就送他最稀缺的物品。这是经济学上的"钻石和水的悖论"告诉我们的简单道理，一种物品的效用主要取决于它本身的稀缺性。第三，如果你连收礼人什么最稀缺的信息也不知道的话，那就送他变现程度较高的礼物（或者用凯恩斯的话说就是流动性最强的礼物）。因为一种物品的变现程度越高，他就越可以方便地将它换成自己最急需的那种物品，从而，送礼人的礼物效用就能得到最大限度的发挥。

人常说"好朋友，勤算账"，也是一种理性。崇尚"礼尚往来"是因为人与人之间说到底是一种利益关系，朋友之间如果账算不清，彼此都感到自己好像是吃了亏，久而久之，好朋友也会反目成仇。

1993年，耶鲁大学的一位经济学家约尔·沃尔德福吉尔也曾对此问题进行研究。

一次，在过完圣诞节后，他向讲台下的学生们提出两个问题：第一，圣诞节期间你们多数人都收到礼物了，收到了多少？你预期它的价值是多少？第二，如果你没有收到礼物，在感情上你愿意花多少钱为自己购买这些礼物？

当把学生们的答案收集上来，经济学家不禁大吃一惊。因为，从学生们的答案里，他发现，平均来说，收礼者普遍低估送礼人的礼物价值。即使是最保守的人的估价也只有礼物实际购买价格的90%左右，而物品的真实价格中有10%凭空消失了！

并且，根据他的粗略估计，仅圣诞节期间，整个美国每年将至少有几十亿美元在迎来送往中被损耗掉了（美国圣诞期间的礼物消费额约为400亿美元）。

10%的价格损失，在送礼的过程中，没有产生任何的效用，由此变成了资源的浪费。或许对个人来说，这个百分数并不算大，但如上面所统计的，当礼尚往来里形成一种国家的行为时，就会造成巨大的资源浪费，并且这种礼尚往来不过是一种财富的再分配，它既没有导致贫富之间差距的缩小，也没有促使新的经济活动产生。

送礼者辛辛苦苦挑选的礼物，付出了成本和心力，不仅没有使礼物实现应有的价值，还造成了社会的损失，这样的说法，无论怎样理解，都让人沮丧。

如果送礼者能在送礼前对收礼者的口味喜好加以了解，投其所好，就能使礼物的价值发挥到最大。

除此之外，还有没有其他方法可以减少无谓损失？答案是肯定的，那就是人们可以将现金当做礼物，这样个人和社会福利损失就为零，从而实现资源的最优配置。

并且对于现代人来说，红包的实际效用最大，也不必送礼者花费过多的心思，能省去不少心力财力。

晋人鲁褒写文章的时候，常常把钱称作"家兄"，后来，人们也常用"家兄"来指钱。

在某个县城中，有个大财主，为人吝啬贪财。他有3个女儿，分别嫁了3个有钱的女婿。一日，财主过寿，女儿、女婿们带着精心准备的礼物前来拜寿。

先上来的，是大女儿买的寿桃饼盒。财主见包装十分精美，很是喜爱，私底下问大女儿价钱。大女儿不敢明着回答，只比了一个大拇指，意思是白银一百两。财主一看，怒火不打一处来，这么贵的饼盒他哪里吃得下？于是他大骂道："你们带着礼物回家吧，告诉家兄，礼物太硬，我吃不下！"

随后，上来的是二女儿买的新衣，做工精细，样式富贵。财主爱不释手，又拽过二女婿问价钱。二女婿也不敢直接说，就比了一个大拇指和一个小拇指，意思是白银一百一十两，结果财主火更大了，喊到："我这造什么孽了！把女儿嫁给了你这败家子！你们也快回去吧，告诉家兄，礼物太沉，我穿不动！"

到第三个女儿时，小女婿只递给了财主一个红包。财主心里想，三个女婿中，小女婿最有钱，怎么空手来？正要发脾气，谁知他往红包里一瞧，里面是二百两的银票！财主立即喜笑颜开，将小女儿和女婿请进内厅，边走边拍着小女婿的肩膀说道："嗯，还是你家'家兄'最懂我心意！"

生活中，也有很多人不赞成小女婿的做法，认为直接送现金不能体现自己的心意，"有伤感情"，所以送礼物有损失的情形仍普遍存在。

然而，随着经济社会的发展，产品的增加和人们口味的差异化逐渐增加，想要购买到称心如意的礼物越来越难。可礼尚往来又是我国几千年来的文化传统，"不送礼"、"不会送礼"往往会被视为同社会现实格格不入。没办法，在现实社会的倡导下，人们应当也必须会购买礼物。

所以，今后人们在送礼之前，都应当"三思而后买"，以避免造成不必要的损失，带来"费力不讨好"的结果。

◎关系效用：人脉就是钱脉◎

一个刚踏上工作岗位的年轻人讲了他自己的一件事。第一天上班前，父亲把他拉到身边，问他："你知道在社会上立足的关键是什么吗？"

"是学历吗？"

"不对。"父亲说。

"是知识吗？"

"不对。"父亲说。

"是能力吗？"

"不对。"父亲还是这句话。

"那是？"年轻人大惑不解地望着父亲。

父亲说："是人际关系！"

为什么人际关系对人如此重要？用经济学家的话说，就是人际关系能够给人带来效用。什么是效用呢？效用是某一种物品给人带来的满足程度,如米饭能填饱肚子,是米饭给人的效用，服装能给人御寒，是服装给人的效用。生活在社会中，人际关系帮你办成个人不能办成的事，能助你走向成功。

在中国，"人脉就是钱脉"这句话，似乎是长者常用来训斥刚踏入社会的年轻人的。就算在国外，也有很多人认为，一个人是否能够成功，不在于他知道什么，而在于他认识了谁。

为人处世，特别需要花心思。很多时候，会交际确实比会做事重要，一个人缘好、有声誉的人，因为有人际关系作为资源，所以很多事可以轻而易举地做成。

美国学者卡耐基说："一个人的成功，15%是由于他的专业技术，85%则要靠人际关系和他的做人处世能力。"可见，一个人的社交能力是多么重要。

如果你知道人际关系的重要性，懂得运用人脉，你会发现，几个好朋友就可以决定你的"富贵指数"。

在纽约有一位白手起家的女士，她最初只带了几千美元到纽约，她在从事贸易的朋友那里得知美国市场对一些消费品的需求，于是立刻委托在中国内地及香港的朋友帮她寻找有商机的货品来源，但为了让产品更有销路，她需要找到更多的买主。于是她虚心地请教小区大学的教授，教授以自己的经验告诉她，可以通过展销会找销路，随后她又借着大学同学的人脉，在商展中顺利取得了摊位，因此才有机会把产品全部销售出去。

现在，她的公司有稳定的收益，拥有上百位客户。能拥有现今这样的成就，其实靠的只是五位好朋友。这五位好朋友中的三位成为她生意上的伙伴，共同创造了商业上的最大利益，另外两位朋友则经常与她分享彼此的财经信息与人生经验，成为人生道路上相互扶持的知己。

大多数营销业务上失败，原因往往不是在于不懂推销，而是在于不懂得如何拓展人脉。有人说，20岁靠"体力"赚钱，30岁靠"经验"赚钱，40岁以后，则是要靠"人脉"赚钱。如果你能善用自己的魅力积极建立自己的关系网，就不怕赚不到钱！

良好的人际关系能开拓你的视野，让你随时了解周围所发生的事情，并提高你倾听和交流的能力。

保持联系是建立成功关系网络的一个重要条件。当《纽约时报》记者问美国前总统克林顿是如何保持自己的政治关系时，他回答说："每天晚上睡觉前，我会在一张卡片上列出我当天联系过的每一个人，注明重要细节、时间、会晤地点以及与此相关的一些信息，然后输入到秘书为我建立的关系数据库中。这些年来朋友们帮了我不少。"

要与周围的每个人保持密切联系，最好的方式就是创造性地运用你的日程表，记下那些对你的关系至关重要的日子，比如生日或周年庆祝等。在这些特别的日子里准时和他们通话，哪怕只是给他们寄张贺卡，他们也会高兴万分，因为他们知道你心中想着他们。观察他们生活中的变化也不容忽视。当有人升迁或调到其他地方去时，你应该衷心地祝贺他们。同时，也把你个人的情况透露给对方。去度假之前，打电话问问他们有什么需要。

当他们处于人生低谷时，打电话给他们。不论周围谁遇到了麻烦，你都要打电话安慰他，并主动提供帮助，这是你支持对方的最好方式。

充分利用你的商务旅行，如果你旅行的地点正好离你的某位朋友很近，你可以与他共进午餐或晚餐。

只要是朋友的邀请，不论是升职派对，还是他子女的婚礼，你都要去露露面。

时刻关注对周围朋友有用的信息。应定期将你收到的信息与他们分享，这很关键。

优秀的关系是双向的。在你希望别人为你带来效用时，别人也在考虑你是否能给他们带来效用，这符合经济学上成本与收益的原则，即他们给你带来了效用，也必定要从你身上获得效用，因此，不要一味地希望别人为你付出，否则无论什么人都会疏远你。

有这样一个规律：你的年收入是你交往最密切的5位朋友年收入的平均值。打个比方说：你的5位朋友年收入分别是：6万、7万、10万、13万、14万，总和是50万，那你的年收入就应该在10万左右。当然，这个数字只是理论上的，但我们接触的事实大多也是如此。这个规律说明："选择朋友就是选择命运"这句话有着一定的合理性。

银行业是非常注重资历和经验的，但一个年轻人只用了不到10年的时间就登上了"金字塔尖"，他的成功经历引起了很多人的兴趣。

有记者采访这个年轻的银行家，问他："请问你如何用这么短的时间来获得成功的？"

"这需要花许多工夫，"年轻的银行家解释道，"但真正的秘诀是，我结识了一位良师。"

"在我大学快毕业时，有一位退休的银行家到班上做讲座。他当时已经70多岁了。他的临别赠言是：'如果你们有什么需要我帮忙的地方，请尽管找我。'听起来像是客套话，却引起了我的兴趣。我需要他给我建议，告诉我步入银行业时该走哪一步。可我又很怕碰钉子，毕竟他有钱而杰出，而我只不过是个即将毕业的大学生。但最后，我还是鼓起勇气给他打了电话。"

"结果怎么样？"作家问道。

年轻的银行家回答说："他非常友善，给我非常好的指导，告诉我应该在哪家银行做事，如何获得想要的工作。他甚至提议：'如果你需要的话，我可以当你的指导老师。'"

"后来我们有非常良好的关系。"银行家继续说，"我每周都给他打电话，而且每个月都会一起吃午餐。他从来没有出面帮我解决问题，不过他使我了解要解决银行问题有哪些不同的方法。而且，我的指导老师还衷心地感谢我，因为我们的交往使他保持年轻。"

世人皆言"失败是成功之母"，这是从吸取教训、不断进步的角度说的。但是，只有为数不多的人才知道：成功也是成功之母。知晓这个道理的人们，恰恰很容易成为成功人士，这是因为，他们懂得"马太效应"的原理，并且能在现实生活中恰如其分地应用。

二三十岁的年轻人，或许暂时没有太多的基础。但我们为了进一步深造、累积财富潜力，需要从人脉、资金还有阅历、经验方面，开始着手建立自己的人脉宝库。有时一个人的失败并不是因为他不勤奋或没有才能，而是因为他没有抓住机遇，获得贵人的提拔。其实很多时候，成功者就在身边，前提是你必须有意识地去主动寻找。所以，为了将来你能成为成功者，请先让自己靠近成功者。

◎ 人脉资源：多个朋友多条路 ◎

有一个关于朋友的故事：

他是在生活困顿潦倒不堪时才想起他的朋友的。因为决策的失误，他苦心经营了数年的公司一夜之间倒闭了，他也由万众瞩目的明星变成了人人追打的过街老鼠。现在他不仅一文不名，还欠了一屁股债。回家只能给家人带来连累。"还是回省里的朋友那躲躲吧！"

朋友和他是发小，光着屁股长大，一起玩到大。高考后，他考到了外省的一所名牌大学，朋友只上了本省的一所普通学校。大概两人离得远了吧，开始断断续续地联系着，以后就没了音信。最近的一次联系是朋友要结婚，请他过去喝喜酒，而他正在国外出差，当然没去成，便给朋友邮寄了一件异域的工艺品当做结婚的贺礼。

当他按照朋友当年给的地址来到朋友的家门前，又不由地犹豫起来。这么多年没见，朋友还是当年的朋友吗？现在自己这般落魄，朋友会嫌弃自己吗？跟朋友的妻子从未谋面，这么住到朋友家他妻子会高兴吗？他把已经举起来的手又拿了回来，叹了口气，找到了一家旅店就地住下，住一天是一天吧。

就在他心灰意冷的时候，想不到朋友找来了。朋友一身的尘土和倦意，生气地数落他："你真不够哥们，来省城也不找我，害得我到处找你，要不是你妈偷偷地打电话给我，我还不知道呢！"他低着头瞅着脚尖，小声地嘟囔着："还不是怕给你添麻烦么？你看我现在，又脏，又穷，又臭，恐怕连狗都不如了。"

朋友在他的胸口擂了一拳，"你还是那个倔脾气，朋友就是用来麻烦的，你不麻烦我，我才生气呢！"

那一刻，他千言万语噎在喉咙里，一句话都说不出来。只当全世界都抛弃了自己，却原来，还有一个人深深地记挂着自己，并没有因为落魄而嫌弃自己，有这样的朋友，还能说什么呢？他只得乖乖地收拾行李跟着朋友去他家。

朋友妻子给他收拾了一件明亮宽敞的屋子，为他准备可口的饭菜，还叮嘱他千万不要客气，当成自己家一样。他洗了澡，换了服装，美美地睡了一觉。

在朋友的帮助下，他去银行贷了款，从自己跌倒的地方重新做起来。由于朋友在当地的人脉甚广，加上他有丰富的经验，没几年公司便又发展起来了。他偿还了所有的债务，又把以前抵押的公司购回，规模比原来扩大了一倍，当人们纷纷对他交口称赞时，他总是摇摇头笑而不语。他明白，要是没有朋友的话，就没有他的今天。

人们常说朋友是用来麻烦的，多个朋友多条路，这恰恰说明了朋友的效用。所谓效用，是一件物品能带给人的满足程度。在遇到困难的时候需要朋友来帮助，在心烦的时候需要有个朋友来倾诉，在快乐的时候，需要有个朋友来分享，这就是朋友的效用。

在经济学家的眼里，朋友是资源，一个朋友就是一份资源，一个人的朋友越多，他所拥有的资源也就越多，他在进行资源配置的时候，就能做到游刃有余，让资源配置达到最优化；朋友是信息，一个朋友就是一个信息库，同时又是一条传递信息的路径，一个人的朋友越多，他的信息来源就越多，他获得信息的路径就越多。

"尺有所短，寸有所长"，每一个人都有自己的资源优势，而朋友就是这样一种能够用他的优势弥补你的劣势的资源，即实现资源互补。如果你的朋友很少，或者都只是某一领域的，也就意味着你办事的途径很单一，你也就无法在众多的事情上游刃有余。环视你的周围就会发现，靠单枪匹马的闯斗没有几个能成功的，相反，每一个成功人士的背后都有一批生死之交的鼎力相助。

现代社会是一个信息社会，我们每天都生活在大量的信息流中。因为信息流太快，我们捕捉到的太少，能够为我们自身所用的就更少。而每个人的教育背景、社会经历又各不相同，所以，每个人的信息资源会不一样。正因为如此，我们与人沟通的欲望就更加强烈，我们需要从朋友那里获取信息。通过与朋友交流所获得的信息，则是一种与你和朋友融化了的信息，是一种活信息，同时也是一种更为可靠的信息，一种更有利于带来利益的信息。由于朋友的信息经过了自己的思考加工，是直接可以运用的，这就省却了不少麻烦。

我们平常所讲的人脉，其实就是人际关系资源，美国史丹福研究中心发表的一份权威报告显示，一个男人一辈子所赚的钱，仅有12.5%来自知识，其余87.5%都来自关系！

人们常说在家靠父母，在外靠朋友。朋友就是一笔无价的财富，有了朋友，我们的生活就会时常沐浴到友情的芳泽；有了朋友，我们才能更好地利用自己身边的资源，这样才会在人生的征途上走得更远。

◎ 行为外部性：利他才能利己 ◎

从前，有两个饥饿的人得到了一位长者的恩赐：一根渔竿和一篓鲜活硕大的鱼。其中一个人要了一篓鱼，另一个人要了一根渔竿。于是，他们分道扬镳了。

得到鱼的人在原地用干柴搭起篝火煮起了鱼，他狼吞虎咽着，转瞬间，连鱼带汤就被他吃了个精光，不久，他便饿死在空空的鱼篓旁。

另一个人则提着渔竿继续挨饿，艰难地向海边走去，当他看到那片蔚蓝色的海洋时，浑身一点气力也没有了，他只能眼巴巴地带着无尽的遗憾撒手人寰。

后来，又有两个饥饿的人，他们同样得到了长者恩赐的一根渔竿和一篓鱼。只是他们并没有各奔东西，而是共同约定去找寻大海，他俩每次只煮一条鱼，经过长途跋涉，终于来到了海边。

从此，这两个人开始了捕鱼为生的日子，几年后，他们盖起了房子，有了各自的家庭，有了建造的渔船，过上了幸福安康的生活。

许多时候，与人分享自己所拥有的，我们才能找到自己的位置和方向，也才能使自己的价值最大化。在经济学中并不否认人的自私性。从经济学角度看，人的自私自利行为可以分为两种：第一种是只利己而不妨碍他人，也就是自食其力，无需别人帮助或者不占别人的"便宜"，也不会无偿帮助别人。这类行为在经济学上称为"行为内部化"。第二种是自私自利，且妨碍了他人。经济学上称之为"行为外部化"或经济行为的"外部性问题"。

承认所有人的目的都是为了个人收益的最大化，而这并不代表着损人利己，因为，因损人而得到的利己收益，只是一时的，它会因损人而让你的口碑效应变差，在"劣币驱逐良币"的效应下，愿意与你合作的人越来越少，留在你身边的愿意与你合作的最后剩下的都是损人利己的"主儿"，与这样的人合作，你还能侥幸多久呢？相反，如果变"损人利己"为"利己又利他"，变"个赢"为"共赢"，合作中大家都有收益了，难道还怕未来的收益变少么？

在《左传·僖公五年》中，有这样一个故事：

春秋时，晋献公想要扩充自己的地盘，就找借口说邻近的虢国经常侵犯晋国边境，要派兵灭了虢国。可是在晋国和虢国之间还隔着一个虞国，讨伐虢国必须经过虞国。"怎样才能顺利通过虞国呢？"晋献公问手下大臣。

大夫荀息说："虞国国君是个目光短浅、贪图小利的人，只要我们送他美玉和宝马，他不会不答应借道的。"晋献公一听有点舍不得，荀息看出了他的心思，就说：

"虞虢两国是唇齿相依的近邻，虢国灭了，虞国也不能生存了，美玉宝马不过是暂时放在那里罢了。"晋献公采纳了荀息的计策。

果然，虞国国君见到珍贵的礼物，顿时心花怒放，听荀息说要借道虞国之事，当时就满口答应下来。虞国大夫宫之奇听说后，赶快劝阻："不行，我们和虢国是唇齿相依的近邻，可以彼此帮助，万一虢国灭了，我们也就难保了。俗话说：'唇亡齿寒'，没有嘴唇，牙齿也保不住啊！借道给晋国万万使不得。"虞公说："晋国是大国，现在特意送来美玉宝马和咱们交朋友，难道咱们如此小气？"宫之奇连声叹气，知道虞国离灭亡的日子不远了，带着一家老小离开了虞国。

之后，晋国军队借道虞国，消灭了虢国，随后又灭了虞国。

这就是"唇亡齿寒"的故事，比喻双方关系密切，相互依存。虞国与虢国本是互相依存、休戚相关的关系，却因损人利己而付出亡国的代价。想想，如果我们的嘴唇都没有了，牙齿怎么能好端端地生长呢？

不可否认，利己是人的本性，但互助才能使每个人都实现最大化的利己。我们要在经济活动中按照这一原则行事，必须明白只有互助才能互利。"唇亡齿寒"这个故事应该给现代人敲响警钟。

"损人利己"和"利己又利他"如同一枚硬币的正反两面。当个人或企业为个人收益最大化而劳动或为企业利润最大化而生产时，整个社会的财富都增加了，其他国家也会通过国际贸易或资本流动而获益。但自私自利则会让人以邻为壑，损人利己，其结果正如故事中讲的那样，因一己之利给对手让路，落下国破家亡的结局。

比尔·盖茨曾说过：懂得分享是一种聪明的生存之道。当我们摒弃自私，为别人付出的时候，从某种程度上就是帮助了自己。因为，在这个崇尚合作的世界上，没有一个人能担当全部，一个人价值的体现往往就维系在与别人互助的基础之上。

◎ 杀熟：朋友卖的东西比市场价还要贵 ◎

"杀熟"是眼下的一个流行语，指的是通过坑害亲戚或朋友来发财致富。在第5版《现代汉语词典》中，"杀熟"正式成为一个名词，被定义为"做生意时，利用熟人对自己的信任，采取不正当手段赚取熟人钱财"。

通过托关系，本想买点便宜货，结果买回来的东西比市场价还要贵，这是一种常见的"杀熟"。最厉害的"杀熟"大概要算传销了，前几年，我们经常听到传销引起的父子夫妻不和、兄弟姐妹反目的故事。有一回，一个同事聊起老同学聚会的事，在聚会时，其中一位大吹大擂地讲起他搞传销致富的故事，刚流露出要大家一起来搞传销的意思，立刻就有人斥道：都是老同学，你害我们干什么！常言道：兔子不吃窝边草。"杀熟"者偏偏是连窝边草也不放过，实在令人痛恨。

"朋友妻不可欺"代表了过去人们对"杀熟"的警示，但这其中并没掺杂经济利益的因素。可现在的"杀熟",更多是侵犯他人的经济利益。如一项资料显示,60%的经济犯罪案件都是"杀熟"。"杀熟"在现代经济社会中的表现尤其突出。那么,为什么在前市场经济体制(市场经济体制之前的各经济体制),这种"杀熟"较为少见呢?

这是因为在前市场经济体制下,个体的道德品行都是获取资源的一个重要条件,若因"杀熟"留下污点,以后再也没有机会获取很多的利益,甚至会毁了一世英名。

"衣不如新,人不如故"、"人熟为宝",这些向来是人们坚守信奉的观念。熟悉,相对来说就比较了解,知根知底。可以说,熟是"关系"的另一种表达。拉关系、找关系、建立关系、利用关系,首先需要熟悉,人熟才好搭上话、贴上边、凑上前,办事容易成功奏效。有的人热衷于搞"感情投资"、"联络感情",就是对用得着的人,先千方百计地用"物质好处"当桥梁攀上,进而混熟了,到关键时刻再去谋取个人利益。

换句话说,在前市场经济体制下,对于一个理性的"经济人"而言,他是轻易不会"杀熟"的,因为"杀熟"的成本往往要远远高出它的收益。在传统的社会结构里,人们的交际范围有限,重复互动的频率也很高,相互的利益联结也紧密,道德监督也相对容易,"杀熟"容易败露。而一旦败露,就等于触犯了整个网络中的人情法则,代价不仅仅是个别关系的终止,更会影响到他在所属的关系网络中的声誉,所以无论是从"面子"方面考虑还是从长远利益考虑,"杀熟"不是一个理性人愿意去做的事情。

在传统社会中,熟人关系是沿着血缘、地缘的路径而生成的,受传统社会结构的影响,熟人之间关系的运作包括经济活动,基本上是在一定的伦理实体中展开的,它不可避免地要受到利他主义和人情法则的制约,所以很少会有"杀熟"现象。

在现代经济社会中,原先的熟人之间的关系受到了挑战,原先的交往、交易所受到的文化约束现在受到了市场经济工具理性的侵蚀。原来的乡土社会是一个狭小的地域性社会,受传统和历史支配,讲究身份,个人很难基于自身特质来获得成就,而随着转型期市场经济制度的转轨,个体经济理性的加强,传统社会中的交往、交易规则在一定程度上受到了侵蚀,情理规则和利益规则由统一逐步走向分离,这意味着原先的"集体意识"再也不能像过去那样控制个体了,熟人关系在运作中的风险也随之大大增加了。

几年前,到处可以看到"保安培训班"的招生简章,宣传小传单上把培训班吹得天花乱坠,让贫困地区的一些青年以为是天赐良机,从农村拥入城市,梦想着将来也穿上制服,在城里谋一份工作,改变自己的命运。

一个叫陈程的小伙子经不住一个远方亲戚的鼓动,向亲友借了几千块钱,到西安去"学习"。但没过几天,陈程就摇身一变,成了保安学校"招生办"的人,跑回来"大量招生"。结果陈程或远或近的亲戚、邻居都把孩子交给了他。

后来大家才知道,陈程的"待遇",就是从亲自招的"学员"身上"提成"出来的;而所谓的"保安学校",只不过是一个空壳子而已,结业分配等承诺只是一句美丽的谎言。

这是一桩典型的利用传统熟人关系来"杀熟"的事件。在市场经济中，人们会充分借助于自己的熟人关系网络来获取信息和资源，就像陈程的亲朋好友想充分借助陈程这个熟人关系来求职一样。但人们往往只看到熟人关系中的这种正功能，即把熟人这种中间关系作为信息桥，作为可贵的社会资本，陈程的那些亲朋好友认为陈程和自己都是乡里乡亲的，相互间都值得信赖，都不认为有意外，而没有看到其中的风险，更没想到陈程会"杀熟"。

当陈程的亲朋好友在利用陈程这种熟人关系来求职时，他们是按照乡土社会中的人情法则来考虑问题的，认为陈程帮了他们的忙，他们会感激不尽，以后陈程若有求助于他们，他们也会鼎力相助的，因为知恩不报是有悖于乡土社会的法则的。而对于陈程来说，乡土社会中熟人交往的规则几乎没有什么约束力了。陈程不但没有帮助亲朋好友们，相反，他还利用这个机会来赚一笔。熟人关系，在陈程眼里，已被视为一种工具，而且还利用这种熟人关系，利用乡亲们对他的信任，通过"杀熟"这种非法手段来获取资源。

通过上例，还可以进一步看出来，当人们在利用这种熟人关系网络，并把它作为一种社会资本来经营时，很可能没有意识到这里面的风险，在市场经济中熟人的关系运作情境显然和前市场经济已经不能同日而语了。

"杀熟"伤了感情，但更可悲的是，人与人之间的社会信任感以及人际关系安全感成了最大的牺牲品。据一项调查显示，现在有29.8%的中国人认为陌生人值得信任和完全信任，而对于熟人的信任度仅有20.6%。

人际信任的缺失不是一朝一夕能够改变的，我们应该学会用一些方法保护自己。一是只要自己有疑虑，不管关系有多好，都要直接讲出自己的担心，让他明白你不是好骗的。二是必要时，不要害怕面子，要敢于撕破脸皮。当对方油腔滑调地反复说服你时，或者用"你不够意思"、"忘恩负义"的语言激你时，对这样的人，撕破脸皮可能是最好的办法。三是不怕啰唆，反复提醒。这适用于对方向你借一笔数目可观的钱时，要经常提醒他还钱，不要觉得难为情，难以启齿。

◎ 边际效应：向落魄的人伸出援手 ◎

我们常说，要多做"雪中送炭"的事，向落魄的人伸出援手；不要只想着"锦上添花"，向成功的人送上掌声。这话是符合经济学理论的。对于困难中的人，他能得到别人的支持，其"效用"也许足以改变他一生；而对于一个正青云直上风头正劲的人来说，别人同样程度的"支持"或者就不值一提。

雪中送炭和锦上添花都是常用的感情投资手段，虽然二者都是"给"，都是感情投资，但由于给的对象不同、东西不同、时机不同，效果也自然不同。

比如，你有100元钱，给一个街头饥肠辘辘的乞丐，也许就救活一条生命；而这100元，如果你给了一个百万富翁，他眼皮也不会抬一下。如果用一个数值来衡量100元钱的作用，这100元钱对于乞丐来说，其作用可能达到100，而如果给了富翁，其作用也许就仅有1。

从社会总效用来看，将这100元钱给了乞丐，社会总效用（即社会整体满足程度）就会增加100个单位，而给了富翁，社会总效用仅增加了1个单位。显然，为求得社会福利最大程度的改进，这100元钱自然应该给乞丐。

"炭"对于"雪中人"来说，效用很大；而"花"对于"锦上人"来说，效用就小得多。因此，"雪中送炭"的价值远超过"锦上添花"。

既然"雪中送炭"的价值远超过"锦上添花"，为什么这个世界上有那么多人却热衷于"锦上添花"的功夫而不去做"雪中送炭"的好事呢？这里涉及的是另外的经济学分析方法，即成本与收益分析法。

还是假设你有100元钱，如果你送给了一个乞丐，尽管对于乞丐来说意义重大，但作为出资者，你或许根本就没有任何"收益"；而如果这100元钱给了一个百万富翁，尽管他眼皮也未必抬一下，但一高兴，不定回报你更多。于是，便有了"穷在闹市无人问，富在深山有远亲"的现象出现。

再比如在婚丧娶嫁的时候，有权有势的人家总是高朋满座，而穷苦人家则冷冷清清。人们之所以都愿意提着重礼为权势人家祝贺或者哀悼，就是因为他感到他能得到预期的收益，即送出去的礼将来能够有回报。另外，借此和权势人家拉拉关系，联络联络感情，说不定日后还能为自己办什么事情。而给穷苦人送礼，打水漂的风险就要大得多。

传统的观念认为这是一种势利，但在经济学家的眼中，这是一种理性。理性地处理人际关系，能够使人更加理智和严谨，减少麻烦和损失。人们都会有这样的感受，富裕的人借钱，很容易；而穷苦人借钱，却很难。

其中缘由，就是有着付出与回报的问题，借钱给富裕的人，一是不担心他们将来还不起，再者就是我今天帮了他们的忙，日后我也有可能用得着他们的时候。而借钱给穷苦的人，则风险相当大，很可能是"刘备借荆州，一借不还"。即便他们人品很好，不是那种赖账的人，但他们偿还能力的有限性却不能不让人担忧。

那么，"雪中送炭"的事到底谁应该去做呢？从经济学道理看，应该是政府去做。在经济学中，政府与"经济人"是有分工的。"经济人"讲求净收益最大，任何一笔投资都不能不计算回报，因此，"经济人"更多的就是做"锦上添花"的事；而政府的角色是使社会福利最大化，因此，政府需要担当起"雪中送炭"的角色。

实际上，对于理性的经济人来说，雪中送炭要比锦上添花更划算。首先，相对成本要低。"炭"的价钱比"花"更便宜。其次，雪中送炭的回报高。"汉初三杰"之一的韩信，年轻的时候饿过肚子，一位漂洗的大娘经常给他饭吃。待韩信封侯后，回报漂母一千金。以几碗米饭换得千金，可见雪中送炭的回报之高。

当他人口干舌燥之时，你奉上一杯清水，这胜过九天甘露。如果大雨过后，天气放晴，再送给他人雨伞，这已没有丝毫意义了。

做人也有成本和边际效应的问题，在他人困境时，主动上前帮忙，在别人发达时再去拉拢，效果自然不同。所以，平时在别人最困难之时伸出援手，会让人感动一生，一辈子记住你的好处，那么当你需要帮忙时，他必定会竭力相助。

在现实生活中，有很多人常常主动帮助那些身陷困境中的人，如接济身边生活困难的人，使之能够生存，帮助那些失学儿童重返校园，给贫困地区和灾区的人们以物质援助，或者向社会公益事业捐款。

他们的做法在经济学家看来，是一种超乎理性之上的理性，是一种高境界的理性。他们的付出，也许终生都不会得到受助者的回报，但是却从另外一个方面增加了他们做人的道德砝码，即提高了他们在人们心目中的威望和声誉。而这种威望和声誉，是一种无形的财富，是用金钱难以买到的财富。

大家可以将眼光放得长远一些，一个人在身陷困境的时候，虽然雪中送炭看起来是一时难以得到回报，但事情并不是一成不变的。三十年河东，三十年河西，那些一时穷困潦倒却最终成功的人也不少，说不定你以后也会有需要他们的时候。

即便一时，甚至永远也得不到受困者的回报，但却能够得到另外方面的收益。你的行为增加了做人的道德砝码，充实了人生，让你的个人价值得到提升。帮助了别人，别人感恩你，你同样也会感到充实而愉快。你也会因此而受到更多人的爱戴和认可，有助于你良好人脉的形成和个人形象的提升。

锦上添花给人的回报是现实的，而雪中送炭给人的回报却是潜在的。

没有雪中送炭，这个世界会是一片寒冷，没有人情味；没有锦上添花，这个世界又会少一些美丽，仍然没有人情味。遇到受困者，送去你的温暖；遇到到成功者，送上你的祝福。雪中送炭是一种美德，锦上添花也是一种美德。

◎ 预期收益：AA制在中国行不通的缘由 ◎

"AA"是"Algebraic Average"的缩写。意思是"代数平均"。意思可以从字面看出，就是按人头平均分担账单的意思。这个意思首先来自英国人对荷兰人的偏见，因为古荷兰人就是平分账单的。

电影《喜福会》中女儿爱上她的老板。两人从婚前到婚后，一切费用要求均分，而丈夫处处找机会占她金钱的便宜，事实上，他的薪水是她的7倍还多。

她订杂志，他看，但她付费；她不吃冰淇淋，但买冰淇淋的钱均摊……当她日复一日看着他在计算器前面摊算费用，她知道他们婚姻的基础正在逐步瓦解，但他一点都不觉得有任何不妥。

她的母亲去他们的家，只看几眼，就知道了问题所在。她跟女儿说：其实你知道你在这个婚姻里要的是什么。告诉我，是什么？女儿说：尊重、温柔与爱。母亲说：那么，除非他能给你，否则离开他。

中国人向来比较讲究礼节，连一起吃饭埋单都要抢着付钱。而西方人却是不争不抢，AA制，简明了事。为什么会有这样的差异？

通常的回答是因为文化的不同，中国人讲面子、好客气，西方人比较实在，崇尚独立。但要是再问，为什么中国人的文化与洋人不同，不同的文化是如何形成的，有没有什么道理？恐怕很多人就答不上来了。文化是一个很难说清楚的东西，用文化不同来回答中国人请客吃饭方式与洋人的不同，是在用一个说不清楚的东西解释另一个说不清楚的东西，这样的回答很难让人感到满意。

其实，可以从经济学的角度来看这个问题。这涉及经济学的成本与收益的问题，即一个人无论做什么事情，付出了成本，就要得到预期的收益。

首先，中西方的"流动性"有差异。在经济学家们看来，历史上的中国社会以农业文明为特性，人群的流动性较差，因此，一个人请客埋单的时候，完全可以预期到被请的人日后也会请他，所以请客的人其实并不吃亏，大家轮着来就是了。

也就是说，中国人的生活生存状态相对稳定。埋单不过是一个轮流的程序而已。而在西方，海洋和商业文明使得人群的流动性更强，一个人今天在这个地方，明天就有可能到了那个地方。一个人请别人的客，被请的人说不定这辈子再也碰不到了，为了大家都不吃亏，彼此分摊，各人付各人便是最好的办法。

人都是理性的，他今天付出成本为别人埋单，就是想得到以后预期的收益，即让别人以后也为他埋单。相互间的生存状态越稳定，一个人为他人埋单的风险就越小，他被别人日后回报的可能性就越大，反之风险就越大，回报的可能性也越小。

其次，中国人也不是一味地由一个人埋单。两个人第一次在一块儿吃饭，大家都抢着埋单，第二次大家虽然也是抢着付钱，可往往是上一次没付钱的一方极力阻止另一方，并将钱付上，而上次付钱的一方也就顺势将掏钱包的手放下，并客气一番。这样看来，中国人实际上实行的也是一种AA制，只不过形式上不一样，相对含蓄一些而已。

去年刚结婚的张先生26岁，是个典型的"80后"，他大学一毕业就找了份薪酬很不错的工作，高收入使他养成了消费大手大脚的习惯。他的妻子潇潇也是从小娇生惯养的独生女。

张先生为了体贴老婆，家务活基本都是请"钟点工"来做，三餐也是轮流在双方父母家解决。他们在家庭开支方面采取"AA制"，两人拥有一个共同的账户，他管密码，潇潇管卡，每月两人分别往里面存2000元用于请钟点工、水电气费和物管费等家庭日常琐碎开支。若是要购买上万元的东西，两人也会共同商量合计，确定如何均摊，剩余的收入则用来买自己喜欢的东西。

人的本性是利己的，现代经济学对人的研究也是建立在这种对人性承认的基础之上的，所以经济学家眼里的人，都是理性人，他所从事一切活动的目的都是为了实现个人利益的最大化。在人际关系的处理过程中，大家都是顺应人性，遵循经济学道理。

◎零和博弈：你死我活的游戏◎

中国人有句老话，"忍一时风平浪静，退一步海阔天空"，讲的是非暴力的指挥，用博弈论术语来说就是避免零和博弈。

零和博弈意思是双方博弈，一方得益意味着另一方吃亏，一方得益多少，另一方就吃亏多少。之所以称为"零和"，是因为将胜负双方的"得"与"失"相加，总数为零。

一个游戏无论几个人来玩，总有输家和赢家，赢家所赢的都是输家所输的，所以无论输赢多少，正负相抵，最后游戏的总和都为零，这就是零和游戏。

零和博弈属于非合作博弈。在零和博弈中，双方是没有合作机会的。各博弈方决策时都以自己的最大利益为目标，结果是既无法实现集体的最大利益，也无法实现个体的最大利益。零和博弈是利益对抗程度最高的博弈，甚至可以说是"你死我活"的博弈。

在社会生活的各个方面都能发现与"零和游戏"类似的局面，胜利者的光荣后面往往隐藏着失败者的辛酸和苦涩。从个人到国家，从政治到经济，到处都有"零和游戏"的影子。

一群年轻人在一家火锅城为朋友过生日，其中有一个年轻人拿着自己已吃过了的蛋饺要求更换。由于火锅城有规定，吃过的东西是不能换的，所以年轻人要求遭到拒绝，双方因此发生冲突，打了起来。

最后，火锅城人多势众打败了那几个青年人。

可以说博弈的结果是火锅城的一方赢了，而实质上，他们真的赢了吗？从长远来看，他们并没有赢。这就是人际博弈中的"零和博弈"，这种赢方的所得与输方的所失相同，两者相加正负相抵，和数刚好为零。也就是说，他们的胜利是建立在失败方的辛酸和苦涩上的，那么，他们也将为此付出代价。还以此为例，虽然火锅城一方的人赢了，但从实际角度去分析，我们不难发现，火锅城的生意也会因此造成影响，传出去就会变成"这家店的服务真是太差劲了，店员竟敢打顾客，以后再也不来这里了"，"听说没有，这家店的人把顾客打得可不轻啊，以后还是少来这里了"，"什么店，竟打人，做得肯定不怎么样"，等等。

其实，邻里之间也是一种博弈，而博弈的结果，往往让人难以接受，因为它也是一种一方吃掉另一方的零和博弈。

在一个家属院里住着四五家人，由于平时太忙，邻里之间就如同陌生人一样，各家都关着门过着平静的生活。但不久前，这个家属院热闹了，原因是，有一家的大人为家里的女儿买了一把小提琴，小女孩没有学过小提琴，又喜欢每天去拉，而且拉得难听极了，更要命的是小女孩还总挑人们午休的时候拉，弄得整个家属院的人都有意见。于是矛盾便产生了，有性格直率的人直接找上门去提意见，结果闹了个不欢而散，小女孩依然我行我素。大家私下里议论纷纷，有年轻人发了狠说，干脆每家买一个铜锣，到午休的时候一齐敲，看谁厉害。结果，几家人一合计，还真那样做了。结果合计的几家人，终于让那个小女孩不再拉琴了。不过之后的几天，小女孩见了邻居，便如同见了仇敌一样。她认为，是这些人使她不能再拉小提琴的。邻里关系更是糟糕极了。

可以说，这个典型的一方吃掉另一方的零和博弈是完全可以避免的。对于这件事，其实双方都有好几种选择。对于小女孩这一家来说，其一，他们可以让女儿去培训班参加培训；其二，在被邻居告知后，完全可以改变女儿拉提琴的时间；其三，也就是在被邻居告知后，不去理会。而其邻居也有如下选择，其一，建议这家的家长，让小女孩学习一些有关音乐方面的知识；其二，建议他们让小女孩不要午间休息拉琴；其三，以其人之道，还治其人之身。

但其结果，双方的选择很令人遗憾，因为他们都选择了最糟糕的方案。很多事实证明，在很多时候，参与者在人际博弈的过程中，往往都是在不知不觉作出最不理智的选择，而这些选择都是由于人们的为己之利所得出的结果，要么是零和博弈，要么是负和博弈，都是非合作性的对抗博弈。

如果博弈的结果是"零和"或"负和"，那么，对方得益就意味着自己受损或双方都受损，因此，为了生存，人与人之间必须学会与对方共赢，把人际关系变成是一场双方得益的"正和博弈"，与对方共赢，是使人际关系向着更健康方向发展的唯一做法。如何才能做到这一点呢？要借助合作的力量。

◎ 华盛顿定律：三个和尚会没有水喝 ◎

山上有座小庙，庙里有个小和尚。他每天挑水、念经、敲木鱼，给观音菩萨案桌上的净水瓶添水，夜里不让老鼠来偷东西，生活过得安稳自在。不久，来了个长和尚。他一到庙里，就把半缸水喝光了。小和尚叫他去挑水，长和尚心想一个人去挑水太吃亏了，便要小和尚和他一起去抬水，两个人只能抬一只水桶，而且水桶必须放在扁担的中央，两人才心安理得。这样总算还有水喝。后来，又来了个胖和尚。他也想喝水，但缸里没水。小和尚和长和尚叫他自己去挑，胖和尚挑来一担水，很快独自喝光了。从此谁也不挑水，三个和尚就没水喝。大家各念各的经，各敲各的木鱼，观音菩萨面前的净水瓶也没人添水，花草枯萎了。夜里老鼠出来偷东西，谁也不管。结果老鼠猖獗，打翻烛台，燃起大火。三个和尚这才一起奋力救火，大火扑灭了，他们也觉醒了。从此三个和尚齐心协力，水自然就更多了。

一个和尚挑水喝，两个和尚抬水喝，三个和尚没水喝。这也是一个经济学的定律，后被管理学界广泛引用和流传，这就是华盛顿合作定律。即，一个人敷衍了事，两个人互相推诿，三个人则永无成事之日。

为什么人多反而影响工作积极性呢？早在1920年，德国心理学家黎格曼曾进行过一项实验，专门探讨团体行为对个人活动效率的影响。他要求工人尽力拉绳子，并测量拉力。参与者都参加3种形式的测量：个人单独拉、3人同时拉和8人同时拉。结果是：个体平均拉力为63公斤；3人团体总拉力为160公斤，人均为53公斤；8人团体总拉力为248公斤，人均只有31公斤，只是个人独自拉时力量的一半。黎格曼把这种个体在团体中较不卖力的现象称为"社会懈怠"。

之所以会产生"社会懈怠"现象，可能是每个人觉得团体中的其他人没有尽力，为求公平，于是自己也就减少努力；也可能是觉得自己的努力对团体微不足道，所以没有全力以赴。不管发生这种现象的具体原因是什么，这种"社会懈怠"现象在生活中普遍存在。比如我们时常会抱怨"人多事杂"，以至于难以高效地完成一项任务；"三个臭皮匠赛过诸葛亮"，现在大家将其调侃成"三个诸葛亮不如一个臭皮匠"，这实际也是对"社会懈怠"现象的一种讽刺。

"一个人敷衍了事，两个人互相推诿，三个人则永无成事之日"这就是华盛顿合作定律，似乎与我们"三个和尚"的故事有着异曲同工之妙。不管是分工合作，还是职位升迁，抑或利益分配；不论出发点是何其纯洁、公正，都会因为某些人的"主观因素"而变得扑朔迷离、纠缠不清。随着这些"主观因素"的渐渐蔓延，原本简单的上下级关系、同事关系都会变得复杂起来。

可见，人与人的合作不是人力的简单相加，而是要复杂和微妙得多。在人与人的合作中，假定每个人的能力都为1，那么10个人的合作结果有时比10大得多，然而有时却甚至比1还要小。

查理和他的搭档史蒂夫都是盗窃高手，身手不凡、技艺高超，一起效命于意大利黑手党。一次，他们联手抢劫了一批价值3500多万美元的黄金。在警察的追捕中，史蒂夫出卖了查理，把他送进监狱，自己独吞了巨额黄金。

在查理熬过了几年的牢狱生涯，走出监狱大门后，他决心夺回那笔黄金。因此，他四处网罗帮手，首先找到的是一位擅长在最短时间内撬开保险箱密码锁的美女斯黛拉。然后，查理又找到了一位身手不凡的打手罗布。

查理又打探到史蒂夫的所在地是洛杉矶，便迅速策划了一个详细周全的盗窃和逃跑计划，以躲避警察和史蒂夫的双重追捕。因为有密码高手斯黛拉，撬开保险箱不成问题，关键就在逃跑。查理决定制造一场洛杉矶大塞车，控制市区内各个路口的红绿灯，从而为他们的胜利逃跑开辟出一条绿色通道。

为了这个天衣无缝的计划，三人进行了详细的分工：一人负责侵入交通部门的电脑，控制洛杉矶路口的红绿灯，并通报最快捷、最安全的逃跑线路；另外两人，分别驾驶蓝色和红色的 Mini Cooper，载着偷来的黄金，负责安全逃脱。

而他们的对手史蒂夫也不是省油的灯，决不会轻易放弃黄金。同时他也察觉到查理的阴谋，所以没有驾车追击，而是开着一架小型直升机跟在查理的头顶。驾着 Mini Cooper 的查理终于逃脱了警察的追捕，却无法逃出开着直升机追击的史蒂夫，最后，这两位曾经的盗贼搭档，展开了一场一对一的决斗……

在这场斗争中，从分工协作、制订天衣无缝的计划后一起努力行动，查理等三人的无间合作在他们的行动中起到关键性的作用。

如同谚语"三个臭皮匠赛过诸葛亮"中说的那样，三个智力水平普通的人只要肯合作，他们的总体智力水平就可以高于一个智力超常的人。更何况电影中三个高手的合作无间呢。

人或多或少都拥有些自私与惰性，而且相互间信任的建立也是一个漫长的过程，然而从信赖到猜疑甚至排斥，往往却只需一件事甚至一个小小的误会。正是由于这些特性，使得团队合作变得复杂起来，团队管理也成了一门伟大的学问。如何避免"华盛顿合作定律"的弊端，尤其在现今这个提倡团队合作的社会，是各个团队管理人所必须面对的。明智的管理者，不但会不断提高员工整体素质，而且还会建立分工合理、职责明确、奖罚分明的管理机制，形成一个有利于人才成长与竞争的舞台，这样才能"揽天下英才为我所用"。

◎猎鹿博弈：乌龟要和兔子合作◎

春秋战国时期，越国人甲父史和公石师各有所长。甲父史善于计谋，但处事很不果断；公石师处事果断，却缺少心计，常犯疏忽大意的错误。他们经常取长补短，合谋共事，好像有一条心。这两个人无论一起去干什么，总是心想事成。

后来，他们在一些小事上发生了冲突，吵完架后就分了手。当他们各行其是的时候，都在自己的事业中屡获败绩。

一个叫密须奋的人对此感到十分痛心，他哭着规劝两人说："你们听说过海里的水母没有？它没有眼睛，靠虾来带路，而虾则分享着水母的食物。这二者互相依存，缺一不可。北方有一种肩并肩长在一起的'比肩人'。他们轮流着吃喝、交替着看东西，死一个则全死，同样是二者不可分离。现在你们两人与这种'比肩人'非常相似。你们和'比肩人'的区别仅仅在于，'比肩人'是通过形体，而你们是通过事业联系在一起的。既然你们独自处事时连连失败，为什么还不和好呢？"

甲父史和公石师听了密须奋的劝解，感到很惭愧。于是，两人言归于好，重新在一起合作共事。

这则寓言故事说明个体的能力是有限的，在争生存、求发展的斗争中，只有坚持团结合作，才有可能获得最终的成功。这便涉及了经济学中的正和博弈，为了更好地理解，我们不妨用"猎鹿模型"来解释在博弈中合作的必要性。

在古代的一个村庄，有两个猎人。为了使问题简化，我们假设主要猎物只有两种：鹿和兔子。如果两个猎人齐心合力，忠实地守着自己的岗位，他们就可以共同捕得一只鹿；要是两个猎人各自行动，仅凭一个人的力量，是无法捕到鹿的，但可以抓住4只兔子。

从能够填饱肚子的角度来看，4只兔子可以供一个人吃4天；1只鹿如果被抓住将被两个猎人平分，可供每人吃10天。也就是说，对于两位猎人，他们的行为决策就成为这样的博弈形式：要么分别打兔子，每人得4；要么合作，每人得10。如果一个去抓兔子，另一个去打鹿，则前者收益为4，而后者只能是一无所获，收益为0。在这个博弈中，要么两人分别打兔子，每人吃饱4天；要么大家合作，每人吃饱10天，这就是这个博弈的两个可能结局。

通过比较"猎鹿博弈"，明显的事实是，两人一起去猎鹿的好处比各自打兔子的好处要大得多。猎鹿博弈启示我们，双赢的可能性都是存在的，而且人们可以通过采取各种举措达成这一局面。

但是，有一点需要注意，为了让大家都赢，各方首先要做好有所失的准备。在一艘将沉的船上，我们所要做的并不是将人一个接着一个地抛下船去，减轻船的重量，而是大家齐心协力地将漏洞堵上。因为谁都知道，前一种结果是最终大家都将葬身海底。在全球化竞争的时代，共生共赢才是企业的重要生存策略。为了生存，博弈双方必须学会与对手共赢，把社会竞争变成一场双方都得益的"正和博弈"。

厉以宁曾经讲过新龟兔赛跑的故事：龟兔赛跑，第一次比赛兔子输了，要求赛第二次。第二次龟兔赛跑，兔子吸取经验，不再睡觉，一口气跑到终点。兔子赢了，乌龟又不服气，要求赛第三次，并说前两次都是你指定路线，这次得由我指定路线跑。结果兔子又跑到前面，快到终点了，一条河把路挡住，兔子过不去，乌龟慢慢爬到了终点，第三次乌龟赢。于是两个就商量赛第四次。乌龟说，咱们老竞争干吗？咱们合作吧。于是，陆地上兔子驮着乌龟跑，过河时乌龟驮着兔子游，两个同时抵达终点。

这个故事告诉我们双赢才是最佳的合作效果，合作是利益最大化的武器。许多时候，对手不仅仅只是对手，正如矛盾双方可以转化一样，对手也可以变为助手和盟友，微软公司对苹果公司慷慨解囊就是一个最好的案例。如同国际关系一样，商场中也不存在永远的敌人。

◎ 斗鸡博弈：驴子和驴夫都会遭受损失 ◎

试想有两只公鸡遇到一起，每只公鸡有两个行动选择：一是退下来，一是进攻。如果一方退下来，而对方没有退下来，对方获得胜利，这只公鸡则很丢面子；如果对方也退下来，双方则打个平手；如果自己没退下来，而对方退下来，自己则胜利，对方则失败；如果两只公鸡都前进，那么则两败俱伤。因此，对每只公鸡来说，最好的结果是，对方退下来，而自己不退。

伊索寓言中有一个"驴子和驴夫"的故事：

驴夫赶着驴子上路，刚走一会儿，就离开了平坦的大道，沿着陡峭的山路走。当驴子将要滑下悬崖时，驴夫一把抓住他的尾巴，想要把他拉上来。可驴子拼命挣扎，驴夫便放开了他，说道："让你得胜吧！但那是个悲惨的胜利。"

这故事说明，驴子的胜利是一个悲惨的胜利，在与驴夫的对抗中驴子胜了，但却是以自己的牺牲为代价。

有时候，双方都明白二者相争必有损伤，但往往又过于自负，觉得自己会取得胜利。所以，只要把形势说明，等双方都明白自己并没有稳操胜券的能力，僵持不下的斗鸡博弈就会化解了。

我们可以发现生活中常有这样的例子，比如男女双方结婚之后，因为一些家庭琐事就像两只斗架的公鸡，斗得不可开交。婚姻双方的斗鸡博弈，使整个家庭战火纷纷，硝烟弥漫。一般来说，到关键时候，总有一方对另一方的唠叨、责骂开始容忍。如果丈夫装聋作哑，或者妻子干脆回娘家去冷却怒火，或者丈夫摔门而出去找朋友诉苦，一场干戈化为玉帛。

凡事都要决出输赢胜负，那么必然会给自己带来不必要的损失。只有一方先撤退，才能使双方获利。特别是占据优势的一方，如果具有这种以退求进的智慧，提供给对方回旋的余地，就会给自己带来胜利，而且双方都会成为利益的获得者。

康熙时的文华殿大学士兼礼部尚书张英在京做官。在老家桐城，他的邻居吴氏也是当地的豪绅大户，欲侵占张府的宅地，家人驰书京城，要张英凭官威压一压吴氏气焰。谁知张英却回诗一首："一纸书来只为墙，让他三尺又何妨。长城万里今犹在，不见当年秦始皇。"意思很明白：退让。家人得诗，主动退让三尺。吴氏闻之，也后撤三尺，于是形成了六尺宽的巷道，这就是"六尺巷"的由来。

由此可见，懂得退让并不是一种懦弱和失败，而是一种智慧。我们在工作和生活中要知道进退的道理，不要等到斗得两败俱伤的时候才灰溜溜地败下阵来！

在现实中，哪一只斗鸡前进，哪一只斗鸡后退，要进行实力的比较，谁稍微强大，谁就有可能得到更多的前进机会。但这种前进并不是没有限制的，而是有一定的距离。

一旦超过了这个界限，只要有一只斗鸡接受不了，那么斗鸡博弈中的严格优势策略就不复存在了。

当2008年，金融危机到来，华为总裁任正非提出抱团过冬，他说的抱团过冬也就是在斗鸡博弈中选择后退。

一是与合作伙伴抱团。在目前残酷的竞争环境下，宁亏华为不能亏同盟军。华为现在有200多个同盟军，要保护同盟军的利益。比如，我们的通信代理商，他们会出现很大的困难。当价格越来越低，给代理商的利益越来越少，我们要研究怎么能保护我们的同盟军，我们期望有一定的同盟军。一旦春天到来，这些同盟军就可以生龙活虎出去抢单，我们就缓过劲来了。

二是与竞争对手抱团。在竞争的基础上，加强彼此间的相互了解和合作。和对手联合起来搞研发，共同研发一个产品，研发成本降掉一半，华为的成本就降了一半。竞争对手也要手拉手，也要走向合作。因为都要度过这场灾难啊！

三是与内部员工抱团。在度过这个最困难时期，转变能使华为能够迎接困难，所有的华为员工都要有共同清楚的认识，要一起来想办法。公司现在有很多的措施，大家也都来想更多的措施。每个人都要围绕着自己的工作多想措施，想出新的机会点来，想怎么降低成本、想怎么提高服务……

由此可见，任正非等深谙斗鸡博弈之道，如果在这个时候，华为向供货商施加压力，转移成本，就会让供货商在这场危机中死掉；如果华为与同行斗鸡博弈，打压竞争对手，那么同行的死去将会让华为陷入孤独之中，不利于华为的进步；如果华为与员工斗鸡博弈，华为未来的发展就会失去员工和人才的支撑。

◎ 重复博弈：丈夫不敢真打妻子 ◎

清人的《笑笑录》中记载有这样一则笑话：

有一个人去理发铺剃头，剃头匠给他剃得很草率。剃完后，这人付给剃头匠双倍的钱，什么也没说就走了。

一个多月后的一天，这人又来理发铺剃头，剃头匠还想着他上次多付了钱，觉得此人阔绰大方，为讨其欢心，多赚他的钱，便竭力为他剃，事事周到细致，多用了一倍的工夫。

剃完后，这人便起身付钱，反而少给了许多钱。剃头匠不愿意，说："上次我为您剃头，剃得很草率，您尚且给了我很多钱；今天我格外用心，为何反而少付钱呢？"

这人不慌不忙地解释道："今天的剃头钱，上次我已经付给你了，今天给你的钱，正是上次的剃头费。"说着大笑而去。

这个故事说明，当发生有限次的博弈时，只要临近博弈的终点，博弈双方就会采取不合作的策略。因为理发的人必定不会再到这个理发铺来剃头，所以他才采取了不合作的策略。

在现实的世界中，所有真实的博弈只会反复进行有限次，但正如剃头匠不知道客人下一次是否还会光顾一样，没有人知道博弈的具体次数。既然不存在一个确定的结束时间，那么这种相互的博弈一定会持续下去，博弈双方往往会采取合作的方式，实现阶段性的成功。因此，从博弈的角度出发，只要双方仍然存在继续合作的机会，背叛将会受到抑制。

在现实生活中，我们往往能发现这样的情况：在公共汽车上，两个陌生人会为一个座位而争吵，可如果他们相互认识，就会相互谦让。这是因为人们之间是一种"不定次数的重复博弈"。在较长的视野内，人与人交往关系的重复所造成的"低头不见抬头见"，因此使得自私的主体之间走向合作。事实上，重复博弈更逼真地反映了日常人际关系。在重复博弈中，合作的长期性能够纠正人们短期行为的冲动，为以后长期利益计，必须维持好周围人的人际关系。

重复博弈同样可以解释很多商业行为。我们可以发现在车站和旅游景点这些人群流动性比较大的地方，不但商品和服务质量差，而且假货横行，因为商家和顾客没有"下一次"的博弈机会。旅客因为质优价廉而在此重复光临的可能性微乎其微，因而，大多数人的选择是："一锤子买卖"，有赚白不赚！一次性买卖往往发生在双方以后不再有买卖机会的时候，特点是尽量谋取暴利并且带有欺骗性。而以"熟客"、"回头客"为主要顾客群的厂商，他们一般会通过薄利多销的行为使得双方能继续合作下去，他们一般不会选择"宰客"。

实际上，我们也可以借用博弈论来解释夫妻之间的一些行为。夫妻之间的博弈不是一次博弈，而是多次博弈。也正是由于夫妻之间博弈的重复性，所以在博弈过程中只要双方还在理智的情况下，谁也不敢动真格地整治对方，只是吓唬吓唬而已。

丈夫打妻子，他不敢真正下狠手，而妻子一般也不敢闹得太过分，因为他们都明白，仅为一时出口气而给对方造成的伤害，到头来还得要自己来承担。也正因为这样，夫妻之间都知道："别看你现在这么凶，其实你并不敢真把我怎么样。"所以有许多家庭，只要一方挑起事端，另一方就会积极应战，夫妻之间的博弈就时断时续。

所谓"争争吵吵，相伴到老"，其实就是对这种博弈情形的形象写照。因为对于夫妻而言，博弈的目的不是为了在分手时能得到更多的"好处"，而是希望能更好地维持合作的稳定性，从而缔结连理，白头偕老。

一般而言，在经历多次的博弈之后，会达到一个均衡点——纳什均衡。在纳什均衡点上，每个参与者的策略是最好的，此时没有人愿意先改变或主动改变自己的策略。也就是说，此时如果他改变策略，他的收益将会降低，每一个理性的参与者都不会有单独改变策略的冲动。因此，在经历了多次的重复博弈后，博弈的双方都不希望这种最优状态发生改变，这种相对稳定的结构会一直持续下去，直到博弈的终点。

◎ 旅行困境：做人不能太精明 ◎

怎样变得更"聪明"，如何判断人与人之间的利益关系和作出对自己最有利的选择？这个教人"聪明"的学问告诫大家，做人不能太"精明"，否则聪明反被聪明误，得不偿失，弄巧成拙。

经常乘飞机的朋友会发现，托运的行李会不翼而飞或者里面有些易损的物品遭到损坏，是很麻烦的事情，向航空公司进行索赔，航空公司一般是根据实际价格给予赔付，但有时某些物品的价值不容易估算，且物件又不大，那怎么办呢？

有两个出去旅行的女孩，A和B，她们互不认识，各自在景德镇同一个瓷器店购买了一个同样的瓷器。然而在机场她们发现托运的行李中的瓷器损坏了，于是向航空公司提出索赔。因为物品没有发票等证明价格的凭证，航空公司内部评估人员估算价值应该在1000元以内。无法确切地知道该瓷器的价格，所以航空公司请这两个女孩分别把价格写下来。

航空公司认为，如果这两个女孩都是诚实可信的老实人的话，那么她们写下来的价格应该是一样，如果不一样的话，则必然有人说谎。而说谎的人总是为了能获得更多的赔偿，所以可以认为申报的瓷器价格较低的那个女孩应该相对更加可信，并会采用两个中较低的那个价格作为赔偿金额，同时会给予那个给出更低价格的诚实女孩以价值200元的奖励。

这时，两个女孩各自心里就要想了，航空公司认为这个瓷器价值在1000元以内，而且如果自己给出的损失价格比另一个人低的话，就可以额外再得到200元，而自己实际损失是888元。

A也很聪明，她想，航空公司不知道具体价格，那么B肯定会认为多报损失多得益，只要不超过1000元即可，那么那个最有可能报的价格是900元到1000元之间的某一个价格。A心想就报890元，这样航空公司肯定认为我是诚实的好姑娘，奖励我200元，这样我实际就可以获得1090元。

而B更加聪明，她猜到A要报890元，于是准备报888元的原价。

A看到表情诡异的B，心里又开始盘算了，估计她会算计到我报890元，于是就填真实价格了，哼，我要来个更厉害的，我报880元，低于真实价格，这下她肯定想不到了吧！

……

我们都知道，下棋、计谋之类的东西关键是要想得比对手更远，于是这两个极精明的人相互算计，最后都报了689元。她们都认为，原价是888元，而自己报689

元肯定是报价低的一方了,加上奖励的200元,就是889元,还能赚1元。

这两个人算计别人的本事是旗鼓相当的,她们都暗自为自己最终填了689元而感到兴奋不已。最后,航空公司收到她们的申报损失,发现两个人都填了689元,料想这两个人都是诚实守信的好姑娘,航空公司本来预算的2198元的赔偿金现在只要赔偿1378元就可以了。最后,两个人各自只拿到689元,还不足以弥补瓷器的本来损失呢,亏大了!本来她们俩可以商量好都填1000元,这样她们各自都可以拿到1000元的赔偿金,而就是因为她们互相都算计对方,要拿得比对方多,最后搞得大家都不得益。这个就是著名的"旅行者困境"博弈模型。

这个模型告诉我们一个博弈思想,做人不能够过于"精明"。太精明的人未必是真的聪明,有时精明过头了往往会变得更糟糕。当然现实生活中未必会真的出现这种超级精明的人,可以算到几十步以外,而作出自认为最终的最优策略。可能人们往往只能算计到中间某个价格,不至于会这么低,但其实道理是一样的。

人有时候需要一种合作的大度,尽管人都是"自利"的,但一个真正聪明的人的"自利"应该具有前瞻性和远见,能预测事物发展趋势后果。在这个"旅行者困境"中,尽管各自自利的选择都是去算计对方,但一个聪明的人应该能够预计到互相算计的后果只能使她们共同的博弈对象——航空公司渔翁得利。所以这种无谓的内耗是不值得,一个聪明的人应该懂得去寻求合作,尽管合作总是要让自己预期的利益受到一部分的损失。但博弈论告诉我们,合作的最终结果往往比完全各自自利的结果更能使各自获得更好的收益。如果我们能从更高的角度去看待这种合作的行为,往往就可以实现更大的"自利"收益。

当今经济学之所以可以在整个社会科学中处于统治地位,就是凭借了这种客观的分析方法,而不是主观地拍脑袋去感觉。但是,我们所说的客观理性并不是说就不要伦理道德了,恰恰相反,我们认为伦理道德的形成本身就是一种博弈的过程。伦理道德本身就是一个博弈的均衡解,它是一种惯例、习惯、规范,也是制度的一种形式,它的重要性在于可以降低交易成本。

就像我们这个"旅行者困境"博弈中,如果双方都遵循"诚信"这个道德规范的制度,就都会选择888元,这样也不至于都落到689元的更大损失的境地。所以从这个角度看,诚信合作很重要,也就不会有主观的意识形态之争了,因为它的形成是一种必然,一种规律,是不以人的意志为转移的。

◎ 长期投资:吃亏是福 ◎

一天早晨,父亲做了两碗荷包蛋面条,一碗有荷包蛋在上边,一碗上边无蛋。端上桌,父亲问儿子:"吃哪一碗?"

"有蛋的那一碗。"儿子指着有蛋的那碗。

"让爸吃那碗有蛋的吧,"父亲说,"孔融7岁能让梨,你10岁啦,让爸一次吧?"

"孔融是孔融,我是我——不让!"说着儿子一口就把蛋给咬了一半。

"不后悔?"

"不后悔。"儿子又一口把蛋吞了下去。

待儿子吃完,父亲开始吃。没想到父亲的碗底藏了两个荷包蛋,儿子傻眼了。

父亲指着碗里的荷包蛋告诫儿子说:"记住,想占便宜的人,往往占不到便宜。"

第二天,父亲又做了两碗荷包蛋面。一碗蛋在上边,一碗上边无蛋。端上桌,问儿子:"吃哪碗?"

"孔融让梨,我让荷包蛋。"儿子狡猾地端起了无蛋的那碗。

"不后悔?"

"不后悔。"儿子说得坚决。

可儿子吃到底,也不见一个荷包蛋,倒是父亲的碗里,上边一个,下藏一个,儿子又傻了眼。

父亲指着蛋教训儿子说:"记住,想占别人便宜的人,终究要吃亏。"

第三次,父亲又做了两碗面,还是一碗蛋在上边,一碗上边无蛋。

父亲问儿子:"吃哪碗?"

"爸爸您是大人,您先吃。"儿子诚恳地说。

"那就不客气啦!"父亲端过上边有蛋的那碗,儿子发现自己碗里面也藏着一个荷包蛋。

父亲意味深长地说:"不想占别人便宜的人,生活也不会让他吃亏。"

这就是从表面吃亏中学到的智慧,即"吃亏是福"。不要因为一开始吃一点亏而斤斤计较,开始时吃点亏,是为以后的不吃亏提前投入成本,不计较眼前的得失是为了着眼于以后更大的收益。

生活中总有这样的人,他们做事时总怕自己吃了亏,一门心思绝不能便宜别人,生活中处处抢先,眼睛总是盯着利益生怕被人抢走。这样的人首先在做人上就吃了大亏,周围的人肯定对他很反感,合作几次后就再也不想与他继续了。合作伙伴一个个离他而去,那不是吃了大亏吗?

所以,我们应当将"成本—收益"法则谨记心中,记住将每一次的吃亏都看做是成本投入,做事不要怕便宜了别人,不妨放开心胸,给别人点甜头,就当是为未来的收益提前交上了学费好了。有些时候,糊涂处世,主动吃亏,是"便宜"别人又自己"得益"的有效"手腕",因为合作中得到好处的友人还会再次跟你合作,甚至拉着朋友一起跟你合作,合作机会多了,利益自然来,何乐而不为呢?

小于是一家机械公司的销售经理。山东的一个客户打电话过来说想买一台设备,并且再把他们原来用的老型号的机器修理一下,让小于他们过去一趟,并且说得很着急。小于他们决定去一趟,一来帮对方维修一下机器,另外还能再签订一台设备的合同。

于是，小于带上他们的维修师傅和司机几个人开车去了山东，一大早出发，路上还下起了大雨，下午才到了。客户厂的主管设备的一位副总接待了他们，他们直接就先去看了他们的旧机器，并且帮他们连修理带清理地维修好了，等他们返回来跟他们谈购买新机器的合同时，副总说老板出门去韩国了，这次订不了，并说先请他们去吃饭吧。想到订新机器无望，天又黑了，还下着雨，他们也就没吃饭，连夜返回了，回来路上，几个人都大喊上当了，骗我们来这里修机器，他们根本就没想订什么新设备……小于跟他们说："也别太计较了，有时吃亏可能是好事，我估计，他们这次不上设备就算了罢，一旦哪一天他们决定买时，肯定会先想起咱们的……"

没过多久，那个厂的机器终于破旧得不能再用了，直接给小于打电话定了两台新设备，老板很爽快地说："那次你们帮我们维修机器不收费用，连饭都没吃冒雨前来的事，我们很感动，因此，这次毫不犹豫直接跟你们买！"

小于和他的同事帮别人修理机器却没有拿到订单，看似这个厂占了便宜而小于吃了亏，却没想到，正是小于他们的免费修理为拿下两台机器的订单起到了心理铺垫的作用。

在行人拥挤的闹市，突然有人无意中踩着你的脚，你赶紧抢在前头说一句"对不起，耽误您落脚了"的话，此人不管是白领阶层还是灰领人士，肯定会投之以桃，报之以李地说句客套话以表歉意或者无言以对地笑脸相送。这时候你的脚即使还痛，心里也是春风和煦，脚痛用心暖来疗养，受益的肯定是身心健康，这也算是一种福气了！

"吃亏是福，持续吃亏是大富"不是句套话，而是经济学的大智慧。尤其关键时候敢于吃亏的气量，不仅体现你大度的胸怀，同时也是做大事业的必要素质。这是李嘉诚成就首富的秘诀，也是你成就未来的秘诀。

◎ 信息不对称：为什么皇帝总杀重臣 ◎

很多史实都证明了，皇帝总是拿重臣开刀。朱元璋手下众多的功臣良将都被他杀死，康熙杀鳌拜，嘉庆帝杀和珅。

春秋时期，越王勾践手下有两位重臣：文仲和范蠡。勾践被吴王打败后，能够东山再起，得益于这两人的协助。

这其中文仲的贡献不可磨灭。当初，勾践准备率兵抗吴的时候，文仲认为时机还未成熟。可惜勾践一意孤行，最终战败。文仲又忍辱负重，多方奔走，促使吴王夫差答应不杀勾践。勾践作为人质，留在吴国服侍吴王三年。在这期间，文仲代替勾践在治理越国，打理朝政。文仲一直尽心尽力，大力发展越国经济，为越国后来的称霸打下了坚实基础。

在勾践回到越国后，文仲又向勾践提出了破吴七策。勾践采纳文仲的意见，励精图治，最终得以报仇雪恨，打败吴国，迫使吴王夫差自杀。

勾践伐吴胜利后，举办了庆功大会。大臣们都争相祝贺，但勾践却没有流露出太多的喜悦之情，相反他还有些愁容，善于察言观色的范蠡首先注意到了勾践的变化。很显然，勾践不太乐意承认大臣们的功劳，他更担心这些功臣们日后不好领导，对他们的猜忌之心也显露无遗。足智多谋的范蠡权衡再三，决定急流勇退，他主动向勾践提出要告老还乡。尽管勾践一再劝留，范蠡还是留下官印不辞而别。

范蠡临走前，念及旧日情分，特意给文仲写了一封信，信中写道："还记得当初吴王夫差临死的时候说过的一句话吗？他说：'狡兔死，走狗烹；敌国破，谋臣亡。'他其实是说给咱们听的，越王的为人，你我都很清楚。他既能忍受屈辱，又很忌妒他人的功劳。这样的人，只能共患难不能与共安乐。所以，我劝你也跟我一起退隐，不然只怕日后会遭遇不幸。"

文仲看过范蠡的信后，不以为然，他觉得自己对越国的贡献足以保证自己的安全。不过，他还是小看了越王勾践的手段。勾践深知文仲的才干，现在吴国已经灭掉，越国称霸诸侯，文仲的作用已经不大。像文仲这样的人才，一旦参与造反作乱，对勾践会构成极大的威胁。继续任用文仲的收益要小于留着文仲的风险，所以，勾践决定除掉文仲。

有一天，勾践亲自去看望文仲。谈及往事，勾践对文仲说："当年你有七条破吴计谋，我只用了其中的三条就消灭了吴国。你这还剩下四条计谋，将来准备用来对付谁呢？"文仲听出勾践话中有话，又不敢贸然回答，只是低头不语。勾践也不多说，起身离开的时候，特意送给文仲一把宝剑。

文仲拿过宝剑，看到剑匣上刻有"属镂"二字，这才明白勾践的意思。按当时的规矩，国君如果将刻有"属镂"字样的兵器赠给大臣时，意思就是让这个大臣自杀。文仲想起范蠡的告诫，只能长叹一声："不听范蠡的劝告，终于落得如此下场，我太天真了！"说完，文仲拔剑自刎了。

文仲的死，暗合了夫差的预言。在中国数千年的历史上，"飞鸟尽，良弓藏"的事情一直周而复始地上演着。明朝的开国皇帝朱元璋，可以说是这方面的典型代表。他手下众多的功臣良将，没有战死沙场的，绝大部分都被他一一除掉。

皇帝为什么要杀掉自己的重臣，历史学家自有一番见解。其实，在经济学中，运用信息经济学的理论来分析重臣与皇帝间的关系，也能发现其中的奥秘。

信息经济学中有一个"委托——代理"理论：由于信息的不对称，代理人有多种类型，代理人知道自己属于什么类型，但委托人不知道，为了显示出类型，代理人会选择某种信号，委托人根据观测到的信号来判断代理人的类型，同代理人签订合同。这就是所谓的信号传递模型。

通过这个经济理论，皇帝与大臣间的关系就可以看做是一种"委托——代理"的关系。皇帝作为国家的所有者，虽然控制着国家的所有权，但他一个人是没法直接治理国家的,他需要委托一个或数个代理人来帮助他治理国家。于是,皇帝会给予大臣们高官厚禄,要求他们勤奋工作,为自己效命。大臣们是否能够勤奋工作,这属于激励机制,皇帝最关心的还是大臣们的忠心,担心他们是否会造反。

对皇帝来说,江山的稳定是第一重点。大臣们了解皇帝和国家机制,他们是最有可能成为造反的力量。当然,并不是所有的大臣都会造反,于是皇帝就需要识别哪些大臣最可能造反,于是便会出现信息不对称的现象:大臣们清楚自己会不会造反,皇帝却不知道谁忠谁奸。

根据信息经济学的理论,大臣们必须发出一个信号或皇帝必须用一个信号来区分忠臣和奸臣。在一般的经济活动中,由于每种经济活动的成本和收益不同,可以根据一个信号制定出分离条件。但造反这样的事却很特殊,当皇帝的收益太高,以至于任何成本都值得付出,皇帝用来识别忠奸的信号就比较模糊,寻找分离条件的困难程度大大提高。

于是,皇帝就会陷入这样的困境:他无法从大臣中分离出忠臣和奸臣,但他又必须保证自己的江山能够千秋万代。这个时候,皇帝只有用一种非常规的分离信号来进行识别:有能力造反的和没有能力造反的。

有些开国重臣在交出兵权后,仍会被杀,这也可以用经济学理论来解释。重臣除了拥有职位、兵权这些有形资产外,还有声望、才能、人际关系等无形资产。即使交出了有形的兵权,那些潜在的无形资产是无法上交的,对于皇帝来说,他们仍构成威胁。

所以,皇帝只有将那些有能力造反的重臣们杀掉,剩下的大臣即使有造反之心,也无造反之力。这样一来,皇帝在面临同样困境的时候,都会作出同样的选择:宁可错杀三千,不可放过一个。

所以,你是否是"皇帝"身边的重臣,你是否用你的诚信来说服"皇帝"信任你。可能你是危险的,也可能你是幸运的。毕竟,谁都很少有机会与"老虎"和平共处,与其"狐假虎威",不如衷心辅佐。

◎ 品牌效应:口碑传播的力量 ◎

秦朝末年,楚地有一个名叫季布的人,性情耿直,为人豪爽。只要是他答应过的事情,无论有多大困难,都会尽力办到。慢慢地,季布得到了"得黄金千两,不如得季布一诺"的好名声。

到楚汉之争的时候,季布投奔了楚霸王项羽。他给项羽出谋划策,让刘邦吃了不少苦头。刘邦后来打败项羽,做了皇帝,想起往事,于是下令通缉季布。

这个时候,季布的名声便发挥了作用。那些过去听说过季布为人的人,都暗中帮助他。季布逃亡到山东一家朱姓人家,乔装打扮给朱家当佣人。朱家人明知道此人就是季布，仍愿意收留他。

后来，朱家还专门派人到洛阳去找刘邦的老朋友夏侯婴说情。夏侯婴劝说刘邦："季布的名声已经传遍天下，再追捕他会失去天下的民心，不如给他官做，更能体现汉家的气度。"刘邦觉得夏侯婴说得有理，便撤销了对季布的通缉令，还封季布做了郎中，后来又改做河东太守。

季布有一位同乡，名叫曹丘生。此人喜欢结交有权势的官员，借以炫耀和抬高自己，季布很看不起他。曹丘生听说季布做了大官，马上去见季布。

季布听说曹丘生要来，决定好好数落他一顿。曹丘生见到季布后，发现季布脸色阴沉，说话也很难听。曹丘生一点也不在意，一边打躬作揖，一边和季布聊着家常，他对季布说："楚地一直有你'季布一诺'的好口碑，您是怎样得到这么高的声誉的呢？您和我都是楚人，如今我在各处宣扬您的好名声，这难道不好吗？您又何必不愿见我呢？"

季布觉得曹丘生说得有道理，便热情招待了他，留他在府里住了几个月。曹丘生临走时，季布还送了他许多礼物。曹丘生也按照自己说过的那样去做，每到一地，就宣扬季布如何礼贤下士，如何仗义疏财。

这样，通过不断的口碑传播，季布的名声越来越大。因为有了好名声的支持，一直到汉文帝时，季布始终深受皇帝器重。由此可见，口碑传播的力量所在。

对于"口碑传播"向来有着生动、精彩的描述，如"一传十，十传百"、"好事不出门，坏事传千里"。口碑是一个有效的沟通工具，它和传统的沟通方法有着很大的不同，其间的差异，是口碑在人们的抉择过程中产生巨大影响力的原因：口碑是一个活的、直接的、经验的、面对面的过程。

很多电影和书的流行，都是靠口碑传播获得巨大成功的。由于口碑的力量，英国女作家罗琳写的《哈利·波特》系列丛书一本比一本畅销。当第4部《哈利·波特》在2000年7月上市时，首印量即达380万册，在48小时内已告脱销。第5部在还没有出版前已经是万众期待，2003年6月21日全球同时首发时，第一天仅在美国就销售75万册，全球销售500万册。

很多人可能都有过向别人推荐好电影或好书，那么，可能发生的情况是，你向你的朋友推荐后，你的朋友又推荐给他另外的朋友，然后，朋友的朋友又向别人推荐，一轮一轮地通过口碑传下去……

国内曾有一家权威调查机构，专门针对普通人的信息来源展开调查。结果显示，有43%的人以朋友和家人作为信息的来源。对于去哪旅游、买什么牌子的物品等问题，朋友以及亲戚是他们做出抉择的最主要信息来源。

有63%的受访女性指出，朋友、家人或同事的推荐是影响她们购买某类商品的因素之一；59%的电脑用户或打算购买电脑的消费者会从朋友、同学那里获得电脑产品的购买信息；其中40.4%的人最相信朋友的介绍；在空调、保健品、洗发水、房屋等产品的购买过程中，分别有 53%、49%、35% 和 32% 的消费者会通过朋友介绍获得相关产品信息。

很显然，口碑传播已经成为人们经常使用且深得信任的信息渠道。

口碑传播的力量表明，人们的言论一方面是消费性的，为了获得自我表达的满足；一方面又具有生产性，希望能够引起他人的注意。因此，众人通过言论的传播，形成了一个自由表达观点的市场。在这个市场上，每个人都希望自己的"产品"获得注意。而根据市场竞争的基本规律，市场会走向资源的集中，优胜劣汰，最后形成寡头的市场，即少数有影响力的媒体平台和品牌，以及大量的长尾市场。

在口碑传播的市场里，不同的信息产品，在不同的渠道里，吸引不同类型的受众。在如今的经济市场中，消费者同时也会是生产者。在这个过程中，只有人品出色的人，才能通过口碑的传播，成为优质的"品牌"脱颖而出。

从经济学的角度分析口碑传播的市场行为，会让我们在做人的过程中更有经济理性。

◎ 经济价值：一定要把"面子"当回事 ◎

有一次，齐景公设宴款待鲁国国君，席间齐景公听从相国婴晏的提议，把多出来的两个蟠桃拿来赏给齐国有功的大臣，凡功勋卓著者赐桃、赐酒，予以褒奖。当时齐国自号"齐邦三杰"的公孙捷、古冶子均上奏表功得到了赏赐，而田开疆邀功请赏时却已经没有了桃子，只能赏酒。田开疆觉得自己功劳最大，没有得到蟠桃赏赐，是"受辱于两国君臣之间，为万代耻笑，何面目立于朝廷之上耶"，遂拔剑自刎于当场。而得到赏赐的公孙捷、古冶子也觉得无颜面再活于世上，结果也双双自刎而死。

这就是历史上有名的"二桃杀三士"的故事，凸显了"面子"的重要性。"面子"是中国人人际交往中最不可或缺的人情媒介，也许世界上没有一个民族像中国人这样"爱面子"。

从"给面子"、"留面子"、"死要面子活受罪"，到"打狗还要看主人"，"不看僧面看佛面"，有关面子的种种说法在人们的言语对话里更是随处可见。以至有人说，不了解"面子"，就不能了解中国人。

明恩溥是 100 年前的一位美国传教士，在中国居住了半辈子，是地道的中国通。明恩溥说面子的文字，见于《中国人的特性》一书，该书展现了外国人眼中的中国人，其中谈面子的篇幅虽不大，可取之处却不少。

一位地方长官犯法，被朝廷处以极刑，在杀头以前，还念念不忘他的面子，请求穿着官服就刑，以保全他的面子。

一位放债人收不到债，虽然明知钱讨不回来，还是要装腔作势到借债人那里大吵大闹，严厉恐吓，回来向自己周围人绘声绘色地形容一番，以表明自己并非不懂得如何讨债。

一个仆人不小心丢失了主人贵重的银勺子,他明白不仅要赔偿,而且还会被解雇。若那样,就大丢脸面。所以,他选择先发制人,先炒主人的鱿鱼,并且当着大家故作大度地说,算我倒霉,这个月工资我不要了。其实,是拿工资抵那个银勺子的钱。

作为一位外来的旁观者,明恩溥一针见血评论道:"中国人的问题永远不是事实的问题,而是形式问题。"

甲乙二人吵架,和事老通常并不理会事实真相,只根据双方面子的大小,撮合一个方案,使争吵双方都能保住面子,达成均势。就好像欧洲政治家处理国际纠纷时,奉行的势力均衡原则。

我们会明白,面子是中国人不可剥夺的生活目的。不论中国人有无其他目的,但面子肯定是目的之一。俗语说:"人活一张脸,树活一张皮",面子肯定比生命本身更重要,宁可丢性命也不可丢面子。

中国人为什么喜欢"面子"?在经济学上是有一定道理的。

首先,人都想追求最大的效用。这里的效用是指一个人一生总体效用。而一个人的生活总体包括物质、精神这两个方面,因此,总效用水平来自物质产品和精神产品两个方面。因为"面子"本身是精神产品,所以,有了"面子",也就直接增加了一个人的精神收益,从而也就直接增加了一个人的生活总效用水平。

其次,"面子"也会产生间接经济价值。"面子"是一个人的"品牌"和形象。和一般人相比,人们更乐于和有"面子"的人打交道和进行各种交易。在这种情况下,有"面子"的人就比一般人有着更多的谋利机会,并且交易成功的可能性也较大。所以,从长远看,"面子"本身也具有潜在的经济价值,是为一个人带来物质收益的重要保证条件。

因此,在人际交往中,我们一定要把面子当回事。

第五章
两性经济学

◎ 两性的经济学解释 ◎

海岩的作品《玉观音》讲述了这么一个故事：

男主人公杨瑞在遇到女主人公安心之前是一个惯于风花雪月的人。而女主人公在他们认识之前，或许是命运的捉弄，在感情上也经历了很多波折与磨难。

安心，纯洁的化身，却受到现实无情的捉弄。她在感情上的经历，早已超出一般人的承受限度，当她无法承受时，她选择了逃离。而在她最孤苦无依，为生存苦苦挣扎时，她遇到了杨瑞。

杨瑞是很多男人学习的楷模，遇到安心之后，在对待感情问题上，他变得非常专一。真爱是什么？没有人能说清，最理想的定义可能是这样的：如果你真爱一个女人，那么连她的缺点也要一并爱。杨瑞对安心的往事不计较，表现得非常大方。这种态度不是伪装的，是对安心纯洁情感的自然流露。

可以说，《玉观音》是海岩作品中爱情与理想完美结合的典范之作。在现实生活中，这样完美的爱情故事可能是不存在的。然而我们宁可相信它的存在。

因为从某种意义上说，人们都认为爱情是无价的，是纯洁而神圣的。但是，爱情也可以从经济学的视角去解读，也许你会说那是亵渎了爱情，但不可否认的是，我们能体味到另一种意境下的世俗爱情。让我们一起看看，武汉大学经济与管理学院教授肖光恩博士独辟蹊径，对爱情的另一种注解。

（1）初恋：幼稚型产业，指在人生过程中，尚未拥有实现规模经济所需的经验或技术的恋爱。该产业通常需要教师或家长的保护，施予教育与责罚等关税壁垒。其结果通常是无疾而终，并被认为是宏观调控的成功案例。

（2）先动优势：根据边际收益递减规律，作为博弈中第一个采取行动的人，拥有他人不可比拟的优势。价值悖论通常于此时发挥作用，一箪食，一瓢饮，皆为莫大收益。这一悖论由以下事实解释：价格不反映亲吻的总效用，而反映它的边际效用。

（3）失恋：在不完全竞争、不对称信息下的市场经济必然不稳定。令狐冲原来颇得岳灵珊芳心，在华山派可谓如鱼得水，但自林平之到华山之后，他的卖方市场受到双重冲击。根据最大收益原则，买主岳不群和岳灵珊最终选择了林平之，即为其中一著名案例。

（4）多角恋：多角恋是在资源不足的前提下发生的。该商品是稀缺资源，该经济形式属于开放经济，其结果必将产生大量的失恋者。最后胜利的人通常会诅咒自己赢取的对象，他为该商品支付了超过它所值价钱，于是为之抑郁愤懑，并将因收益小于预期利润而影响后期恋爱的质量。败者将依成本最小原则行事，选择价格相对较低的商品。

（5）失恋者：分摩擦性失恋和周期性失恋两种。前者因技术经验不足引起暂时性失恋，在改善以后有重新上岗机会，令狐冲即是汲取了经验教训，遂被魔教公主任盈盈购买；也有部分经验丰富者为寻求更理想配偶进行工作转换而产生失恋，如楚留香、陆小凤等人。周期性失恋则由总需求水平低下造成。

（6）婚姻：长期交易，女性在 GDP 连续衰退之前，一种孤注一掷的选择。该交易的特点是一次买断，套期保值。另一种情况是男性在为性交与繁衍后代费用的权衡中，广度经济式的选择——同时生产性事和子息的成本低于单独生产两种产品的成本，隶属封闭经济。

（7）丈夫：归宿，一项或多项税收最终的经济负担者。双重收费的受害者，要为购买婚姻的权利支付一定的初始费用，向岳家支付彩礼及体力、孝心；还要为购买妻子单独支付使用费，即每个月工资奖金上交。

（8）离婚：夫妻双方或一方认为婚姻和家庭的存在，对于他或她而言是一种长期的成本高于收益的行为，在此前提下可能提出不再合作的意向。其诱因可能是丈夫、妻子各方面质量下降引起的价格衰退，或者是有另外更大的买方市场的出现，即婚外恋的产生。

其实，爱情就像生活中其他事情一样，不能用经济学来简单地衡量。在婚姻和爱情中，经济学原理永远只能去解释现象，却永远无法决定生活。用经济学来分析，只是为了让我们在生活中少些烦恼。

◎ 夫妻的经济意义：一夫一妻更利于谁 ◎

有这样一个寓言故事：

村里有个农夫，他和妻子生活在一起。由于这几年的收成不好，日子非常艰辛，时常是吃了上顿没下顿，农夫便整天想着做发财的美梦。

一天，农夫偶然在柴堆里拾到一个鸡蛋。他兴高采烈地跑回家，冲着在做饭的妻子说："我有钱了,我有钱了!"妻子急忙转过身,充满期望地问农夫："钱在哪里?"

农夫郑重其事地将拾来的鸡蛋拿给妻子看,说："喏,钱在这里。"

妻子十分失望："这算什么钱啊?"

农夫说："你这就没头脑了吧?你想,我拿着这个鸡蛋到邻居家,借他家的母鸡把它孵化了。等小鸡出来后,如果是只母鸡,那么小鸡长大后可以下蛋,一个月又可以孵出10多只鸡。然后,鸡生蛋,蛋生鸡,这样,不出3年的时间,我们就能得到300只鸡。想想看,300只鸡能换来多少钱啊!"

妻子尖叫着说："10金!"

"对,10金!"农夫接着说,"有了这10金,我们可以买来5头母牛,母牛又生牛犊,牛犊又长成母牛,6年后,我就可以得到100多头牛,几百金了!到时候,我再拿着这几百金去放高利贷!"

妻子似乎也觉得真的有金钱在眼前晃动。

农夫又歇了一口气:"有了这些钱,我就可以买田产房屋,买仆人、小妾,然后我便可以与你一起过上快活的日子了。"突然,妻子耳朵竖了起来,说道:"买小妾?"她拧着农夫的胳膊骂道:"什么,你还敢买小妾!"

说着说着,她越想越气,于是一把扑过去,一下把鸡蛋打碎了,说:"那就不要留下这个祸害!"

妻子反对丈夫娶小妾,一下狠心,宁可把将来的财富砸碎。可见,她是坚决反对一夫多妻制度的。一夫多妻的情况,在封建社会十分常见,达官贵人三妻四妾不足为奇,现在人们为什么要主张一夫一妻?

为解释这些问题,下面我们假设一夫多妻的制度合法化。

根据前提,一个男子可以娶到多个妻子,则对于已经有一个妻子的男人来说,如果他要重婚,通常要提供更多的优惠给下一位妻子,以弥补对方由于与人共享一个丈夫受到的损失。这样,按照经济学的规律,男人娶的妻子越多,那他为下一个妻子付出的财富也就逐渐增加。于是,从成本上看,男子的经济负担加重。

当这些妻子被娶后,还要面对一个重要问题:如何分配共同的丈夫这一资源。对于丈夫来说,他精力有限,无暇顾及这么多妻子,最终也只会偏爱其中的一位或者两位,其他妻子就被闲置了。这对于妻子来说,会比在单配偶关系中更容易感到不满和焦虑。时间长了,多个妻子之间还容易出现纷争,为丈夫带来困扰。就算丈夫能够让妻子们"雨露均沾",但终究能力有限,不容易让每个妻子都感到满意。这样,一方面,丈夫降低了对"妻子"这一资源的使用效率,另一方面,会让自己陷入无尽的纷争中,为了劝慰妻子们,造成为数不少的无谓损失。

更重要的是,女子一般都会同自己爱慕的、事业有成、帅气多金的男性结婚,如果允许多妻制婚姻,会让男女数量失衡。越来越多成长中的男子失去女性配偶资源(因为她们都嫁给成熟有魅力的男性了),于是,为了找到符合条件的女性,男性就会展开更为激烈的争夺。女性数量的减少,将致使男性面对的经济压力比现在更大,他们要花费更多的金钱和时间同那些条件上乘的成功者竞争。

有钱的男性是少数,可以享受多个妻子,但作为平常人,却一个妻子也没有。这种现象对绝大多数男性来说,并不是一件好事。若将婚姻视为一场交易,所有的女性都愿意同交易条件好的男子打交道,而不愿意选择交易条件差的男子。结果就是,"问候"有钱人的女性越来越多,穷人却无人问津。

系列剧《三栖大丈夫》,讲述了盐湖城一个一夫多妻家庭的故事。此片中,芭玻、妮基和玛姬妮分别是3个女主人公。她们的自身条件都不错,也都是各具特色的聪慧女子。在面临婚姻时,她们都选择嫁给成功的商人比尔·汉瑞克森。因为,他的金钱足够为这个四人家庭提供富裕的生活。或者,让他再多一个老婆,也不成问题。

看似自愿的选择,却仍旧给整个社会造成了伤害。根据婚姻市场的模型,总有像比尔·汉瑞克森这样受宠的人,也总有不受欢迎的人。这对市场资源的配置是十分不利的。

经过以上的分析,人们就能够明白,一夫多妻的制度,并不会让绝大多数的男人更得利,相反,从某种程度上看,不少的男人还是受害者。这也就进一步解释了为什么以男性为主的立法会会对此类法令采取支持态度。

官方统计数字表明,在埃及,娶两个妻子的男子不到总人数的2%,娶4个妻子的只占0.03%。即使海湾国家,官方正式登记的娶两个以上女子为妻的男子也不超过10%。出现这种情况,除了受教育程度高方面的原因外,经济因素起到了关键的作用。因为,随着现代生活成本的增加,很多男子发现娶一个妻子就已经捉襟见肘,要是娶多了,经济上没有足够的实力,也负担不起。

◎ 比较优势:相亲选条件比你差的人作陪同 ◎

在同事的撮合下,小陈决定去和那个据说条件不错的女孩见上一面。头次相亲,小陈心里没底,于是拉上能说会道的铁哥们小王陪着去给自己壮胆,顺便做个参谋。

到了相亲的地点,小陈觉得女孩就是自己一直在寻找的那种类型,不免激动得不知道说什么好,好在陪他去的小王用他幽默的话语将尴尬局面打破。女孩被小王的幽默逗乐了,与他很投机地聊起来。相亲结束了,女孩将自己的联系电话留给了小王,而不是小陈。她对小陈说:"不好意思,也许我们更适合做普通朋友。"

你是否也遇到过这样令人尴尬的事情,让自己的朋友陪同去相亲,结果对方没看上自己,却看上了陪同去相亲的人。其实这个问题可以从经济学的角度来加以解释。

我们暂且把相亲的人叫甲,甲的密友叫乙。这种情形下,把他们分为四种情况:甲漂亮,乙不漂亮;甲不漂亮,乙漂亮;甲和乙都漂亮;甲和乙都不漂亮。

相亲其实就是一个判断对方、推销自己的过程。任何评价或判断,要么是在有现场比较对象的环境下作出的，要么就是在没有现场比较对象的环境下作出的。行为经济学把这样的评价分别称为比较评价和单独评价。

相亲的主要目的是推销自己和让对方给自己一个比较高的评价。带朋友一同去，实际上就是带了一个现场比较对象。在甲漂亮、乙不漂亮的情形下，甲应该带乙去，因为在比较评价的过程中，甲的优势比单独评价（即甲一个人去）时更突出。在甲不漂亮、乙漂亮的情况下，甲就不能带乙去，免得在乙面前相形见绌。

但在甲和乙都漂亮或甲和乙都不漂亮的情形下，应不应该带乙去就没有上面两种情况那么好决策了。但行为经济学家还是给出了建议：在甲和乙都漂亮的情况下，甲应该自己去；在甲和乙都不漂亮的情况下，应该两人一起去。

行为经济学家发现，人们面对整体质量不相上下的两个选择，在单独评价和比较评价时会有不同的效果。具体到甲乙都漂亮的情况下，甲一个人去的效果会更好。因为在见面时，对方只能对他进行现场单独评价，充其量只能把他和自己平常见过的其他人比较，这样一来，甲就比较有优势。而如果同样出众的乙也同去的话，对方做的就是比较评价，他就会把甲和乙比来比去，没准就发现甲与乙相比还存在某些相对的不足。

而在甲和乙都不漂亮的情况下，两个人一起去，让他在两个人之间比较，从而能够看出甲与乙的相对优势，对甲来说，起码是有机会的。

在相亲的过程中，外貌特征是容易评价的，属于容易评价的特征；而一个人的内在修为、学识水平则属于难以评价的特征。谈婚论嫁的人，对对方的修为、学识等内在东西也是很看重的。如果甲和乙在易于评价特征和难以评价特征方面有较大差异的话，那是不是应该带乙一起去相亲则又另当别论。

如果甲在外貌上不如乙，但甲在学问、气质、见识等难评价特征上要明显优于乙的情况下，还是应该带上乙一起去。这样，在与对方见面闲聊时，才能显示出甲的才华和气质，虽然外貌比乙略输一筹，但也无关紧要。如果情况恰好相反，还是应该一个人去相亲。

经过上面的分析，你会发现，生活中如此常见的事情上还蕴涵着如此深刻复杂的经济学道理。这样层层剖析下来，相信有如此困惑的人也应该明白：在这种需要推销自己的场合，要更加理性地选择陪同人员。

◎ 最优化：爱情没有最大的麦穗 ◎

著名的思想家、哲学家柏拉图问老师苏格拉底什么是爱情？老师就让他先到麦田里去摘一个全麦田里最大最金黄的麦穗来，只能摘一次，并且只可向前走，不能回头。

柏拉图于是按照老师说的去做了，结果他两手空空地走出了麦田。老师问他为什么没摘？他说："因为只能摘一次，又不能走回头路，其间即使见到最大最金黄的，因为不知前面是否有更好的，所以没有摘；走到前面时，又发觉总不及之前见到的好，原来最大最金黄的麦穗早已错过了，于是我什么也没摘。"

老师说："这就是爱情。"

之后又有一天，柏拉图问他的老师什么是婚姻，他的老师就叫他先到树林里，砍下一棵全树林最大、最茂盛、最适合放在家的树。同样只能砍一次，并且同样只可以向前走，不能回头。

柏拉图于是照着老师说的话做。这次，他带了一棵普普通通，不是很茂盛，亦不算太差的树回来。老师问他："怎么带这棵普普通通的树回来？"他说："有了上一次的经验，当我走了大半路程还两手空空时，看到这棵树也不太差，便砍下来，免得最后又什么也带不回来。"

老师说："这就是婚姻！"

在经济学里，不是要找到最好的，而是在可以实现的结果中选一个最优的，或者相对完美一些的。

对于婚姻来说，世界上没有完美的男人或女人，谁都会有缺点，所以不要白费工夫去找最好的人，而应该在有可能与你结婚的人中选一个最好的，或者缺点最少的。这样选出来的结果不是完美的，但在经济学上可以称为最优的。

有这样被大家公认完美的一对夫妻，可是没过多久，两人却闹着要离婚。两人的一个好友前去探听究竟，女的告诉他，丈夫成天挑她的毛病，一会儿是这做得不好，一会儿是那做得不对，虽然不像有的家庭那样，充满浓浓的火药味，却总是阴云密布。好友问男的，这么好的妻子上哪儿找去，你还总是挑三拣四？男的列数了妻子的诸多"罪状"，诸如去别人家做客时老是用"你"代替"您"，太不礼貌；衣服换下三天，也没洗，实在太懒；炒菜的口味偏淡，不会做饭，等等。好友批评他，离婚就为这点小事！男的说，我是一个完美主义者，我遵循的是经济学最优化原则。

又一个最优化受害者。当然不是经济学的最优化目标害了他，而是他将"最优"这两个字误读了。经济学讲的最优，是在限制条件之下的最好结果，比如资源有限时的利益最大化。由于有条件限制，最优化并不是完美得一点缺点也没有，不能过于理想化。对任何事，每一个人心中可以有一个完美无缺的理想模式，但世间的事情不可能完美无缺，只要做事的人尽到最大努力，哪怕结果不是完美的，也是最优的。

可见，完美的爱情和婚姻是很难得到的。那些完美主义者，他们总在追求完美无缺的东西，不允许任何的缺点。他们活得很累也很苦，甚至往往成为偏执狂，最终受苦的是自己，毁掉的是自己的生活。

正如苏格拉底所说："这块麦地里肯定有一穗是最大的，但你们未必能碰见它；即使碰见了，也未必能作出准确的判断。因此最大的一穗就是你们刚刚摘下的。"

在电影《爱情呼叫转移》中，主人公徐朗误打误撞遇见了自称天使的神秘人免费送他的一部手机，并称这部手机可以像阿拉丁神灯一样满足他的愿望，并将深陷婚姻痛苦中的徐朗解救，将他的梦中女郎带到他身边，机会几乎足足有12次。天使没有说谎，12个如花似玉的女人依次降临，这看似"天上掉下12个林妹妹"的大好事，可徐朗体验到了什么？

这12个大美女中，有美艳惹火、爽直干练、古怪精灵、知性优雅、天真无邪，还有身家巨富，或冷艳神秘，这些曾令徐朗想入非非的女人，让徐朗"爽"到更"痛"到欲罢不能、勉为其难，有取之不尽的快乐，更有用之不竭的惆怅。这过程中，他失去了婚姻，失去对女人的憧憬，到最后似乎被爱情掏空了。

我们寻找佳缘的过程何曾不是寻找最大的那束麦穗的过程呢？正因为我们要寻找的是唯一的真爱，一个相伴一生的伴侣，甚至一生的幸福，于是我们慎之又慎，于是我们瞻前又顾后，于是我们千挑万选，于是我们至今还是孑然一身；逝者如斯夫，回首岁月已蹉跎，于是我们也许还有"我将在茫茫人海中寻访我唯一之灵魂伴侣"的执著，但是却难以有"得之，我幸；不得，我命"的洒脱，于是也心忧"当年不肯嫁春风，无端却被秋风误"，于是我们彷徨了⋯⋯

◎ 婚姻交易：美女找丑男 ◎

两个朋友上街购物，迎面走来一个相貌平庸、装扮没有品位的男人，搂着一个如花似玉、装扮时尚，有着天使般笑容的女孩。其中一人等他们刚一过去就说："那男的肯定是大款，把那女的给包了，那女的看起来挺清纯的，没想到也是个傍大款的！"

不知各位遇见这样的景象是不是也会有类似的想法。但是，这种现象真的是因为女方或男方图对方的钱财而导致的吗？其实根据经济学的观点，这种结果很可能是逆向选择的结果。简单地说，逆向选择就是事与愿违。

如今，逆向选择已经成了一个时髦的概念，尤其是在二手商品市场上尤为流行。通常，二手市场上很多商品的质量都存在着不确定因素，而二手市场的卖家是拥有商品质量信息的关键人，作为买家对此就了解甚少了。由于买家无法识别商品质量的优劣，只能根据商品的平均质量出价，这样就会使优质品价格被低估，最终不得不退出交易市场；最终只剩劣质品，当然交易的也只有劣质品，如果消费者对商品的质量越来越不满意，就会导致整个市场交易的停止。

在现实生活中的漂亮女孩很可能成为"逆向选择"的受害者。一个漂亮而又有才华的女孩，会被很多男孩子暗恋，但是往往由于她的条件太好，反而让很多男孩望而却步、不敢表白。漂亮女孩的爱慕者会这样想：这么漂亮的女孩，哪会轮得到我来追？一定会有比我更优秀的人去追她。

由于那些想追求她的人相互之间都不能互通信息，也不了解漂亮女孩的真实情况和真实想法，只是根据自己的预期来判断是否追求这个漂亮女孩。由于大家只看到自己的不足之处，无形中将预期的门槛设得过高，让自己无法逾越，最后造成优秀的成员主动退出竞争，反而是那些考虑问题简单、极其普通甚至丑陋的男生追到漂亮女孩。

俗话说：买家不如卖家精。但在爱情婚姻市场上，当你是卖家的时候，你一定会刻意隐瞒一些对自己不利的信息，而只把那些最出彩的精华部分提供给对方。就像我们看到的征婚广告，都是这么介绍自己的："年轻美貌、身体健康、才华出众、爱好广泛，对爱情执著，珍惜缘分。"因为爱情的市场经济也是契约经济，契约经济讲究合同关系，所谓合同就是结婚证，以领取结婚证的时间为界限，在这之前，也就是在契约达成之前，买卖双方总是绞尽脑汁想瞒骗对方。

不过，信息不对称导致的"逆向选择"有好也有坏，有利也有弊，它既保护你也伤害你。因为在寻觅爱情的时候，是你自己主动出击，你是卖方市场，这样的话你就会隐瞒自己的某些真实信息。而一旦你寻觅到爱情，两个人真正进入恋爱期的时候，双方的位置就进化成互为卖方市场，就他爱上的并不是100%真实的你这一点来推论，他也不可能是100%真实的他。但爱情里有时候需要故意的"逆向选择"，不是因为信息不对称，而是故意"反其道而行之"，这和穿服装是一个道理，虽然今年流行长裙，有的人却选择一条超短裙。这时候的"逆向选择"可以避免潮流引领下的撞衫尴尬，可以凸显自己的标新立异，最大限度吸引公众眼球。爱情还是需要更多的诚实，哪怕是从经济学的角度分析，诚实也比不诚实的收益显著。

在当代的信息社会里，如何才能实现爱情和婚姻的公平交易呢？首先需要双方的诚信，需要双方都拥有足够的共同信息，互通有无，彼此了解。在信息大爆炸的时代，假信息实在太多了，只有获得的信息是真实而可靠的，买卖双方才能最好地抉择。

但事实是很多情况下，卖方知道的信息内容，买方不一定知道，而买方的价格底线，卖方也不知道。甚至，卖方有时候为牟取暴利，故意隐瞒某种对自己不利的信息。由于信息不对称，买方无法排除干扰，做出逆向选择，买方的利益受到损害。

《情归阿拉巴马》里的女主人公叫梅兰妮，在纽约，没什么人知道她的来历，只知道她漂亮、聪明、做事干练、惹人爱怜。

其实，梅兰妮出生在美国南部的阿拉巴马，从小就向往繁华的都市生活，所以她来到纽约寻找自己的未来。单身女郎的她，事业上顺风顺水，上帝更是偏袒她，让全纽约"万人迷"的单身贵族安德鲁疯狂地爱上她。两个人已经到了谈婚论嫁的地步，但是随着幸福的一步步靠近，梅兰妮心里的不安和焦急却一天天地加剧。

原来，梅兰妮并不是真正的单身女郎，在家乡的时候，她已经和名叫杰克的小伙子结婚有一段时间了，如今她又接受了安德鲁的求爱，但家乡的杰克却始终拒绝在离婚协议上签字。不得已，梅兰妮亲自回到阿拉巴马，劝自己的丈夫离开自己……

这是一个典型的故意隐瞒某种对自己不利的信息，让买方的利益受到损害的例子。看来爱情这场交易要达到公平，还真不是一件简单的事情。

◎ 不对称：女方为何索要彩礼 ◎

现实生活中，骗子正是靠谎言来骗人的，骗子的语言和行为千变万化，但都是为了一个共同的目的，那就是：让别人相信他的谎言，并引导其去做对他有利的事。一般来说，就是把别人的钱通过某种方式转移到自己的手中。骗子们专门盯着人的弱点，遇事不考虑、轻信、不善于思考、爱占小便宜、贪婪、欲望等人性的弱点都会左右人的判断，给骗子以可乘之机。但是谎言毕竟是谎言，它们毕竟是建立在错误的基础上的，或者是用错误的推理方式得出结论。数学里用来证明定理的严谨思维，如果用来对付谎言会特别有效，用符合逻辑的推理方式去判断骗子所说的话，则骗子的谎言是站不住脚的。

在婚姻中，人们也要注意防止虚假信息的危害。

现在有些地方仍保留着送彩礼的习惯。男子娶亲时，要给女方一定数额的钱，多则上万，少则几千，视男方的家庭状况而定；另外，还要准备一定数量的猪肉给女方，此肉称为"礼肉"或"离娘肉"，这是数十种彩礼中必不可少的一种。

"离娘肉"的选择很有讲究，一般是整头猪或一半。有些地区送肉的数量要根据新娘亲戚的数量来决定，像新娘的外祖母、姨、舅、叔、伯、爷等亲属，每家都有享受一块礼肉的权利。

但是这种有趣的"彩礼"现在是越来越少了。如今，中国人结婚时的"彩礼"都是直指金钱，让那些穷困而盼媳妇的家庭不堪重负，甚至因此而闹出打官司的事情来。湖北荆州就发生了这么一件事：

结婚仪式已举行，但老岳父却因女婿没给5000元彩礼而不准女儿回婆家，并让女婿回家拿钱来才放人。男方盖房、结婚已花光了积蓄，一时无法凑这么多现金，刘老汉就一直把女儿留在娘家。女婿一怒之下把老丈人给告了。

一般而言，在农村结婚，房屋是必需的。此外，还需要一系列家用电器（包括彩电、冰箱、音响等）、日常生活用品以及大量的服装和婚宴酒席费用。这样平均算起来，在农村结婚所需的全部费用在5~7万元。这笔钱在城市工薪阶层中也不是一个小数目，何况是经济落后的农村。大部分人为了这件人生中的头等大事都背上了沉重的债务，伤透了脑筋。

为什么索要"彩礼"的行为成风？经济学为我们解开了这个秘密。

从经济学的角度来看，婚姻是一桩交易，交易双方为男方和女方，其中男方为需求方，女方为供应方。供与求，双方必然涉及信息的因素。城市中讲求自由恋爱，男女双方在交往过程中具备充分了解的机会，信息较为对称；而农村中大多数人还沿袭着古老的传统——经人介绍，然后步入婚姻殿堂。男女双方几乎没有经历过真正意义上的恋爱阶段，存在着严重的信息不对称现象。

信息不对称，就会导致交易双方对对方的情况出于某种原因而了解不充分，因此也会导致供求双方在交易中不能真正体现自己的意图。根据现实条件，通过自由恋爱、正常交往来了解男方的可能性不大。在由媒妁之言促成的婚姻中，媒婆似乎成了信息传递的唯一渠道。但媒人在促成一门亲事后还大有利益可图，因此通过媒人来了解男方，也不能尽识"庐山真面目"。男女双方的信息不对称现象就很难消除。

有这样一家婚姻介绍所，他们在给一位单身女郎介绍男朋友时，从中挑了一位男士的征婚广告，广告说这位男士长得英俊潇洒、仪表堂堂。单身女郎可能不会相信有这么好，这时婚介所的人就让她看了一小段关于此男士的录像。如此一来，再加上婚介所小姐的一番夸赞和劝说，这位单身女郎也极为动心，于是与婚介所达成这笔"交易"。

但过了一段时间，这位女郎发觉上当了，这位男士的确是仪表堂堂，但他有严重的口吃症。但是婚介所绝不会因此负任何责任，因为他们当初提供的信息的确是真实的，他的确长得帅，但这个信息是不完全的：他有口吃症。

而婚后男性的生活能力以及精神上对女性的关怀程度又都是女性在婚前必须要考虑到的，而这些来自媒婆和婚介所提供的信息又都是不确定的，为了弥补这可能造成的损失，女性在婚前通过彩礼预先得到补偿，无疑是非常明智的。而且彩礼本身作为信息传递的工具，也促使了交易的达成，即婚姻关系的确立。

◎ 鲇鱼效应：第三者的"功劳" ◎

一对恋人，相处时间长了，会失去激情。一切按部就班、循规蹈矩，熟悉到叫人乏味，仿佛一生一世就这么波澜不惊下去，而一生，该有多长？这么平平淡淡的婚姻生活会牢靠吗？

在澳大利亚，某牧场外狼群经常出没，时有羊受到狼的攻击而丧命。无奈之下，牧民向当地政府和军队申请援助。在各方通力合作下，狼被赶尽杀绝。没了狼，羊的数量大增，牧民们很满意，以为从此会过上好日子。然而，几年过去后，牧民们发现羊的繁殖能力大大下降，数量锐减且体弱多病，羊毛的质量也大不如前。他们此时才明白，失去了天敌，羊就没有了生存的压力，因此再也不用像从前那样为了逃命而拼命奔跑了。可正是因为如此，其生存和繁殖基因也逐渐退化了。于是，牧民又请求政府再引进野狼。狼回到草原后，羊的数量又开始增加。原来，狼吃掉的几乎全是羊群中的老弱病残。这样的优胜劣汰，给羊带来了一种紧张的意识，羊群中的竞争也日益激烈起来。从经济学角度看，在这个故事中，狼促进了"鲇鱼效应"

的发生。

婚姻生活平平淡淡无波折的时候,我们很少会想以什么来改善或修补自己与爱人的关系,因为我们以为一切都平安无事,这非常像那些被装在鱼槽中的沙丁鱼:安于现状,没有任何激情,甚至失去了活力,慢慢地等待既定的命运。然而这个时候,一条"鲇鱼"即第三者从中插足,我们不由自主地感到危机。于是,我们被掩埋的活力终于被激发了出来。

当婚姻中的第三者真正出现时,你是束手无策,还是一哭二闹三上吊?婚姻的智慧在此时显得尤为重要。首先你要确定自己是否仍然需要这段感情,其次才是采取主动出击的方式,勇敢地面对一切挑衅和危机。退而饮泣,找朋友诉苦,请父母出面,"鲇鱼"和暂时迷恋"鲇鱼"的人都渐渐厌烦这样的过时做法。如果确认自己的内心充满了力量,就尽量独力去解决,以你的宽容、大度、坚强和隐忍,并适当地示弱。当看惯了大女人的先生突然面对你的眼泪与软弱时,他会感觉到,自己仍然是被你需要的。

当安静的沙丁鱼中间出现一位外来客鲇鱼的时候,它们因恐惧而奋起应对,潜在的活力被激发出来,因此它们活得更积极、更好。同样的道理,假设婚姻中出现了第三者,我们不妨将其当做一条突然到访的"鲇鱼",正确适当地对付,也许我们所提升的就不仅仅是与爱人之间的亲密度了。

据说,克林顿绯闻曝光之后,希拉里做了两件事情,一是愤怒,二是跑到纽约秘密做了大腿的抽脂手术,以使自己看起来更苗条、更年轻。

在婚姻生活中,一切都可能会发生,没有人能保证婚姻会永远像想象中那般完美,当你们对婚姻感觉乏味或是疲惫的时候,感情的游移最易发生,不光是他,你也难免。那么,当那条作为外来竞争者的"鲇鱼"悄然出现的时候,你所需做的,便是以更强的生命力,重新审视自己的婚姻生活,摆脱懈怠疏忽,学习如何为婚姻注入新鲜血液与激情。

事实证明,很多出现过"鲇鱼"又平稳过渡的婚姻,反而会更加美满,因此,要感谢"鲇鱼效应",它让我们在婚姻中共同走向成熟。

◎ 成本收益与资源配置:"门当户对"有理 ◎

中国人自古讲究门当户对,所谓门当户对是指男女双方的家庭地位和社会经济状况相当。在古代,一个公主肯定不会嫁给一个屠夫的。进入现代社会,这种观念被批之以"过时"、"老套"。可逢到自己或自己儿女谈婚论嫁时,又总会自觉不自觉地落入门当户对的俗套。

从经济学角度看,门当户对的观念之所以经久不衰,有着很深的经济底蕴。因为爱情观念、婚姻习俗等文化现象,属于上层建筑的范畴,我们常说,经济基础决定上层建筑，爱情婚姻当然也应该由经济基础来决定。

两人牵手迈入婚姻的殿堂，意味着两人将长久地生活在一起。因此，人们对待婚姻是慎之又慎、极其理性的。从成本与收益角度看，门当户对有利于做到收支平衡。

富人家联姻，双方的付出与回报很容易做到彼此相当，比如男方家给了女方家多少彩礼，一般都可以得到相当的嫁妆。而一个富人家和一个穷人家结亲，富人家会认为穷人家是一个累赘，只是给予，没有回报。而贫穷的一方，也觉得日后要遭到人家的歧视，所以一般知趣的穷人，也不愿意高攀富人。在生产力很不发达，物质财富相当困乏的年代里，人们要改变自身的境况是很难的，一个家庭的富裕，往往需要经过几代人的努力。一个富家女如果嫁到一个穷人家，就很可能要受一辈子苦，一个富家儿如果娶了穷家女，也很可能一辈子受拖累，所以门当户对就更为人们所看重。

但是在我国传统戏曲里有富家小姐与落难公子私订终身于后花园一说，这是为什么呢？因为戏曲家往往会在下一折里安排落难公子中状元这一出戏。此时的"门不当户不对"并不代表以后不会门当户对。可见，收益与成本的均衡也是影响戏曲家故事安排的一个因素。

婚姻双方的成本与收益平衡了，两人之间就达到一种均衡状态，婚姻也得以稳固下来。但是现实是变化的，今天门当户对，明天也许会变得门不当户不对了。门不当户不对了，双方的均衡打破了，婚变也将随之降临。现代社会离婚率太高，是因为现代社会变化太快。

经济学不但讲求成本与收益的分析，还讲求资源的配置。

在经济学看来，资源配置的最佳方式是达到帕累托最优。所谓帕累托最优，是指在不使其他人境况变糟的情况下，而不可能再使另一部分人的处境变好。而如果一种变化，在没有使任何人境况变坏的情况下，使得至少一个人变得更好。我们就把这个变化称为帕累托改进。一般而言，如果一个社会的现状不是处在帕累托最优状态，就存在着帕累托改进的可能。

假设一男婚前的生活质量为 X，一女婚前的生活质量为 Y，婚后一起生活带来的共同所得为一个常量 m。

由于他们共同拥有双方的资源，所以婚后的每人所得分别是 $(X+Y+m)/2$。

如果男女不门当户对，那么 X、Y 相差极大。不妨设 $X=3$，$Y=9$，那么婚后的各人所得为 $(3+9+m)/2$。

当 $m<6$ 时，婚后各人所得小于 9。此时 Y 对婚姻是不满意。

当 $m=6$ 时，婚后各人所得等于 9。此时 X 得到帕累托改进，Y 不变，Y 对婚姻不是很积极。

当 $m>6$ 时，婚后各人所得大于 9。此时 X、Y 都得到帕累托改进，皆大欢喜。

所以，两人的婚后所得至少要达到 6，才能维持稳定的婚姻。

如果是一对门当户对的人，假设 X ＝ Y，那么，只要 m ＞ 0，两者都能得到帕累托改进。显然，这样的婚姻最稳定。

据此看来，门当户对并不是什么封建残余，它是人们在几千年的婚姻生活中所形成的一种理性的选择，其背后有着深厚的经济学底蕴。在今天看来，门当户对有理，仍有其参考意义。

◎婚姻收益：没有什么比结婚好◎

在某晚会现场，来自上海的股票商杨百万说了一句耐人寻味的话："没结婚时被股票套牢，结了婚被爱人套牢。"可是为什么大部分人甘愿被婚姻套牢呢？

对于社会上大部分的人来说，爱情与婚姻也像人类的其他行为一样，它带给人的是实实在在的收益，因此同样要经由理性的选择，并符合经济学的理性分析。

1992年的诺贝尔经济学奖获得者贝克尔说："由于男人和女人为寻找配偶而竞争，所以可以假定婚姻中存在一种市场。"其实，在现实生活中婚姻市场的存在，已无须假定；各类婚介所或婚介公司的涌现，足以说明婚姻市场的实实在在。他还说，一个人当结婚的预期效用超过继续单身的预期效用时，就会决定结婚。

人为什么要结婚？是因为看重了婚姻的收益。

选择结婚和选择单身都是人们在成本与收益间权衡的一种理性的选择，结婚的目的在于希望从婚姻中获取最大效用。

结婚给人带来的收益是十分明显的，大体上可以归纳为5个方面：一是获得性的满足和情感的寄托。研究表明，性快感仅次于毒品提供的生理快感。婚姻使性伴侣长期化、稳定化，使性生活安全化。特别是在艾滋病威胁人类的今天，稳定健康的性伴侣对双方都有好处。二是能够获取规模经济效益。具有不同专业化优势的、在能力与收入方面存在差别的男女，通过婚姻的形式可以使双方的收益达到最大，这是一个互补双赢的方案。最明显的例子是，生活成本降低了，比如住房和家具，一个人生活用一套，两个人生活也是用一套。再比如男主外女主内，或者女主外男主内，要比一个人既主内又主外效率更高。三是互相提供信用，协调人力资本投资的收益。比如一个人支持另一方做生意，最后实现总效用的增加。四是起到防灾保险的作用。比如一方生病了，有人照顾，并且在因生病而失业的状态下有人支付医药费用。

婚姻作为耐用消费品，具有逐渐积累增值的特点，在规模效应的推动下，婚姻的某些独特效用会逐步显现出来，比如，情感的寄托、家庭的福利、知识和智慧的交融、小孩带来的乐趣，等等。有了那么多的好处，大多数人当然选择结婚了。

夫妻婚姻生活能不能保持稳定，主要是在交换价值上能不能对等。从经济学角度来看，婚姻生活就是"交换"，即双方的付出和得到的交换。如果有一方付出和得到极不平衡，心理很容易倾斜，久而久之，婚姻就会出现裂痕。拿离婚来说，我们常常看到，总有一方认为自己的付出与回报不成正比。女方认为，我起早贪黑，为了孩子，操持家务，你挣钱多就夜不归宿、拈花惹草，没有一点良心。男方则认为，我比你挣得多，偶尔花心一下，也没什么可大惊小怪的。实际上，这本身就是经济学的一个命题。女方收入少，但会花费很多时间和精力在家务劳动上，而这部分劳动本身就是机会成本，所以说是有经济价值的，可以折算成金钱。而男方之所以有些"牛气"，恰恰忽略了女方这部分经济价值，因此"偶尔花心一下"不仅不觉有愧，还满不在乎。

实际上，结婚是一个双赢方案，因为出于自愿，并且双方受益。结婚的收益，更集中地体现在"规模效应"上——"两个人单独生活要两套厨具，两个人结婚后只需要一套厨具"。这就是规模效应。

◎婚姻效用：离婚，难言的痛◎

几个人在聊天，谈到西方国家离婚率比中国高的问题，一位学者解释道："西方的爱神是个小孩子，嘴上无毛办事不牢，所以离婚率高；而中国的婚姻主要靠月下老人，自然牢靠多了。"

不过，现在月下老人也办事不牢了。如今，我国已一跃成为"离婚大国"，每年都有一百多万对夫妻劳燕分飞。换句话说，每两分多钟就有一宗离婚案。离婚者的婚龄在缩短。

面对这种趋势，有的人强烈渴望回到几十年前的那种稳定、传统的婚姻当中去。但经济学家们可不这么想，他们认为，如果离婚率跌得太低，也是一件可耻的事情。哈佛大学商学院政治经济副教授贾斯廷·沃尔弗斯称："我们知道有个指标叫做最佳离婚率，而且百分之百确定其比值不等于零。"他说得不错，婚后的事情谁也说不准。有时候，当夫妻之间发现自己曾经的选择真的错了时，他们应该怎么办？我们知道寻找自己的另一半与找工作有着异曲同工之"妙"。假设一下，在劳动力市场上，人们若不准辞职，也不能被开除，整个市场的运营效率一定不会太高。很多人会发现，自己没有能力从事某项工作，或者做某项工作感觉不到丝毫的快乐，然而被困在里面出不来。与此相比，婚姻市场也一样。离婚要付出代价是非常现实的事，但可以肯定地说，当一切无可挽回时，付出代价，也是值得的。

离婚呈上升趋势的原因很多，其中最重要的原因正如最高人民法院在一次报告中提到过的：一是越来越多的人反对封建婚姻的束缚，为追求幸福的婚姻和充实的精神生活，要求离婚，这种要求是合理的，从这点来看,离婚率升高也是一种社会进步的表现；二是少数的暴发户喜新厌旧，或喜新不厌旧，利用金钱玩弄异性，这是一种丑恶的社会现象，受伤害的一方，更应该通过离婚和法律手段来捍卫自己的权益。

以上是现实生活中导致离婚的一些具体原因，其实离婚也是有其理论依据的：从现代婚姻理论观点看，男女走向婚姻，是因为婚姻能给其带来某种满足。婚姻给男女双方的需求带来的满足的程度，称为婚姻效用。根据这一理论，离婚从逻辑上可以划分为"效用放弃"和"效用代替"两种形式。

所谓效用放弃，即由于婚姻中的双方或一方无法忍受婚姻障碍，而"主动地"选择放弃婚姻以及由婚姻带来的效用。效用代替，是指人们自觉或不自觉地将现有的婚姻关系与可能的选择进行对比。如果外在的选择优于现在的婚姻，那么婚姻很有可能破裂。也就是说，婚姻中的一方主体因为有了新的关系——可以提供新的效用，进而选择离婚。比如，某一方有了第三者，从而提出离婚。

从婚姻经济学观点看，婚姻关系是一种供求平衡的关系。恋爱时，男女双方会依据自身的"硬件"和"软件"确定自己的择偶标准，即婚姻需求，如果双方的供给都满足了对方的需求，在双方的心理上呈现供求平衡状态，于是婚姻关系成立。结婚以后，双方纷纷除去伪装，缺点毛病暴露无遗。如果对方和自己的期望值相差不大，则按照"价格围绕价值上下波动"的经济学原理，通过适当降低自己的期望值，以恢复平衡，维持婚姻关系。如果发现对方和自己的期望值相去甚远，心理上无法忍受时，婚姻就会面临崩溃。

利用经济学观点也可以解释为什么现在女人越富有，离婚的几率就越高的现象。

婚姻的崩溃不仅是因为女人的收入增加了，而且因为她开始变得比丈夫更成功，女人在经济上的成就已成为离婚案增加的一个重要因素。

导致这种现象的原因可能是因为家中权力的转移致使女人不再满足只被埋没于繁杂细碎的家务中，转而期待在家中拥有更多的发言权，令丈夫在家中的地位发生了动摇。

另一个原因可能是随着女人赚钱能力的提高，她的自信也在一步步建立，即使离开丈夫她也有足够的能力养活自己。

凯瑟琳是美国阿肯色州立大学的经济学教授，通过对112740位女性经济状况的调查后发现，这些妇女之中，有95980位女性已婚，16760位离婚。而导致离婚率提高的一个重要原因，即是女人经济财政的独立。英国离婚人数已经持续多年不断增多，仅2004年一年，其离婚人数就增加了0.2%，共计167116人选择结束自己的婚姻。凯瑟琳还发现了一个规律：与家庭总收入对比，家庭中女方的收入每增加1万英镑，婚姻破裂的几率就相应提高1%。

凯瑟琳说："财政独立使得女性更易作出离婚的决定。此外，似乎女性的经济成就真的会导致家庭内的摩擦。"

此外，成功女性更易离婚还有其他原因。伦敦一家律师行的家庭律师古里特说："同20~30年前比较，离婚法例的诠释对妇女更有利，因此她们更有信心可以摆脱一段婚姻。"

◎ 同居：婚前的预演 ◎

小美本科毕业后来到北京一家公司做销售助理，工作压力对她来说并不是问题，最让她难以忍受的是寂寞。家人、朋友都不在身边，平时受了委屈，小美没有倾诉的对象。尤其是节假日，一个人待在空荡荡的寝室里特孤独。

一年后小美认识了现在的男朋友，没多久就搬到一起住。"我想我们同居并不是源于爱，而是我们彼此需要，累了有个肩膀靠靠，烦了有人倾诉。在北京，我们都太孤单了。"每次下班回家，远远看到"家"里的灯光亮着，小美的心里特别暖和。

越来越多的现代人同居了，而且他们不急于结婚，或者近期并没有结婚的打算。这是现代人的一种明智选择吗？选择的背后有什么奥秘吗？

对大多数人而言，婚姻的机会成本非常高，爱情这种纯粹精神的东西在物欲横流的现代社会越来越受到物质的冲击。而且现在的生存条件和生活环境越来越严峻，购买房产要按揭贷款，毕业之后的去向也是一个未知数，而且现在一对夫妻只有一个孩子……结婚带给人们的难题越来越多，而外部世界的诱惑也越来越多，人们在生活中面临的变数越来越大，生活压力越来越大。

在这种情况下，人们选择了一种折中的办法——同居。两个人可以享受婚姻生活带给人们的一切乐趣和好处，但是没有一纸结婚证书的约束，人们面临选择的时候更灵活，不必承担婚姻的后果，机会成本小，也没有更多的沉没成本。

具体谈到现代人为何选择同居，我们可以归结为以下几点：

其一，现在很多年轻人都是只身到大城市闯荡，工作生活的压力很大。在没有父母的陪伴，同时也没有父母束缚的情况下，某些人自然而然地选择了同居这种生活方式，是具有一定的必然性的。

其二，人们对未来生活缺乏理性规划。市场经济下，人们的流动性比较大，工作不稳定，企业绝大部分实施的是全员聘任制，居住地不再是终生不变的了，人们对未来经济收入的预期也不明朗。这些因素使人们对结婚充满了一种恐惧感。这种背景下，过早结婚反而成了彼此的拖累。

其三，同居生活的流行，还在于现代女性性观念的解放。"吃亏的总是女孩"的观点已有些过时，对经济独立的女性而言，她们不再需要通过婚姻这个长期的契约来捆绑住彼此的自由，不需要彼此为对方承担责任。双方没有长期的正规的契约关系，可以说只是一种合作的"意向"，双方都更灵活。更多的女性认为，性是双方的需要、彼此的满足，不存在谁吃亏。

其四，男女结识成本低。人们相互结识的途径和方式越来越多、越来越容易，这也是现代男女喜欢采用同居这种生活方式的一个原因。因为在一起容易，彼此也就不够珍惜，分开也容易。这种条件下，双方最合适的选择就是同居。

其五，男女经济地位的变化也是同居现象增多的关键因素。现代女性经济增强，同时也使得男性经济的成熟推迟和滞后，男女经济状况和地位的变迁，增加了过早结婚的不确定性。同居成为弥补婚姻不确定性的润滑剂。

其六，社会的进步，使得传统的生儿育女、传宗接代、养儿防老等观念在现代人的头脑里日益淡化，已经不是男人和女人在一起的目的，这个目的现在转变为追求快乐。没有了孩子的拖累，两个人不需要承诺，处得好就在一起，处不好就分手。还有，经济基础决定上层建筑，随着经济的快速发展，经济条件的变化必然要影响到人们思想意识的变化，人们对同居现象也越来越宽容了。

◎结婚支出：结婚也有一笔经济账◎

结婚，男女结合，一件原本欢天喜地的事情却越来越让人感觉到不堪承受之重，高兴不起来。结婚的支出往往会透支一个家庭多年的积蓄。

武汉的李先生说："我们那会儿结婚连'三转一响'也没有，家里只有几件简单的家具，别说是婚纱照，能摆上两人的一张简单合影，就很幸福了。当时结婚能有手表、自行车、缝纫机和收音机，就算是家境不错了。"

现在时过境迁，"要想娶媳妇，起码得攒够22万元，看来我还得等12年才能结婚"。一成都男子说，他目前在一家民企工作，月收入在2500元左右。他说，自己来自农村，家里基本上没什么积蓄，前段时间他和女朋友谈起了结婚的事情，女方家里要求他必须买上房子以后才能结婚，婚礼还不能办得太差。

谈起结婚前的各项开支，他是又郁闷又气愤，"即使贷款买房，我也得攒够22万元钱，看来还得等12年才能结婚"。

谈及结婚的费用，他列出了这样一项开支清单：

1. 买房，100平方米的楼房，按4000元/平方米计算，合计40万元。首付12万，剩下的十几年两口子必须一起还。

2. 按中等档次装修房子，大概3万元。

3. 置办家电家具需3万元。

4. 办喜酒，以中等酒店25桌为例，包括自带酒、烟和糖等，计1000元×25（桌）=2.5万元；请司仪、扎婚车、婚纱照等约需1万元。回收红包以平均每桌1500元计，1500元×25（桌）=3.75万元，收支大体相抵。

5. 度蜜月，以港澳、新马泰、云南、海南等热门线路为出行线路，平均每人费用以8000元为标准，计8000元×2（人）=1.6万元。

6. 从谈恋爱到决定结婚这段时间，包括出去吃饭、买礼物、娱乐、旅游、送女友父母节日礼品等，平均每月以1000元为标准，谈2年，计1000元×12（月）×2=2.4万元。

7. 如果买车？先不想。

这样算来，总费用为 50 万元；如果按月工资 2500 元、每月存 1500 元算，得存 27 年才能娶上媳妇。买房如果实行按揭的话，也得攒够 22 万元才能娶到媳妇，那也需要 12 年。房贷以 20 年为限，除去每月的房贷（1500 元左右），再去掉生活费，基本剩不下什么钱。

"要真结了婚，不知道拿什么养家糊口。"该男子表示不知该怎么跟父母交代，更不知道怎么才能说动女方的家人。

有的父母有钱，各种消费由父母按高或中等标准操办，轻轻松松做新郎，如家住山东的一位做生意的老板，不久前儿子结婚，他帮儿子买了 180 平方米的新房，高档装修，同时为儿子买了中档小轿车、操办婚事；有的父母有旧房，刷新一下做新房，添点新家具、电器，办两桌酒席，几千元结个婚；有的双方都是新进城的，父母都在农村或外地且经济一般，只好买 60 平方米 5 万来元的二手房，或租房，不买车，其他也从俭办婚事。

农村青年结婚，绝大多数是父母量力操办，部分人要借点钱；有的很节约，有位朋友的家庭不富裕，儿子在外打工，谈了一个工友，结婚时儿子在外办两桌酒席请要好的朋友，送个红包到岳父母家，父母不请客，只买几百元的喜糖发给亲戚、朋友和邻居，不收礼金和礼品。

结婚本来是件好事，却因为不断上升的支出让好事变成了坏事。从单位宿舍到私有住房，从自行车、缝纫机、手表到等离子彩电、电脑、冰箱，物质追求的变化是当今结婚成本飙升的真实写照，在物质追求发生巨大变化的今天，有多少新人能够承受得起呢？

在经济学家的工具箱中，结婚成本上升不过是一个"交易费用"过高的例子。由于男多女少，男方不得不承担结婚的成本。为结婚买房、给彩礼、办酒席等全部的费用支出，往往需要男方几代人的付出才可以办到，而这显然导致男方父母生存压力加大，不得不一辈子为子女结婚储蓄。

四川省社科院社会学所副所长胡光伟表示，结婚是两个人或者说是两个家庭的私事，不应该有一个固定的标准，比如一定要求在市区有一套住房，或者一定要有一辆价格 10 万元以上的汽车等。重要的是要视自己的经济情况来定，不要和别人攀比。

不断上升的结婚支出既有盲目攀比的原因，也有男多女少的原因。但不断上涨的结婚成本的确成了适龄男女青年结婚的巨大障碍，把一件好事正逐渐变成一件坏事。

◎ 比较优势：谁来做家务 ◎

在中国传统社会里，夫妻之间的分工严格而明确，在生产劳动中，丈夫为支柱，而在家务劳动中，妻子为主力，也就是通常人们所说的"男主外，女主内"。这是中国几千年来的传统，至今也没有太多的改变。

据统计，在我国的城市家庭中用于家务劳动的日平均时间里，女性居民至少要比男性居民多劳动近两个半小时。但是，随着生活压力的加大，女性走向社会，从事工作，她们根本无法承担全部的家务。有人开始思考：这种传统的分工有什么科学依据呢？是根据人们的生理特征或者其他什么原因吗？男子就不能做家务吗？

我们不妨用经济学中的原理来看一下。根据古典经济学中的比较优势原理，倘若某人在从事一种劳务的时候，其机会成本低于其他人从事此项劳务的机会成本的话，那么他在从事该劳务上就具有比较优势。此外，和比较优势相对照还有一个绝对优势。下面的例子能形象地说明两者之间的关系。

比如，村子里有一个鞋匠一个裁缝，本来两人关系不错，鞋匠要穿衣服了就会去找裁缝，而裁缝需要换一双鞋子就会去找鞋匠，两人分工明确，互惠互利。然而有一天，不知什么原因，两人吵了架谁也不理谁。鞋匠自己做服装，费了布，不合身；裁缝自己做鞋子，费时间，不合脚。两人感到这样下去对谁也没好处，找了个机会和解了。以后裁缝穿鞋子找鞋匠，鞋匠穿衣服找裁缝，大家都方便。

这个故事中，鞋匠在制鞋方面有特长，拥有绝对优势；裁缝在制衣方面有特长，拥有绝对优势。他们各自生产拥有绝对优势的产品，进行专业分工，然后用一部分产品交换，使双方都获益，这就是绝对优势原理。

又如某老板不仅管理水平高，而且打字速度快。因此他为了节省开支，没有配备打字员。后来，他感到，由于每天工作太忙，经常与客户见面，还要开会，很多文件需要打印，没有打字员不行，所以招了一名打字员。这是因为他的管理水平高于打字水平，拥有比较优势，而打字员打字水平高于管理水平，拥有比较优势，如果按照两人的比较优势进行专业分工，两人的工作效率都会提高。

如果用绝对优势与比较优势原理来分析封建社会的男女分工，就会看到，在特定的环境下，这种比较优势是存在的。因为，受传统礼教的影响，封建社会，女子大门不出，二门不迈，不太可能接触家务以外的活动，而丈夫要进行营生，维持家用，是家里的顶梁柱。相比而言，丈夫从事家务劳动的机会成本高，而妻子的机会成本较低，所以这样的分工可以实现，每个人都专门从事自己擅长的事情，提高生产效率，从而整个社会可创造的物质财富总量与其整体经济福利都会有所增加。

但那是在封建社会，人们被封建思想束缚，它并不能证明女性有某种生理上或天生从事家务的比较优势。一个社会有一个社会的文化和思想，封建社会的这种思想是当时的社会现实决定的。但社会现实已经改变，如今，不光男性要面临竞争、就业的压力，女性也要面对；不光男性有养家糊口的压力，女性也有；不光男性中有能力超群之人，女性中也有，甚至有些女性比大多数男性还要有能力！

现实中也不乏这样的例子，有的男性事业没有女性成功，做家务却比女性好，此时，若再拿那些生理上、宿命上的不同来进行分析，就很难对今天依然存在的男女两性在家务劳动负担上不平等现象作出令人信服的解释。其实，男性并不是不会做家务，不能做家务，而是大男子主义的思想让他们觉得不可以做家务。他们认为扫地、洗衣、煮菜、养孩子，是妻子的事情，否则要妻子干什么？

女性在承担家务的时候是没有劳务报酬的，也不给国家制造GDP，男性就会觉得女性没有为家庭和社会创造什么价值，相反，是在挥霍他们的钱。实际上女性在家庭中承受的琐事负担并不比男生在职场上承受的压力小。职业和家庭的双重压力、丈夫的抱怨，都会让她们喘不过气来，就算经济地位和社会地位有所提高，她们也会觉得越来越劳累。长期如此，她们会背上沉重的负担。

渐渐地，许多女性开始为争取从家务中解放出来而呼吁，希望男性也能坐下来，考虑一下，繁重的家务劳动是否能由双方共同协作完成，或者男女双方谁更适合做家务。很快，就有女性提出在夫妻中使用"家务分配表"，出现了"劳务分配小协议"，让夫妻在互相体谅的基础上，共同支撑起这个家。这无疑是一场把女性从繁重的家务劳动中解放出来的"革命"！

令人欣喜的是，越来越多的丈夫能够从妻子的角度考虑问题，与妻子同心协力，实现那种"你挑水来我浇园"的眷侣生活。他们强硬的态度开始软化，他们对妻子更加体贴，态势发生了质的变化。这是适应社会发展的一种全新生活方式。随着经济和社会的发展，相信女性的家务劳动将会减少并最终同男性达到均衡，从而使彼此的分工更加均衡、科学，也只有如此才能使家庭更加美满、幸福！

◎生育成本：为什么有的人不愿生孩子◎

都知道女人生孩子不是件简单的事，做一个怀孕要生产的女星更是难上加难。

有一种解释是，普通妇女的生育意愿更强烈。普通妇女却比明星妇女喜欢要更多的孩子。这种解释似乎有些道理，不过这样的解释，很难让经济学家信服，他们不喜欢用偏好来解释人们的选择行为。

经济学家在解释问题时，假定人们的偏好是给定的，无论普通妇女还是明星妇女，妇女们的生育意愿或偏好都是一样的。之所以存在生育率的差异，是由于他们的"生育成本"或"孩子价格"不同造成的。

这里的"生育成本"，是指妇女生孩子、养孩子的机会成本。仅就时间而言，妇女要用10个月怀胎，还要用20小时左右的时间来生产，要想生一个小孩总共需要6500个小时；另外，抚养一个小孩，每天要花4个小时，一共18年，加起来是26280个小时。这样，养育一个小孩总共需要32780个小时。

如果一个妇女将32780个小时花在养育孩子上，那她在这段时间里就不能去赚钱了。假设，在普通妇女平均工资是每小时3美元；而明星妇女平均工资是每小时15美元。

这样，普通妇女养育一个孩子的机会成本就是98340美元；而在明星妇女养育一个孩子的机会成本则高达491700美元。

在偏好一致、收益相同的条件下，我们很容易看出，明星妇女养育一个孩子的成本要比普通妇女养育孩子的成本高得多。经济学中认为个体都是理性的经济人，那么，明星妇女会考虑自身的成本，选择不生育是她们"理性"的行为。

生孩子的费用，特别是分娩的花费，普通人与明星之间的差距是极大的，一个贫困孕产妇花费600元就可生个孩子，而明星花费惊人。

2008年生第一个孩子时，布兰妮对产房就要求多多，也诸多挑剔。要求产房既豪华，更要兼顾浪漫气息。最终，布兰妮将产房安置在亚利桑那州的医院。因为生孩子，这位明星搞得当地医院天翻地覆。布兰妮选了最大最豪华的产房，要求左右相邻的两间产房不能有人，希望她生孩子的过程能完全安静并能保护她的隐私。

布兰妮还提出严格要求，每一个为她服务的护士都要经过背景调查。负责面试护士的是布兰妮的妈妈林恩和医院的院长。除了对产房的要求外，布兰妮更要求，一进产房就要看到白色和黄色的玫瑰。布兰妮还坚持要在房间配备DVD、录影机和高级音响，她希望在产房能营造出一种在家的温馨感觉。布兰妮预定的产房位于医院2楼，估计她3天的住院费不会低于13000美元。

看看她们的做法，难免会感叹，孩子不是父母生出来的，而是花钱买来的。女明星正是看到在孩子的花费上成本过高，怕怀孕之后一身赘肉影响了形象，怕孩子出生之后开销高昂而不愿意生孩子。

◎ 沉没成本：为什么放手也是爱情的智慧 ◎

A君对B女子几乎是一见钟情，她拥有曼妙的身材，不说是有天使般的面孔，却也有自己的独有风情，自然这种女孩的背后是有一个连的男生在排队的。A君自称风流倜傥，才华横溢。他对女生向来有钢铁般的手腕，他和同行的哥们儿打赌，B女子不久就会成为自己的正牌女友的。

于是，鲜花、场景、偶遇……A君费尽心思猛烈出招，可B女子对这些很是漠视，无动于衷。A君继续想办法，竞选学生会主席、写浪漫的情书……这倒是引来不少的粉丝，可就是动不了B美人的芳心。

一天，B女子的神秘男友终于浮出水面，长相平平，也没有A君的校园影响力。A君悲痛欲绝，竟然败在一个矬子手里，心有万般不舍，千般不甘。本想再加把劲横刀夺爱，但又被好友拦下，朋友们劝他还是放弃吧，何必打扰别人的生活呢。A君在网吧泡了几天后出来跟大家说：算了，自己不爱B女子了，想想她的眼睛好像大而无神，个头有点矮嘛，并且就她的眼光……被她看上自己都降了个等级，没品位的女人留给没品位的男人吧！

故事中的 A 君，他经历了心理不平衡的愤恨，以及很多天天不为人知的痛苦生活后，终于放下了这一段没希望的爱情。他的这种放下其实不仅成全了别人的爱情，更是放过了自己。

《伊索寓言》"酸葡萄"中的故事大家早就耳熟能详了，说的就是一只狐狸本来很想得到已经熟透了的葡萄，它跳起来，不够高，又跳起来，再跳起来……想吃葡萄而又跳得不够高，若是一个劲地跳下去，就是累死也还是跳不够那葡萄的高度。我们看看，最终聪明的狐狸是怎么办的呢？狐狸想：反正这葡萄是酸的，即使摘到也是"不能吃的"。于是，狐狸也就"心安理得"地走开，寻找其他好吃的食物去了。

实际上，吃不到的葡萄也就是无法挽回的沉没成本。俗话说，"百年人生，逆境十之八九"，在很多情况下，我们就像寓言里的那只狐狸，想尽了办法，费尽了周折，但却由于客观原因最终无法吃到那串葡萄。这时，暴跳如雷或是坐在葡萄架下哭一天，对于沉没成本的挽回都无济于事，倒不如像故事中的 A 君一样，把追求不到的东西当做是"酸葡萄"，求得心理上的平衡。

◎ 经济独立：为什么婚姻不是一张长期的饭票 ◎

"婚姻是找一个体贴的伴侣，而不是求得一张长期饭票。"有过两次失败婚姻经历的小孟比任何女性都能够体会这句话的含义。

婚姻并不是女人一辈子的依靠，女性甚至有可能因为婚姻而失去经济自主性，因此，小孟不断提醒身边年轻的女性朋友或同事："先别想着嫁人，经济独立是第一优先。"

现代社会，许多单身女性都以嫁有钱老公为第一目标，以为生活会因此而有保障。其实，天有不测风云，老公现在有钱，不代表将来一定有钱，中年破产的案例比比皆是。如果再看一看近几年直线上升的离婚率，女性就更要认清，有钱的老公不一定可靠。

这里有一组统计资料：在 1997～1998 年间，结婚 15～19 年的夫妻离婚率增长了 10.97%，而结婚 20～24 年的夫妻离婚率增长了 13.8%。这就表明，结婚时间愈长的夫妻，离婚率愈高。这也特别提醒了女性朋友，千万别觉得有了"饭票"，就可以高枕无忧。如果不幸失去"饭票"，年龄越大，对于生活上的冲击也将越难以承受。

如此一来，女性怎么可以不及早追求经济上的独立？

如今，女性在经济上完全依靠老公的时代已经过去了，新时代年轻的女性朋友要相信自己的能力及善用年轻的优势，让自己在经济上独立起来。因为愈早开始追求经济独立，愈能够让你在婚姻中保持独立和尊严。

经济独立的单身女性最快乐。人生的缘分奇妙而难预测。单身，也许是一个过渡，也许不是短期内可改变的状况，但公主与王子若没有良好的财务规划为后盾，也很难在结婚后过上幸福快乐的日子。让现在的自己成为经济独立、财务规划稳健、坐拥成就与财富的快乐单身女郎，绝对是一个值得努力的目标。

女性在结婚前，虽然经济条件不一定非常好，但是由于没有家室之累，能够自给自足，这样也可以生活得很轻松。在这个年龄阶段，如何支配自己的收入，以使自己的生活更加精彩，就成为一个很重要的问题了。那么，如何支配收入才能为将来的生活打下良好的基础呢？对此，受过良好教育，又从事金融行业的单身女孩晓晓颇有心得，她建议：冷静评估自己的风险承担能力，确定自己理财的短、中、长期目标，以开放的心胸筛选信息，就可以轻松理财。

年轻女性要想经济独立，除了会挣钱，还要会花钱。盲目攀比是不少女士的通病，尤其是一些爱美、爱时尚的白领们。

28岁的谢小姐，在一家外资企业工作多年。平时，谢小姐与几个年轻的白领女友，经常一起逛街购物形成了关注时尚的小圈子。同样的小圈子在公司里还有好几个，并因此形成了暗自攀比的局面：人家昨天穿了新买的意大利名牌服装，拎着意大利名牌皮包，今天，谢小姐一伙必定要穿上新买的法国名牌时装、拎法国产的皮包；今天，人家提前穿上了夏季连衣裙，明天，谢小姐等一定要更超前，把刚买来的新式吊带裙穿上。就这么攀比来攀比去，商家当然高兴了，货出钱进，只不过是多派发几张贵宾卡而已，而谢小姐她们可就惨了，皮夹总是空空的，银行卡里也所剩无几。为了攀比买来的时尚服装，有的并不适合长久穿着，于是，刚买不久的服装要么压箱底，要么落得送人了之的结局，实在是得不偿失。

年轻女性几乎没有什么负担，花钱一般不注重节俭，每个月都口袋光光。但是，长此以往，生活就会被金钱牢牢套住。若想过更舒适的生活，就要学好经济学，开始理财了。

◎ 经济适用：找个有潜力男人结婚 ◎

比我老公顾家的没我老公有钱，比我老公有钱的没有我老公顾家，这是最近女白领们最热捧的"经济适用男"。

当年，程瑶是北京某知名大学的外语系高材生，现在却只是一个年过30的剩女。19岁那年，程瑶以优异的成绩考入北京某名牌大学，从小在严格家庭教育下长大的她对自己的要求亦格外严格。整整4年大学，她都没有交过男朋友，她认为大学里的恋情往往没有结果，她不愿意让自己的终身走太多弯路，所以不合适的恋情宁愿不开始。

毕业后，她在北京一家私企任职，由于外貌出众、家教良好，单位里为她介绍男友的同事特别多。七八年的时间里，她一共交往过3个男朋友，但都无疾而终。

第一任男友是她的同校师兄，他是那种个性极强势的男人，工作能力也很突出，他希望未来的妻子能是个家庭型的贤妻良母。她刚出校门时，跟所有的女孩子一样，也有想在事业上一展拳脚的愿望。每当她们遇到了冲突，他总希望她能迁就他，于是她们之间的冲突矛盾就越来越深。终于，这段初恋在一年后结束了。

第二任男友是通过单位同事介绍认识的，气质儒雅、事业有成，家境非常好。当时，周围不少朋友也告诫她说"过了这个村可就没这个店了"，她们都劝她要尽力去抓住这个好对象。由于有了初恋的挫折，她那时候认为，女人最大的幸福还是婚姻幸福，只有嫁得好才是硬道理。为此，她放弃了很多拼事业的机会。恋爱两年后的某一天，他忽然告诉她，准备接受家里人为他介绍的相亲女友，原因是，那个女孩子能力出众、能够成为他事业上的好帮手！她再次失恋，备受打击，整个人有点自暴自弃，做什么都提不起精神，用了整整两年才走出这段阴影。

第三段恋爱发生在去年，第三任男友跟她条件差距不大，说实话，跟他恋爱，我真是奔着结婚的目的去的，当时已经30岁了，虽然内心里还渴望更好的伴侣人选，但理智告诉我，没有时间再去浪费了！但没想到的是，相处半年，在她提出"结婚"提议时，他竟然犹犹豫豫地拒绝了，理由是"你不是处女"。

有很多像程瑶这样的女孩，一不留神就成了剩女。有数据统计，北京的剩女数量已达50万，其中接近90%是高知女性。

"剩女"是给那些大龄女青年的一个新称号，这些人一般具有高学历和高收入，条件优越。虽然她们也渴望婚姻，但更坚持原则，"如果男方条件不对等，便坚决不谈婚姻"。然而现实却击碎了这些人的想法。

在2009年金融危机之下，很多人手头拮据，买房的目标从"宽敞气派型"变成"经济适用型"。不少女白领的择偶目标也纷纷从"金龟婿"改为了"经济适用男"。

经济，这个词语有一条解释是，用较少的人力、物力、时间获得较大的成果。那么顾名思义，说某件东西经济适用，是指其价格虽然不高，但质量的确不错，买时没有压力，且用起来一点不差于高价货。虽然外观一般，也没有知名度，可是至少不用像买了高价货后不舍得用，还得小心伺候着怕坏。而经济适用一词最多是用在房地产市场，经济适用房没有商品房地段好，小区环境好，但也不用花那么多钱买，且遮雨避风功能完全不差。用在婚恋市场，经济适用男是那种工作稳定、收入一般，但有生活情调的顾家男人。

在女白领们的具体描述中，"经济适用男"的形象被清晰地勾勒出来：发型传统，相貌过目即忘，性格温和，工资无偿上缴给老婆；不吸烟、不喝酒、无红颜知己，月薪3000至10000元。经济适用男一般从事教育类、IT行业、机械制造、技术类等行业，有支付住房首付的能力。

28岁的网友"阿兰"是"经济适用男"的太太，她用自己的实际经验证明：嫁了"经济适用型"老公温暖无比。她的老公32岁，是一个电子设计师。她说："3年前，我们3个好姐妹一起来广州，我们3个选择了3条不同的路，过着3种不同的生活。一个嫁了个有钱人，当时总觉得老公有钱，没想到，后来他在外面有女人，她就自己在家，一张碟接一张碟看，恨不得一把火把房子烧了，房子很大却连个说话的人都没有！另一个想找完美的'金龟婿'，结果至今未嫁。只有我嫁了'经济适用型'老公，还生了个儿子。老公责任感很强，哪怕吃个饭、上个厕所，都发短信告诉我一声。出差回来给我和儿子买大包小包的东西，晚上再累也会哄孩子，还乐呵呵地给孩子冲牛奶、换尿布。"

阿兰嫁了一个经济适用性男人，老公无微不至的关怀和照顾也让她这位"经济适用型"太太充满幸福和快乐。"经济适用型"太太认为身边的"经济适用型"老公，虽不及"金龟婿"那般气派响亮，但他们对老婆、孩子和这个家有责任感，令人放心。

正在寻觅佳偶的杨小姐说："以前一直想找个金融圈的精英，经济形势这么不景气，外企经理还说裁就被裁了。现在就想找个工作稳定的对象，知道心疼人，有安全感比什么都重要！"

女白领嫁给经济适用男，这让人感觉到多少有些不可思议，或者一时让很多女白领难以接受。但与其年年被剩，倒不如经济地过日子。过多的欲望，只会把幸福的婚姻冲淡了。

"经济适用男"这个时髦词汇不仅在婚恋领域越来越受认可，甚至被经济界名人们搬到了APEC中小企业峰会上。万通地产董事长冯仑、复星集团董事长郭广昌和新东方董事长俞敏洪3位经济界大佬在会上谈论中小企业人才话题时，对"经济适用男"不约而同地推崇备至。

"创业初期就想要很多能人，就相当于5岁的孩子羡慕别人娶媳妇。"冯仑认为，中小企业在人才方面不能急进，一些很优秀的人确实很诱人，但这并不一定适合你。"在这个阶段，你最要关心的是怎么样使你到20多岁的时候拥有娶媳妇的能力"。所以，"在企业中最核心的部分，往往就是那些经历了创业，并通过学习不断取得提高的经济适用男"。

郭广昌则认为，招了"经济适用男（女）"，并不能永远经济适用下去，还需要对其不断改造，不断提高。"要把更多的经济适用男改造成豪华男。这一点对于企业的发展来说非常重要。"

从另一方面来看，经济适用男也是有潜力的男人，他们有实力，但他们需要时间。假以时日，也许他们能够成功。这也是剩女选择经济适用男的理由所在，即买一支潜力股票，为以后的生活投资增值做准备。

◎ 帕累托最优：明星富豪的结合 ◎

婚姻关系是一种交换关系，抛开异性相吸、感情需要等不谈，单从经济学的角度考虑，人们选择结婚往往是因为资源的优化配置——"帕累托最优"。

生意上成功的男人往往与漂亮妩媚的女人结婚。

在娱乐圈风光无限的女明星，一般的男人是入不了她们的"法眼"的。纵观娱乐圈，豪门、富商、政要、导演、帅哥同行和外籍人士，几乎已经成为女星们择偶的几大"固定方向"。为什么女明星单单对这些人情有独钟？

明星与富豪的婚姻是婚姻中典型的"交换"案例。富豪一方支付物质成本，另一方明星付出的则是青春和美貌。然而青春美貌是短暂易逝的资本，一旦容颜老去，不能再满足对方需求，而对方满足你需求的质量却没有相应下降，因此对方很容易会因为付出和得到的不对等而心理失衡，这种交易也就很容易"破裂"。

一对新婚夫妇到郊外游玩，途中经过一片湖沼。妻子看到湖中悠游的一对白鹅，便对丈夫说："亲爱的，你看它们生活得多么美好，但愿我们也跟它们一样。"

丈夫一言不发。傍晚，在他们回家途中，又经过那片湖沼，又看到一对白鹅。妻子又说："你看它们仍然相处在一起，一直不分离。"

这时，丈夫开口了："亲爱的，你再仔细看看，那只母鹅已经不是早上那只了。"

从经济学的角度看，富翁属于增值资产，美女则是贬值资产，不但贬值，而且是加速贬值。所以丈夫用那只母鹅已经不漂亮了去暗示妻子。

中国婚姻历来讲究门当户对，所谓门当户对，主要就是指婚姻双方的婚前财产要对称，不可差异太大。女明星的家财与富豪们相比，当然是天地悬殊，女明星的豪门婚姻多不稳定，破裂的原因就在于此。经济地位的悬殊可以导致各种各样的问题，经济上依赖于富豪，女明星自然也就无法阻止富豪日后的出轨。经济地位悬殊和其他女星的替代效应是豪门婚姻破裂的两大诱因。

1977年的"香港小姐"朱玲玲与霍英东之子霍震霆相识9个月闪婚，嫁入香港一线豪门。后有"富豪杀手"之称的李嘉欣天遂人愿，和许晋亨结婚。台湾女星贾静雯也是嫁入了豪门，不过却与夫婿孙志浩闹出"争女风波"，活生生上演一出豪门恩怨，孙家还被媒体质疑"并非豪门"。而让人艳羡的前豪门媳妇朱玲玲2006年与霍震霆离婚，有传朱玲玲当年嫁进霍家时，被多种豪门规矩束缚，相当不快乐。而且霍家家规以严厉著称，朱玲玲非常不习惯。

明星、富豪的结合看似是帕累托最优，其实他们之间并非是资源的最优组合，一是他们的经济地位不对等；二是富豪的财富随着时间在增值，而明星却随着时间流逝而自动贬值了。

第六章
理财投资经济学

◎ 信用：富人赚钱的智慧 ◎

一个名叫 J.P. 摩根的人曾经主宰着美国华尔街的金融帝国。而他的祖父，也就是美国亿万富翁摩根家族的创始人——老摩根，当年却是个一无所有的人。

1835 年，当时的老摩根还是个普普通通的公司职员，他没有想过发什么大财，只要能在稳定的收入之余得到一笔小小的外快就足以让他心满意足。

一个偶然的机会，老摩根注册成为一家名叫"伊特纳火灾"的小保险公司的股东，因为这家公司不用马上拿出现金，只需在股东名册上签上名字就可成为股东。这正符合当时摩根先生没有现金却想获得收益的情况。

然而在摩根成为这家保险公司的股东没多久，一家在"伊特纳火灾"保险公司投保的客户发生了火灾。按规定，如果完全付清赔偿金，保险公司就会破产。股东们一个个惊慌失措，纷纷要求退股。

这个时候，老摩根斟酌再三，认为自己的信誉比金钱更重要，于是他便四处筹款并卖掉了自己的住房，低价收购了所有要求退股的股份。然后他将赔偿金如数付给了投保的客户。

一时间，"伊特纳火灾"保险公司声名大噪。

现在身无分文的老摩根成为保险公司的所有者，但是保险公司资金严重短缺濒临破产。无奈之中他打出广告：凡是再到伊特纳火灾保险公司投保的客户，理赔金一律加倍给付。

他没有料到的是，没多久，指名投保火险的客户蜂拥而至。原来在很多人的心目中，"伊特纳火灾"保险公司是最讲信誉的保险公司，这一点使它比许多有名的大保险公司更受欢迎。"伊特纳火灾"保险公司从此崛起。

结果，摩根不仅为公司赚取了利润，也赢得了信用资产。

在约瑟·摩根先生的孙子 J.P. 摩根主宰了美国华尔街金融帝国后，大女婿沙特利在日记中记载了 J.P. 摩根生前最后一次为众议院银行货币委员会所做的证词，他的核心证词只有两个字："信用！"

在以熊彼特为代表的"信用创造学派"的眼中，信用就是货币，货币就是信用；信用创造货币；信用形成资本。在财富的世界里，还有什么比信用更可宝贵的呢？富人之所以富有，就是因为他们真正理解了信用的价值所在。那么什么是信用呢？

从经济学的角度来看，在《新帕格雷夫经济大辞典》中，对信用的解释是："提供信贷意味着把对某物（如一笔钱）的财产权给以让度，以交换在将来的某一特定时刻对另外的物品（如另外一部分钱）的所有权。"可见，信用是和资本、财产密切相关的。因此，若我们想在财富上有所作为，就不能不向富人们看齐，随时注意自己的信用。

美国加州的威尔·杰克是百万富翁。起初他身无分文，直到外出工作，才有了一些积蓄。每个周末威尔会定期到银行存款，其中一位柜员注意到了他，觉得他天生聪慧，了解金钱的价值。

后来威尔决定创业，从事棉花买卖，那位银行工作人员知道了，便给他贷了款。这是威尔第一次使用别人的钱，很快地他便偿还清了银行的贷款，赢得了良好的声誉。一年半之后，他改为贩卖马和骡子，逐渐积累了一些财富。

后来，有两个创业失败但很优秀的保险业务员找他，希望他能以个人信誉作担保，从银行贷款相助。威尔看到这两个人的确很优秀，现在只不过是一时之艰，于是决定帮助他们。

威尔向加州银行贷款。银行非常愿意把钱贷给像威尔那样有诚信的人。由于威尔的贷款额度不受限制，所以他用贷出来的钱买下了那两位业务员创立的公司的全部股份。此后，在短短 10 年内，这家寿险公司，从原来只有 40 万的资本，通过基本客户群制度获利了 4000 万。

那么，在生活中我们该如何经营自己的信用，以期获得最大的收益呢？下面的故事给我们提供了最好的范例。

此范例说的是两个条件都差不多的私营企业的老板要上同一个项目，同时向一家银行申请贷款。甲申请的贷款金额是 200 万元，乙申请的贷款金额是 200.32 万元，结果，银行只批准了乙的贷款申请。原因很简单，银行的负责人认为乙申请 200.32 万元，投资额算到了百位，精打细算，更值得信任，于是将贷款放给了乙。这位负责人没有看错，一年后，乙将 317.3481 万元按时划给了银行，一次性还清贷款本息。

这个范例说明了一个道理，就是我们在贷款的时候一定要精打细算；否则，就算我们很想尽早还清贷款，也会出现由于没有经济能力而失去信用的情况。希望获得信用的人不应该不自量力。如果我们能对自己的经营状况有着清醒的认识，对市场有着准确的判断，这样就不会出现资不抵债的状况，而且能在银行保持自己良好的信用。

◎ 复利效应：赚到第一个 100 万 ◎

我们今天赚钱是难还是容易？

有一位白手起家、靠投资股票赚钱的人说："时代不同了，股票涨一下就能进账数百万元，赚钱突然间变得很容易了，挡都挡不住；回想 30 年前刚进股市的那段日子，我费了千辛万苦才赚了两万多元，真不知道那时候的钱都跑到哪里去了。"

这种经历对许多曾历尽千辛万苦、艰苦奋斗、白手起家的人而言并不陌生。所谓万事开头难，初期奋斗，钱自然很难赚，等到成功之后，财源滚滚时，又不知道为什么赚钱变得那么容易了，这其实是"复利效应"发生了作用。

爱因斯坦说，复利是世界第八大奇迹。所谓复利是指由本金和前一个利息期内应记利息共同产生的利息。即由未支取利息按照本金的利率赚取的新利息，常称息上息、利滚利，不仅本金产生利息，利息也产生利息。"复利效应"即用来指复利在财富增长过程中的巨大作用。一个简单的比喻是，当你养的鸡下了蛋后，你不能把蛋吃了，而要把它变成另一只下蛋的鸡。世界首富比尔·盖茨、巴菲特都是靠复利赚取几百亿资产的。

在生活中，每个人都渴望能轻轻松松地赚取第二个 100 万、1000 万，达到财源滚滚的境界，问题是要赚第二个 100 万之前要先有第一个 100 万。怎样才能赚到第一个 100 万呢？这是个特别关键的问题。如果你想利用投资累积 100 万的话，则需要时间，必须要经历长时间的煎熬，熬得过赚第一个 100 万的艰难岁月，这样才能够享受赚第二个 100 万的轻松愉快。

从复利的公式可以看出，要让复利发挥效果，时间是不可或缺的要素。长期的耐心等待是投资赚钱的先决条件。尤其是要想通过投资致富，所需的耐心不是等待几个月或几年就可以的，而是至少要等二三十年，甚至四五十年。

对我们每个人来说，赚钱是终生的事业。

能有耐心熬得过长期的等待，时间创造财富的能力就愈来愈大，这就是"复利"的特点。然而，今天我们身处事事求快的"速食"文化之中，事事强调速度与效率，吃饭上快餐厅，寄信用特快专递，开车上高速公路，学习上速成班，人们也随之变得愈来愈急功近利，没有耐性，在赚钱上也显得急不可耐，想要立竿见影。但是，我们要知道，在其他事情上求快或许能有效率，唯有赚钱快不得，因为时间是赚钱必需的条件，愈求快，愈不能达到目的。

根据调查，一般的投资者最容易犯的毛病是半途而废。遇上空头时期极易心灰意懒，甚至干脆卖掉股票、房地产，从此远离股市、房地产市场。

然而我们必须知道，在财富的世界里，如果缺乏耐心与毅力，是很难有所成就的。如果我们从历史上来看，就会发现绝大多数的富人，他们的巨大财富无不是经过时间的洗礼由小钱逐步累积起来的。他们中的大部分人初期所拥有的本钱都是很少的，甚至微不足道。因此，一个人想成功、想理财或者想致富，就必须首先要从心理上摒弃那种"一夜致富"的幼稚想法。踏踏实实，一步一个脚印才是赚钱的正常、健康的心理状态，只有具备了健康的心态，才有可能成功。

◎贴现：资金的时间价值◎

30年前，一元钱能做什么？交一个孩子0.6个学期的学杂费（一个学期1.6元），治疗一次感冒发烧（含打针），买20个雪糕、7斤大米、50斤番茄、20斤小白菜、20个鸡蛋，到电影院看5次电影，乘20次公交车。

现在的1元能够做什么？乘公交车1次（非空调车）、买2个鸡蛋，夏天买0.5斤小白菜、0.8斤番茄、0.7斤大米，看病挂号1次（最便宜的门诊），看0.05次电影。

30年的时间，说短不短，说长不长，但是1元钱的购买力已经发生了巨大的变化。随着经济的发展，货币的购买力是在不断降低的，这是从以上的对比中不难得出的结论。其实,1元钱的变迁也能运用到经济学的成本分析当中，我们来看下面这个例子。

比如小王6年前投资100万元办了一个工厂，但今年企业停产关闭了。在这6年时间里，企业每年的总收益是20万元，6年共收益120万元。这样算下来，总成本为100万元，总收益为120万元，利润为20万元，投资利润率为20%。

这种算法可以说是正确的，也可以说是不正确的。说这种算法不正确，是因为总收益、总投资、利润都是用货币计算的，而现在的20万元钱与未来的20万元钱的实际价值并不相同，也就是说20万元钱的实际购买力并不相同。

经济中会发生通货膨胀，比如通货膨胀率是10%，这种情况下，现在1元钱的购买力在一年以后就会贬值10%，即现在的1元钱在一年以后买不到同样的东西。换一个角度来看，即使没有通货膨胀，我们将1元钱存入银行，如果利率是10%，一年后就成为了1.1元，显然这1元钱在一年后已经不只1元了。

在这里，引入两个概念，现值与贴现。我们把一笔未来货币现在的价值称为现值，把未来某一年的货币转变为现在货币的价值称为贴现。在影响一笔货币价值的因素中最重要的是通货膨胀率和利率，通货膨胀率和实际利率之和为名义利率，所以我们常用名义利率来进行贴现。

假设名义利率为r，某一年的货币量为Mn，货币的现值为M₀，n代表第n年。贴现的公式如下：

$$M_0 = M_n / (1+r)^n$$

例如，未来一年后的货币量为110万，名义利率为10%，这笔钱的现值为：

$M_0 = 110万 / (1+10\%) = 100万$

这就是说，当名义利率为10%时，一年后110万元的现值是100万元，或者说一年后110万元的实际价值在今年是100万元。

在确定一笔投资是否有利时，我们要比较的不是现在的投资与未来的收益，而是现在的投资与未来收益的现值。这是以利润最大化为目标的企业在决定投资时所采用的思维方式。换言之，不是在未来能赚多少钱，而是所赚的钱的现值是多少。在我们所举的小王投资的例子中，如果利率是10%，各年收益的现值如下：

第一年（n=1）：20万/（1+10%）=18.18万

第二年（n=2）：20万/（1+10%）^{2}=16.53万

第三年（n=3）：20万/（1+10%）^{3}=15万

第四年（n=4）：20万/（1+10%）^{4}=13.66万

第五年（n=5）：20万/（1+10%）^{5}=12.42万

第六年（n=6）：20万/（1+10%）^{6}=11.29万

未来6年中总收益的现值为：

18.18万+16.53万+15万+13.66万+12.42万+11.29万=87.06万

如果不进行贴现，总收益为120万，但按10%的利率进行贴现时，这120万的现值为87.06万元。投资为100万，未来收益的现值为87.06万，显然，这笔投资是亏的，亏损为100万－87.06万=12.94万。因此，不能进行这笔投资。

由以上的分析还可以看出，一笔未来货币现值的大小取决于名义利率。我们假定名义利率为5%时，各年收益的现值如下：

第一年（n=1）：20万/（1+5%）=19万

第二年（n=2）：20万/（1+5%）^{2}=18.18万

第三年（n=3）：20万/（1+5%）^{3}=17.24万

第四年（n=4）：20万/（1+5%）^{4}=16.52万

第五年（n=5）：20万/（1+5%）^{5}=15.74万

第六年（n=6）：20万/（1+5%）^{6}=15.02万

未来6年中总收益的现值为：

19万+18.18万+17.24万+16.52万+15.74万+15.02万=101.7万元

这表示只有在名义利率为5%时，这笔100万元的投资才略有微利，即：

101.7万－100万=1.7万元

由此可见，在利率为5%以上，这笔投资都是不合适的。

在做出长期投资决策时，贴现的概念是极为重要的。长期投资的收益是在未来若干年中，但离现在越远，同样一笔货币收益的现值值越小。如果不考虑这一点，看来似乎是有利的投资实际上是亏损的。企业要避免这样的损失就必须对未来收益按名义利率进行贴现。

贴现的方法突出了时间因素在经济学中的重要性。人们对等量货币的现在偏好大于未来，这就体现了时间的作用。经济学家把这种现象称为"时间偏好"。在企业做出投资决策时，企业家也一定要考虑时间因素。收益期越长的投资，时间因素越重要。

在考虑时间因素时，不仅有贴现，而且有投资风险。建立一个工厂往往是一种长期投资。所以在做出这种投资时，不仅要考虑规模的确定，使产量达到平均成本最低的水平，而且要考虑这些产量所能带来的收益现值。当然，如果投资是在今后的多年时间内进行，也要考虑未来投资的现值。因此，做出长期投资或建一个厂一定要谨慎。

◎ 马太效应：理财赚大钱 ◎

一些工薪族认为，每个月的工资不够用，即便省吃俭用也没剩下多少。即便理财，效果也不大，还有必要理财吗？

美国科学史研究者罗伯特·莫顿归纳"马太效应"认为：只要理财，再少的钱都可能给你带来一份收益，而不理财则再多的钱也会有花光的时候。再者，理财中还有一种奇特的效应，叫做马太效应。

一个方面（如金钱、名誉、地位等）获得成功和进步，就会产生一种积累优势，就会有更多的机会取得更大的成功和进步。"

因此只要你肯理财，时间久了，也就积累了更多的财富，那么就会有更多的机会收获成功。

光成和青楠是同一个公司的职工，他们每月的收入都是2000元，光成刚开始每个月从工资中扣除400元存在银行做储蓄，经过3年，积累了近15000元。然后，他将其中的5000元分别存在银行和买了意外保险，再将剩下的10000元投资了股市。起初，股票上的投资有赔有赚，但经过两年多的时间，1万元变成了4万多元，再加上后面两年再投入的资本所挣得的钱以及存在银行里的钱，他的个人资产差不多达到了七八万。

而青楠则把钱全都存在了银行，5年下来扣除利息税，再加上通货膨胀，他的钱居然呈现了负增长。也就是说如果他和光成一样，每月存400元，那5年后，他的存款也不过是25000千元，再扣除通货膨胀造成的损失（假定为0.03%）7.5元，则剩下24992.5元。

5年的时间，就让两个人相差将近5万多元！一年就是1万，那么40年后呢？就是更大的数字了。而且，光成因为积蓄的增多，还会有更多的机会和财富进行投资，也就是能挣更多的钱。青楠则可能因为通货膨胀，积蓄变得更少。

案例正应了马太效应里的那句话，让贫者更贫，让富者更富。即便是再小的钱财，只要你认真累积，精心管理，也会有令人惊讶的效果，并让你有机会、有能力更加富有。

◎信贷消费：花明天的钱，做今天的事◎

在天堂门口，一位中国老太太和一位美国老太太相遇了。上帝让她们各自说出自己一生最高兴的事情。

"我攒了一辈子的钱，终于住了一天新房子。我这一辈子活得也不冤啊。"中国老太太高兴地说。

"我住了一辈子的房子，在我去世之前终于把买房的贷款还清了。"美国老太太也高兴地说。

上帝叹了口气，说："选择不同，效果也是不同的。"

此一时彼一时，时过境迁，如今"花明天的钱，做今天的事"这个新兴的消费观念已吹到中国，正成为青年一代尤其是在校大学生的消费新宠。

当这股负债消费的旋风刮入并无直接收入来源的高校学生群时，潇洒豪爽的是青年学子，苦吞黄连的却是为子女不计回报无私付出的家长。面对银行卡汹涌而入校园的攻势，家长们很是无奈。"孩子办卡，我们事先毫不知情；一旦发生欠款的情况，作为家长，我们还要替孩子还债，总不能让孩子还没进入社会就有不良信用吧。"很多家长表示，学生办理信用卡没有必要。他们认为，学生拥有的大额度可透支信用卡，已经打破了家长与孩子之间的理财平衡，造成了学生脱离家长的"财政监督"，为大学生的不理性消费开了口子，也为家长增加了负担。

据调查，经常性负债消费的大学生比例超过10%，60%拥有手机，27%拥有个人电脑……"儿子的内裤都要穿100多元的牌子货，而我和孩子妈妈平时都不舍得买太贵的服装，不过话说回来，我们就这一个孩子，钱省下来不给他给谁呢？"普遍存在于家长内心的宠爱意识悄悄为大学生超前消费推波助澜。

不仅男同学消费讲排场，女同学的攀比意识也毫不示弱。在成都市中心王府井、太平洋商场里，前来选购"兰蔻"、"碧欧泉"等进口化妆品的女大学生不在少数，依恋、维尼小熊等单价五六百的衣裙也颇受年轻时尚女大学生的追捧。

当此起彼伏的手机声打破昔日校园宁静时，当礼尚往来的宴请使校园内外的茶社、餐厅生意火暴时，当因为购置时装、相机、电脑等高档消费品，使一些超出自身经济承受能力的大学生成为"透支"一族时，大学生难道仅仅是在透支金钱吗？高校里这种超前透支等畸形消费现象的蔓延，不但使享乐主义、拜金主义思想滋生，而且还因为玩物丧志，丢掉了年轻大学生所应具备的锐意进取的奋斗精神；同时，也给一些本不宽裕的家庭增加了经济负担，甚至成了不堪承受的重负。

一位瑞士经济学家曾告诫中国的一位记者，中华民族拥有勤俭持家的传统美德，在负债消费方面切忌走西方的老路。

各类社会调查结果都显示，消费广告对青年人的吸引力尤其大，而同龄人之间相互攀比也是造成盲目高消费的原因之一。

高消费和透支消费带来的是债台高筑,加之现代社会竞争力大,求职不易,失业率增加,对于那些缺乏社会阅历、工资收入低、正在求学或刚刚组建家庭的青年群体来说,无疑是雪上加霜。

以下是国外两个负债青年的自述,或许能给我们以警示。

米歇尔,男,23岁,学徒工,负债4万瑞士法郎。

"我没什么抱怨的,负债都是我一手造成的。我喜欢高级发烧音响、电脑、CD,还喜欢各类美食。面对铺天盖地的各类广告,我无法控制我的购物欲望。我17岁开始独立生活,19岁已经欠债1万瑞士法郎。我向银行借了1万瑞士法郎还债,可是刚取到钱,我就控制不住自己,买了一个价值700瑞士法郎的随身听。剩下的钱也很快花光。从16岁到22岁,我一直没有纳税,现在,我欠税务局的税款就达3万瑞士法郎。

"由于欠债太多,银行已经将我列入'操行有问题的付款者'行列,每个月从我的工资中扣除2170瑞士法郎还债。而且,我已经不能再使用消费卡购物。我一定要走出负债消费的阴影,否则,我将无法生活下去。"

蒂娜,女,22岁,商场收银员。欠债800瑞士法郎,相当于她一个月的工资。

"我现在每个月的收入是750瑞士法郎。我父母认为我已是成人,应该自己去生活。他们只帮我支付病险。我想上大学,有个文凭好找份像样的工作,多挣钱。但一天工作8个小时,哪还有精力去上学读书?我只是在大学里勉强跟着而已。眼下,我欠债800瑞士法郎,我不敢和朋友们外出,哪怕是去喝上一杯。我的手机也被电信局掐了,我上个月没交话费。"

时下,在我国的一些大都市里,月光族、负翁族、奢侈族成了一道道惹眼的风景。信用卡透支消费被一些人用作盲目赶时髦、讲排场、摆阔气的手段,同时给他们留下了巨大的精神负担和经济压力,也给社会金融系统留下隐患,对社会经济发展造成严重的不良影响。

对信用卡透支消费的情况,有关银行业内人士指出:"年轻人都爱追求潮流和新奇,但又具有较强的虚荣心,而信用卡透支消费一不小心就会成为年轻人奢侈购物的催化剂。其实,不管是哪种形式的消费,在消费者没有具备相应经济实力的时候,千万不要盲目进行提前消费。"为此,我们提醒那些信用卡消费过度的人,还是应及早改变自己的消费习惯,别等到欠了债再叫苦。同时还要对消费者进行适当的消费指引,让他们了解拥有一张信用卡不仅拥有许多权利,还有一份责任。

◎ 理性投资：不要向旅鼠学习 ◎

旅鼠是一种普通、可爱的小动物，常年居住在北极，体形椭圆，四肢短小。旅鼠的繁殖能力极强，从春到秋均可繁殖，妊娠期 20~22 天，一胎可产 9 子，一年多胎。照此速度，每只母鼠可生下上千只后代。

当旅鼠的数量急剧地膨胀，达到一定的密度，例如一公顷有几百只之后，奇怪的现象就出现了：这时候，几乎所有的旅鼠都变得焦躁不安起来，它们东跑西颠，吵吵嚷嚷，且停止进食，似乎是大难临头，世界末日就要到来似的。

旅鼠的数量实在太多，渐渐形成大群，开始时似乎没有什么方向和目标，到处乱窜，就像是出发之前的忙乱一样。但是后来，不知道是谁下了命令，也不知谁带头，它们却忽然朝着同一个方向，浩浩荡荡地出发了。往往是白天休整进食，晚上摸黑前进，沿途不断有旅鼠加入，而队伍会愈来愈大，常常达数百万只，逢山过山，遇水涉水，勇往直前，前赴后继，沿着一条笔直的路线奋勇前进，绝不绕道，更不停止，一直奔到大海，仍然毫无惧色，纷纷跳下去，直到被汹涌澎湃的波涛所吞没，全军覆没为止。

巴菲特将投资者盲目随大流的行为比喻为旅鼠的成群自杀行为。他的一句话指出了投资的关键所在："你不需要成为一个火箭专家。投资并非智力游戏，一个智商 160 的人未必能击败智商为 130 的人。理性才是投资中最重要的因素。"

让财富增值，就需要投资，有投资就有风险。风险是由市场的变化引起的，市场的变化就像一个陷阱，会将你投入的资金吞没。变化之中，有你对供需判断的失误，也有合作方给你设置的圈套。股票市场，一不小心就会被套牢；谈判桌上，一不小心，就会受制于人；市场竞争，一不小心就会被对手挤出市场。

美国著名经济学家萨缪尔森是麻省理工学院的教授，有一次，他与一位同事掷硬币打赌，若出现的是他要的一面，他就赢得 1000 美元，若不是他要的那面，他就要付给那位同事 2000 美元。

这么听起来，这个打赌似乎很有利于萨缪尔森的同事。因为，倘若同事出资 1000 美元的话，就有一半的可能性赢得 2000 美元，不过也有一半的可能性输掉 1000 美元，可是其真实的预期收益却是 500 美元，也就是 50%×2000+50%×(−1000)=500。

不过，这位同事拒绝了："我不会跟你打赌，因为我认为 1000 美元的损失比 2000 美元的收益对我而言重要得多。可要是扔 100 次的话，我同意。"

对于萨缪尔森的同事来说，掷硬币打赌无疑是一项风险投资，不确定性很大，无异于赌博。任何一个理性的投资人都会拒绝的。

有人做过一个标准的掷硬币实验，结果显示，掷 10 次、100 次与 1000 次所得到正面的概率都约为 50%，不过掷 1000 次所得到正面的概率要比扔 10 次更加接近 50%。重复多次这种相互独立而且互不相关的实验，同事的风险就规避了，他就能稳定地受益。当我们在投资的时候，也要像萨缪尔森的这位同事一样，要稳扎稳打，而不要抱着赌徒的心态去冒险。

因此，并不是每个人都具备投资的条件。可以说，大多数人是心有余而力不足，投资者应该具备哪些条件呢？

第一，应该审查一下家庭和个人的经济预算。如果近期要等钱用的话，最好不要投资股票，哪怕是被认为的最优股也不宜购买。因为股票即使从长期来看是好的，但两三年内股价是升是降还很难说。只有在不等钱用的时候，或者即使损失了本钱，生活也不至于受影响的时候，才能投资。所以，投资者应有充分的银行存款足以维持一年半载的生活以及临时急用。除了购买公债没有风险外，其他投资都有风险。

第二，不应在负债的情况下投资。应将债务先偿清，或在自己还贷能力绰绰有余时再投资。因为投资的收益没有 100% 的保障，所以投资者不宜借贷投资。

第三，在投资前应有适当的保险，如人寿保险、医疗保险、住宅保险等。

第四，投资应从小额开始，循序渐进。投资过多是大多数投资者失败的原因之一。不把所有的鸡蛋放到一个篮子里，分散投资，使投资多元化，也是规避风险的重要手段之一。

如果没有一定的心理素质和辨别能力，随时都有可能跌入陷阱，你必须眼观六路，耳听八方。你要不断地提升你自己，才能应对突如其来的变化，才能避开风险，走上坦途。

投资组合就是由投资人或金融机构所持有的股票、债券、衍生金融产品等组成的集合，它的目的在于分散投资风险。投资者选择适合自己的投资组合，进行理性投资，以不影响个人的正常生活为前提，把实现资本保值、增值、提升个人的生活质量作为投资的最终目的。因此，个人投资首先必须使财产、人生有一定保障，无论采取什么样的投资组合模式，无论比例大小，储蓄和保险都应该是个人投资中不可或缺的组成部分。

◎ 博傻理论：不做投资的大傻瓜 ◎

1908～1914 年间，经济学家凯恩斯拼命赚钱。他什么课都讲，经济学原理、货币理论、证券投资等。凯恩斯获得的评价是"一架按小时出售经济学的机器"。

凯恩斯之所以如此玩命，是为了日后能自由并专心地从事学术研究而免受金钱的困扰。然而，仅靠讲课又能积攒几个钱呢？

终于，凯恩斯开始醒悟了。1919 年 8 月，凯恩斯借了几千英镑进行远期外汇投机。

4个月后，净赚1万多英镑，这相当于他讲10年课的收入。

投机生意赚钱容易，赔钱也容易。投机者往往有这样的经历：开始那一跳往往有惊无险，钱就这样莫名其妙进了自己的腰包，飘飘然之际又倏忽掉进了万丈深渊。又过了3个月，凯恩斯把赚到的利和借来的本金亏了个精光。投机与赌博一样，往往有这样的心理：一定要把输掉的再赢回来。半年之后，凯恩斯又涉足棉花期货交易，狂赌一通大获成功，从此一发不可收拾，几乎把期货品种做了个遍。他还嫌不够刺激，又去炒股票。到1937年凯恩斯因病金盆洗手之际，他已经积攒起一生享用不完的巨额财富。与一般赌徒不同,他给后人留下了极富解释力的"赔经"——更大笨蛋理论。

什么是"更大笨蛋理论"呢？凯恩斯曾举例说：从100张照片中选择你认为最漂亮的脸蛋，选中有奖，当然最终是由最高票数来决定哪张脸蛋最漂亮。你应该怎样投票呢？正确的做法不是选自己真的认为最漂亮的那张脸蛋，而是猜多数人会选谁就投她一票，哪怕她丑得不堪入目。

投机行为建立在对大众心理的猜测之上。炒房地产也是这个道理。比如说，你不知道某套房的真实价值，但为什么你会以5万元每平方米的价格去买呢？因为你预期有人会花更高的价钱从你那儿把它买走。

凯恩斯的更大笨蛋理论，又叫博傻理论：你之所以完全不管某个东西的真实价值，即使它一文不值，你也愿意花高价买下，是因为你预期有一个更大的笨蛋，会花更高的价格，从你那儿把它买走。投机行为关键是判断有无比自己更大的笨蛋，只要自己不是最大的笨蛋，就是赢多赢少的问题。如果再也找不到愿出更高价格的更大笨蛋把它从你那儿买走，那你就是最大的笨蛋。可以这样说，任何一个投机者信奉的无非就是"最大笨蛋理论"。

对中外历史上不断上演的投机狂潮最有解释力的就是最大笨蛋理论：

1593年，一位维也纳的植物学教授到荷兰的莱顿任教，他带去了在土耳其栽培的一种荷兰人此前没有见过的植物——郁金香。没想到荷兰人对它如痴如醉，于是教授认定可以大赚一笔，他的售价高到令荷兰人只有去偷。一天深夜，一个窃贼破门而入，偷走了教授带来的全部郁金球茎，并以比教授的售价低得多的价格很快把球茎卖光了。

就这样郁金香被种在了千家万户荷兰人的花园里。后来，郁金香受到花叶病的侵袭，病毒使花瓣生出一些反衬的彩色条或"火焰"。富有戏剧性的是病郁金香成了珍品，以至于一个郁金香球茎越古怪价格越高。于是有人开始囤积病郁金香，又有更多的人出高价从囤积者那儿买入并以更高的价格卖出。1638年，最大的笨蛋出现了，持续了5年之久的郁金香狂热悲惨落幕，球茎价格跌到了一只洋葱头的售价。

始于1720年的英国股票投机狂潮有这样一个插曲：一个无名氏创建了一家莫须有的公司。自始至终无人知道这是什么公司，但认购股票时近千名投资者争先恐后把大门挤倒。没有多少人相信它真正获利丰厚，而是预期更大的笨蛋会出现，价格会上涨，自己要赚钱。饶有意味的是，牛顿参与了这场投机，并且不幸成了最大的笨蛋。他因此感叹："我能计算出天体运行，但人们的疯狂实在难以估计。"

投资者的目的不是犯错，而是期待一个更大的笨蛋来替代自己，并且从中得到好处。没有人想当最大笨蛋，但是不懂如何投机的投资者，往往就成为了最大笨蛋。那么，如何才能使自己在投资和投机时避免做最大的笨蛋呢？其实，只要猜对了大众的想法，也就赢得了投机。

所以，要想知道自己会不会成为最大的笨蛋，除了需要深入地认识自己外，还需要具有对别人心理的准确猜测和判断能力。

只要有钱在手，就要拿它消费，不要害怕风险。在投资时不要有任何顾虑，也许你的钱投进去了，你就赚了，但你要是总在犹豫里徘徊，把钱攥得紧紧的，那你将永远赚不到钱。只有你把钱投进去了，才可能会有更大的笨蛋出现，要是你不投钱的话，那么发财的机会就永远是别人的，你就是最大的傻瓜了。

◎ 理财与财务自由：如何才能惬意地生活 ◎

美国第一理财大师苏茜·欧曼被誉为"全球最出色，最富有激情，也是最美丽的个人理财师"，也可能是身价最高的理财师——和她共进晚餐的费用是1万美元。尽管如此，人们依然趋之若鹜，因为从她那里获得的理财建议，带给你的财富可能远远不止1万美元。她被《今日美国》杂志称作是"个人理财的发电站"。

她原本只是一个平凡的女子，但对财富的追求改变了她的一生，也改变了很多人。这位美国个人理财权威曾经现身上海，接受了《钱周刊》的专访，对于什么是财务自由，苏茜给出了她自己的答案：

财务自由不是拥有百万、千万美元，而是感觉到自由，了解你自己和你自己所拥有的，知道即使明天因为生病或是公司裁员你丢了工作，你也不会有大麻烦，仍旧可以舒适地生活一段时间，不必发愁立即找工作。等你年老退休时，也许你的生活不算豪华奢侈，但你可以生活得很舒适，不会欠账。偶尔出去旅行，能自给自足。等你去世的时候，你留给家庭的财富会超过你原本拥有的。

想达到这种财务自由，其实首先要做的就是树立理财的意识。必须使已有的钱既保值又增值，选择恰当的理财方式。现在适合个人投资理财的方式有很多种：储蓄、股票、保险、收藏、外汇、房地产等，面对如此多的理财方式，最关键的问题是要选择适合自己的理财方式。

一、职业

有的人认为个人投资理财首先需要投入大量的时间，即如何将有限的生命进行合理的分配，以实现比较高的回报。你所从事的职业决定了你能够用于理财的时间和精力，而且在一定程度上也决定可你理财的信息来源是否及时充分，由此也就决定了你的理财方式的取舍。例如，如果你的职业要求你经常奔波来往于各地，甚至很少有时间能踏实地看一回报纸或电视，显然你选择涉足股市是不合适的，尽管所有的证券公司都能提供电话委托等快捷方便的服务，你所从事的职业也必然会影响到你的投资组合。

二、收入

投资理财，首先要有一定的经济基础。对于一般普通家庭而言就是工资收入。你的收入多少决定了你的理财力度，那些超过自身财力、"空手道"式的理财方式不是一般人能行的。所以很多理财专家常告诫人们说将收入的1/3用于储蓄，剩余1/3用于投资生财。按此算来，你的收入就决定了这最后1/3的数量，并进而决定了你的理财选择。比如，同样是选择收藏作为理财的主要方式，但资金太少而选择收藏古玩无疑会困难重重。相反，如果以较少的资金选择投资不大、但升值潜力可观的邮票、纪念币等作为收藏对象，不仅对当前的生活不会产生影响，而且还会获得相当的收益。

三、年龄

年龄代表着阅历，是一种无形的资产。一个人在不同的年龄阶段需要承担的责任不同，需求不同，抱负不同，承受能力也不同。所以不同年龄阶段有不同的理财方式。对于现代人而言，知识是生存和发展的基础，在人生的每一个阶段都必须考虑将一部分资金投资于教育，以获得自身更大的发展。当然，年龄相对较大的人在这方面的投资可以少些。因为年轻人未来的路还很长，偶尔的一两次失败也不用怕，还有许多机会重来，而老年人由于生理和心理方面的原因，相对而言承受风险的能力要小一些。因此，年轻人应选择风险较大、收益也较高的投资理财组合，而老年人一般应以安全性较大、收益比较稳定的投资理财组合为佳。

四、性格

性格决定个人的兴趣爱好以及知识面，也决定其是保守型的，还是开朗型的；是稳健型的，还是冒险型的，进而决定其适合哪种理财方式。个人理财的方式有很多种，各有其优缺点。比如，储蓄是一种传统的重要的理财方式，而国债是众多理财方式中最为稳妥的，股票的魅力在于收益大、风险也大，房地产的保值性及增值性是最为诱人的，至于保险则以将来受益而吸引人们，等等。每一种投资理财方式都不可能让所有人在各个方面都得到满足，只能根据个人的性格决定。如果你是属于冒险型的，而且心理素质不错，能够做到不以股市的涨落喜忧，那么，你就可以将一部分资金投资于股票。相反，如果你自认为属于稳健型的，那么，储蓄、国债、保险以及收藏也许是你的最佳选择。

理财规划：有钱是规划出来的

每个人都需要独立面对和处理居住、教育、医疗、养老和保险等问题，因此每个人都需要承担起理财的责任，做到"我的钱财我做主"。理财不是简单的储蓄和节省，更需要合理的投资。事实上，理财是一门高深的学问，要求情况各不相同的人采用相同的理财规划，理财之路必定不平坦。

每个人的风险承受能力同其个体情况有关系，我们应当依据自己的收入水平制定最优的投资策略。以下我们以三种收入水平为例，做一个简单的理财规划解析。

一、月收入 5000 元如何进行理财规划

张女士今年 29 岁，她和丈夫白先生在同一家大型企业工作，两人每月收入为 5000 元。结婚 3 年，两人有了 10 万元的积蓄。虽然在所居住的城市，两个人的收入已经比较不错，但是考虑到将来购房、子女教育、赡养父母等家庭开支压力较大，张女士担心家庭收入不能有效利用、科学管理。

从张女士夫妇目前的家庭状况来看，虽然目前他们的家庭收入不错，但是缺乏必要的保障。此外，两人的理财观念比较传统，承受风险能力较差，家庭理财要求绝对稳健，属于求稳型的理财家庭。所以，求稳的理财方式对于他们比较合适。

因此，建议张女士按照储蓄占 40%、国债占 30%、银行理财产品占 20%、保险 10% 的投资组合进行投资。在对家庭理财比例分配中，储蓄占的比重最大，这是支持家庭资产的稳妥增值；国债和银行理财产品放在中间，收益较高，也很稳妥；保险的比率虽然只有 10%，但所起的保障作用非同小可。

二、月收入 3000 元如何进行理财规划

小秦大学毕业两年，现在一家事业单位上班，工作稳定，目前单身，月收入 3000 元，没有房贷、车贷。单位提供三险一金，自己还购买了商业保险。每月剩余工资 2000 元，有存款 10000 元。小秦希望把每个月的剩余资金用于投资，想做一些风险小的投资，收益比银行存款收益高一些就可以。

小秦处于理财人生的初级阶段，但职业生涯进入了稳定发展阶段，因此理财前景广阔。具体从理财规划上来说，工作单位为小秦提供了三险一金，并且小秦本人又购买了商业性保险，正可谓是双保险，因此不用再增加任何保险产品；虽然小秦既无房贷又无车贷压力，但小秦剩余的资金却并不是很多。根据当前的物价水平，小秦的生活消费就不能追求高消费了；小秦没有理财经验，要求投资风险较小、收益率要高于银行存款的金融理财产品，建议小秦在专业理财师的指导下选择管理时间较久的股票型基金。

但要注意两点：其一，很多人只顾着"钱生钱"，而不记得规避风险。投资是一个长期的财富积累，它不仅包括财富的升值，还包括风险的规避。其二，在建立自己的投资账户时，年轻人由于手头资金量不大，精力有限，与其亲自操作，不如通过一些基金、万能险、投连险等综合性的投资平台，采用"委托投资"的方式，这样不仅可在股票、基金、国债等大投资渠道中进行组合，还可省掉一笔手续费。

三、月收入2000元如何进行理财规划

白明大学毕业后选择了留在省城，一来对这座生活了4年的城市有了感情，而来也希望在省城能有更多的发展机会。目前白明的月收入在2000元左右徘徊，因为初涉职场，也没有其他的奖金分红。白明希望利用有限的薪水理财，科学规划自己的生活。

如果你是单身一人，月收入在2000元，如何来支配这些钱呢？不妨借鉴下面的做法：

1. 生活费占收入的30%～40%

生活费用是最基本的费用。在投资前，你要拿出每个月必须支付的费用，如房租、水电、通讯费、柴米油盐等，这部分约占收入的1/3。这部分费用是你生活中不可或缺的部分，满足你最基本的物质需求。所以无论如何，这部分钱，请你先从收入中抽出。

2. 储蓄占收入的10%～20%

自己用来储蓄的部分，约占收入的10%～20%。很多人每次也都会在月初存钱，但是到了月底的时候，往往就变成了泡沫，存进去的大部分又取出来了，而且是不知不觉的，好像凭空消失了一样，总是在自己喜欢的衣饰、杂志、娱乐或朋友聚会上不加以节制。

其实，我们应该时刻提醒自己，自己的存储能保证至少3个月的基本生活。要知道，现在很多公司动辄减薪裁员，如果你一点储蓄都没有，一旦工作发生了变动，你就会非常被动。而且这3个月的收入可以成为你的"定心丸"，工作实在干得不开心了，你可以潇洒地对老板说声"拜拜"。所以，无论如何，请为自己留条退路。

3. 活动资金占收入的30%～40%

剩下的这部分钱，约占收入的1/3。可以根据自己当时的生活目标，有所侧重地花在不同的地方。这样花起来心里有数，不会一下子把钱都花完。

除去吃、穿、住、行以及其他的消费外，再怎么节省，估计你现在的状况，一年也只有10000元的积蓄。如何让钱生钱是大家想得最多的事情，然而，收入有限，很多想法都不容易实现，建议处于这个阶段的朋友，最重要的是开源。节流只是我们生活、工作的一部分，最重要的是怎样财源滚滚、开源有道。为了实现一个新目标，你必须不断进步以求发展，这才是真正的生财之道。

当然，以上所截取的只是3种不同收入水平的人的理财规划建议。实际上，即

使收入相同，但是城市不同、家庭情况不同、个人消费习惯不同等其他因素的相异，其理财规划也必定是各不相同的。我们每个人应该根据自己的情况，灵活选择自己的理财规划。最重要的是，不同收入层次的人，都应该指定适合自己的理财规划。

◎储蓄投资：巧用十二存单法◎

很多工薪阶层都觉得自己的工资太少，不知该从何处开始着手理财，那么工薪阶层理财的第一步要做什么？第一步要先存钱。

对一般的工薪阶层来说，将每个月工资的30%存入银行较为合适。除此之外，我们还需要依据自己的情况，运用相应的存款技巧，将第一桶金的雪球滚大。

大部分人习惯将每月的节余积攒到较大数额再存定期，其实闲钱放在活期账户里利率很低，积攒过程中无形损失了一笔收入。我们不妨利用"12存单法"，让每一笔闲钱都生息。

如果你每月的固定收入为2500元，可考虑每月拿出1000元用于储蓄，选择一年期限开一张存单，这样一年下来，就会有12笔一年期的定期存款。在第一张存单到期时，取出到期本金与利息，和当月工资中的1000元相加，再存成一年期定期存单，以此类推，你会时时手中有12张存单。一旦急需，可支取到期或近期的存单，减少利息损失，充分发挥储蓄的灵活性。

如果说"12存单法"适合存每月工资节余，另一种"阶梯存款法"则适用于年终奖。以3万元奖金为例，可分别用1万元开设1～3年期的定期储蓄存单各一份；1年后，你可用到期的1万元，再开设一个3年期的存单，以此类推，3年后你持有的存单则全部为3年期，只是到期的年限不同，依次相差1年。这种储蓄方式可使年度储蓄到期额保持等量平衡，既能应对储蓄利率的调整，又可获取3年期存款的较高利息。

如果你还有一部分不确定用途和用时的资金，可利用通知存款提高收益。现在部分银行推出通知存款利率，每7天自动转存一次，并将利息转入本金，按照约定周期计算复利，因此一段时间以后实际收益率还会更高。

如果对未来资金的需求不太确定，特别是手上的资金还不充裕的工薪阶层，不妨试试银行的"定活约定转存"业务。存款人可在银行设置一个转存起点和转存账户。

如果你设置1000元为自己理财通卡的触发金额，那么当余额大于1000元时，多余的部分将自动转为你预设期限的定期存款，但如果你消费或者取款的金额大于1000元的时候，如1500元，那么500元将从定期账户支取，并按照活期计算利息，但其他部分仍然按定期利息计算。

无论是约定自动转存还是定活互转，操作起来都比较方便，只是在存款的时候多一个小步骤。

如果定期存款到期前急需用钱，又要尽可能少地损失利息，可以使用银行的"部分提前支取"功能。储户可根据自己的需要,仅支取一部分存款,剩下存款仍可按原有存单存款日、原利率、原到期日计算利息。

◎ 组合投资:不把鸡蛋放在一个篮子里 ◎

组合投资有三句箴言:"不要把所有的鸡蛋放在同一个篮子里",意味着要分散风险;"不要一个篮子里只放一个鸡蛋",即组合投资并不意味着把钱过度分散,过度分散反而会降低投资收益;"把鸡蛋放在不同类型的篮子里",不同类型的篮子是指相关系数低的投资产品,例如股票基金与债券基金各买一些,这样的组合才能发挥组合投资的优势。

"股神"巴菲特在为他的恩师,同时也是其上一代最成功的投资大师本杰明·格雷厄姆的巨著《聪明的投资者》所作的序言中写道:"要终生投资成功,不需要超高的智商、罕见的商业眼光或内线消息,需要的是做决定的健全心态构架、避免情绪侵蚀这种架构的能力。"在书中格雷厄姆也给投资者这样的忠告,即投资者应合理规划手中的投资组合。比如说50%的资金应保证25%的债券或与债券等值的投资和25%的股票投资,另外50%的资金可视股票和债券的价格变化而灵活分配其比重。当股票的赢利率高于债券时,投资者可多购买一些股票;当股票的赢利率低于债券时,投资者则应多购买债券。当然,格雷厄姆也特别提醒投资者,上述规则只有在股市为牛市时才有效。一旦股市陷入熊市时,投资者必须当机立断卖掉手中所持有的大部分股票和债券,而仅保持25%的股票或债券。这25%的股票和债券是为了以后股市发生转向时所预留的准备。

美国经济学家马科维茨1952年首次提出投资组合理论,并进行了系统、深入和卓有成效的研究。该理论包含两个重要内容:均值—方差分析方法和投资组合有效边界模型。马可维茨的真知灼见是风险为整个投资过程的重心,一项投资计划若没有风险,困难将不存在,但利润亦相应低微。风险意味着可能发生的事较预期发生的更多!我们并不期待居住的楼宇发生火灾,但火灾可能发生,为了避免这种可能损失,只有买保险;同理,我们不希望所持的股票跌价,然而它可能下跌,因此我们不把所有资金购买一种股票,即使它看起来前景那么美好。马科维茨用资本资产定价模型来解答投资者如何在风险和收益之间做出取舍,即如何建立一个风险和报酬均衡的投资组合。所谓理性投资者,是指投资者能在给定期望风险水平下对期望收益进行最大化,或者在给定期望收益水平下对期望风险进行最小化。

人们进行投资,本质上是在不确定性的收益和风险中进行选择。投资组合理论用均值—方差来刻画这两个关键因素。所谓均值,是指投资组合的期望收益率,它是单只证券的期望收益率的加权平均,权重为相应的投资比例。用均值来衡量投资组合的一般收益率。所谓方差,是指投资组合的收益率的方差。我们把收益率的标准差称为波动率，它刻画了投资组合的风险。

提供最高回报率的有效投资组合的投资基金在20世纪70年代风起云涌，如雨后春笋般纷纷成立，带热了华尔街甚至全球的金融业，令基金市场成为以万亿美元计的大生意。这是建立在马科维茨投资组合理论之上的。而马科维茨也因此获得了1990年诺贝尔经济学奖。

由于投资者类型和投资目标不同，我们合理选择投资组合时可以选择下面三种基本模式：

1. 冒险速进型投资组合

这一投资组合模式适用于那些收入颇丰、资金实力雄厚、没有后顾之忧的个人投资者。其特点是风险和收益水平都很高，投机的成分比较重。

这种组合模式呈现出一个倒金字塔形结构，各种投资在资金比例分配上大约为：储蓄、保险投资为20%，债务、股票等为30%，期货、外汇、房地产等投资为50%左右。

投资者要慎重采用这种模式，在作出投资决定之前，首先要正确估计出自己承受风险的能力（无论是经济能力，还是心理承受能力）。对于高薪阶层来说，家庭财富比较殷实，每月收入远远高于支出，那么，将手中的闲散资金用于进行高风险、高收益组合投资，更能见效。由于这类投资者收入较高，即使偶有损失，也容易弥补。

2. 稳中求进型投资组合

这一类投资组合模式适用于中等以上收入、有较大风险承受能力、不满足于只是获取平均收益的投资者，他们与保守安全型投资者相比，更希望个人财富能迅速增长。

这种投资组合模式呈现出一种锤形组织结构。各种投资的资金分配比例大约为：储蓄、保险投资为40%左右，债券投资为20%左右，基金、股票为20%左右，其他投资为20%左右。

这一投资模式适合以下两个年龄段的人群：从结婚到35岁期间，这个年龄段的人精力充沛，收入增长快，即使跌倒了，也容易爬起来，很适合采用这种投资组合模式；45~50岁之间，这个年龄阶段的人，孩子成年了，家庭负担减轻且家庭略有储蓄，也可以采用这种模式。

3. 保守安全型投资组合

这一类投资组合模式适用于收入不高，追求资金安全的投资者。

保守安全型投资组合市场风险较低，投资收益十分稳定。

保守安全型的投资组合模式呈现出一个正金字塔形结构。各种投资的资金分配比例关系大约为：储蓄、保险投资为70%（储蓄占60%，保险占10%）左右，债券投资为20%左右，其他投资为10%左右。保险和储蓄这两种收益平稳风险极小的投资工具构成了稳固、坚实的塔基，即使其他方面的投资失败，也不会危及个人的正常生活，而且不能收回本金的可能性较小。

股票投资：在机会与风险中淘金

1929年，丘吉尔从财政大臣的职位上卸任后，他带着自己的家人到加拿大和美国旅行。他们先到了加拿大，9月进入美国，受到美国战时工业委员会主席、金融家巴鲁克的盛情款待。巴鲁克陪丘吉尔参观华尔街证券交易所，当时丘吉尔已有55岁了，却颇有激情，马上开户进场炒股。在他看来，炒股赚钱实在是小菜一碟。

丘吉尔的第一笔交易很快被套住了，这使他很丢面子。他又瞄准了一只很有希望的英国股票，心想这家伙的老底我都清楚，准能获胜。但股价偏偏不听他的指挥，一路下跌。他又被套住了。如此折腾了一天，丘吉尔做了一笔又一笔交易，陷入了一个又一个泥潭。下午收市的时候，他的账户大幅度亏损。丘吉感觉颇为丢脸，一个劲儿地向巴鲁克抱怨。

正当他绝望之际，巴鲁克递给他一本账簿，上面记载着另一个"丘吉尔"的"辉煌战绩"。原来，巴鲁克早就料到丘吉尔虽然在政治上是个老手，其聪明睿智在股市中未必有用武之地，加之初涉股市，很可能赔了夫人又折兵。因此，他提前为丘吉尔准备好了一根救命稻草，他吩咐手下用丘吉尔的名字开了另外一个账户，丘吉尔买什么，另一个"丘吉尔"就卖什么，丘吉尔卖什么，另一个"丘吉尔"就买什么。

股票投资是一种重要的投资方式。经常说投资要谨慎，但并不意味着要投资名气大的公司股票。2008年中石油回归内地，不少人购买中石油股票，结果使众多股民遭受重大损失。在这方面我们应该向巴菲特学习。

2008年的世界首富是人称"股神"的沃伦·巴菲特。2001年他斥资23亿元买进1.4～1.6港币之间的中石油。此后一直到2006年，他持有了5年中石油的股票。到2007年，中石油要回归中国内地发行A股，当所有人都看好中石油的时候，巴菲特却在香港股市上分批抛出了自己手上所有的中石油股票，卖价在12～14港币之间，这一笔就赚了几百亿港币。当他卖完股票，中石油股票仍然暴涨。结果中石油回归中国内地股市后，香港中石油股价也随之直线下跌了。

股市上有句谚语："不要告诉我什么价位买，只要告诉我买卖的时机，就会赚大钱。"因此，对于股票投资者来说，选择买入时机是非常重要的。买入时机因投资时期长短、资金多少等因素有所不同，但也是有规律可循的。

第一，当坏消息如利空消息等传来时，投资者由于心理作用，股价下跌得比消息本身还厉害时，是买进的良好时机。

第二，股市下跌一段时间后，长期处于低潮阶段，但已无太大下跌之势，而成交量突然增加时，是逢低买进的佳时。

第三，股市处于盘整阶段，不少股票均有明显的高档压力点及低档支撑点可寻求，在股价不能突破支撑线时购进，在压力线价位卖出，可赚短线之利。

第四，企业投入大量资金用于扩大规模时，企业利润下降，同时项目建设中不可避免地会有问题发生，从而导致很多投资者对该股票兴趣减弱，股价下跌，这是购进这一股票的良好时机。

第五，资本密集型企业，采用了先进生产技术，生产率大大提高，从而利润大大提高的时候，是购买该上市股票的有效时机。

在确定何时买股票之前，选买点的重点是选择止损点。即在你进场之前，你必须很清楚若股票的运动和你的预期不合，你必须在何点止损离场。

股市大起大落对于短线操作既是个危机，又是个机会。只要保持清醒的头脑，盯住绩优股，抓住机会进场，确定自己的止损点，就能减少自己的投资风险而获利。一般，购入某股票后，该股的支撑线或10%左右的参考点，即可设为一个止损点。如果股价上扬，则可随时将止损点往上移。

确定股票的止损点，换句话说，你在投资做生意时，不要老是想你要赚多少钱，首先应该清楚自己能亏得起多少。有些人以10%的数量做止损基数，即10元进的股票，以9元做止损点。有些人将止损点定在支撑线稍下。有些人定20%的止损额。还有其他各种方法。无论什么方法，你必须有个止损点，这个止损点不应超出投资额的20%。投资者务必牢记这一点，否则一切的股票操作技巧都是空的。

◎ 基金投资：让专家为自己理财 ◎

老黄是沈阳市的一名退休员工。在2006年和2007年时，街坊邻居都在谈论基金的事，老黄也渐渐知道了基金是一种由专家帮理财的产品。"有这么好的事我为什么不参与呢？"于是老黄拿出了2万元钱，准备到基市里"淘"一把。

在基金经理的推荐下，老黄选择了一只业绩好、口碑好、价格也好的名牌基金，没想到，那基金果然是随着2007年的大牛市一路上涨，可谓芝麻开花、节节高，老黄高兴之余，后悔自己放着那么多专业的理财顾问不用，非自己瞎琢磨，看来，理财路上，自己还真只能算得上个小学生呀！

在2007年的牛市中，老黄简直不敢相信计算器上显示的数字，不禁畅想未来："按照这么个涨法，过个十几年，自己也能成为百万富翁了啊！"谁知好景不长，老黄的如意算盘没打多久，美国就爆发了次贷危机，刚弄明白"次贷"是怎么回事，股市就开始一路狂泻，老黄在基金上的利润转眼缩水不少。但令老黄值得欣慰的是，自己与那些股民比起来，自己的损失还是比较小的。

为什么老黄投资基金会"大赚小赔"？因为基金是由专业的投资专家——基金经理管理，他们拥有专业化的分析研究队伍和雄厚的实力，一般采取分散投资，所以基金比股票的风险小，收益也更为稳定。

我们现在说的基金通常指证券投资基金。证券投资基金是指通过发售基金份额，将众多投资者的资金集中起来，形成独立资产，由基金托管人托管，基金管理人管理，以投资组合的方法进行证券投资的一种利益共享、风险共担的集合投资方式。

证券投资基金是一种利益共享、风险共担的投资于证券的集合投资理财方式，即通过基金发行单位，集中投资者的资金，由基金托管人托管（一般是信誉卓著的银行），由基金管理人（即基金管理公司）管理和运用资金，从事股票、债券等金融工具的投资。基金投资人享受证券投资的收益，也承担因投资亏损而产生的风险。我国基金暂时都是契约型基金，是一种信托投资方式。

与股票、债券、定期存款、外汇等投资工具一样，证券投资基金也为投资者提供了一种投资渠道。那么，与其他的投资工具相比，证券投资基金具有哪些特点呢？

基金将众多投资者的资金集中起来，有利于发挥资金的规模优势，降低投资成本。基金由基金管理人进行投资管理和运作，基金管理人一般拥有大量的专业投资研究人员和强大的信息网络，能够更好地对证券市场进行全方位的动态跟踪与分析。

我国《证券投资基金法》规定，基金必须以组合投资的方式进行投资运作。基金通常会购买几十种甚至上百种股票，投资者购买基金就相当于用很少的资金购买了一揽子股票，某些股票下跌造成的损失可以用其他股票上涨的赢利来弥补。因此可以充分享受到组合投资、分散风险的好处。

基金投资人共担风险，共享收益。基金投资收益在扣除由基金承担的费用后的盈余全部归基金投资者所有，并依据各投资者所持有的基金份额比例进行分配。为基金提供服务的基金托管人、基金管理人只能按规定收取一定的托管费、管理费，并不参与基金收益的分配。

基金相对于股票来说，更适合时间紧张、投资知识欠缺的中小投资者。这是由基金的特点决定的。基金具有以下的特点：

（1）专家理财是基金投资的重要特色。基金管理公司配备的投资专家，一般都具有深厚的投资分析理论功底和丰富的实践经验，用科学的方法研究各种投资产品，降低了投资的风险。

（2）组合投资，分散风险。基金通过汇集众多中小投资者的资金，形成雄厚的实力，可以同时分散投资于股票、债券、现金等多种金融产品，分散了对个股集中投资的风险。

（3）方便投资，流动性强。基金最低投资量起点要求一般较低，可以满足小额投资者的需求，投资者可根据自身财力决定对基金的投资量。基金大多有较强的变现能力，使得投资者收回投资时非常便利。

投资基金，最忌讳的是你用价值投资的手段分析一只基金，却用短线手法来交易。频繁的短线交易，不过是为券商带来了丰厚的手续费。短线交易、波段操作的难度其实更大于长线投资，即使运气好，也不过只能挣点蝇头小利，因为缺乏足够的定力，常常在买进几天之后就匆匆卖出，然后再去寻找另外一只基金。

如果想要获得 10 年 10 倍的收益，换一种思路或许也能做到，很多人在基金上交易，都希望每年能获得巨额收益，比如一年翻番甚至更多，但结果总是事与愿违，常见的结局是，在 10 年或者更短的时间内，你的本金已经所剩无几。如果适当降低你的目标，每年稳定获得 30% 的年收益，10 年后也可以获得 10 倍的收益。

有一个"72 法则"可以简单快速测算出你的资金翻番需要多长时间，用 72 除以你的预期年收益率的分子，得出的数字就是你的资金翻番需要的年数。假如你预期年收益是 9%，你的资金大概在 8 年后翻番；假如你的预期年收益为 12%，大概需要 6 年的时间实现翻番。所以，在基金投资上，投资者宜放长线钓大鱼。

◎ 期货投资：一种高风险的投资行为 ◎

金融风暴使大宗商品经历了前所未有的振幅，大宗商品价格大多拦腰抄斩，在这场空前的风暴洗礼下，期货投资上演着或喜或悲的投资故事。吴先生在期货市场泡了 10 多年，金融风暴这波大行情，让他的资金一下从 60 万元暴涨至 1000 万元。

吴先生专门从事农产品期货市场研究，也从未间断亲自操盘投资。多年进行农产品研究，让吴先生本人坚信国家会不惜一切保护农民利益。他预测，国家一定会大量收储大豆，而且会提高收购价。2008 年 10 月，国家收储大豆 150 万吨，收购价高于期货价。当时市场上还有人不相信这是真的。吴先生预测国家还会收储，还会提高收储价，他给许多朋友讲，有些朋友还不相信。

吴先生从大豆每吨 3000 元时开始建多头仓单，之后一直看"多"。2008 年 12 月底，国家再次收储大豆 150 万吨，2009 年 1 月，国家第三次收储大豆 300 万吨。大豆价格一路攀升，春节过后，吴先生平仓时已经赚了 1 倍多。

依据同样的判断和分析，采用同样的模式，2008 年 12 月底，他从每吨 2800 元开始做多白糖，直到春节过后，白糖涨到每吨 3100 元时平仓，又赚了一把。

期货交易的特点是投资量小，利润潜力大。期货投机者一般只要投入相当于期货合约值 10% 的保证金即可成交。这是因为他们可以先订买约再订卖约，也可以先订卖约再订买约，最后买约卖约两抵，投机者只有结清合约的义务，故没有必要拿出相当于某一合约的商品全部价值的资金。期货投资者拿出的保证金是为了在必要时抵偿买约和卖约的商品价格差额。

举个简单的例子，期货投资人小林在 5 月份看涨豆价，于是买进一份 9 月份到期，成交价为每蒲式耳 6 元的大豆期货合约。大豆期货合约每份 5000 蒲式耳，买约值 30000 元，但小林只需付 3000 元的保证金就行了。

由于他判断准确，豆价在 7 月初涨至每蒲式耳 7.5 元。小林决定解单，即卖出一份成交价为每蒲式耳 7.5 元 9 月份到期的大豆期货合约。卖约值 37500 元，扣去买约值 30000 元，获利 7500 元。小林原来 3000 元的投资翻了一番多。

由于期货合约有统一规格,买卖双方不必直接打交道,而是通过期货合约清算所成交,故一纸合约可以多次易手。要买时,买方和期货合约清算所订买约。要卖时,卖方与期货合约清算所订卖约。

假如投机者认为某一商品价格看跌,他可先订卖约,待到价格下跌时,再签订低价买约而牟利。如果他判断失误,商品价格非但没有下跌反而上涨,他就不得不签高价买约而亏本。

因此,我们有必要了解一下期货套利有什么策略,在操作过程中是怎么进行套利的。

1. 利用股指期货合理价格进行套利

从理论上讲,只要股指期货合约实际交易价格高于或低于股指期货合约合理价格时,进行套利交易就可以赢利。但事实上,交易是需要成本的,这导致正向套利的合理价格上移,反向套利的合理价格下移,形成一个区间,在这个区间里套利不但得不到利润,反而会导致亏损,这个区间就是无套利区间。只有当期货实际交易价格高于区间上界时,正向套利才能进行;反之,当期指实际交易价格低于区间下界时,反向套利才适宜进行。

也就是说,涨得越高正向套利赢利空间越大,跌得越低反向套利赢利空间越大或越安全。

2. 利用价差进行套利

合约有效期不同的两个期货合约之间的价格差异被称为跨期价差。在任何一段时间内,理论价差的产生完全是由于两个剩余合约有效期的融资成本不同产生的。当净融资成本大于零时,期货合约的剩余有效期越长,基差值就越大,即期货价格比股指现货值高得越多。如果股指上升,两份合约的基差值就会以同样的比例增大,即价差的绝对值会变大。因此市场上存在通过卖出价差套利的机会,即卖出剩余合约有效期短的期货合约,买入剩余有效期长的期货合约。如果价格下跌,相反的推理成立。如果来自现金头寸的收入高于融资成本,期货价格将会低于股票指数值(正基差值)。如果指数上升,正基差值将会变大,那么采取相反的头寸策略将会获利。

无论商品价格上涨还是下跌,有经验的期货投机者都可以通过期货买约或卖约来牟利。期货交易是专业性强、宜由行家操作的投资。除非你已经是行家,否则切勿涉足这一高风险投资区,以免追悔莫及。由于期货买卖的损益大起大落,投资者一定要有自知之明,要量力而行。

我国共有四家期货交易所,分别是上海期货交易所、郑州商品交易所、大连商品交易所和中国金融期货交易所。前面三家主要开展商品期货交易,中国金融期货交易所主要推动金融衍生产品的开发和交易。

外汇投资：真正以钱赚钱的投资

2005年汇改以来，人民币一直保持升势。2008年，在人民币升值预期下，国际热钱正在源源不断地流入中国。而热钱流入的主要目的是短期套汇。仅通过套汇一项，热钱就可以获得3%～5%的收益。

外汇储备2008年一季度按每个月100亿美元在增长。外资疯狂涌入中国的原因有两个，首先是利差，其次是对人民币升值的预期，因为人民币对美元升值比较快，在美国经济进一步衰退的背景下，这个预期更强烈。2008年一季度人民币兑美元汇率升值幅度达4.17%，为1994年中国外汇市场建立以来人民币升值幅度最大的一个季度。由于外界预期人民币升值的幅度和速度都比较快。因此。短期资本进来的速度也在不断增加。根据权威部门的分析，套利和套汇可让热钱收益超过10%。

套汇是一种外汇投资方式，是利用不同市场的对冲价格，通过买入或卖出信用工具，同时在相应市场中买入相同金额但方向相反的头寸，以便从细微价格差额中获利。利用不同的外汇市场，不同的货币种类，不同的交割时间以及一些货币汇率和利率上的差异，进行从低价一方买进，高价一方卖出，从中赚取利润的外汇买卖。

套汇一般可以分为地点套汇、时间套汇和套利三种形式。

地点套汇又分两种，第一种是直接套汇。又称为两地套汇，是利用在两个不同的外汇市场上某种货币汇率发生的差异，同时在两地市场贱买贵卖，从而赚取汇率的差额利润。第二种是间接套汇，是在三个或三个以上地方发生汇率差异时，利用同一种货币在同一时间内进行贱买贵卖，从中赚取差额利润。

时间套汇又称为掉期交易，它是一种即期买卖和远期买卖相结合的交易方式，是以保值为目的的。一般是在两个资金所有人之间同时进行即期与远期两笔交易，从而避免因汇率变动而引起的风险。

套利又称利息套汇，是利用两个国家外汇市场的利率差异，把短期资金从低利率市场调到高利率的市场，从而赚取利息收入。举例来说，1美金可以买到0.7英镑，1英镑可以买到9.5法郎，而1法郎则可以买到0.16美金。一个实行这种交易方式的人可以靠着1美金而得到1.064元美金，获利率是6.4%。

近年来，套汇也成为很多中小投资者除股票基金以外的投资渠道。套汇交易具有三大特点：一是大商业银行是最大的套汇业务投机者；二是套汇买卖的数额一般较大，套汇利润相应颇丰；三是套汇业务都利用电汇方式。这三个特点构成了套汇的魅力所在，令许多人趋之若鹜。

谁在影响我们从外汇投资中获利？其实在交易中有五大个因素会造成我们的本金和利润的损失。要到达投资获利的目标，我们必须战胜这五大因素。

1. 外汇市场

外汇市场本身,是不会被任何人精确预测的。投资者将绝大多数时间和精力花在预测市场未来趋势上,是错误的,得不偿失的。对付外汇市场,投资者只需要掌握一些最基本的规律,然后跟踪市场的基本趋势就可以了。

2. 投资者

大多数投资者在关注投资环节时往往将自己忽略了,其实自己本身才是最重要的。因为做出交易决策、实施交易行为的是投资者本身,研究外汇市场、关心其他人士的也是投资者本身。造成盈亏结果的是投资者本身,承担盈亏结果的也是投资者本身。

3. 其他人士

在当今的信息社会里,无人可以隔离于众人之外,也就不可避免地要受到生活中其他人士的影响,这些影响有好有坏,让人难以分辨。美国有一个成功的投资者住在远离尘世的高山上,每年只交易几次同时赚到大钱,美国第二大富翁巴菲特住在奥马哈,同样远离金融中心华尔街。但能做到这样聪明又坚定的投资者毕竟还是少数。

4. 投资决策

英明的、深思熟虑的投资决策将我们的投资引向胜利的终点,但愚蠢的、冲动的投资决策则将我们的投资引向亏损和失败。在这个环节,投资决策会受到前面三大因素的影响,由投资者最终做出决定。

5. 交易行为

按常理,交易行为已经由投资决策环节决定,在此阶段只需照此执行就可以了。但事实上,实际的交易行为往往独立于投资决策,而被投资者以各种各样的理由肆意篡改。控制这一环节,要付出的努力远比之前的任何环节为多。

外汇市场瞬息万变,面临着诸多难以预测的因素,我们又该如何进行外汇理财产品的投资呢?

首先,投资者不能忽视外汇理财产品中的汇率风险,这一点对于手持人民币的投资者们来说尤其重要。短期之内,美元的强势仍将持续一段时间,但是对于中长期内美元和其他货币的走势,则更多地要依赖于金融海啸的后续发展。现在各银行推出的外汇结构性存款有固定收益的,还有浮动收益的。对于比较保守的投资者来说,固定收益的外汇理财产品是不错的选择,收益稳定且比同期存款利率高而且风险小;浮动收益产品则适合能够承受高风险、期待高收益的投资者,同时,这类浮动收益产品结构也较固定收益产品复杂,所以需要投资者对金融市场和金融产品有所了解,对国际经济走势有一定的判断。

其次,投资者必须看清"收益率"。浮动收益产品的收益率下限很低甚至为零,但这些浮动收益产品的上限都十分高,以此来吸引投资者,但需提醒投资者的是,这类很吸引眼球的高收益率背后隐藏着很大的风险，其所谓的最佳收益率和预期收益率并不等于实际收益率，因为这些最佳收益率和预期收益率是要达到一定条件才能实现的，也就是说参照的汇率、利率、黄金价格或指数等要达到协议所规定的水平。

在产品期限的选择上，短期限的、灵活的外汇理财产品是当仁不让的选择，汇率风险进一步加大，诸多因素并非投资者可以控制和驾驭，缩短外汇理财产品的投资期限，同时注重产品中提前赎回机制的设置，是险中求生的明智选择。

汇率市场的波动充满了未知数，投资者在进行外汇投资时，一定要注意汇率风险。

◎ 黄金投资：保值增值的宝贝 ◎

由于黄金具有美丽的光泽、自然稀少及优良的物理和化学性质，为各时期人们宠爱。在可考的人类五千年文明史中，没有任何一种物质像黄金一样，与社会演化和社会经济缔结成如此密切的关系，成为悠久的货币的载体、财富和身份的象征。因此，在人类文明史演化中，黄金具有了货币和商品两种属性，相应的，黄金的价格也由其两种属性的动态均衡确定。

在货币的本位是黄金的时期，单位黄金的价格就是其计价商品的价格，黄金是商品交换的等价物。根据世界黄金协会公布的数据，人类年开采的黄金总量约为16.1万吨，勉强填满两个符合奥运标准的游泳池，其中半数以上是在过去50年中挖出来的。现在全世界可供交易的黄金大概有7万吨（实际流通量约为2.5万吨），如果用全世界60亿人来衡量，人均只有12克，黄金的稀缺性显而易见。

与其他投资方式相比，投资黄金突显其避险保值功能，投资黄金因而成为一种稳健而快捷的投资方式。为什么人们如此热衷投资黄金呢？具体而言，投资黄金有以下三大好处。

首先，投资黄金可以保值增值，抵御通货膨胀。通货膨胀意味着货币实际购买力下降，而黄金作为一种稀缺资源，其价格也会随着货币购买力的降低而迅速上涨。有这样一个例子：100年前，1盎司（约31克）黄金可以在伦敦订制1套上好的西装；100年后的今天，1盎司黄金依然可以在伦敦订制一套上好的西装，甚至更好。当个人投资者面对CPI上涨给自己的财富和购买力带来威胁时，当股市处在震荡期时，黄金也许是财富最好的"避风港"。

其次，黄金的产权转移十分便利，是最好的抵押品种。房产的转让需要办理复杂的过户手续，股票的转让也要交纳佣金和印花税，而黄金转让则没有任何登记制度阻碍。假如您想给子女一笔财产，送黄金不用办理任何转让手续，比送一栋房子要方便得多。

再次，可以真正达到分散投资的目的。"不把鸡蛋放在同一个篮子"，不是买一堆股票或者一堆基金就是分散投资了，最理想的分散投资应该是投资在互不相关品种上，比如储蓄、股市、房地产、黄金甚至古董等。将黄金加入自己的投资篮子可以有效分散风险，平抑投资组合的波动性，真正起到分散投资的目的。

目前市场上的黄金品种主要有：黄金的实物交易、纸黄金交易、黄金现货保证金交易、黄金期货这四种。那么究竟哪种适合自己，还要看个人的风险偏好及对黄金市场的了解程度。具体介绍如下：

1. 黄金的实物交易

顾名思义，是以实物交割为定义的交易模式，包括金条、金币，投资人以当天金价购买金条，付款后，金条归投资人所有，由投资人自行保管；金价上涨后，投资人携带金条，到指定的收购中心卖出。

优点：黄金是身份的象征，古老传统的思想让国人对黄金有着特殊的喜好，广受个人藏金者青睐。

缺点：这种投资方式主要是大的金商或国家央行采用，作为自己的生产原料或当做国家的外汇储备。交易起来比较麻烦，存在着"易买难卖"的特性。

2. 纸黄金交易

什么叫纸黄金？说得简单一点，就相当于古代的银票！投资者在银行按当天的黄金价格购买黄金，但银行不给投资者实金，只是给投资者一张合约，投资者想卖出时，再到银行用合约兑换现金。

优点：投资较小，一般银行最低为10克起交易，交易单位为1整克，交易比较方便，省去了黄金的运输、保管、检验、鉴定等步骤。

缺点：纸黄金只可买涨，也就是说只能低买高卖，当黄金价格处于下跌状态时，投资者只能观望。投资的佣金比较高，时间比较短。

3. 黄金现货保证金交易

通俗地说，打个比方，一个100块钱的石头，你只要用1块钱的保证金就能够使用它进行交易，这样如果你有100块钱，就能拥有100个100块钱的石头，如果每个石头价格上涨1块，变成101块，你把它们卖出去，这样你就纯赚100块钱了。保证金交易，就是利用这种杠杆原理，把资金放大，可以充分利用有限资金来以小博大。

4. 期货黄金

现货黄金交易基本上是即期交易，在成交后即交割或者在数天内交割。期货黄金交易主要目的为套期保值，是现货交易的补充，成交后不立即交易，而由交易双方先签订合同，交付押金，在预定的日期再进行交割。

主要优点在于以少量的资金就可以掌握大量的期货，并事先转嫁合约的价格，具有杠杆作用。

黄金期货风险较大，对专业知识和大势判断的能力要求较高，投资者要在入市前做足功课，不要贸然进入。

成熟的金融市场里面有"四条腿"在走路,即货币市场、资本市场、外汇市场和黄金市场。目前,我国黄金市场由于处于初期阶段,交易量和交易范围都还很小,在全国整体金融产品里面大概只占 0.2% 的份额。的确,黄金作为一种世界范围的投资工具,具有全球都可以得到报价、抗通货膨胀能力强、税率相对于股票要低得多、公正公平的金价走势、产权容易转移、易于典当等比较突出的优点。选择黄金作为投资目标,将成为越来越多富裕起来的人、越来越多深陷股市泥潭的人需要思考的问题。

债券投资:风险小,但回报稳定

17 世纪,英国政府在议会的支持下,开始发行以国家税收为还本付息保证的政府债券,由于这种债券四周镶有金边,故而也被称为"金边债券"。当然这种债券之所以被称做金边债券,还因为这种债券的信誉度很高,老百姓基本上不用担心收不回本息。后来,金边债券泛指由中央政府发行的债券,即国债。在美国,经穆迪公司、标准普尔公司等权威资信评级机构评定为"AAA"级的最高等级债券,也被称为"金边债券"。

1997 年,我国受亚洲金融危机和国内产品供大于求的影响,内需不足,经济增长放缓。我国政府适时发行了一部分建设公债,有力地拉动了经济增长。在国家面临战争等紧急状态时,通过发行公债筹措战争经费也是非常重要的手段。例如,美国在南北战争起发行了大量的战争债券,直接促进了纽约华尔街的繁荣。

债券投资可以获取固定的利息收入,也可以在市场买卖中赚取差价,随着利率的升降,投资者如果能适时地买进卖出,就可获取较大收益。债券是政府、金融机构、工商企业等机构直接向社会借债筹措资金时,向投资者发行,并且承诺按规定利率支付利息并按约定条件偿还本金的债权债务凭证。目前,国内的债券主要包括国债、金融债券、企业债券、公司债券等数种。

一、投资债券的优势

在众多投资工具中,债券具有极大的吸引力,投资债券主要有以下几个方面的优势:

1. 安全性高

国债是国家为经济建设筹集资金而发行的,以国家税收为保证,安全可靠。到期按面额还本,债券利率波动的幅度、速度比较和缓,与其他理财工具如股票、外汇、黄金等比较风险最低,适合保守型的投资者。

2. 操作弹性大

对投资者来说,手中拥有债券,当利率看跌时可坐享债券价格上涨的差价;当利率上扬时，可将手上票面利率较低的债券出售，再买进最新发行、票面利率较高的债券。若利率没有变动，仍有利息收入。

3. 扩张信用的能力强

由于国债安全性高，投资者用其到银行质押贷款，其信用度远高于股票等高风险性金融资产。投资者可通过此方式，不断扩张信用，从事更大的投资。

4. 变现性高

投资者若有不时之需，可以直接进入市场进行交易，买卖自由，变现性颇高。

5. 可充作资金调度的工具

当投资者短期需要周转金时，可用附买回的方式，将债券暂时卖给交易商，取得资金。一般交易商要求的利率水准较银行低，且立即可拿到资金，不像银行的手续那么多。

6. 可作商务保证之用

投资者持有债券，必要时可充作保证金、押标金。投资者以债券当保证金，在保证期间，仍可按票面利率计算。

基于上述种种优势，许多投资者都把目光聚集到它身上，并且公认其为家庭投资理财的首选。

二、投资债券的风险

债券市场也存在着风险，虽不像股票市场那样波动频繁，但它也有自身的一些风险。

（1）违约风险。发行债券的债务人可能违背先前的约定，不按时偿还全部本息。这种风险多来自企业，由于没有实现预期的收益，拿不出足够的钱来偿还本息。

（2）利率风险。由于约定的债券票面利率不同，债券发行时通常会出现折扣或者溢价，人们在购买债券时，通常是按照债券的实际价格（折扣或者溢价）而不是债券的票面价格来出价的。有些债券可在市场上流通，所以能够选择适当时机买进卖出，获取差价。而这些债券的市场价格是不断变动着的，利率发生变动，债券的价格也会跟着发生变动。在一般情况下，利率上调，债券价格就下降，而利率下调，债券价格就上升。在有些时候，利率的变动使债券价格朝着不利的方向变动，人们卖出债券的价格比买进时的低，就会发生损失。所以在购买债券时，要考虑到未来利率水平的变化。

（3）通货膨胀风险。例如，您购买了一种3年期的债券，年利率是3%，但这3年里每年的通货膨胀率都达到5%，投资这种债券就很划不来。

除了上面这3种常见的风险外，债券还有其他一些风险，如赎回风险、流动性风险等。每种风险都有自己的特性，投资者要采取相应的防范措施。

三、如何购买债券

在我国的债券一级市场上,个人可以通过以下渠道认购债券:凭证式国债和面向银行柜台债券市场发行的记账式国债,在发行期间可到银行柜台认购;在交易所债券市场发行的记账式国债,可委托有资格的证券公司通过交易所交易系统直接认购,也可向指定的国债承销商直接认购;企业债券,可到发行公告中公布的营业网点认购;可转换债券,如上网定价发行,可通过证券交易所的证券交易系统上网申购。

在债券的二级市场上,个人可以进行债券的转让买卖,主要通过两种渠道:一是通过商业银行柜台进行记账式国债交易,二是通过交易所买卖记账式国债、上市企业债券和可转换债券。

◎ 房产投资:"黄土"也能变成黄金 ◎

炒房就是根据不同时期房价的差价,低价买入高价卖出,从中获取利润。炒房一般有三种形态:炒楼花、出租、转手买卖。"炒楼花"是指买家在楼盘未落成之际只交数量很少的订金,订下一套或多套单元,之后转手卖给别人,套取高额订金,从中赚取差价。购房出租者是相对保守和实力不强的投资者,他们的投资策略是以租养房。转手买卖是指在上海、北京等房价上升较快的城市,在房屋预售时以较低的价格买进,当所买的房屋成为现房后,房价已有了不小的涨幅,再转手卖出去。

"决定之后再买,而且要买还是十套十套地买。"这句话出自温州的一位普通全职主妇。

在温州,先生在外面做生意,太太拿着闲钱去投资。与其把钱存在银行,还不如拿这钱生钱。房子又是女人的最爱,她在享受买房所带来的快乐的同时,还能帮先生投资生财,何乐而不为?

所以,太太炒房团的队伍越来越壮大。彭小姐说,温州人几乎人人都会去炒房。钱不够,可以靠互助会周转,也可以和银行贷款,几个人合股买房。一般跑出去买房的,除非是专业炒房者,其他都是她们这些闲着的太太。

彭小姐回忆自己第一次去上海买房是在2004年,当年也是因为看到亲戚在上海买房涨了又涨,就拿了家里的闲钱去买房。因为跟亲戚学了炒房经,又听说普陀区曹杨路那里有个小区房子不错,就跟一个姐妹一起去上海买房。

2004年买的房子一共80万,首付了40%,也就是32万,其他分10年贷。彭小姐每个月还贷4000多,房租那时候可以租5000左右,不仅可以还房贷,还有点剩余。不过,她没有真的还10年贷款,在两年后就把这房子抛出去了,差价差不多有100万了。

后来彭小姐又拿着这些赚来的钱,买了周边社区的一套房子,还跑去了昆山、太仓那些地方买了些小房子，操作方法也差不多。

她说自己一般不太喜欢看房产广告，选项目主要靠亲戚朋友间的互相沟通，然后"太太团"出发一起去看房。福州、泉州、宁波、无锡她们都跑过。

自从中国房地产市场开始启动以来，房价多年来一路猛进，大涨特涨，特别是2005～2007年，全国主要城市房价涨得离谱。

以上海为例，有关统计数字表明，上海外环平均房价达到16000元，内环35000元。买一套60平方米的房子，外环要96万，内环则要210万元。上海人均年收入约30000元，三口之家年收入9万元，扣除基本生活费用，每年能余下5万元。如此类推，买一个外环的房子要19年，内环的房子要42年。值得注意的是，这样的算法没有结算利息。如此高的房价，令普通民众瞠目结舌，有多少普通民众能买得起房子？

但是，事实上还是有很多人买得起房子，只不过他们不是满足自己的自住需求，而是用来投资的。房地产投资为什么令那么多人着迷，它究竟有什么优势呢？现在就让我们细细地盘点一下，看看其中的奥妙。

房地产投资一个最显著的特点就是：可以用别人的钱来赚钱。

几乎所有的人，在今天要购买房屋时，都会向银行或金融机构贷款，越是有钱的人越是如此。在房地产投资中，你可以靠借钱买房，也就是举债，人们称之为投资房地产的"债务杠杆"。

银行之所以乐意贷款给你，主要是因为房地产投资的安全性和可靠性。除房地产外，你要投资其他类型的项目，可能就不会有这么好的运气轻而易举地借到钱了，通常，对于那些回报不太有保障的项目，银行多采取审慎的态度。

接下来的问题就是付贷款和利息了，很多投资者通过租房就能把这一问题轻松解决。因为投资者的债务都是由房客来承担的。从房地产投资的一般性资金流向来看，投资人在贷款购买房地产后，都是通过把所属房产出租来获得收益，然后再把租金收入还付给银行以支付贷款利息和本金。

此外，因为房地产是一项有关人们基本生存的资产，因此各国对房地产方面的融资总是予以最大的宽容度，不但贷款的期限长，而且利率也较之于其他消费贷款低很多。如果在房地产投资中，合理且最大化地利用房地产贷款这一优势，那就等于把房地产变成你的银行，它为你的房地产投资和其他方面的消费贷款提供数额可观的资金，但是只支付很低的利息。

房地产投资的另外一个显著的特点就是它具备很大的增值潜力。随着经济的发展和城市化进程的加快，在城市地区，大量有效的土地被一天天增多的人所占据，使之越来越少，其价值由此变得越来越高。

与现在城市房地产需求不断增加相联系的是，房地产投资的周期长，获利的空间就大，赢利时间也就长。一般情况下，一个房子的寿命在100年左右，最短也在

60年以上。从借钱买房的角度来看，投资房地产不但得到了物业的产权，而且可以赢得至少40年以上的获利时间。房地产增值潜力表现的另一方面是，它能够有效地抵消通货膨胀带来的负面影响。在通货膨胀发生时，房地产和其他有形资产的建设成本不断上升，房地产价格的上涨也比其他一般商品价格上涨的幅度更大，但像钞票这样的非实质资产却因此不断贬值。在这个意义上，许多人都把房地产作为抗通货膨胀、增值、保值的手段。

实际上，投资房产就是根据不同时期房价的差价，低价买入高价卖出，从中获取利润。在生活中我们会发现，一边是痛心疾首大呼房产泡沫严重，另一边是持续走高的房价。其实这与房地产自身的特性是紧密相关的。那么，我们在购买房产时，什么样的房产最具有升值的潜力呢？

首先，房产作为不动产，其地理位置是最能带来升值潜力的条件。地铁、大型商圈、交通枢纽等地段的房产升值潜力比较大。

其次，所购房产周边的基本配套设施和政府综合城区规划的力度和预期，有便捷的交通、学校，都将为楼盘升值起到推动作用。

再次，房产所属的小区的综合水平，物业设施、安全保障、公共环境以及房屋本身内在的价值等，都是未来房产升值的评判标准。

最后，要看该房产所属地的出租率和租金情况。一个地区的不动产销售数据有时会失真，但出租行情作为终端用户的直接使用情况，其租金和出租率较为真实，可以明确地告知你该地区物业的真实价值。同时，租金和出租率也是不动产短期收益的衡量指标之一。

然而，并不是只要投资房地产就会有收益，过度的投机可能会引发房产泡沫。泡沫经济是对一地虚假繁荣经济的比喻，意指经济的发展不是凭内力驱使出来的，而是在搓衣板上用肥皂搓出来的光环。这种看上去美丽的泡泡停留的时间短暂，一个微小的触动就足以让泡沫化为乌有。

国际上的炒房比率警戒线是15%，一旦房地产价格下跌，原来准备持房待涨的赚钱预期就成了泡沫，这些炒房人会抛售现房，对下跌的房地产市场无疑是雪上加霜。另外，国际上的房屋空置率警戒线是10%，而2009年4月底北京市的空置率已达到22.3%，已到危险边缘，如在房价形成下跌的预期之时，这就是一颗定时炸弹。一般炒房人比自住买房人更难承受下跌损失，因为大多贷款买房，借资金杠杆放大了风险，涨则收益成倍增加，跌则也损失成倍增加。所以房产市场泡沫一旦破灭，带来的将是血的代价。所以，房产带给我们的不仅有高额的回报，还有巨大的风险，倘若要投资房产，还是需要谨慎思量。

◎ 合理避税：其实你可以交更少的税 ◎

一提到避税，你可能会问："纳税是不可推脱的责任，怎么又要说合理避税了？""避税不是违法犯罪的事么？我们怎么能做？"对于这个问题，我们应该辩证看待。避税和逃税不同，避税是在合理的方式下，减少税务支出，而逃税是在必须纳税的项目上不纳税。

合理避税也称为节税或税务筹划，指纳税人根据政府的税收政策导向，通过经营结构和交易活动的安排，对纳税方案进行优化选择，以减轻纳税负担，取得正当的税收利益。

从目前看，个人可以通过投资避税和收入避税两种方法有效避税。

一、投资避税

个人投资者可以充分利用我国对个人投资的各种税收优惠政策来合理避税。目前对个人而言，运用得最多的方法还是投资避税，投资者主要可以利用的有股票、基金、国债、教育储蓄、保险产品以及银行推出的本外币理财产品等投资品种。

投资基金，由于基金获得的股息、红利以及企业债券的利息收入，已经由上市公司在向基金派发时代扣代缴了20%的个人所得税，基金向个人投资者分配红利的时候不再扣缴个人所得税，目前股票型基金、债券型基金和货币型基金等开放式基金派发的红利都是免税的。对于那些资金状况良好、追求稳定收益的投资者而言，利用基金投资避税无疑是一种不错的选择。

国债作为"金边债券"，不仅是各种投资理财手段中最稳妥安全的方式，也因其可免征利息税而备受投资者的青睐。虽然由于加息的影响，债券收益的诱惑力有所减弱，但对于那些风险承受能力较弱的老年投资者来说，利用国债投资避税也是值得考虑的。

除此之外，对于那些家有"读书郎"的普通工薪家庭来说，利用教育储蓄来合理避税也是一种不错的选择。相比普通的银行储蓄，教育储蓄是国家为了鼓励城乡居民积累教育资金而设立的，其最大的特点就是免征利息税，因此教育储蓄的实得收益比其他同档次储蓄高出20%。但教育储蓄并非是人人都可办理的，其对象仅仅针对小学四年级以上（含）的在校学生，存款最高限额为2万元。

除了上述投资品种之外，目前市场上常见的本外币理财产品也是可以避税的。

在这些常见的投资理财产品之外，因为我国的税法规定"保险赔款免征个人所得税"，因此投资者还可以利用购买保险来进行合理避税。目前，无论是分红险、养老险还是意外险，在获得分红和赔偿的时候，被保险人都不需要缴纳个人所得税。因此对于很多人来说，购买保险也是一个不错的理财方法，在获得所需保障的同时还可合理避税。

此外，公积金和信托产品也是不需缴纳个人所得税的，公积金虽然可以避税，但是不能随意支取，资金的流动性并不强。信托产品所获的收益也不需缴纳个人所得税，但由于信托产品的投资门槛和风险较高，不是大部分普通投资者都可投资的产品。

二、收入避税

除了投资避税之外，还有一种税务筹划方法经常被人忽视，那就是收入避税。由于国家政策，如产业政策、就业政策、劳动政策等导向的因素，我国现行的税务法律法规中有不少税收优惠政策，作为纳税人，如果充分掌握这些政策，就可以在税收方面合理避税，提高自己的实际收入。

比如那些希望自主创业的人，根据政策规定，在其雇佣的员工中，下岗工人或退伍军人超过 30% 就可免征 3 年营业税和所得税。对于那些事业刚刚起步的人而言，可以利用这一鼓励政策，轻松为自己免去 3 年税收。

而对于大众而言，只要掌握好国家对不同收入人群征收的税基、税率有所不同的政策，也可巧妙地节税。小王是一家网络公司的职员，每月工资收入 5000 元，每月的租房费用为 800 元。我国的《个人所得税法》中规定工资、薪金所得适用超额累进税率，在工资收入所得扣除 3500 元的费用后，其应纳税所得额是 5000 元减去 3500 元，即 1500 元，适用的税率较高。如果他在和公司签订劳动合同时达成一致，由公司安排其住宿（800 元作为福利费用直接交房租），其收入调整为 4200 元，则小王的应纳税所得额为 4200 元减去 3500 元，即 700 元，适用的税率就可降低。

对于那些高收入人群而言，合理的避税和节税就显得更为重要。张先生是一家公司的高级管理人员，年薪 36 万元，一次性领取。按照国家的税法，他适用的最高税率高达 45%，如果他和公司签订合同时将年薪改为月薪的话，每个月 3 万元的收入能使他适用的最高税率下降到 25%，节税的金额是相当可观的。

在我国《个人所得税法》中，劳务报酬、稿酬、特许权使用费、利息、股息、红利、财产租赁、转让和偶然所得等均属应纳税所得。因收入不同，适用的税基、税率也不尽相同，从维护纳税人的自身利益出发，充分研究这些法律法规，通过合理避税来提高实际收入是纳税人应享有的权益。我国和税务相关的法律法规非常繁多，是一个庞大的体系，一般纳税人很难充分理解并掌握，因此除了自己研究和掌握一些相关法律法规的基础知识之外，不妨在遇到问题时咨询相关领域的专业人士，如专业的理财规划师、律师等，以达到充分维护自身权益的目的。

第七章
生产经营经济学

◎捆绑销售：约翰逊黑人化妆品为什么畅销◎

  美国的约翰逊黑人化妆品公司总经理约翰逊是一个知名度很高的企业家。可是，当初他创业时，也曾为产品的销售伤透了脑筋。

  那时，约翰逊经营着一个很小的黑人化妆品公司，因为黑人化妆品市场的总体销售份额并不大，而且，当时美国有一家最大的黑人化妆品制造商佛雷公司，几乎垄断了这个市场。

  经过很长时间的考虑，约翰逊提出了一句措辞非常巧妙的广告语："当你用过佛雷公司的化妆品后，再擦一次约翰逊的粉质膏，将会得到意想不到的效果。"

  约翰逊的这一招的确高明，不仅没有引起佛雷公司的戒备，而且使消费者很自然地接受了他的产品，达到了事半功倍的效果。因为他当时主推的只有一种产品，凡是用佛雷公司化妆品的黑人，大都不会在乎再增加一种对自己确实有好处的化妆品的。

  随着粉质化妆膏销量的大幅度上升，约翰逊抓住了这一有利时机迅速扩大市场占有率。为了强化约翰逊化妆品在黑人化妆品市场上的地位，他同时加速了产品开发，连续推出了能够改善黑人头发干燥、缺乏亮度的"黑发润丝精"、"卷发喷雾剂"等一系列产品。经过几年的努力，约翰逊系列化妆品占领了绝大部分美国黑人化妆品市场。

  不知什么时候起，捆绑销售已悄悄地渗透我们的生活，而且蔚然成风，有愈演愈烈之势。大至买楼房送车位、买大件家电送电饭锅，小至买手机送话费，买酸奶"二送一"，甚至买支牙膏也送个钥匙圈。问商家不要赠品能否减些价，商家回答：不要可以，但不减价。

  那么，什么才是捆绑销售呢？捆绑销售也被称为附带条件销售，即一个销售商要求消费者在购买其产品或者服务同时也得购买其另一种产品或者服务，并且把消费者购买其第二种产品或者服务作为其可以购买第一种产品或者服务的条件。捆绑销售通过两个或两个以上的品牌或公司在销售过程中进行合作，从而扩大它们的影响力，可以说是共生营销的一种形式，开始被越来越多的企业重视和运用。

捆绑销售方式确实给商家带来了好处，给消费者带来了实惠。但目前市场上的"捆绑销售"还不够大气，只能算是小打小闹，甚至只是两种商品的简单叠加。比如，在手机市场上居然发现买手机可以送饼干，真是风马牛不相及。事实上，这些方式并未实现"捆绑销售"的最大价值。

捆绑实际上是资源的再次创新与整合，是在原有资源的基础上，创造出一种更有力度的模式，更利于消费者对信息的接受与处理，甚至变被动为主动。如果进行科学规划，对相关品牌进行整合，那么，这样的科学捆绑也许可以创造奇迹。

我们来看一个例子：

"全球通"在广州市区推出了"免费频道"服务，由移动公司提供网络支持，由广告公司、商家和移动电话客户共同参与，共同受益。具体内容是：移动用户只需在自己的手机上拨打"免费频道"号码，仔细听完系统播放的信息（广告），回答相关简单的问题，就可获一定数额的话费。

这真可谓超级整合、超级捆绑。消费者由被动变主动，在"话费"的"驱使"下，热情空前高涨。为回答商家的问题，消费者对广告自然认真收听，效果不同凡响。利用电信这条超级绳索，把商家和消费者紧紧地"绑"在了一起。

常见的"捆绑销售"主要有以下几大招式：

一是包装捆绑。如汰渍洗衣粉，在包装袋上印有衬衫、洗衣机等品牌；反过来，衬衫、洗衣机也推荐使用汰渍洗衣粉，既为产品包装又是广告载体。品牌互补，大家共同得利，节省了资源。这样的例子还有很多，比如"牙膏"与牙刷捆绑、洗发水与沐浴液及毛巾捆绑。

二是定位捆绑。对于新上市的品牌，可以从定位上考虑如何"绑"一下知名品牌。通过和已有品牌直接捆绑，来形成自己的定位，并宣扬自己独特的优点。对于市场份额较小的品牌，也可以考虑将自己与市场领导者捆在一起借此获得一种名声，并分得领导者一部分市场份额。前文中的"约翰逊粉质膏"的例子正属此种类型。

三是信息传播捆绑。相关性产品集中在一起进行传播，既增加了整体传播力度，又节省了大笔资金。比如"浪奇"木瓜白肤香皂"绑"了一次《南方都市报》，把样品随报赠送给消费者，取得了良好的效果；又比如，"力士"洗发水"绑"了《化妆品报》，"舒肤佳"绑"了"中华医学会"，不一而足。

四是销售捆绑。把几种产品做成统一包装进行销售。如把牙膏、牙刷、香皂等放在一个包装盒里销售，相对来说，价格较低，消费者得到了实惠，自然也就愿意购买。

如何少花钱、多办事，为商家节省资金、降低成本、提高竞争力，是我们共同关心的话题。但不要走向另一个极端，为了省钱，什么都"绑"，搞得风马牛不相及，甚至可能引起消费者的反感。

"捆绑销售"，不是倾销，不是折价销售，更不是买一送三。我们应把它看成是一种集宣传、销售、促销等多种因素在一起的全新营销手段，目的是节省资源、提高效力。合理的捆绑销售方式能给生产者带来良好的销售效果。

◎ 价格弹性：为什么旅游门票会向当地人优惠 ◎

"这收费也太不近人情了吧？忘记带身份证就不能享受优惠了吗？我也是潮州本地人呀！"广济桥售票处，一位手拿钱包的中年男子不停抖动手中的钱包，以确认自己是真的忘记带身份证。

当有人问他事情的原委时，他显出十分无奈的样子："我是潮州本地人，今天和朋友一起来广济桥参观，可是忘记带身份证了，没办法证明自己是潮州人呀！"这种情况下，售票小姐不肯按本地优惠价10元卖票给他，一定要收他60元才肯让他进去。对此，他表示很难理解，明明自己就是潮州人，忘记带身份证就要多收50元，为什么同一个旅游景点会有两种票价呢？

旅游景点为当地人降低票价，采取这样的定价方式并不是潮州首创，我国的桂林、张家界等旅游景点在设置门票时，就采取本地人凭有效证件入内的方式。据了解，这样的定价方式也是国际上的一种惯例，美国最著名的大峡谷，针对当地人就实行免票政策；而索道之类成本较高的旅游设施，则采取当地人享受低折扣的优惠。

佛罗里达的迪斯尼乐园为一半以上的当地人提供折扣票价，他们并不会声称是为了照顾这个地区的贫困人口，因为这不是他们做此决定的初衷。他们只了解这样的情况，当票价降低时，很多本人就会成为迪斯尼乐园的常客，而旅游者尤其是境外游客，无论票价是高是低，他们很可能只会光顾一次，以后不会再来。

这说明商家在定价时，会考虑到这些问题：当我提高价格时，我的销售量下降了多少？而当我降低价格时，我的销售量提高了多少？

经济学家往往称之为"自身价格弹性"，有人则认为称之为"价格敏感度"更准确一些。

佛罗里达本地人对价格的敏感度比外地游客高，这就意味着，如果迪斯尼乐园将门票价格提高后，本地人就会减少去那里的次数，甚至不去。反之，如果门票价格下降，本地人就可能增加光顾的次数，而外地游客因为客观原因，通常没有这样的选择机会。

又比如，飞机的商务舱的票价很高，因为坐商务舱的大多是因公出差，公司愿意出这笔钱，航空公司正好利用这种稀缺力量。相反，公司的电话费价格不高，因为虽然公司愿意掏钱，但参与竞争的电话公司太多了，价格没法高起来。

咖啡屋为周边工作的白领提供折扣价也是同样的道理。很多位于繁华商业区的咖啡屋会对在周边工作的白领人群发放折扣卡，比如每次消费打八折。这不是因为本地的工作者穷困——他们当中多数是大型企业的高收入员工和管理者。这种折扣价反映出一个事实：尽管有钱，但本地工作者的价格敏感度更高。匆匆忙忙路过该地的人只能看到一两家咖啡屋，他们为了图方便，多花点钱也乐意，而且很大程度上，他们只在此消费这一次而已。但在每天的休息时间，本地工作者涌出办公室，熟悉周边环境的他们可以从很多家咖啡屋购买咖啡，对他们来说，这些咖啡屋都很方便，他们可以对所有的咖啡屋进行尝试，如果味道都差不多，他们就会选择价格相对低廉一些的。因此，虽然富有，但他们的价格敏感度往往更高。咖啡屋为了吸引更多的固定顾客，必然会使出对周边的白领们实施优惠等策略来。

针对本地人的优惠策略易于实施，能给商家带来更多利润，而且受到社会的认可，有时甚至受到欢迎。这种双方都满意的策略，商家怎会不乐意而为之！

再来看看一个只为外国游客提供优惠的例子。日本的物价指数很高，这对于日本吸引外国游客赚取旅游收入不利，为此，日本向外国游客提供一种国有铁路通票，一周之内任意使用，只要有足够的精力和时间，你完全可以凭这张通票跑遍日本除冲绳以外的每一个县。可是购买这种铁路通票是有前提条件的，首先必须是外国人才能买，其次一定要预先在外国买，如果你已经在日本，不管是哪国人，对不起，你都不能买到这种铁路通票。

仔细想一想，他们的营销策略是用极其便宜的铁路通票把你"赚"到日本来了，到了日本，你的衣食住行哪样都得花钱，你这部分钱就够他赚了。所以对于日本来说，向外国游客发售具有很大吸引力的铁路通票，是吃小亏赚大便宜的策略。

至于到了日本就不能再购买这种铁路通票，其背后的奥秘在于，铁路通票是为了吸引你到日本来旅游而发售的；如果你已经在日本，何须再提供优惠？因为你作为外国人到日本旅行，绝大多数只是一次性的行为，其中的原因，一方面是日本物价昂贵，另一方面是其他发达国家离日本都很远。估计绝大多数外国人只能到日本旅行一次，那么对于已经踏上日本国土的外国人，日本就不必再给予这种优惠了，因为给了这种优惠也很难让他再来一次。

说来说去，不管是针对本地人的优惠，还是针对外国人的优惠，商家的行为最终都会落到一点上，那就是，如果给予对方优惠，能为自己带来更大的利益，就给对方优惠，否则，就没有优惠。

2007年夏天，麦当劳在日本开始实行不同地区不同价格的制度。通过此制度，约90%的麦当劳连锁店进行了提价，其幅度按照地区不同分为3个档次。剩下的店铺有的价格不变，还有极少一部分店铺实行了降价。根据2007年8月27日的《日经流通新闻报》的报道，实行新的价格制度后，原价580日元的巨无霸套餐在东京、大阪、神奈川、京都的价格最贵，涨到640日元；千叶、埼玉、爱知、兵库、静冈、广岛其次，为 620 日元；包括北海道、冲绳在内的大部分的县（相当于中国的省 —— 译者注）上升到 590 日元。青森、石川、爱媛、熊本等县保持原价不变，而降到 560 日元的只有山形、宫城、福岛、鸟取、岛根这 5 个县。

从以上的价格变化分析，东京、大阪等大城市的涨价幅度达到了 10% 以上，相反降价的只有东北、山阴地区的 5 个县。之后，麦当劳在 2008 年 5 月再次进行了价格调整，下调了青森、爱媛等县的价格，这样最低价格的县就增加到了 12 个，城市和农村之间的价格差距更加明显。

那么，麦当劳为什么对城里人涨价，而对乡下人降价呢？下面我们举一个简单的例子来说明这一点。

假设某汉堡包店最开始用 1 个汉堡包 200 日元的价格在全国范围内销售，无论是在城市还是农村的连锁店，每天的销量统一为 500 个，所有店铺一天的营业额都能达到 10 万日元。

后来为了提高营业额，采取了不同地区不同价格的制度，调整后城市和农村的售价各不相同。在城市来吃饭的顾客大多都拥有较高收入，不会太介意商品的价格。因此，即使提价销量也不会有太大的变化。店方预计即使价格上涨 30%，销量也只会下降 20%，提价后的新营业额可以增加到 10 万 4000 日元（= 260 日元 × 400 个），所以选择提价。

相反，在农村来吃饭的顾客大多是低收入、对价格敏感的节约型消费者。如果提价的话，销量会大幅度减少，所以店方会通过降价来提高收入。店方预计如果降价 20% 的话，销量会提升 40%，所以降价后的新营业额可以增加到 11 万 2000 日元。

想要提高收入的企业在考虑应该提价还是降价时，应该重点分析消费者对价格变化的反应大小，经济学称之为需求价格弹性。总体上说有两方面的内容：一方面是"消费者对价格弹性小（反应迟钝）的时候，企业可以选择提价"；相反，"消费者对价格弹性大（反应敏感）的时候，企业可以选择降价（上述事例中麦当劳农村店铺的做法）"。

◎ 区别定价：各类人都能接受的价格 ◎

下面是某飞机票销售公司的一则广告：

航程：北京到雅典

机票价格：单程：3050 元 = 往返：4200 元

具体价格以电话咨询为主。

航空公司：汉莎航空

尊敬的旅客朋友，您能选择我们公司特价申请部，提前预订，选择我们为您服务，就是对我们最大的鼓励和支持，我们也一定会把您的需要当做自己的需要，用心尽责地为您服务，依托我们与多家航空公司合作多年的密切关系，承诺为您预定申请到的价格是全市当时最低价；另外无论您的行程多复杂，多变化，我们的专业操作人员都会为您精心设计出最合理、最经济、最舒适的行程。只要是在本公司预定的机票，无论你的行程有什么变化或有什么不清楚的，只需一个电话，我们都会为您解决，让您感受到我们切实贴心的服务。

每到出行淡季，为保证上座率，各航空公司不惜推出大量低折扣机票。像北京、上海等许多热门航线，也都能轻松买到5折以下特价票，很多航线甚至将折扣降至为2折，比火车票还便宜。如从银川到北京机票原价1090元，2折价格就是218元，加上燃油附加费和机场建设费200元，共计418元。又如，从杭州到北京，如果买到2折机票，只要350元，如果不算上燃油附加费，和一张320元的火车硬卧票价格已相当接近，远远低于550元的Z10次列车票价。据机场工作人员介绍，只要提前半个月订票，这种低折扣机票都可以买到。

我们都知道很多时候机票提前预订比较便宜，而现价买的时候往往较贵。而演唱会的门票、或者体育场的门票往往现买价更便宜，而提前预订却更贵。

戏剧迷下午到人民剧院广场的售票窗口，能以半价买到当天晚上不少国家大剧院演出的票。但要是有人预订当天的飞机票，就只能出高价，售价比平时高一倍都有可能。如何解释这样的差异呢？

飞机起飞时或剧院幕布升起时还剩有空座，意味着收入上的一笔恒久损失，因此航空公司和剧院都有着尽量填满空位的强烈动机。与此同时，以折扣价填满一个座位，往往意味着失去其他人出全价购买同一个座位的机会成本。所以，航空公司和剧院要克服的营销难题是，尽量续满座位，又不至于在每座平均收入上做太大牺牲。

提前预订飞机票的大多是旅游、度假者，他们对时间不敏感，对机票的价格却比较敏感。相比于度假游客，商务人士在临行前一刻变更出行安排的可能性更大，而且对票价不太敏感。故此，航空公司的策略是，对最后一刻才买票的乘客（大部分都是出公差的）收全价，而对提前订票的乘客（主要是度假游客）打折。

剧院则略有不同。和航空业一样，高收入者比低收入者对票价要麻木得多，但看戏剧的高收入者一般都不愿意在最后一刻才买票。事到临头才在售票口买半价票，观众要面对两道门槛：一是需要排一两个小时的队，高收入者大多不愿只为了省几个钱而这么做；第二点，也是更重要的一点，只有少数剧目（一般都不是特别受欢迎的剧目）有折扣票卖。高收入者时间的机会成本高，他们好不容易腾出一个晚上的宝贵时间看剧，当然只想看自己最想看的剧目。而对价格更敏感的低收入观众，这两道门槛都比较容易迈过。要是不能在售票窗口排队买半价票，他们说不定根本不会去看国家大剧院的表演了。

品牌经营：贴标签的土豆会贵过苹果吗

在搜索引擎"搜搜问问"上，有这样一个问题：土豆和苹果哪个贵？在其回答上有一个不容置疑的答案："当然是苹果贵。"但现实总是有出入，我们还是先看看下面的故事再来回答这个问题。

内蒙古的武川县号称"土豆之乡"，因为这里独特的气候条件，使得土豆特别好吃。内蒙古有句流传很广的夸武川的话："武川有三宝：土豆、莜面、羊皮袄。"尽管土豆是个好东西，这里的农民祖祖辈辈种土豆、吃土豆、卖土豆，但1斤土豆的价格也就一两毛钱，也没有听说谁家因为卖土豆发了财的。

王喜莲24岁就嫁到了哈勒村，丈夫是村里的民办教师，但家里的日子过得也非常紧巴，她至今仍然记得，儿子3岁时想吃根冰棍，她竟浑身上下掏不出5分钱。王喜莲不甘心就这么穷下去。

高中毕业的她，在自家承包的几十亩地上动起了脑筋。她先是在乡技术员的帮助下，在镇里头一个盖起了日光温室，种一些蔬菜，靠"庭院经济"脱了贫。然后她又专门培育引进适合当地种植的马铃薯优良品种供应乡亲们，秋后又帮他们找销路。慢慢地，能干的她因勤劳致富在当地出了名。

2001年，王喜莲被评为内蒙古自治区十大杰出青年农牧民，乡亲们还推举她当上了呼和浩特市人大代表，直到今天，她仍然是内蒙古自治区人大代表。

因为经常到外地开会，王喜莲接触到外面精彩的世界，看着人家都是穿着名牌，她开始思考一个问题：武川的土豆远近闻名，为什么农民却不能从土豆身上致富？

细心的她经过调查发现，因为农民都是各自为政，小打小闹，形成不了规模，价格自然上不去。加上没有自己的品牌，假冒武川土豆的现象也很普遍，大部分农民就知道卖原料，几乎没有什么深加工。2005年5月，王喜莲向工商管理部门申请了"川宝"土豆商标，9月份，她又注册了自己的公司。

她的"打法"很简单，就是给土豆精"包装"，她把挑选出来的最好的土豆一个一个用纸包起来，放进精致的礼品盒。

如此一包装，打着"川宝"品牌的5公斤土豆，一下子就身价大增到20元！火热的销售势头证明王喜莲的第一招出对了。

5公斤土豆她最低卖20元。就这样，每天守在她家门口，操着南腔北调口音向她要土豆的商贩仍然络绎不绝。一位老板高兴地对她说："以前给生意上的朋友送土豆，都是拿破麻袋装，既不好看也没面子，现在用你川宝土豆，再合适不过了。"

有了品牌，王喜莲又建起了自己的5000亩土豆基地，每年和农民签种植合同，2008年，仅她一家就向农民收购土豆120万公斤。

王喜莲的公司已经正式落户武川县金三角天骐工业园区，深加工车间也开始投产。她说:"我的梦想就是让武川土豆走向全国、走向世界。"

说起土豆,没有人会感觉陌生。但可能很少有人听说过贵过苹果的土豆,更没有人听说包装有品牌的土豆。当用礼品盒包装起来的土豆卖到每5公斤20元钱,我们完全相信了品牌的力量。

王喜莲的土豆能贵过苹果,正是因为她通过包装等形象识别区别于其他不同的土豆,有了自己的品牌。土豆不只是能贵过苹果,还能贵过很多的东西,世界上最贵的土豆——法国 La Bonnotte 品种的土豆,每公斤售价500欧元。

现在全国都在积极引进和发展水果和蔬菜产业,以此作为发展农业、农民增收的重要途径。因而果蔬产业的竞争越来越激烈,这就需要我们发展名特优产品,创立品牌。没有品牌、没有特色就没有竞争力,就难以立足市场,有了品牌,才能保证农产品的生产持续稳定发展。

◎ 规模效应:麦当劳紧随肯德基 ◎

红鼻子"麦叔叔"还有与之齐名的白胡子"肯爷爷"在全国许多大中城市差不多可以说无人不晓。麦当劳和肯德基如影随形,似乎有麦当劳就会有肯德基的身影。麦当劳、肯德基从一开始就注定成为竞争对手。

麦当劳和肯德基是世界餐饮行业中的两大巨头,分别在快餐业中占据第一和第二的位置。其中,麦当劳有30000多家门店,肯德基有11000多家分店。原本是相互针锋相对的对手,但是在经营上有异曲同工之处。

例如,经常光顾麦当劳或肯德基的人们不难发现这样一种现象,麦当劳与肯德基这两家店一般在同一条街上选址,或在相隔不到100米的对面,或同街相邻门面。若按常理,这样的竞争会造成更剧烈的市场争夺,以至于各个商家利润下降,但为什么两家偏偏还要凑作一堆?

别的商家都愿意"独霸一方",偏偏这两个快餐业的王者要挤在一起,所谓一山难容二虎,它们这样做为何?难道真的只是为了挤压对手或者争那一小口气?

反过来看,麦当劳和肯德基的"比邻"对消费者也是有利的。因为,丰富的商品种类满足了消费者降低购物成本的需求,而且两者的聚集实现了区域最小差异化,给消费者购买快餐提供更多的选择余地,让消费者充分感受到"一站式"消费的便利;况且,两家经营者为了适应激烈的市场竞争,争夺相对竞争优势,还会通过降价打折,送礼物等方式来吸引消费者,至少在短期看,对普通消费者是十分有利的。例如,每逢儿童节、国庆、店庆,麦当劳和肯德基都会做出优惠活动。

此外,对于相互竞争的对手来说,这样也有利于获取对方的信息,学习对方的技术,从而形成知识和技能的共享。例如,以前,麦当劳以牛肉为主要原料,经营的食品主要是汉堡包系列;肯德基则是以鸡肉为主要原料,炸鸡系列是它的经营重点。

但后来，在中国扎堆后，麦当劳推出了麦辣鸡翅和麦乐鸡，肯德基则推出了鸡腿汉堡。在近距离的观察中，正是所谓照葫芦画瓢，两者互相借鉴，搜集竞争信息，从而推动两者各自开发新的产品，省去不少创新研发的成本。

俗话说，冤家路窄，人们往往以为相互竞争的冤家对头是不宜见面的，但通过分析麦当劳和肯德基的实例，我们却也能看到，原来只要形成的规模效应对自己有益，"对头也可以扎堆，敌人也可以比邻"。

当中国电子大厦一层两个蒙着的红布突然掀去，深蓝色的"北京新航道学校"赫然矗立于新东方大厦对面。新东方和新航道、俞敏洪和胡敏的竞争关系如同一张画纸昭然天下。

在中国的教育培训市场，竞争并不鲜见。但是，新航道与新东方却有着一层特殊的关系——创办新航道的正是原新东方总裁胡敏。在创办新航道学校一年的时间里，胡敏从图书向培训延伸，先后成立了北京和天津两个英语培训学校，与北大合作成立了北大新航道对外汉语培训中心，逐步将新航道定位在打造拥有国际化平台的中国跨媒体语言出版教育的行业目标。据透露，新航道已经与国外投资机构达成协议，完成了第一期融资。这使得新航道胡敏有了与新东方俞敏洪分庭抗礼的资金保障。不过，胡敏敢于竞争新东方的资本，还有胡敏对执掌新东方时经验、教训的总结。

新航道成立后，胡敏连续推出了多个具有自主知识产权的系列图书，形成了"雅思第四套教材"、"真经系列"等雅思教学及辅导教材以及"考研英语系列"图书等，保证了新航道拥有自己的知识产权。

胡敏只不过是新航道众多名师中的一位，新航道成立伊始，胡敏就给了自己明确的定位——"绝对不控股"，从而吸引了大批人才。此外，在新航道领导层中，除了胡敏之外，其他的成员都是来自全球顶级商业教育机构的管理者，形成了学术的风格与商业经历相结合的管理团队。

而新东方总裁俞敏洪通过新东方在美国纽约证券交易所成功上市，以及在国内二、三级市场迅速扩展。同时，新东方的创始人徐小平等人的回归也为新东方增强了竞争实力。

新东方与新航道处在同一个领域，做着同样的事情，但是，胡敏坦言，综观国内外各个行业，竞争对手总是紧随相伴。国外的品牌有可口可乐与百事可乐、麦当劳与肯德基，国内的品牌有中国移动与中国联通、伊利与蒙牛等。

正是有了竞争对手之间的不断挑战和超越，让你没有孤独感从而保持昂扬斗志。竞争对手的出现只是时间的问题，如果今天不是胡敏站出来挑战新东方，那么明天也一定会有其他竞争对手站到新东方面前。所以新东方总裁俞敏洪不害怕竞争，而是敢于竞争。或许正是有了新航道的追赶，俞敏洪才能继续扬鞭奋蹄，一路疾驰，一路充实。

　　商业的聚集还会产生"规模效应"，一方面，体现所谓的"一站式"消费，丰富的商品种类满足了消费者降低购物成本的需求，而且同业大量聚集实现了区域最小差异化，为聚集地消费者实现比较购物建立了良好基础；另一方面，经营商为适应激烈的市场竞争环境，谋求相对竞争优势，会不断进行自身调整，在通过竞争提升自己的同时让普通消费者受益。正因为如此，聚合选址使商家能够充分发挥自己的优势，吸引更多的消费者。

　　聚合选址不可避免地存在着竞争，竞争的结果是企业要生存和发展就必须提升自己的竞争力，连锁企业有个性，才有竞争力。在超市经营上要有特色，方显个性，这就要明确市场定位、深入研究消费者的需求，从产品、服务、促销等多方面进行改善，树立起区别于其他门店类型和品牌的形象。如果聚合的每一个连锁超市都能够做到这一点，就可以发挥互补优势，形成"磁铁"效应，这样不仅能够维持现有的消费群，而且能够吸引新的消费者。在北京南桥镇聚集了永乐、苏宁、国美三巨头连锁家电超市，聚合的市场使三巨头在激烈竞争的同时也寻求着特色发展之路。永乐电器以CDMA手机营销模式促进CDMA手机普及，推出了以退换保障、质量保障、价格保障和额外支出保障为基础的四大保障体系，以服务和价格的双重优势吸引顾客。国美电器率先在其连锁店内开设了各类音像制品的销售，从而拓展了经营业务范围，同样也起到了招揽更多客户的作用；同时推广"普惠制"，让各类电器的消费者都能够实实在在地得到经济上的优惠，而不是某一类家电的购买者。苏宁电器则倡导"天天促销"，让消费者能够每天都得到实惠，并根据刚刚迁入新居客户的实际住房条件和经济条件，为客户量身定制出一套合适的家电配置方案，为苏宁带去了销售额的直接增长。

　　德国这片土地上，产生了5个世界级的名牌汽车公司。有一次，记者问"奔驰"的老总："奔驰车为什么能飞速进步、风靡世界？"

　　"奔驰"老总回答说："因为宝马将我们撵得太紧了。"记者转问"宝马"老总同一个问题，宝马老总回答说："因为奔驰跑得太快了。"同样在美国，百事可乐诞生以后，可口可乐的销售量不但没有下降，反而大幅度增长，因为竞争迫使它们共同走出美国、走向世界。

　　这就是一种带有合作性质的竞争，为什么这么说呢？从奔驰和宝马老总的回答中我们就可以看出，虽然他们之间属于实力强劲且旗鼓相当的竞争对手关系，但他们都没有将对方当做"敌人"，而是当做一个鞭策自己的对象，一个不断追赶和超越的目标。

包装经济：消费者会买椟还珠

在市场上，有两家药厂，生产同一种药，质量略有差异（甲厂药品效果比乙厂的略微差些）。在推向市场时，两者都用纸板包装盒，但甲厂的包装白底光亮，色彩明快，还有一个浮雕式的凸起图案；乙厂则颜色暗淡，图案陈旧；试比手感，前者表面细滑，轻轻挤压，手指能感受到弹力和盒子的挺括；后者则表面粗涩，略一挤压，即轻易失去原有形状。

当这两种产品同时上市时，面对同样的消费者群体，前者的市场占有率竟然高出后者10%。

两种相同的药，仅仅因为包装上的差异，就有了悬殊的销售量。而实际上，乙厂药品的质量要比甲厂的好。这样的结果说明了商品的包装极大影响着其市场销售。

从前，楚国有一个珠宝商人，一次他在游历各国途中获得了一颗非常漂亮的珍珠。楚人决定要将珍珠好好包装一下，以后好卖个好价钱。

于是，这个楚国人找来名贵的兰木，又请来手艺高超的匠人，为珍珠做了一个精美的盒子，然后用桂椒香料把盒子熏香。还花重金让人在盒子的外面精雕细刻了许多精美的花纹，镶上漂亮的装饰，最后，盒子成了一件精致美观的工艺品。楚人将珍珠小心翼翼地放进盒子里，拿到市场上去卖。

楚国人到市场上不久，他手中的盒子就吸引了很多人。一个郑国人将盒子拿在手里看了半天，爱不释手，出高价将楚人的盒子买了下来。郑人交过钱后，便拿着盒子往回走。可是没走多远他又回来了，楚人很纳闷。

只见那个郑人将盒子里的珍珠取出来交给楚人，自己只拿了一个空盒子走了。

这个成语故事讲的就是"买椟还珠"。这个商人对商品的包装的兴趣远远超过了对商品本身的关心，事实上很多消费者在生活中也犯过同样的错误，因为喜欢商家的包装而买下了一件商品。好包装会抓住人们的眼球。对于一件被推销的商品，更多的人还是在关注包装。

过去人们并不在意包装，认为"真金总是会卖个好价钱"，但现在这样的观念该改改了，因为质量再好的商品，没有好的包装，就好像缺了绿叶的红花，没有任何吸引力。在市场经济的环境下，产品的包装现今越来越引起消费者的关注，并也逐渐形成了包装经济。

包装经济是指围绕着商品包装而展开的一系列经济活动，属于产业经济的一种。从社会实践上来看，由于现代的产品种类繁多，花样复杂，因此，消费者在进行选择的时候，往往挑花了眼睛。不知道该选择哪一个好。这时，产品的包装就可以成为一个宣传媒介，向消费者传递"自我推销"的信息，从而吸引消费者购买。正是第一印象的不同，消费者才做出不同的选择。

各大企业经营者正是观察到了这一点，也才将更多的资本投注到广告包装之上。他们利用包装塑造精品的形象，利用包装来提升企业的品牌知名度，利用包装来打动消费者。

在几年前，洗手液市场上，蓝月亮洗手液成功地利用包装成为市场上的品牌产品。它为了能让人们产生精品的印象，其产品包装无论从瓶子的高度、体积、瓶形、配件颜色、标签形式等都经过不断地调试，最终达到了"功能卖点、包装形态、消费者感受"三者的完美结合。这让蓝月亮洗手液的销售量大为改观。当时，就能达到每月销售额700万；长沙几家大超市曾创下日销售蓝月亮洗手液2600瓶的记录；据不完全统计，"蓝月亮"凭借洗手液单品就打造了当年度7000万元销售业绩。

在产品同质化越来越明显的今天，产品外包装正在成为企业产品销售成功的不二法门。只要有了迎合消费者审美观点和文化意识的包装，就能够达到同推销产品一样的效果。

◎ 博物经济：牛奶装在方盒子里卖 ◎

人们在喝饮料的时候是否留意过这样一个问题：几乎所有软性饮料瓶子，包括可乐、橙汁、矿泉水等，他们的包装，不管是玻璃瓶还是铝罐子，都是圆柱形的。但有一种饮料例外：牛奶。牛奶盒子大多都是方的。理性地看，方形容器能比圆柱形容器更经济地利用货架空间。可是，为什么软性饮料生产商还是坚持使用圆柱形容器呢？

这是博物经济学家罗伯特·弗兰克在他的畅销书《牛奶可乐经济学》中提出的问题。

弗兰克认为，造成这个差别的原因之一可能是，软性饮料大多是直接就着容器喝的，所以，由于圆柱形容器更称手，抵消了它所带来的额外存储成本。而牛奶却不是这样，我们要么会将牛奶倒出来饮用，要么会插入吸管喝，大多数的人不习惯就着盒子喝牛奶。

可就算大多数人直接就着盒子喝牛奶，成本效益原则亦显示，它们还是不大可能装在圆柱形容器里贩卖。我们知道，超市里大多数软性饮料都是放在开放式货架上的，这种架子便宜，平常也不存在运营成本。但不少牛奶由于保质期不长，需专门装在冰柜里冷藏保存。冰柜很贵，电费等运营成本也高。所以，冰柜里的存储空间相当宝贵，因此，牛奶包装做成方形可以更有效节省冷柜的储藏空间。

另外，还有人提出，碳酸饮料假如有震荡的话里面的液体就会膨胀，假如做成三角或方形的话那稍有震荡瓶体会变形，因此，从力学和美学角度来说碳酸饮料的瓶体都应该做成圆的。而牛奶等不含碳酸的饮料,设计成方形、圆形都可以。

不仅是饮料的瓶子的设计有学问,其实,在我们的生活中,处处都充满着经济学的智慧。弗兰克在他的书中提出了"博物经济学"的概念,就是提倡我们用经济学的概念去理解日常生活中的某些现象。这种思维方式建立在经济学的简单常识上,试图通过基本的推理去理解并解释事物的本质。而我们去思考推断的结论也不在于对错,而在于发现事物的合理性,增加理解和预判。经常性地运用这种思维方式,会是非常有趣的经历。

两杯哈根达斯冰淇淋摆在受试者面前,一杯 A 有 7 盎司,装在 5 盎司的杯子里,看上去快要溢出来。另一杯冰淇淋 B 是 8 盎司,装在 10 盎司的杯子里,看上去还没装满。那么,受试者会为哪一杯付更多的钱呢?

实验结果表明,人们会为 7 盎司的冰淇淋付更多的钱。在冰淇淋实验中,人们评价的标准往往不是真实的重量,而是冰淇淋满不满的程度。实际生活中,类似的例子更是比比皆是。比如麦当劳的蛋桶冰淇淋、肯德基的薯条,都是蛋桶或纸桶的上部装得满满的,好像要溢出来的样子,其实,商家总是利用人们的心理惯性,制造出"看上去很美"的视觉效果。

他们巧妙地运用了一些对比项。比如,用较小的杯子和并不多的冰淇淋对比,使冰淇淋得看上去满得要溢出来。再比如,用"原价"衬托"折扣价"。

◎ 偏好竞争:东风日产定位技术日产 ◎

东风日产是日本三大汽车制造商之一,也是第一家开始制造小型 datsun 轿车和汽车零件的制造商。公司十分着重技术的研发,从 20 世纪 80 年代起,日产便坚持将其销售额的 5% 用于产品研发。目前日产旗下拥有众多高级轿车品牌,诸如 infinity(无限)、cefiro(风度)、cedric(公爵),等等。车坛有"科技的日产、销售的丰田"的说法。这一说法将这家全世界第四大汽车厂,予以了明确的定位。

1933 年 12 月 26 日,由日本产业公司出资 600 万日元、户田铸物公司出资 400 万日元,成立了注册资本 1000 万日元的"汽车制造股份公司"。两公司的社长鲇川义介新任新公司社长。在 1934 年 5 月 30 日举行的第一届定期股东大会上,汽车制造股份公司更名为"日产汽车公司",同时,由日本产业公司接收了户田铸物持有的该公司全部股份,"日产"正式成立了。

在当时的日本、汽车工业是其他机构都不愿意做的事业,就连三井、三菱、住友这样的大财阀都不愿涉足。理由很简单:谁都无法承受每年 2500 万日元的亏损压力。为此,鲇川义介已经做好了五六年内每年亏损 2500 万日元的准备。当然,这种魄力与他手下被称为日产康采恩的日本产业集团的强大支持是分不开的。日本产业是鲇川义介将久原矿业改组后于 1928 年出资 5000 万日元创立的控股公司，其麾下拥有日本矿业、日立制作所、户田铸物等企业。

为了能够与美国的轿车工业相抗衡，高瞻远瞩的鲇川义介将主要精力集中在日产汽车这一日本第一家真正的汽车企业的建设之中。

由于众所周知的原因，日产的发展受到了战争的严重影响。1945 年 9 月，美军司令部规定，禁止轿车的生产。直到 1947 年 6 月，才开始允许利用库存零部件每年组装排量 1.5 升以下的微型轿车 300 辆、大型轿车 50 辆。可以说，1947 年是日产汽车形势最为危急的一年。由于当时正值通货膨胀和物资统管时期，公司的赤字和债务与日俱增，同时，由于金融机构的融资制度进一步变严，银行贷款也受到了限制，使日产陷入内外交困的境地。为了突破危机，11 月，日产成立了突破危机运动总部，下设 7 个分组。结果 nissan 车从 10 月份的 155 辆上升到 11 月的 230 辆、12 月的 430 辆；初步扭转了公司经营的不利局面。

1952 年，日立与英国奥斯汀汽车公司开始进行技术合作，开发出达特桑 210 型车，其后，开始了日本首次向北美的汽车出口。达特桑 210 一经推出就在竞争激烈的澳大利亚拉力赛中勇夺桂冠，展示了与国外名车一比高低的决心。当时，日本轿车的需求 55% 为出租车，45% 为政府机关和公务用车，私人用车很少，同中国的情况十分类似。为了确定公司未来的市场发展方向，日产开始了大规模的市场调查，分析了用户的需求。虽然达行桑是深受顾客欢迎的车型，但它也存在明显的不足。于是，对它的操纵性、耐久性和整体风格都做了很大的改进。

1957 年制作完成数台样车，在强度、振动、噪音等方面进行了极为严格的测试。在美国，日产对达特桑 210 进行了试验，同时开发 1.2 升发动机以增加其出口竞争力。经过大量的工作之后，蓝鸟 310 诞生了。1959 年蓝鸟 1000、蓝鸟 1200 同时在全国上市，出现了持续旺销的局面。可以说，详尽的市场分析、精细的技术开发加上完善的促销手段使蓝鸟一举成名。

1999 年是最值得纪念的一年，日产与雷诺的合并轰动了世界。其间，各种传闻不断。但是，一个不可忽略的事实就是日产拥有的先进的技术开发能力与雷诺在产品开发、造型设计以及成本管理的长项有机结合起来，实现了优势互补。日产在欧洲和南美等地将进一步拓展市场，使集团公司的全球占有率提升至 9.1%，成本效益达到 3900 亿日元。

在 75 年的发展历程中，日产素以技术创新而著称，在技术创新方面拥有许多第一次：日本首次装备 V6 引擎、全球首次在 2.0 引擎上装备 CVT 技术、在 Sentra CA 上应用世界最先进的排放控制技术……对技术创新的矢志追求，成为日产品牌的 DNA，也成就了"技术日产"的美誉。

竞争优势一般有两种基本类型：一是价格竞争优势，就是在同样的条件下比竞争者定出更低的价格。这就要求企业采取一切努力来降低单位成本。二是偏好竞争优势，即能提供确定的特色来满足顾客的特定偏好。这就要求企业采取一切努力在产品特色上下工夫。

品牌定位是指企业的产品及其品牌，基于顾客的生理和心理需求，寻找其独特的个性和良好的形象，从而凝固于消费者心目中，占据一个有价值的位置。产品定位是产品在未来潜在顾客心目中占有的位置。其重点是在对未来潜在顾客心智所下的工夫，为此要从产品特征、包装、服务等多方面作研究，并顾及到竞争对手的情况。日产能够从竞争激烈的汽车行业杀出一条血路，正是因为日产对自身的准确定位。

2002年9月19日，金秋时节的北京钓鱼台国宾馆，迎来了东风与日产两位巨人的牵手，当戈恩与公司总经理苗圩紧握双手的时候，它宣告了东风公司历史上一个崭新时代的到来。

按照协议，日产将直接投资85.5亿元人民币，东风以对等的资产入股，合资重建注册资金达171亿元的"东风汽车有限公司"。这是国内首家拥有全系列卡车、轻型商用车和乘用车产品的中外合资汽车公司，也是迄今为止中国汽车行业规模最大、层次最深、内容最广泛的对外合资项目。

东风日产乘用车公司（原为东风汽车有限公司乘用车公司）成立于2003年6月16日，位于广州花都。东风日产乘用车公司以广州风神汽车有限公司为基础，是东风汽车有限公司最具发展潜力的重要组成部分。

东风日产乘用车公司拥有花都和襄樊两个工厂，年生产能力25万辆，员工近5000人。公司产品为2升级"蓝鸟"和"阳光"，2.3升和3.5升级"天籁"，1.6升级"颐达"和"骐达"轿车。公司现拥有251家供应商和超过430多家经销商。

占地20万平方米，投资3.3亿人民币的乘用车研发中心已于2004年12月6日在花都开工建设，按计划将于2005年底建成主体部分并投入运营。2004年12月21日，乘用车发动机工厂正式开工，该发动机工厂占地36万平方米，总投资30亿元，将建成一条集铸造、加工和装配为一体的生产线，生产4款乘用车发动机。

2008年全球金融危机，经济不景气，内需仍然没有被充分拉动，年轻的东风日产靠什么逆风飞扬，靠什么高速发展？靠的是优秀的产品质量，完美的驾乘体验，以及品牌和产品深入人心所缔造的消费者对企业、对品牌的高度认可和充分信任！根据中国乘用车联合会近期提供的数据：2009年上半年，东风日产乘用车公司销量达到225073台，同比增长41.32%，比主要乘用车厂家平均19.35%的同比增长率高出将近22个百分点。

日产将产品定位为"技术的日产"，实际上，日产每款上市的新车型几乎都具有一定的技术领先性，并也充分利用这一优势作为营销重点，天籁、轩逸无不如此。

◎成本竞争：台塑与日本制造一争高低◎

20世纪50年代，王永庆在接手台塑的时候，并不被人看好。台塑是生产PVC塑料粉的，当时中国台湾的PVC塑料粉市场主要被日本人占领，因为日本人的生产成本低，价格更低。王永庆仔细分析了当时的PVC生产。PVC的主要原料是氯气，台湾是烧碱生产基地，氯气正是烧碱产生的废品，所以价格极低。当时台湾的劳动力、电力价格都远低于世界水平，并且政府对民营企业采取扶植的政策，有很多优惠。如果台塑能够和日本一样实现平均成本最低，按货币计算还要低于这些国家，那台塑一定能够成功。

在精密的思考下，王永庆卖掉了家族的其他产业，又贷款扩大台塑的产量。到1960年，台塑就成为了当时PVC行业的龙头，月产1200吨。成本下降以后，价格远远低于世界同类产品。这样，台塑不仅把日本赶出了中国台湾的PVC市场，而且向世界各国出口。台塑获得了巨大的成功。

当然，台塑的成功还有其他方面的努力，如内部管理、与政府的良好关系等，但最关键的是台塑通过将自己的产量扩大，从而达到成本最低，这是台塑成功的法宝。

要谋求成本的有效降低，必须分析影响成本各种因素中最本质的东西，也就是要做到"单元成本"的分析。降低成本，一直是每个企业所追求的主要目标。

辽宁兴城是一个美丽的海滨小城，这里的旅游业较为发达，一到夏季便游人如织，但每年的10月到来年的4月，长达半年的时间里，海滨的高级饭店和旅游景点的生意就很清淡，游人很少。不过即使是在旅游淡季，饭店和景点仍然在开门营业。既然这个时段赚钱不多甚至会亏本，他们为什么不关门，等到旅游旺季的时候再开门呢？

用生产成本来分析这个问题，我们可以了解到饭店和景点的成本主要是固定成本，如租房费用，它已经支出了，如果关门歇业的话，放着也是放着，照样会折旧，不如继续开门营业，只要收入能支付可变成本就行了。

所以，固定成本的回收只能寄希望于旅游旺季，而且只有旅游旺季需求大于供给，这就可以解释一般旅游景点的住宿和饮食一到旅游旺季价格都比较高。

企业作为市场中的微观主体，是以赢利为目的的，所以，在研究企业问题时，考虑最多的就是成本问题。但是企业如何控制成本，使生产成本达到最小化呢？

据很多厂家来说，虽然沃尔玛订货数量每次都很巨大，但沃尔玛精明的采购员十分让人不舒服。他们每次都要进行艰苦的讨价还价。同其他地方不同，沃尔玛的采购员与厂家之间没有什么密切的关系；相反，采购员总是为了尽可能地压低价格与供应商展开激烈的辩论，有的制造商甚至称沃尔玛为"美国最粗暴的客户"，主要指它那种顽强的价格谈判者的可恶形象。

不过，只要生意达成，沃尔玛就会维护好同供应商建立的协作关系，绝不会以不正当的手段来损害供应商而增加自身的利益。这也是供应商愿意同它们继续合作的稳定基础，何况，沃尔玛的货款平均期限是29天，远远快于同行的45天付款期限，也为供货商的利益作出充分考虑。

沃尔玛的分销中心在美国名气很大。据称每个分销中心楼板的面积加起来有20个足球场大小，装货月台可供30辆卡车同时装货，卸货月台有135个卸货位置。除此之外，沃尔玛还拥有美国最大的车队——"沃尔玛运输队"，有卡车2000辆，拖车11000辆！如此的数目，在美国可是仅此一家！

同其他竞争者相比，沃尔玛分销中心的效率非常高。通常，沃尔玛的商店内的8万多种商品，85%的货都是来自分销中心，它还动用高科技甚至是卫星导航等系统武装分销中心。别的零售商从计算机开单到货物上架，约需要5天，而沃尔玛在两天之内就能搞定。

据统计，沃尔玛企业每年的广告投入约占营业额的0.5%。而同沃尔玛同样规模的竞争者，广告投入几乎都会占到其营业额的2.5%以上。同时，在沃尔玛企业中，管理层的简化和节约，让其在管理成本上减少了大笔的金钱，平均要比竞争对手低3个百分点。

为了能实践沃尔玛在中国百姓心中的大面积"着陆"，沃尔玛一直都在努力降低成本，通过从厂家直接进货，签订供销合同，省去了中间的流通环节、全国统一的物流中心和分销管理体系，为顾客省钱。在它不懈的努力下，果然，几年之后，它就在这块土地上有了迅猛的发展，并一跃而起，占据了中国零售超市的榜首。

◎服务外包：甩掉不必要的包袱◎

在21世纪初期，世界已进入了知识经济时代。工作时代流水线所体现出的企业分工协作已经扩展到企业、行业之间，那种传统的纵向一体化和自给自足的组织模式可以说不灵了。将公司部分业务或机能委托给外部公司正成为一种重要的商业组织方式和竞争手段。这就是外包。

现在好多家庭，尤其是双职工家庭，由于工作繁忙，时间紧迫，就请钟点工来照顾孩子、清洁家庭、整理庭院。这种把核心业务（工作）自己做，而把其他业务（照顾孩子、家庭清洁等事情）包给别人的方式，其实也是一种外包。如今对钟点工的需求量大幅上升，说明现在人们更有经济头脑，请钟点工减轻自己的日常家务负担，就可以集中精力工作，赚更多的钱。

实际上，外包的方式在企业中应用最为广泛。外包业是新近兴起的一个行业，它给企业带来了新的活力。外包将企业解放出来以更专注于核心业务。外包合作伙伴为企业带来知识,增加后备管理时间。在执行者专注于其特长业务时,为其改善产品的整体质量。外包协会曾经进行的一项研究显示:外包协议使企事业节省9%的成本,而能力与质量则上升了15%。

今天,全球竞争中的成功者已经学会把精力集中在经过仔细挑选的少数核心本领上,也就是集中在那些使他们真正区别于竞争对手的技能与知识上。通过业务外包,即把一些重要但非核心的业务或职能交给外面的企业去做,这样能大量节省成本,有利于高效管理。

外包使一些新的经营业务得以实现。一些小公司和刚起步的公司可因外包大量运营职能而获得全球性的飞速增长。

一方面,有效的外包行为增强了企业的竞争力。例如,一个生产企业,如果为了原材料及产品运输而组织一个车队,在两个方面其成本会大大增加:管理成本增加,因为它在运输领域不具备管理经验;因管理不善,运输环节严重影响生产和销售环节的工作,从而导致生产和销售环节的成本增加。如果把运输业务外包给专业的运输企业,则可以大幅度降低上述成本。

另一方面,企业也因市场竞争的激烈面临巨大的挑战。市场竞争的加剧,使专注于自己的核心业务成为企业最重要的生存法则之一。因此,外包以其有效减低成本、增强企业的核心竞争力等特性成了越来越多企业采取的一项重要的商业措施。如经济不景气时,企业会裁掉一些非核心业务的部门,这往往是不得已而为之,负面影响很大,如团队的稳定、额外支出等,但如果一开始这些非核心业务就是外包给专业的组织去做,那么损失一定会减到最小。

现在,好多企业的人力资源也实行外包的形式。如果某一天,当你发现经常从楼下的星巴克帮你带杯咖啡的同事每月并不在公司领薪水,而是通过一家外部机构得到工资和报销费用,你不用吃惊。这是新型的人力资源外包。你会发现,你身边拥有"双重身份"的同事越来越多:他既是为公司工作的职员,又是某家人才派遣公司的合同工。

这也许是最新的"三角关系"了:人才派遣机构与企业建立服务与被服务的民事关系,与被派遣雇员建立劳动关系,而企业与雇员之间则只是一种劳务关系。当企业有相关的人力需求时,派遣服务商会为它招募、筛选并确定合适的雇员,签订劳动合同之后,派遣到企业工作,其间的社保福利、工资计发、档案管理、员工关系、用工风险全部由派遣机构承担,一旦合同到期,雇员便成为"自由人",结束聘用,等待下一次派遣。这种人力资源外包模式越来越多地为企业所接受。

但是,在现实应用中,有些企业或个人对外包产生了错误的认识。他们认为"把不懂的业务全部包出去已经成为企业管理新思潮",这是一个非常普遍又危险的误区。

企业把部分业务外包出去,可以获得的好处有很多。一方面可以降低成本,另一方面可以专注于自身核心能力的发展,但绝对不是把"不懂的业务",花点钱一包了之。企业层面的业务外包并不是生活中普遍意义的接受服务。一提到服务，很多人有这样的感觉：所有的事情都由服务商来搞定，自己只用等现成的就行了，比如修理家用电器，到医院看病等，自己不懂，花钱让专业的人搞定。但是，对于企业，自身对包出去的业务，可以"不专"，但不能"不懂"。如果企业对外包出去的业务"不懂"，很容易就会丧失对业务的监控、管理和对结果的考核能力，最终所得到的结果就会与初衷背道而驰。"不懂业务"从另一个层面来说是指不具备和服务供应商的议价能力，如此一来又如何达成降低成本的目的呢？

众多的研究表明，服务发包商与服务供应商之间最为良好的关系，并不是简单的买卖关系，而是一种合作伙伴关系。一旦外包服务合同关系成立，随之就要确立外包项目的管理模式，要建立诸如项目管理的组织结构、职责界定、交流机制和交流渠道等一系列的内容。如果是长期项目，还要有不断总结改进的机制。这一系列的复杂情况决定了简单的买卖关系很难产生成功的服务外包结果。如果企业不懂，又如何在项目过程中与服务商进行博弈与合作，进而保证满意结果的达成呢？可见，外包并不是简单地包出去，而要进行复杂的运作，讲究一定的方式方法。

总之，接受外包这种新的经营理念是一种必然趋势，外包服务势在必行。企业可以充分利用外包，甩掉不必要的包袱，抓住核心，从而得到又快又好的发展。

◎ 广告营销：可口可乐化身为神奇魔水 ◎

可口可乐公司的前任老板伍德拉夫有句名言："可口可乐99.61%是水、碳酸和糖浆，如若不进行广告宣传，谁去喝它呢？"

然而，事实却是，可口可乐畅销全世界，打进了135个国家和地区的市场，被人们视为是美国精神的象征。可口可乐如此受人们喜欢，除其他原因外，广告作用不可低估。

"可口可乐"公司从1886年开始，就不惜工本，充分利用广告手段来扩大产品销路。1886年可口可乐公司的营业额仅有50美元，广告费就花了46美元；1901年其营业额为12万美元，广告费花了10万美元；如今的广告费每年平均6亿美元以上。

我们不说可口可乐的成功完全由于其大手笔投入的巨额广告，但这种99.61%都是水、碳酸和糖浆的饮料能够在全世界畅销，绝对与此不无联系。

俗话说，"酒香不怕巷子深"，但在现代商务活动中，这样的理论却不再适用，"货好还要宣传好"早就代替了"皇帝的女儿不愁嫁"的傲慢。好的广告，能诱发消费者的购买欲望，促成购买行为。这是注意力经济（眼球经济）的一个特征。

统计表明，世界上95%的产品都是雷同的，并无多大差异（同质性产品）。为什么有的卖得好，有的卖不好，或卖不出去？原因当然是多方面的，但关键因素是你"说不说话"，"会不会说话"。所以英国广告学专家布里特说："商品不做广告，就像姑娘在暗处向小伙子递送秋波，脉脉含情只有她自己知道。"

提高商品的知名度是企业竞争的重要内容之一，而广告则是提高商品知名度不可缺少的武器。精明的企业家，总是善于利用广告，提高企业和产品的"名声"，从而抬高"身价"，推动竞争，开拓市场。

"今年过节不收礼，收礼只收脑白金"在全国电视媒体上狂轰滥炸，几乎所有的人都熟知脑白金的广告。即使在今天，"今年过节不收礼，收礼只收脑白金"的广告还在冲击消费者的心灵。而我们不仅要看广告，还要为脑白金广告付费——去购买脑白金。

在1998年，为充分了解消费者，史玉柱戴着墨镜走村串镇，搬个板凳跟老人们聊天，脑白金的定价以及广告词都是"聊出来"的。史玉柱不但了解到哪种功效、多少价位的保健品最适合老人，而且知道了老人们吃保健品一般舍不得自己买，也不会张口向子女要。这些细小琐碎的需求累积起来，促使"今年过年不收礼，收礼还收脑白金"的口号应运而生。

中国是个礼仪之邦，从古到今，中国人一直崇尚礼仪，"礼尚往来"、"来而不往非礼也"，更论证了中国人的礼品情结，脑白金将一个保健品，提升到礼品的高度，大大拓展了自己的市场范围。

在行业内，保健品有一种"富不过五载"的说法，但畅销十几年的脑白金据称已有千万人服用，把脑白金外包装瓶子挨个放置可以绕赤道两周。2007年，脑白金和黄金搭档分别获得中国保健品品牌销售第一名和第二名，两产品的年销售总额达17亿元。公司产品受到全国广大消费者的广泛好评，创造了一个个销售业绩的神话，成为保健品市场中的领军品牌。这得益于史玉柱的广告。

广告在日常生活中随时随地可以看到。打开电视机，铺天盖地的电视广告；翻开报纸，迎面而来的是平面广告；走在大街上，充斥视野的是各种立体广告……广告已经和我们的日常生活形影不离。广告之所以有这么大的威力，主要是它能把消息、资料传递给可能购买的顾客，激起人们购买的欲望。

脑白金礼品概念的广告策略，实属营销领域的一个成功典范。消费者购买脑白金时，购买动机已经超出了健康范围，纯粹是送礼。所以很多人都被脑白金绑架了，过年过节就去买脑白金送礼，而史玉柱似乎深谙此道，每一个广告，都是跟情有关，都是强调在送礼，喜欢史玉柱产品的人不需要自己埋单，等着别人送礼就行了；而礼为人之常情，所以，脑白金、黄金酒都跟送礼有关了。

"五种粮食，六味中药，古法酿造，开盖清香，入口柔和，饮之大补。"2008年10月28日，史玉柱旗下的巨人投资与五粮液保健酒公司在北京人民大会堂隆重推出了这款保健酒——黄金酒。

黄金酒的广告："入口柔，一线喉，我女儿买的，要喝让你儿子买去。"儿子不能看着自己的老爸没有酒喝，所以只能乖乖地去买酒了。

软文加广告，如此熟悉的营销模式自然让人想起史玉柱。这又是出自史玉柱的手笔。史玉柱把送礼和广告嫁接在一起，也让消费者不得不买酒表孝心。

广告有时也会产生一些不好的影响，成为市场毒药，特别是有些企业借明星的脸趁机吹牛骗人，以欺骗方式进行不真实的广告宣传。楼盘、汽车、手机、饮料、皮包、服装、药品、食品，几乎各类商品都在找明星进行宣传。明星作为一个公众人物，代言某一产品，消费者就不自觉地把对明星的仰慕转移到商品上，很大程度上引领消费趋向。

◎ 饥饿营销：WIN7 一盘难求 ◎

房荒，一如疯狂的 2007 年，似乎在一夜之间回来了，很多四处寻找心仪居所的购房者，甚至为房而"慌"。投资者和炒家在四处出击。2009 年 10 月份，武汉南城某楼盘在一家五星级酒店现场开盘，前来选房的人们将一个大厅围得里三层外三层。可是，排在前列的张女士，在进入选房区时，发现看板上自己想要的一些房源号码后面，都已经被贴上"红圈圈"（表明该房子已被定下）。奇怪的是，被"圈下"的房子，甚至超过了她之前进场选房的人数。显然，这就是开发商有意识的"销控"，也就是饥饿营销。

实行市场经济后，很少听说缺少商家，更多的时候是缺少顾客？为什么有顾客者，商家却还不愿意卖了？

传说，古代有一位君王，吃尽了人间一切山珍海味，从来都不知道什么叫做饿。因此，他变得越来越没有胃口，每天都很郁闷。有一天，御厨提议说，有一种天下至为美味的食物，它的名字叫做"饿"，但无法轻易得到，非付出艰辛的努力不可。君王当即决定与他的御厨微服出宫，寻此美味，君臣二人跋山涉水找了一整天，于月黑风高之夜，饥寒交迫地来到一处荒郊野岭。此刻，御厨不失时机地把事先藏在树洞之中的一个馒头呈上："功夫不负有心人，终于找到了，这就是叫做'饿'的那种食物。"已饿得死去活来的君王大喜过望，二话没说，当即把这个又硬又冷的粗面馒头狼吞虎咽下去，并且将其封之为世上第一美味。

传说中的那个馒头，尽管从使用价值上来看，它与山珍海味不可同日而语，但在当时当地，对于那个饥肠辘辘的君王，它却是天下至美之味。这一常识已被聪明的商家广泛地运用于商品或服务的商业推广，这种做法在营销学界更是被冠以"饥饿营销"之名。

所谓"饥饿营销"，是指商品提供者有意调低产量，以期达到调控供求关系、制造供不应求"假象"、维持商品较高售价和利润率的目的。

饥饿营销的操作很简单，定个叫好叫座的惊喜价，把潜在消费者吸引过来，然后限制供货量，造成供不应求的热销假想，从而提高售价，赚取更高的利润。但"饥饿营销"的终极作用还不是调节了价格，而是对品牌产生的附加值，这个附加值分正负。

在家电等卖场，"饥饿营销"是产品常用的宣传手段。此前诺基亚对旗下手机N97就采用在电视、网站、户外广告牌进行大量的轮番广告轰炸，却严格控制发货数量，给人造成产品供不应求印象的销售策略，从而让这款产品一度成为顶级手机的销量冠军。

饥饿营销运行的始末始终贯穿着"品牌"这个因素。首先其运作必须依靠产品强势的品牌号召力，也正由于有"品牌"这个因素，饥饿营销会是一把双刃剑。剑用好了，可以使得原来就强势的品牌产生更大的附加值；用不好将会对其品牌造成伤害，从而降低其附加值。饥饿营销不能简单地理解为"定低价—限供量—加价卖"。不了解对手，不认清自己，简单地去操作，会非常危险。

在感受到微软 Windows 7 近乎铺天盖地的宣传营销之后，希望在第一时间买到 Windows 7 的消费者却失望了。

"目前 Windows 7 缺货，您如果需要可以登记电话进行预订，到货之后我们会通知您。"苏宁电器的工作人员做出这样的回应。在其他的商场，发现 Windows 7 都处于"有价无货"的销售状态。

"现在 Windows 7 确实是没货可卖。"苏宁电器相关负责人表示，作为微软 Windows 7 渠道首发合作伙伴，北京第一批送到苏宁的 Windows 7 仅有 200 套，而前期在苏宁门店预订的消费者就超过 1000 名，在上周末上市之后不到一天的时间里，就被全部售光。"由于微软提供的货源有限，目前消费者难以买到现货，需要预订。"

"我们遭遇了传说中的'饥饿营销'。"在各 IT 论坛上，热盼 Win7 的消费者发泄着自己的无奈。相对于 Win7 上市之前长达 5 个月的宣传攻势，正式上市之后却难觅踪迹，这一现象让消费者很难理解。

Windows 正是利用自身品牌优势，使用饥饿营销的办法，从而吊足消费者的胃口，这样会让消费者望眼欲穿。

◎ 经济情报：三菱能够拿到订单 ◎

我国在 20 世纪 60 年代的时候，勘探开发出了著名的大庆油田。当时，绝大多数的中国人都不知道大庆油田的具体位置，日本三菱重工集团却对大庆油田了如指掌。

当时，由于各种原因，大庆油田的具体情况是保密的。然而，日本三菱重工集团的信息专家们却从一些普通的信息中发掘出了极为重要的经济信息，揭开了大庆油田的秘密。

三菱重工首先从刊登的铁人王进喜的大幅相片上，推断出大庆油田在东三省偏北处。因为相片上的王进喜身穿大棉袄，背景白茫茫的积雪。接着，他们又从另一幅肩扛人推的照片，推断出油田离铁路沿线不远。然后，这些信息专家又从《人民日报》的一篇报道中看到这样一段话：王进喜到了马家窑，说了一声："好大的油海啊，我们要把中国石油落后的帽子扔到太平洋里去！"据此，三菱重工判断出，大庆油田位于东北马家窑。

1964年，王进喜参加了这一年举办的第三届全国人民代表大会。三菱重工又得出大庆油田已经开始产油的结论，因为如果不出油，王进喜是不会当选为人大代表的。

同时，从刊登的王进喜照片中钻台上手柄的架势，他们又推算出油井的直径是多少；从王进喜所站的钻台油井与他背后隐藏的油井之间的距离和密度，又推算出油田的大致储量和产量。当时三菱重工的信息专家推算出大庆的石油年产量为3000万吨，这与大庆油田的实际年产量几乎完全一致。

根据中国当时的技术水准和能力及中国对石油的需求，三菱重工断定中国必定要大量引进采油设备。于是，三菱重工迅速集中有关专家和人员，在对所获信息进行剖析和处理后，全面设计出适合大庆油田的采油设备，做好了充分的夺标准备。

果然，中国不久便向市场寻求石油开采设备。三菱重工以最快的速度和最符合中国要求的设计、设备获得了这笔巨额订单，赚取了一大笔利润。

随着经济全球化的来临，面对世界性的竞争与挑战，无论是企业还是个人都需要重视对外界信息的收集和利用。企业的经营者如果注重收集社会信息情报，就能及时预测到新的社会需求，便能在市场竞争中"领先一步"，击败对手。而个人只有注重信息的积累，才能在激烈的人才竞争中"脱颖而出"，为自己赢得未来。

我们生活在信息社会中，每天都要接收到来自四面八方的信息，这些信息泥沙俱下，真假夹杂，提升自己提取有效信息的能力，这是每一个经济人的基本能力。有句话说得好，"世界上从来不缺少美，而是缺少发现美的眼睛"，其实运用到经济生活中也是同样的道理——生活对大家都是平等的，成功也从来不是缺少机会，而是需要我们有一双敏锐的慧眼，来发掘有效信息。

日本德斯特自动售货机公司董事长古川久好12年前曾是一家公司的小职员，平时为老板干一些文书工作，跑跑腿，整理整理报刊材料。这份工作很辛苦，薪水又不高，他时刻琢磨着想个办法赚大钱。

有一天，古川久好从报纸上看到这样一条介绍美国商店情况的专题报道，其中有一段提到了自动售货机的便捷性和今后发展前景。古川久好想到：自己所处的地区还没有一家公司经营这个项目，将来必然会迈入一个自动售货的时代。这项生意对于没有什么本钱的人最合适。我何不趁此机会去钻这个冷门，经营此新行业？

于是，他就向朋友和亲戚借钱购买自动售货机，共筹到了30万日元，这笔钱对于一个小职员来说可不是一个小数目。他以一台1.5日万元的价格买下了20台售货机，设置在酒吧、剧院、车站等一些公共场所，把一些日用百货、饮料、酒类、报纸杂志等放入其中，开始了他的新事业。

当地人第一次见到公共场所的自动售货机，感到很新鲜，因为只需往里投入硬币，售货机就会自动打开，送出你所需要的东西。古川久好的自动售货机第一个月就为他赚了100多万日元。他把每个月赚的钱投资于自动售货机上，扩大经营规模。5个月后，古川久好不仅早已连本带利还清了借款，而且还净赚了近2000万日元。

在知识经济时代，要在变幻莫测的市场竞争中立于不败之地。你就必须准确快速地获悉各种情报：市场有什么新动向？竞争对手有什么新举措？……在获得了这些情报后，果敢迅速地采取行动，这样你不成功都难。信息与情报的商业价值在于，它们直接影响到企业的命运，是企业成功的关键因素。所以，美国企业家S.M.沃尔森提出其沃尔森法则，强调信息的重要性。

市场竞争的优胜者往往就是那些信息前沿的人。在同样的条件下，获取信息最全面的人，就会优先抢得商机。有人说市场经济就是信息经济，其精髓就在于此。从某种意义上说，关注信息就是关注金钱，信息已经成为一种不可忽视的资源，在商海中搏击，学会收集信息，这样才能抓住有效信息。现代商业竞争越来越激烈，及时、准确地掌握信息，对赢得竞争十分重要。信息就是资历，信息就是竞争力，信息就是利润。

现在，随着网络的普及，我们正走入信息经济时代，人们追求的已经不是信息的全，而是信息的有效。越来越多的信息充斥着电脑的荧屏，人们绝不可能困在对全面信息的无限追求中，那将耗尽我们过多的时间和成本。只要能收取到对市场影响最大的信息，就足够了。

◎ 潜在需求：现在不需要不等于将来不需要 ◎

为什么某些人不屑一顾的产品，而有人愿付出巨大的代价来得到它？为什么有人为一顿饭一掷千金，却会对另外的商品斤斤计较？答案其实很简单：顾客的买与不买，取决于他对商品的需求程度。

消费者先有需求，生产者适应消费者的需求进行生产和生产者先生产出来再让消费者有需求，这两者是不一样的。我们把前一种情况称为"消费者主权"，即消费者的需求引导生产者生产；后一种情况就是"生产者主权"，即生产者的生产引导消费者的需求。举个例子来说，在火车没有生产出来之前，人们想都没想过乘坐这样的交通工具，因此乘坐火车的需求是被生产者创造出来的。火车的先进性一旦为人们所认知，乘坐火车消费就成了人们的必备选择了。由此可以看来，当生产者化被动为主动，市场需求就是无限的了。

曾经有这样的一个营销故事：

向和尚卖梳子，卖得越多越好。几乎所有的人都对这样的命题表示怀疑：把梳子卖给和尚？这怎么可能呢？搞错没有？和尚没有头发，根本就用不着梳子。面对根本没有需求的市场，许多人都打了退堂鼓，但还是有甲、乙、丙三个人勇敢地接受了挑战……

一个星期的期限到了，三人回公司汇报各自销售成果，甲先生仅仅只卖出一把，乙先生卖出10把，丙先生居然卖出了1000把。同样的条件，为什么结果会有这么大的差异呢？

甲先生说，他跑了三座寺院，受到了无数次和尚的臭骂和追打，但仍然不屈不挠，终于在下山的时候碰到了一个小和尚因为头皮痒在挠头，他递上了一把梳子，小和尚很高兴地买了这把梳子。

乙先生去了一座名山古寺，由于山高风大，把前来进香的善男信女的头发都吹乱了。乙先生找到住持，说："蓬头垢面对佛是不敬的，应在每座香案前放把木梳，供善男信女梳头。"住持认为有理。那庙共有10座香案，于是买下10把梳子。

丙先生来到一座颇负盛名、香火极旺的深山宝刹，对方丈说："凡来进香者，多有一颗虔诚之心，宝刹应有回赠，保佑平安吉祥，鼓励多行善事。我有一批梳子，您的书法超群，可刻上'积善梳'三字，然后作为赠品。"方丈听罢大喜，立刻买下1000把梳子。

看似没有需求，丙却开拓出崭新的市场。在市场经济条件下，生产出来的产品，消费者如果不买，你也没办法。生产者主权就是要生产者主动开发消费者的潜在需求，生产者的产品如果能满足消费者潜意识中存在但是自己没有意识到或者不知如何去满足的需求，就可以把消费者潜在的需求转变为现实的购买行为，从而开辟新的市场。

为什么消费者有潜在的需求等待开发呢？这是因为有些消费者由于某种后顾之忧，把一部分钱储蓄起来，不用于目前的生活消费，会形成潜在需求；另外一些消费者虽然有一定的生活收入来源，可是由于目前手持货币数量的限制，不能购买某种他所需要的商品，也形成了潜在需求。当然，更多的顾客在没有看到自己所需要的产品之前，对其他类产品并不感兴趣。

消费者的需求来自欲望，购买物品进行消费正是为了满足某种欲望。开发潜在需求就是创造消费者的新欲望，或者唤起那些沉睡的欲望。当消费者有实现新欲望的支付能力时，欲望就变成了现实购买行为。成功的企业不能仅仅满足于被动地适应消费者的需求，还要主动地去开发消费者的潜在需求。

欲望的无限性就是企业开发潜在需求的基础。欲望是要用物品或劳务去满足的，消费者往往是知道欲望而不知道如何满足，或者是欲望处于潜伏状态，消费者还不知道有这种欲望。如果生产者能开发出一种产品满足消费者不知如何满足的需求，或者激起了消费者某种潜伏状态的欲望，这就成功了。

以电动剃须刀而言，希望刮胡子快、便捷、安全，是消费者的潜在需求。当他用上吉列刀片时，已经相当满意了。如何才能更快、更便捷、更安全，他想不出来也就满足于现状了。现在生产者生产出了比吉列刀片更快、更便捷、更安全的剃须工具，这就满足了潜在需求。市场上增加了一种新产品，生产者也成功了。当没有电动剃须刀时，这种需求是潜在的。当这种产品开发出来时，这种潜在需求就成为现实的购买行为了。其实，现代经济社会就是生产者不断开发消费者需求的过程。现代社会要使人过得更好，要使人更多的欲望得到满足，这就有了无限需求，有了无限的市场。

当然，仅仅是生产出产品来，消费者并不一定接受。也许他们对新产品不了解，也许这种潜在的欲望并不能一下激发出来。所以生产者还要对消费者进行劝说。只有消费者被说服了，接受了这种新产品，这才算成功。劝说消费者就是做广告。比如电动剃须刀刚出来时，也许消费者不愿意用或不敢用。他们也许习惯了刮脸刀片，没有觉得什么不方便，也许怕新产品不安全，把脸刮破了。这时生产者就要用劝说性广告，让消费者接受这种产品。肯定会有人先购买，他们用后感觉很好，这种产品于是就普及了。现实中无数的新产品就是这样走向消费者生活当中的。

世界上没有卖不出去的产品，很多经营者都这样认为。只要生产者善于开发消费者的潜在需求，还有什么东西卖不出去呢？

◎长尾理论：小需求催生大产业◎

2004年10月，美国人克里斯·安德森提出了"长尾"的概念。他将集中了人们一般需求的流行市场称为"头部"，而有些需求是小量的、零散的、个性化的，这部分需求所形成的非流行市场就是"尾巴"。长尾效应的意义在于"将所有非流行的市场累加起来就会形成一个比流行市场还大的市场"，这就是"长尾理论"。

过去人们只关注重要的人或重要的事，如果用正态分布曲线来描绘这些人或事，人们只关注曲线的"头部"，而将处于曲线"尾部"、需要更多的精力和成本才能关注到的大多数人或事忽略。例如，在销售产品时，厂商关注的是少数几个所谓"VIP"客户，"无暇"顾及在人数上居于大多数的普通消费者。而在网络时代，由于关注的成本大大降低，人们有可能以很低的成本关注正态分布曲线的"尾部"，关注"尾部"产生的总体效益甚至会超过"头部"。安德森认为，网络时代是关注"长尾"、发挥"长尾"效益的时代。

长尾理论是网络时代兴起的一种新理论，由于成本和效率的因素，当商品储存流通展示的场地和渠道足够宽广，商品生产成本急剧下降以至于个人都可以进行生产，并且商品的销售成本急剧降低时，几乎任何以前看似需求极低的产品，只要有卖，都会有人买。这些需求和销量不高的产品所占据的共同市场份额，可以和主流产品的市场份额相比，甚至更大。

"长尾理论"描述了这样一个新的时代：一个小数乘以一个非常大的数字等于一个大数，许许多多小市场聚合在一起就成了一个大市场。"长尾理论"终结了被公认无比正确的"二八定律"时代。"长尾理论"诞生后，人们不再只关心20%的拥有80%的财富的那一群人了，因为80%的那群人占有的市场份额与20%的人占有的市场份额是相同的。

要使长尾理论更有效，应该尽量增大尾巴。也就是降低门槛，制造小额消费者。不同于传统商业的拿大单、传统互联网企业的会员费，互联网营销应该把注意力放在把蛋糕做大。通过鼓励用户尝试，将众多可以忽略不计的零散流量，汇集成巨大的商业价值。

在对目标客户的选择上，阿里巴巴总裁马云独辟蹊径，事实证明，马云发现了真正的"宝藏"。其实，用经济学的话说，它是在利用"长尾效应"。

马云与中小网站有不解之缘，据说这与他自己的亲身经历有关。当年，竞争对手想要把淘宝网扼杀在"摇篮"中，于是同各大门户网站都签了排他性协议，导致几乎没有一个稍具规模的网站愿意展示有关淘宝网的广告。无奈之下，马云团队找到了中小网站，最终让多数的中小网站都挂上了他们的广告。此后，淘宝网歪打正着地红了，成为中国首屈一指的商业网站。马云因此对中小网站充满感激，试图挖掘更多与之合作的机会，结果让他找到了重要的商机。

在中国所有的网站中，中小网站在数量上所占比重远远超过大型门户网站，尽管前者单个的流量不如后者，但它的总体流量仍是相当庞大。而且，中小网站由于过去一直缺乏把自己的流量变现的能力，因此，其广告位的收费比较平民化。这恰好符合中小企业广告主的需求。过去，一个网络广告如果想要制造声势，只能投放在门户网站上，但其高昂的收费令中小企业很难承受。

在日常经济生活中常有一些颇有趣味的商业现象可以用"长尾理论"来解释。如在网上书店亚马逊的销量中，畅销书的销量并没有占据所谓的80%，而非畅销书却由于数量上的积少成多，而占据了销量的一半以上。

再如彩铃等数字音乐的出现，让深受盗版之苦的中国唱片业，找到了一个陡然增长的、心甘情愿地进行多次小额支付的庞大用户群。此前，有意愿进行金额可观的正版音乐消费的客户群，其数量少得可怜。

如果说"长尾理论"是一种理论观点的探讨，甚至是经济生活中的一种经济业态，无可厚非，但如果以它引导企业行为，其效果未必是乐观的。

首先，长尾绝不意味着仅仅是把众多分散的小市场聚合为一个大尾巴，而是还需要一个坚强有力的头部，以及头部与尾巴之间的有效联系。

其次，无论怎么说，相对畅销品讲，"长尾"是非热销产品，属遗留产品或滞销品，无论在企业还是在市场上，都属"处理品"，任何企业都不可能有意或着力生产这些产品，更不可能把这些滞销品和处理品作为企业的利润来源甚至是利润支撑，否则，那就是本末倒置，舍近期大利去追逐远期小利。

再次，在传统商业现有的游戏规则下几乎不可能。因为传统商业目前仍然是以"销售量带来的收益持平或者超过成本"这一商业常识作为指导，如果在自己的"零售网络"中最终聚集的用户数量还是非常少的话，依然无法通过这种产品赢利，这时要在"长尾市场"中做生意，不是为时已晚，就是压死企业的最后一根稻草。

"长尾理论"是把双刃剑，只有对它正确认识且能正确运用它的人，才能运用它来为自己创造财富。否则就会一败涂地。因此，对待"长尾理论"的正确态度是，要慎重，要因产品制宜，一般情况下，生产单一产品的企业不宜使用。

◎ 蛛网理论：丰产并不丰收 ◎

蛛网理论指出，当供求影响价格，价格引导生产时，经济中就会出现一种周期性波动。例如，某种产品在第一期中供小于求时，价格上升，第二期必定生产增加，价格下降；由于第二期价格下降，生产减少，又引起价格上升；再引起第三期生产增加，价格又下降。把各个时期的价格与产量波动画出一个图，这个图就类似于一张蜘蛛网，故有"蛛网理论"之称。

这种蛛网型波动在农业中表现最为明显。其实我们对这种现象已经见惯不怪，比如我国出现过的粮食产品价格上升，引起产量增加，这时供大于求，接着价格下降，产量又减少的这样的波动。举个具体的例子，1979年我国大幅度提高粮价，粮食生产逐年提高，到1984年总产量突破4000亿公斤；1985年由于粮食实际价格水平比前两年降低，粮食生产迅速滑坡，连续4年徘徊不前；1989年，国家又一次大幅度提高粮价，粮食生产又获丰收，到1993年总产量突破4500亿公斤；1994年粮食生产滑坡，粮食产量减少。当年比上年粮食减产240亿公斤，价格上涨50%；1995年后，粮食连续4年大丰收，粮价一路下跌，1999年粮食生产开始滑坡，2003年粮价又开始上涨。粮食出现这几次大的周期性波动，与蛛网理论分析得出的粮价变动特性是相符的。2007年的大白菜供大于求正是由于2006年大白菜价格较高造成的，因为农民往往根据上年的价格来决定当年的生产。

一些经济学家用蛛网理论解释生猪和玉米的价格与产量的关系及其波动，提出了著名的"生猪——玉米循环"模型。

这个模型指出：因为玉米是生猪的主要饲料，生猪的价格会影响到玉米的价格。当玉米价格发生变动后，又会影响下一年玉米产量，玉米产量变动后，又会影响玉米价格，玉米价格的变动，进而影响生猪的价格，生猪的价格变动又影响生猪的产量。直至趋向一个长期的均衡，即玉米和生猪的价格和产量相对稳定下来。

蛛网理论是一种动态均衡分析。古典经济学理论认为，如果供给量和价格的均衡被打破，经过竞争，均衡状态会自动恢复。蛛网理论却证明，按照古典经济学静

蛛网模型示意图

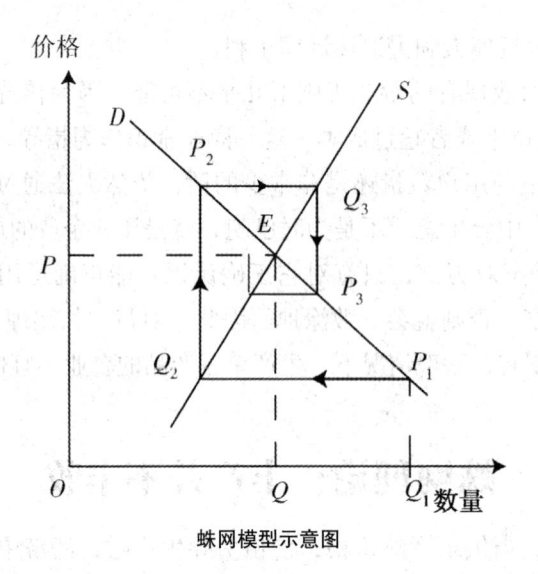

态下完全竞争的假设,均衡一旦被打破,经济系统并不一定自动恢复均衡。这种根据的假设是:

(1)完全竞争,每个生产者都认为当前的市场价格会继续下去,自己改变生产计划不会影响市场。

(2)价格由供给量决定,供给量由上期的市场价格决定。

(3)生产的商品不是耐用商品。这些假设表明,蛛网理论主要用于分析农产品。

如上图所示,P、Q、D、S分别是价格、产量、需求函数和供给函数。根据上述模型,第一时期的价格 P_1 由供给量 Q_1 来决定。生产者按这个价格来决定他们在第二时期的产量 Q_2。Q_2 又决定了第二时期的价格 P_2。第三时期的产量 Q_3,由第二时期的价格 P_2 来决定,以此类推。由于需求弹性、供给弹性不同,价格和供给量的变化可分以下三种情况:

(1)当供给弹性小于需求弹性(即价格变动对供给量的影响小于对需求量的影响)时,价格和产量的波动将逐渐减弱,经济状态趋于均衡。

(2)当供给弹性大于需求弹性(即价格对供给量的影响大于对需求量的影响)时,波动逐步加剧,越来越远离均衡点,无法恢复均衡。

(3)当供给弹性等于需求弹性时,波动将一直循环下去,既不会远离均衡点,也不会恢复均衡。

从蛛网型波动中,我们得到了这样一个启示:不能让农民单独面向市场。因为,他们没有足够的力量做出较正确的市场预测,也不能在某种程度上控制市场或承担得起市场风险。在市场经济的大海中,农民就像是一叶掌握不了自己命运的扁舟,单独去闯市场恐怕是凶多吉少。

蛛网理论出现的现实背景是西方农民的一些经历。那么,他们是如何从"蛛网"中走出去的呢?

在美国，种植柑橘的农民就曾有过上述痛苦经历。因柑橘的生产具有周期性，且需要一定的保存费用，所以，每当柑橘歉收时，农民会高兴；柑橘丰收时，农民却烦恼。由于他们掌握不了这种生产的变化，因此被类似山峰一样的价格波动折磨得不知如何是好。

为了摆脱这种困境，他们终日冥思苦想，寻找出路。最后，有人想出了一个高招，组建了一个农民与市场之间的中介组织，即新奇士协会。新奇士协会与以前的农业生产合作社不同，它是由农民自己组建的销售组织。

果农将柑橘卖给协会，由协会去面对市场。新奇士协会控制了供给，在市场上也就有了发言权。当供大于求时，协会可以控制供给与价格，来减少农民损失。同时，它也为农民提供了许多有用的信息及实用的技术。

除此之外，协会还做了许多农民自己无法做到的事情。比如注册柑橘的"新奇士"商标；组织产品出口；对产品进行储藏、加工、宣传及调节供给等。

这些做法稳定了供给，平衡了市场力量，从而使柑橘的价格有了保障。如此一来，农民种植柑橘的积极性自然得到提高。同时，良好的销售业绩也保障了农民的收入和利益。

由此可见，要想让农民走出这种蛛网理论的局限，并不能光靠其自身力量，在农民和市场之间建立一个有效的中介组织才是好的解决办法。通过它将农民和市场联系起来，让农民从价格波动的困境中走出来。

第八章
福利经济学

◎ 社会保障——"懒惰"的北欧人 ◎

由于比较完善的社会福利制度，瑞士人上至政府官员下到黎民百姓，生活都是悠然舒适，很少见到有人"为五斗米折腰"。

瑞士努力发展旅游业，政府和商家都施展浑身解数，吸引游客在瑞士消费，但是大多数城市的商店和餐馆在周日和节假日都是不营业的。一般的瑞士餐馆，晚上10点以后大厨就熄了炉火，不再接待新客人。而瑞士商店除了周四营业到晚上七八点之外，平常都早早关门打烊，因为员工必须赶回家去享受天伦之乐。

在瑞士，休息是最重要的权利，"会休息的人才会工作"这句话，几乎被瑞士人当成座右铭。为政府工作在瑞士算是不错的铁饭碗，福利条件好，工资待遇也不低，而且上班时间宽松，喝完两杯咖啡就几乎到了该下班的时候。

如何安排每年的休假更是瑞士人的头等大事，许多人通常在前一年就开始计划如何安排日程。他们通常不顾手头的工作进展，该休假就休假，就算老板多给加班费也不干，天大的事情都得等度完假回来再办。瑞士人休假是纯粹的休息，不带手机不穿西装，或者上山或者下海，完全换了一个生活环境。

在中国人看来，瑞士等北欧国家的人无疑是"懒惰"的，要追究瑞士人"懒惰"的背后原因，我们不能不了解社会保障制度。

社会保障是指国家和社会在通过立法对国民收入进行分配和再分配，对社会成员特别是生活有特殊困难的人们的基本生活权利给予保障的社会安全制度。社会保障的本质是维护社会公平进而促进社会稳定发展。

社会保障的思想和实践自古有之。希腊政府从公元前560年起，就对伤残的退伍军人及其遗属发放抚恤金；给失业者、残疾人以衣服、食物和津贴；贫穷的病人可以享受医疗救助。15、16世纪之交，英国由于圈地运动的原因，大量农民丧失生计，流入城市,危及城市正常生活和社会稳定。1601年,英国政府颁布《伊丽莎白济贫法》,以缓解贫困者的生存危机。到了垄断资本主义时期,德国首相俾斯麦于1883～1889年间先后制定并颁布《疾病保险法》等保险立法。这些保险法标志着现代社保制度的诞生。1935年,美国罗斯福政府颁布《社会保障法》,实行老年保险和失业保险。1945年,在"二战"后英国首次大选中获胜的工党全面实施《贝弗里奇报告》中提出的建设福利国家的主张,全面实行社会保障。1948年,英国宣布建成"福利国家"。欧美发达资本主义国家也相继效仿。

可以说,社会保障是市场经济发展的必然产物。劳动者的社会保障是所有社会都面临的问题,只要存在人类和人类社会,劳动者的社会保障问题就始终存在。但市场经济的高效率和高风险,使社会保障制度显得尤为重要,社会保障对经济的发展也只有在市场经济条件下才能发挥其完整而巨大的维系作用。全球的社会保障模式,大致可分为国家福利、国家保险、社会共济和积累储蓄四种,分别以英国、苏联、德国、新加坡为代表。像瑞士就属于国家福利的社会保障模式,而我国属于社会共济的社会保障模式。

一般来说,社会保障由社会保险、社会救济、社会福利、优抚安置等组成。其中,社会保险是社会保障的核心内容。

广义的社会福利就是国家为改善和提高全体社会成员的物质生活和精神生活所提供的福利津贴、福利设施和社会服务。

社会保障还包括优抚安置,是指国家对从事特殊工作者及其家属,如军人及其亲属予以优待、抚恤、安置。在我国,优抚安置的对象主要是烈军属、复员退伍军人、残疾军人及其家属;优抚安置的内容主要包括提供抚恤金、优待金、补助金,举办军人疗养院、光荣院,安置复员退伍军人等。

虽然随着经济的发展,我国花在社会保障方面的钱已经越来越多。但是值得关注的是,中国至今在社会保障的投入,和世界水平比,还有很大的缺口。不过,我们有理由相信随着我国社会保障体系的逐步完善,我们也能成为像瑞士的国民一样"懒惰"了。

◎ 保险:风险与风险社会下的明智选择 ◎

约公元前1000年的地中海是东西方贸易的重要交通要道。有一次,海上电闪雷鸣、风雨交加,一支商船船队满载贸易货物在波涛汹涌的大海上时沉时浮。眼看狂风巨浪越来越猛烈,商船时刻都有倾覆沉没的危险。船队队长当机立断,命令全部商船向大海中抛弃货物!各船船舱中最靠近甲板的货物被扔进大海,船只重量变轻了,终于躲过一劫。风暴过后,各商船清点损失的货物,有的货主损失得多,有的则损失得少,为了公平起见,最终所有损失由所有货主共同分担。这种"人人为我,我为人人"的共同承担风险损失的办法，就是近代保险的萌芽。

保险就是投保人根据合同约定，向保险人支付保险费，保险人对合同约定的可能发生的事故发生而造成的财产损失承担赔偿责任，或者当被保险人死亡、伤残或达到合同约定年龄、期限时承担给付保险金责任的商业行为。

值得注意的是，保险中的可保风险仅指"纯风险"。纯风险的意思是说只有发生损失的可能，而没有获利的可能。比如财产被盗、身体得病等风险就是一种纯风险，只会遭受损失而不可能获利。投资股票亏损就不是纯风险，因为投资股票可能会赚大钱。所以，保险公司一般不为股票上保险。具体来说，可保风险必须具备以下条件：

（1）损失程度高。如果潜在损失不大，微不足道或者人们完全可以承受，这类风险根本不用采取"保险"。比如您根本不会因为担心遗失一个苹果而专门买保险。

（2）损失发生的概率小。如果损失发生的概率本身就很高，对这样的风险投保意味着昂贵的保费，也就谈不上转移、分散风险了。比如，某地区新自行车失窃率高达40%，如果对新自行车投保，您需要支付40%的纯保费，外加保险公司为弥补营业开支而收取的保费（比如10%），那么总保费就达到了车价的一半！显然投这样的险很不划算。

（3）损失有确定的概率分布。保险公司在确定收取保险费时，需要明确这种风险发生的可能性有多大，发生后造成的损失有多大，然后才能据此计算应交纳的保费。因此，保险公司必须掌握风险损失发生的概率分布，还要根据外部环境的变化及时调整这些数据。

（4）存在大量具有同质风险的保险标的。任何一个险种，保险标的数量必须足够大，否则就起不到分散、转移风险的作用。另外，根据"大数定律"，投保的人越多，保险标的越多，风险发生的概率和损失程度越稳定，这显然更有利于保险公司测算风险，保证稳定经营。

（5）损失发生必须是意外的。如果故意为之，保险公司将不予赔付。

（6）损失必须可以确定和测量。损失一旦发生，保险公司需要明确损失价值并给予赔偿，若不能确定和测量，就无法进行保险。

可保风险与不可保风险的区别并不是绝对的。比如在过去，战争、地震、洪水等巨灾风险一旦发生，保险标的会普遍受损，而且损失相差很大，由于保险公司财力不足、保险技术落后及再保险市场规模较小，这类风险一般不列为可保风险。但是近年来随着保险公司实力日渐雄厚，加上再保险市场规模扩大，这类巨灾险也被某些保险公司列入保险责任范围之内。

保险实际上是一种分散风险、集中承担的社会化安排。对于整个社会经济而言，保险能够起到维持经济发展的连续性的重要作用。在遇到重大灾害性事件时，巨大损失会严重冲击社会经济的稳定发展，甚至使社会经济发展的链条发生断裂，而保险则能够起到缓冲和补救作用，帮助社会渡过难关。2001年9月11日，美国遭遇严重的恐怖袭击，世贸大楼被撞塌，数千精英殒命，损失巨大。但由于完善的保险体系，全球保险业为此偿付保险金达数百亿美元之巨，美国经济也因此没有出现剧烈动荡。

我们常说保险就像蓄水池，每个人拿出一点保费，保险公司把这些资金集中起来可以弥补少数不幸者所遭受的损失。显然，如果参与这个蓄水池机制的人越多，蓄水池的作用发挥就会越稳定。

◎保险原则：保险的游戏规则◎

保险必须遵循一定的原则，具体来说，主要包括如下几个方面：

1. 最大诚信原则

1996年，45岁的老龚患胃癌并住院治疗，为了不让老龚情绪波动太大，老龚的家属没告诉他真相。老龚手术出院后，继续正常工作。8月，老龚在某保险业务员的劝说下投了一份人身保险，但填写保单时并没有申报自己患有癌症的事实。1997年年5月，老龚旧病复发，医治无效身亡。老龚家属要求保险公司赔付，而保险公司审查事实后却拒绝给付，这是为什么呢？

原来，保险这桩买卖最讲究的就是"最大诚信原则"。怎么算是最大诚信呢？最大诚信是要求当事人必须向对方充分而准确地告知有关保险的所有重要事实，不允许存在任何的虚伪、欺骗和隐瞒行为。如果一方隐瞒了重要事实，另一方有理由宣布合同无效或者不履行合同约定的义务或责任。

之所以要规定"最大诚信原则"，是因为如果投保人不履行最大诚信原则，对保险公司来说将会产生很大的道德风险。人们买保险的时候都故意隐瞒一些重要事实，而这些事实可能增大保险标的发生损失的可能性，长此以往，保险公司就无法经营下去。

最大诚信原则不光保护保险公司的利益，对于投保人或被保险人保险人义务来说也有好处。因为保险合同很复杂，专业性很强，而且所有的条款都是保险人制定的，老百姓对保险合同中的有些问题不容易理解和掌握。比如，保险费率是不是过高，承保条件是不是过于苛刻等，如果保险公司不遵守最大诚信原则，您恐怕很容易上当受骗。

所以说，保险当事人都要遵守最大诚信的原则，保险这桩买卖才能公平合理。

2. 保险利益原则

小张（男）和小王（女）大学时就是一对恋人，毕业后虽然在不同城市工作，但仍不改初衷，鸿雁传情。小王生日快到了，约好到小张那里相聚。小张想给她个惊喜，就悄悄买了份保单，准备生日那天送给小王。谁知在小王赶往小张所在城市的路上，遭遇车祸身亡。小张悲痛之余想起手里的保单，不料保险公司核查后却拒绝支付保险金。

这就涉及保险利益原则。简单地说，就是您不能给与您"毫不相干"的财产或者他人买保险。"毫不相干"在这里当然不是说丝毫没有关系，而是说没有法律上承认的利益关系。这里的保险利益要满足三个条件：首先，保险利益必须是合法的利益，为法律认可，受法律保护；其次，保险利益必须是客观存在的、确定的利益，不能是预期的利益；第三，保险利益必须是经济利益，这种利益可以用货币来计量。

为什么要讲究保险利益原则呢？试想，假如我们抛弃这个原则，任何人都可以随随便便给您上人身保险，同时指明受益人是他自己，那么您会不会觉得害怕？所以说，如果抛弃保险利益原则，就会产生极大的道德风险。

我国法律对人身保险的保险利益人范围作出了规定："投保人对下列人员具有保险利益：本人；配偶、子女、父母；前项以外与投保人有抚养、赡养或者扶养关系的家庭成员、近亲属。除前款规定外，被保险人同意投保人为其订立合同的，视为投保人对被保险人具有保险利益。"

在上面的案例中，小张和小王虽然是恋爱关系，但并不是法律认可的保险利益，而且小张在小王不知情的情况下为其买保险，所以，不能认定小张对小王有保险利益，保险公司是可以宣布合同无效的。假如小张在买保险之前征得了小王的同意，情况就完全不同了，根据上述第三款规定，保险公司就应按照约定支付保险金。

3. 近因原则

老李开了个杂货铺，还为自己的杂货铺和杂货铺里的货物买了财产保险，店铺保险金额15万元，店内货物保险金额5万元。一天杂货铺因电线老化失火，老李在无法将大火扑灭的情况下，奋力把店里的杂货搬了出来，孰料街上的人一哄而起，把货物抢了个精光。事故发生后，老李向保险公司提出索赔。保险公司经审查后确认，老李店铺完全烧毁，店内烧毁货物约1万元，抢救出来被哄抢的货物2万元。于是，保险公司只答应赔付店铺损失和店内被烧毁的货物损失，共计16万元，而对于被哄抢的货物则拒绝赔付，理由是货物不是被火烧毁的。双方争执不下，诉至法院，结果法院判决保险公司败诉，应向老李赔偿全部损失18万元。

造成保险事故的原因通常很多，有主要的也有次要的，有直接的也有间接的。近因就是引起保险事故或者保险标的损失的具有决定性作用的因素。近因原则的意思是说造成保险事故和保险标的损失的近因如果属于保险责任，保险公司就得赔偿；如果近因不属于保险责任之内，保险公司就可以不赔。

在上面的案例中，老李的店铺和在店铺内没有抢救出来的货物均被大火焚毁，火灾是近因，在保险责任之内，因而保险公司理应赔偿。但对于从店铺里抢救出来放在大街上、又被过路人哄抢而光的货物，保险公司却说损失不是由火灾引起的，这显然是违背近因原则的。因为搬出来的货物虽然不是烧毁的，却是因为店铺发生火灾而搬出来的，也就是说，是火灾导致了最终的哄抢。因此，火灾是这些货物损失的近因，不论第二原因、第三原因是否在保险责任范围内，保险公司都应该照价赔偿。

4. 损失补偿原则

老刘刚买了一辆小轿车，他非常爱惜自己的汽车，就给自己的车上了"双保险"。他先在一家保险公司买了一份15万元的保险，后又在另一家保险公司买了一份同样的保险，两份保险合计保险金30万元。一天，老刘行驶中合法停靠路边，下车办事。不料刚走没多会儿，一辆飞驰而过的载重大卡车竟把老刘的爱车碾成"铁饼"，汽车彻底报废。老刘于是分别向两个保险公司索赔，要求两保险公司各赔付15万元。但两保险公司查明事实后，各自只赔付了7.5万。老刘不服，告上法院，法院却支持保险公司的做法。

这涉及保险中的"损失补偿原则"。意思是说，发生了保险事故，保险公司只补偿损失的部分，使被保险人的经济状态恢复到保险事故发生以前的状态。这里就有两层含义：一是只有当保险责任范围内的损失发生了，才补偿损失，没有损失就不补偿；二是损失补偿以被保险人的实际损失为限，不能因为保险公司的赔偿，使被保险人获得比以前更多的经济利益。

保险的本意就是要通过集中保险资金补偿个别损失。坚持损失补偿的原则也是为了减少道德风险，如果人们可以通过保险获得额外利益，就会有很多人故意制造损失，以获取更多的赔偿。

而老刘为自己的爱车买了"双保险"，也就是为同一保险标的重复保险，这种情况下一旦发生保险事故，保险公司的总赔付也是按照损失补偿的原则，所以两家保险公司总赔偿额为15万元，而不是30万元。两家保险公司则按照一定方式，比如根据各自收取的保费比例，分摊赔偿的保险金。

◎ 保险规划：不同的人如何买保险 ◎

买保险可算得上是一门学问：那么多保险产品，哪一款最适合你？那么多保险公司，哪一家应是你的首选呢？合理制定保险规划，选择合适的保险产品和保险公司，降低投保风险，最大限度地保障自身利益，是每一个投保人最关心的事情。

在购买保险之前，你最好制定一份明确的保险规划，做到既不花冤枉钱，又能使自己的利益得到充分的保障。

（1）分析家庭面临的风险，明确保险需求。家庭会面临哪些风险呢？可以从两个方面去考虑：一是家庭财产，比如家里可能会遭受火灾，家里的财产说不准会被盗窃；二是人身方面，如家里人生病或者死亡、子女未来的教育、自己以后的养老等，这些方面面临一些不确定性，需要得到保障。在分析家庭未来可能遭遇的变数的基础上，你需要明确购买哪些种类的保险，做到有针对性的准备。当然，你可以考虑几种保险的搭配，以便获得较周全的保障。

（2）选择具体的保险产品。你要考虑许多问题：一是确定保险金额。一般来说，保险金额越高，保险费相应也越多，所以得量力而行，根据自己的收入状况确定适当的保险金额。比如，可以将寿险的保险金额确定为年收入的 3～5 倍，将意外险的保险金额确定为年收入的 8～10 倍等。二是确定保险期限。这涉及未来交纳保险费的数量与频率，所以你得大致估量未来的收入和支出。三是选择保险公司。保险公司的好坏关系到未来的各种保障，请尽量选择经营稳健、服务优良的保险公司。购买保险时，你还应读懂每项保险条款，尤其要注意保险责任条款与责任免除（也称除外责任）条款。前者规定在哪些情况下保险公司承担赔付责任，而后者则是规定在哪些情况下保险公司不承担赔付责任。例如，保险合同明确规定无照驾车属于责任免除，当被保险人无照驾车发生意外时，保险公司就不承担赔付责任。

（3）定期调整保险计划。随着时间的推移，家庭可能面临新的风险，保险需求、收入水平也会出现变化。鉴于此，你可以考虑每隔几年定期调整保险计划和保险产品，从而享受充分的保障。

人活一辈子不容易，饱经风霜，历尽艰辛。一生平安当然是最好的，但谁能保证未来就没有什么疾病灾祸？未雨绸缪，还是买点保险，先有个准备为好。不同年龄段的人，对保险的需求也有所不同。买保险时，应该挑选最适合的保险品种。

（1）儿童。儿童最需要健康和教育这两方面的保障，家长们可以考虑为他们购买健康险和教育金险。健康险是以被保险人的健康状况为基础，以补偿被保险人的医疗费用为目的的一类保险，包括疾病保险、医疗保险、护理保险等。教育金险具有储蓄功能，相当于为短期的大笔教育支出做长期准备。购买教育金险时，家长们应根据家庭经济状况选择适合的保险金额，随着收入的增长而逐步提高保险金额。

（2）年轻人。年轻人应当首先考虑充足的疾病保障与意外保障。疾病险和意外险的费用都不高，这对于没有多少积蓄而开支却很大的年轻人来说，是比较实惠的选择。如果收入还有些节余，也可以为自己的养老或为支持家庭作准备，适当购买养老金保险和人寿保险。

（3）中年人。中年人关心自己现在以及退休以后的生活保障，优先考虑的险种应当是健康险、人寿保险和养老金保险。除此以外，还可以适当考虑规划自己的财富，购买一些具有投资功能的保险、投资连结保险和万能保险。

（4）老年人。随着年龄的增长，疾病慢慢找上门来，老年人更需要健康和生活方面的保障。退休后，尽管可以享受年轻时为自己保险的成果（如养老金保险），但也还需要再购买一些保险，如疾病保险、看护保险、意外保险等。

购买保险时，应当先明确保险目的，有针对性地选择相应的保险品种，尽量将多个险种搭配起来，既可以节省部分费用，也能够获得周全的保障。

财产保险：让你高枕无忧

准确地说，财产保险是指以各种财产物资和有关利益为保险标的，以补偿投保人或被保险人的经济损失为基本目的的一种社会化经济补偿制度。财产保险是包括财产损失保险、责任保险、信用保证保险和农业保险四大类在内的财产保险体系。

财产损失保险是以承保客户的财产物资损失危险为内容的各种保险业务的统称，也是保险公司最传统、最广泛的业务。常见的是火灾保险，如团体火灾保险、家庭财产保险等；各种运输保险，如机动车辆保险、飞机保险、船舶保险、货物运输保险等；各种工程保险，如建筑工程保险、安装工程保险、科技工程保险等。

责任保险的保险标的是某种民事赔偿责任，具体说来是致害人（被保险人）对受害人（第三者）依法应承担的民事损害赔偿责任或经过特别约定的合同责任，当被保险人依照法律需要对第三者负损害赔偿责任时，由保险人代其赔偿责任损失。责任保险包括：公众责任保险、产品责任保险、雇主责任保险及职业责任保险等。

信用保证保险包括信用保险和保证保险。比如，你的公司向国外某企业出口了一批货物，但是你对买方能不能守信心里没底，你就可以向保险公司购买一份保险合同，约定你支付保费后，如果对方破产或赖账，就由保险公司代替买方企业向你偿还货款，这就是信用保险。再比如你想贷款买一部车，可是银行并不知道你姓甚名谁，对你的信用状况没有把握，银行就会要求你到保险公司为自己购买一份保险合同，约定如果你不能偿还贷款，由保险公司承担偿还责任，这就是保证保险。

农业保险则是指专为农业生产者在从事种植业和养殖业生产过程中，对遭受自然灾害和意外事故所造成的经济损失提供保障的一种保险。

财产保险的一个很大特点是损失补偿，它强调保险人要按照约定赔偿损失，而不允许被保险人通过保险获得额外利益。这就是我们所了解的损失补偿原则。

而对大多数人来说，买一份家庭财产保险是最值得关注的事。如果财产受损，就可以从保险公司获得经济补偿。为了保障自己的利益，购买家庭财产保险时，你需要多留心、多注意：

（1）应当清楚为哪些财产投保财产险。这既要看自身的保险需求和财产险所能发挥的作用，也要结合保险公司的要求。比如，并不是所有的财产都能投保财产险，保险公司对可承保的财产和不保的财产都有明确的规定。像房屋、家具、家用电器、文化娱乐用品等可以投保财产险，而金银、珠宝、字画、古玩等的实际价值不易确定，这类家庭财产必须由专门的鉴定人员作出鉴定，经投保人和保险公司特别约定后才能作为保险标的。另外，保险公司通常还对一些家庭财产不予承保财产险，具体包括：损失发生后无法确定具体价值的财产，如票证、现金、有价证券、邮票等；日用消费品，如食品、药品、化妆品之类；法律规定不允许个人收藏保管的物品，如枪支弹药、毒品之类。

（2）要注意家庭财产险的保险责任。一般的家庭财产综合险只承担两种情形造成的损失，一种是自然灾害，另一种是意外事故，如果财产被偷，这不是财产综合险的责任范围，保险公司不会给你赔偿，所以你最好给财产投保盗窃附加险。

除了上面提到的保险范围和保险责任外，你还需要了解除外责任、赔付比例、赔付原则、保险期限、交费方式、附加险种等内容，明确未来所能得到的保障。

（3）确定保险金额，避免超额投保和重复投保。按照保险公司的赔付原则，如果财产的实际损失超过保险金额，最多只能按保险金额赔偿；如果实际损失少于保险金额，则按实际损失赔偿。所以，在确定保险金额时，保险金额不要超出财产的实际价值，不然你就得白白地多交保险费。有些人将同一财产向多家保险公司投保，这也是不可取的，因为财产发生损失时，各家保险公司只是分摊财产的实际损失，投保人得不到什么额外的好处。

（4）仔细填写保单，办好投保手续。保险公司会要求你提供一些证明材料，你事先要做好准备。填写保险单据时，明确姓名、地址、财产项目及各项目的保险金额等内容。如果你的财产存放在多个地点，最好分别进行投保。如果你的地址有所变更，需到保险公司办理变更手续。

（5）及时按约定交保险费，妥善保存保险单。保险合同里已经约定好交费方式，如果你没有遵照约定，保险公司是可以不承担赔付责任的。

（6）出险后的注意事项。财产一旦出险,应当积极抢救,避免损失扩大。与此同时，应保护好现场，及时向公安、消防等部门报案，向他们索取事故证明。还要尽快向保险公司报案，向保险公司提供保险单、事故证明等必要单证。

◎ 人身保险：与你共渡难关 ◎

人身保险就是以人的寿命和身体为保险标的的一种保险。投保人按照保险合同约定向保险人交纳保险费，当被保险人在合同期限内发生死亡、伤残、疾病等保险事故或达到合同约定的年龄、期限时，由保险人依照合同约定承担给付保险金的责任。

我们知道，财产保险强调损失补偿，但是人身保险就不同了，它的标的是人的生命和身体，可人的生命和身体是不能用货币来衡量的，更不可能要求保险公司向车祸中失去双腿的被保险人"补偿损失"。也就是说，人身保险合同的保险金额不像财产保险那样以保险标的价值为依据，而是依据被保险人对保险的需求程度、投保人的缴费能力以及保险人的可承受能力来确定的。只要您愿意，您就可以为自己或他人购买多份人身保险合同。人身保险讲究保险受益人应依法受益，除了医药费不能重复给付外，您可以获得多份保险金。

传统人身保险的产品种类繁多，但按照保障范围可以划分为人寿保险、人身意外伤害保险和健康保险。

人寿保险又可分为定期寿险、两全保险、年金保险、疾病保险等，健康保险则又可分为疾病保险、医疗保险、失能收入损失保险、护理保险等。其中，年金保险因其在保险金的给付上采用每年定期支付的形式而得名，实际操作中年金保险还有每季度给付、每月给付等多种形式。养老年金保险可以为被保险人提供老年生活所需的资金，教育年金保险则可以为子女教育提供必要的经费支持。

同时，消费者可能会在人身意外伤害保险和定期寿险的选择上难以抉择，其实两者还是有较大不同的。首先意外伤害保险承保因意外伤害而导致的身故，不承保因疾病而导致的身故，而这两种原因导致的身故都属于定期寿险的保险责任范围。其次，意外伤害保险承保因意外伤害导致的残疾，并依照不同的残疾程度给付保险金。定期寿险有的不包含残疾给付责任，有的虽然包含残疾责任，但仅包括《人身保险残疾程度与保险给付比例表》中的最严重的一级残疾。最后，意外伤害保险一般保险期间较短，多为一年及一年期以下，而定期寿险则一般保险期间较长，可以为5年、10年、20年甚至更长时间。

而随着经济的发展，资本市场化程度的日益提高，近几年在国内投资市场上又出现了将保障和投资融于一体的新型投资型险种，主要包括分红型、万能型、投资连结型等三种类型。

分红型保险，是指保险公司将其实际经营成果优于定价假设的盈余，按照一定比例向保单持有人进行分配的人寿保险。与普通型产品相比，分红型产品增加了分红功能。但需要注意的是，其分红是不固定，也是不保证的，分红水平与保险公司的经营状况有着直接关系。通常来说，在保险公司经营状况良好的年份，客户可能分到较多的红利，但如果保险公司的经营状况不佳，客户能分到的红利就可能比较少甚至没有。

万能型保险指包含保险保障功能并设立有保底投资账户的人寿保险，它具有以下特点：一是兼具投资和保障功能。保费的一部分用于提供身故等风险保障，扣除风险保险费以及相关费用后，剩余保费在投资账户中进行储蓄增值。二是交费灵活、收费透明。通常来说，投保人交纳首期保费后，可不定期不定额地交纳保费。同时，与普通型又称传统型人身保险产品及分红保险不同，保险公司向投保人明示所收取的各项费用。三是灵活性高，保额可调整。账户资金可在一定条件下灵活支取。投保人可以按合同约定提高或降低保险金额。四是通常设定最低保证利率，定期结算投资收益。此类产品为投资账户提供最低收益保证，并且可以与保险公司分享最低保证收益以上的投资回报。

投资连结型保险是指包含保险保障功能并至少在一个投资账户拥有一定资产价值的人寿保险，其具备万能险第一、第二项的特点，但两者之间也有不同。投连险灵活性高，账户资金可自由转换。由于投资连结保险通常具有多个投资账户，不同投资账户具有不同的投资策略和投资方向，投保人可以根据自身偏好将用于投资的保费分配到不同投资账户，按合同约定调整不同账户间的资金分配比例，并可以随时支取投资账户的资金。

另外，投连险通常不设定最低保证利率。投资收益可以在账户价格波动中反映出来，目前我国保险公司通常不少于一周公布一次账户价格，因此，若具体投资账户运作不佳或随股市波动，投入该投资账户的投资收益可能会出现负数。

人身保险合同与其他保险合同一样，要求投保人、被保险人和保险人做到最大诚信。如果您误报、漏报、隐瞒年龄和身体健康状况等事实，保险公司有权更正，如果您少缴保费了，就得补缴；如果您多缴了，保险公司就得退还。如果保险公司认为您没有尽到最大诚信原则，保险公司可以解除合同。当然，在国外，法律规定保险公司只能在两年内要求解除合同，两年之后就不可以了，这也是为了防止保险公司滥用最大诚信原则，随便解除合同。

◎ 医疗保险：看病不再难 ◎

医疗保险是国家和社会根据一定的法律、法规，为向保障范围内的劳动者提供患病时基本医疗需求保障而建立的社会保险制度。基本医疗保险基金由统筹基金和个人账户构成。职工个人交纳的基本医疗保险费全部计入个人账户；用人单位交纳的基本医疗保险费分为两部分，一部分划入个人账户，一部分用于建立统筹基金。

1. 医改

医改一直是万众瞩目的焦点。以前的医疗改革过度强调市场化，结果造成了百姓看病贵、看病难等现象的发生。

"看病难、看病贵"，经常能听到老百姓这样抱怨。据卫生部公布的第三次全国卫生服务调查数据表明：在城镇约有48.9%的居民有病不就医，29.6%的患者应该住院而不住院。医改方案，始终牵动着中国百姓的心。

2009年1月21日，国务院常务会议审议并原则通过《关于深化医药卫生体制改革的意见》和《2009～2011年深化医药卫生体制改革实施方案》。新方案对目前各项医保制度未能覆盖的遗漏人群，如困难企业、农民工、在校大学生如何参加医疗保险，给出了明确的制度安排。新医改方案提出，各级政府预计在2009～2011即3年间投入8500亿元用于五项医改。

五项医改重点包括了医保、基本药物、基层医疗服务体系、公共服务均等化、公立医院改革。从指导意见公布到方案敲定，再到实施方案落实，新医改终于迈入实施操作的新征程。

在扩大医保覆盖面上，新医改有更明确的时间表和人群范围。即在3年内，城镇职工和居民基本医疗保险及新型农村合作医疗参保率达到90%以上。对目前各项医保制度未能覆盖的"遗漏"人群，如农民工如何参加医疗保险,给出了明确制度安排。

农民工参加医保有两种途径，一是在城镇有正式劳动合同的农民工，参加城镇职工医保；一是流动性比较强的农民工，则可参加新型农村合作医疗。

覆盖人群扩大到农民工和大学生等。而对于"困难企业职工和退休人员参保难"问题的解决办法是，政府财政出钱补助其参保。困难企业多指经营困难的老国有企业，由于交不起或者不能足额交费，职工和退休人员的医保权益不能得到保障。

除上述人群外，修订后的医改方案还提出一个新的医保覆盖目标人群——所有在校大学生纳入城镇居民医保。目前"统招"的部属重点大学或省级重点大学的学生仍实行公费医疗，类同于公务员，但也有部分高等院校学生已纳入城镇居民医保。实行这项改革意味着所有类型高等院校的学生，将不再享受公费医疗，进入医保序列。

同时，财政补助医保的水平也将提高。即到2010年，对城镇居民医保和新农合的补助标准提高到每人每年120元。

除此之外，医改方案对医保保障水平、基金结余率等也提出了新的政策要求。新方案提出，要提高新型农村合作医疗和城镇居民医保封顶线，即提高这两项医保最高报销水平。相比城镇职工医保的3万～8万，城镇居民医保和新农合封顶线多为1万～3万。

按照新医改的设计思路，老百姓的看病难、看病贵将得到缓解。我国现有的医疗资源约80%集中在城市，其中30%又集中在大医院。基层卫生服务和农村的卫生资源严重不足，直接导致了大医院门庭若市，社区医院则门可罗雀。新医改将立足于健全基层医疗建设，明确将重点加强县级医院、乡镇卫生院、边远地区村卫生室等建设。新医改的千亿巨资将重点向基层和农村倾斜，其中，基层卫生建设将列为新增1000亿元中央投资的重要领域。

除了资金设备需要财政保障，新医改方案也已明确，将要重点加强公共卫生、农村卫生等专业技术人员和护理人员的培养培训，以改变基层医疗卫生人力资源短缺的现状。

为解决人们所普遍反映的看病贵问题，新医改也给出一定的制度安排。我国的药费占到整个医疗费用的一半以上，而其他国家药品费用占的比例一般是在20%上下。在新医改方案中，国家卫生部将成立基本药物司。这表明，国家将从药品生产环节开始严格管理，确保真正意义上的"零差价药品"能够流通到市民们的手中。有关专家表示："这次医改措施将会实现真正的医药分离，这将在很大程度上解决市民们看病贵的难题。"

其实，我们对新医改抱有期盼的同时，也应该认识到，世上不存在绝对完美的制度，所以我们也不应苛求新医改能一下子解决所有的问题。但作为一项基本权利，人们却有理由要求相对完善的医疗与健康保障。医改不容等，更不能令百姓失望。

2. 新型农村合作医疗

江西上栗县东源乡民主村李武元逢人就说："咱农民看病也报销，农村合作医疗真是好,这得感谢党的政策好。"

原来,李武元的爱人因得"风湿性心脏病"几度危及生命,多次转院,经湖南湘雅医院手术治疗后恢复健康,却用去医药费4万余元,高额的费用已使他们的家庭经济陷入困境。正当李武元夫妻一筹莫展的时候,县农医局人员风尘仆仆来到了那个十分偏僻的村庄,详细地询问病情及目前治疗情况后,亲手把一万元医疗补偿金送到他们手中。李武元接过厚厚的一叠补偿金,捧在胸前哽咽着声音说:"想不到只出10元钱就能得到这么多的补偿金,感谢政府处处为老百姓着想,感谢政府又为我们农民办了一件大好事。"说完,激动的热泪止不住就流下来。

新型农村合作医疗是由我国农民自己创造的互助共济的医疗保障制度,在保障农民获得基本卫生服务、缓解农民因病致贫和因病返贫方面发挥了重要的作用。

它为世界各国,特别是发展中国家所普遍存在的问题提供了一个范本,不仅在国内受到农民群众的欢迎,而且在国际上得到好评。

合作医疗在将近50年的发展历程中,先后经历了20世纪40年代的萌芽阶段、50年代的初创阶段、60~70年代的发展与鼎盛阶段、80年代的解体阶段和90年代以来的恢复和发展阶段。面对传统合作医疗中遇到的问题,卫生部组织专家与地方卫生机构进行了一系列的专题研究,为建立新型农村合作医疗打下了坚实的理论基础。在1974年5月的第27届世界卫生大会上,第三世界国家普遍表示热情关注和极大兴趣。联合国妇女儿童基金会在1980~1981年年报中指出,中国的"赤脚医生"制度在落后的农村地区提供了初级护理,为不发达国家提高医疗卫生水平提供了样本。世界银行和世界卫生组织把我国农村的合作医疗称为"发展中国家解决卫生经费的唯一典范"。

新型农村合作医疗制度从2003年起在全国部分县(市)试点,到2010年逐步实现基本覆盖全国农村居民。

2002年北京市只有二个区县开展了新农合试点工作。到2004年底,北京市13个涉农区县全部铺开了新农合工作,在实现以区县为单位100%覆盖的基础上,实现了100%的村覆盖。

北京市13个涉农区县从2007年开始统一人均筹资标准,即2007年220元,2008年320元,2009年420元,2010年520元。在每年增加的100元中,政府投资为主的格局基本形成。2009年北京市新型农村合作医疗共筹资11.9亿元,其中市、区(县)、镇(乡)三级政府筹资占筹资总额的85.7%。

2006年,享受新型农村合作医疗补偿的人次仅为19.8万,到2008年,增加到27.4万人次,截至2009年第三季度,补偿人次突破30.6万人次。住院补偿受益面由2004年的2.9%扩大到2008年的6.1%,2009年预计为8%以上。

2004年住院补偿率仅为29%,到2008年提高到48.4%,2009年将达到50%以上,这就意味着农民每花100元的住院费能拿回50元补偿,门诊补偿也由2004年的6%

增加到 2009 年前三季度的 32%。新农合保障水平的提高，极大地减轻了农民医疗费用负担。

随着国家、省、县财政对参合农民配套资金的增加，全国各县对新农合制度实施办法进行了修订，拓宽了新农合药品目录，增加补偿范围，大幅度提高了补偿比例，将乡镇医疗机构补偿比例提高到 80%，使参合农民住院诊疗人次不断增加，补偿率明显提高，受益面不断扩大，参合农民真正得到了实惠。

新型农村合作医疗的性质由"互助共济"逐步转变为政府主导的农村居民基本医疗保障；新型农村合作医疗的统筹模式由侧重大病统筹为主逐步向住院与门诊医疗费用统筹兼顾过度；新型农村合作医疗制度设计定位由侧重减缓"因病致贫、因病返贫"的进程向进一步扩大参合农民医疗补偿受益面过度。

◎ 投保与理赔：条款看清楚，投保理赔不迷糊 ◎

买保险时，投保人要和保险公司签订保险合同，这是一份很重要的法律文书，它记载了投保人和保险公司各自的权利和义务，直接关系到保险所能给予的保障程度。在签订保险合同之前，投保人一定要准确理解保险合同中的每一条款。一般来说，保险合同有如下一些基本内容：

（1）当事人的姓名和住所。

（2）保险标的。通俗地讲，就是为什么东西保险，保险的对象既可以是财产，也可以是人的寿命和身体，它是确定保险金额的重要依据。

（3）保险责任与责任免除（也称除外责任）。不是任何险都能保的，保险合同中通常明确了保险公司的赔付范围，只有在此范围以内，保险公司才承担赔偿责任。例如，财产险一般只承担两种情形造成的损失，一种是自然灾害，如雷击、洪水、破坏性地震；另一种是意外事故，如火灾、爆炸。另外，保险合同还载明保险公司不承担赔偿责任的风险项目，例如，被保险人故意将财产损坏、战争使财产损毁等，保险合同将这些情形规定为责任免除，保险公司可以据此不予赔付。

（4）保险期间和保险责任开始时间。保险期间是指保险责任的有效期限，如果在这一期限内发生保险事故，保险公司才会予以赔付。保险期间是计算保险费的重要依据。保险责任开始时间则是指保险公司开始承担赔偿责任或给付保险金的时间。

（5）保险价值。保险价值就是保险标的价值，它是确定保险金额和损失赔偿额的重要依据。对于多数财产类标的，可以利用标的市场价格来评价标的的保险价值，而有些标的没有市场价格，这时就需要投保人和保险公司双方约定保险价值。如果保险合同里事先约定了保险价值，这种保险就叫定值保险，当发生保险事故时，不管财产的实际价值有多少，都只根据合同中约定的保险价值计算赔偿金额。

（6）保险金额。通俗地说，保险金额就是指保险公司最多赔付多少钱。保险费就是根据保险金额算出来的。比如财产保险，一所住宅的实际价值为100万元（保险价值），保险金额可以低于或等于100万元，但不能超过100万元，否则合同就将无效。而人身保险，由于人的身体和寿命无法用金钱衡量，故由投保人和保险公司双方约定一定数量的保险金额。

（7）保险费。保险费就是人们俗称的保费，是指被保险人参加保险时，根据其投保时所订的保险费率，向保险人交付的费用。

（8）保险金赔偿给付办法。保险合同中需要明确保险公司支付保险金的办法、标准和方式。原则上，保险公司赔偿应支付现金，但财产险的赔付也可以采用修复或重置的方式。保险合同中也规定免赔额或免赔率，设置这一条款主要是为了减少投保人故意损坏财产的道德风险，控制保险公司的责任。

（9）违约责任和争议处理。当事人如果出现违约，应当承担什么样的法律责任？如果出现争议，应采用何种处理争议的方式？保险合同也对这两个问题提前作出了明确的规定。

而理赔则是指保险事故发生后，保险人对被保险人所提出的索赔案件的处理。被保险人遭受灾害事故后，应立即或通过理赔代理人对保险人提出索赔申请，根据保险单的规定审核提交的各项单证，查明损失原因是否属保险范围，估算损失程度，确定赔偿金额，最后给付结案。如损失系第三者的责任所致，则要被保险人移交向第三者追偿损失的权利。那么，如何实现保险理赔呢？必须注意以下两个方面：

（1）把握索赔时效。发生保险事故后，如果在保险公司的保险责任范围内，被保险人或受益人有权利向保险公司请求赔付保险金，保险公司有义务受理索赔申请，承担赔付责任。不过保险公司的这项义务并非一直存在，有一个有效期限。如果在有效期内索赔，保险公司必须予以受理，如果超过期限，保险公司可以认为被保险人或受益人放弃索赔权利，从而拒绝受理索赔。理论上将这一期限称为索赔时效。按照我国《保险法》的规定，人寿保险的索赔时效为两年，其他保险的索赔时效为5年。索赔时效的起算日不一定是发生保险事故的当天，而是被保险人或受益人是哪一天知道保险事故发生的，那一天就作为起算日。

（2）备齐申请理赔手续。索赔时需要提供的单证主要包括：保险单或保险凭证的正本、已交纳保险费的凭证、能证明保险标的或者当事人身份的有关原始文本、索赔清单、出险检验证明，还有根据保险合同规定需要提供的其他文件。

◎ 老年福利：让老有所养 ◎

巴东县金果坪乡福利院内几名老人围坐着火炉取暖，老人们头上悬挂着焦黄的熏腊肉。据福利院院长李传和介绍，福利院种有蔬菜，保证老人每餐有鲜菜吃，院里办起了养猪场，保证老人餐餐有肉吃，为了迎合老人的口味，还建起炕房专门为老人熏制腊肉。此外，该院的老人一日三餐，餐餐有食谱，生活过得有滋有味。

这是在我国偏远农村地区对一些五保户老人实行的集中养老，也是当前我们农村老年人的福利体现。2007年5月23日，国家民政部在京发布了《2006年民政事业发展统计报告》。截至2006年年底，全国65岁及以上人口达到10419万人，有老年维权组织7.4万个，老年学校37176所，各类老年福利机构38097个，床位153.5万张，老龄事业健康发展，为构建和谐社会做出了积极贡献。

从某种程度上说，我们现在的老年福利制度还只是补缺型福利，只是针对一部分老年人和特殊老年群体。《关于加强老年人优待工作的意见》要求，贫困老年人要按规定纳入城乡社会救助体系。《城市居民最低生活保障条例》规定，城市"三无"老人均可按当地城市居民最低生活保障标准，全额享受低保救助。目前，全国所有城市贫困老人均已纳入低保救助范围，实现了"应保尽保"，一些地方还对鳏寡老人、贫困老年人给予重点救助，将其享受的低保金在当地规定标准的基础上上浮20%左右，到2007年底全国2272.1万城市低保对象中有60岁以上老年人口298.4万人，占13.13%多。2003年民政部门将农村贫困老年人口列为农村特困户救济的重点，各地在制定特殊困难群体救助政策和办法时，普遍对其给予了照顾；2007年底农村低保制度在全国普遍建立，全国3566.3万农村低保对象中有60岁以上老年人口1017.8万人，约占28.54%。城乡贫困老年人口的基本生活得到有效保障。

老年人的福利问题已经是一个非常严重的社会问题。这既有我国老年人口规模庞大的原因，也有老年福利的标准逐步提高的原因。

中国有句老话叫"老有所养"，而在老龄化如此严重的当下，这个词却成了一个沉甸甸的社会课题。截止2008年年底，北京市老年人口总数已突破254万人，占到人口总数的15%，且老龄化趋势越来越明显。

1990年10月，我国正式进入老龄社会。目前，全国60岁以上老年人口已达1.6亿，并以每年800万到900万的速度增长。据预测，到2020年，我国老年人口总数将达2.48亿人，老龄化水平将达到17%；2050年将达到4.37亿人，约占总人口的30%，达到老龄化的峰值。与发达国家相比，我国老龄化社会不仅来得快、势头猛，而且老年人口规模大、高龄老人比例高，老龄化带来的社会问题将更加突出。

2009年1月12日，北京市民政局等联合下发了《关于加快养老服务机构发展的意见》，提出了养老服务以"全面关怀、重点照顾"为理念，努力实现"9064"养老服务新模式。即到2020年，90%的老年人在社会化服务协助下居家养老，6%通过政府购买社区照顾服务养老，4%入住养老院集中养老。

《意见》还就养老服务机构扶持政策作出规定：市级政府投资的养老院建设由市发改委立项批准实施；区县级的由区县政府制定规划，市、区县两级政府按照1∶1比例投入建设资金。对经民政部门批准、社会力量投资兴办的新建、扩建或改建的养老院，经评审优选，由市政府固定资产投资按照不同标准给予一次性建设资金支持，同时提高社会兴办及"公办民营"养老院的运营补贴标准。规定征地拆迁费由承建项目开发公司负担；基本建设费主要由区县政府承担，市级公益金按照30%比例予以资助。政府投资建设的保障型养老院及具有示范作用的普通型养老院，经审核确认后采取划拨方式供地，其他类型的按土地有偿方式供地。

北京市将逐步建成集中照料与社区居家互为补充的养老服务体系，推动老年福利服务由补缺型向适度普惠型转变，逐步惠及所有的老年人群体。

30多年的改革开放提高了全社会的物质文化生活水平，大大改善了国民福利。我国的老年福利政策也随之不断改革和完善，老年福利事业发生了重大的历史性变化。老年人享受的社会福利总量显著增加，福利补贴的数量和福利项目的种类不断增加，福利设施的布局愈趋合理，覆盖范围不断从特定老年群体扩大到全体老年人。

◎ 企业福利：带薪去休假旅游 ◎

张娈在某市一家生产特殊材料的集团公司工作，属国有企业。公司待遇很好，每年到年底的时候，可以为她报销3500元的供暖费和2000元的物业费。

"我现在住的房子是单位的，也不用交暖气费和物业费。每到年底的时候，我都要为报销的发票犯愁，只能到处向朋友借。"张娈说。

张娈2009年大学毕业后到了她现在的公司，基本工资并不高，每月只有2000多一点，这样的工资并不能让张娈满意，能让她继续留在公司的原因，是工资之外的"福利"。

"除了住房不用自己花钱之外，平常的交通补助、防寒费、防暑费以及报销的供暖费和物业费都是不错的'福利'。"说这话时，张娈很满意。

张娈还眨了一下小眼睛："满一年之后，我就可以带薪休假，我计划和我男朋友去一趟美丽的西双版纳。"

按照张娈提供的公司福利水平，粗略地计算了一下，张娈的月收入能达到5000元以上。难怪她会感觉比较"满意"。

带薪年休假，是指劳动者连续工作一年以上，就可以享受一定时间的带薪年假。2007年12月7日中国国务院第198次常务会议已经通过《职工带薪年休假条例》，自2008年1月1日起施行。从此，职工带薪年休假就有了法律保障。带薪休假已经成为现代社会上的一个热点问题。

企业福利就是企业给员工提供的用以改善其本人和家庭生活质量的，以非货币工资或延期支付形式为主的各种补充性报酬和服务。比如企业给员工提供的防暑降温用品、班车、免费旅游服务、福利房等等。企业福利成为知名企业抢夺人才的重要法宝，在美国，企业福利在员工收入中的比例高达40.2%。

一般来说，企业福利由法定福利和企业自主福利两部分组成。法定福利是国家通过立法强制实施的对员工的福利保护政策，主要包括社会保险和法定假期。企业自主福利，即企业为满足职工的生活和工作需要，自主建立的，在工资收入和法定福利之外，向雇员本人及其家属提供的一系列福利项目，包括企业补充性保险（如企业年金）、货币津贴、实物和服务等形式。

对于企业来说，各种企业福利项目在具有一定社会功能的同时，也成为企业吸引人才、留住人才的主要激励方式。包括带薪休假在内的企业福利已经成为当今员工对企业的期待。现金和员工福利都是留住员工的有效手段，但是两者特点不同。尽管看得见、拿得着的现金可以对人才产生快速的冲击力，短时间内消除了员工福利的差异化要求，但其非持久性的缺点往往会使其他企业可以用更高的薪水将人挖走，尤其对于资金实力不足的中小企业而言，如果仅仅依靠现金留人，将很难幸免人才大流失的灾难。而具有延期支付性质的员工福利，不但可以避免财力匮乏的尴尬，还可以很好地维系住人才，成为减缓企业劳动力流动的"金手铐"。

对于员工来说，医疗保险、养老保险、工伤保险等法定企业福利项目，可以使员工生病得到医治、年老能有依靠、遭受工伤后获得赔偿等，从生理上满足员工的需要。而更多企业自主福利却可以满足员工在情感上的需要。例如企业提供的带薪休假福利，能够更好地缓解员工的工作压力，让他们有更多时间陪伴家人，从而满足人们在感情、亲情方面的需要；企业举办的各种集体出游活动、公司宴会活动可以使员工在工作之外有更多的接触机会，增进员工之间的了解，融洽公司内部成员间的同事关系，也有助于人们获得情感上的满足。这些都可以让员工感觉到企业和自己不仅仅是一种单纯的经济契约关系，而是带有了某种程度的类似家庭关系的感情成分，这无疑改善了员工的工作境遇。

在坚持货币工资仍然占员工收入较大比例的情况下，大多数企业都想方设法地根据本行业、本企业以及员工的需要来设计执行多种多样的福利项目，各种不同类型福利项目多达1000多种。在我国改革开放初期，许多外资企业到中国开展经营的时候采取的是高工资、无住房的报酬政策，但是后来它们渐渐地发现，尽管公司支付的货币工资很高，但是在没有住房的情况下，优秀员工的流动率非常高，因此这些公司后来纷纷建立了自己的住房资助计划。不过，需要指出的是，从经济学的角度来看，在总的报酬成本一定的情况下，企业的福利和工资之间是一种相互替代的关系，因此两种报酬形式都存在所谓的边际收益递减的问题，所以企业的福利与工资之间的比例应当保持在一个合理的限度上，否则，即使是在一个市场经济中的产权明晰企业中，也会导致"福利病"的出现。福利过高可能产生的问题包括：福利过高容易淹没企业的货币工资水平，导致对人才的吸引和保留不利。在大多数情况下，员工对于福利的消费方式几乎没有什么选择余地，因此福利成分过大，实际上会降低相同的总报酬对于劳动者的实际效用水平。福利大多采取平均主义的发放方式，容易导致平均化问题的出现，从而弱化工资的激励作用。在某种程度上说，福利水平过高往往会把一些不喜欢承担风险的人留在企业中，而这些人的生产率往往比那些愿意承担风险的员工要低。

◎ 保障性住房：居者有其屋可以实现吗 ◎

"民以食为天，家以居为先"。住房，是生活的一项基本需求，住房问题是中国老百姓普遍关心的一个话题。但是，对大多数中低收入群体来说，买开发商提供的商品房实在是生活中的一大负担，房价节节攀高，要想在大城市买房更是黄粱美梦，不少人甚至沦为"房奴"。商品性住房作为一种商品，就不可能把"保障性"作为它的主要作用。保障性住房正是为了弥补这一缺陷而产生的，它覆盖了商品性住房市场中的空白，即为那些购买不起商品房的低收入和贫困家庭给以各种住房保障，属于政府公共福利。

作为保障性住房，不能像商品房那样可以在市场上随意购买，它是一种政府为中低收入住房困难家庭所提供的限定标准、限定价格或租金的住房，由廉租住房、经济适用住房和政策性租赁住房构成。

首先，我们来了解一下经济适用房。经济适用住房是以中低收入家庭为对象、具有社会保障性质的商品住宅，具有经济性和适用性的特点。经济性是指住宅价格比商品房市场价格低，适应中低收入家庭的承受能力；适用性是指在住房设计及其建筑标准上强调住房的使用效果。其低价格是通过土地划拨供应、免除有关税费、规定开发商的利润上限等来实现。

经济适用房政策的实施，对启动内需、平抑房价以及完善住房供应体系均发挥了显著的作用，并受到中低收入者的普遍欢迎。但经济适用房在现阶段也暴露出一些问题，如经济适用房规模过大、销售对象界定不清、区位选择上的局限以及经济适用房面积过大、标准过高，使得经济适用住房政策并未真正惠及中低收入阶层，同时又加重了政府负担。

此外，为建立和完善多层次的住房供应体系，解决城镇最低收入家庭的住房问题，建设部分别于1999年4月22日颁布了《城镇廉租住房管理办法》和2003年11月15日颁布了《城镇最低收入家庭住房管理办法》，向最低收入群体提供租金低廉的廉租住房。廉租住房由于其保障的范围较小，在执行过程中总的情况比较好。

但现今廉租住房还存在着一些问题，最主要的是廉租房适用对象范围过窄。关于廉租房的适用对象，目前只局限于具有"非农业长住户口的最低收入家庭和其他需保障的特殊家庭"。从现实情况而言，有三类群体未纳入廉租住房政策的适用对象中：收入处于平均收入水平以下、最低收入水平以上的家庭，进城务工的农民工，单亲家庭以及日益增多的老龄群体中的空巢家庭。这些群体既买不起商品房，又不符合廉租住房的申请标准，被称为"夹心层"。

政策性租赁住房即政府为解决这类人群的住房问题而采取的措施。政策性租赁住房主要是通过政府投资建设新房的方式进行。政策性租赁房的租金，按照房屋成本进行测算，通常为成本价再加上适当的管理费，就是成本租金的价格。

◎社会保障体系：真正为弱势群体办实事◎

曾在广东务工8年的四川农民工肖军带着被解职的怨气说："我们没日没夜地干活，为老板赚钱，但金融危机一来，老板就让我们滚蛋，在这样的工作环境中，我们怎么能找到'家'的感觉？"肖军是去年因金融危机而失业回乡的农民工之一，一说起这样的经历，就感觉特别委屈。

曾与妻子双双在广东东莞一家工厂务工的四川省金堂县人罗世彬，自去年国际金融危机爆发被工厂辞退回到老家后就再也没想过回到东莞，尽管他们现在还没有找到一份满意的工作。"在那边打工，什么保障也没有，"他对记者说，"我在广东务工的地方是一个只有十几个人的小厂，在这个厂工作了两年多，一直都是每个月1200元左右，没加过薪、没拿过任何补贴或福利。经济稍不景气，就让我们走人。走的时候，我们真的很伤心。"

这其实是我们社会的一个尴尬，只要企业经济不景气，员工就要被逼着滚蛋。出现这种问题的原因在于，我们没有完善的社会保障体系。

在金融危机到来之际，2009年春节期间的农民工返乡潮，曾让西部地区大费了一番周折，想了很多办法让这些农民工就近就业和参加技术培训。2008年年底，四川巴中市南江县就多次组织县就业局、建设局、农业局、扶贫开发办和一些技术学校，采取集中培训与送课下乡相结合的办法，对3000多名缺乏技能的返乡农民工进行木工、砖工、电焊工等专业技术培训。后又根据返乡农民工的从业特点、行业分布、劳动技能等状况，以"自愿、对口、就近"的原则，将1万多名具有相当技能的返乡农民工安置到城乡住房、基础设施等灾后恢复重建工程中就业。

这只是一个权宜之计，我们更需要建立一个覆盖全体国民的社会保障体系，只有所有国民都在这张网中，社会才能稳步、有序、健康地发展。

社会保障体系是指社会保障各个有机构成部分系统的相互联系、相辅相成的总体。完善的社会保障体系是社会主义市场经济体制的重要支柱，关系改革、发展、稳定的全局。我国的社会保障体系，包括社会保险、社会福利、社会救助、社会优抚四个方面。这几项社会保障是相互联系，相辅相成的。社会保障体系是社会的"安全网"，它对社会稳定、社会发展有着重要的意义。

社会保险：社会保险在社会保障体系中居于核心地位，它是社会保障体系的重要组成部分，是实现社会保障的基本纲领。一是社会保险目的是保障被给付者的基本生活需要，属于基本性的社会保障；二是社会保险的对象是法定范围内的社会劳动者；三是社会保险的基本特征是补偿劳动者的收入损失；四是社会保险的资金主要来源于用人单位（雇主）、劳动者（雇员）依法缴费及国家资助和社会募集。

社会福利：社会福利是社会保障的最高层次，是实现社会保障的最高纲领和目标。它的目的是增进群众福利，改善国民的物质文化生活，它把社会保障推上最高阶段；社会福利基金的重要来源是国家和社会群体。

社会救助：社会救助属于社会保障体系的最低层次，是实现社会保障的最低纲领和目标。一是社会救助的目的是保障被救助者的最低生活需要；二是社会救助的对象主要是失业者、遭到不幸者；三是社会救助的基本特征是扶贫；四是社会救助的基金来源主要是国家及社会群体。

社会优抚：社会优抚安置是社会保障的特殊构成部分，属于特殊阶层的社会保障，是实现社会保障的特殊纲领。社会优抚安置目的是优待和抚恤；社会优抚的对象是军人及其家属；社会优抚的基本特征是对军人及其家属的优待；社会优抚的基金来源是国家财政拨款。

社会保障是社会安定的重要保证。要以社会保险、社会救助、社会福利为基础，以基本养老、基本医疗、最低生活保障制度为重点，以慈善事业、商业保险为补充，加快完善社会保障体系。促进企业、机关、事业单位基本养老保险制度改革，探索建立农村养老保险制度。全面推进城镇职工基本医疗保险、城镇居民基本医疗保险、新型农村合作医疗制度建设。

完善的社会保障体系，历来被称为人民生活的"安全网"、社会运行的"稳定器"和收入分配的"调节器"，是维护社会稳定和国家长治久安的重要保障。加快建立覆盖城乡居民的社会保障体系，推动和谐社会建设和经济社会又好又快发展。

◎ 社会慈善基金："企业家＝慈善家" ◎

2008年5月29日，中国红十字会李连杰壹基金创始人李连杰在亚洲协会第18届企业年会上发表慈善演讲，呼吁全人类关注受灾群众和困难群体，只要人人都献出爱心，世界就会变得更美好。

"我梦想着搭建一个平台，可以将整个人类的爱心都显示在这个平台上。很简单的一个想法，每个人每个月一块钱，或者每个人每个月的一个小时。如果我们有一个平台是专业的、透明的、可持续性的，如果人类有几百万人，甚至上千万人在这个平台上发自内心地给一点点捐助，一块钱不少，一百万不多，加在一起，我们可以改变这个地球。我会用我的生命，用我的一切去承担，创立这种平台。"李连杰说。

李连杰表示，2008年他不接拍新的电影，集中精力做好慈善工作。"壹基金已为四川地震灾区筹到7000万元（到现在）。这就像一颗炸弹，如果我们不能科学地、理性地、有序地把这个钱用在灾区，它随时会爆炸。"李连杰强调，壹基金不是一个演艺人个人的行动，是整个团队的行动。

明星做慈善，具有天然的号召力。近年来，李连杰、成龙、李亚鹏等纷纷设立慈善基金，通过自己的努力和号召力帮助社会中的弱势群体，提高社会福利。

根据性质不同，慈善基金会分为两种形式：公募和非公募。企业的慈善基金会形式属于后者，即基金会没有向社会筹集捐款的权力。

在慈善基金发展成熟的欧洲、美洲国家，流行着一种等号说法：企业家＝慈善家。近年来，一些企业家纷纷站出来做慈善，曹德旺、陈光标等就是其中比较有代表性的人物。

慈善基金一直被西方企业津津乐道的好处不光只是"免税"，还有被西方企业家称为品牌的"软性广告"。在国外，每一个企业家都有一个观念：企业品牌不仅是企业财产，更是社会公共财产，从更大的范围上说，品牌甚至会成为一个城市、省份、国家、或者一个时代的象征。所以很多国外企业家十分乐意投入慈善基金，塑造公益品牌，使企业的特色品牌体现公益价值，提升亲和力，吸引消费者。再者对于企业内部，慈善基金会通过员工之间义务募捐，创造活动经费，帮助困难职工，增加全体员工的合作性、互动性，有利于创造和谐、愉快的企业道德文化。

第九章
制度经济学

◎ 分粥规则：良好的制度是集体利益的保障 ◎

有一个很古老的故事：

有7个人在一起共同生活，其中每个人都是平凡而平等的，没有什么凶险祸害之心，但不免具有自利的心理。他们每天要分食一锅粥，但并没有称量用具和有刻度的容器。

大家发挥了聪明才智，试验了各种不同的方法，主要方法如下：

方法一：拟定一个人负责分粥事宜。很快大家就发现，这个人为自己分的粥最多，于是又换了一个人，但总是主持分粥的人碗里的粥最多最好。

方法二：大家轮流主持分粥，每人一天。这样等于承认了个人有为自己多分粥的权力，同时给予了每个人为自己多分的机会。虽然看起来平等了，但是每个人在一周中只有一天吃得饱而且有剩余，其余6天都饥饿难挨。

方法三：大家选举一个信得过的人主持分粥。开始这位品德尚属上乘的人还能基本公平，但不久他就开始为自己和溜须拍马的人多分。

方法四：选举一个分粥委员会和一个监督委员会，形成监督和制约。公平基本上做到了，可是由于监督委员会常提出多种议案，分粥委员会又据理力争，等分粥完毕时，粥早就凉了。

方法五：每个人轮流值日分粥，但是分粥的那个人要最后一个领粥。令人惊奇的是，在这个制度下，7只碗里的粥每次都是一样多，就像用科学仪器量过一样。每个主持分粥的人都认识到，如果7只碗里的粥不相同，他确定无疑只能拿到那份最少的。

这个"分粥规则"高度体现了制度的作用：公平公正，相互制衡。所谓制度，就是约束人们行为的各种规矩。"没有规矩，不成方圆"，制度在维护经济秩序方面起着重要作用。

制度在于保护群体的共同利益，只有如此，才能有效地贯彻下去，所以一个企业想要兴旺发达应该反思一下企业制度。

东南纺织厂于1986年12月开工，采用二班制，每班工作12小时。轮到夜班，每到深夜三四点时，就有人打瞌睡。公司为了防患于未然，严格规定瞌睡者要记大过一次，三次就得开除。

虽然规定很严，睡者照睡，甚至平常表现良好的员工，也有一夜被发现连打瞌睡三次的情形，当时的总经理吴修齐为此事非常困扰。

吴修齐经过深入的研究调查后发现，每班工作12小时，日班尚可忍耐，夜班则疲惫不堪，到了深夜三四点，虽明知瞌睡会被重罚，但总是心有余而力不足，一坐下就打起瞌睡。

为了解决因体力不支而不得不打瞌睡的问题，吴修齐想出了一套对劳资双方均有利的方法：

（1）以现有人员，由二班制改为三班制。

（2）每班工作时间由12小时改为8小时，缩短4小时的工作时间。

（3）虽然缩短工时，但员工每月的收入不变。

虽然缩短时间，但因单位时间的工资增加，员工的收入并不减少，所以三班制大受员工欢迎，工作更加卖力。

由于工作时间缩短，工作的精神旺盛，不但打瞌睡的情形几乎消失了，而且工作效率大为提高，使得生产力明显提高，总生产量较未采三班制之前提高了20%，劳资双方均获其利。

吴修齐说："我未曾学过科学管理，但从打瞌睡这件事使我体悟到，所谓科学管理，不过是合理的管理罢了。做事跟做人一样，必须追求合理，方能得到事半功倍的效果。"

良好的制度是集体利益的保证，也是提高企业效益的重要动力。而科学管理就是要树立和贯彻良好的企业制度，使企业能够更平稳、健康地发展。

◎阿罗定律：少数服从多数不一定是民主◎

少数服从多数就一定能够实现民主吗？我们先来看一则北京1992年申奥的案例。

北京1992年开始申请主办2000年奥运会的工作。申办奥运会的投票规则是逐步淘汰制，具有投票权的委员在参加申请的城市里进行投票，得票最少的城市便被淘汰。前两轮投票中北京一直领先。经过两轮投票，最后剩下三个城市：德国的柏林、澳大利亚的悉尼以及中国的北京。在第三轮投票中，北京获得最多的票，悉尼第二，柏林第三。

这一轮投票结束后，柏林被淘汰掉。如果只有这一次投票，北京就获胜，但问题是还得再投一次票。当在北京与悉尼之间角逐时，北京肯定会再次获得胜利吗？

事实是，北京输了，悉尼获得了举办2000年奥运会的主办权。为什么会这样？原来支持柏林的投票人大多数转而支持悉尼。这就是悉尼获胜的原因。

由此看来，民主投票不能得出唯一的结果，其选举结果取决于民主投票的程序安排以及每次确定的候选人的多少，即投票规则。不同的投票规则将得出不同的选举结果。这就是说，民主投票有内在的缺陷。我们将用著名经济学家阿罗提出的"不可能性定理"来说明民主制度存在着缺陷。

在看到所有的人为寻找"最优的公共选择原则"奔忙而无所获的时候，斯坦福大学教授肯尼斯·阿罗进行了苦心研究，在1951年出版的《社会选择与个人价值》一书中提出了一个理想选举实验。

阿罗理想选举的第一步是，投票者不能受到特定的外力压迫、挟制，并有着正常智力和理性。毫无疑问，对投票者的这些要求一点都不过分。

阿罗理想选举的第二步是，将选举视为一种规则，它能够将个体表达的偏好次序综合成整个群体的偏好次序，同时满足"阿罗定律"的要求。所谓"阿罗定理"就是：

（1）所有投票人就备选方案所想到的任何一种次序关系都是实际可能的。也就是说，每个投票者都是自由的，他们完全可以依据自己的意愿独立地投出自己的选票而不致因此遭遇种种迫害。

（2）对任意一对备选方案A或B，如果对于任何投票人都是A优于B，根据选举规则就应该确定A方案被选中。这其实就是说：全体选民的一致愿望必须得到尊重。

然而实际情况往往并不是这样，比如两个方案A、B受两个投票人C、D的选择。对C来说，A方案固然更好，但B方案也没什么重大损失；但是对D来说，却可能是A方案就是生存，B方案就是死亡，那么让C和D两个人各自一人一票当然就不是公正平等的。

（3）对任意一对备选方案A、B，如果在某次投票的结果中有A优于B，那么在另一次投票中，如果在每位投票人排序中位置保持不变或提前，则根据同样的选举规则得到的最终结果也应包括A优于B。这也就是说：如果所有选民对某位候选人的喜欢程度，相对于其他候选人来说没有排序的降低，那么该候选人在选举结果中的位置不会变化。

这是对选举公正性的一个基本保证。比如，当一位家庭主妇决定午餐应该买物美价廉的好肉还是质次价高的陈肉时，我们很清楚：她对好肉和次肉的喜爱程度应该不可能发生什么变化——然而这一次她却买了陈肉。这一定说明在主妇对肉的这次"选举"中有什么不良因素的介入。当然，如果原因其实是市场上已经百分之百都是陈肉，那也就意味着"选举"已经不复存在，主妇已经被陈肉给"专制"了。

那不在我们的讨论范围之内。

（4）如果在两次投票过程中，备选方案集合的子集中各元素的排序没有改变，那么在这两次选举的最终结果中，该子集内各元素的排列次序同样没有变化。

比如，那个买肉的主妇要为自己家的午餐主食做出选择，有三位"候选人"分别是一元钱一斤的好面粉、一元钱一斤的霉面粉和一元钱一斤的生石灰。主妇的选择排序不言而喻，一清二楚。然而现在的情况却是：在生石灰出局之后，主妇居然选择了霉面粉。这一定意味着有这次"选举"之外的因素强力介入。比如主妇的单位领导是这家霉面粉厂老板的姐夫之类。

阿罗定律3和4的结合也就意味着：候选人的选举成绩，只取决于选民对他们作出的独立和不受干预的评价。

（5）不存在这样的投票人，使得对于任意一对备选方案A、B，只要该投票人在选举中确定A优于B，选举规则就确定A优于B。也就是说，任何投票者都不能够凭借个人的意愿，就可以决定选举的最后结果。

这五条法则无疑是一次公平合理的选举的最基本的要求。

然而，阿罗发现：当至少有三名候选人和两位选民时，不存在满足阿罗定律的选举规则，即"阿罗不可能定律"。即便在选民都有着明确、不受外部干预和已知的偏好，以及不存在种种现实政治中负面因素的绝对理想状况下，也同样不可能通过一定的方法从个人偏好次序得出社会偏好次序，不可能通过一定的程序准确地表达社会全体成员的个人偏好或者达到合意的公共决策。

人们所追求和期待的那种符合阿罗定律五条要求的最起码的公平合理的选举居然是不可能存在的。这无疑是对票选制度的一记最根本的打击。随着候选人和选民的增加，"形式的民主"必将越来越远离"实质的民主"。

◎效率：让滥竽充数的人无处可藏◎

人是理性的，即在付出劳动既定的情况下追求利益最大化，或者在获得利益既定的情况下希望付出的劳动最小化。这种利己性无可厚非，人总是在各种环境下善用所依存的条件实现自身利益最大化。《韩非子》中就记载了南郭先生"滥竽充数"的故事。

齐宣王爱好音乐，喜欢听人吹竽，每次听乐师吹竽，必定要挑选300个乐师一起合奏给他听。南郭先生听说齐宣王爱听合奏，便到齐宣王那里去自荐。齐宣王很高兴，以优厚的待遇将他留下来。事实上，南郭先生根本不会吹竽，每次合奏时他都是装腔作势。后来齐宣王死了，他的儿子齐湣王继承了王位，但是齐湣王喜欢听乐师独奏。南郭先生听到这个消息，赶紧逃走了。

几千年来，人们一直把南郭先生作为以次充好、以外行充专家的典型，实际上我们不能不说,在"合奏"的环境下,南郭先生的表现无疑是个理性人:他不劳而获。齐宣王实行的是一种平均主义大锅饭制度,无论竽吹得如何,付出了多大劳动,都得到同样的一份食物,吹竽者当然要出力越少越好——装出一副吹的样子而不用力吹。当然,南郭先生是个理性人,其他竽手也是理性人,并且会效仿。南郭先生不吹竽仍可获得同样的食物会成为一个榜样,引起更多人效仿,长此以往,乐团的竽声只会越来越小。这就是平均主义大锅饭所引起的集体无效率。正如经济学家常说的,坏的制度使好人也会做坏事。

要使南郭先生这样的懒人变得勤劳,靠的不是道德说教,而是改变大锅饭制度。当齐湣王改变了合奏制度,要一个人一个人地吹竽时,南郭先生只有两条路,或者努力学吹竽,或者被淘汰。南郭先生最终选择了逃之夭夭。淘汰了南郭先生这样的人,就激励了其他人,效率必定提高。

南郭先生的这种行为,是在齐宣王的平均主义大锅饭制度下产生的;使南郭先生逃跑的并不是他良心发现,而是齐湣王改变了制度。打破了大锅饭制度,虽然打破了南郭先生之流的"饭碗",却为更多的人提供了公平。

人的懒惰或勤奋不是天生的,很大程度上是后天养成的。平均主义大锅饭制度可以把勤劳者变为懒人,而有效率的激励制度也可以把懒人变为勤劳者。这就是经济学家常说的另一句话,好的制度使坏人也会做好事。

要使懒人变得勤劳,具体方法应该是这样的:

方法之一,实行效率工资。"效率工资"一词最初来源于发展经济学。发展经济学家发现,在发展中国家,较高的工资待遇可以提高劳动生产率。他们认为,由于发展中国家人们普遍营养不良,因而较高的工资可以改善工人的营养,增强身体素质,这样也大大提高了劳动效率。

但是很快经济学家们发现效率工资现象在发达国家也同样存在,于是原来的解释显然不合理。最后,经济学家们统一解释为:较高的工资是企业为防止工人偷懒而采取的激励办法。在这里,工资构成了工人偷懒被发现进而被解雇的机会成本:工资越高,解雇的机会成本越高。为了避免过高的机会成本,就必须努力工作,以免因偷懒而被解雇。所以,较高的工资有利于减少工人偷懒的机会主义倾向。

方法之二,实行团体激励或惩罚。在团体合作的过程中,要测定或监督每个成员的业绩是不容易的,因而监督成本就会变高。替代的办法就是对整个团体的最终业绩进行评估,达到一个给定的目标时给以团体奖金,达不到则处以团体罚金。因为每个人都渴望得到奖金,谁也不愿意受罚,于是每个人都会努力工作。当然在团体活动中很难避免偷懒行为,如果奖金足够高,罚金也足够高,每个人在进行利弊权衡后都会减少这种偷懒倾向。

公共物品：灯塔只能由政府建设

早期的英国，灯塔设施的建造与管理是由私人提供的。由于海上航行经常出事故，为了满足航海者对灯塔服务的需要，一些临海人家自己出钱建设了灯塔，然后根据过往船只的大小和次数向船只收费，以此作为维护灯塔日常开展的费用并获取一定的利润。

经营一段时间后，灯塔的建造者逐渐发现，过往的船只总是想方设法逃避缴费。他们或者绕过灯塔行驶，或者以自己熟悉海路为名干脆就拒绝缴费。建造者们只能增雇人手加强管理，但他们又没有执法权，就是真碰上不缴费的人，他们也无可奈何。而且，增雇人手也加大了建造者们的成本，慢慢地他们就变得入不敷出了，于是，私人建造的灯塔慢慢地也就关闭了。

可是，海上航行必须有灯塔的指引，那么灯塔就只能由政府出面来建设。过往的船只从此不用再向政府缴费，他们将免费使用灯塔资源。

这个故事说明，并不是所有的产品和服务都可由私人提供。政府和其他公共组织的重要职责之一就是要向民众供给私人不愿意提供的产品或服务——公共物品。

经济学家认为公共物品具有非排他性和非竞争性。所谓非排他性，是指某人在消费一种公共物品时，不能排除其他人消费这一物品（不论他们是否付费），或者排除的成本很高。简言之，排他性是指一件商品我用了别人就不能再用，比如我吃了一口苹果，别人就不可能再吃我已经吃的这口。所谓非竞争性，是指某人对公共物品的消费并不会影响别人同时消费该产品及其从中获得的效用，即在给定的生产水平下，为另一个消费者提供这一物品所带来的边际成本为零。竞争性是指我用了一件商品别人就会少用一件，我吃了一个苹果其他人可以吃的苹果就少了一个。

比如，城市道路上的路灯照亮了我回家的路，并不妨碍照亮我邻居回家的路；我得到了路灯照亮道路的好处，也并没有减少我的邻居得到相同益处的机会。路灯便是由政府提供的公共物品。可以试想一下，假如路灯有一天坏了，政府不去维修。你会去维修路灯吗？对大多数人来说答案是否定的。假如没有政府维修，我们的路灯多数会黑掉。

在我们生活中，我们能经常享受到免费的产品和服务。总体而言，公共物品基本上可以分为三类：第一类是纯公共物品，即同时具有非排他性和非竞争性；第二类公共物品的特点是消费上具有非竞争性，但是却可以较轻易地做到排他，有学者将这类物品形象地称为俱乐部物品；第三类公共物品与俱乐部物品刚好相反，即在消费上具有竞争性，但是却无法有效地排他，有学者将这类物品称为共同资源或公共池塘资源物品。

俱乐部物品和共同资源物品通称为"准公共物品"，即不同时具备非排他性和非竞争性。准公共物品一般具有"拥挤性"的特点，即当消费者的数目增加到某一个值后，就会出现边际成本为正的情况，而不是像纯公共物品，增加一个人的消费，边际成本为零。准公共物品到达"拥挤点"后，每增加一个人，将减少原有消费者的效用。

通常而言，纯公共物品都需要政府来提供，其中一个最典型的例子就是国防。对于一个国家来说，没有什么比国家安全更重要了。但国防作为一种经济品，与面包等私人物品完全不一样。10块面包可以按人头分为许多份，而且一个人吃过的面包另一个人就不可能再吃一遍。而国防一旦有人提供，就会对所有人产生平等的影响。无论是和平主义者还是好战分子，无论是老人还是青年，无论是目不识丁者还是饱学之士，都会享受到同样质量的国防服务。

◎理性犯罪：为什么人们会违章停车◎

在诺贝尔经济学奖的获得者加里·贝克尔的孙子的回忆里有这么一段：

一次，祖孙俩去购物中心。不巧，他们赶到时，停车场已没有停车位。思考一阵后，满头银发的祖父决定把车停在最多只允许停车半小时的地方。这时，孙子问祖父："这里只能停半小时，连吃顿饭的时间都不够，难不成我们要被警察罚款吗？"祖父说："停这里有可能罚款，但我想警察应该查得不严。"孙子听了听，似乎困惑着什么，又接着问："这是理性违章吗？"祖父干脆地答道："是。"

好奇的孙子和理性的祖父，再现了加里·贝克尔传奇般的故事。这位诺贝尔奖得主，最主要的贡献就是理性犯罪理论。而他所应用的这个理论的雏形，实际上源于40年前停车场上的同样一幕。当时，加里·贝克尔作为考官去考一个读博士的学生，没想到，路上遇到事故，他迟到了，来不及再去找免费停车场。于是，他衡量了一番，在收费停车场停车的成本与违章停车被抓的风险之间做了一次选择。就是这一次的决策，让他在头脑中形成了一个当时还比较罕见的想法：罪犯对日后受到惩罚的风险与成本，可能都有所反应。他随即将这个问题作为考题与考试的学生讨论起来。

后来，在经过深入思考和研究后，加里·贝克尔提出了理性犯罪理论。

所谓理性犯罪，是指当人们从事犯罪活动的效用（收益）超过他把时间及其他资源用于从事其他活动所能带来的效用（收益）时，他就会选择从事犯罪活动。也就是我们平常所说的明知故犯。

如现实生活中有企业家所犯的操纵证券罪。根据效用函数的原理，比如集中资金控制流通股这样操纵证券，量刑是有期徒刑5年，而在这次操纵中可以得到资金回报是1亿，就是说每坐一年牢可以得到2000万，而在市场上过着犯人都不如的生活也未必能每年挣1000万。所以在这种情况下一般不法分子会采取理性犯罪。

有一个从贫困山村走出来的青年，村里人对他的评价都很好，说他老实、善良。

孰料，几年后这个青年沦为一个抢劫杀人犯，以被判处死刑的方式结束了自己年轻的生命。

当接受到记者的采访时，他说，穷他可以忍受，只要别人能善待他。他又说，他打工4个月了，都没有休息过一天，但只旷工一次就被开除了。如果不是每天工作12小时，如果一个月能休息一天，如果他的工钱再多一点，他绝不会走这条路。他考虑到与其选择忍耐，一个月累死累活挣不到几个钱，不如去抢劫，只要得手一次就可有几千元，乃至上万元的收入。

青年也知道抢劫被抓后会坐牢，甚至判处死刑。但在高成本和高风险的衡量下，他甘于冒险。

其实我们生活中有很多这样的例子，他们并不是不知道这样做会犯罪，会受到惩罚，而是他们衡量了犯罪的得与失，很多人的一句口头禅是"抓不着就算我走运"。

出于维护正常经济秩序的考虑，国家必须严厉打击这种经济犯罪。其直接有效的方法就是打碎企业家的小算盘，提高犯罪分子预期的犯罪成本，对犯罪分子实施更有效的惩罚，产生刑罚威慑作用。比如，我国刑法对操纵证券罪刑罚规定：情节严重的，处五年以下有期徒刑或者拘役，并处违法所得一倍以上五倍以下罚金。

◎权利寻租：和珅为什么会成为"贪污之王"◎

和珅被称为历史上的"贪污之王"，他的财产相当于当时清朝15～20年的财政收入，在他的巨额财产中，绝大部分的份额是他的贪污受贿所得。

和珅利用自己的职务之便，经常索贿受贿。有一年，有个叫孙士毅的总督，从安南（今越南）回京述职。在前往金銮殿的宫门之外偶遇和珅，和珅一眼就看到他手中拿着一个用珠子做成的鼻烟壶，大如雀卵，雕刻精巧，晶莹剔透。和珅一见，便爱不释手，口中连连称赞，把玩了一会儿，就对孙士毅说，孙大人如果不嫌弃在下的话，能否把这个玩意送给在下呀？孙士毅说是用来进献皇帝的。和珅没想到孙士毅竟然拒绝了他，觉得很没面子，只好掩饰说，只不过是一句玩笑罢了。几天之后，孙士毅又在军机处见到和珅，和珅手拿一个鼻烟壶，正是他进献给皇上的那个。和珅得意地笑道：此物乃是皇上所赐的。

大多数人不像孙士毅那样不懂"世故人情"，而是积极向和珅"送好处"，为自己谋得利益。据说，江苏吴县有一个大珠宝商，将特大珍珠藏在金制的圆盒里面，外面配有精致的小木箱，一个要卖二万金。尽管价格不菲，但是一些官员还是争相购买，唯恐买不到。有的人问这些官员：你们买如此昂贵的珠子，有什么用途啊？这些官员回答说：献给和中堂。

其实和珅的贪污行为可以用一个经济学词汇来归结：寻租。那么，究竟什么才是"寻租"呢？诺贝尔经济学奖获得者布坎南认为，寻租是指通过国家的保护所产生的财富的转移，旨在通过引入政府干预或者终止它的干预而获利的活动。这种努力把有限的社会资源进行了一种非生产性的活动，降低了社会的生产活动。寻租者通过特殊的地位或者垄断权力将本应该属于别人或者公众的财富转移到了自己的手中。

布坎南曾举例说明什么是寻租活动。假设一个城市的政府用发放有限数额的经营执照的办法人为地限制出租车的数量，那么市场上的出租车数量就可能少于自由竞争市场的均衡水平，出租车业主就可以赚取超额利润。人们受到这种超额利润的吸引就会想办法从主管执照发放的政府官员那里得到营业执照。如执照的发放很大程度上取决于主管官员的个人意志，寻求执照的人们就会争相贿赂这些官员。这便是一次设租和寻租的过程。

不过需要指出的是，寻租并不一定是政府或与政府相关的行为，寻租是无处不在的。比如说许多行业都规定了特殊的经营群体，由于进入的限制，人们为了进入这些领域，就需要开展寻租活动，争夺经营权；由于特殊行业的管理者拥有绝对的审批权力，所以很多官员也开展寻租活动，争夺这个权力。

值得关注的是，经济学的寻租理论所研究的内容，不是寻租活动与寻利活动在道德意义上的差别，而是产生这些活动差异的社会经济体制条件。这里不存在谁"好"谁"坏"、谁"对"谁"错"的问题，只有什么样的经济体制条件会发生什么活动，会产生什么效果的问题。

宏观经济的良好运行需要政府干预经济，而政府官员往往凭借着国家赋予的权力，没有成本地实现社会财富的转移，使自己获得好处。形象地说，这些掌握社会权力的官员们，将国家赋予的权力当成一种可以出租获利的物品，对外出租，获得租金。

所以，寻租理论认为寻租存在的根本原因就是政府行政干预的存在，行政干预越多，管制越多，寻租的机会就越多，社会资源的浪费就越严重，负面的效益就越大。寻租活动就整个社会效益来说，它创造的是一个负值，并且社会财富是不断减少的。

有人说政府是寻租活动的根源。与其说政府是寻租活动的根源，不如说那些不受权力约束的官员是寻租活动的根源。因为，政府也是由人组成的，政府官员也是有限理性的经济人，要限制寻租活动，首先要通过制度建设约束政府工作人员的行为和权力，制止权力的滥用。其次要尽可能依靠法律和行政的手段减少行政审批项目，也就是说减少人为设租的可能性。

除了以上所说的措施之外，最重要的是要增加政府行为的透明度，加强社会公众和舆论的监督。最大限度地降低信息不对称的程度，使公众对政府的决策、审批有合法的知情权。

激励相容：好的制度应当顺应人的本性

20世纪初，美国在一些企业实施的双阶梯激励机制，是为了给组织中的专业技术人员提供与管理人员平等的职业发展机会而设计的一种职业生涯系统和激励机制。在这种机制下，专业技术人员的职业生涯可以有两条平等的路径：一条是管理职业生涯路径，一条是技术职业生涯路径，走技术阶梯人员能够与管理人员享有平等的发展机会和发展层级。这样，一方面，可以鼓励那些在业务技术上有优势和潜力的员工专心走业务技术的道路，为企业业务的创新与发展作出特有的贡献，另一方面，在一定程度上有效地扭转了员工把进入管理层作为唯一的职业发展道路的局面，为员工个人职业生涯打开更多的通道。

一个好的制度不是不让人自利，而是要形成一个内在的制约制度，利用人无法改变的利己之心去引导他做有利于社会的事情。因此，制度从一开始制定时就要顺从人的本性，这样才能形成一种因势利导的有效激励制度。这涉及制度经济学中"激励相容"的概念。

哈维茨创立的机制设计理论中激励相容是指：在市场经济中，每个理性经济人都会有自利的一面，其个人行为会按自利的规则行动；如果能有一种制度安排，使行为人追求个人利益的行为，正好与企业实现集体价值最大化的目标相吻合，这一制度安排就是激励相容。现代经济学理论与实践表明，贯彻激励相容原则，能够有效地解决个人利益与集体利益之间的矛盾冲突，使行为人的行为方式、结果符合集体价值最大化的目标，让每个员工在为企业多作贡献中成就自己的事业，即个人价值与集体价值的两个目标函数实现一致化。

那么，如何才能设计出个人与企业价值的激励相容机制，从而实现两者价值最大化的双赢之路呢？

一是要设计合理的激励机制及手段。产生"相互抱怨"的企业都有一个共同的特点，即激励机制的缺失或扭曲。论资排辈、岗位僵死、固定的工资、平均的福利等现象在一些企业普遍存在，企业对个人的考核主要是根据资历、学历、职务或职称来确定。这种情况鼓励了员工片面地追求高学历、高职务、高职称，忙于应付各种考核，把相当一部分精力放在满足这些指标上，而忽视了实际能力的培养和发展。造成的结果是劳动报酬与劳动贡献发生偏离，影响着员工的工作态度，甚至出现怠工、出工不出力、出力不出活现象。解决问题的途径就是要设计合理的激励机制及手段，要将劳动贡献与报酬直接挂钩，淡化资历、学历、职称等对收入的影响，破除学历、资历、身价等条条框框，不拘一格选拔人才、使用人才、培养人才。激励手段中要将个人的收入更多地以货币收入的形式出现，尽量抑制个人对非货币收入的动机，使个人与集体的两个目标函数一致起来，使两者的价值追求相容，为实现个人与企业的双赢打下良好的制度基础。

二是要为员工提供多渠道的职业发展路径。目前，大多数企业员工的薪酬待遇是随着个人管理地位的提高而增加的，也就是说，对于从事具体业务的人而言，要想收入提高，就需谋得较高的管理职位。这种实质上收入分配的职务化，导致了员工个人发展路径的盲目化。一些员工本身优势在于专业项，但为了更高的物质收入，不得不把相当一部分精力从钻研业务中抽出来，去谋职求位。为员工设计多渠道的职业发展路径就可以有效地解决这个问题。

三是要塑造健康向上的企业文化来凝聚优秀人才。没有良好的企业文化，员工与企业很难做到真正意义上的休戚相关。实践表明，企业仅仅靠条条框框的条例、规章、制度是不能有效地解决组织运行中的诸多问题的，尤其是不能使设计良好的公司治理结构发挥出应有的作用，而企业文化作为各种规章制度发挥作用的根基，作为可以使人心服的"软件"，在人力资源潜能的调动中具有重要的作用。要在管理中贯彻以人为本的思想，强调对人性的理解和尊重，按人性的规律对人进行管理，将企业的经营思想、价值理念、行为方式等整合到员工的思想和工作中去，促使每个员工的积极性得以充分释放。

只有充分尊重劳动成果、激发个人潜能的制度设计，才是有效的、激励相容的制度。企业在设计激励相容机制时，要真正做到岗有所需、人有所值，实现人力资源配置最优化，切实把人力资源变为人力资本，保证企业价值实现的同时，能够使员工自身的优势和特长得到充分发挥，促进整体素质的提高、知识的升华和价值的实现。唯有如此，才能真正实现个人与企业价值的双赢。

把握正激励和负激励的结合点关键是要分清楚员工的行为是正确的还是错误的。正确的行为用正激励去强化，错误的行为只能用负激励去制止。

◎ 热炉法则：制度面前人人平等 ◎

有一位包工头每年年关都要"消失"一段时间，然后等到除夕夜再出现。他之所以玩"消失"，就是为了逃避农民工讨工资。

但在这年年关，他并没有消失，而他的车子却不见了。他自己的车子呢？卖掉了。原来年关到了，该收的钱没有收进来，而要付的农民工工资却一分不能少，他不得已才卖了车子。

原来政府出台了一项制度，拖欠农民工工资的包工头，下一年一概不再发包给他们。而这位包工头的主要服务对象就是政府部门组织的多项建设。他思前想后，只得卖了车子，先付了农民工工资再说。

包工头本来也不想给农民工发工资，但制度的约束力和威慑力摆在面前，他的最佳选择只有：发放农民工工资。其实，我们的行为准则需要有硬性制度约束。如危害自己和他人健康的公共场所吸烟现象；校园和医院的"大嗓门"现象；公交车上面对病人、老人不让座现象；病危病人来不及交费，医生见死不救现象……硬性的制度是维护社会道德氛围的良好武器，人们会在制度面前做出自身利益最大化的选择。

火炉面前人人平等，谁摸谁挨烫，这就是"热炉法则"。一套规章制度只要出台，就应遵守热炉法则，既能给人以警示作用，又能使犯规者得到应有的惩戒。如果不讲法制只讲人制，规章制度的权威性就会受到质疑和贬低。在执行规章制度方面必须从严，这样才能体现规章制度的严肃性，又能使他人引以为戒。热炉法则向我们形象地阐述了执行制度时惩处的原则：

1. 预警性原则

热炉通红，不用手去摸就知道炉子是热的，会烫伤人。这通红的"火炉"就好比党纪法规，是一柄时刻悬在每个人心头上闪着寒光的"达摩克利斯剑"。领导者虽权力在握，但不可忘乎所以，必须常怀敬畏之心，自觉接受党纪法规的约束和教育，时时想想那通红灼人的"火炉"。

2. 必然性原则

无论谁采取什么方式触摸"热炉"，都肯定会被灼伤，也就是只要触犯了国家法律和党纪党规，就一定会受到严肃惩处。克服侥幸心理，必须树立制度、法规约束力的绝对权威，使那些贪婪之人，掂量掂量炙热"火炉"的温度，从而不敢伸手了。

3. 即时性原则

当你碰到热炉时，立即会被灼伤，也就是惩处必须在错误行为发生后及时进行。"刑罚不时，则民伤；教令不节，则俗弊"。"除恶务快"是很重要的一环。

4. 公平性原则

"热炉"没有任何弹性，无论什么人，无论何时何地，只要触摸了"热炉"，都会被灼伤。只要做到"不辨亲疏，不异贵贱，一致于法"，除恶务尽，有贪念者就不敢再去触碰"热炉"了。

◎ 法制经济：法制体系保证经济建设 ◎

市场经济就是法制经济，这句话有几分道理。一个社会的经济秩序主要是靠法律规范甚至靠法律惩罚建立巩固，假如没有严厉的法纪，市场就会变得混乱不堪。俄国作家克雷洛夫在《克雷洛夫寓言》里写了这样两个寓言故事：

一篇是《狗熊照看蜂房》。百兽推举爱吃蜂蜜的狗熊看蜂房，结果狗熊监守自盗，把蜂蜜都往自己窝里搬。事情败露后，百兽罚它在窝里禁闭一个冬天。本来熊就要冬眠，蜂蜜又不用还，受罚的熊日子过得美滋滋。

另一篇题为《狗鱼》。一条狗鱼罪大恶极，要对其进行审判。法庭由两只驴子、两只老马以及两只山羊组成,并任狐狸为检察官。没有谁能指出审判有什么不公正的地方,狗鱼实在无从抵赖,起初被判吊死在树上。这时狐狸检察官成了关键先生,它说对于狗鱼此种恶行累累的家伙,绞刑实在太轻了,应该判以闻所未闻的重刑——让它在河里活活淹死!法庭接受了建议,改判为将狗鱼扔到河里淹死。

寓言是人类生活的折射,克雷洛夫在寓言中讽刺的社会现象,在我们的现实生活中真实地存在着。比如,假冒伪劣产品经常被曝光却还层出不穷。犯法的收益远远大于支付的成本,制假售假也就屡见不鲜了。

市场经济是一种以市场为基础配置社会资源的经济运行方式和竞争平台,市场交易的基本原则是公平、公开、公正,没有法律,市场秩序将一片混乱。我们知道,市场经济是一种竞争经济。通过竞争达到优胜劣汰,合理配置资源,是市场经济的优越性之一。但是,市场竞争必须是公平、合法的竞争,否则,市场机制就可能失灵或扭曲。在市场竞争中,有些竞争者为了贪图利益不惜冒风险,采取各种不正当手段进行或限制竞争,妨碍正常的市场竞争。这时需要运用法律手段规范和制裁不正常竞争和垄断行为,维护公平、合理的市场竞争。这就像球赛,球员必须依照一定的规则进行比赛。没有规则,比赛就无法进行。因此,市场经济的法律体系就相当于比赛规则,它是维护正当竞争的保障。

市场经济愈发达,法制就要相应随之发展。我国现在虽处在社会主义初级阶段,但是必须坚持"社会主义市场经济是法制经济"这一原则。

在英国发展商品经济的初期,假冒伪劣产品不少,借钱欠款不还也相当寻常。但当法律得以认真严厉的执行,制假售假者被惩罚得倾家荡产还要成囚徒,借钱欠款不还者不但要被抄家抵债还要进监狱时,谁还敢藐视市场经济的规则?也正是这样,英国市场秩序变得井井有条,依法严惩犯罪者造就了一个文明诚信的英国。在意大利,著名国际影星逃税多年,一下飞机立即被捉拿归案,谁敢不依法照章纳税?在新加坡,吐一口痰要罚款 5000 新元,谁敢和神圣的法律去较劲?

如果有法不依,法律便成了稻草人。如果政府管理部门只局限于对市场进行突击检查,没有人对市场进行日常的产品质量检验,恐怕伪劣产品会源源不断地流入市场。其实,解决我国的市场经济违法行为途径很简单:应该加大对市场经济违法行为的打击力度,使违法犯罪的成本远远大于其收益,而且执法立竿见影,令行禁止,权贵犯法与"草根"同罪。

在社会主义市场经济中,政府充当的是市场经济的监管者的角色。政府在为市场做好服务的同时,也应该拿起手中的"大棒"严厉打击市场中的违法行为,切实维护好市场经济的秩序,从而为社会创造良好的市场交易秩序。

第十章
全球化：
日益紧密的全球经济

◎ 经济一体化：世界越来越小，联系越来越紧 ◎

LV专卖店，一对夫妻正在谈话。

女说："老公，我就买这款LV的包如何？你看我背好看吗？"

男说："老婆，我看你背上不错，就买这款吧。但我要提醒你，即使包里的钱丢了，也不能把包丢了，这包很贵呀！"

女说："老公，你放心，我记住你的话了。以后万一遇到歹徒打劫，我就是自己让歹徒劫走，也不会让歹徒把包劫走！"

这对夫妇的对话让人忍俊不禁。随着社会的发展，越来越多的世界品牌进入中国，奢侈品如路易·威登、香奈儿、阿玛尼，普通品如高露洁、玉兰油、潘婷，越来越多的国人都在过着一种享受国外商品带来的便利与舒适的全球化生活，也以各自的方式参与着世界经济的运转。

一体化的含义是把各个部分结合为一个整体。在经济学领域里，一体化首先出现于对企业经营活动的研究中。自20世纪50年代初起，一体化被广泛应用于对国际经济活动的研究中，用来形容多个国家独立的经济活动融合为紧密相连的一个整体的经济活动。经济一体化定义最早是由荷兰经济学家丁伯根在1954年提出的。他认为："经济一体化就是将有关阻碍经济最有效运行的人为因素加以消除，通过相互协调与统一，创造最适宜的国际经济结构。"

正因为全球化的交易，让各国人都可以生产自己最专业的物品和劳务，同时也消费着其他国家最专业的物品和劳务。你的帽子也许是越南产的，眼镜是泰国的，外衣是法国的，领带是意大利的，而鞋可能是巴西的。这种国际贸易的好处显而易见，同时也让国家的出口、进口、汇率和外汇储备这些经济数据变得越来越重要。例如，在20世纪50年代，美国出口的物品与劳务平均只有5%，而到了2000年，涨到原来的3倍，变成15%。这表明美国参与世界经济的程度越来越高，对世界经济的影响也越来越大。

经济全球化是当代世界经济的重要特征之一，也是世界经济发展的重要趋势。在这个趋势下，世界经济越来越成为一个不可分割的有机整体。其内容主要包括以下方面：

1. 生产全球化

举例而言，美国波音公司生产的波音客机，所需的450万个零部件，来自6个国家的1500家大企业和1.5万家中小企业。波音公司所完成的不过是科技的设计、关键零部件的生产和产品的最终组装而已。据统计，目前全世界有40%的产品是由跨国公司生产的。

2. 贸易全球化

世界市场的形成使各国市场逐渐融为一体，并极大地促进了全球贸易的发展。国际贸易的范围不断扩展，世界市场容量越来越大，各国对世界市场的依赖程度也日益增大。

3. 金融全球化

各国金融命脉更加紧密地与国际市场联系在一起。迅速扩展的跨国银行，遍布全球的电脑网络，使全世界巨额资本和庞大的金融衍生品在全球范围内流动。

4. 投资全球化

国际投资中资本流动规模持续扩大。1995年发达国家对外投资总额达到了2.66万亿美元，是1945年的130多倍。资本流向从单向发展为双向，过去只有发达国家输出资本，现在发展中国家也对外输出资本，包括向发达国家输出。

5. 区域经济一体化

区域性经济合作日益加强。区域经济组织遍及全世界，如欧洲联盟、北美自由贸易区等。许多区域集团内部都实现了商品、资本、人员和劳务的自由流通，使得区域内能够合理配置资源，优化资源组合，实现规模经济，提高经济效益。

经济全球化为发展中国家提供了难得的发展机遇，有利于吸引外资，弥补国内建设资金的不足；有利于引进先进技术和设备，实现技术发展的跨越；有利于学习先进管理经验，培养高素质的管理人才；有利于发挥比较优势，开拓国际市场。另一方面，它也不可避免地会给发展中国家带来不利因素和风险。发展中国家的经济和科技水平相对落后，不仅面临着发达国家经济和技术优势的巨大压力，而且国家经济主权和经济安全也受到严重挑战。正因为如此，世界银行首席经济学家斯蒂格利茨把全球化具有的两重性比喻为一柄"双刃剑"。

◎ 中国制造：美国记者离不开中国产品 ◎

提起"中国制造"，人们不禁感到颇为自豪——中国制造可以说创造了多项世界第一的记录，也让全世界的消费者重新认识了中国的制造能力。从新中国成立时连最简单的火柴和铁钉都被称为"洋火"、"洋钉"的一穷二白，到我们建立了完整的工业体系，飞机、卫星、导弹、轮船、火车、汽车、计算机、通讯电子等都建立了自己的品牌，这是一个质的飞跃。

我们来看一组振奋人心的数据：据商务部 2008 年统计，目前世界 500 强除了极少数公司没有在中国投资投产外，95% 以上把中国作为自己的生产基地，通过合资或 OEM 代工的方式进行"中国制造、全球消费"的运营。现在我国在全球制造业中所占的份额，2006 年已经达到 8%，总量上超过日本，成为全球第二大制造大国，有 172 类产品总量居世界第一，同时我国还参与大全球产业链的分工，作为世界工厂的地位已经形成了。这是我们制造业跨越式发展的一个重要标志。

"中国制造"取得如此世界瞩目的成就，是否意味着我们就可以高枕无忧了？答案当然是否定的。我们再来看看下面这些同样引自媒体的数字：据统计，近年来我国设备投资的 2/3 依赖进口，光纤制造装备的 100%、集成电路芯片制造设备的 85%、石油化工装备的 80%、轿车工业设备、数控机床、纺织机械、胶印设备的 70% 被进口产品占领；中国每年要花费 6000 亿元从国外进口重大设备；劳动生产率大概只是美国的 1/23……世界知名品牌少、核心技术创新少、拥有自主知识产权企业少、依靠低廉的劳动力和价格占领市场，要摆脱这些问题，"中国制造"还有很长的路要走。

除了自身具有的短板之外，"中国制造"还面临着诸多挑战。第一，随着中国国家经济水平逐步缩短与西方发到国家的差距，人民生活水平不断提升，低工资、低待遇的中国劳动力初期开发阶段已经成为历史，以往的核心竞争力是拥有低劳动力成本优势，但目前这种优势正在衰退，而且这将是一个不可逆转的发展大势。第二，各种原材料、能源价格的不断上涨，成本优势更加面临被遗失殆尽的危险。此外，全民环保意识的提升，以及知识产权保护的加强，更加对原有的中国制造业企业提出了挑战。

现阶段，如何能将"Made in China"改为"Made by China"？这一个单词替换的背后，折射出我国产业的价值取向必须发生巨变——用"中国创造"升级"中国制造"。

诸多的调查结果显示，我国处于不利地位。在各国先后树立起来的贸易壁垒背后，中国很"受伤"。商务部进出口公平贸易局局长王世春表示，中国外贸发展面临的新挑战就是技术性贸易壁垒，而作为发展中国家，我国出口的产品多是低技术含量产品，市场被发达国家的众多指标卡在国门之外。

在这种情况下，中国该怎么办？

首先，应当在出口产品时增加技术含量，以出口高科技/高技术含量的产品为导向。为了减少我国的损失，在无法对诸多发达国家的贸易壁垒提出控诉时，应当积极提高自身应对风险的能力，减少低技术含量产品的出口，而尽量向外输出符合其指标的产品。

其次，进入国外投资建厂。当然，这一点是针对生产规模较大的出口商来说的，其有实力在国外建厂，一方面可以利用当地的资源，另一方面也规避了贸易壁垒。这正是使用了走出去的战略，实现"曲线救国"。

最后，适当改变我国的出口格局与战略。商务部的官员表示，多年来，我国一直针对美、欧、日3个市场进行出口。但由于其市场相对成熟，运作规范，相关的规定也都比较完善，这对我国目前的产品来说，非常不利。因此，应当在全世界开发其他出口地区，例如俄罗斯、拉美等新兴市场，积极扭转我国在对外出口中的不利局面。

◎ 知识产权：无形的贸易障碍 ◎

当今世界层出不穷的科技产品瓜分着市场和金钱，也影响着国家的支配力，技术和商业秘密的竞争势必是激烈无情的。随着美国经济危机的爆发，美国专利战和商业秘密战加剧。中国企业也已经成为美国专利、商业秘密法律诉讼打击的重点对象。针对此次金融危机，美国再次启动了"专利屠宰"运动。

以中国企业为例，联想2009年1月1日至7月20日卷入9起美国专利诉讼，占其历史上在美卷入全部专利案件的36%；UT斯达康2009年1月1日至7月15日卷入6起美国专利诉讼，占其历史上在美卷入全部专利案件的37.5%；华为公司2009年1月1日至7月15日卷入2起美国专利诉讼，占华为历史上在美卷入全部专利案件的66%；中兴通讯2009年1月1日至7月15日卷入3起美国专利诉讼，占其历史上在美卷入全部专利案件的75%；海尔2009年1月1日至8月12日卷入3起美国专利诉讼，占其历史上在美卷入全部专利案件的50%。

随着以信息产业、生物产业、创意产业等为主干，以高知识含量为特征的知识经济时代的到来，知识产权愈益成为企业的核心竞争力。从这次国际金融危机可以看出，具有知识产权优势的企业受到的冲击较小，应变能力和抗风险能力较强；而缺乏知识产权的企业受到的冲击较大，抵御危机能力较弱。因此，有关政府部门应加强企业知识产权工作，引导和帮助企业有效运用知识产权。这是应对国际金融危机冲击、增强抵御世界经济风险能力的一个重要手段。

那么在2009年困扰美国和中国企业的知识产权到底具有什么内涵和特点呢？知识产权是指公民或法人等主体依据法律的规定，对其从事智力创作或创新活动所产生的知识产品所享有的专有权利,又称为"智力成果权"、"无形财产权",主要包括发明专利、商标以及工业品外观设计等方面组成的工业产权和自然科学、社会科学以及文学、音乐、戏剧、绘画、雕塑、摄影和电影等方面的作品组成的版权(著作权)两部分。

从知识产权的定义可以看出,知识产权具有如下特点:(1)知识产权是一种无形财产。(2)知识产权具备专有性的特点。(3)知识产权具备时间性的特点。(4)知识产权具备地域性的特点。(5)大部分知识产权的获得需要法定的程序,比如,版权的获得是自作品完成之日起自动产生的。

国家知识产权局不久之前公布了2009年我国专利申请以及授权情况。2009年我国共受理专利申请97万多件,授权58万多件,同比增长了41%。截止2009年年底,我国专利授权总量达到308万零3260件,其中发明专利授权占19%,使用新型专利授权占44.4%,外观设计专利授权占36.6%。在所有授权的专利当中,其中最能够代表专利质量的就是发明专利,在我国去年授权的国内专利当中,发明专利是占到了13%,同比上升了40%左右,同时我国的企业2008年申请的专利达到了近40万件,同比上升了33%,企业正在成为我国知识产权创造和运用的主体。

随着中国知识产权制度体系的建立和发展,我国企业的知识产权保护意识虽然在逐渐增强,但仍远远不够,境外申请专利及商标注册数量还很低,包括中华老字号在内的知名企业的著名品牌在境外注册商标比率不高。据世界品牌实验室调查显示,在"中国500个最具价值的品牌"中,有近50%未在美国、澳大利亚和加拿大注册,在欧盟未注册的品牌的比率高达70%以上。由于企业对海外商标注册的忽视,中国知名商标海外遭抢注问题接踵而至:五粮液在韩国被抢注;桂发祥、六必居在加拿大被抢注;同仁堂、杜康、一得阁在日本被抢注;阿诗玛、海信、红塔山、康佳、竹叶青等也都没有幸免。据不完全统计,目前15%的内地企业商标已被境外恶意抢注,这已严重影响中国企业的国际化发展进程。

我国企业对知识产权保护意识薄弱,不仅体现在对品牌和商标缺乏保护上,还表现在我国企业没有申请专利的意识。企业较为重视有形资产的保护,却忽视了其作为无形资产的保护,从而导致我国每年有很多知识产权被"抢注"。所以增强知识产权保护意识已成为企业家的共识,加强企业知识产权法律保护也已成为企业发展的"原动力"和"分水岭"。目前,我国缺乏一套有效的知识产权保护机制,知识产权保护涉及很多方面,包括法律、政治、经济、文化等领域。如山西老陈醋商业秘密泄露事件的发生;景泰蓝、宣纸等民族绝技的泄密,国内大量的知名商标在国外被抢注。因此,在大力保护国外的驰名商标时,应加强对国内驰名商标的扶植与保护。

深入实施知识产权战略,支持企业实施知识产权战略,突出大中型企业在实施知识产权战略中的重要地位。以知识产权战略引领企业向价值链高端攀升,努力以品牌占领市场、以品牌创造价值,加快企业从以出口为主向增加内销、从单纯贴牌加工向自主品牌生产销售的发展转型进程。实施企业知识产权保护战略,要从以下几个方面入手:

第一,树立品牌,增强意识。知识经济时代,品牌之"名"越来越在于产品的知识含量之高,企业应保持产品在知识含量上的优势来谋求产品的竞争优势,只有企业掌握了过硬的知识产权,才能在市场上推出叫得响的民族品牌,才能在国际市场上占有一席之地;有了自己叫得响的民族品牌,更应该树立品牌保护意识,洞悉跨国集团在我国运用的品牌战略,以品牌的国际化带动知识产权战略。不仅要利用国内的资源条件和市场,更要充分利用国外的资源与市场,进行跨国经营,使我们的品牌发展成为全球化品牌。

第二,加强申请,促进保护。据报道,仅加入世贸以来我国企业因知识产权纠纷引发的经济赔偿累计超过 10 亿美元。因此我们应从多个角度、立体地实施专利保护战略。实施专利保护战略作为企业发展的护身符已是我国企业的当务之急。

成立专门的知识产权机构,建立专利信息中心收集信息,构建知识产权保护网,通过专利信息中心,对与本企业产品相关的专利作分类管理。据世界知识产权组织(WIPO)统计表明,每年新技术发明创造的 90% 以上都会在专利文献中检索到,所以我们可以不断地更新我们的专利资料库,对相似技术进行排查并通过专业人员对相关内容进行侵权分析,在不构成侵权的情况下,使企业的研发人员了解本行业的技术发展趋势,为创新项目提供方向,保持研究开发中的合法性。

提高专利申请率,设置专利网战略。对每一项创新方案都申请一项专利,并在基本专利的周围设置大量原理基本相同的不同权利,并且技术开发本来就是一个不断升级的过程,因此当一个企业拥有自己的自主专利权时,应通过不断改进原有技术而获得网状的专利保护范围。

第三,加大创新,提高效率。实施企业知识产权战略,必须加快建立企业技术创新体系,增加知识产权的产出量,形成企业在技术创新和科技投入中的主体地位。一要在企业技术创新过程中确立知识产权的概念,充分利用知识产权文献,注意发现、申报和形成知识产权;二要加强企业技术中心建设,使技术中心成为新产品、新技术开发和知识产权战略实施的载体,成为吸引、凝聚科技人才,调动和发挥其积极性和创造性的平台;三要加强产学研合作,按照"利益共享、风险共担"的原则,共同开发新产品和新技术,建立研究所和实验室,共同培养技术人才。

◎ 金融监管:监管过度创新的金融工具 ◎

2008 年 9 月 7 日美国政府果断出手,接管两大住房抵押贷款机构房利美和房地美。曾占据美国房贷市场半壁江山的房利美和房地美因受次贷危机冲击,在过去一年中亏损达140亿美元,股价暴跌了约90%,最终陷入困境。

一个星期后,"黑色9月"进入第二个阶段:9月15日,美国第四大投行雷曼兄弟公司被迫申请破产保护;同日,美国第三大投行美林公司被美国银行收购。

2008年9月14日晚上,纽约曼哈顿人流熙攘依旧。在第七大道雷曼兄弟公司总部门口,警察用隔离栏围住大门,周围站满了记者和好奇的行人。"发生什么事情了,雷曼公司真的要倒闭吗?"一位路人询问着。没有人应答,只见从雷曼公司不断走出抱着箱子、拖着行李的员工,走向街头寻找出租车。

9月16日,世界最大保险公司——美国国际集团(AIG)告急,美联储向其提供850亿美元的紧急贷款。9月25日,美国最大的储蓄银行华盛顿互惠银行被美国联邦监管机构接管,成为美国历史上最大银行倒闭案的主角,其部分业务被出售给摩根大通公司。9月29日,美国第四大商业银行美联银行被花旗银行以530亿美元收购。短短几周时间,美国金融业完成了原本需要十年的行业整合。

9月21日,美国联邦储蓄委员会批准美国第一大投行高盛和第二大投行摩根斯坦利转型为银行控股公司。

一场自1929年大萧条以来最严重的金融海啸让全球金融中心——美国的华尔街经历了"黑色9月"。次贷危机使美国前五大投行全部经历巨变,华尔街格局发生了根本性变化。路透社评论说,这意味着一个"时代的终结"。美国五大投行,在2000年互联网泡沫和房地产泡沫经济的推动下,是追逐潮流的弄潮儿。它们依靠政府的背景、强势的地位,以1美元做100美元,甚至1000美元的生意。

如今,潮水退却了,大家才真正看到了谁在裸泳。贝尔斯登、美林被逐出游泳场,雷曼兄弟被视为泳场禁入者,高盛和摩根斯坦利被美联储勒令穿上比基尼,交由银行托管。还有多少金融机构将会受到牵连,现在我们还无法知晓,但随着危机的一步步加深,一座座冰山将会不断地浮出水面。

五大投行倒闭以后,寻求从金融风暴脱困的银行家和证券经理人,争先恐后地把家人、财产和他们的才干带离纽约市华尔街,到佛罗里达州、芝加哥、密尔瓦基、弗吉尼亚州和亚洲等中、小型市场,寻求稳定的工作机会。

美国华尔街的垮掉是2008年的大事,无论怎么大书特书都不过分。正如查韦斯总统在访华时说的那样:"华尔街的坍塌对于资本主义而言,相当于柏林墙之于苏联。"一个时代结束了,一种信仰结束了,没有人再相信放任自流的资本主义是最佳选择。

是华尔街的金融高管合伙诈骗了世界,华尔街过度创新的金融工具,缺少监管、过度杠杆化的金融风险,以及过高的金融高管的薪资压垮了华尔街。

华尔街把次级贷包装、重组成CDS(信用违约互换,一种金融衍生品,英文全称Credit Default Swap)向世界各国大肆兜售。就这样,华尔街以一个不可思议的杠杆率,用1.2万亿美元的次贷按揭债券套牢了一个价值1000万亿美元的衍生品市场。

这 1000 万亿是什么概念？目前全球所有国家的产值也只有 50 万亿，而这个所谓金融衍生品市场是其 20 倍。因此，华尔街死得其所。

在过去的几年中，华尔街自己制定规则，自己生产、销售那些叫人眼花缭乱看不懂的金融衍产品，然后又悄悄地自己分配利润、闷声发大财。那些衣着光鲜的金融高管每天只消打几通电话或者在电脑键盘上敲击几下，就可以获得非洲、亚洲一个农民一年的收入。即使在金融危机爆发后，这些金融高管还要求发高额奖金。

陷入财务困境而多次向政府伸手求援、接受了 1800 亿美元政府援助的美国 AIG 集团，虽然已经答应奥巴马政府会整顿和改革派发花红的制度，但该集团仍会按照原定计划，向一批高级管理人员派发巨额花红，总额达 4500 万美元。

高盛的贪婪是最臭名昭著的，这家金融机构 2008 年改组为金融控股公司，以享受联邦储备贷款的救济，但到了 2008 年年底，却推出高管的巨额薪金和股权激励，令全美国舆论哗然。到 2009 年年底，高盛用于分红的"奖金池"将高达 230 亿美元。

摩根大通公司今年第一季度员工平均薪酬达 13.8 万美元。按此估计，公司贸易和投资部门员工人均年收入将达 50.95 万美元。

而银行业主对于高奖金的解释是"留住人才"，却让投资者和政府苦不堪言。高额奖金正是造成金融危机的重要原因之一。法国总统萨科奇谴责金融高管年薪，要求银行对交易员的奖金发放做出限制。

2009 年 2 月 4 日，奥巴马公布了一系列薪酬限制措施，其中包括对接受"特殊救助"的金融公司的主管实施严格的限制薪酬规定，其年薪不得超过 50 万美元。这项新规定不仅适用于花旗等已经接受政府援助的金融企业，还同样适用于未来可能接受政府救助的企业。而若企业以股票形式给予高管奖励，价值超出 50 万美元的也须在该企业清偿政府贷款后才能兑现。

正如美国前总统布什所说，"毫无疑问，华尔街是喝醉了，现在还处于宿醉阶段。问题是它还要多久才会清醒过来"。如果华尔街不从自身彻查这次危机，那他一定会再醉。

◎次贷危机：波及全球的经济萧条◎

由次贷危机引起的美国金融危机，发展成为了影响全球经济的金融海啸。次贷危机又称次级房贷危机，它是指一场发生在美国，因次级抵押贷款机构破产、投资基金被迫关闭、股市剧烈震荡引起的全球金融风暴。

2007 年 2 月 13 日美国新世纪金融公司（New Century Finance）发出 2006 年第四季度盈利预警。2007 年 3 月 13 日，新世纪金融公司宣布濒临破产，美股大跌，道指跌2%、标普跌2.04%、纳指跌2.15%。面对来自华尔街174亿美元逼债，作为美国第二大次级抵押贷款公司——新世纪金融（New Century Financial Corporation）在4月2日宣布申请破产保护、裁减54%的员工。

2007年7月19日，贝尔斯登旗下两家对冲基金陷入崩溃，8月8日，美国第五大投行贝尔斯登宣布旗下两支基金倒闭，原因同样是由于次贷风暴。2008年3月14日该投资银行面临破产。

2007年8月2日，德国工业银行宣布盈利预警，后来更估计出现了82亿欧元的亏损，因为旗下的一个规模为127亿欧元的"莱茵兰基金"（Rhineland Funding）以及银行本身少量地参与了美国房地产次级抵押贷款市场业务而遭到巨大损失。德国央行召集全国银行同业商讨拯救德国工业银行的篮子计划。美国第十大抵押贷款机构——美国住房抵押贷款投资公司于8月6日正式向法院申请破产保护，成为继新世纪金融公司之后美国又一家申请破产的大型抵押贷款机构。到2008年1月，汇丰控股拨备损失将需130亿。

2007年8月9日，法国第一大银行巴黎银行宣布冻结旗下三支基金，同样是因为投资了美国次贷债券而蒙受巨大损失。此举导致欧洲股市重挫。8月13日，日本第二大银行瑞穗银行的母公司瑞穗集团宣布与美国次贷相关损失为6亿日元。日、韩银行已因美国次级房贷风暴产生损失。据瑞银证券日本公司的估计，日本九大银行持有美国次级房贷担保证券已超过一万亿日元。此外，包括Woori在内的5家韩国银行总计投资5.65亿美元的担保债权凭证（CDO）。2007年9月，花旗集团和美林证券，分别亏损110亿美元和79亿美元。2008年1月14日，瑞士银行宣布4季度亏损114亿美元。同样的，香港股票市场连续4个月下跌，跌幅接近10000点。时至2008年年初，随着美联储不断地向市场提供流通性与降低利率，整个金融市场波澜不惊，看似一切都在掌控之中。有些乐观的分析人士甚至表示危机会在年底见底。

2008年9月16日，俄罗斯主要证券交易所之一的俄罗斯交易系统（RTS）停止了股票和债券的交易。这是由于俄罗斯交易系统指数已经下跌超过8%，停盘持续到第二天开盘。俄罗斯副总理兼财政部长阿列克谢-库德林认为，俄罗斯股市下跌的关键因素是西方持续的经济危机，而政治因素将很快消失。库德林说："当然，关键因素是西方持续的金融危机，而我们股市的指数是跟随着世界指数的。"

2008年10月10日，冰岛因次贷危机基本冻结了外汇资产，并将三大银行国有化，还因债务问题与英国等国发生外交纠纷。

2008年12月24日英国国家统计局宣布，第三季度英国GDP比前一季度下降0.5%，这是过去16年来英国经济首次出现收缩。受此影响，24日伦敦汇市英镑对美元继续下挫，1英镑兑换1.5269美元，为2002年8月以来的最低点。

美国"次贷危机"是从2006年春季开始逐步显现的。2007年8月席卷美国、欧盟和日本等世界主要金融市场。

金融危机波及全球，随着全球金融危机的深化，全球经济也不可避免出现了经济衰退、货币贬值、企业倒闭、失业猛增等现象。在欧美国家，失业的白领沦落至街头靠卖艺度日。经济衰退使得不少商家面临破产。拥有800多家店铺的伍尔沃思连锁超市已宣布2009年1月5日全部关张，有122年历史的咖啡老店切尔西惠塔德宣布被接管。欧洲人不得不暂时告别过度开支，而重新崇尚节俭的"敦刻尔克精神"在英国重现。

危机迫使欧洲央行、美联储以及日本、澳大利亚、加拿大等国央行先后注入巨资以挽救金融市场。金融海啸爆发后，各国领导人也频频召开会议，商议对策，应对危机下的解决之道，因为没有任何一个国家在全球经济中可以独善其身。

金融海啸爆发后不久，G20领导人就在华盛顿紧急召开峰会。除了集体宣示"救市"决心之外，那次峰会并未取得实质成果，但至少让世界看到了政府在行动的决心。

时隔4个月，G20各国领导人再次聚首伦敦。二次峰会达成了1.1万亿美元的刺激计划，还发表公报做出6项承诺，包括恢复经济信心和经济增长，复苏就业市场；修复金融体系以复苏贷款市场；加强金融机构以重建信任；融资和改革国际金融机构；促进全球贸易和投资，摒弃贸易保护主义；增进全面的、绿色的以及可持续性的经济复苏。峰会同时也在注资IMF、打击避税天堂、反对贸易保护主义、帮助发展中国家、加强国际金融监管等方面达成一致……

全球央行携手应对金融危机。2008年10月8日，为缓解金融动荡对经济的冲击，全球6家主要央行有史以来首次联手降息。美国联邦储备委员会、欧洲央行、英国央行、瑞士央行、加拿大央行和瑞典央行，8日联合宣布将基准利率均下调50基点。

10月13日，为了对全球银行体系提供流动性，美联储宣布，将无限制地提供美元给英格兰银行、欧洲中央银行以及瑞士国家银行。这项举动将让这些央行可无限制借贷美元给银行。

美联储在一项与其他央行联合发出的声明中表示，英格兰银行、欧洲中央银行，以及瑞士国家银行可以抵押品借贷"任何他们希望的额度"。在由美联储借得美元后，英格兰银行、欧洲中央银行以及瑞士国家银行将以7天、28天与84天为期，以固定利率提供私人金融机构短期美元资金借贷。

美国一发烧，全球都感冒，在金融危机的严重冲击下，世界经济增长放缓成定局。发达经济体将陷入全面衰退，新兴经济体也正面临严重冲击。

格林斯潘说，这场金融危机是"百年一遇"；罗杰斯说，有生之年似乎都看不到金融危机触底反弹。这虽有夸大的成分，但的确让人看到了美国金融海啸对全球经济的破坏力。

资料链接：华尔街

纽约市曼哈顿区南部从百老汇路延伸到东河的一条大街道的名字，全长不过1/3英里，宽仅11米，是英文"墙街"的音译。街道狭窄而短，从百老汇到东河仅有7个街段。1792年荷兰殖民者为抵御英军侵犯而建筑一堵土墙，从东河（the East River）一直筑到哈德逊河（the Hudson River），后沿墙形成了一条街，因而得名Wall Street。后拆除了围墙，"华尔街"的名字保留了下来，却以"美国的金融中心"闻名于世。美国摩根（Morgan）财阀、洛克菲勒（Rockefeller）石油大王和杜邦（E. I. du Pont de Nemours and Company）财团等开设的银行、保险、航运、铁路等公司的经理处集中在这里。著名的纽约证券交易所（Stock Exchange）也在这里。

华尔街的铜牛雕像一直是美国资本主义最为重要的象征之一，也是外来游客必到的景点之一。这座铜牛塑像是由意大利艺术家狄摩迪卡设计的，铜牛身长近5米，重达6300公斤，无数前来观光的游客，都愿与铜牛合影留念，并以抚摸铜牛的牛角来祈求好运。

◎ 唇亡齿寒：中国的"切肤之痛" ◎

当美国经济严重受挫，中国经济也迅速下滑，在经济全球化的今天，不管是哪一个经济板块有问题，其他板块都会受到波及，正所谓唇亡则齿寒。

中国的切肤之痛主要表现在：

第一，次贷危机主要影响我国出口。2007年，由于美国和欧洲的进口需求疲软，我国月度出口增长率已从2007年2月的51.6%下降至12月的21.7%。美国次贷危机造成我国出口增长率下降。中国外贸企业向美国企业追债的案例在2007年年末呈现上升趋势，而美国的次贷危机则是"始作俑者"。

林国钧是金华一家饰品生产企业的老板，在2005年的义乌小商品博览会上认识在美国做批发生意的王伟。王伟回美国后，林国钧在没有签订正式合同的情况下开始向王发货，并口头约定到货10天至1个月付款。

"刚开始，发货之后总能及时汇款。"林国钧说，几次合作下来，觉得对方信誉很好，也就没有想说签正式合同，更没有采用信用证等工具，仅凭传真订单来往。但从2006年圣诞节开始，汇款的速度明显变慢了。

"今年4月份以后，汇款就没有了。我打电话去问货款的事情，他总说美国经济不好，东西卖不动，要等产品卖完后才能付款。"这几笔总价为32万美元的货款原来本来在8月份就应该结清的，可对方至今都没有将款项付清。

林国钧说，上个月他去美国，绕了半个地球去要钱，可对方说零售市场不景气，钱收不回来，最终只能空手而归。

林国钧无可奈何地说道："利息、赔偿金什么的我也不指望了，把欠的32万美元货款给我就行了。"

同样在2007年末遭遇美国企业欠债的，还有从事汽配出口的余姚市林盛电器有限公司，其总经理潘登顺告诉导报记者，美方欠了他70多万美元，理由也是现在美国经济不好，汽配产品卖不出去。

第二，金融危机让我国面临严峻的就业压力。

金融风暴的降薪裁员波及房地产、航空、石化、电力、IT、证券、金融、印刷等一系列行业。在降薪裁员潮袭来时，最无招架能力的是外出打工的中西部民工。民工输出大省四川、安徽、河南等都不同程度出现了民工返乡潮。大量的中小型加工企业的倒闭，也加剧了失业的严峻形势。

11月1日，深圳市2009年度高校应届毕业生就业双向选择大会在深圳会展中心举行，400多家单位进驻"双选会"现场，提供近2万个就业岗位供毕业生挑选。当日进场应聘的人数超过了15万人次，由于人数太多，华南理工大学营销专业一位姓向的同学排了1个半小时的队，才有机会把资料递给中航集团的面试人员。

2008成都冬季大型人才招聘会11月15日在新会展中心举行，出人意料的是，这场四川今年冬季规模最大的一次招聘会临时退展单位竟达到了62家，取消岗位约1620个，这是成都历次大型招聘会上从未有过的现象。尽管如此，约6万名求职者依然挤爆现场，面对更加激烈的竞争，很多求职者摇头直说"工作难找"。

2008年冬天，因为次贷危机而显得格外寒冷。不仅高校毕业生就业面临巨大压力，农民工掀起返乡高潮，就连那些原本打算领完年终奖或双薪然后跳槽的人，也纷纷选择了"卧槽"。调查显示，今年27.1%的人延迟了跳槽计划，更有9.7%的人索性取消了跳槽计划,取而代之的是"卧槽"在既定岗位,以避开金融海啸的"风口浪尖"。因为他们的感受与毕业生是一样的：工作太难找了。

第三，金融危机加大我国的金融风险和经济风险。

目前拥有2万亿美元的外汇储备，总量位居世界第一。这2万亿美元的外汇储备中，有7000多亿美元表现为美国的国债。在危机因素的作用之下，美国国债的收益率节节下降，目前已趋近于零。还有一些以公司债形式存在的外汇资产，由于受金融危机的影响，收益也呈现出不稳定的状态，甚至出现了风险。

招商银行公告，经统计，截至公告日持有美国雷曼兄弟公司发行的债券敞口共计7000万美元，其中，高级债券6000万美元，次级债券1000万美元。另一家可能受雷曼兄弟公司破产牵连的银行则为中国银行。9月15日，雷曼兄弟提交给纽约南区的美国联邦破产法庭的文件显示，中国银行纽约分行在雷曼兄弟的无担保债权人名单之列。

在发达国家经济放缓、我国经济持续增长、美元持续贬值和人民币升值预期不变的情况下，国际资本加速流向我国寻找避风港，将加剧我国资本市场的风险。

第四，金融危机让中国的实体经济受挫过冬。2008年10月15日，全球最大玩具代工商之一——合俊集团旗下两工厂倒闭。

◎ 外贸依存度：美国和中国，谁依靠谁 ◎

2005年，美国《基督教科学箴言报》上曾经发表一篇文章：《没有"中国制造"的一年》。其中描述了一个美国家庭抵制"中国制造"近一年后终于发现，"没有中国产品的生活一团糟"。

内容大体如下：

自从2004年圣诞节后，一个美国家庭就几乎不再使用标明"中国制造"的商品了。尽管他们会想到放弃使用中国产品非常困难，但为了抵制"中国制造"，他们还是这样做了。

很快，他们碰到了第一个难题：儿子的网球鞋已经小得无法再穿了。平时，他们都是会购买中国的便宜货。但这次，不得不到处奔波，最终用60美元买了一双从意大利进口的运动鞋。几周后，同样的问题又发生在了小女儿身上……

在经历了一年没有中国货的日子后，这家人很无奈地得出了一个结论——没有中国你也可以活下去，但是生活会越来越麻烦，而且代价会越来越大。从此，他们再也没胆量尝试过这种日子了。

读上面这篇文章之前，连身为中国人的我们都未必能想到美国人会对中国的产品有如此大的依赖。随着国际贸易的日益发达，各国产品的贸易流通加强，且由于中国的商品价格非常低廉，受到美国、法国、俄罗斯等国家普通民众的喜爱，中国商品在各国市场上所占的比重也越来越大，甚至像上面文章说的，没有"Made in China"，日子就会非常难过。

圣诞节，美国一家三口人互相赠送礼物。当大家一起兴高采烈地打开礼物时，突然发现，这三个礼物有同一个特点，那就是"Made in China"。

这时，儿子很生气地问道："我们美国人都干什么去了？"

故事正好反映了美国的现实，也揭示了美国人的忧虑：他们太依赖中国了。然而，反过来说，中国又何尝不对他们有巨大的依赖呢？

自从2001年12月，中国进入世贸组织后，对外贸易就进入了迅猛增长阶段。尤其是以美国为首的资本主义国家，贸易政策的逐步放开，让中国的对外贸易依存度逐渐加大。如概念所示，将进出口贸易额加在一起，除以GDP得到一个比例，这个比例就是外贸依存度。它可分出口依存度和进口依存度，出口依存度是出口额与GDP的比率，进口依存度是进口额与GDP的比率。现实统计中，人们往往更重视出口依存度，它比外留依存度更强调出口贸易对经济发展的带动作用，而且可以避免进出口贸易值的重复计算。

据统计，到2005年，中国的外贸依存度已经高达63.9%，其中出口依存度为34.2%，进口依存度为29.7%。2001～2005年期间，中国的外贸依存度提高了约24个百分点。其中2003年和2004年是外贸依存度增加最快的时候，几乎每年外贸依存度上升8～9个百分点。

透过这些数据，可以发现中国对外依赖度远远超过人们的想象，远远高于其他发达国家和发展中国家的水平，是世界上对外贸易依存度排名前几位的国家。

另外，2007年，中国已成为美国的第一大进口来源国和第三大出口对象国。作为全球最大的消费品市场，美国市场在我国的出口市场中占有非常重要的地位，相关专家证实，对美出口贸易的依存度（2001～2007年）7年平均为6.72%。可见，美国和中国在贸易上的紧密，已经不单纯是谁更多地依赖谁，而是相互依存的。

中美贸易数字显示，美国人2007年消费的9.2万亿元商品中，2900亿是从中国进口的。尽管当时有人倡导要罢买中国货，但绝大多数的学者认为，除非有沃尔玛这样的零售业巨头配合，否则绝不可能成功。

因为，根据美国民间智库经济政策研究（EPI）的统计，沃尔玛百货公司仅2006年就从中国进口了267亿美元的产品。而2001～2006年这6年间，沃尔玛一家进口的来自中国的产品累计可达美国从中国进口总额的10%。

与此同时，中国通过与美国贸易，也获得了巨额利润。

根据中国海关总署2008年1月11日发布的统计数据表明，2007年1～12月，中国同美国的双边贸易总值为3020.8亿美元，增长15%。其中，中国从美国进口693.8亿美元，出口2327.0亿美元，顺差1633.2亿美元。

持续增长的数字，反映了中国对美国的强大依赖。不过，在彼此经济相互支撑的局势下，我们也要控制好对美国依赖的程度。因为，这次由美国开始传播的金融危机，极大地影响了我国的经济。此次金融危机中，由于美国消费的大幅下降，中国的许多出口产业都受到了影响。

据测算，美国经济增长率每下降1%，中国对美出口就会下降5%～6%。因为我国主要向美国出口消费品。如果美国经济不景气，那美国消费者势必要在消费品方面紧缩开支。接着，消费和进口需求的下降，必然导致对我国产品需求增长速度放慢。据海关统计，2008年1～11月，我国对美出口2330.9亿美元，比上年同期增长9.6%，增速回落了5.6个百分点，低于同期我国出口总体增速9.7个百分点。

该对美国有怎样的依存度才合适，如何正确认识我国的对外依存度呢？

实践中，对这两个问题还没有普遍可以被接受的标准。因为，需要准确衡量中国的情况，还要根据整体的国际情况和国内形势来考察。但现在中国正在努力减少该依存度，以避免此后再发生次贷危机类似的事件。总之，美国和中国，因国际贸易的存在，必然要依赖着对方，只不过这种依赖程度会随着时代发展和各国经济的发展不断变化。

◎ 人民币升值：美国的经济阴谋 ◎

2007年7月30日，在湖水蔚蓝的青海湖畔，游客们都看到这样一幕：一群衣着讲究的中国人和"老外"弯着腰，蹲在地上一一捡起散落在地上的啤酒罐和硬纸壳。

如何处理捡起来的啤酒罐？一位身材高大、头戴棒球帽、身着蓝白格衬衫、米色休闲裤和运动鞋的"老外"为大家做出示范：一脚将啤酒罐踩扁，再用硬纸壳托住运到垃圾桶里。

这个做示范的"老外"就是代表美国与中国进行经济战略博弈的财长鲍尔森。不谈汇率和贸易，鲍尔森带着白宫官员一行人在盛夏7月来到中国最大的内陆咸水湖畔捡垃圾。

是日，细雨蒙蒙。鲍尔森一行首先来到湟源县日月乡山根村村民张世德家中，了解当地村民使用清洁能源的情况。沼气池、太阳灶、牛粪饼……鲍尔森都一一询问使用方法、频率和来源等，还饶有兴趣地与主人张世德交流牛粪饼的使用心得。

鲍尔森说："我出生在农场，小时候也经常看到农场使用动物粪便来做肥料，这样对改善土质有好处。"张世德忍不住问："那您家里烧什么呢？"鲍尔森回答："烧天然气。"

7月31日，时任中国副总理的吴仪在紫光阁会见鲍尔森时当众表示"我很高兴鲍尔森去青海，这是他第一次去中国西部，这样他可以看到中国贫穷的地方，和北京上海这些富裕的城市大不相同"。

吴仪表示，中国还有2300万贫困人口，中国正在努力让13亿人达到温饱和小康生活，因此中国无法"威胁"任何人。她希望鲍尔森回国后能够在向国会作证时，用到自己在贫穷的青海的所见所闻。

在鲍尔森访华前，美国参议院财政委员会以罕见的压倒性票数，通过了《2007年货币汇率监督改革法案》，这一法案要求对被认为操纵汇率的国家征收反倾销税，针对中国的倾向相当明显。美国国会议员们毫不掩饰地表明，他们正是在对今年5月第二次中美战略经济对话和财政部的态度感到失望的情况下，决定用自己的方式向中国施压。

人民币升值的压力主要来自美国，而美国压迫人民币升值的理由是中美间存在的经常项目顺差（主要是贸易顺差）与资本项目顺差（主要是FDI）。在三次中美战略经济对话中，以压迫人民币升值为幌子，迫使中国金融开放一直是美方的主要目的。

按照传统经济学理论,一国货币汇率走高,将导致该国出口减少。因此,美国政界、商界和舆论界都有一股要求人民币升值的声浪。一些政客更是扬言,中国政府操纵了人民币汇率,因此应对中国产品征收惩罚性关税。

　　只要中美之间还存在着大幅的双顺差,美方就会不断压迫人民币升值。但是,其实美方也知道,人民币升值根本不可能减少美国的贸易逆差,正如1985年广场协议之后日元的升值没有减少美国的逆差一样。原因很简单,自美元与黄金脱钩以来,美元逐渐贬值,而近10年,美元货币印刷总量超过过去40年印刷总量。

　　美国斯坦福大学经济学教授罗纳德·麦金农在美国《华尔街日报》上发表文章指出,迫使中国人民币升值不是解决美国贸易逆差问题的正确办法。

　　在这篇题为《美元的价值》的文章中,麦金农说,假如中国被迫大幅度提高人民币币值,那么,中国就有可能面临与日本20世纪80年代和90年代通货紧缩的相同命运,而中国的贸易顺差并不会减少。

　　麦金农认为,美国经常项目逆差是美国家庭和政府开支过度、而储蓄率又极低的结果。美国要解决贸易逆差问题,首先要减少结构性财政赤字,并争取做到盈余;其次要采取激励措施,促使美国家庭增加储蓄。这两点都要求对美国公共财政进行重大变革,而且应该逐步和审慎地进行。

　　此外,麦金农认为,拥有较大贸易顺差的国家和地区也需要进行调整。例如,中国、日本、德国和多个石油生产国应该在美国努力降低消费的同时积极增加消费,以减轻美国消费降低对世界经济的不利影响。

　　麦金农强调,就上述情况而论,美元汇率的任何重大变动都是不必要的,也是不受欢迎的。他还警告说,如果人民币升值,亚洲其他货币甚至欧洲货币也跟着升值,那么,美国就有可能会像20世纪70年代那样出现严重通货膨胀问题。

　　中美的贸易顺差从宏观看是由两国产业结构决定的,中国出口到美国的低端消费品在美国是刚性需求,美国已经几乎没有这些产业也不准备再大力发展这些产业,而中国如此大量的制造能力又是其他国家一时无法代替的。从微观看,顺差的产生跟中国外贸企业的生产要素价格(主要是工人工资)偏低有关。可以说,人民币升值后,短期内看,美国将仍然向中国进口大量的产品,但中国产品换回的美元将比原来增多,这意味着中美顺差进一步扩大。

　　中美顺差过大,主要责任在美国。美国对向中国出口高科技及高科技产品实行严格管制,限制中国从美国进口。中国要实现产业升级需要的高新技术及高新技术产品美国不卖,这是中美两国贸易不平衡的主要原因。美国还严格限制中国对美国高科技产业的投资。这是中国对美双顺差的主要原因。2009年11月,奥巴马访问中国之际,胡锦涛希望美国放开高科技领域,出口中国以平衡中美之间的贸易差异。

　　曾任美国副国务卿的佐力克(Robert Zoellick)表示,美元当今地位是用了约200

年的辛苦努力换来的，美国对此不应该"想当然尔"。如果美国不能好好处理贸易和财政的双赤字问题，美元可能会失去世界主要储备货币地位。佐力克认为，由于中国经济成长趋势和中国想让人民币国际化的努力，未来15年内，人民币有可能成为替代美元的国际储备货币之一，可能成为国际第三大货币，和美元、欧元鼎足而立……对于一些国家想让储备货币多元化，佐力克说，这是国际金融危机爆发后，为实现全球经济平衡成长所做出的努力之一。

美国"国家经济研究局"（National Bureau of Economic Research，NBER）助理研究员艾肯格林指出，在可预见的将来，美元仍将是国际主要储备货币。但在2020年之后，人民币可能继美元、欧元之后，成为国际第三大货币。

艾肯格林说："美元不会被欧元、日元所取代，因为欧洲和日本各自都面临严重的经济问题"。

艾肯格林说："中国的人民币变成国际货币至少还需要10年，2020年就是中国政府一系列目标实现之年。中国要把上海和北京等城市建成国际金融中心，实现这个目标需要更多金融工具和产品，以及人民币可自由兑换，中方都要作出一系列的政策调整。"

据国际货币基金（IMF）统计，目前美元占各国央行外汇存底的比率约为62%，创下历史新低，而欧元和日元的比率则有所上升。

人民币和美元到底谁动了谁的奶酪，是人民币本来就应该成为主要货币还是美元本来就应该淡出历史的舞台，人民币和美元到底谁是最后的赢家？

经历了金融危机后，下一轮经济周期中全球经济将围绕三大主体货币：欧元、美元和人民币展开新一轮经济金融博弈。或许以后还会有越来越多的货币加入到人民币与美元的这场游戏中，但作为当今最强经济体的美国与发展速度最快的发展中国家的中国，在近几十年内，绝对是这场游戏的主角。

但与人民币的国际化程度相比，中国经济的发展存在滞后，2008年中国GDP的全球占比约为7%，贸易规模的全球占比约为10%，而人民币在全球外汇储备中的比重却不足1%，中国在IMF（国际货币基金组织）投票权的占比则仅为3.66%左右，特别提款权占比也仅为3.72%左右。所以人民币的国际化道路还长路漫漫，但我们一定可以期待。

2008年11月中下旬，金融海啸的背景下，马来西亚、印尼等国，都通过各种渠道，表达了希望中国在金融危机中予以援助的愿望。但东南亚区域国家对于人民币的呼声，并非应中国要求而为之，而是在美元危机中的自觉选择。

马来西亚于2005年放弃了其货币与美元挂钩，转而实行一篮子货币的汇率浮动，目前马来西亚已经将人民币作为其外汇储备之一。菲律宾更是于2006年签署总统令，要求其央行将人民币作为外汇储备之一。据知情者透露，菲律宾的人民币储备是以货币互换的形式，将一定数额的菲律宾比索运到中国，换取同样价值的人民币资产并储存在中国央行，并取得利息。

在日常生活中，人们也更多地选择用人民币来储值，以避免美元带来的损失。大部分电力公司以及其他中国驻外人员的工资是以美元结算。但由于印尼盾升值趋势强劲，美元贬值，中国员工便纷纷把存折中的美元兑换成印尼盾。现在，很多员工都是一发工资就汇回国换成人民币来规避风险。

东南亚人都看好人民币的升值前景，纷纷从各自的渠道收集到人民币，但在现实中，由于我国的货币政策限制，海外的银行并不能接收他们的存款，无处获得利息，他们便把钱存在家里自己的小金库中，热情依然不减。

而在29届广交会上，来自中东、东南亚的客商更愿意用人民币结算。合肥美菱股份公司海外营销本部部长汤有道透露，美菱与法国等发达国家、非洲和东盟等发展中国家均用人民币结算方式。

无论是东南亚国家和东南亚人都渐渐地喜欢上了人民币，而我国的驻外人员更是即刻把美元兑换为人民币，害怕贬值；我国在国外的企业也希望用人民币结算。这说明人民币在国内外市场都受到了追捧和欢迎。

由于美国经济严重衰退，金融严重动荡，导致我国大量持有的美元资产有了连累贬值的巨大风险，为降低集中持有美元而引发的国内外汇资产剧烈波动、甚至贬值的风险。我国外汇储备迫切需要进行多样化、多币种结构调整，人民币需要加快与非美货币的互换，还需要加快人民币自身货币自由兑换，发行人民币债券。

截至2009年3月末，人民银行先后与韩国、香港、马来西亚、白俄罗斯、印度尼西亚以及阿根廷的央行及货币当局签署了总计6500亿元人民币的6份双边本币互换协议。

人民币走出去的重要尝试则是跨境贸易的人民币结算试点启动。2008年12月24日，国务院常务会议决定，对广东和长江三角洲地区与港澳地区、广西和云南与东盟的货物贸易进行人民币结算试点。2009年7月，人民币跨境贸易结算试点的管理办法和实施细则公布，上海、广州、深圳、东莞、珠海五个试点城市的400多家企业获得试点资格。随后的八九月份，国家税务总局出台了跨境贸易人民币结算出口退税有关事项的通知，海关总署也进一步完善。

2009年9月，中国政府在香港市场发行人民币债券获得了3倍认购，在中银香港大厦顶楼举行的60亿元人民币国债在港发行仪式上，一位海外记者拿着国债章程兴奋地说："我要保留一份，这是具有历史意义的一份文件。"人民币债券作为主权债券，是无风险的，加上存在人民币升值预期，因此人民币国债很受欢迎。

人民币与美元究竟谁动了谁的奶酪？答案是如果美元继续选择贬值转嫁危机的话，人民币自然会随着中国综合国力的提升而提升其地位。

热钱：经济动荡的幕后黑手

在 1848 年专业的马戏团小丑丹·赖斯，在为扎卡里·泰勒竞选宣传时，使用了乐队花车的音乐来吸引民众注目。此举为泰勒的宣传取得了成功，越来越多的政客为求利益而投向了泰勒。

到 1900 年，威廉·詹宁斯·布莱恩参选美国总统选举时，乐队花车已成为竞选不可或缺的一部分。由此学界产生了一个术语：从众效应——又被称为"乐队花车效应"。因为"从众效应"同样在平民中得到应验：在总统竞选时，参加游行的人们只要跳上了搭载乐队的花车，就能够轻松地享受游行中的音乐，又不用走路，因此，跳上花车就代表了"进入主流"。

于是，越来越多的人跳上花车。这种效应在资本市场被称为"热钱羊群效应"，指的是一种典型的"套利投机性质"的"异常情况"：受从众效应影响，当购买一件商品的人数增加，人们对它的偏爱也会增加。这种关系会影响供求理论所解释的现象，因为供求理论假设消费者只会按照价格和自己的个人偏爱来买东西。比如在股票市场中，如果某一只股票有很多人在买，那么买的人就会越来越多。

这就是所谓的投机性短期资本，即热钱。热钱，又称游资，或叫投机性短期资本，指为追求最高报酬及最低风险而在国际金融市场上迅速流动的短期投机性资金。它的最大特点就是短期、套利和投机。国际短期资金的投机性移动是为了逃避政治风险、追求汇率变动、重要商品价格变动或国际有价证券价格变动的利益。

热钱在市场活动中无处不在：石油、股市、楼市、粮市……任何大宗商品价格的涨跌都与热钱脱不了干系。热钱是市场中一只看不见的手，而这只手的力量是巨大的，2008 年油价的大起大落，全球股市的巨大动荡都与这只市场中的"黑手"有着密切的关系。

2009 年，包括"金砖四国"在内的新兴市场股票出现大幅上涨。俄罗斯《莫斯科时报》指数自年初开始累计涨幅高达 135%，在彭博社跟踪监测的全球 89 个股票市场中涨幅第一；从 3 月到 10 月，200 多亿美元外资涌入巴西股市，将圣保罗股市的博维斯帕指数推高至 67239 点，比年初上升了 79%；而印度和中国股市目前累计涨幅也均超过了 75%。而与之形成鲜明对比的是，覆盖 20 多个发达市场的 MSCI 世界指数自年初以来仅涨了约 25%，美股涨幅不到 14%。

此外，在彭博社跟踪的 10 种货币中，8 种货币出现大幅升值，其中，涨幅靠前的依次为：印度尼西亚盾、韩元、印度卢比。

热钱的流入将造成一国资本项目顺差、外汇储备激增、本币大幅升值、流动性过剩以及资产市场行情火爆，而热钱流出则造成一国资本外逃（资本项目逆差）、外汇储备骤降、本币大幅贬值、流动性紧缩以及资产价格泡沫破灭等大难题。最令人不安的是热钱流动方向的突然逆转，通常会成为新兴市场国家金融危机的导火索。

2009年11月18日央行发布的数据显示，截至10月末我国外汇占款达18.766万亿元，月度新增2286亿元，增量较9月下降超过四成。不过，这一增量仍属较高水平。此外，10月份我国FDI增量达71亿美元，贸易顺差达240亿美元，超过9月份近一倍。

美元贬值和中国经济复苏带来的逐利冲动，正催促国际热钱潮涌中国。在适度宽松的货币政策和贸易便利化的外汇政策下，压注人民币升值预期的热钱不断翻新资本流入方式，加剧境内流动性过剩，推高资产价格。

过多热钱进入中国会加大市场的流动性，造成流动性过剩，而货币供给越多，中国面临的通胀压力就越大。此外，热钱还加大了人民币升值压力。而投机资金进入股市、楼市后，容易制造泡沫。2008年随着全球经济的动荡，游资撤离使得中国股市和楼市泡沫破灭。

而热钱还会给那些散户造成严重伤害。追风热钱的分散投资者就如同羊群。羊群是一种很散乱的组织，平时在一起也是盲目地左冲右撞，但一旦有一只头羊动起来，其他的羊也会不假思索地一哄而上，全然不顾旁边可能有的狼和不远处更好的草。动物如此，人也不见得更高明。热钱就在人们的这种心理下大肆嚣张。在热钱的推动下，越来越多的人义无反顾地往前冲。一朝泡沫破灭，人们才发现在狂热的市场气氛下，获利的只是领头羊，其余跟风的都成了牺牲者。而有时，领头羊也会成为猎物，资本大鳄索罗斯也栽过跟头。

2002年，曾经担任美国总统经济顾问委员会主席、世界银行首席经济学家、诺贝尔奖得主斯蒂格利兹教授出版专著《全球化及其对它的不满》，详尽剖析了投机热钱对国家金融稳定的巨大危害。他的结论是："我们必须采取措施对'热钱'实现监管和征税。国际金融组织不仅不应该反对和阻挠对热钱的监管和征税；相反，它们应该行动起来，更好地监管投机'热钱'。"2007年的G8峰会上，德国总理默克尔继续呼吁各国加强对对冲基金和投机热钱的监管。

◎ 国际投机：资本大鳄阻击亚洲经济 ◎

传统的经济学家认为市场是具有理性的，其运作有其内在的逻辑性。认为市场价格总能正确地折射或反映未来的发展趋势。

索罗斯经过对华尔街的考察，发现以往的那些经济理论是多么的不切实际。他认为金融市场是动荡的、混乱的，数学公式是不能控制金融市场的。投资者对某一股票的偏见，不论其肯定或否定，都将导致股票价格的上升或下跌。同时，索罗斯还认为投资者的偏见会导致市场跟风行为，而不均衡的跟风行为会因过度投机而最终导致市场崩溃。索罗斯在形成自己独特的投资理论后，毫不犹豫地摒弃了传统的投资理论，决定在风云变幻的金融市场上用实践去检验他的投资理论。

到底谁在说谎，谁又是正确的呢，我们先看看索罗斯的故事。

20世纪90年代初期，当西方发达国家正处于经济衰退的过程中，东南亚国家的经济却出现奇迹般地增长，当亚洲处于泡沫经济的狂热和兴奋之时，并没有意识到自己经济体制的漏洞，但是索罗斯却已经察觉到了。1996年泰国股市依旧低迷，房地产市场则风生水起，不过这其中海外资金和国内的银行成为背后的推手。

随着时间的推移，东南亚各国经济过热的迹象更加突出，虽然中央银行采取不断提高银行利率的方法来降低通货膨胀率。但同时这种方法也提供了很多投机的机会。银行本身也加入投机者的行列。这就造成了一个严重的后果，各国银行的短期外债剧增，一旦外国游资迅速流出各国金融市场，将会导致令人痛苦不堪的大幅震荡。其中，问题以泰国最为严重。因为当时泰国在东南亚各国金融市场的自由化程度最高。

索罗斯的助手琼斯当时驻扎在香港，不过大部分时间是马不停蹄地造访周边的东南亚国家，为索罗斯基金的大举进攻寻找突破口和准备作战计划。"那一年我们在这一地区飞来飞去，我们直接与开发商见面，也与银行甚至当地记者交流。"他发现整个楼市泡沫已经很多，部分开发商支付利息都有困难，"但银行还是帮开发商找来很多美元贷款"。

资产泡沫堆积、外资不断涌入、银行短期外债高筑、开发商勉力支撑但已开始摇摇欲坠，"这些信号综合起来后，我们花了很长一段时间仔细研究，到底会出现什么样的情况？局势会如何发展？"

研究的结果是，这一局面难以维持，琼斯于是向索罗斯建议，沽空泰铢。"为了这一仗，我们提前6个月准备，逐步建立起沽空仓位。"他补充道，"10年前亚洲地区的央行官员们还没有如今这样的开放态度，我们也跟他们有过交流，但他们并不以为然。"

"我们是1997年初开始行动的。"1月份，索罗斯基金联合其他国际对冲基金开始对觊觎已久的东南亚金融市场发动攻击，一开始就是大肆抛售泰铢，泰铢汇率直线下跌。在对冲基金气势汹汹进攻面前，泰国央行入市干预，动用约120亿美元吸纳泰铢，一方面禁止本地银行拆借泰铢给离岸投机者，另一方面大幅提高息率，三管齐下，泰铢汇率暂时保持稳定。

5月份的时候，资金大量流出泰国，泰国开始资本控制。6月份，对冲基金再度向泰铢发起致命冲击，泰国央行只得退防，因为仅有的300亿美元外汇储备此时已经弹尽粮绝。6月30日，泰国总理在电视上向外界保证："泰铢不会贬值，我们将让那些投机分子血本无归。"不过两天后，泰国央行被迫宣布放弃固定汇率制，实行浮动汇率制。当天泰铢重挫20%，随后泰国央行行长伦差·马拉甲宣布辞职。8月5日，泰央行决定关闭42家金融机构，至此泰铢陷入崩溃。

在此期间，对冲基金还对菲律宾比索、马来西亚林吉特和印尼盾发起冲击，最后包括新加坡元在内的东南亚货币一一失守。导致工厂倒闭，银行破产，物价上涨等一片惨不忍睹的景象。

索罗斯正是看准了东南亚资本市场上的投机才决定首先大举袭击泰铢，进而扫荡整个东南亚国家的资本市场。这场扫荡东南亚的索罗斯飓风一举刮去了百亿美元之巨的财富，使这些国家几十年的经济增长化为灰烬。所有的亚洲人都记住了这个恐怖的日子，记住了这个可怕的人，人们开始叫他"金融大鳄"，在一些亚洲人的心目中，索罗斯甚至是一个十恶不赦、道德败坏的家伙。马来西亚总理马哈蒂尔说："我们花了40年建立起的经济体系，就被这个带有很多钱的白痴一下子给搞垮了。"他说的这个"带有很多钱的白痴"就是乔治·索罗斯。

"我有我的哲学，我不认为是我摧毁了他们的经济。相反，是他们的经济自身出了问题。我不过是看清了那些问题，加速它的崩溃，趁机赚钱。"索罗斯在谈起他的哲学时，似乎比谈金融问题更有兴趣。

有人将索罗斯称为"金融杀手"、"魔鬼"。他所率领的投机资金在金融市场上兴风作浪，翻江倒海，刮去了许多国家的财富。掏空了成千上万人的腰包，使他们一夜之间变得一贫如洗，故而成为众矢之的。但索罗斯从不隐瞒他作为投资家以追求利润最大化为目标，他曾为自己辩解说，他投机货币只是为了赚钱。在交易中，有些人获利，有些人损失，这是非常正常的事，他并不是损害谁。他对在交易中遭受损失的任何人都不存在负罪感，因为他也可能遭受损失。同样是在亚洲，索罗斯阻击港币却受到沉重打击。

1998年1月和6月，趁印尼盾和日元暴跌时，对冲基金又分别沽售港币，但在中国香港特行政区政府的抵抗下，三次进攻均未摧毁港币。

不过，进入1998年8月，情势发生转变，外汇市场对港币的炒卖气氛积聚，各种谣言四起，市场信心岌岌可危。到了8月5日，在美国股市大跌、日元汇率重挫的配合下，对冲基金发起对港币的第四次冲击。

5日至7日，对冲基金抛售的港币高达460亿，香港金融管理局奋起抗击，动用外汇储备接下240亿港币，其他银行也接下46亿港币，金融管理局还将接下的港币放回银行体系内，使银行银根宽松，缓解同业拆息率飙升，保持了港币及利率稳定。

与此同时，对冲基金在股市上也燃起战火，由于投资者忧虑港币继续受冲击，港币拆息扶摇直升，加上已公布中期业绩的蓝筹股公司表现不佳，恒生指数8月6日一开市就下跌近100点，随后一路走低以全日最低位7254点收市，下挫212点，跌幅近3%。随后几日，对冲基金借机猛砸股市，恒指最终跌破7000点大关，至8月13日跌到6600点，大量沽空期指合约的对冲基金斩获不少。

1998年8月10日至13日这四天，对冲基金继续在汇市冲击港币，同时又大肆沽空期指，抛出股票，借市场恐慌之际从资本市场牟取暴利。但这一阶段，表面看起来疲于应付的香港政府却正在计划着一场大反击之战。由于准备拿出来反击对冲基金的是约960亿美元的外汇基金和土地基金。这是全体香港人多年辛勤劳作积攒下的家产，被看做保住香港经济的最后屏障，所以香港特行政区政府不得不小心翼翼、反复衡量。终于在8月14日，这一场攻防战中一直处于防守的香港特行政区政府最终选择反击。

据香港金融管理局数据显示，在8月14日至28日的两周内，政府吸纳的股票约有1200亿港币，相当于当时整个市场7%的市值，这些股票后来全部交由香港特行政区政府的"盈富基金"管理。

从8月14日起，香港特行政区政府大力干预股市与期货市场以后，香港股市总市值已经回增高达3743亿港币。恒生指数大升1416点，升幅达21%。

香港特行政区政府通过发行大笔政府债券，抬高港币利率，进而推动港币兑美元汇率大幅上扬。同时，香港金融管理局对两家涉嫌投机港币的银行提出了口头警告，使一些港币投机商战战兢兢，最后选择退出港币投机队伍，这无疑削弱了索罗斯的投机力量。

中国中央政府也一再强调，将会全力支持中国香港特行政区政府捍卫港币稳定。必要时，中国央行将会与中国香港金融管理局合作，联手打击索罗斯的投机活动。这对香港无疑是一种强心剂，但对索罗斯来说绝对是一个坏消息。索罗斯听到的"坏"消息还远远不止这些。在上海举行的包括中国、澳大利亚、日本和东盟国家在内的亚太11个国家和地区的中央银行会议发表声明：亚太地区经济发展良好，彼此要加强合作共同打击货币投机力量，这使索罗斯感到投机港币赚大钱的希望落空，只得悻悻而归。

据《香港经济日报》报道：索罗斯的旗舰量子基金8月31日（是日，美股大跌五百多点），一天输掉5亿美元，整个8月输掉近10亿美元。

索罗斯在香港算得上是溃败了，我们再回首他和传统经济学理论的分歧，仍然可以看出其投资理论的合理性。如果没有香港特行政区政府的强势反击、没有中央政府的支持，索罗斯也许会击败港币。

他虽然是一个有争议的人，但不容置疑，他又是一个极具影响力的人。不管是被称为金融奇才，还是被称为金融杀手，索罗斯的金融才能是公认的。他的薪水要比联合国中至少42个成员国的国内生产总值还要高，富可敌国，这是对他金融才能的充分肯定，也是对他投资理论的肯定。